# 中国电子工业年鉴

## (2003)

《中国电子工业年鉴》编辑委员会　编

電子工業出版社
Publishing House of Electronics Industry
北京·BEIJING

## 内容简介

本书主要反映了2002年中国电子工业制造业的发展情况和所取得的成就，较全面地展示了电子工业制造业发展的技术现状和经济运行数据等。

本年鉴首次出版于1986年，2003年版为第18卷，主要提供给关注中国电子工业发展的各级领导以及从事电子工业科研、生产、进出口贸易及市场营销的有关人员参考。



**图书在版编目（CIP）数据**

中国电子工业年鉴. 2003/编委会编. —北京：电子工业出版社，2003.11
ISBN 7-5053-9576-9

I. 中… II. 编… III. 电子工业-中国-2003-年鉴 IV. F426.63-54

中国版本图书馆CIP数据核字（2003）第126039号

责任编辑：闫德明
印　　刷：北京金特印刷有限责任公司
出版发行：电子工业出版社
　　　　　北京市海淀区万寿路173信箱　邮编100036
经　　销：各地新华书店
开　　本：787×1 092　1/16　印张：33.75　插页：2页　字数：862千字
版　　次：2003年11月第1次印刷
定　　价：300元

ISBN 7-5053-9576-9
9 787505 395763 >

凡购买电子工业出版社的图书，如有缺损问题，请向购买书店调换。若书店售缺，请与本社发行部联系。联系电话：（010）68279077。质量投诉请发邮件至zlts@phei.com.cn，盗版侵权举报请发邮件至dbqq@phei.com.cn。

# 中国电子工业年鉴

(2003)

主办　信息产业部

承办　信息产业部电子第一研究所

# 《中国电子工业年鉴》编委会

张启曾　新疆维吾尔族自治区机械电子工业行业管理办公室主任
张英峰　贵州省信息产业厅厅长
李　伟　四川省信息产业厅厅长
李　兵　辽宁省信息产业厅厅长
李开民　中国航天科技集团公司办公厅主任
李春燕　江西省信息产业厅厅长
杨如孟　云南省人民政府信息产业办公室副主任
肖　华　信息产业部电子信息产品管理司副司长
苏福功　河南省信息产业厅厅长
邱恩义　吉林省信息产业厅厅长
邵术林　信息产业部军工电子局副局长
邵乐冲　甘肃省电子信息工业办公室主任
陈国鹰　河北省信息产业厅厅长
陈彰清　湖南省信息产业厅厅长
单长寿　天津市电子仪表工业总公司总经理
周宝源　信息产业部办公厅副主任
武积有　陕西省信息产业厅厅长
罗坚生　广东省经济贸易委员会副主任
赵　波　信息产业部电子信息产品管理司副司长
郝成文　甘肃省电子工业总公司党委副书记
贺　凌　安徽省信息产业厅厅长
徐为熗　上海广电 (集团) 公司董事长
徐善荣　上海仪电控股 (集团) 公司办公室主任
桂文庄　中国科学院高技术研究与发展局局长
贾秦英　重庆市信息产业局局长
郭福华　信息产业部政策法规司副司长
郭金华　浙江省信息产业厅副厅长
钱本源　中国电子进出口集团公司总裁
黄瑞成　信息产业部军工电子局副局长
焦自纯　长江计算机（集团）公司董事长
谢正义　江苏省信息产业厅副厅长
韩　俊　信息产业部科学技术司副司长
韩　勇　海南省信息产业局副局长

## 《中国电子工业年鉴》编辑部

主　　编　王人杰
常务副主编　刘　玲
副 主 编　高素梅　王立健
编辑部主任　刘　玲
编　　辑　刘　玲　曹卫海
编　　务　林　娜

## 《中国电子工业年鉴》特约编辑

(按姓氏笔画排序)

丁小龙　文　勇　王开福　王勃华　王莉华　邓　雷　韦　俊
白为民　汤月园　乔跃山　关白玉　刘立水　刘克勤　吕玉华
吕稚敏　朱师君　闫德明　吴凤德　吴同珠　宋兴贤　宋进珠
张宏图　张含瑾　张恩惠　李兆杰　李庆和　杨宇坤　沈润年
肖　斌　邹　红　邹建华　陈　良　陈　英　周继祥　周慧琴
季国平　林世良　林启福　林素芬　范青青　金存忠　侯建仁
娄　松　胡秋雁　费振波　赵卫强　赵天武　赵连富　钟娅辉
夏心玉　徐春龄　徐旌珊　袁　桐　郭春鸿　高柏秀　崔祝平
曹建华　黄建忠　黄美昌　蒋国泰　路明辉　靖士宽　靳　宁
熊　琛　潘　峰　戴伟中　糜靖亚

# 编写说明

《中国电子工业年鉴》是由中国信息产业部主办的大型历史资料性工具书，创刊于1986年，2003年版为第18卷。

2003年版《中国电子工业年鉴》主要反映了2002年中国电子信息产业制造业的发展情况和所取得的成绩。本卷年鉴较全面地展示了电子信息产业制造业发展现状，并翔实地提供了电子信息产业制造业经济运行统计数据。2003年版《中国电子工业年鉴》的内容包括9个部分:

1. 总论;
2. 电子信息产业经济运行综合统计资料;
3. 各类电子工业;
4. 科技;
5. 市场;
6. 电子产品进出口;
7. 地区电子工业;
8. 电子工业大事记;
9. 附录。

2003年版《中国电子工业年鉴》的结构和体例与往年各卷基本相同，新增加《市场》栏目。为本书提供数据和报告的有信息产业部的有关单位、中国科学院、中国航天科技集团公司、中国航天科工集团公司、海关总署、中国广播电视设备工业协会、中国电子仪器行业协会、中国电子专用设备工业协会、中国真空电子行业协会、中国电子材料行业协会、中国光学光电子行业协会等，以及各省、自治区、直辖市、计划单列市。电子信息产业制造业的各项统计数据均由信息产业部经济体制改革与经济运行司提供并核准。其他系统的有关数据，均由各系统主管部门审核提供。

2003年版《中国电子工业年鉴》中的综合统计数据不包括西藏自治区、台湾省、香港特别行政区、澳门特别行政区。

2003年版《中国电子工业年鉴》在编辑加工和印装等方面尚有许多不足，敬请广大读者批评指正。

《中国电子工业年鉴》编辑部

2003年11月

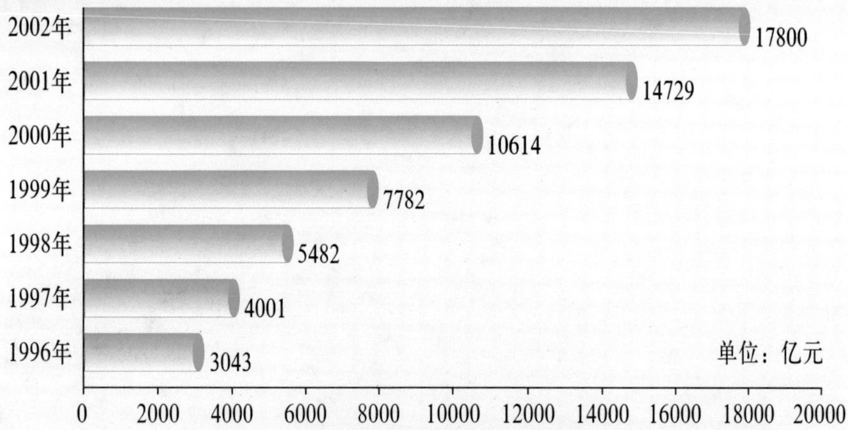


**图1　1996年～2002年电子信息产品制造业工业总产值（1990年不变价）完成情况**

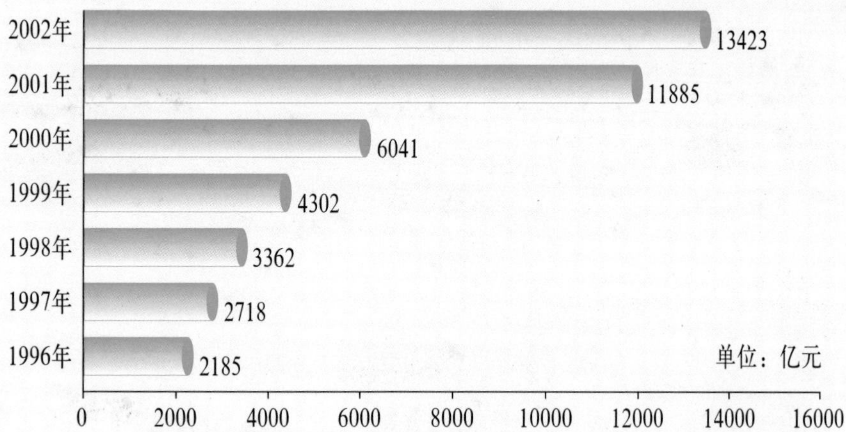


**图2　1996年～2002年电子信息产品制造业销售收入完成情况**

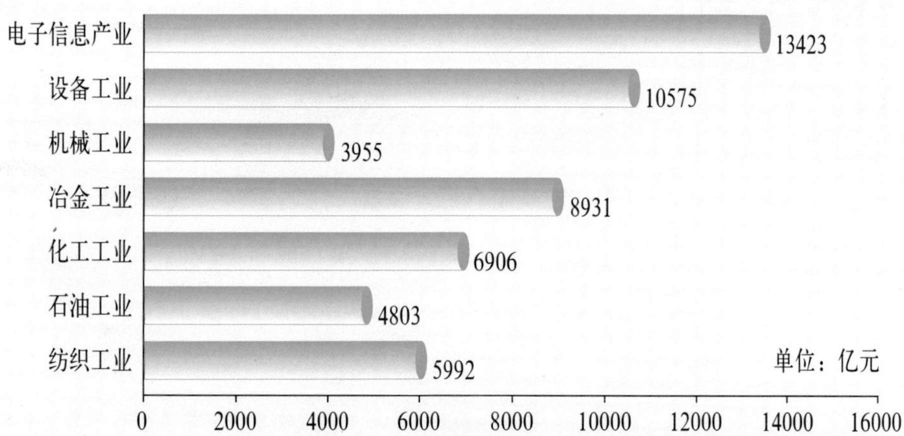


**图3　2002年中国各工业行业完成产品销售收入情况**

**备注：在图1、图2中2001年数据均为修正值。**

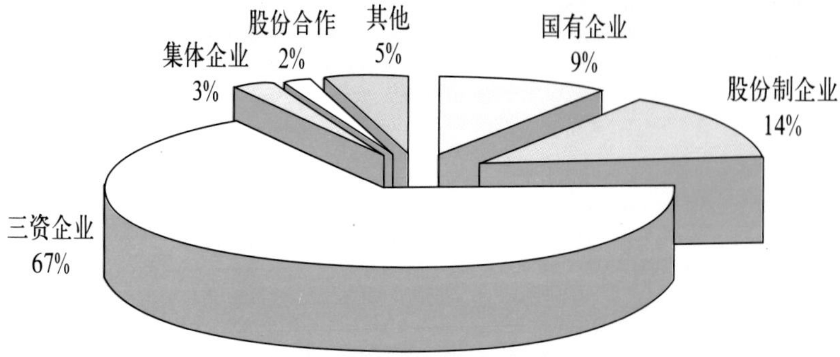


**图4　2002年不同经济类型企业在销售收入中所占份额情况**

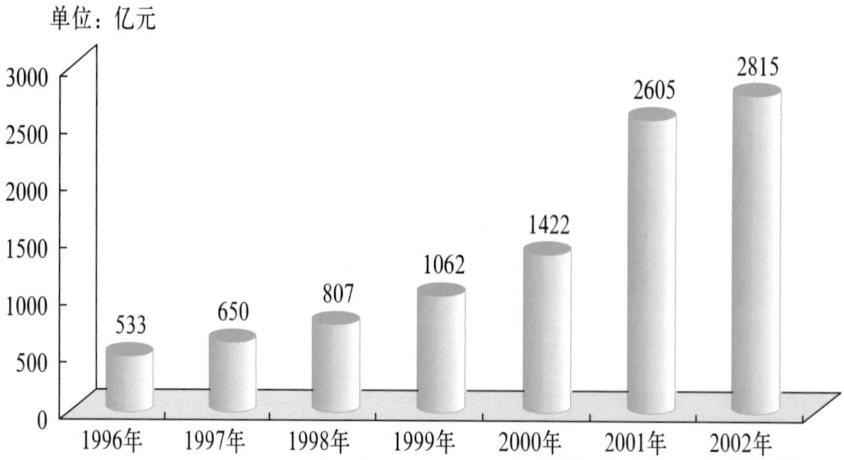


**图5　1996年～2002年电子信息产品制造业完成工业增加值情况**

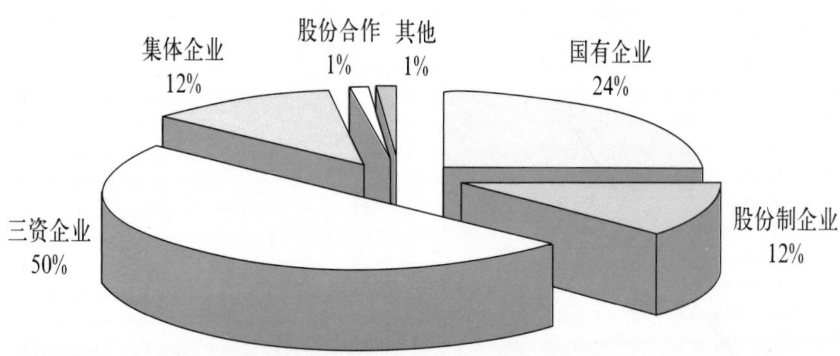


**图6　2002年不同经济类型企业在工业增加值中所占份额情况**

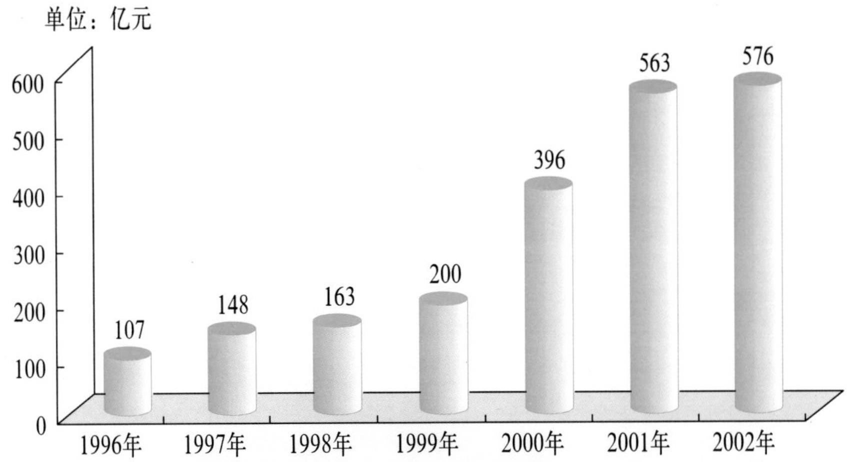


**图7　1996年～2002年电子信息产品制造业利润总额完成情况**

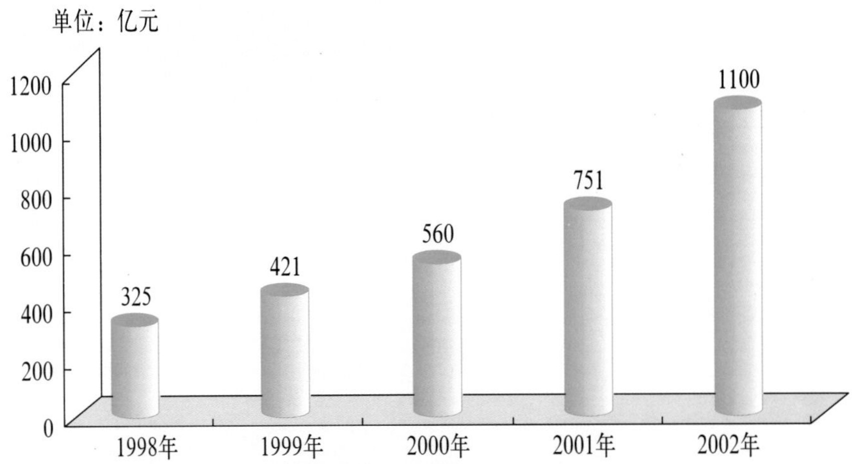


**图8　1998年～2002年软件及系统集成销售收入情况**

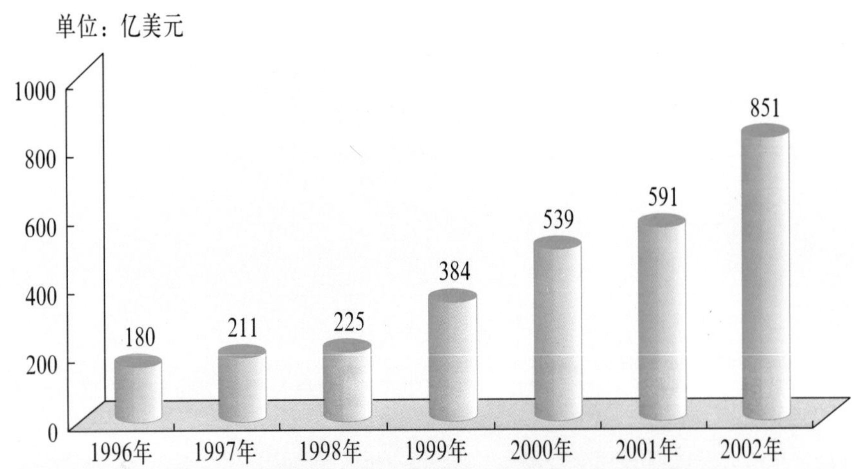


**图9　1996年～2002年电子信息产品进口情况**

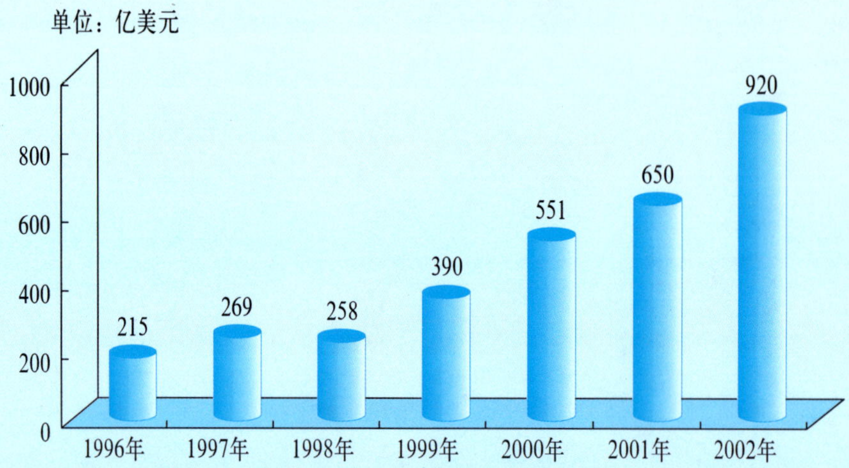


**图10　1996年～2002年电子信息产品出口情况**

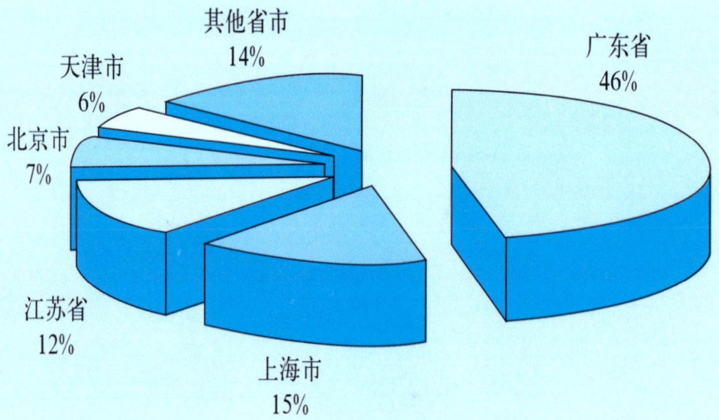


**图11　2002年进口额排前5名省市所占份额情况**

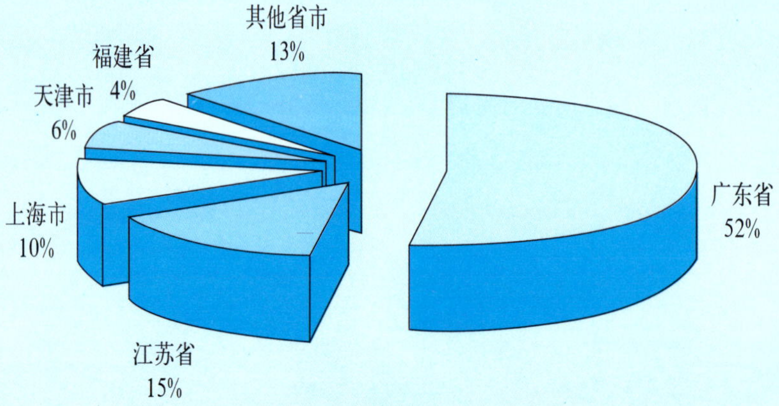


**图12　2002年出口额排前5名省市所占份额情况**

# 目　录

## 第1部分　总　论



## 第2部分　电子信息产业经济运行综合统计资料

# 第 3 部分 各类电子工业

## 第4部分 科 技



## 第5部分 市 场



## 第6部分 电子产品进出口



## 第7部分 地区电子工业

# 第8部分　电子工业大事记



# 第9部分　附　　录

# 第 1 部分　总　论

## 深入贯彻落实党的十六大精神 促进中国信息产业新的跨越式发展

### ——吴基传部长在全国信息产业工作会议上的报告(节选)

(2003 年 1 月 20 日)

**一、过去五年信息产业工作基本情况**

过去的五年是信息产业发展最快、综合实力实现历史性跨越的五年。以1998年信息产业部成立为标志，信息产业进入了一个新的发展时期。五年来，我们采取了一系列有效的政策措施，避免了大起大落，始终保持了快速、健康发展。2002年，全国信息产业增加值占国内生产总值的比重由1997年的2.3%提高到5.7%，电话用户总数跃居世界第一位，电子信息产品制造业产业规模跃居世界第三位，互联网上网人数跃居世界第二位。全年宏观调控目标全面完成，为实现“十五”计划奠定了坚实的基础。五年来，全行业服务于先进生产力的发展，服务于先进文化的传播，服务于人民生活质量的提高，经济规模、网络规模、投资规模、出口规模都实现了翻番式的增长，实现了历史性跨越，从而增强了国家的经济实力、国防实力、信息安全实力和国有经济的控制力，使人民群众得到了越来越多的实惠。信息产业为中国的信息化、工业化和现代化建设做出了突出的贡献，各项工作取得了显著的成绩。

**(一) 通信业在发展中改革，在改革中发展，实现了向世界第一大电话网的跨越。** 过去的五年，是通信业改革力度最大同时也

是发展最快的时期，在内部机构调整变动、外部环境深刻变化的情况下，全行业实现了大发展、大变革

通信综合能力实现了由初步适应向基本满足的转变。经过多年的发展，一个覆盖全国、连通世界、技术先进、业务多样化的现代通信网已基本形成。2002年，通信固定资产投资完成2 106亿元，五年累计完成1.05万亿元，固定资产原值达到1.35万亿元，是1997年的2.8倍；长途传输、本地交换和移动通信全部实现数字化，网络技术水平进入世界先进行列，局用交换机总容量的国产比重达到85%以上；通信业务收入完成4 576亿元，同比增长14%，五年平均增长20.1%，收入规模是1997年的2.5倍；电话用户新增9 545万户，超过1997年前的总量，五年累计新增用户3.36亿户，总数达到4.2亿户，是1997年的5倍；全国电话普及率由1997年的8.11%提高到33.74%，通电话行政村比重由55.6%提高到85.3%。目前，与中国开通电信业务的国家和地区已经达到200多个，实现移动电话漫游的国家和地区达到120个。中国通信网已实现由小容量向大容量、模拟技术向数字技术、单一业务向多样化业务的跨越，告别了“瓶颈”制约和短缺经济，基本满足了经济社会发展和信息化建设的需求。

通信管理体制实现由政企合一向政企分开、依法管理的转变。通信行业基本形成了以中央为主、集中统一的监管体系。宏观规划、市场准入、互联互通等项工作不断得到加强和完善，整顿通信建设市场秩序、打击非法经营国际电信业务工作取得成效。电信资费经过有升有降的结构性调整，总体水平大幅度下降；有34项、68种业务收费实行了市场调节价。网络与信息安全体系逐步形成，保障了国家的信息安全利益。无线电管理工作成效显著，频率规划、审批管理等进一步加强。与此同时，省级通信管理机构的管理水平也有提高。五年来，国务院颁布实施了《电信条例》、《互联网信息服务管理办法》、《外商投资电信企业管理规定》等一系列重要法规；信息产业部先后发布了20多件行政规章，清理了与世贸组织规则不相适应的政策规定，行政执法力度进一步加大。目前，《电信法》起草工作正在抓紧进行。对台通邮通电工作有了新的进展。中国成功地举办了亚太经合组织第五次电信部长会议，参与了一系列重要的国际会议与活动，电信业的国际地位显著提高。

通信发展模式实现由垄断经营向竞争开放的转变。经过改革重组，电信领域已打破垄断，在各个业务领域中引入竞争机制。目前，基础电信企业有6家，增值电信企业有4 400多家，初步形成了不同规模、不同业务、不同所有制企业相互竞争、共同发展的市场格局。

2002年各运营企业都获得发展。其中，中国电信在市场份额中占32.5%，中国网通占16.6%，中国移动占37.4%，中国联通占12.1%，其他企业占1.4%。

目前，电信企业人均维护电话主线数达到588线，进入世界前列。通过实现融资多元化，中国电信业在国际资本市场上累计筹集资金215亿美元，成为中国各行业境外融资第一大户。

（二）电子信息产品制造业加快结构调整和技术创新，实现了向国民经济第一支柱产业的跨越。1998年以来，在外部发展环境趋紧、市场竞争加剧的形势下，电子信息产品制造业坚持以市场为导向，综合实力得到

显著提升

2002年中国电子信息产品制造业实现销售收入14 000亿元，同比增长20%，五年平均增长25.2%，对全国工业增长的贡献率达到20%，产业规模是1997年的2.5倍，居国内各工业部门之首；年产程控交换机3 800万线，彩电5 000万台，均居世界第一位。移动通信产品制造业从无到有，从小到大，实现群体突破，国产移动交换机、基站和手机的国内市场占有率分别达到50%、70%和30%。五年新增就业岗位30万个以上，为扩大社会就业做出了贡献。电子信息产品制造业为国民经济和信息化建设提供系统装备和技术支撑的能力进一步提高。

结构调整取得新的突破。投资类、消费类、基础类三大类产品结构的比重进一步趋于合理。随着“十五”专项的实施，以计算机、通信为代表的投资类产品成为拉动产业发展的主导力量，新型元器件等基础产品实现同步快速发展。产业集中度进一步提高，大公司战略成效显著。2002年营业收入超过100亿元的电子信息企业有11家。其中，突破600亿元的有2家。前10家企业的营业收入和利润总额分别占全行业的20%和18%。产业集群化趋势日趋明显，初步形成了珠江三角洲、长江三角洲、福州厦门地区和环渤海湾地区等具有国际竞争力的产业聚集带。中西部地区在家电、元器件、军工电子等领域形成特色。国企改革三年脱困目标基本完成。

技术创新取得新的突破。在国务院18号文件的推动下，软件产业和集成电路产业快速发展。软件产业年均增长30%以上，2002年实现营业收入1 100亿元，全国经认定的软件企业有6 000多家，国家级软件产业基地11家，中文操作系统和应用软件达到世界先进水平。集成电路产量由1997年的13亿块增加到85亿块，技术上已具备0.18微米芯片设计开发、规模生产的能力，以“方舟”、“龙芯”、“星光”为代表的高性能核心芯片开发成功，并在许多重点整机产品上得到应用。计算机网络产品、数字化视听产品、新型元器件等领域的核心技术开发与国际先进水平的差距逐步缩小。五年来，取得近2 000项科技新成果，组织制定了1 400多项技术标准。军工电子技术和质量水平稳步提高，各项军工电子信息系统和装备任务圆满完成，在武器装备信息化带动机械化的进程中发挥了作用。

外向型经济发展取得新的突破。电子信息产品制造业已成为中国利用外资和外贸出口的最大行业。据统计，自改革开放以来，全行业吸引外资总额超过700亿美元，设立外商投资企业1万多家，占全国的比重均在15%以上，外资成为推动中国电子信息产品制造业发展的重要力量。电子信息产品出口持续高速增长，2002年电子信息产品出口额为920亿美元，增长41.4%，五年平均增长28%，出口额是1997年的3.4倍，居中国外贸出口第一位，占全国外贸出口总额的比重由1997年的14.7%提高到28.3%，对外贸增长的年平均贡献率达到46%。2002年出口彩电1 800万台，是1997年的5倍，通信类产品已出口到40多个国家和地区。一些有实力的企业到海外投资建厂、设立研发机构，“走出去”战略取得明显进展。

（三）信息化建设注重应用，务实推进，信息化水平明显提高。近年来，信息产业部积极贯彻党中央、国务院的决策部署，坚持以信息化带动工业化，以信息技术改造传统产业，特别是面对网络泡沫的影响，不跟风，不炒作，冷静思考，正确引导，充分发挥信

息产业在信息化建设中的主导和骨干作用，推动了信息化的健康发展

信息产业部配合有关部门建设金卡、金关、金税等信息化重大工程，提供技术装备、系统集成和网络平台服务，保证各重点工程的正常运行与安全可靠。各部门利用公用网资源组建的全国性信息系统已达到218个。组织编制并颁布了金卡工程全国IC卡应用规划及管理办法，配合有关部门推进银行卡、IC卡公民身份证、社会保障卡、组织机构代码卡的研发和应用。政府上网工程取得明显效果，全国已有7 200多个政府部门建立网站，网上办公、网上审批逐步开展。通过做好协调工作，计算机2000年问题得到圆满解决。五年来，信息产业部会同有关方面共同组织实施了1.2万个信息技术推广应用“倍增计划”项目，落实资金170亿元。加快实施企业上网工程，目前上网企业达到21.7万多家。其中，联想控股有限公司、海尔集团公司等企业的信息化建设效果明显。通信企业在网管、营业、计费等方面推进信息系统应用，电子商务逐步发展，城市信息化取得明显效果。国家信息化指标体系已颁布实施，建成了一批综合性、基础性数据库，远程教育、远程医疗、数字图书馆等快速发展。目前，互联网国际出口带宽已扩大到9.4Gbps，网站数量达到37.1万个，联网计算机达到2 083万台，互联网上网人数达到5 910万人。

## 二、以党的“十六”大精神统一全行业的思想和行动

江泽民同志在党的“十六”大所作的报告中，阐明了贯彻“三个代表”重要思想的根本要求，对建设中国特色社会主义事业做出了全面部署，是指导我们各项工作的行动纲领。

### （一）增强为全面建设小康社会服务的责任感和紧迫感

党的“十六”大报告提出国内生产总值2020年力争比2000年翻两番的目标。信息产业作为基础性、先导性、支柱性产业，在国民经济中处于十分重要的地位，对生产力的发展具有显著的促进作用和倍增效应，是拉动经济增长的重要力量。这就要求信息产业在优化结构和提高效益的前提下，继续保持高于国民经济的增长速度，发展得更快一些。总的看，信息产业实现持续快速发展具备很多有利条件：一是有广阔的增长空间，有比较雄厚的物质技术基础，有市场经济提供的体制保障；二是世界范围内的经济结构调整，为中国电子信息产业的发展提供了机遇。挑战与机遇并存，发展与困难并存，信息产业部要抓住发展这个执政兴国的第一要务，围绕全面建设小康社会的目标，充分利用有利条件，克服和化解不利因素，争取在国民经济全局中有更大的作为。

### （二）正确认识和把握信息化与工业化的关系

中国的信息化建设取得了长足的发展，并逐步形成了一系列明确的指导方针。党的十五届五中全会提出要以信息化带动工业化。在此基础上，“十六”大又进一步提出，要以信息化带动工业化，以工业化促进信息化，走出一条新型工业化路子，并强调要优先发展信息产业，在经济和社会领域广泛应用信息技术。这就从根本上明确了信息化与工业化的辩证关系，解决了在我们这样一个经济文化相对落后的发展中大国如何发展信息化、实现工业化的问题。我们要在总结国内外经验教训的基础上，坚持以信息化带动工业化

而不是取代工业化，以信息技术改造传统产业而不是与传统产业相脱离，充分发挥信息化在带动、改造、应用等方面的倍增效应。信息产业担负着为信息化建设提供技术、装备、网络和服务的职能，在信息化与工业化有机结合、相互带动与促进的过程中，起着重要的纽带作用，我们尤其要把握好“两化”之间的关系，务实地推进信息化建设。

（三）提高转变政府职能、加强行业管理的自觉性

近年来，信息产业的情况发生了很大变化，新的形势要求切实加强政府的宏观管理工作。经过这几年的改革，运营业实现了政企分开，行业监管取得了明显成效。但是，有些工作还没有完全到位，思维方式、工作方式在一定程度上还受到计划经济体制的影响；制造业虽然改革较早，积累了行之有效的管理经验，但也还存在一些不适应的问题，两大行业都面临着改进和加强行业管理的任务。党的“十六”大从健全现代市场体系、加强和完善宏观调控出发，提出要完善政府的经济调节、市场监管、社会管理和公共服务的职能，减少和规范行政审批，对此，我们要认真贯彻。当前最根本的是要从转变观念、转变职能入手，切实解决好管什么、怎么管的问题，正确处理加强宏观调控与发挥各方面积极性的关系、引入竞争机制与加强政府监管的关系、增强企业发展活力与维护市场经济秩序的关系，以及国家、企业与消费者之间的关系，将工作的重点转移到为行业发展创造良好环境、为社会提供优质高效的公共服务上来，发挥政府管理的作用。

## 三、2003年信息产业工作任务

2003年工作的总体要求是：应对国内外环境变化带来的困难和挑战，增强紧迫感和忧患意识，以发展为第一要务，提高经济增长的质量与效益；坚持市场导向，培育新的经济增长点；加大结构调整力度，在核心技术领域里取得新的突破；以应用为重点，推进信息化建设；加强行业监管，整顿市场经济秩序；转变政府职能，推进两个文明建设，促进行业发展，为实施以信息化带动工业化、以工业化促进信息化战略，为全面建设小康社会提供良好的信息网络服务与技术装备支撑。

（一）2003年信息产业宏观发展目标

信息产业增加值达到6 320亿元，占国内生产总值的比重达到5.9%。通信业务收入5 067亿元，增长11%。其中，电信4 510亿元。通信固定资产投资2 100亿元；发展固定电话用户3 300万户，移动电话用户5 200万户；固定电话主线普及率和移动电话普及率分别达到19.4%和20.1%。电子信息产品制造业销售收入16 400亿元，增长19%。其中，软件与系统集成销售额1 200亿元。工业增加值3 280亿元，增长12%；出口额1 000亿美元，增长8%。

（二）2003 年工作重点

2003年信息产业部将着重抓好以下几个方面的工作：

1. 开拓两个市场，加大制造业的调整和发展力度

结构调整是一项长期的战略任务，必须以市场为导向，以信息化与入世为契机，把握调整的方向和重点，尽快形成适应市场经济发展的结构调整新机制，实现持续、快速、健康发展。按照宏观发展目标的要求，2003年电子信息产业主要产品生产与出口计划情况见表1。

采取重点支持政策，加快建设国家电子信息产业基地。支持国内信息产业发达地区面向全球，建立包括研发设计、生产制造、软件开发、信息服务、销售流通、跨国经营的产业链体系。通过建设国家产业基地，提高生产制造能力和集中度，促进中国从电子信息产品制造大国向强国转变。加强宏观指导，研究制定产业基地建设的总体规划和政策措施。立足国内产业比较优势，改善投资环境，加大引资力度，更好地承接国外产业的转移。有条件的地区特别是东部沿海地区，要加快形成以产业链为基础、以优势产品为主导的产业集群和特色园区。中西部地区应依据自身实际，将特色和优势产业进一步做大。信息产业部将加强与有关省市的沟通与协调，组织省市间的协作，促进形成跨行政区域的电子信息产业基地，逐步向周边辐射，进而带动全国的发展。

继续实施大公司战略，加快形成自己的跨国公司和著名品牌。协调和落实国家有关融资、税收方面的政策，创造条件，鼓励企业通过联合重组、兼并收购、境内外上市等方式，发展具有国际竞争力的大企业集团。2003年，营业收入超过200亿元的大企业要力争达到7家。其中，超过700亿元的2家。在新型元器件、光电子等领域形成若干家“小巨人”，成为大企业强有力的配套力量，形成合理的企业结构。规范电子信息百强企业工作，引导企业“做大、做强、做精”。加强指导和协调，推进国企改革，巩固脱困成果。按照现代企业制度的要求，继续推进并规范企业的公司制改革和股份制改造。

加大市场开拓力度，扩大内需和出口。今年要重点组织实施数字电视、移动通信、信息安全产品、新型元器件、应用信息技术改造传统产业等专项，提高为国民经济提供系统装备和产品的能力，扩大国内电子信息产品的消费需求。做好出口工作，完善出口协调机制，落实各项出口扶持政策，创造良好的出口外部环境。在保证大宗出口产品扩大的同时，抓好软件与集成电路的出口；在保持传统出口市场份额的同时，继续开拓新兴市场；在扩大产品出口的同时，鼓励有比较优势的企业“走出去”，开展对外投资，扩大境外加工贸易，带动国内产品出口。

2003年要做好“十五”计划的滚动规划调整，并启动“十一五”计划的预先研究工作。最近，国家及许多省市政府都在资金上加大了对电子信息产业的支持。要引导各方面资金投向基础领域、薄弱环节、新增长点以及技术研发方面。各地要根据自身优势，拓展具有本地特色的产品领域。同时，要继续遏制低水平的重复建设，避免“一哄而上”，造成不必要的损失。

2. 加强宏观调控和政策引导，实现通信业有效益的快速增长

中央经济工作会议提出，电信等行业市场潜力大，产业关联度大，对促进结构调整、拉动经济增长有重要作用，是新的经济增长点，要完善政策，促进其快速、健康发展。通信业要围绕这一要求，推进发展，实现有效益的快速增长。

加强对行业发展的规划指导。要面向国民经济和信息化建设，坚持以市场为导向，根据多层次、多样化的信息通信需求，跟踪世界信息技术发展趋势，统一规划、统一标准，加快对现有网络的改造、优化、升级，逐步向下一代信息网络演进，以满足各类业务发展的需要。处理好当前发展与长远需要的关系，注重投资建设的综合效益，做到适

度超前，防止过度投资；处理好发展新技术与业务更替的关系，使新业务渐进发展，平滑过渡。政府部门要调控和引导市场，防范投资风险；要从加强规划指导、整顿建设市场、引导企业联合建设等多方面入手，防止不必要的重复建设。根据十六大对经济发展的战略部署，抓紧制订滚动规划，对通信业“十五”计划做必要的调整，并着手做好“十一五”计划的前期工作。

加强对通信业务发展的政策引导。针对通信业务市场需求结构变化的情况，引导企业调整发展思路，从单纯追求规模转向效益与规模并重，将发展的着力点转变到提高效益、提高企业与行业的核心竞争力上来。企业要加强市场调研和分析，培育新的业务增长点，加大话务量开发力度，开拓市场，培育市场，做大市场，将巨大的用户规模转化成巨大的消费需求，做到规模与效益、速度与质量相统一。政府部门要为企业的业务创新营造良好的政策环境，引导企业进行商业模式的创新，形成运营、制造、信息服务等多方合作、利益共享的新型产业链，实施“走出去”战略，引导和推动运营企业开发国际市场。

发挥技术标准对通信发展的指导和支撑作用。在引入竞争、开放市场、多家经营的情况下，加强通信技术标准工作，以保证通信网的完整性、统一性、先进性，保障全网安全畅通，提高网络运行质量，降低运行成本。开展与下一代电信网密切相关的关键技术标准的研究工作。按“积极跟进、先行试验、培育市场、支持发展”的原则，继续做好第三代移动通信相关技术试验的组织工作。

建立普遍服务机制是2003年的一项重要工作。信息产业部将与有关部门相互协调，做好建立普遍服务基金的各项准备工作，争取尽快出台，从机制上保障西部和农村地区的通信发展。

3. 加快软件产业和集成电路产业的发展，增强自主创新能力

以实施《振兴软件产业行动纲要》为契机，加强与有关部门的协调，落实18号文件规定的投融资、税收、政府采购等政策。继续加强软件产业基地和软件工程中心建设，重点支持产业关联度大、市场前景好，以及有利于产业升级与改造的软件产品的研发。以行业应用为重点，加大对国内软件的支持力度，形成一批有国际竞争力的软件产品和龙头企业。集成电路产业要在提高加工制造能力和市场占有率的同时，注重提高设计水平，满足整机配套的需要。数字电视要抓紧相关的技术开发及标准制订工作。要通过引进、消化、吸收和创新，突破制约产业发展的关键技术，发展应用型技术。加强知识产权、标准化、质量管理及电子产品认证工作。加快科技成果产业化步伐，使企业真正成为技术创新的主体。重视人才培养，鼓励海外留学生和外籍人员在国内创业。

加速军工电子装备和系统的发展，完成机械化和信息化建设双重任务。2003年是完成重点工程任务的关键一年，要确保电子信息装备等重点型号工程任务的完成。推动军、民技术的相互转化，发挥民用领域的技术优势，以产业发展促进军工发展。要继续做好三线军工电子企业破产、重组和脱困工作，调整和优化军工生产能力。要加强军工电子行业管理，建立健全竞争、评价、监督、激励机制，改变长期形成的军民分割、自成体系的格局，凝聚军工电子行业各企事业单位的力量，完成党中央、国务院、中央军委交

给的各项任务。

4. 加大政府监管力度，整顿市场经济秩序

深入贯彻国务院36号文件精神，推进中国特色电信监管体系建设。最近，针对电信市场存在的问题，国务院领导同志要求尽快出台“硬措施”予以解决，对此，我们必须贯彻落实。加强监督协调，确保网间通信畅通。加大对互联互通工作中出现的恶性事件的查处力度，对于蓄意破坏正常通信秩序的企业负责人和有关人员，要依照有关规定予以严厉追究。同时，要从技术、经济等方面采取有力措施和手段。加快建立网间通信质量监测和通报制度，向社会公布有关情况；建设网间通信质量监控系统，增强监管部门的调查取证能力；调整网间结算标准，理顺结算关系，利用经济杠杆促进工作的开展。互联互通工作要分层次，对于最基本的电信业务，必须强制实行互联，而且必须达到监管部门规定的质量标准；对于其他业务，鼓励和引导企业在协商一致的基础上自行实现互联。互联互通是电信业的一条基本行规，政府部门要加强监管，各企业总部要加强对干部、职工特别是领导干部的教育，严格督促检查与考核，以实际行动推进互联互通工作的开展。

加强通信法制建设。加快《电信法》起草工作，推进《邮政法》和《无线电管理条例》的修订。做好有关行政规章的制订工作，为依法进行市场监管提供法律依据；加大行政执法力度，落实已发布实施的各项行政法规、规章；做好行政执法监督工作。转变管理方式，将经济调节的重心由调节企业与用户之间的关系逐步向调节企业与企业之间的关系转移。依照市场经济的法则，推进电信资费管理体制改革。当前，政府部门要按照有关规定，加强对电信资费的管理和规范，运营企业要加强价格自律，摒弃恶性价格战。做好《电信企业会计核算办法》的实施工作；完善经营许可证制度，按照有关规定做好外商投资申请的审批工作。落实频率资源管理有关规定，推动码号资源的合理配置和有效利用，发挥电信资源对于电信发展的调控作用；推动海峡两岸通邮通电工作。

加强全国无线电管理工作的整体协调和无线电监测网的统一指挥调度。加强技术设施建设，提高技术监测能力，为防范、查处和打击各类利用无线电技术手段进行的非法活动提供可靠的技术支持。加强对无线电频率的规划与管理工作；加强对卫星通信网、地球站及卫星转发器使用的管理和清理整顿工作；开展航空通信导航频率使用专项检查，消除各类有害干扰。加强网络与信息安全管理，建立健全应急保障机制；做好党政专网、战备应急通信和国际通信出入口管理工作。

加大电子信息产品市场监管和行业调控力度。要针对入世后出现的新情况、新问题，采取措施，从价格协调、打击假冒伪劣、制止恶性竞争、知识产权保护、质量监督等方面加强市场监管，规范市场竞争秩序，营造良好的市场环境。加强入世后经济法律法规的研究制订工作，做好过渡期各项工作；熟悉和掌握非关税手段和反倾销、反补贴和保障措施等手段，加强技术性贸易措施研究；发挥行业协会的作用，建立产业损害预警系统。加强指导和协调，支持企业主动应诉反倾销调查，妥善解决专利纠纷，依法保护国内产业的发展。抓好废旧电子产品的回收、拆解、处理和再利用。

5. 以推广应用为重点，推进信息化建设

2003年的信息化推进工作，要围绕市场需求，抓好推广应用，在政务、企业、社会三个领域取得新的进展。

推进电子政务发展。推动政府上网扩大范围，帮助更多的政府部门建立高效业务系统，提高工作效率。配合有关部门，在完善金融、财税、海关、经贸等全国性信息应用系统的基础上，实施一批信息化重大工程。要在国家规划指导下，利用公用网资源，加强协作配合，走出一条投资少、时间省、见效快、综合效益明显的信息化工程建设新路子。信息产业各部门要将信息化重点工程作为服务工作的重中之重，在工程建设、电路调度、运行维护、软件开发、技术设备和系统集成等方面提供优质、优先、优惠的服务，保障重点工程高效运转，推动电子政务快速发展。

推进企业信息化。继续实施信息技术推广应用“倍增计划”，推动企业应用信息技术进行生产管理流程再造，降低成本，提高管理水平。加快实施企业上网工程，重点支持老工业基地利用信息技术调整结构，加快改造传统产业步伐。信息产业的重点企业、大型企业集团要发挥自身优势，加快建设和完善生产运营、经营管理、财务管理等信息应用系统，争取年内基本实现企业管理信息化。从2003年起，对电子信息百强企业的考核要增加信息化投入指标，以推动工作的开展。

推进社会信息化。加强信息资源开发和利用，丰富网上应用，开发公用数据库，推动电子商务、电子娱乐、远程教育及家庭上网、学校上网等应用工程的发展，推进社区信息化。加强基础性工作，推广、普及信息化知识和技能，提高全社会的信息化应用水平。会同有关部门尽快制定电子商务安全交易、公共信息资源管理等方面的法律法规，统一技术标准，加强信息系统工程管理，为信息化建设提供良好的外部环境。各地的信息化建设要服从国家的总体规划，突出重点，注重实效，避免盲目发展和重复建设。

**表 1　2003 年电子信息产业主要产品生产与出口计划情况**

| 产品名称 | 单位 | 生产计划量 | 出口计划量 |
|---|---|---|---|
| 计算机 | 万台 | 1 300 | – |
| 移动交换机 | 万线 | 6 500 | – |
| 手机 | 亿部 | 12 000 | 5 000 |
| 彩色电视机 | 万台 | 5 000 | 2 000 |
| 彩色显示器 | 万台 | 5 000 | 4 000 |
| 集成电路 | 亿块 | 100 | – |

# 第2部分 电子信息产业经济运行综合统计资料

## 综合统计资料说明

1. 本统计资料的范围是全部国有电子信息产业制造业企业和年销售收入在500万元以上的非国有电子信息产业制造业企业，具有独立法人资格、年销售收入500万元以上的电子信息产业制造业。不包括流通、咨询、服务领域的电子信息企业和个别省市设在保税区内的电子信息产业制造业企业。

2. 此资料调查方式为普查式。历年本统计资料的报表制度均由信息产业部布置，由各省、自治区、直辖市电子信息产业主管部门收集本地区电子信息制造业年度资料，报信息产业部经济体制改革与经济运行司汇总整理。解释权为信息产业部经济体制改革与经济运行司。

3. 由于历史原因，电冰箱、空调等产品属国家轻工、机械部门管理，本统计资料中的电冰箱、空调产量为原电子工业系统企业生产，不是全国总产量。

**表 1　2002 年电子信息产业主要经济指标完成情况**

| 项目名称 | 单位 | 2002 年 | 2001 年 | 增长率(%) |
|---|---|---|---|---|
| 工业总产值（不变价） | 亿元 | 17 800 | 14 729 | 20.9 |
| 工业总产值（现行价） | 亿元 | 13 717 | 11 463 | 19.7 |
| 工业销售产值 | 亿元 | 13 415 | 11 176 | 20.0 |
| 出口交货值 | 亿元 | 6 091 | 4 356 | 39.8 |
| 工业增加值 | 亿元 | 2 980 | 2 605 | 14.4 |
| 产品销售收入 | 亿元 | 14 000 | 11 885 | 17.8 |
| 利税合计 | 亿元 | 860 | 844 | 1.9 |
| 其中：利润总额 | 亿元 | 600 | 563 | 6.6 |
| 资产总计 | 亿元 | 12 110 | 10 527 | 15.0 |
| 负债合计 | 亿元 | 7 106 | 6 180 | 15.0 |
| 从业人员平均人数 | 万人 | 326 | 301 | 8.3 |
| 进出口总额 | 亿美元 | 1 771 | 1 241 | 42.8 |
| 其中：进口总额 | 亿美元 | 851 | 591 | 44.0 |
| 出口总额 | 亿美元 | 920 | 650 | 41.5 |
| 软件及系统集成收入 | 亿元 | 1 100 | 751 | 46.5 |
| 其中：软件收入 | 亿元 | 661 | 516 | 28.1 |
| 系统集成及计算机服务收入 | 亿元 | 440 | 235 | 87.2 |
| 软件出口额 | 亿美元 | 15 | 8 | 87.5 |

备注：2001年数据为修正值。

表 2　2002 年按经济类型划分的电子信息产业

| 项目名称 | 企业数(个) | 综合经济效益指数 | 总资产贡献率 | 资本保值增值率 |
|---|---|---|---|---|
| 国有经济 | 910 | 159.12 | 4.36 | 123.75 |
| 集体经济 | 916 | 188.47 | 10.36 | 105.73 |
| 股份合作经济 | 427 | 129.75 | 13.87 | 110.47 |
| 股份制经济 | 1 407 | 125.72 | 7.90 | 109.77 |
| 外商及港澳台投资经济 | 3 331 | 147.17 | 8.55 | 111.57 |
| 其他经济 | 2 015 | 126.24 | 15.13 | 127.13 |

表 3　2002 年按企业规模划分的电子信息产业

| 项目名称 | 企业数(个) | 综合经济效益指数 | 总资产贡献率 | 资本保值增值率 |
|---|---|---|---|---|
| 大中型企业合计 | 1 676 | 172.15 | 7.35 | 107.05 |
| 大型企业小计 | 803 | 186.62 | 7.38 | 105.28 |
| 特大型企业 | 42 | 351.84 | 6.13 | 102.28 |
| 大一型企业 | 293 | 167.64 | 7.40 | 104.46 |
| 大二型企业 | 468 | 142.42 | 8.81 | 112.31 |
| 中型企业小计 | 873 | 131.50 | 7.22 | 116.43 |
| 中一型企业 | 311 | 138.68 | 5.78 | 118.59 |
| 中二型企业 | 562 | 127.81 | 8.55 | 114.45 |
| 小型企业小计 | 7 330 | 122.37 | 10.10 | 131.07 |

表 4　2002 年雷达工业行业

| 项目名称 | 企业数(个) | 综合经济效益指数 | 总资产贡献率 | 资本保值增值率 |
|---|---|---|---|---|
| 雷达工业行业 | 54 | 101.41 | 4.48 | 118.99 |
| 雷达整机制造业 | 29 | 93.17 | 3.50 | 118.49 |
| 雷达专用配套设备及部件制造业 | 25 | 125.60 | 7.73 | 120.31 |

制造业经济效益指标完成情况

单位：%

| 资产负债率 | 流动资产周转率 | 成本费用利润率 | 全员劳动生产率(元/人) | 产品产销率 |
|---|---|---|---|---|
| 63.07 | 1.28 | 2.48 | 145 050.30 | 100.02 |
| 62.23 | 1.86 | 5.12 | 153 336.60 | 96.79 |
| 57.83 | 2.67 | 5.59 | 27 172.10 | 97.62 |
| 53.86 | 1.19 | 5.57 | 63 396.50 | 97.11 |
| 59.38 | 2.40 | 4.27 | 84 615.50 | 97.83 |
| 57.44 | 2.06 | 7.13 | 14 468.20 | 96.22 |

制造业经济效益指标完成情况

单位：%

| 资产负债率 | 流动资产周转率 | 成本费用利润率 | 全员劳动生产率(元/人) | 产品产销率 |
|---|---|---|---|---|
| 58.36 | 1.79 | 4.43 | 139 929.20 | 95.49 |
| 57.95 | 1.81 | 4.44 | 163 821.10 | 94.86 |
| 49.93 | 1.79 | 3.88 | 446 305.40 | 87.78 |
| 59.58 | 1.74 | 4.40 | 133 320.30 | 98.50 |
| 63.75 | 1.98 | 5.11 | 79 473.90 | 97.09 |
| 60.25 | 1.70 | 4.37 | 72 492.90 | 98.48 |
| 59.78 | 1.60 | 3.40 | 95 702.00 | 98.91 |
| 60.68 | 1.80 | 5.24 | 56 074.70 | 98.12 |
| 59.55 | 2.26 | 4.62 | 33 634.60 | 102.56 |

经济效益指标完成情况

单位：%

| 资产负债率 | 流动资产周转率 | 成本费用利润率 | 全员劳动生产率(元/人) | 产品产销率 |
|---|---|---|---|---|
| 73.52 | 0.74 | 6.37 | 41 019.10 | 95.98 |
| 74.78 | 0.66 | 4.91 | 41 599.90 | 95.99 |
| 69.50 | 1.08 | 10.12 | 39 816.20 | 95.96 |

表 5　2002 年通信设备行业

| 项目名称 | 企业数(个) | 综合经济效益指数 | 总资产贡献率 | 资本保值增值率 |
|---|---|---|---|---|
| 通信设备行业 | 890 | 209.67 | 10.17 | 114.31 |
| 传输设备制造业 | 163 | 170.53 | 6.67 | 125.27 |
| 交换设备制造业 | 151 | 188.50 | 7.49 | 96.47 |
| 通信设备终端制造业 | 217 | 261.19 | 15.66 | 127.17 |
| 通信设备修理业 | 6 | 120.64 | 11.30 | 142.73 |
| 其他通信设备制造业 | 353 | 172.77 | 10.13 | 113.53 |

表 6　2002 年广播电视行业

| 项目名称 | 企业数(个) | 综合经济效益指数 | 总资产贡献率 | 资本保值增值率 |
|---|---|---|---|---|
| 广播电视行业 | 646 | 133.10 | 6.37 | 117.12 |
| 广播电视设备制造业 | 112 | 90.12 | 4.87 | 117.96 |
| 电视机、录像机、摄像机制造业 | 249 | 155.79 | 6.29 | 118.75 |
| 收音机、录音机制造业 | 283 | 113.30 | 7.08 | 109.05 |
| 广播电视设备修理业 | 2 | 101.49 | 5.86 | 128.49 |

表 7　2002 年电子计算机行业

| 项目名称 | 企业数(个) | 综合经济效益指数 | 总资产贡献率 | 资本保值增值率 |
|---|---|---|---|---|
| 电子计算机行业 | 588 | 203.03 | 8.67 | 115.55 |
| 电子计算机整机制造业 | 132 | 279.85 | 11.54 | 110.72 |
| 电子计算机外部设备制造业 | 377 | 175.39 | 6.97 | 119.45 |
| 电子计算器制造业 | 65 | 142.61 | 6.99 | 97.07 |
| 电子计算机修理业 | 1 | 203.75 | 27.29 | 246.88 |
| 幻灯机、投影仪制造业 | 13 | 157.51 | 9.48 | 127.72 |

**经济效益指标完成情况**

单位：%

| 资产负债率 | 流动资产周转率 | 成本费用利润率 | 全员劳动生产率(元/人) | 产品产销率 |
|---|---|---|---|---|
| 55.66 | 1.67 | 5.95 | 183 340.40 | 98.48 |
| 56.97 | 1.07 | 5.45 | 139 859.90 | 99.64 |
| 59.27 | 0.94 | 5.13 | 177 807.70 | 97.65 |
| 52.97 | 2.66 | 6.96 | 226 218.60 | 98.63 |
| 38.68 | 1.15 | 7.58 | 25 052.60 | 98.98 |
| 53.61 | 1.45 | 6.34 | 123 918.30 | 98.28 |

**经济效益指标完成情况**

单位：%

| 资产负债率 | 流动资产周转率 | 成本费用利润率 | 全员劳动生产率(元/人) | 产品产销率 |
|---|---|---|---|---|
| 60.05 | 1.97 | 2.67 | 83 456.00 | 99.42 |
| 65.04 | 1.11 | 2.26 | 36 787.60 | 95.78 |
| 59.92 | 1.89 | 2.55 | 122 708.00 | 99.98 |
| 59.59 | 2.62 | 3.21 | 36 822.40 | 97.66 |
| 49.65 | 1.11 | 5.72 | 24 808.70 | 102.21 |

**经济效益指标完成情况**

单位：%

| 资产负债率 | 流动资产周转率 | 成本费用利润率 | 全员劳动生产率(元/人) | 产品产销率 |
|---|---|---|---|---|
| 67.81 | 2.84 | 3.46 | 177 145.80 | 98.29 |
| 77.63 | 3.57 | 3.54 | 288 629.80 | 98.46 |
| 61.73 | 2.37 | 3.33 | 141 129.20 | 98.98 |
| 59.03 | 2.54 | 4.09 | 85 987.90 | 89.05 |
| 34.63 | 2.25 | 17.97 | 7 000.00 | 100.00 |
| 54.65 | 1.46 | 4.87 | 107 601.40 | 94.71 |

表 8　2002 年电子元件行业

| 项目名称 | 企业数(个) | 综合经济效益指数 | 总资产贡献率 | 资本保值增值率 |
|---|---|---|---|---|
| 电子元件行业 | 4 437 | 121.47 | 8.11 | 109.84 |
| 电子元件制造业 | 1 967 | 115.61 | 6.99 | 111.49 |
| 微电机制造业 | 302 | 120.77 | 8.86 | 86.94 |
| 电线电缆制造业 | 1 989 | 132.92 | 9.35 | 110.17 |
| 原电池制造业 | 179 | 132.82 | 9.57 | 118.30 |

表 9　2002 年电子测量仪器行业

| 项目名称 | 企业数(个) | 综合经济效益指数 | 总资产贡献率 | 资本保值增值率 |
|---|---|---|---|---|
| 电子测量仪器行业 | 125 | 107.00 | 7.42 | 114.43 |
| 电子测量仪器制造业 | 93 | 121.50 | 8.45 | 118.57 |
| 导航、制导仪器制造业 | 24 | 92.09 | 6.31 | 109.32 |
| 气象、海洋、水文、天文测量仪器行业 | 8 | 65.83 | 3.05 | 102.01 |

表 10　2002 年电子专用设备行业

| 项目名称 | 企业数(个) | 综合经济效益指数 | 总资产贡献率 | 资本保值增值率 |
|---|---|---|---|---|
| 电子专用设备行业 | 595 | 141.42 | 9.42 | 114.82 |
| 电子工业专用设备制造业 | 84 | 117.45 | 7.11 | 118.60 |
| 其他电子设备制造业 | 500 | 145.70 | 9.78 | 114.49 |
| 其他电子设备修理业 | 11 | 137.65 | 5.16 | 101.07 |

表 11　2002 年日用电子器具及其他行业

| 项目名称 | 企业数(个) | 综合经济效益指数 | 总资产贡献率 | 资本保值增值率 |
|---|---|---|---|---|
| 日用电子器具及其他行业 | 751 | 142.83 | 8.90 | 113.23 |
| 其他日用电器制造业 | 593 | 143.50 | 9.50 | 111.59 |
| 信息化学品制造业 | 158 | 143.81 | 8.08 | 115.77 |

经济效益指标完成情况

单位：%

| 资产负债率 | 流动资产周转率 | 成本费用利润率 | 全员劳动生产率(元/人) | 产品产销率 |
|---|---|---|---|---|
| 57.20 | 1.83 | 4.69 | 50 726.30 | 97.35 |
| 55.32 | 1.89 | 4.54 | 43 887.60 | 98.05 |
| 55.90 | 2.14 | 5.77 | 40 884.90 | 95.74 |
| 59.63 | 1.72 | 4.54 | 68 627.80 | 96.76 |
| 59.79 | 1.88 | 6.40 | 51 774.70 | 96.86 |

经济效益指标完成情况

单位：%

| 资产负债率 | 流动资产周转率 | 成本费用利润率 | 全员劳动生产率(元/人) | 产品产销率 |
|---|---|---|---|---|
| 67.18 | 0.97 | 6.32 | 35 380.30 | 97.58 |
| 64.72 | 1.07 | 6.80 | 49 051.50 | 98.31 |
| 70.89 | 0.78 | 5.95 | 22 807.90 | 96.02 |
| 60.65 | 1.39 | -0.86 | 18 152.80 | 98.12 |

经济效益指标完成情况

单位：%

| 资产负债率 | 流动资产周转率 | 成本费用利润率 | 全员劳动生产率(元/人) | 产品产销率 |
|---|---|---|---|---|
| 52.34 | 1.27 | 8.98 | 60 865.80 | 97.04 |
| 60.78 | 1.75 | 4.68 | 47 373.10 | 95.46 |
| 50.95 | 1.22 | 9.72 | 63 050.00 | 97.30 |
| 78.09 | 1.43 | 3.18 | 113 679.50 | 95.45 |

经济效益指标完成情况

单位：%

| 资产负债率 | 流动资产周转率 | 成本费用利润率 | 全员劳动生产率(元/人) | 产品产销率 |
|---|---|---|---|---|
| 60.78 | 2.09 | 5.62 | 72 979.30 | 98.19 |
| 60.26 | 2.26 | 5.05 | 73 105.10 | 98.06 |
| 61.53 | 1.70 | 7.36 | 72 420.20 | 98.59 |

表 12　2002 年电子器件工业行业

| 项目名称 | 企业数(个) | 综合经济效益指数 | 总资产贡献率 | 资本保值增值率 |
|---|---|---|---|---|
| 电子器件工业行业 | 920 | 125.72 | 4.98 | 111.55 |
| 电光源制造业 | 333 | 115.73 | 7.94 | 111.80 |
| 电真空器件制造业 | 103 | 163.64 | 7.13 | 105.62 |
| 半导体器件制造业 | 300 | 117.13 | 3.07 | 102.40 |
| 集成电路制造业 | 184 | 108.53 | 1.21 | 130.11 |

表 13　2002 年按省、市、自治区划分的电子信息产业制造业

| 省、市、自治区名称 | 企业数(个) | 综合经济效益指数 | 总资产贡献率 | 资本保值增值率 |
|---|---|---|---|---|
| 北京市 | 390 | 181.13 | 9.08 | 112.96 |
| 天津市 | 354 | 197.03 | 8.80 | 98.50 |
| 河北省 | 236 | 154.97 | 9.31 | 104.15 |
| 山西省 | 47 | 55.15 | 1.70 | 110.60 |
| 内蒙古自治区 | 24 | 357.93 | 54.98 | 241.03 |
| 辽宁省 | 245 | 130.17 | 7.23 | 111.29 |
| 吉林省 | 59 | 67.12 | 2.00 | 125.24 |
| 黑龙江省 | 56 | 71.29 | 2.80 | 94.38 |
| 上海市 | 793 | 170.48 | 6.01 | 107.28 |
| 江苏省 | 1 351 | 130.73 | 7.08 | 112.14 |
| 浙江省 | 1 149 | 147.17 | 11.58 | 124.18 |
| 安徽省 | 181 | 110.61 | 8.36 | 127.29 |
| 福建省 | 290 | 227.65 | 12.43 | 123.13 |
| 江西省 | 77 | 80.23 | 4.27 | 96.06 |
| 山东省 | 384 | 192.05 | 11.34 | 114.37 |
| 河南省 | 207 | 116.03 | 6.48 | 100.61 |
| 湖北省 | 234 | 150.50 | 8.22 | 104.07 |
| 湖南省 | 131 | 129.98 | 6.60 | 126.15 |

经济效益指标完成情况

单位：%

| 资产负债率 | 流动资产周转率 | 成本费用利润率 | 全员劳动生产率(元/人) | 产品产销率 |
|---|---|---|---|---|
| 55.24 | 1.68 | 3.33 | 77 752.90 | 98.15 |
| 49.48 | 1.71 | 6.15 | 34 426.00 | 96.67 |
| 55.51 | 1.48 | 6.43 | 118 775.90 | 98.87 |
| 60.88 | 1.92 | 0.83 | 83 355.10 | 98.55 |
| 52.76 | 1.90 | −1.09 | 81 089.20 | 97.12 |

经济效益指标完成情况

单位：%

| 资产负债率 | 流动资产周转率 | 成本费用利润率 | 全员劳动生产率(元/人) | 产品产销率 |
|---|---|---|---|---|
| 51.67 | 1.81 | 5.27 | 142 095.90 | 97.36 |
| 49.48 | 2.09 | 5.37 | 166 963.60 | 99.11 |
| 59.39 | 1.33 | 8.98 | 85 000.00 | 97.49 |
| 75.23 | 0.76 | 0.05 | 16 256.40 | 90.45 |
| 45.17 | 2.41 | 22.60 | 146 332.50 | 97.84 |
| 58.32 | 1.80 | 4.45 | 69 426.10 | 97.26 |
| 53.92 | 0.42 | −0.29 | 31 277.90 | 93.76 |
| 80.25 | 0.50 | 2.71 | 31 802.30 | 97.27 |
| 56.43 | 1.71 | 3.50 | 147 462.30 | 99.51 |
| 65.53 | 2.00 | 3.26 | 77 459.10 | 97.53 |
| 56.28 | 1.60 | 7.26 | 66 976.70 | 97.19 |
| 58.41 | 1.54 | 4.06 | 36 944.20 | 97.30 |
| 63.56 | 2.36 | 7.04 | 187 960.40 | 97.98 |
| 68.67 | 0.87 | 2.82 | 29 471.20 | 95.88 |
| 52.51 | 2.41 | 4.00 | 150 904.20 | 98.01 |
| 64.71 | 1.03 | 4.88 | 62 152.90 | 100.76 |
| 52.48 | 1.32 | 5.98 | 100 042.80 | 96.61 |
| 57.73 | 1.61 | 5.41 | 64 221.30 | 100.68 |

续表 13

| 省市自治区名称 | 企业数(个) | 综合经济效益指数 | 总资产贡献率 | 资本保值增值率 |
|---|---|---|---|---|
| 广东省 | 2 239 | 128.84 | 7.82 | 112.51 |
| 广西壮族自治区 | 67 | 113.17 | 6.59 | 119.94 |
| 海南省 | 11 | 126.25 | 5.79 | 189.91 |
| 四川省 | 208 | 119.45 | 5.07 | 101.30 |
| 贵州省 | 48 | 79.02 | 2.69 | 92.94 |
| 云南省 | 24 | 102.00 | 6.04 | 106.14 |
| 重庆市 | 65 | 92.41 | 6.53 | 99.49 |
| 陕西省 | 95 | 118.69 | 6.76 | 114.55 |
| 甘肃省 | 25 | 79.10 | 4.13 | 124.15 |
| 青海省 | 3 | – | – | – |
| 宁夏回族自治区 | 4 | 110.28 | 3.03 | 116.22 |
| 新疆维吾尔族自治区 | 9 | 58.50 | 1.65 | 107.88 |

表 14　2002 年按经济类型划分的电子信息产业制造业

| 项目名称 | 企业(个) | 亏损企业(个) | 工业总产值(不变价) |
|---|---|---|---|
| 总　计 | 9 006 | 2 039 | 178 030 570 |
| 国有经济 | 910 | 363 | 18 070 842 |
| 集体经济 | 916 | 154 | 3 526 047 |
| 股份合作经济 | 427 | 39 | 2 343 925 |
| 股份制经济 | 1 407 | 279 | 26 764 178 |
| 外商及港、澳、台投资经济 | 3 331 | 979 | 120 691 349 |
| 其他经济 | 2 015 | 225 | 6 634 229 |

| 资产负债率 | 流动资产周转率 | 成本费用利润率 | 全员劳动生产率(元/人) | 产品产销率 |
|---|---|---|---|---|
| 60.65 | 2.29 | 4.03 | 59 905.60 | 98.17 |
| 67.70 | 1.11 | 4.87 | 53 851.10 | 97.33 |
| 76.84 | 1.22 | 5.38 | 65 079.10 | 84.07 |
| 53.30 | 0.95 | 4.00 | 75 856.10 | 103.82 |
| 60.56 | 0.78 | 0.99 | 41 333.30 | 98.39 |
| 53.24 | 1.08 | 4.33 | 41 771.60 | 90.33 |
| 68.99 | 1.09 | 3.82 | 32 065.90 | 96.02 |
| 64.38 | 0.84 | 5.28 | 63 781.50 | 97.44 |
| 57.57 | 0.59 | 1.97 | 26 664.70 | 99.02 |
| – | – | – | – | – |
| 75.71 | 1.54 | 3.47 | 66 932.00 | 95.71 |
| 64.60 | 1.11 | −3.63 | 29 971.50 | 111.14 |

**主要经济指标完成情况(1)**

单位：万元

| 工业总产值(当年价格) | 新产品产值 | 工业销售产值 | 出口交货值 |
|---|---|---|---|
| 137 172 044 | 33 485 995 | 134 153 593 | 60 913 597 |
| 11 465 735 | 5 810 035 | 11 467 822 | 2 773 104 |
| 3 764 095 | 182 010 | 3 643 306 | 421 083 |
| 2 362 433 | 62 168 | 2 306 311 | 353 634 |
| 20 148 756 | 7 097 773 | 19 567 350 | 2 734 117 |
| 92 750 946 | 19 974 675 | 90 741 122 | 53 924 096 |
| 6 680 079 | 359 334 | 6 427 682 | 707 564 |

表 15　2002 年按企业规模划分的电子信息产业制造业

| 项目名称 | 企业(个) | 亏损企业(个) | 工业总产值(不变价) |
|---|---|---|---|
| 大中型企业合计 | 1 676 | 456 | 136 454 781 |
| 大型企业小计 | 803 | 217 | 114 935 932 |
| 特大型企业 | 42 | 7 | 37 796 454 |
| 大一型企业 | 293 | 73 | 49 182 523 |
| 大二型企业 | 468 | 137 | 27 956 955 |
| 中型企业小计 | 873 | 239 | 21 518 848 |
| 中一型企业 | 311 | 95 | 11 085 665 |
| 中二型企业 | 562 | 144 | 10 433 184 |
| 小型企业小计 | 7 330 | 1 583 | 41 545 790 |

表 16　2002 年雷达工业行业

| 项目名称 | 企业(个) | 亏损企业(个) | 工业总产值(不变价) |
|---|---|---|---|
| 雷达工业行业 | 54 | 13 | 685 596 |
| 雷达整机制造业 | 29 | 7 | 479 176 |
| 雷达专用配套设备及部件制造业 | 25 | 6 | 206 420 |

表 17　2002 年通信设备行业

| 项目名称 | 企业(个) | 亏损企业(个) | 工业总产值(不变价) |
|---|---|---|---|
| 通信设备行业 | 890 | 221 | 38 362 300 |
| 传输设备制造业 | 163 | 29 | 3 864 274 |
| 交换设备制造业 | 151 | 36 | 8 698 424 |
| 通信设备终端制造业 | 217 | 58 | 21 262 748 |
| 通信设备修理业 | 6 | 1 | 8 248 |
| 其他通信设备制造业 | 353 | 97 | 4 528 606 |

## 主要经济指标完成情况(1)

单位：万元

| 工业总产值(当年价格) | 新产品产值 | 工业销售产值 | 出口交货值 |
|---|---|---|---|
| 92 436 773 | 29 669 322 | 88 271 213 | 40 592 373 |
| 76 270 407 | 27 128 013 | 72 349 896 | 32 753 236 |
| 23 420 278 | 11 631 283 | 20 558 940 | 8 276 881 |
| 33 903 779 | 12 162 580 | 33 395 177 | 14 955 155 |
| 18 946 351 | 3 334 150 | 18 395 779 | 9 521 200 |
| 16 166 366 | 2 541 309 | 15 921 317 | 7 839 136 |
| 7 428 152 | 1 197 268 | 7 346 985 | 3 753 136 |
| 8 738 213 | 1 344 042 | 8 574 332 | 4 086 000 |
| 44 735 271 | 3 816 673 | 45 882 379 | 20 321 225 |

## 主要经济指标完成情况(1)

单位：万元

| 工业总产值(当年价格) | 新产品产值 | 工业销售产值 | 出口交货值 |
|---|---|---|---|
| 665 189 | 321 604 | 638 465 | 85 487 |
| 464 130 | 272 606 | 445 528 | 82 208 |
| 201 059 | 48 998 | 192 937 | 3 279 |

## 主要经济指标完成情况(1)

单位：万元

| 工业总产值(当年价格) | 新产品产值 | 工业销售产值 | 出口交货值 |
|---|---|---|---|
| 28 794 995 | 10 783 930 | 28 358 177 | 8 209 708 |
| 3 028 152 | 1 150 753 | 3 017 101 | 260 381 |
| 6 013 101 | 1 504 073 | 5 871 763 | 56 896 |
| 15 578 658 | 7 462 459 | 15 365 792 | 5 879 264 |
| 7 934 | – | 7 853 | – |
| 4 167 149 | 666 645 | 4 095 668 | 1 501 097 |

表 18　2002 年广播电视行业

| 项目名称 | 企业(个) | 亏损企业(个) | 工业总产值(不变价) |
|---|---|---|---|
| 广播电视行业 | 646 | 190 | 35 465 773 |
| 广播电视设备制造业 | 112 | 30 | 400 152 |
| 电视机、录像机、摄像机制造业 | 249 | 85 | 30 527 872 |
| 收音机、录音机制造业 | 283 | 75 | 4 535 921 |
| 广播电视设备修理业 | 2 | – | 1 828 |

表 19　2002 年电子计算机行业

| 项目名称 | 企业(个) | 亏损企业(个) | 工业总产值(不变价) |
|---|---|---|---|
| 电子计算机行业 | 588 | 169 | 42 140 259 |
| 电子计算机整机制造业 | 132 | 38 | 23 158 971 |
| 电子计算机外部设备制造业 | 377 | 108 | 17 140 891 |
| 电子计算器制造业 | 65 | 20 | 1 778 056 |
| 电子计算机修理业 | 1 | – | 971 |
| 幻灯机、投影仪制造业 | 13 | 3 | 61 370 |

表 20　2002 年电子元件行业

| 项目名称 | 企业(个) | 亏损企业(个) | 工业总产值(不变价) |
|---|---|---|---|
| 电子元件行业 | 4 437 | 899 | 36 269 342 |
| 电子元件制造业 | 1 967 | 457 | 20 883 067 |
| 微电机制造业 | 302 | 62 | 1 671 612 |
| 电线电缆制造业 | 1 989 | 338 | 12 349 312 |
| 原电池制造业 | 179 | 42 | 1 365 351 |

主要经济指标完成情况(1)

单位：万元

| 工业总产值(当年价格) | 新产品产值 | 工业销售产值 | 出口交货值 |
|---|---|---|---|
| 19 068 670 | 9 257 021 | 18 957 325 | 8 970 096 |
| 396 753 | 92 446 | 380 020 | 176 804 |
| 14 760 390 | 8 326 433 | 14 757 184 | 5 612 697 |
| 3 909 464 | 838 142 | 381 801 | 3 180 480 |
| 2 063 | – | 2 109 | 115 |

主要经济指标完成情况(1)

单位：万元

| 工业总产值(当年价格) | 新产品产值 | 工业销售产值 | 出口交货值 |
|---|---|---|---|
| 32 546 774 | 6 196 756 | 31 990 319 | 21 940 516 |
| 16 161 911 | 2 506 054 | 15 912 899 | 10 167 234 |
| 14 942 838 | 3 649 903 | 14 790 094 | 11 048 000 |
| 1 387 065 | 23 065 | 1 235 221 | 711 934 |
| 972 | – | 972 | 972 |
| 53 988 | 17 734 | 51 133 | 12 376 |

主要经济指标完成情况(1)

单位：万元

| 工业总产值(当年价格) | 新产品产值 | 工业销售产值 | 出口交货值 |
|---|---|---|---|
| 31 240 954 | 3 357 533 | 30 412 638 | 12 355 004 |
| 15 507 342 | 2 192 581 | 15 205 525 | 9 710 303 |
| 1 755 102 | 173 073 | 1 680 311 | 825 490 |
| 12 628 626 | 902 744 | 12 219 359 | 1 179 823 |
| 1 349 884 | 89 135 | 1 307 443 | 639 388 |

表 21　2002 年电子测量仪器行业

| 项目名称 | 企业(个) | 亏损企业(个) | 工业总产值(不变价) |
| --- | --- | --- | --- |
| 电子测量仪器行业 | 125 | 29 | 363 239 |
| 电子测量仪器制造业 | 93 | 22 | 231 954 |
| 导航、制导仪器制造业 | 24 | 4 | 122 076 |
| 气象、海洋、水文、天文测量仪器行业 | 8 | 3 | 9 209 |

表 22　2002 年电子专用设备行业

| 项目名称 | 企业(个) | 亏损企业(个) | 工业总产值(不变价) |
| --- | --- | --- | --- |
| 电子专用设备行业 | 595 | 142 | 3 157 709 |
| 电子工业专用设备制造业 | 84 | 17 | 507 381 |
| 其他电子设备制造业 | 500 | 124 | 2 626 017 |
| 其他电子设备修理业 | 11 | 1 | 24 311 |

表 23　2002 年日用电子器具及其他行业

| 项目名称 | 企业(个) | 亏损企业(个) | 工业总产值(不变价) |
| --- | --- | --- | --- |
| 日用电子器具及其他行业 | 751 | 149 | 6 308 814 |
| 其他日用电器制造业 | 593 | 112 | 4 335 860 |
| 信息化学品制造业 | 158 | 37 | 1 972 954 |

表 24　2002 年电子器件工业行业

| 项目名称 | 企业(个) | 亏损企业(个) | 工业总产值(不变价) |
| --- | --- | --- | --- |
| 电子器件工业行业 | 920 | 227 | 19 340 542 |
| 电光源制造业 | 333 | 72 | 1 756 761 |
| 电真空器件制造业 | 103 | 23 | 9 522 121 |
| 半导体器件制造业 | 300 | 86 | 3 891 050 |
| 集成电路制造业 | 184 | 46 | 4 170 610 |

主要经济指标完成情况(1)

单位：万元

| 工业总产值(当年价格) | 新产品产值 | 工业销售产值 | 出口交货值 |
|---|---|---|---|
| 365 218 | 104 001 | 356 387 | 48 919 |
| 239 960 | 82 024 | 235 897 | 47 746 |
| 114 939 | 19 490 | 110 365 | 1 173 |
| 10 319 | 2 487 | 10 125 | – |

主要经济指标完成情况(1)

单位：万元

| 工业总产值(当年价格) | 新产品产值 | 工业销售产值 | 出口交货值 |
|---|---|---|---|
| 3 165 659 | 631 772 | 3 071 808 | 1 241 611 |
| 427 814 | 125 045 | 408 377 | 157 192 |
| 2 715 743 | 503 299 | 2 642 335 | 1 082 509 |
| 22 102 | 3 428 | 21 096 | 1 910 |

主要经济指标完成情况(1)

单位：万元

| 工业总产值(当年价格) | 新产品产值 | 工业销售产值 | 出口交货值 |
|---|---|---|---|
| 5 680 601 | 613 121 | 5 577 702 | 2 668 224 |
| 4 286 019 | 331 662 | 4 202 847 | 2 027 255 |
| 1 394 582 | 281 459 | 1 374 855 | 640 969 |

主要经济指标完成情况(1)

单位：万元

| 工业总产值(当年价格) | 新产品产值 | 工业销售产值 | 出口交货值 |
|---|---|---|---|
| 12 683 984 | 2 220 260 | 12 448 771 | 5 394 034 |
| 1 452 506 | 97 213 | 1 404 065 | 639 194 |
| 5 420 982 | 1 465 805 | 5 359 544 | 1 519 367 |
| 2 931 421 | 220 237 | 2 888 975 | 1 656 402 |
| 2 879 075 | 437 005 | 2 796 187 | 1 579 071 |

表 25　2002 年按省、市、自治区划分的电子信息产业制造业

| 省、市、自治区名称 | 企业(个) | 亏损企业(个) | 工业总产值(不变价) |
|---|---|---|---|
| 北京市 | 390 | 103 | 13 161 690 |
| 天津市 | 354 | 113 | 11 212 274 |
| 河北省 | 236 | 33 | 1 640 643 |
| 山西省 | 47 | 17 | 174 032 |
| 内蒙古自治区 | 24 | 9 | 387 073 |
| 辽宁省 | 245 | 77 | 5 655 232 |
| 吉林省 | 59 | 17 | 704 980 |
| 黑龙江省 | 56 | 16 | 588 118 |
| 上海市 | 793 | 169 | 21 030 594 |
| 江苏省 | 1 351 | 268 | 18 835 723 |
| 浙江省 | 1 149 | 119 | 8 093 751 |
| 安徽省 | 181 | 45 | 1 770 835 |
| 福建省 | 290 | 60 | 10 859 049 |
| 江西省 | 77 | 26 | 553 986 |
| 山东省 | 384 | 60 | 7 419 888 |
| 河南省 | 207 | 40 | 1 695 125 |
| 湖北省 | 234 | 53 | 2 054 289 |
| 湖南省 | 131 | 31 | 1 477 722 |
| 广东省 | 2 239 | 599 | 63 957 556 |
| 广西壮族自治区 | 67 | 22 | 457 190 |
| 海南省 | 11 | 7 | 36 954 |
| 四川省 | 208 | 53 | 6 412 281 |
| 贵州省 | 48 | 33 | 558 345 |
| 云南省 | 24 | 8 | 198 889 |
| 重庆市 | 65 | 17 | 412 681 |
| 陕西省 | 95 | 27 | 2 426 937 |

## 主要经济指标完成情况(1)

单位：万元

| 工业总产值(当年价格) | 新产品产值 | 工业销售产值 | 出口交货值 |
|---|---|---|---|
| 9 086 820 | 5 660 931 | 8 847 042 | 2 106 463 |
| 8 863 947 | 5 051 709 | 8 785 341 | 4 356 221 |
| 1 421 603 | 124 583 | 1 385 957 | 59 620 |
| 141 306 | 32 180 | 127 813 | 3 856 |
| 361 215 | 503 | 353 407 | 1 090 |
| 3 744 136 | 694 309 | 3 641 713 | 2 184 536 |
| 284 351 | 37 492 | 266 608 | 23 120 |
| 328 254 | 10 710 | 319 279 | 49 388 |
| 13 385 669 | 1 980 249 | 13 319 642 | 6 413 541 |
| 18 121 817 | 4 636 790 | 17 674 160 | 8 044 030 |
| 7 603 333 | 1 948 384 | 7 390 024 | 1 769 150 |
| 988 921 | 268 422 | 962 234 | 50 948 |
| 7 967 218 | 1 192 438 | 7 806 262 | 4 069 128 |
| 380 488 | 80 055 | 364 828 | 7 601 |
| 6 374 848 | 2 377 074 | 6 248 223 | 1 324 455 |
| 1 229 973 | 409 786 | 1 239 307 | 132 116 |
| 1 747 561 | 201 460 | 1 688 288 | 132 849 |
| 840 399 | 308 690 | 846 079 | 102 249 |
| 45 399 316 | 5 995 952 | 44 568 955 | 28 775 561 |
| 297 558 | 50 421 | 289 601 | 27 044 |
| 28 201 | – | 23 709 | 5 369 |
| 3 146 978 | 1 895 244 | 3 267 088 | 824 332 |
| 254 308 | 127 417 | 250 222 | 17 341 |
| 156 353 | 56 074 | 141 237 | 7 031 |
| 321 526 | 62 416 | 308 720 | 17 970 |
| 1 472 329 | 152 978 | 1 434 564 | 130 231 |

续表 25

| 省、市、自治区名称 | 企业(个) | 亏损企业(个) | 工业总产值(不变价) |
|---|---|---|---|
| 甘肃省 | 25 | 10 | 272 890 |
| 青海省 | 3 | 1 | 2 345 |
| 宁夏回族自治区 | 4 | 1 | 24 823 |
| 新疆维吾尔族自治区 | 9 | 5 | 17 679 |

表 26　2002 年部计划单列企业集团

| 企业名称 | 企业(个) | 工业总产值(不变价) | 工业总产值(现价) |
|---|---|---|---|
| 中国电子信息产业集团公司（CEC） | 42 | 1 983 766 | 1 436 418 |
| 普天信息产业集团 | 10 | 5 676 351 | 3 380 937 |
| 中国长城计算机集团公司 | 16 | 8 551 727 | 2 497 739 |
| 天津电子信息集团公司 | 269 | 6 245 338 | 2 797 259 |
| 长白计算机集团公司 | 1 | 600 326 | 265 030 |
| 中国华录集团 | 1 | 809 521 | 400 227 |
| 上海广电集团有限公司 | 33 | 8 737 286 | 3 280 629 |
| 上海仪表控股公司 | 67 | 1 350 463 | 562 535 |
| 上海航天工业总公司 | 5 | 51 614 | 42 673 |
| 上海长江计算机集团公司 | 1 | 176 344 | 45 594 |
| 熊猫集团 | 1 | 1 630 574 | 1 327 517 |
| 中国磁记录设备公司 | 1 | 1 782 | 1 687 |
| 深圳赛格电子工业集团 | 7 | 759 690 | 430 597 |
| 中国振华集团公司 | 32 | 426 587 | 160 674 |
| 彩虹集团 | 1 | 1 223 479 | 741 039 |
| 甘肃电子集团公司 | 15 | 222 331 | 164 274 |

| 工业总产值(当年价格) | 新产品产值 | 工业销售产值 | 出口交货值 |
|---|---|---|---|
| 227 652 | 128 292 | 225 432 | 26 468 |
| 3 054 | – | 1 845 | – |
| 16 604 | 1 325 | 15 892 | 1 891 |
| 16 306 | 113 | 18 121 | – |

**主要经济指标完成情况**

单位：万元

| 新产品产值 | 工业销售产值 | 出口交货值 | 工业增加值 |
|---|---|---|---|
| 1 161 325 | 1 398 792 | 456 597 | 395 800 |
| 2 326 912 | 3 391 530 | 1 114 862 | 414 771 |
| 2 228 765 | 2 505 158 | 1 698 936 | 171 631 |
| 855 728 | 2 757 167 | 1 472 498 | 453 723 |
| 2 494 | 261 601 | 121 180 | 58 402 |
| 275 852 | 386 019 | 317 669 | 76 711 |
| 1 625 910 | 3 302 102 | 1 265 543 | 670 095 |
| 81 844 | 561 422 | 319 213 | 140 743 |
| – | 37 716 | 2 110 | 15 030 |
| 13 575 | 43 723 | 1 327 | 6 122 |
| 473 087 | 1 229 146 | 345 319 | 269 058 |
| 645 | 1 711 | 61 | 681 |
| 66 603 | 426 569 | 201 137 | 132 337 |
| 71 211 | 155 598 | 13 113 | 35 588 |
| – | 717 337 | 128 080 | 258 000 |
| 13 475 | 158 791 | 25 382 | 51 034 |

表 27　2002 年按经济类型划分的电子信息产业制造业主要经济指标完成情况(2)

单位：万元

| 项目名称 | 产品销售收入 | 利润总额 | 应交增值税 | 工业增加值 | 从业人员平均人数(人) |
|---|---|---|---|---|---|
| 国有经济 | 12 741 175 | 266 470 | 271 314 | 6 829 418 | 470 831 |
| 集体经济 | 3 370 221 | 163 768 | 104 586 | 3 470 315 | 226 320 |
| 股份合作经济 | 2 237 662 | 118 555 | 67 470 | 220 322 | 81 084 |
| 股份制经济 | 19 067 488 | 1 109 062 | 551 217 | 3 401 678 | 536 572 |
| 外商及港、澳、台投资经济 | 90 680 826 | 3 687 170 | 1 091 976 | 13 822 000 | 1 633 507 |
| 其他经济 | 6 131 496 | 411 033 | 180 573 | 404 796 | 279 784 |

表 28　2002 年按企业规模划分的电子信息产业制造业主要经济指标完成情况(2)

单位：万元

| 项目名称 | 产品销售收入 | 利润总额 | 应交增值税 | 工业增加值 | 从业人员平均人数(人) |
|---|---|---|---|---|---|
| 大中型企业合计 | 87 533 213 | 3 738 356 | 1 404 721 | 22 762 285 | 1 626 700 |
| 大型企业小计 | 72 170 508 | 3 094 439 | 1 161 671 | 19 677 334 | 1 201 148 |
| 特大型企业 | 20 008 494 | 744 935 | 231 170 | 8 667 340 | 194 202 |
| 大一型企业 | 33 018 822 | 1 408 199 | 631 979 | 7 446 140 | 558 515 |
| 大二型企业 | 19 143 192 | 941 305 | 298 522 | 3 563 854 | 448 431 |
| 中型企业小计 | 15 362 705 | 643 917 | 243 050 | 3 084 951 | 425 552 |
| 中一型企业 | 7 188 754 | 236 423 | 102 170 | 1 687 350 | 176 313 |
| 中二型企业 | 8 173 951 | 407 494 | 140 880 | 1 397 601 | 249 239 |
| 小型企业小计 | 46 695 656 | 2 017 702 | 862 414 | 5 386 244 | 1 601 398 |

表 29　2002 年雷达工业行业主要经济指标完成情况(2)

单位：万元

| 项目名称 | 产品销售收入 | 利润总额 | 应交增值税 | 工业增加值 | 从业人员平均人数(人) |
|---|---|---|---|---|---|
| 雷达整机制造业 | 420 000 | 19 997 | 4 367 | 139 239 | 33 471 |
| 雷达专用配套设备及部件制造业 | 167 972 | 16 029 | 4 129 | 64 339 | 16 159 |

## 表 30　2002 年通信设备行业主要经济指标完成情况(2)

单位：万元

| 项目名称 | 产品销售收入 | 利润总额 | 应交增值税 | 工业增加值 | 从业人员平均人数(人) |
|---|---|---|---|---|---|
| 传输设备制造业 | 3 034 091 | 172 798 | 74 306 | 908 446 | 64 954 |
| 交换设备制造业 | 5 821 375 | 292 921 | 248 000 | 1 503 275 | 84 545 |
| 通信设备终端制造业 | 18 606 881 | 1 155 191 | 234 780 | 3 115 732 | 137 731 |
| 通信设备修理业 | 6 713 | 503 | 105 | 2 142 | 855 |
| 其他通信设备制造业 | 4 089 523 | 247 058 | 121 326 | 1 166 802 | 94 159 |

## 表 31　2002 年广播电视行业主要经济指标完成情况(2)

单位：万元

| 项目名称 | 产品销售收入 | 利润总额 | 应交增值税 | 工业增加值 | 从业人员平均人数(人) |
|---|---|---|---|---|---|
| 广播电视设备制造业 | 387 952 | 8 224 | 8 809 | 87 286 | 23 727 |
| 电视机、录像机、摄像机制造业 | 14 485 439 | 380 949 | 222 178 | 2 361 662 | 192 462 |
| 收音机、录音机制造业 | 3 795 502 | 115 565 | 19 615 | 508 230 | 138 022 |
| 广播电视设备修理业 | 2 898 | 160 | 24 | 454 | 183 |

## 表 32　2002 年电子计算机行业主要经济指标完成情况(2)

单位：万元

| 项目名称 | 产品销售收入 | 利润总额 | 应交增值税 | 工业增加值 | 从业人员平均人数(人) |
|---|---|---|---|---|---|
| 电子计算机整机制造业 | 15 868 437 | 544 443 | 91 378 | 2 747 525 | 95 192 |
| 电子计算机外部设备制造业 | 15 590 591 | 481 168 | 90 233 | 2 839 139 | 201 173 |
| 电子计算器制造业 | 1 191 921 | 41 292 | 5 757 | 305 154 | 35 488 |
| 电子计算机修理业 | 947 | 158 | – | 126 | 180 |
| 幻灯机、投影仪制造业 | 49 386 | 2 374 | 1 457 | 15 656 | 1 455 |

## 表 33　2002 年电子元件行业主要经济指标完成情况(2)

单位：万元

| 项目名称 | 产品销售收入 | 利润总额 | 应交增值税 | 工业增加值 | 从业人员平均人数(人) |
|---|---|---|---|---|---|
| 电子元件制造业 | 14 908 281 | 641 160 | 263 150 | 3 411 615 | 777 353 |
| 微电机制造业 | 1 627 456 | 89 033 | 24 915 | 421 225 | 103 027 |

续表 33

| 项目名称 | 产品销售收入 | 利润总额 | 应交增值税 | 工业增加值 | 从业人员平均人数(人) |
| --- | --- | --- | --- | --- | --- |
| 电线电缆制造业 | 11 673 415 | 506 016 | 336 434 | 2 399 439 | 349 631 |
| 原电池制造业 | 1 275 720 | 77 543 | 32 208 | 350 970 | 67 788 |

表 34　2002 年电子测量仪器行业主要经济指标完成情况(2)

单位：万元

| 项目名称 | 产品销售收入 | 利润总额 | 应交增值税 | 工业增加值 | 从业人员平均人数(人) |
| --- | --- | --- | --- | --- | --- |
| 电子测量仪器制造业 | 239 233 | 16 026 | 9 233 | 83 986 | 17 122 |
| 导航、制导仪器制造业 | 113 845 | 6 732 | 4 467 | 36 780 | 16 126 |
| 气象、海洋、水文、天文测量仪器行业 | 9 976 | -87 | 401 | 3 302 | 1 819 |

表 35　2002 年电子专用设备行业主要经济指标完成情况(2)

单位：万元

| 项目名称 | 产品销售收入 | 利润总额 | 应交增值税 | 工业增加值 | 从业人员平均人数(人) |
| --- | --- | --- | --- | --- | --- |
| 电子工业专用设备制造业 | 404 795 | 18 369 | 10 924 | 111 232 | 23 480 |
| 其他电子设备制造业 | 2 702 112 | 234 822 | 73 423 | 760 408 | 120 604 |
| 其他电子设备修理业 | 16 582 | 508 | 949 | 11 493 | 1 011 |

表 36　2002 年日用电子器具及其他行业主要经济指标完成情况(2)

单位：万元

| 项目名称 | 产品销售收入 | 利润总额 | 应交增值税 | 工业增加值 | 从业人员平均人数(人) |
| --- | --- | --- | --- | --- | --- |
| 其他日用电器制造业 | 4 065 497 | 194 276 | 69 467 | 1 376 744 | 188 324 |
| 信息化学品制造业 | 1 354 854 | 93 672 | 50 652 | 306 808 | 42 365 |

表 37　2002 年电子器件工业行业主要经济指标完成情况(2)

单位：万元

| 项目名称 | 产品销售收入 | 利润总额 | 应交增值税 | 工业增加值 | 从业人员平均人数(人) |
| --- | --- | --- | --- | --- | --- |
| 电光源制造业 | 1 379 992 | 79 326 | 28 488 | 406 702 | 118 138 |
| 电真空器件制造业 | 5 321 548 | 325 338 | 149 140 | 1 246 826 | 104 973 |
| 半导体器件制造业 | 2 931 682 | 24 273 | 35 640 | 820 798 | 98 470 |
| 集成电路制造业 | 2 684 253 | -29 779 | 51 183 | 633 396 | 78 111 |

表 38　2002 年按省、市、自治区划分的电子信息产业制造业主要经济指标完成情况(2)

单位：万元

| 省、市、自治区名称 | 产品销售收入 | 利润总额 | 应交增值税 | 工业增加值 | 从业人员平均人数(人) |
|---|---|---|---|---|---|
| 北京市 | 10 259 367 | 528 708 | 175 510 | 1 394 685 | 98 151 |
| 天津市 | 8 480 759 | 426 293 | 104 368 | 1 960 687 | 117 432 |
| 河北省 | 1 227 651 | 101 295 | 40 379 | 452 064 | 53 184 |
| 山西省 | 117 627 | 60 | 2 820 | 22 450 | 13 810 |
| 内蒙古自治区 | 360 189 | 66 746 | 14 515 | 96 843 | 6 618 |
| 辽宁省 | 3 676 792 | 153 118 | 75 564 | 695 567 | 100 188 |
| 吉林省 | 199 838 | –594 | 9 168 | 64 195 | 20 524 |
| 黑龙江省 | 275 614 | 7 106 | 7 637 | 48 422 | 15 226 |
| 上海市 | 13 468 531 | 460 420 | 242 684 | 3 193 547 | 216 567 |
| 江苏省 | 17 403 720 | 553 080 | 280 550 | 3 107 572 | 401 189 |
| 浙江省 | 7 346 403 | 502 056 | 214 132 | 1 634 722 | 244 073 |
| 安徽省 | 831 672 | 32 597 | 25 640 | 128 396 | 34 754 |
| 福建省 | 7 691 002 | 506 234 | 93 961 | 2 812 019 | 149 607 |
| 江西省 | 249 968 | 6 878 | 7 786 | 78 759 | 26 724 |
| 山东省 | 6 105 425 | 233 611 | 171 287 | 2 130 707 | 141 196 |
| 河南省 | 1 252 981 | 58 325 | 33 499 | 336 073 | 54 072 |
| 湖北省 | 1 545 508 | 98 875 | 34 023 | 581 899 | 58 165 |
| 湖南省 | 828 920 | 42 489 | 18 094 | 207 255 | 32 272 |
| 广东省 | 43 744 522 | 1 652 596 | 453 527 | 6 949 402 | 1 160 058 |
| 广西壮族自治区 | 248 080 | 11 594 | 6 876 | 87 147 | 16 183 |
| 海南省 | 22 055 | 1 152 | 227 | 7 386 | 1 135 |
| 四川省 | 2 803 440 | 107 947 | 54 740 | 867 339 | 114 340 |
| 贵州省 | 225 684 | 2 248 | 6 084 | 73 214 | 17 713 |
| 云南省 | 132 767 | 5 572 | 2 581 | 33 259 | 7 962 |
| 重庆市 | 282 990 | 10 471 | 8 689 | 58 392 | 18 210 |
| 陕西省 | 1 253 021 | 63 076 | 62 519 | 438 816 | 68 800 |

续表 38

| 省、市、自治区名称 | 产品销售收入 | 利润总额 | 应交增值税 | 工业增加值 | 从业人员平均人数(人) |
|---|---|---|---|---|---|
| 甘肃省 | 206 275 | 4 068 | 13 958 | 54 028 | 20 262 |
| 青海省 | 1 890 | -789 | 59 | - | 334 |
| 宁夏回族自治区 | 16 707 | 572 | 440 | 9 130 | 1 364 |
| 新疆维吾尔族自治区 | 19 472 | -744 | 821 | 2 952 | 985 |

**表 39　2002 年按经济类型划分的电子信息产业制造业主要经济指标完成情况(3)**

单位：万元

| 项目名称 | 税金总额 | 流动资产平均余额 | 固定资产净值平均余额 | 资产总计 | 负债合计 |
|---|---|---|---|---|---|
| 国有经济 | 303 386 | 9 991 778 | 4 489 396 | 18 959 439 | 11 957 196 |
| 集体经济 | 123 229 | 1 815 340 | 904 570 | 3 237 868 | 2 014 793 |
| 股份合作经济 | 76 196 | 838 823 | 359 023 | 1 622 012 | 937 948 |
| 股份制经济 | 622 184 | 16 051 781 | 4 539 341 | 26 620 851 | 14 338 068 |
| 外商及港、澳、台投资经济 | 1 134 016 | 37 840 297 | 18 054 922 | 65 571 451 | 38 936 255 |
| 其他经济 | 216 871 | 2 980 249 | 1 116 365 | 5 003 975 | 2 874 176 |

**表 40　2002 年按企业规模划分的电子信息产业制造业主要经济指标完成情况(3)**

单位：万元

| 项目名称 | 税金总额 | 流动资产平均余额 | 固定资产净值平均余额 | 资产总计 | 负债合计 |
|---|---|---|---|---|---|
| 大中型企业合计 | 1 512 547 | 48 869 282 | 21 626 985 | 84 976 669 | 49 595 882 |
| 大型企业小计 | 1 245 703 | 39 840 416 | 17 926 575 | 69 619 022 | 40 343 509 |
| 特大型企业 | 252 271 | 11 156 133 | 6 417 728 | 19 114 103 | 9 543 394 |
| 大一型企业 | 666 971 | 19 005 246 | 7 491 826 | 33 496 056 | 19 956 283 |
| 大二型企业 | 326 461 | 9 679 037 | 4 017 021 | 17 008 863 | 10 843 832 |
| 中型企业小计 | 266 844 | 9 028 866 | 3 700 410 | 15 357 647 | 9 252 373 |
| 中一型企业 | 112 858 | 4 484 300 | 1 622 295 | 7 402 476 | 4 425 342 |
| 中二型企业 | 153 986 | 4 544 566 | 2 078 115 | 7 955 171 | 4 827 031 |
| 小型企业小计 | 963 335 | 20 648 986 | 7 836 633 | 36 038 927 | 21 462 555 |

表 41　2002 年雷达工业行业主要经济指标完成情况(3)

单位：万元

| 项目名称 | 税金总额 | 流动资产平均余额 | 固定资产净值平均余额 | 资产总计 | 负债合计 |
|---|---|---|---|---|---|
| 雷达整机制造业 | 4 995 | 636 155 | 200 386 | 1 047 802 | 783 597 |
| 雷达专用配套设备及部件制造业 | 4 589 | 155 908 | 109 262 | 328 444 | 228 261 |

表 42　2002 年通信设备行业主要经济指标完成情况(3)

单位：万元

| 项目名称 | 税金总额 | 流动资产平均余额 | 固定资产净值平均余额 | 资产总计 | 负债合计 |
|---|---|---|---|---|---|
| 传输设备制造业 | 86 604 | 2 844 882 | 633 240 | 4 380 982 | 2 495 659 |
| 交换设备制造业 | 262 594 | 6 191 854 | 946 863 | 8 397 392 | 4 977 009 |
| 通信设备终端制造业 | 255 878 | 6 994 860 | 1 543 929 | 10 094 863 | 5 346 806 |
| 通信设备修理业 | 251 | 5 863 | 952 | 7 289 | 2 819 |
| 其他通信设备制造业 | 130 966 | 2 812 585 | 620 422 | 4 195 315 | 2 249 233 |

表 43　2002 年广播电视行业主要经济指标完成情况(3)

单位：万元

| 项目名称 | 税金总额 | 流动资产平均余额 | 固定资产净值平均余额 | 资产总计 | 负债合计 |
|---|---|---|---|---|---|
| 广播电视设备制造业 | 10 244 | 348 477 | 100 103 | 523 297 | 340 373 |
| 电视机、录像机、摄像机制造业 | 226 975 | 7 660 305 | 1 636 755 | 11 848 823 | 7 099 325 |
| 收音机、录音机制造业 | 22 013 | 1 448 616 | 514 353 | 2 226 669 | 1 326 789 |
| 广播电视设备修理业 | 32 | 2 615 | 571 | 3 224 | 1 601 |

表 44　2002 年电子计算机行业主要经济指标完成情况(3)

单位：万元

| 项目名称 | 税金总额 | 流动资产平均余额 | 固定资产净值平均余额 | 资产总计 | 负债合计 |
|---|---|---|---|---|---|
| 电子计算机整机制造业 | 96 478 | 4 449 184 | 720 257 | 7 042 255 | 5 467 135 |
| 电子计算机外部设备制造业 | 103 192 | 6 567 085 | 1 718 387 | 10 142 370 | 6 260 919 |
| 电子计算器制造业 | 6 481 | 470 043 | 255 205 | 776 073 | 458 101 |
| 电子计算机修理业 | – | 420 | 159 | 611 | 212 |
| 幻灯机、投影仪制造业 | 1 675 | 33 938 | 5 806 | 49 284 | 26 934 |

表 45　2002 年电子元件行业主要经济指标完成情况(3)

单位：万元

| 项目名称 | 税金总额 | 流动资产平均余额 | 固定资产净值平均余额 | 资产总计 | 负债合计 |
|---|---|---|---|---|---|
| 电子元件制造业 | 284 829 | 7 878 965 | 5 483 746 | 16 201 568 | 8 962 181 |
| 微电机制造业 | 31 180 | 761 387 | 463 267 | 1 391 795 | 778 035 |
| 电线电缆制造业 | 383 990 | 6 804 339 | 3 161 486 | 11 868 828 | 7 077 358 |
| 原电池制造业 | 34 195 | 679 986 | 471 631 | 1 386 716 | 829 185 |

表 46　2002 年电子测量仪器行业主要经济指标完成情况(3)

单位：万元

| 项目名称 | 税金总额 | 流动资产平均余额 | 固定资产净值平均余额 | 资产总计 | 负债合计 |
|---|---|---|---|---|---|
| 电子测量仪器制造业 | 12 175 | 222 633 | 74 398 | 372 079 | 240 821 |
| 导航、制导仪器制造业 | 4 833 | 145 627 | 94 477 | 276 829 | 196 244 |
| 气象、海洋、水文、天文测量仪器业 | 464 | 7 201 | 8 559 | 17 168 | 10 413 |

表 47　2002 年电子专用设备行业主要经济指标完成情况(3)

单位：万元

| 项目名称 | 税金总额 | 流动资产平均余额 | 固定资产净值平均余额 | 资产总计 | 负债合计 |
|---|---|---|---|---|---|
| 电子工业专用设备制造业 | 12 664 | 231 050 | 160 788 | 512 692 | 311 591 |
| 其他电子设备制造业 | 80 888 | 2 207 886 | 852 616 | 3 762 569 | 1 916 898 |
| 其他电子设备修理业 | 971 | 11 582 | 9 915 | 35 557 | 27 767 |

表 48　2002 年日用电子器具及其他行业主要经济指标完成情况(3)

单位：万元

| 项目名称 | 税金总额 | 流动资产平均余额 | 固定资产净值平均余额 | 资产总计 | 负债合计 |
|---|---|---|---|---|---|
| 其他日用电器制造业 | 80 077 | 1 798 070 | 846 457 | 3 365 973 | 2 028 384 |
| 信息化学品制造业 | 53 677 | 799 274 | 1 054 076 | 2 340 274 | 1 440 010 |

## 表 49　2002 年电子器件工业行业主要经济指标完成情况(3)

单位：万元

| 项目名称 | 税金总额 | 流动资产平均余额 | 固定资产净值平均余额 | 资产总计 | 负债合计 |
|---|---|---|---|---|---|
| 电光源制造业 | 35 369 | 809 158 | 511 487 | 1 642 494 | 812 751 |
| 电真空器件制造业 | 154 386 | 3 601 405 | 3 476 957 | 8 473 646 | 4 704 117 |
| 半导体器件制造业 | 38 987 | 1 523 664 | 1 343 260 | 3 415 770 | 2 079 577 |
| 集成电路制造业 | 54 233 | 1 413 253 | 2 443 850 | 4 886 946 | 2 578 336 |

## 表 50　2002 年按省、市、自治区划分的电子信息产业制造业主要经济指标完成情况(3)

单位：万元

| 省、市、自治区名称 | 税金总额 | 流动资产平均余额 | 固定资产净值平均余额 | 资产总计 | 负债合计 |
|---|---|---|---|---|---|
| 北京市 | 187 487 | 5 658 416 | 1 310 225 | 8 667 735 | 4 478 598 |
| 天津市 | 112 937 | 4 066 777 | 1 994 005 | 6 455 147 | 3 194 198 |
| 河北省 | 45 233 | 925 766 | 680 347 | 1 887 338 | 1 120 842 |
| 山西省 | 3 098 | 154 695 | 74 329 | 302 422 | 227 523 |
| 内蒙古自治区 | 14 704 | 149 184 | 31 545 | 199 627 | 90 180 |
| 辽宁省 | 80 330 | 2 038 771 | 1 068 144 | 3 838 354 | 2 238 645 |
| 吉林省 | 10 510 | 477 903 | 373 865 | 1 088 439 | 586 884 |
| 黑龙江省 | 8 516 | 556 362 | 163 418 | 813 982 | 653 195 |
| 上海市 | 252 551 | 7 864 572 | 4 071 657 | 14 229 587 | 8 030 399 |
| 江苏省 | 310 320 | 8 689 580 | 3 912 810 | 15 071 314 | 9 876 024 |
| 浙江省 | 243 295 | 4 579 481 | 1 493 092 | 7 798 822 | 4 389 126 |
| 安徽省 | 29 324 | 541 720 | 254 481 | 958 969 | 560 172 |
| 福建省 | 100 411 | 3 256 263 | 1 712 920 | 5 999 777 | 3 813 649 |
| 江西省 | 8 649 | 288 827 | 144 106 | 498 322 | 342 180 |
| 山东省 | 185 917 | 2 535 965 | 1 091 008 | 4 449 883 | 2 336 756 |
| 河南省 | 37 119 | 1 212 807 | 532 208 | 2 056 016 | 1 330 503 |
| 湖北省 | 47 190 | 1 173 408 | 513 922 | 2 084 486 | 1 093 885 |
| 湖南省 | 20 184 | 515 702 | 536 819 | 1 318 344 | 761 088 |

续表 50

| 省、市、自治区名称 | 税金总额 | 流动资产平均余额 | 固定资产净值平均余额 | 资产总计 | 负债合计 |
|---|---|---|---|---|---|
| 广东省 | 491 006 | 19 097 997 | 7 348 098 | 32 074 783 | 19 454 958 |
| 广西壮族自治区 | 7 849 | 222 909 | 95 318 | 423 941 | 286 991 |
| 海南省 | 228 | 18 117 | 4 878 | 28 055 | 21 557 |
| 四川省 | 68 904 | 2 956 562 | 913 712 | 4 607 430 | 2 455 930 |
| 贵州省 | 6 665 | 290 332 | 115 509 | 495 673 | 300 190 |
| 云南省 | 2 834 | 122 983 | 37 149 | 192 297 | 102 377 |
| 重庆市 | 9 505 | 258 750 | 123 491 | 465 339 | 321 026 |
| 陕西省 | 69 562 | 1 485 285 | 651 805 | 2 577 287 | 1 659 292 |
| 甘肃省 | 15 106 | 349 186 | 188 215 | 606 411 | 349 137 |
| 青海省 | 63 | 1 517 | 780 | 2 894 | 1 406 |
| 宁夏回族自治区 | 477 | 10 824 | 17 633 | 41 553 | 31 461 |
| 新疆维吾尔族自治区 | 910 | 17 607 | 8 132 | 31 369 | 20 266 |

## 表 51　2002 年主要电子信息产品生产能力完成情况

| 产品名称 | 单位 | 企业(个) | 新增生产能力 | 年末生产能力 |
|---|---|---|---|---|
| 移动通信手持机 | 万部 | 34 | 9 033 | 21 914 |
| 移动通信基站设备 | 信道 | 16 | 1 900 | 10 986 262 |
| 移动通信交换机 | 万线 | 4 | – | 4 050 |
| 无线寻呼机 (BP机) | 万部 | 3 | 1 | 385 |
| 电话单机 | 万部 | 35 | 737 | 6 600 |
| 传真机 | 万部 | 8 | – | 231 |
| 程控交换机 | 万线 | 30 | 4 | 7 293 |
| 台式个人电脑 | 万台 | 36 | 355 | 2 525 |
| 服务器 | 万台 | 5 | 4 | 48 |
| 笔记本电脑 | 万台 | 10 | 46 | 165 |
| 电视机 | 万台 | 52 | 1 590 | 9 350 |
| 其中：彩色电视机 | 万台 | 50 | 1 525 | 8 796 |

续表 51

| 产品名称 | 单位 | 企业(个) | 新增生产能力 | 年末生产能力 |
|---|---|---|---|---|
| 录像机 | 万台 | 5 | 37 | 487 |
| 激光视盘机 | 万台 | 26 | 1 090 | 5 876 |
| 激光唱机（CD） | 万台 | 3 | – | 161 |
| 摄像机 | 万台 | 3 | 5 | 84 |
| 组合音响 | 万台 | 24 | 623 | 2 747 |
| 显示器 | 万台 | 25 | 4 297 | 11 701 |
| 显像管 | 万只 | 18 | 1 050 | 7 750 |
| 其中：彩色显像管 | 万只 | 8 | 730 | 5 380 |
| 玻壳 | 万只 | 9 | 2 110 | 8 630 |
| 集成电路 | 万块 | 45 | 271 136 | 884 475 |
| 其中：大规模集成电路 | 万块 | 6 | 86 835 | 356 710 |

**表 52　2002 年按省、市、自治区划分的通信产品产量与排位情况(1)**

| 省、市、自治区名称 | 通信导航设备 | | 光通信设备 | | 光缆终端机 | |
|---|---|---|---|---|---|---|
| | (部) | 位 | (部) | 位 | (部) | 位 |
| 北京市 | – | – | 6 293 | 6 | 3 781 | 3 |
| 天津市 | 445 | 3 | 8 954 | 4 | 8 954 | 1 |
| 辽宁省 | – | – | 823 | 10 | 823 | 7 |
| 上海市 | 84 | 5 | 1 846 | 9 | – | – |
| 江苏省 | – | – | 10 492 | 2 | – | – |
| 福建省 | 153 | 4 | 8 408 | 5 | – | – |
| 山东省 | – | – | 488 | 11 | 287 | 8 |
| 河南省 | 630 | 2 | – | – | – | – |
| 湖北省 | 7 | 7 | 2 051 | 8 | 2 051 | 5 |
| 广东省 | 30 | 6 | 9 993 | 3 | 845 | 6 |
| 广西壮族自治区 | – | – | 353 | 12 | 85 | 9 |

续表 52

| 省、市、自治区名称 | 通信导航设备 | | 光通信设备 | | 光缆终端机 | |
|---|---|---|---|---|---|---|
| | (部) | 位 | (部) | 位 | (部) | 位 |
| 四川省 | – | – | 3 246 | 7 | 3 136 | 4 |
| 云南省 | – | – | 119 | 13 | – | – |
| 重庆市 | – | – | 12 724 | 1 | 4 788 | 2 |
| 陕西省 | 1 695 | 1 | – | – | – | – |

**表 53　2002 年按省、市、自治区划分的通信产品产量与排位情况(2)**

| 省、市、自治区名称 | 程控交换机(不含移动) | | 局用交换机 | | 收发合一中小型电台 | |
|---|---|---|---|---|---|---|
| | (线) | 位 | (线) | 位 | (部) | 位 |
| 北京市 | 4 677 725 | 3 | 4 652 307 | 3 | – | – |
| 天津市 | 590 580 | 8 | 569 177 | 7 | 4 000 | 2 |
| 河北省 | 264 200 | 9 | – | – | – | – |
| 辽宁省 | 211 208 | 10 | 122 952 | 8 | 709 | 10 |
| 吉林省 | 54 520 | 12 | 54 520 | 10 | – | – |
| 黑龙江省 | 578 | 17 | – | – | – | – |
| 上海市 | 14 960 232 | 2 | 13 400 000 | 2 | 3 761 | 3 |
| 江苏省 | 1 268 560 | 6 | 1 268 560 | 6 | 1 751 | 7 |
| 浙江省 | 1 153 596 | 7 | – | – | – | – |
| 福建省 | – | – | – | – | 700 | 11 |
| 江西省 | 29 228 | 14 | – | – | 253 | 12 |
| 山东省 | 2 955 237 | 4 | 2 943 762 | 4 | – | – |
| 河南省 | 58 608 | 11 | 58 608 | 9 | 3 026 | 4 |
| 湖北省 | – | – | – | – | 10 976 | 1 |
| 湖南省 | 2 020 | 16 | 2 020 | 11 | – | – |
| 广东省 | 17 939 461 | 1 | 17 845 915 | 1 | 1 744 | 8 |
| 海南省 | – | – | – | – | 1 298 | 9 |
| 贵州省 | 33 595 | 13 | – | – | – | – |

续表 53

| 省、市、自治区名称 | 程控交换机(不含移动)(线) | 位 | 局用交换机(线) | 位 | 收发合一中小型电台(部) | 位 |
|---|---|---|---|---|---|---|
| 重庆市 | 6 000 | 15 | – | – | – | – |
| 陕西省 | 1 442 400 | 5 | 1 442 400 | 5 | 2 487 | 5 |
| 甘肃省 | – | – | – | – | 2 246 | 6 |

**表 54　2002 年按省、市、自治区划分的通信产品产量与排位情况(3)**

| 省、市、自治区名称 | 传真机(部) | 位 | 电话单机(部) | 位 | 无线寻呼机(部) | 位 |
|---|---|---|---|---|---|---|
| 北京市 | 6 800 | 8 | 26 600 | 16 | – | – |
| 天津市 | 384 129 | 3 | 812 600 | 6 | – | – |
| 山西省 | – | – | 68 400 | 12 | – | – |
| 辽宁省 | 72 900 | 6 | 59 653 | 14 | – | – |
| 吉林省 | – | – | 64 700 | 13 | – | – |
| 上海市 | 281 687 | 4 | 4 346 200 | 3 | – | – |
| 江苏省 | 21 900 | 7 | 1 549 500 | 4 | 25 000 | 5 |
| 浙江省 | – | – | 107 535 | 10 | 124 100 | 3 |
| 福建省 | 98 846 | 5 | 10 728 200 | 2 | 383 000 | 1 |
| 江西省 | – | – | 2 900 | 17 | – | – |
| 山东省 | 832 300 | 2 | 368 400 | 7 | 60 600 | 4 |
| 河南省 | – | – | 36 633 | 15 | – | – |
| 湖北省 | – | – | 323 900 | 8 | – | – |
| 湖南省 | – | – | 123 100 | 9 | – | – |
| 广东省 | 1 226 900 | 1 | 92 125 000 | 1 | 256 900 | 2 |
| 广西壮族自治区 | 908 | 9 | – | – | – | – |
| 四川省 | – | – | 98 642 | 11 | – | – |
| 贵州省 | – | – | 1 048 519 | 5 | – | – |
| 重庆市 | – | – | – | – | 900 | 6 |

表 55　2002 年按省、市、自治区划分的通信产品产量与排位情况(4)

| 省、市、自治区名称 | 移动通信手机 |  | GSM 手机 |  | CDMA 手机 |  |
|---|---|---|---|---|---|---|
|  | (部) | 位 | (部) | 位 | (部) | 位 |
| 北京市 | 22 816 730 | 3 | 22 791 581 | 2 | 25 149 | 6 |
| 天津市 | 28 548 910 | 2 | 20 012 310 | 3 | 8 536 600 | 1 |
| 辽宁省 | 264 940 | 11 | 264 940 | 10 | – | – |
| 吉林省 | 500 | 13 | 500 | 11 | – | – |
| 上海市 | 14 368 981 | 5 | 14 368 981 | 4 | – | – |
| 江苏省 | 4 099 341 | 6 | 4 099 341 | 6 | – | – |
| 浙江省 | 16 559 518 | 4 | 13 849 678 | 5 | 2 709 840 | 2 |
| 福建省 | 2 952 575 | 8 | 2 942 628 | 7 | 9 947 | 8 |
| 山东省 | 3 121 112 | 7 | 1 794 000 | 8 | 1 327 112 | 3 |
| 湖北省 | 423 200 | 9 | 423 200 | 9 | – | – |
| 广东省 | 32 369 142 | 1 | 31 053 204 | 1 | 1 315 938 | 4 |
| 贵州省 | 344 555 | 10 | – | – | 344 555 | 5 |
| 陕西省 | 19 348 | 12 | – | – | 19 348 | 7 |

表 56　2002 年按省、市、自治区划分的计算机产品产量与排位情况(1)

| 省、市、自治区名称 | 大中小型计算机和工作站 |  | 微型计算机 |  | 调制解调器 |  |
|---|---|---|---|---|---|---|
|  | (部) | 位 | (部) | 位 | (部) | 位 |
| 北京市 | 663 873 | 1 | 3 345 569 | 3 | – | – |
| 天津市 | 111 | 5 | 9 195 | 15 | 90 850 | 3 |
| 内蒙古自治区 | – | – | 62 225 | 10 | – | – |
| 辽宁省 | – | – | 866 026 | 6 | – | – |
| 黑龙江省 | – | – | 41 847 | 12 | – | – |
| 上海市 | – | – | 967 922 | 5 | 15 279 | 5 |
| 江苏省 | – | – | 2 027 756 | 4 | – | – |
| 浙江省 | 195 | 4 | 2 207 | 17 | – | – |

续表 56

| 省、市、自治区名称 | 大中小型计算机和工作站 | | 微型计算机 | | 调制解调器 | |
|---|---|---|---|---|---|---|
| | (部) | 位 | (部) | 位 | (部) | 位 |
| 安徽省 | – | – | 190 306 | 8 | – | – |
| 福建省 | – | – | 3 517 978 | 2 | 189 598 | 2 |
| 江西省 | – | – | 24 390 | 13 | – | – |
| 山东省 | – | – | 772 019 | 7 | – | – |
| 河南省 | 5 957 | 2 | 21 | 20 | – | – |
| 湖南省 | – | – | 4 307 | 16 | 1 500 | 6 |
| 广东省 | – | – | 3 703 771 | 1 | 11 430 000 | 1 |
| 四川省 | – | – | 118 150 | 9 | 35 499 | 4 |
| 贵州省 | 915 | 3 | 62 | 19 | – | – |
| 云南省 | – | – | 13 797 | 14 | – | – |
| 重庆市 | – | – | 515 | 18 | – | – |
| 陕西省 | – | – | 62 000 | 11 | – | – |

表 57　2002 年按省、市、自治区划分的计算机产品产量与排位情况(2)

| 省、市、自治区名称 | 显示器 | | 计算机键盘 | | 打印机 | | 数码相机 | |
|---|---|---|---|---|---|---|---|---|
| | (部) | 位 | (部) | 位 | (部) | 位 | (部) | 位 |
| 北京市 | 3 111 430 | 5 | – | – | 192 059 | 6 | 35 397 | 3 |
| 天津市 | 5 411 072 | 4 | 6 366 334 | 1 | 16 294 | 10 | – | – |
| 辽宁省 | 488 083 | 7 | – | – | 663 768 | 4 | – | – |
| 黑龙江省 | 10 000 | 12 | – | – | – | – | – | – |
| 上海市 | – | – | – | – | 7 658 700 | 2 | – | – |
| 江苏省 | 19 200 000 | 1 | – | – | 103 500 | 7 | 581 010 | 2 |
| 浙江省 | 2 957 | 13 | – | – | 120 | 11 | 22 573 | 4 |
| 福建省 | 12 238 416 | 2 | 1 000 | 3 | 397 881 | 5 | – | – |
| 江西省 | 122 531 | 10 | – | – | – | – | – | – |
| 山东省 | 345 898 | 8 | – | – | 814 951 | 3 | – | – |
| 湖南省 | – | – | – | – | 22 314 | 9 | – | – |
| 广东省 | 8 270 973 | 3 | – | – | 14 455 000 | 1 | 670 088 | 1 |

续表 57

| 省、市、自治区名称 | 显示器 | | 计算机键盘 | | 打印机 | | 数码相机 | |
|---|---|---|---|---|---|---|---|---|
| | (部) | 位 | (部) | 位 | (部) | 位 | (部) | 位 |
| 四川省 | 279 036 | 9 | – | – | – | – | – | – |
| 贵州省 | 1 345 | 14 | – | – | – | – | – | – |
| 云南省 | – | – | 11 775 | 2 | 73 389 | 8 | – | – |

表 58　2002 年按省、市、自治区划分的家电产品产量与排位情况(1)

| 省、市、自治区名称 | 电视机 | | 黑白电视机 | | 彩色电视机 | |
|---|---|---|---|---|---|---|
| | (台) | 位 | (台) | 位 | (台) | 位 |
| 北京市 | 207 858 | 18 | – | – | 207 858 | 18 |
| 天津市 | 910 822 | 12 | 107 063 | 4 | 803 759 | 12 |
| 内蒙古自治区 | 1 267 016 | 10 | – | – | 1 267 016 | 9 |
| 辽宁省 | 4 048 200 | 4 | – | – | 4 048 200 | 4 |
| 吉林省 | 418 775 | 14 | – | – | 418 775 | 14 |
| 黑龙江省 | 355 482 | 16 | – | – | 355 482 | 16 |
| 上海市 | 1 554 050 | 9 | 183 819 | 3 | 1 370 231 | 8 |
| 江苏省 | 3 823 725 | 5 | – | – | 3 823 725 | 5 |
| 浙江省 | 2 569 894 | 7 | 2 106 509 | 1 | 463 385 | 13 |
| 安徽省 | 2 383 157 | 8 | – | – | 2 383 157 | 6 |
| 福建省 | 2 860 226 | 6 | 662 768 | 2 | 2 197 458 | 7 |
| 江西省 | 414 937 | 15 | – | – | 414 937 | 15 |
| 山东省 | 6 830 202 | 3 | 30 080 | 5 | 6 800 122 | 3 |
| 河南省 | 1 258 250 | 11 | 3 350 | 6 | 1 254 900 | 10 |
| 湖北省 | 870 | 20 | – | – | 870 | 19 |
| 广东省 | 23 252 555 | 1 | – | – | 23 252 555 | 1 |
| 四川省 | 9 045 320 | 2 | – | – | 9 045 320 | 2 |
| 贵州省 | 322 542 | 17 | – | – | 322 542 | 17 |
| 陕西省 | 814 257 | 13 | – | – | 814 257 | 11 |
| 甘肃省 | 1 058 | 19 | 250 | 7 | 808 | 20 |

## 表 59　2002 年按省、市、自治区划分的家电产品产量与排位情况(2)

| 省、市、自治区名称 | 投影电视机 | | 数字、激光(音)视盘机 | | 汽车音响 | |
|---|---|---|---|---|---|---|
| | (台) | 位 | (台) | 位 | (台) | 位 |
| 北京市 | – | – | 1 136 152 | 8 | – | – |
| 天津市 | 40 216 | 4 | 1 028 382 | 9 | 487 333 | 5 |
| 辽宁省 | 134 125 | 2 | 1 965 551 | 6 | 2 951 462 | 2 |
| 黑龙江省 | 82 | 8 | – | – | – | – |
| 上海市 | 57 782 | 3 | 5 423 800 | 3 | 396 812 | 6 |
| 江苏省 | – | – | 9 423 307 | 2 | 688 840 | 3 |
| 浙江省 | – | – | 1 570 000 | 7 | – | – |
| 福建省 | 19 757 | 5 | 2 681 400 | 5 | 3 308 341 | 1 |
| 江西省 | – | – | 136 524 | 10 | 107 091 | 7 |
| 山东省 | 2 000 | 7 | 8 900 | 12 | 678 897 | 4 |
| 湖北省 | – | – | 36 933 | 11 | 98 367 | 8 |
| 广东省 | 13 956 | 6 | 20 073 500 | 1 | 45 363 | 9 |
| 广西壮族自治区 | – | – | – | – | 5 123 | 10 |
| 四川省 | 211 092 | 1 | 3 540 200 | 4 | – | – |

## 表 60　2002 年按省、市、自治区划分的电子仪器产量与排位情况

| 省、市、自治区名称 | 电子测量仪器 | | 医用电子设备 | |
|---|---|---|---|---|
| | (台) | 位 | (台) | 位 |
| 北京市 | 265 486 | 6 | 26 | 17 |
| 天津市 | 8 306 | 11 | 471 239 | 1 |
| 河北省 | 379 772 | 3 | 137 | 15 |
| 内蒙古自治区 | 339 | 19 | – | – |
| 辽宁省 | 9 929 | 10 | 3 700 | 7 |
| 吉林省 | 164 394 | 7 | 2 400 | 10 |
| 上海市 | 110 685 | 8 | – | – |
| 江苏省 | 5 831 | 12 | – | – |

续表 60

| 省、市、自治区名称 | 电子测量仪器（台） | 位 | 医用电子设备（台） | 位 |
|---|---|---|---|---|
| 浙江省 | 826 711 | 2 | 279 | 14 |
| 安徽省 | 1 286 | 15 | 39 863 | 4 |
| 福建省 | 7 370 422 | 1 | 140 000 | 3 |
| 江西省 | 4 813 | 13 | – | – |
| 山东省 | 24 | 23 | 26 | 17 |
| 河南省 | 164 | 20 | 293 | 13 |
| 湖北省 | 60 | 21 | 389 | 12 |
| 湖南省 | 764 | 17 | 15 | 19 |
| 广东省 | 366 986 | 4 | 321 420 | 2 |
| 广西壮族自治区 | 870 | 16 | 2 440 | 9 |
| 四川省 | 273 862 | 5 | 2 486 | 8 |
| 云南省 | 758 | 18 | 1 905 | 11 |
| 重庆市 | 45 | 22 | 67 | 16 |
| 陕西省 | 4 517 | 14 | 10 150 | 6 |
| 甘肃省 | 14 081 | 9 | 22 010 | 5 |

表 61　2002 年按省、市、自治区划分的电子元器件产量与排位情况(1)

| 省、市、自治区名称 | 电子调谐器（万只） | 位 | 行输出变压器（万只） | 位 | 偏转线圈（万只） | 位 |
|---|---|---|---|---|---|---|
| 北京市 | 1 591 | 4 | – | – | – | – |
| 天津市 | 432 | 6 | 1 643.7 | 1 | 480.5 | 4 |
| 辽宁省 | 10 | 9 | – | – | – | – |
| 上海市 | 2 016.2 | 2 | 2.2 | 6 | 735.6 | 2 |
| 福建省 | – | – | 459.8 | 4 | – | – |
| 山东省 | 1 703 | 3 | 1 202.0 | 3 | 667 | 3 |
| 广东省 | 2 284 | 1 | 1 542.7 | 2 | – | – |
| 四川省 | 1 006 | 5 | – | – | – | – |

续表 61

| 省、市、自治区名称 | 电子调谐器 | | 行输出变压器 | | 偏转线圈 | |
|---|---|---|---|---|---|---|
| | (万只) | 位 | (万只) | 位 | (万只) | 位 |
| 重庆市 | 383.4 | 7 | – | – | – | – |
| 陕西省 | 128 | 8 | 314.1 | 5 | 888 | 1 |

## 表 62　2002 年按省、市、自治区划分的电子元器件产量与排位情况(2)

| 省、市、自治区名称 | 电容器(不含电容网络) | | 片式瓷介电容 | | 铝电解电容 | |
|---|---|---|---|---|---|---|
| | (万只) | 位 | (万只) | 位 | (万只) | 位 |
| 北京市 | 1 791 954 | 2 | 1 715 000 | 2 | 28.1 | 16 |
| 天津市 | 4 784 917.9 | 1 | 2 790 580.9 | 1 | 1 508 180.2 | 1 |
| 河北省 | 15 205 | 19 | 15 024 | 6 | – | – |
| 辽宁省 | 84 016.5 | 11 | 9 284 | 7 | 22 | 17 |
| 吉林省 | 1 757.8 | 22 | – | – | 1 456.7 | 14 |
| 上海市 | 1 632 850.4 | 3 | 1 577 746.3 | 3 | 551.5 | 15 |
| 江苏省 | 172 936.4 | 8 | – | – | 38 949 | 7 |
| 浙江省 | 101 628.1 | 9 | – | – | – | – |
| 安徽省 | 34 184.7 | 14 | – | – | 10 102.9 | 12 |
| 福建省 | 1 350 203.8 | 4 | 42 850 | 4 | 72 815 | 5 |
| 江西省 | 173 293.6 | 7 | – | – | 88 150 | 4 |
| 山东省 | 982 460.8 | 5 | – | – | 441 969 | 2 |
| 河南省 | 5 682 | 21 | – | – | – | – |
| 湖北省 | 7 000 | 20 | – | – | 7 000 | 13 |
| 湖南省 | 59 750 | 12 | 15 550 | 5 | 41 111 | 6 |
| 广东省 | 482 941.5 | 6 | – | – | 216 234 | 3 |
| 广西壮族自治区 | 21 176.4 | 17 | – | – | 20 112 | 11 |
| 四川省 | 90 670.5 | 10 | 5 435.7 | 8 | 37 294 | 8 |
| 贵州省 | 54 170.7 | 13 | – | – | 37 009.9 | 9 |
| 重庆市 | 25 107 | 16 | – | – | 25 107 | 10 |
| 陕西省 | 30 609.4 | 15 | – | – | – | – |
| 宁夏回族自治区 | 18 108.7 | 18 | – | – | – | – |

表 63　2002 年按省、市、自治区划分的电子元器件产量与排位情况(3)

| 省、市、自治区名称 | 钽电解电容 | | 电阻器(不含电阻网络) | | 片式电阻 | |
|---|---|---|---|---|---|---|
| | (万只) | 位 | (万只) | 位 | (万只) | 位 |
| 北京市 | – | – | 2 240 | 19 | – | – |
| 天津市 | 88 195.7 | 1 | 4 560 202.8 | 1 | 4 193 764.2 | 1 |
| 河北省 | 181 | 6 | 14 692 | 15 | – | – |
| 内蒙古自治区 | – | – | 9 541 | 18 | – | – |
| 辽宁省 | – | – | 37 503 | 13 | – | – |
| 吉林省 | – | – | 114 458 | 10 | 114 458 | 5 |
| 黑龙江省 | – | – | 1 444 | 20 | – | – |
| 上海市 | 25.6 | 10 | 251 800 | 6 | 1 231 | 7 |
| 江苏省 | – | – | 319 632 | 4 | – | – |
| 浙江省 | – | – | 169 612.9 | 7 | – | – |
| 安徽省 | – | – | 13 171.8 | 17 | – | – |
| 福建省 | – | – | 160 151.6 | 8 | – | – |
| 江西省 | 108 | 7 | 47 200 | 12 | – | – |
| 山东省 | – | – | 115 368.8 | 9 | – | – |
| 河南省 | 36 | 9 | 37 118.8 | 14 | – | – |
| 湖北省 | – | – | 856.1 | 21 | 856.1 | 8 |
| 湖南省 | 75 | 8 | 838.5 | 22 | – | – |
| 广东省 | 1 336 | 5 | 2 587 275.8 | 2 | 1 662 459 | 2 |
| 广西壮族自治区 | – | – | 1 380 420 | 3 | 1 380 000 | 3 |
| 四川省 | 7 802 | 3 | 48 461.8 | 11 | 5 830 | 6 |
| 贵州省 | 7 391.9 | 4 | 276 569 | 5 | 276 569 | 4 |
| 陕西省 | – | – | 14 677.8 | 16 | – | – |
| 宁夏回族自治区 | 11 377.4 | 2 | – | – | – | – |

## 表 64　2002 年按省、市、自治区划分的电子元器件产量与排位情况(4)

| 省、市、自治区名称 | 磁性材料电感变压器 |  | 电声器件 |  | 扬声器 |  |
|---|---|---|---|---|---|---|
|  | (万只) | 位 | (万只) | 位 | (万只) | 位 |
| 北京市 | 2 220 | 14 | 5 043.5 | 5 | 5 041 | 3 |
| 天津市 | 39 500.5 | 7 | 464 | 4 | 2 033 | 6 |
| 河北省 | 17.4 | 19 | – | – | – | – |
| 山西省 | 905 | 16 | – | – | – | – |
| 辽宁省 | 74 854.8 | 5 | 22.9 | 13 | 22.9 | 11 |
| 黑龙江省 | – | – | 33.7 | 12 | 33.7 | 10 |
| 上海市 | 15 115.2 | 10 | 314.1 | 11 | 314.1 | 8 |
| 江苏省 | 7 720.1 | 13 | 2 102 | 9 | 2 102 | 5 |
| 浙江省 | 712 335.8 | 1 | 24 370.9 | 2 | 10 984.2 | 1 |
| 安徽省 | 8 992.4 | 12 | – | – | – | – |
| 福建省 | 645 190.3 | 2 | 93 472.4 | 1 | 2 350.4 | 4 |
| 江西省 | 60.8 | 18 | 2 691.1 | 8 | – | – |
| 山东省 | 47 975.8 | 6 | 3 756.1 | 7 | 115.7 | 9 |
| 河南省 | 586.9 | 17 | – | – | – | – |
| 湖北省 | 1 010 | 15 | – | – | – | – |
| 湖南省 | 12.7 | 20 | – | – | – | – |
| 广东省 | 157 220.5 | 3 | 13 514.3 | 3 | 6 550.6 | 2 |
| 广西壮族自治区 | – | – | 4 586.4 | 6 | 8.7 | 12 |
| 海南省 | 16 848 | 9 | – | – | – | – |
| 四川省 | 78 935.3 | 4 | – | – | – | – |
| 贵州省 | 28 489 | 8 | – | – | – | – |
| 陕西省 | 10 992.5 | 11 | 550 | 10 | 522.3 | 7 |
| 甘肃省 | 3.7 | 21 | – | – | – | – |

表 65　2002 年按省、市、自治区划分的电子元器件产量与排位情况(5)

| 省、市、自治区名称 | 印刷电路板 | | 黑白显像管 | | 彩色显像管 | |
|---|---|---|---|---|---|---|
| | (平方米) | 位 | (万只) | 位 | (万只) | 位 |
| 北京市 | 48 000 | 12 | – | – | 751.5 | 3 |
| 天津市 | 121 845 | 9 | 21.5 | 5 | 221.9 | 7 |
| 河北省 | 454 079 | 4 | – | – | – | – |
| 辽宁省 | 157 535 | 8 | 196.2 | 2 | – | – |
| 黑龙江省 | 303 800 | 5 | – | – | – | – |
| 上海市 | 1 072 814 | 2 | 133.1 | 3 | 631.6 | 4 |
| 江苏省 | 86 025 | 11 | 33 | 4 | 484 | 6 |
| 浙江省 | 811 740.5 | 3 | – | – | – | – |
| 福建省 | 180 511 | 6 | – | – | – | – |
| 山东省 | 370 | 17 | 28.1 | 1 | – | – |
| 河南省 | – | – | 14.3 | 6 | – | – |
| 湖北省 | – | – | 0.7 | 7 | – | – |
| 湖南省 | 158 361 | 7 | – | – | 560 | 5 |
| 广东省 | 3 737 342.3 | 1 | – | – | 1 476.7 | 1 |
| 广西壮族自治区 | 11 366.3 | 14 | – | – | – | – |
| 海南省 | 87 219 | 10 | – | – | – | – |
| 四川省 | 23 385 | 13 | – | – | – | – |
| 陕西省 | 454.1 | 16 | – | – | 933 | 2 |
| 甘肃省 | 2 172 | 15 | – | – | – | – |

表 66　2002 年按省、市、自治区划分的电子元器件产量与排位情况(6)

| 省、市、自治区名称 | 显示管 | | 黑白显像管玻壳 | | 彩色显像管玻壳 | | 半导体分立器件 | |
|---|---|---|---|---|---|---|---|---|
| | (万只) | 位 | (万只) | 位 | (万只) | 位 | (万只) | 位 |
| 北京市 | – | – | – | – | – | – | 259 038.8 | 6 |
| 天津市 | 317.7 | 2 | 592.7 | 2 | 318.6 | 6 | 376 879.6 | 4 |
| 河北省 | – | – | – | – | 660.6 | 4 | 9 688 | 18 |
| 山西省 | – | – | – | – | – | – | 34.9 | 23 |

续表 66

| 省、市、自治区名称 | 显示管 | | 黑白显像管玻壳 | | 彩色显像管玻壳 | | 半导体分立器件 | |
|---|---|---|---|---|---|---|---|---|
| | (万只) | 位 | (万只) | 位 | (万只) | 位 | (万只) | 位 |
| 辽宁省 | – | – | – | – | – | – | 360 191.4 | 5 |
| 吉林省 | – | – | – | – | – | – | 45 456 | 11 |
| 黑龙江省 | – | – | – | – | – | – | 4 623.4 | 20 |
| 上海市 | – | – | – | – | 3 124 | 1 | 184 323.8 | 7 |
| 江苏省 | – | – | – | – | – | – | 78 645.5 | 10 |
| 浙江省 | – | – | – | – | – | – | 128 582.5 | 9 |
| 安徽省 | 3 | 5 | – | – | – | – | 31 233.6 | 12 |
| 福建省 | 1 410 | 1 | – | – | – | – | 604 | 22 |
| 江西省 | – | – | – | – | – | – | 3 055.2 | 21 |
| 山东省 | – | – | 1 484 | 1 | – | – | 483 447.4 | 3 |
| 河南省 | – | – | – | – | 1 888 | 2 | 27 067 | 16 |
| 湖北省 | – | – | – | – | – | – | 2.2 | 24 |
| 湖南省 | 159 | 3 | – | – | – | – | 28 491.2 | 14 |
| 广东省 | – | – | – | – | 968.9 | 3 | 509 336.2 | 2 |
| 广西壮族自治区 | – | – | – | – | – | – | 28 383.9 | 15 |
| 四川省 | – | – | – | – | 413 | 5 | 1 629 456.6 | 1 |
| 贵州省 | – | – | – | – | – | – | 30 309.8 | 13 |
| 重庆市 | – | – | – | – | – | – | 152 300 | 8 |
| 陕西省 | 27.9 | 4 | – | – | – | – | 5 989.5 | 19 |
| 甘肃省 | – | – | – | – | – | – | 13 457.1 | 17 |

表 67　2002 年按省、市、自治区划分的电子元器件产量与排位情况(7)

| 省、市、自治区名称 | 硅整流二极管 |  | 高压硅堆 |  | 集成电路 |  | 单晶硅 |  |
|---|---|---|---|---|---|---|---|---|
|  | (万只) | 位 | (万只) | 位 | (万只) | 位 | (公斤) | 位 |
| 北京市 | 65 726 | 6 | – | – | 10 963.2 | 9 | 59 764 | 2 |
| 天津市 | 11 974 | 8 | 28 993.7 | 1 | 241.7 | 17 | 5 332.1 | 5 |
| 河北省 | – | – | – | – | 11 275 | 8 | – | – |
| 辽宁省 | 307 900.7 | 2 | 1 | 2 | 14 271.8 | 7 | – | – |
| 吉林省 | – | – | – | – | 78.5 | 18 | – | – |
| 上海市 | 112 332.4 | 5 | – | – | 79 075.1 | 5 | – | – |
| 江苏省 | 296.5 | 12 | – | – | 212 189.2 | 2 | – | – |
| 浙江省 | 54 457 | 7 | – | – | 82 228.2 | 4 | 120 250 | 1 |
| 安徽省 | 2 770.8 | 10 | – | – | – | – | – | – |
| 福建省 | – | – | – | – | 8 044.2 | 10 | – | – |
| 江西省 | 0.2 | 15 | – | – | 215 500 | 1 | – | – |
| 山东省 | 141 160 | 4 | – | – | 452.3 | 15 | – | – |
| 湖北省 | – | – | – | – | 324 | 16 | – | – |
| 湖南省 | 45.7 | 13 | – | – | 5 | 20 | – | – |
| 广东省 | 10 102.6 | 9 | – | – | 185 861.7 | 3 | 4 632.9 | 6 |
| 广西壮族自治区 | – | – | – | – | 32.3 | 19 | – | – |
| 四川省 | 345 630 | 1 | – | – | 881.1 | 12 | 34 554 | 3 |
| 贵州省 | 948.8 | 11 | – | – | 1 808 | 11 | – | – |
| 重庆市 | 152 300 | 3 | – | – | 479 | 14 | – | – |
| 陕西省 | 25.7 | 14 | – | – | 825.4 | 13 | 12 057 | 4 |
| 甘肃省 | – | – | – | – | 46 071.9 | 6 | – | – |

**表 68　2002 年微波通信设备产量与销量情况**

| 产品名称 | 单位 | 产量 | 销量 |
|---|---|---|---|
| 微波收发通信机 | 部 | 9 232 | 8 544 |
| 微波终端机 | 部 | 41 | 35 |
| 微波天线、馈线 | 套 | 4 325 | 4 791 |
| 其他微波设备 | 部 | 284 | 333 |

**表 69　2002 年卫星应用产品产量与销量情况**

| 产品名称 | 单位 | 产量 | 销量 |
|---|---|---|---|
| 卫星通信地面站天线 | 部 | 4 310 | 3 423 |
| 卫星导航定位接收设备 | 部 | 13 340 | 12 248 |
| 卫星气象接收设备 | 部 | 72 | 72 |
| 其他卫星地面站和天线 | 部 | 788 | 770 |

**表 70　2002 年通信导航定向设备产量与销量情况**

| 产品名称 | 单位 | 产量 | 销量 |
|---|---|---|---|
| 飞机通信导航定向设备 | 部 | 1 925 | 1 796 |
| 航用通信导航定向设备 | 部 | 48 | 49 |
| 地面通信导航定向设备 | 部 | 980 | 990 |
| 其他通信导航定向设备 | 部 | 91 | 90 |

**表 71　2002 年载波通信设备产量与销量情况**

| 产品名称 | 单位 | 产量 | 销量 |
|---|---|---|---|
| 载波终端机 | 部 | 931 | 837 |
| 电力载波机 | 部 | 3 245 | 3 539 |

表 72　2002 年光通信设备产量与销量情况

| 产品名称 | 单位 | 产量 | 销量 |
|---|---|---|---|
| 光缆终端机 | 部 | 36 750 | 33 068 |
| 交叉联接设备 | 部 | 495 | 482 |
| 其他设备 | 部 | 27 724 | 26 670 |

表 73　2002 年交换机产量与销量情况

| 产品名称 | 单位 | 产量 | 销量 |
|---|---|---|---|
| 程控交换机（不含移动程控交换机） | 线 | 42 140 728 | 39 892 115 |
| 局用机 | 线 | 38 853 201 | 36 645 890 |
| 用户机 | 线 | 1 746 949 | 1 705 565 |
| ATM 及 IP 交换机 | 线 | 220 000 | 220 000 |
| 其他 | 线 | 1 320 578 | 1 320 660 |
| 其他交换机 | 线 | 16 740 020 | 16 740 427 |

表 74　2002 年用户接入设备产量与销量情况

| 产品名称 | 单位 | 产量 | 销量 |
|---|---|---|---|
| 电缆线接入设备 | 部 | 145 169 | 109 515 |
| 光纤接入设备 | 部 | 1 764 | 1 624 |
| 接入终端设备 | 部 | 3 166 496 | 3 106 559 |

表 75　2002 年电话单机产量与销量情况

| 产品名称 | 单位 | 产量 | 销量 |
|---|---|---|---|
| 普通电话机 | 部 | 84 067 060 | 84 416 341 |
| 录音电话机 | 部 | 1 889 360 | 1 885 537 |
| 可视电话机 | 部 | 6 188 | 5 164 |
| 无绳电话机 | 部 | 20 829 271 | 20 625 062 |

续表 75

| 产品名称 | 单位 | 产量 | 销量 |
| --- | --- | --- | --- |
| 插卡电话机 | 部 | 197 677 | 203 321 |
| 特种电话机（含保密、井下电话机） | 部 | 319 219 | 307 483 |
| 其他电话机 | 部 | 11 615 425 | 11 490 985 |

**表 76　2002 年数据通信设备产量与销量情况**

| 产品名称 | 单位 | 产量 | 销量 |
| --- | --- | --- | --- |
| 传真机 | 部 | 2 972 900 | 2 978 921 |
| 数传机（含机械、电子打字机） | 部 | 3 213 | 2 480 |
| 其他 | 部 | 76 103 | 63 500 |

**表 77　2002 年通信配套产品产量与销量情况**

| 产品名称 | 单位 | 产量 | 销量 |
| --- | --- | --- | --- |
| 一次电源设备 | 部 | 43 384 | 44 037 |
| 二次电源设备 | 部 | 1 314 593 | 1 313 536 |
| 网管、计费、监控设备 | 部 | 3 833 | 4 641 |
| 电话配套设备 | 部 | 4 956 | 4 786 |
| 载波配套设备 | 部 | 607 | 581 |
| 配线设备 | 部 | 2 632 | 2 142 |

**表 78　2002 年数字蜂窝无线电话系统设备产量与销量情况**

| 产品名称 | 单位 | 产量 | 销量 |
| --- | --- | --- | --- |
| 基站设备 | 信道 | 5 239 949 | 5 171 992 |
| 基站天线 | 套 | 480 052 | 474 148 |
| 直放站设备 | 部 | 3 165 | 2 373 |

表 79　2002 年其他移动通信终端产量与销量情况

| 产品名称 | 单位 | 产量 | 销量 |
|---|---|---|---|
| 车载电话 | 部 | 249 | 259 |
| 对讲机 | 部 | 1 114 992 | 1 093 908 |
| 无线寻呼机 | 部 | 854 000 | 851 099 |
| 小灵通 | 部 | 5 738 626 | 5 738 626 |

表 80　2002 年广播发射设备产量与销量情况

| 产品名称 | 单位 | 产量 | 销量 |
|---|---|---|---|
| 短波发射机 | 部 | 25 | 27 |
| 中波发射机 | 部 | 194 | 211 |
| 调频发射机 | 部 | 1 459 | 1 526 |
| 数字声广播发射机 | 部 | 51 | 42 |
| 广播发射天线及配套设备 | 部 | 1 400 | 1 400 |

表 81　2002 年电视发射及差转设备产量与销量情况

| 产品名称 | 单位 | 产量 | 销量 |
|---|---|---|---|
| 电视发射机 | 部 | 887 | 978 |
| 电视差转机 | 部 | 16 | 15 |
| 电视发射、差转配套设备 | 部 | 119 | 207 |

表 82　2002 年有线电视网络传输设备产量与销量情况

| 产品名称 | 单位 | 产量 | 销量 |
|---|---|---|---|
| 有线电视前端设备 | 部 | 280 064 | 271 182 |
| 光缆传输设备 | 部 | 19 316 | 19 617 |
| 电缆传输设备 | 部 | 8 055 | 10 163 |

表 83　2002 年卫星广播电视接收设备产量与销量情况

| 产品名称 | 单位 | 产量 | 销量 |
|---|---|---|---|
| 卫星广播电视接收设备 | 部 | 629 462 | 624 682 |
| 卫星广播电视接收天线 | 部 | 1 506 651 | 1 504 916 |
| 卫星广播电视接收高频头 | 部 | 570 015 | 539 424 |
| 卫星广播电视接收一体机 | 部 | 1 119 850 | 1 128 577 |

表 84　2002 年专业录音、录像及重放设备产量与销量情况

| 产品名称 | 单位 | 产量 | 销量 |
|---|---|---|---|
| 音频功率放大设备 | 部 | 473 | 502 |
| 录音转播机 | 部 | 3 328 | 1 873 |
| 语音语言实验室设备 | 部 | 102 | 102 |

表 85　2002 年广播电视接收设备配件及附件产量与销量情况

| 产品名称 | 单位 | 产量 | 销量 |
|---|---|---|---|
| 音频电子放大器 | 部 | 8 525 | 10 926 |
| 磁头 | 部 | 18 510 000 | 18 180 000 |
| 其他附件 | 部 | 8 843 | 9 916 |
| 专业用天线 | 部 | 652 700 | 625 300 |
| 混合器 | 部 | 1 927 | 2 901 |
| 分配器 | 部 | 807 190 | 1 062 192 |
| 分支器 | 部 | 2 762 457 | 2 796 704 |
| 用户盒 | 部 | 364 425 | 558 696 |

### 表86 2002年应用电视设备产量与销量情况

| 产品名称 | 单位 | 产量 | 销量 |
| --- | --- | --- | --- |
| 通用应用电视设备 | 部 | 110 | 110 |
| 特殊环境应用电视监视设备 | 部 | 797 | 904 |
| 特殊功能应用电视设备 | 部 | 59 894 | 64 194 |

### 表87 2002年其他广播电视设备产量与销量情况

| 产品名称 | 单位 | 产量 | 销量 |
| --- | --- | --- | --- |
| 大屏幕彩色显示系统 | 部 | 513.5 | 494.5 |
| 电子显示屏 | 部 | 40 516 | 40 693 |
| 触摸屏 | 部 | 6 814 | 5 634 |

### 表88 2002年小型计算机及工作站产量与销量情况

| 产品名称 | 单位 | 产量 | 销量 |
| --- | --- | --- | --- |
| 小型计算机 | 部 | 670 032 | 670 186 |
| 工作站 | 部 | 1 019 | 917 |

### 表89 2002年微型计算机产量与销量情况

| 产品名称 | 单位 | 产量 | 销量 |
| --- | --- | --- | --- |
| 台式微机 | 部 | 14 632 691 | 14 469 675 |
| 商用微机 | 部 | 3 849 857 | 3 828 662 |
| 家用微机 | 部 | 10 782 834 | 10 641 013 |
| 服务器 | 部 | 349 593 | 349 375 |
| 工业控制机 | 部 | 58 936 | 58 807 |
| 便携式微型计算机 | 部 | 1 270 206 | 1 247 978 |

续表 89

| 产品名称 | 单位 | 产量 | 销量 |
| --- | --- | --- | --- |
| 笔记本电脑 | 部 | 1 170 034 | 1 147 925 |
| 掌上型电脑 | 部 | 100 172 | 100 053 |
| 学习机 | 部 | 132 103 | 112 703 |
| 个人数字助理（PDA） | 部 | 23 987 | 19 205 |
| 手持式信息终端机 | 部 | 23 987 | 19 205 |

### 表 90　2002 年网络设备产量与销量情况

| 产品名称 | 单位 | 产量 | 销量 |
| --- | --- | --- | --- |
| 以太网络交换器 | 部 | 554 083 | 528 492 |
| 集线器 | 部 | 71 247 | 71 244 |
| 调制解调器 | 部 | 11 725 727 | 11 610 923 |
| 路由器 | 部 | 487 | 301 |
| 防火墙（不含纯软件防火墙） | 部 | 8 863 | 7 690 |
| 协议测试设备 | 部 | 291 | 174 |

### 表 91　2002 年终端显示设备产量与销量情况

| 产品名称 | 单位 | 产量 | 销量 |
| --- | --- | --- | --- |
| 字符汉字终端 | 部 | 156 978 | 131 762 |
| 图形图像终端 | 部 | 24 114 | 24 765 |
| 显示器 | 部 | 49 275 996 | 48 136 186 |
| 单色显示器（CRT）（含应用电视用） | 部 | 61 889 | 59 397 |
| 彩色显示器（CRT）（含应用电视用） | 部 | 44 068 448 | 43 029 734 |
| 平板显示器（含液晶、PDP等） | 部 | 5 145 659 | 5 047 055 |

表 92　2002 年输入设备产量与销量情况

| 产品名称 | 单位 | 产量 | 销量 |
|---|---|---|---|
| 扫描仪 | 部 | 5 219 566 | 4 363 329 |
| 鼠标器 | 部 | 9 122 390 | 9 202 390 |
| 键盘 | 部 | 6 379 109 | 6 377 103 |
| IC 卡读写机具 | 部 | 119 221 | 102 153 |
| 数码照相机 | 部 | 1 309 068 | 958 374 |
| 磁卡读写器 | 部 | 10 455 | 8 376 |

表 93　2002 年输出设备产量与销量情况

| 产品名称 | 单位 | 产量 | 销量 |
|---|---|---|---|
| 打印设备 | 部 | 24 088 700 | 24 114 313 |
| 针式打印机 | 部 | 568 209 | 608 796 |
| 通用针式打印机 | 部 | 244 576 | 264 393 |
| 票据打印机 | 部 | 265 339 | 286 107 |
| 行式打印机 | 部 | 58 294 | 58 296 |
| 激光打印机 | 部 | 11 211 832 | 11 188 663 |
| 喷墨打印机 | 部 | 12 308 659 | 12 316 854 |

表 94　2002 年外存储设备产量与销量情况

| 产品名称 | 单位 | 产量 | 销量 |
|---|---|---|---|
| 软盘驱动器 | 部 | 4 020 010 | 4 020 010 |
| 普通软盘驱动器 | 部 | 4 020 000 | 4 020 000 |
| 大容量软盘驱动器 | 部 | 10 | 10 |
| 硬盘驱动器 | 部 | 3 922 223 | 3 953 422 |
| 光盘驱动器 | 部 | 36 581 957 | 36 404 065 |
| 只读光盘驱动器（CD-ROM） | 部 | 20 672 177 | 20 822 092 |

续表 94

| 产品名称 | 单位 | 产量 | 销量 |
|---|---|---|---|
| DVD 驱动器（DVD-ROM） | 部 | 7 256 949 | 7 129 185 |
| 可擦写 DVD 驱动器（DVD-RW） | 部 | 6 762 831 | 6 562 788 |
| 其他光盘驱动器 | 部 | 1 890 000 | 1 890 000 |

## 表 95　2002 年数字化信息产品产量与销量情况

| 产品名称 | 单位 | 产量 | 销量 |
|---|---|---|---|
| 数字化存储录放产品 | 部 | 23 512 | 23 512 |
| 公共信息自动服务系统 | 部 | 7 680 | 7 152 |
| 其他 | 部 | 86 454 | 67 810 |

## 表 96　2002 年微机板卡产量与销量情况

| 产品名称 | 单位 | 产量 | 销量 |
|---|---|---|---|
| 微机主机卡 | 块 | 20 856 235 | 20 950 199 |
| 显卡 | 块 | 124 654 | 109 048 |
| 网卡 | 块 | 919 221 | 936 039 |
| 其他功能卡和接口卡 | 块 | 380 491 | 300 520 |

## 表 97　2002 年电源产量与销量情况

| 产品名称 | 单位 | 产量 | 销量 |
|---|---|---|---|
| 开关电源 | 部 | 3 821 680 | 3 858 165 |
| UPS 电源 | 部 | 11 732 | 11 099 |

表 98　2002 年其他配套产品及耗材产量与销量情况

| 产品名称 | 单位 | 产量 | 销量 |
|---|---|---|---|
| 机箱 | 万个 | 5 089 | 5 099 |
| 软盘片 | 万片 | 11 262 | 11 053 |
| 光盘 | 万片 | 27 051 | 25 980 |
| 打印头 | 万只 | 137 | 138 |
| 墨盒 | 万只 | 2 488 | 2 428 |
| 磁卡 | 万片 | 26 145 | 24 924 |
| IC 卡 | 万片 | 4 779 | 4 768 |
| 硒鼓 | 万只 | 1 450 | 1 450 |

表 99　2002 年电子出版系统产量与销量情况

| 产品名称 | 单位 | 产量 | 销量 |
|---|---|---|---|
| 精密照排系统 | 部 | 197 | 197 |
| 轻印刷系统 | 部 | 4 133 | 4 450 |

表 100　2002 年金融、商业、税务电子应用产品产量与销量情况

| 产品名称 | 单位 | 产量 | 销量 |
|---|---|---|---|
| 点钞机 | 部 | 12 833 | 9 600 |
| 自动柜员机（ATM） | 部 | 1 669 | 1 374 |
| 银行自助服务终端 | 部 | 1 233 | 1 233 |
| POS 机 | 部 | 17 672 | 17 698 |
| 加油机税控计量器 | 部 | 515 | 3 875 |
| 其他金融应用产品 | 部 | 24 842 | 25 672 |

## 表 101　2002 年汽车及其他应用产品产量与销量情况

| 产品名称 | 单位 | 产量 | 销量 |
|---|---|---|---|
| 汽车视频设备 | 部 | 4 090 | 3 701 |
| 电话计费器 | 部 | 20 000 | 18 679 |
| 其他计算机应用产品 | 部 | 346 706 | 347 929 |

## 表 102　2002 年软件产品产量与销量情况

| 产品名称 | 单位 | 产量 | 销量 |
|---|---|---|---|
| 系统软件 | 万元 | 7 637 | 7 637 |
| 操作系统 | 万元 | 7 637 | 7 637 |
| 通用操作系统 | 万元 | 7 637 | 7 637 |
| 应用软件 | 万元 | 9 189.11 | 9 106.16 |
| 通用软件 | 万元 | 6 892 | 6 892 |
| 辅助设计与辅助制造软件 | 万元 | 6 885 | 6 885 |
| 其他通用软件 | 万元 | 7 | 7 |
| 行业应用软件 | 万元 | 2 297.11 | 2 214.16 |
| 工业控制 | 万元 | 111.11 | 28.16 |
| 其他行业应用软件 | 万元 | 2 186 | 2 186 |
| 嵌入式软件 | 万元 | 156 211.76 | 155 809.76 |

## 表 103　2002 年应用软件系统集成服务产量与销量情况

| 产品名称 | 单位 | 产量 | 销量 |
|---|---|---|---|
| 软件信息服务 | 万元 | 2 213.66 | 2 213.66 |
| 软件渠道销售与服务 | 万元 | 12.66 | 12.66 |
| 信息系统运行维护 | 万元 | 2 201 | 2 201 |

表 104　2002 年电视机产量与销量情况

| 产品名称 | 单位 | 产量 | 销量 |
|---|---|---|---|
| 彩色电视机 | 台 | 52 002 451 | 52 599 233 |
| 37cm | 台 | 4 135 030 | 4 487 044 |
| 47cm | 台 | 778 000 | 777 140 |
| 51cm | 台 | 1 679 329 | 1 617 765 |
| 54cm | 台 | 19 747 072 | 20 855 823 |
| 64cm | 台 | 10 889 817 | 11 571 345 |
| 74cm | 台 | 11 973 950 | 10 480 814 |
| 74cm 以上 | 台 | 2 799 253 | 2 809 302 |
| 投影电视接收机 | 台 | 479 010 | 372 627 |
| 背投式投影电视机 | 台 | 479 010 | 372 627 |
| PDP 电视机 | 台 | 18 484 | 15 830 |
| 黑白电视机 | 台 | 3 093 839 | 3 131 346 |
| 11cm | 台 | 651 700 | 637 700 |
| 14cm | 台 | 611 055 | 620 193 |
| 31cm | 台 | 271 920 | 275 790 |
| 35cm | 台 | 868 849 | 890 693 |
| 44cm | 台 | 687 666 | 704 262 |
| 44cm 以上 | 台 | 2 649 | 2 708 |

表 105　2002 年录像机产量与销量情况

| 产品名称 | 单位 | 产量 | 销量 |
|---|---|---|---|
| 录放像机 | 部 | 14 929 050 | 14 936 418 |
| 放像机 | 部 | 480 306 | 473 140 |
| 家用摄录一体机 | 部 | 210 844 | 212 301 |

## 表 106　2002 年收录放机产量与销量情况

| 产品名称 | 单位 | 产量 | 销量 |
|---|---|---|---|
| 袖珍机（不含单放机） | 台 | 700 752 | 739 481 |
| 收录放机（含单放机） | 台 | 57 489 979 | 57 655 687 |
| 复读机 | 台 | 957 269 | 894 297 |

## 表 107　2002 年数字激光音、视盘机产量与销量情况

| 产品名称 | 单位 | 产量 | 销量 |
|---|---|---|---|
| VCD 视盘播放机 | 台 | 9 097 693 | 9 262 278 |
| VCD 视盘录放机 | 台 | 253 778 | 266 895 |
| DVD 视盘播放机 | 台 | 35 841 123 | 35 756 625 |
| 光盘刻录机（含CD-R、DVD-R） | 台 | 3 306 | 3 264 |

## 表 108　2002 年家用音响产量与销量情况

| 产品名称 | 单位 | 产量 | 销量 |
|---|---|---|---|
| 收音机 | 台 | 33 716 700 | 33 613 563 |
| 袖珍机 | 台 | 31 667 756 | 31 462 513 |
| 其他 | 台 | 2 048 944 | 2 151 050 |
| 组合音响 | 台 | 48 632 200 | 48 888 535 |
| MP3 | 台 | 423 645 | 420 827 |
| CD 机 | 台 | 406 318 | 398 727 |
| 功率放大器 | 台 | 594 952 | 569 899 |

表 109　2002 年家用电子电器主要配套件产量与销量情况

| 产品名称 | 单位 | 产量 | 销量 |
|---|---|---|---|
| 调谐器 | 万只 | 9 598.55 | 9 626.51 |
| 电子调谐器 | 万只 | 9 553.55 | 9 584.11 |
| 机械调谐器 | 万只 | 45 | 42.40 |
| 行输出变压器 | 万只 | 5 164.49 | 5 119.11 |
| 偏转线圈 | 万只 | 2 771.10 | 2 811.26 |
| 录音录像机芯 | 万只 | 2 129 425.05 | 2 129 096.72 |
| 录音机芯 | 万只 | 2 802.15 | 2 799.82 |
| 录像机芯 | 万只 | 2 122 725 | 2 122 725 |
| CD 机芯 | 万只 | 2 675 | 2 591 |
| VCD、DVD 机芯 | 万只 | 1 222.90 | 980.90 |
| 磁头 | 万只 | 41 936.49 | 42 216.27 |
| 录音磁头 | 万只 | 15 344.66 | 15 428.53 |
| 录像磁头 | 万只 | 7 300.83 | 7 396.24 |
| 硬盘驱动器磁头 | 万只 | 10 769 | 10 734 |
| 其他磁头 | 万只 | 8 522 | 8 657.50 |
| 光学头 | 万只 | 8 003.88 | 7 277.01 |
| 放音光头 | 万只 | 557 | 101 |
| 放像光头 | 万只 | 427.06 | 196.44 |
| ROM 光头 | 万只 | 4 935.33 | 4 919.05 |
| 刻录光头 | 万只 | 547 | 540 |
| 其他 | 万只 | 1 537.49 | 1 520.52 |
| 天线 | 万副 | 7 423 | 7 374 |
| 拉杆天线 | 万副 | 6 184 | 6 141 |
| 其他 | 万副 | 1 239 | 1 233 |
| 磁带 | 万米 | 1 098 606.40 | 1 093 793 |
| 录音磁带 | 万米 | 110 048.40 | 107 988 |

续表 109

| 产品名称 | 单位 | 产量 | 销量 |
|---|---|---|---|
| 录像磁带 | 万米 | 988 558 | 985 805 |
| 音像片 | 万片 | 24 400.72 | 24 907.85 |
| CD 盘片 | 万片 | 6 414.72 | 6 419.85 |
| VCD 盘片 | 万片 | 9 969 | 10 633 |
| DVD 盘片 | 万片 | 377 | 376 |
| 其他 | 万片 | 7 640 | 7 479 |
| 录音录像磁鼓 | 万只 | 2 689.68 | 2 673.13 |
| VCD、DVD 开关电源 | 万只 | 406 | 107 |
| 电视接收机机顶盒 | 部 | 74 244 | 66 419 |
| 有线电视机顶盒 | 部 | 54 034 | 49 631 |
| 卫星广播机顶盒 | 部 | 20 210 | 16 788 |

表 110　2002 年其他家用电子电器产量与销量情况

| 产品名称 | 单位 | 产量 | 销量 |
|---|---|---|---|
| 电子琴 | 万台 | 112.74 | 114.23 |
| 电子游戏机 | 万台 | 0.70 | 8.70 |
| 洗衣机 | 万台 | 571.21 | 564.36 |
| 电冰箱 | 万台 | 788.51 | 786.01 |
| 空调器 | 万台 | 863.50 | 894.42 |
| 电风扇 | 万台 | 759.68 | 765.34 |
| 微波炉 | 万台 | 831.33 | 845.29 |
| 电磁灶 | 万台 | 0.38 | 0.33 |
| 电子钟表 | 万台 | 3 040.88 | 2 871.51 |
| 其他 | 万台 | 12 489.34 | 9 356.08 |

表 111　2002 年频率测量仪器产量与销量情况

| 产品名称 | 单位 | 产量 | 销量 |
|---|---|---|---|
| 数字脉冲频率测量仪 | 台 | 194 | 151 |
| 模拟式频率测量仪 | 台 | 19 | 26 |
| 计数器 | 台 | 408 | 389 |
| 时间测量仪器 | 台 | 19 | 19 |
| 频率标准仪 | 台 | 3 | 6 |

表 112　2002 年电压测量仪器产量与销量情况

| 产品名称 | 单位 | 产量 | 销量 |
|---|---|---|---|
| 直流数字电压表 | 台 | 636 | 463 |
| 数字多用表 | 台 | 393 300.79 | 398 358.17 |
| 电压电源标准装置 | 台 | 22 | 51 |
| 模拟式电压表 | 台 | 3 626 | 3 084 |
| 数字面板表 | 台 | 53 | 73 |
| 其他 | 台 | 3 | 13 |

表 113　2002 年示波器产量与销量情况

| 产品名称 | 单位 | 产量 | 销量 |
|---|---|---|---|
| 数字读出及数字存储示波器 | 台 | 34 | 29 |
| 通用示波器 | 台 | 24 997.08 | 25 035.87 |
| 取样、存储、记忆示波器 | 台 | 232 | 98 |
| 其他示波器逻辑分析仪 | 台 | 12 | 12 |
| 专用示波器 | 台 | 210 | 196 |
| 示波器校准仪 | 台 | – | 5 |

## 表 114　2002 年器件参数测量仪器产量与销量情况

| 产品名称 | 单位 | 产量 | 销量 |
|---|---|---|---|
| 电力电子器件测试仪 | 台 | 43 | 45 |
| 半导体器件图示仪 | 台 | 167 | 102 |

## 表 115　2002 年扫描、频谱波形分析仪器产量与销量情况

| 产品名称 | 单位 | 产量 | 销量 |
|---|---|---|---|
| 扫频仪 | 台 | 320 | 297 |
| 频谱分析仪 | 台 | 213 | 197 |
| 失真度测量仪 | 台 | 935 | 685 |
| 其他 | 台 | 2 815 | 2 658 |

## 表 116　2002 年微波测量仪器产量与销量情况

| 产品名称 | 单位 | 产量 | 销量 |
|---|---|---|---|
| 网络特性测试仪及网络分析 | 台 | 40 | 40 |
| 微波功率放大器 | 台 | 1 | 1 |
| 微波漏能测试仪 | 台 | 30 | 30 |
| 其他微波仪器 | 台 | 1 043 | 445 |
| 微波测量仪器部件 | 件 | 63 849 | 63 646 |
| 　波导 | 件 | 21 490 | 21 035 |
| 　其他微波元件 | 件 | 42 359 | 42 611 |

## 表 117　2002 年通信测量仪器产量与销量情况

| 产品名称 | 单位 | 产量 | 销量 |
|---|---|---|---|
| 载波通信测量仪 | 台 | 245 | 256 |
| PDH/SDH 传输分析仪 | 台 | 80 | 66 |

表 118　2002 年超低频测量仪器产量与销量情况

| 产品名称 | 单位 | 产量 | 销量 |
|---|---|---|---|
| 超低频信号分析仪 | 台 | 464 | 459 |
| 频响分析仪 | 台 | 49 | 60 |
| 超低频信号源 | 台 | 20 | 31 |
| 滤波器、放大器 | 台 | – | 8 |
| 其他 | 台 | 375 069 | 375 079 |

表 119　2002 年声学测量仪器产量与销量情况

| 产品名称 | 单位 | 产量 | 销量 |
|---|---|---|---|
| 声级计 | 台 | 8 304 | 7 624 |
| 倍频滤波器 | 台 | 262 | 270 |
| 声振校准装置 | 台 | 202 | 199 |
| 其他声学仪器 | 台 | 3 321 | 3 040 |

表 120　2002 年稳压电源产量与销量情况

| 产品名称 | 单位 | 产量 | 销量 |
|---|---|---|---|
| 直流稳压电源 | 台 | 200 844 | 188 081 |
| 交流稳压电源 | 台 | 300 869 | 298 549 |
| 稳流稳压电源 | 台 | 245 686 | 256 772 |
| 逆变电源 | 台 | 312 566 | 317 378 |
| 激光电源 | 台 | 240 | 235 |
| 其他电源 | 台 | 223 418 | 223 237 |

表 121　2002 年信号源产量与销量情况

| 产品名称 | 单位 | 产量 | 销量 |
|---|---|---|---|
| 低频信号发生器 | 台 | 4 103 | 4 441 |
| 高频信号发生器 | 台 | 266 | 256 |

续表 121

| 产品名称 | 单位 | 产量 | 销量 |
| --- | --- | --- | --- |
| 超高频信号发生器 | 台 | – | – |
| 微波信号发生器 | 台 | 351 | 286 |
| 功率信号发生器 | 台 | 300 | 290 |
| 功率放大器 | 台 | 38 826 989 | 38 289 016 |
| 数字信号发生器 | 台 | 918 | 500 |

表 122　2002 年功率计产量与销量情况

| 产品名称 | 单位 | 产量 | 销量 |
| --- | --- | --- | --- |
| 小功率计 | 台 | 196 | 209 |
| 中功率计 | 台 | 95 | 94 |
| 大功率计 | 台 | 20 | 20 |

表 123　2002 年其他测量仪器产量与销量情况

| 产品名称 | 单位 | 产量 | 销量 |
| --- | --- | --- | --- |
| 晶体振荡器 | 台 | 7 345 822 | 5 492 598 |
| 击穿装置 | 台 | 773 | 761 |
| 原子射线仪器 | 台 | 5 652 | 3 282 |
| 气象仪器 | 台 | 97 930 | 97 930 |

表 124　2002 年专用医用电子设备产量与销量情况

| 产品名称 | 单位 | 产量 | 销量 |
| --- | --- | --- | --- |
| 心、脑、肌、眼仪器设备 | 台 | 163 | 146 |
| 监护仪器 | 台 | 5 203 | 5 531 |
| 心电遥测仪器 | 台 | 4 025 | 3 726 |
| 治疗急救装置 | 台 | 5 075 | 5 421 |

续表 124

| 产品名称 | 单位 | 产量 | 销量 |
|---|---|---|---|
| 超声诊断仪器 | 台 | 2 586 | 2 964 |
| 超声治疗仪器 | 台 | 3 700 | 4 956 |
| 激光治疗仪器 | 台 | 17 | 17 |
| 生化分析仪器 | 台 | 4 128 | 3 959 |
| 医用射线诊断、治疗仪器 | 台 | 26 | 26 |
| 诊断仪器 | 台 | 65 547 | 61 438 |
| 各种电疗磁疗光疗针麻仪器 | 台 | 187 909 | 177 585 |
| 医用光学仪器 | 台 | 2 056 | 2 376 |
| 体外循环仪器 | 台 | 4 805 | 4 805 |
| 其他 | 台 | 693 545 | 717 136 |

## 表 125 2002 年工交电子应用仪器产量与销量情况

| 产品名称 | 单位 | 产量 | 销量 |
|---|---|---|---|
| 轻纺工业电子应用仪器 | 台 | 705 | 697 |
| 煤炭工业电子应用仪器 | 台 | 8 676 | 8 525 |
| 石化工业电子应用仪器 | 台 | 960 | 810 |
| 水电工业电子应用仪器 | 台 | 54 632 | 53 477 |
| 冶金工业电子应用仪器 | 台 | 66 | 59 |
| 气体工业电子应用仪器 | 台 | 10 207 | 9 983 |
| 矿山电子应用仪器 | 台 | 1 326 | 1 361 |
| 交通运输电子应用仪器 | 台 | 6 284 | 6 288 |

## 表 126 2002 年电子电表产量与销量情况

| 产品名称 | 单位 | 产量 | 销量 |
|---|---|---|---|
| 直流电流电压表 | 万只 | 25.24 | 26.14 |
| 功率表 | 万只 | 103.99 | 118.56 |
| 电平表 | 万只 | 48 | 63.15 |

## 表 127　2002 年电子专用电表产量与销量情况

| 产品名称 | 单位 | 产量 | 销量 |
|---|---|---|---|
| 特殊用途电表 | 万只 | 164.50 | 161.73 |
| IC 卡智能电表 | 万只 | 1 973.58 | 1 979.35 |
| IC 卡智能水表 | 万只 | 1.61 | 1.40 |
| IC 卡智能煤气表 | 万只 | 8.01 | 7.25 |
| IC 卡智能热能表 | 万只 | 23.60 | 23.60 |
| 其他 | 万只 | 1 775.10 | 1 874.40 |

## 表 128　2002 年半导体器件和集成电路专用设备产量与销量情况

| 产品名称 | 单位 | 产量 | 销量 |
|---|---|---|---|
| 半导体材料制备、外延和化学机械抛光 | 台 | 942 | 1 028 |
| 曝光、刻蚀和匀胶显影设备 | 台 | 47 | 38 |
| 扩散、离子注入和快速热处理设备 | 台 | 13 | 13 |
| 化学、物理气象淀积和镀铜设备 | 台 | 30 | 32 |
| 后序组装和封装生产设备 | 台 | 21 | 21 |
| 其他 | 台 | 23 689 | 18 069 |

## 表 129　2002 年电真空器件专用设备产量与销量情况

| 产品名称 | 单位 | 产量 | 销量 |
|---|---|---|---|
| 电光源生产设备 | 台 | 551 | 361 |
| 显像管及电子枪生产设备 | 台 | 310 | 307 |
| 其他 | 台 | 246 | 221 |

## 表 130　2002 年电子元件专用设备产量与销量情况

| 产品名称 | 单位 | 产量 | 销量 |
|---|---|---|---|
| 电阻、电位器生产设备 | 台 | 15 | 9 |
| 电容器生产设备 | 台 | 427 | 370 |

续表 130

| 产品名称 | 单位 | 产量 | 销量 |
|---|---|---|---|
| 陶瓷元件生产设备 | 台 | 60 | 55 |
| 磁性材料及元件生产设备 | 台 | 359 | 346 |
| 线缆生产设备 | 台 | 143 | 133 |
| 频率元器件生产设备 | 台 | 525 | 447 |
| 其他 | 台 | 1 086 | 1 027 |

表 131　2002 年例行试验和可靠性试验设备产量与销量情况

| 产品名称 | 单位 | 产量 | 销量 |
|---|---|---|---|
| 力学环境试验设备 | 台 | 149 | 154 |
| 气候环境试验设备 | 台 | 62 | 65 |
| 可靠性试验设备 | 台 | 59 | 86 |

表 132　2002 年水、气净化设备产量与销量情况

| 产品名称 | 单位 | 产量 | 销量 |
|---|---|---|---|
| 空气净化设备 | 台 | 979 | 492 |
| 空气过滤器 | 台 | 1 708 | 1 708 |
| 水纯化设备 | 台 | 10 | 10 |
| 净化检测设备 | 台 | 4 | 4 |
| 其他 | 台 | 9 | 8 |

表 133　2002 年电子整机装联设备产量与销量情况

| 产品名称 | 单位 | 产量 | 销量 |
|---|---|---|---|
| 装配生产线 | 台 | 351 | 348 |
| 波峰焊接、再流焊接设备 | 台 | 30 | 30 |
| 其他 | 台 | 1 808 | 1 772 |

## 表 134 2002 年电子通用设备产量与销量情况

| 产品名称 | 单位 | 产量 | 销量 |
|---|---|---|---|
| 真空获得设备 | 台 | 11 312 | 10 337 |
| 超声波设备 | 台 | 2 341 | 2 452 |
| 精密焊接设备 | 台 | 1 839 | 1 745 |
| 干燥设备 | 台 | 163 | 163 |
| 空调设备 | 台 | 1 239 | 1 059 |
| 塑料加工设备 | 台 | 690 | 696 |
| 电加工设备 | 台 | 435 | 512 |
| 压力加工设备 | 台 | – | – |
| 清洗设备 | 台 | 482 | 482 |
| 其他 | 台 | 116 693 | 124 336 |

## 表 135 2002 年电子工业模具及齿轮产量与销量情况

| 产品名称 | 单位 | 产量 | 销量 |
|---|---|---|---|
| 模具 | 副 | 2 584 | 2 599 |
| 模架 | 套 | 128 426 | 142 183 |
| 模具标准件 | 件 | 11 892 045 | 10 715 528 |
| 电动工具 | 件 | 258 676 | 256 415 |

## 表 136 2002 年邮政内部处理设备产量与销量情况

| 产品名称 | 单位 | 产量 | 销量 |
|---|---|---|---|
| 包裹分拣机 | 台 | 10 | 7 |
| 胶带机 | 台 | 22 | 13 |
| 推式悬挂输送机 | 台 | 10 | 14 |
| 普通悬挂输送机 | 台 | 250 | 250 |

表 137　2002 年电容器产量与销量情况

| 产品名称 | 单位 | 产量 | 销量 |
|---|---|---|---|
| 纸介电容器 | 万只 | 562 879.71 | 564 195.07 |
| 金属化和金属箔式纸介电容器 | 万只 | 85 440.39 | 91 217.41 |
| 纸介复合介质电容器 | 万只 | 477 439.32 | 472 977.66 |
| 薄膜电容器 | 万只 | 548 462.17 | 548 891.52 |
| 聚酯膜电容器 | 万只 | 361 253.10 | 363 739.86 |
| 聚丙烯膜电容器 | 万只 | 84 407.87 | 82 237.85 |
| 聚苯乙烯电容器 | 万只 | 13 965.00 | 14 520.00 |
| 聚碳酸酯电容器 | 万只 | 33.70 | 30.90 |
| 聚四氟乙烯电容器 | 万只 | 0.10 | 0.10 |
| 片式有机介质电容器（SMC） | 万只 | 1 244.52 | 1 631.10 |
| 其他有机介质薄膜电容器 | 万只 | 87 557.88 | 86 731.71 |
| 瓷介电容器 | 万只 | 6 924 462.06 | 6 390 833.41 |
| 低压瓷介电容器（小于500V） | 万只 | 602 553.15 | 502 810.30 |
| 高压瓷介电容器（大于500V） | 万只 | 118 581.60 | 113 687.80 |
| 交流瓷介电容器 | 万只 | 31 856.41 | 25 159.09 |
| 片式瓷介电容器 | 万只 | 6 171 470.90 | 5 749 176.22 |
| 云母电容器 | 万只 | 241.99 | 215.80 |
| 玻璃釉电容器 | 万只 | 211.00 | 231.00 |
| 铝电解电容器 | 万只 | 1 481 479.40 | 1 497 160.05 |
| 其中：片式铝电解电容器 | 万只 | 570.40 | 829.60 |
| 钽电解电容器 | 万只 | 116 528.66 | 111 256.26 |
| 其中：片式钽电解电容器 | 万只 | 101 786.90 | 98 174.10 |
| 铌电解电容器 | 万只 | 2 200.00 | 2 050.00 |
| 可变电容器 | 万只 | 6 417.70 | 6 320.10 |
| 空气可变电容器 | 万只 | 159.30 | 164.50 |
| 薄膜可变电容器 | 万只 | 5 134.40 | 5 238.60 |

续表 137

| 产品名称 | 单位 | 产量 | 销量 |
|---|---|---|---|
| 磁微调可变电容器 | 万只 | 1 124.00 | 917.00 |
| 真空电容器 | 万只 | 0.40 | 0.40 |
| 可变真空电容器 | 万只 | 0.40 | 0.40 |
| 其他电容器 | 万只 | 1 108 881.85 | 1 098 256.61 |
| 电容网络 | 万个 | 171.10 | 167.03 |

## 表 138　2002 年电阻、电位器产量与销量情况

| 产品名称 | 单位 | 产量 | 销量 |
|---|---|---|---|
| 固定电阻器 | 万只 | 10 091 385.72 | 9 733 368.46 |
| 碳膜电阻器 | 万只 | 2 219 853.88 | 2 189 188.30 |
| 金属膜电阻器 | 万只 | 84 876.76 | 84 343.64 |
| 氧化膜电阻器 | 万只 | 101 235.95 | 98 858.06 |
| 玻璃釉电阻器 | 万只 | 6 447.50 | 6 228.80 |
| 线绕电阻器 | 万只 | 15 453.82 | 15 108.22 |
| 合成膜电阻器 | 万只 | – | – |
| 实芯电阻器 | 万只 | 3 400 | 3 316 |
| 釉膜电阻器 | 万只 | 68 | 70 |
| 片式电阻器 | 万只 | 7 635 167.35 | 7 312 901.18 |
| 熔断电阻器 | 万只 | 19 141.70 | 17 597.70 |
| 微带电阻器 | 万只 | 1.70 | 1.50 |
| 其他电阻器 | 万只 | 5 739.06 | 5 755.06 |
| 电位器 | 万只 | 67 293.39 | 68 105.70 |
| 线绕电位器 | 万只 | 26.60 | 26.40 |
| 碳膜电位器 | 万只 | 43 609.90 | 43 538.10 |
| 实芯电位器 | 万只 | 8 323.25 | 10 015.00 |
| 玻璃釉电位器 | 万只 | 6 127.64 | 5 566.20 |

续表 138

| 产品名称 | 单位 | 产量 | 销量 |
|---|---|---|---|
| 导电塑料电位器 | 万只 | 1.6 | 1.50 |
| 预调电位器 | 万只 | 1 139.40 | 988.50 |
| 高压聚焦电位器 | 万只 | 8 065 | 7 970 |
| 电阻衰减器 | 万只 | 2.20 | 2.20 |
| 其他电阻、电位器 | 万只 | 4 554.50 | 4 645.80 |
| 电阻网络 | 万个 | 8 062.39 | 7 678.89 |

表 139　2002 年电连接元件产量与销量情况

| 产品名称 | 单位 | 产量 | 销量 |
|---|---|---|---|
| 低频连接器 | 万只 | 177 706.77 | 173 217.39 |
| 圆形连接器 | 万只 | 757 | 575.20 |
| 矩形连接器 | 万只 | 2 248.72 | 2 165.42 |
| 印刷电路连接器 | 万只 | 3 129.41 | 3 123 |
| 条形连接器 | 万只 | 104 226.41 | 103 291.62 |
| 带状电缆连接器 | 万只 | 5 445.70 | 5 263.90 |
| 插塞插孔 | 万只 | 26 684.39 | 26 597.99 |
| 片式低频连接器 | 万只 | 664 | 664 |
| 其他低频连接器 | 万只 | 34 494.24 | 31 487.10 |
| 低频连接器电缆组件 | 万根 | 56.90 | 49.16 |
| 射频连接器 | 万只 | 3 560.36 | 3 520.25 |
| 通用射频连接器 | 万只 | 798.50 | 782.44 |
| 大功率脉冲高压射频连接器 | 万只 | 152.60 | 152.50 |
| 其他射频连接器 | 万只 | 2 491.40 | 2 463.17 |
| 射频连接器电缆组件 | 万只 | 117.86 | 122.14 |
| 光缆连接器 | 万只 | 39 080.76 | 27 133.77 |
| 其他连接器 | 万只 | 47 754.70 | 46 652.44 |
| 开关 | 万只 | 238 361.30 | 236 449.82 |

续表 139

| 产品名称 | 单位 | 产量 | 销量 |
|---|---|---|---|
| 旋转开关 | 万只 | 7 908.90 | 7 657.70 |
| 按钮开关 | 万只 | 37 353.76 | 37 702.66 |
| 组合按钮开关 | 万只 | 0.10 | 0.10 |
| 微动开关 | 万只 | 124 991.51 | 124 040.30 |
| 钮子开关 | 万只 | 180.02 | 180.04 |
| 双列直插式开关 | 万只 | 120 | 145 |
| 滑动开关 | 万只 | 4 363.29 | 4 404.53 |
| 薄膜开关 | 万只 | 1 480 | 1 014.50 |
| 其他开关 | 万只 | 61 963.72 | 61 304.99 |
| 管座（插入式） | 万只 | 122 568.31 | 121 592.85 |
| 显像管插座 | 万只 | 2 388.20 | 2 304.90 |
| 电阻管插座（包括金属陶瓷管） | 万只 | 2.20 | 2.90 |
| 继电器插座 | 万只 | 4.20 | 4.10 |
| 谐振器插座 | 万只 | 24 743 | 23 012.45 |
| 其他电子元件插座 | 万只 | 95 430.71 | 96 268.50 |

### 表 140　2002 年控制元件产量与销量情况

| 产品名称 | 单位 | 产量 | 销量 |
|---|---|---|---|
| 继电器 | 万只 | 71 032.98 | 70 301.82 |
| 直流电磁继电器 | 万只 | 21 577.62 | 21 241.44 |
| 磁保持继电器 | 万只 | 339.20 | 336.90 |
| 极化继电器 | 万只 | 3 327.60 | 3 445.90 |
| 交流电磁继电器 | 万只 | 29 992.40 | 30 046.40 |
| 温度继电器 | 万只 | 38.60 | 43.60 |
| 同轴继电器 | 万只 | 0.10 | 0.10 |
| 真空继电器 | 万只 | 0.20 | 0.20 |

续表 140

| 产品名称 | 单位 | 产量 | 销量 |
|---|---|---|---|
| 固体继电器 | 万只 | 28.15 | 27.03 |
| 接触继电器 | 万只 | 1 | 1 |
| 汽车继电器 | 万只 | 964.51 | 929.05 |
| 其他继电器 | 万只 | 14 763.60 | 14 230.20 |
| 传感器 | 万只 | 7 823.09 | 7 580.49 |

## 表 141　2002 年磁性材料电感变压器产量与销量情况

| 产品名称 | 单位 | 产量 | 销量 |
|---|---|---|---|
| 金属软磁元件 | 万只 | 22 559.30 | 22 042.59 |
| 铝硅铁粉芯 | 万只 | 22 551 | 22 034.39 |
| 铁镍钼粉芯 | 万只 | 8.30 | 8.20 |
| 铁氧体软磁元件 | 万只 | 461 401.94 | 448 576.72 |
| 螺纹磁芯 | 万只 | 1 215 | 907 |
| E 形磁芯（EC、EI、ELD型） | 万只 | 255 563.01 | 249 470.15 |
| U 形磁芯 | 万只 | 28 589 | 28 708.56 |
| 管形磁芯 | 万只 | 1 253 | 1 331 |
| 柱形磁芯 | 万只 | 6 280 | 5 926 |
| 罐形磁芯（含菱形、X形、方形） | 万只 | 870 | 696 |
| 环形磁芯 | 万只 | 64 516.30 | 62 880.26 |
| 中周磁芯 | 万只 | 20 140 | 19 008 |
| 偏转磁芯 | 万只 | 8 484.14 | 8 474.38 |
| 双孔、多孔磁芯 | 万只 | 4 574 | 3 713 |
| 其他磁芯 | 万只 | 69 917.49 | 67 462.37 |
| 铁氧体永磁元件 | 万只 | 312 472.73 | 310 738.03 |
| 钡铁氧体永磁元件 | 万只 | 7 468 | 7 832 |
| 锶铁氧体永磁元件 | 万只 | 261 382.73 | 258 290.03 |
| 电机用瓦形磁体 | 万只 | 31 383 | 31 253 |
| 铁氧体粘结元件 | 万只 | 12 239 | 13 363 |

续表 141

| 产品名称 | 单位 | 产量 | 销量 |
|---|---|---|---|
| 永磁合金 | 万只 | 200 906.71 | 196 442.89 |
| 铝镍钴磁钢 | 万只 | 9 551.70 | 9 609.90 |
| 钐钴磁钢（含钐镨钴磁钢） | 万只 | 509.88 | 513.60 |
| 钕铁硼永磁 | 万只 | 190 845.13 | 186 318.39 |
| 其他合金永磁 | 万只 | – | 1 |
| 电感器 | 万只 | 638 962.41 | 641 915.45 |
| 可变电感器 | 万只 | 463 949.24 | 464 051.69 |
| 固定与色码电感器 | 万只 | 48 245.97 | 47 205.76 |
| 叠层式片式电感器 | 万只 | 114 435.70 | 118 270.30 |
| 线绕式片式电感器 | 万只 | 6 408 | 6 479 |
| LC 滤波器 | 万只 | 5 923.50 | 5 908.70 |
| 微波器件 | 万只 | 7 | 7 |
| 微波铁氧体环形器 | 万只 | 0.40 | 0.40 |
| 微波铁氧体隔离器 | 万只 | 5.60 | 5.60 |
| 其他磁波磁性器件 | 万只 | 1 | 1 |
| 电子变压器 | 万只 | 107 115.08 | 105 038.68 |
| 中频变压器 | 万只 | 6 055.60 | 5 982.90 |
| 音频变压器 | 万只 | 929.67 | 936.20 |
| 脉冲变压器 | 万只 | 24 831.40 | 22 346.10 |
| 电源变压器 | 万只 | 13 369 | 13 466.66 |
| 开关电源变压器 | 万只 | 2 117 | 2 159 |
| 片式变压器 | 万只 | 272 | 272 |
| 其他电子变压器 | 万只 | 59 540.41 | 59 875.82 |
| 线圈 | 万只 | 111 662.40 | 110 297.55 |
| 消磁线圈 | 万只 | 1 005.63 | 751.28 |
| 其他线圈 | 万只 | 110 656.77 | 109 546.27 |

表 142　2002 年电声器件产量与销量情况

| 产品名称 | 单位 | 产量 | 销量 |
|---|---|---|---|
| 通信电传声器件 | 万只 | 12 394.37 | 12 003.16 |
| 送话器 | 万只 | 38.40 | 40.50 |
| 受话器 | 万只 | 7 464.93 | 7 270.72 |
| 组合件 | 万只 | 4 891.04 | 4 691.94 |
| 传声器 | 万只 | 604.20 | 684.10 |
| 电容式传声器 | 万只 | 0.02 | 0.01 |
| 动圈式传声器 | 万只 | 0.06 | 0.06 |
| 驻极体传声器 | 万只 | 604.12 | 684.03 |
| 扬声器 | 万只 | 28 894.53 | 29 220.40 |
| 号筒扬声器 | 万只 | 2 137.11 | 2 048.30 |
| 直接辐射式扬声器 | 万只 | 7 153.47 | 7 359.19 |
| 球顶形扬声器 | 万只 | 5 794 | 5 912.05 |
| 汽车扬声器 | 万只 | 419.79 | 395.43 |
| 其他扬声器 | 万只 | 13 390.16 | 13 505.43 |
| 扬声器音箱、音柱 | 万只 | 1 183.88 | 1 187.90 |
| 家用扬声器 | 万只 | – | 0.48 |
| 高保真扬声器 | 万只 | 656 | 631 |
| 计算机用扬声器 | 万只 | 91.71 | 120.71 |
| 其他扬声器 | 万只 | 436.17 | 435.71 |
| 耳机 | 万只 | 3 926.42 | 3 870.20 |
| 头戴立体声耳机 | 万只 | 40.82 | 49.60 |
| 头戴单体声耳机 | 万只 | 1 013.50 | 990.60 |
| 微型立体声耳机 | 万只 | 225.10 | 224 |
| 耳塞机 | 万只 | 2 647 | 2 606 |
| 蜂鸣器 | 万只 | 10 457.20 | 10 553.60 |
| 蜂鸣片 | 万只 | 13 246.50 | 12 929.10 |

## 表 143　2002 年频率控制和选择用元件产量与销量情况

| 产品名称 | 单位 | 产量 | 销量 |
|---|---|---|---|
| 压电陶瓷及频率元件 | 万只 | 88 046.41 | 85 114.02 |
| 压电陶瓷滤波器 | 万只 | 29 292.78 | 28 897.40 |
| 压电陶瓷谐振器 | 万只 | 28 749.56 | 28 445.95 |
| 压电陶瓷检频器 | 万只 | 1 249.04 | 1 373.54 |
| 片式压电陶瓷器件 | 万只 | 10 524.55 | 9 306.88 |
| 声表面波滤波器 | 万只 | 13 914.60 | 13 328.19 |
| 片式表面波器件 | 万只 | 8.88 | 8.06 |
| 微波介质器件 | 万只 | 4 071 | 3 520 |
| 各类延迟线 | 万只 | 236 | 234 |
| 压电石英晶体元器件 | 万只 | 337 929.40 | 258 280.44 |
| 压电石英晶体谐振器 | 万只 | 322 433.21 | 244 720.55 |
| 压电石英晶体滤波器 | 万只 | 5 563.30 | 3 379.70 |
| 压电石英晶体振荡器 | 万只 | 9 586.89 | 9 841.19 |
| 片式压电晶体器件 | 万只 | 346 | 339 |

## 表 144　2002 年其他元件及零部件产量与销量情况

| 产品名称 | 单位 | 产量 | 销量 |
|---|---|---|---|
| 电子陶瓷零件 | 万只 | 8 120 516.24 | 8 417 992.48 |
| 碳膜电阻瓷件 | 万只 | 7 860 000 | 8 160 000 |
| 金属膜电阻瓷件 | 万只 | 173 740 | 172 335 |
| 氧化铝瓷件 | 万只 | 17 184.99 | 17 140.49 |
| 氧化铍瓷件 | 万只 | 139.20 | 112.60 |
| 陶瓷及玻璃绝缘子 | 万只 | 67 091.31 | 65 911.35 |
| 其他陶瓷件 | 万只 | 2 360.74 | 2 493.04 |
| 片式电阻器陶瓷基片 | 平方米 | 131 250.30 | 137 531.30 |
| 电位器用陶瓷基片 | 平方米 | 135 081 | 134 966 |
| 其他 | 万只 | 21 891 | 2 502 |

续表 144

| 产品名称 | 单位 | 产量 | 销量 |
|---|---|---|---|
| 面板元件 | 万只 | 43 442.20 | 43 478.40 |
| 减震器 | 万只 | 132 | 128 |
| 紧固件 | 万只 | 4 769.33 | 4 769.33 |
| 石英晶体器件及继电器管壳、管座 | 万只 | 760 | 760 |
| 电声器件零部件 | 万只 | 153 214.59 | 152 496.42 |

表 145　2002 年电子印刷电路板产量与销量情况

| 产品名称 | 单位 | 产量 | 销量 |
|---|---|---|---|
| 单面印刷电路板 | 平方米 | 3 711 424.68 | 3 651 855.53 |
| 双面印刷电路板 | 平方米 | 1 962 072.85 | 1 924 620.06 |
| 多层印刷电路板 | 平方米 | 1 337 801.68 | 1 321 171.96 |
| 碳膜印刷电路板 | 平方米 | 87 359 | 91 485 |

表 146　2002 年敏感元件产量与销量情况

| 产品名称 | 单位 | 产量 | 销量 |
|---|---|---|---|
| 电压敏感电阻器 | 万只 | 18 348.50 | 18 401.80 |
| 光敏元件 | 万只 | 2 460.10 | 1 505 |
| 温度敏感元件 | 万只 | 10 119.90 | 9 847.13 |
| 磁敏感元件 | 万只 | 73.32 | 70.56 |
| 气敏元件 | 万只 | 4 138.43 | 3 193.66 |

表 147　2002 年电子管产量与销量情况

| 产品名称 | 单位 | 产量 | 销量 |
|---|---|---|---|
| 收讯放大管 | 万只 | 1 908.5 | 1 905.71 |
| 直热式小型管 | 万只 | 1 868.0 | 1 852 |

续表 147

| 产品名称 | 单位 | 产量 | 销量 |
|---|---|---|---|
| 旁热式小型管 | 万只 | – | 17.84 |
| 超小型管 | 万只 | – | 0.17 |
| 八脚管 | 万只 | 15.70 | 14.50 |
| 拇指管 | 万只 | 24.80 | 21.20 |
| 发射管 | 万只 | 19.33 | 20.70 |
| 中小功率玻璃发射管 | 万只 | 15.31 | 16.93 |
| 中小功率陶瓷发射管 | 万只 | 2.56 | 2.48 |
| 大功率玻璃发射管 | 万只 | 0.45 | 0.43 |
| 大功率陶瓷发射管 | 万只 | 1.01 | 0.86 |
| 超高频管 | 万只 | 688.04 | 707.84 |
| 磁控管 | 万只 | 603.84 | 644.62 |
| 微波气体放电管 | 万只 | 0.73 | 0.77 |
| 速调管 | 万只 | 0.03 | 0.02 |
| 行波管 | 万只 | 0.01 | 0.01 |
| 小陶瓷管 | 万只 | 0.13 | 0.02 |
| 固体放电管 | 万只 | 83.30 | 62.40 |

表 148　2002 年电子束管产量与销量情况

| 产品名称 | 单位 | 产量 | 销量 |
|---|---|---|---|
| 黑白显像管 | 万只 | 426.94 | 428.21 |
| 31cm 以下 | 万只 | 218.83 | 230.07 |
| 31cm | 万只 | 38.45 | 40.20 |
| 35cm | 万只 | 115.26 | 108.04 |
| 44cm | 万只 | 54.40 | 49.90 |
| 彩色显像管 | 万只 | 5 058.65 | 5 059.13 |

续表 148

| 产品名称 | 单位 | 产量 | 销量 |
|---|---|---|---|
| 37cm | 万只 | 513.80 | 516.90 |
| 51cm | 万只 | 478.80 | 477.40 |
| 54cm | 万只 | 2 152.18 | 2 155.72 |
| 64cm | 万只 | 721.28 | 710.30 |
| 74cm | 万只 | 977.13 | 988.82 |
| 其他 | 万只 | 215.46 | 209.99 |
| 其他电子束管 | 万只 | 2 489.12 | 2 453.23 |
| 投影管 | 万只 | 15.20 | 2.30 |
| 监视管（显示管） | 万只 | 2 473.92 | 2 450.93 |
| 离子管 | 万只 | 691.82 | 945.32 |
| 闸流管 | 万只 | 0.70 | 0.70 |
| 整流管 | 万只 | 46.85 | 46.85 |
| 放电管 | 万只 | 643.75 | 897.41 |
| 紫外光敏管 | 万只 | 0.52 | 0.36 |
| X 光管 | 万只 | 1.60 | 1.60 |
| 医用 X 光管 | 万只 | 0.80 | 0.90 |
| 旋转阳极 X 光管 | 万只 | 0.80 | 0.70 |
| 真空开关管 | 万只 | 57.82 | 53.17 |
| 高、中压真空开关管（3~36kV） | 万只 | 53.22 | 50.49 |
| 低压真空开关管（3kV以下） | 万只 | 4.60 | 2.68 |
| 其他电真空器件 | 万只 | 5.52 | 5.43 |
| 显像管配件 | 万只 | 54 691.57 | 52 296.09 |
| 黑白显像管电子枪零件 | 万只 | 5 028.84 | 4 180.55 |
| 彩色显像管电子枪零件 | 万只 | 36 646.98 | 35 093.73 |
| 黑白显像管玻壳 | 万只 | 2 076.74 | 2 050.30 |
| 31cm 以下 | 万只 | 1 758.06 | 1 769.27 |
| 31cm | 万只 | 62.15 | 58.88 |
| 35cm | 万只 | 174.23 | 141.90 |

续表 148

| 产品名称 | 单位 | 产量 | 销量 |
|---|---|---|---|
| 44cm | 万只 | 67.08 | 65.68 |
| 其他 | 万只 | 15.22 | 14.57 |
| 彩色显像管玻壳 | 万只 | 7 373.06 | 7 349.75 |
| 37cm | 万只 | 658.40 | 608.59 |
| 51cm | 万只 | 3 591 | 3 545 |
| 54cm | 万只 | 1 561.46 | 1 644.08 |
| 64cm | 万只 | 341.34 | 355.86 |
| 74cm | 万只 | 580.75 | 567.76 |
| 其他 | 万只 | 640.11 | 628.46 |
| 彩色显像管用荫罩 | 万只 | 3 565.95 | 3 621.76 |
| 54cm | 万只 | 2 006.90 | 2 040.70 |
| 64cm | 万只 | 466.90 | 475.10 |
| 74cm | 万只 | 813.75 | 829.76 |
| 其他 | 万只 | 278.40 | 276.20 |

## 表 149　2002 年电光源产量与销量情况

| 产品名称 | 单位 | 产量 | 销量 |
|---|---|---|---|
| 高压钠灯 | 万只 | 11.11 | 11.80 |
| 卤素灯 | 万只 | 354.11 | 336.85 |
| 汽车用灯 | 万只 | 1 168.13 | 885.72 |
| 日光灯 | 万只 | 579.69 | 452.11 |
| 节能灯 | 万只 | 7 546.24 | 7 255.51 |
| 其他 | 万只 | 60 366.82 | 66 819.03 |

表 150　2002 年电真空光电子器件产量与销量情况

| 产品名称 | 单位 | 产量 | 销量 |
| --- | --- | --- | --- |
| 显示器件 | 万只 | 31 112.77 | 31 366.90 |
| 发光器件 | 万只 | 3.18 | 2.51 |
| 光电耦合器件 | 万只 | 1 916.28 | 746.37 |
| 激光器件 | 万只 | 25 370.02 | 2 566.01 |

表 151　2002 年半导体光电器件产量与销量情况

| 产品名称 | 单位 | 产量 | 销量 |
| --- | --- | --- | --- |
| 光电耦合器件 | 万只 | 780 | 811 |
| 其他光电耦合器件 | 万只 | 780 | 811 |
| 光电探测器件 | 万只 | 879 676.58 | 857 610.53 |
| 光电二极管 | 万只 | 879 666 | 857 599 |
| 其他光电探测器件 | 万只 | 10.58 | 11.53 |
| 发光二极管 | 万只 | 118 532.06 | 114 984.39 |
| 红外发光二极管 | 万只 | 25 580.66 | 24 899.49 |
| 红色发光二极管 | 万只 | 10 078 | 10 065 |
| 黄色发光二极管 | 万只 | 14 165.50 | 12 399.50 |
| 数码管组件 | 万只 | 284.20 | 179.80 |
| 其他发光二极管 | 万只 | 68 423.70 | 67 440.60 |
| 激光器件 | 万只 | 10 500.40 | 8 300.40 |
| 固体激光器件 | 万只 | 10 500 | 8 300 |
| 其他激光器件 | 万只 | 0.40 | 0.40 |

表 152　2002 年其他半导体光电器件产量与销量情况

| 产品名称 | 单位 | 产量 | 销量 |
| --- | --- | --- | --- |
| 半导体二极管 | 万只 | 2 097 329.91 | 2 079 287.86 |
| 锗二极管 | 万只 | 855.59 | 5 009 |

续表 152

| 产品名称 | 单位 | 产量 | 销量 |
|---|---|---|---|
| 硅二极管 | 万只 | 2 091 784.60 | 2 070 018.75 |
| 硅整流二极管 | 万只 | 1 205 670.31 | 1 250 530.34 |
| 硅开关二极管 | 万只 | 76 036.47 | 76 899.27 |
| 硅稳压二极管 | 万只 | 394 741.94 | 391 230.64 |
| 高压硅堆 | 万只 | 28 994.70 | 28 913.50 |
| 桥式整流器 | 万只 | 2 427.52 | 2 457.75 |
| 变容二极管 | 万只 | 145.70 | 110.80 |
| 硅升压阻尼二极管 | 万只 | 2.73 | 2.65 |
| 混频检波二极管 | 万只 | 2.13 | 3.13 |
| 肖特基二极管 | 万只 | 48 509.34 | 45 208.47 |
| 其他硅二极管 | 万只 | 335 253.76 | 274 662.20 |
| 化合物二极管 | 万只 | 4 689.09 | 4 259.51 |
| 砷化镓变容二极管 | 万只 | 0.05 | 0.05 |
| 砷化镓体效应二极管 | 万只 | 0.12 | 0.12 |
| 其他化合物二极管 | 万只 | 4 688.92 | 4 259.34 |
| 其他二极管 | 万只 | 0.63 | 0.60 |
| 半导体三极管 | 万只 | 1 904 965.56 | 1 844 201.08 |
| 锗三极管 | 万只 | 3 055 | 2 765 |
| 其他锗三极管 | 万只 | 3 055 | 2 765 |
| 硅三极管 | 万只 | 1 888 883.91 | 1 830 843.32 |
| 硅高频小功率管 | 万只 | 1 484 003.21 | 1 448 480.72 |
| 硅开关三极管 | 万只 | 63 188.84 | 60 614.03 |
| 硅低频大功率三极管 | 万只 | 169 504.33 | 157 331.89 |
| 硅高频大功率三极管 | 万只 | 31 739.26 | 30 235.57 |
| 硅高反压功率管 | 万只 | 2 199.53 | 1 860.92 |
| 达林顿管 | 万只 | 24.44 | 24.50 |
| 场效应管 | 万只 | 27 767.20 | 25 676.99 |
| 硅微波功率管 | 万只 | 46.07 | 42.87 |

续表 152

| 产品名称 | 单位 | 产量 | 销量 |
|---|---|---|---|
| 闸流晶体管 | 万只 | 25 661.20 | 25 010.60 |
| 其他硅三极管 | 万只 | 84 749.83 | 81 565.23 |
| 化合物三极管 | 万只 | 13 026.65 | 10 592.76 |
| 其他化合物三极管 | 万只 | 13 026.65 | 10 592.76 |

表 153　2002 年特种器件及传感器产量与销量情况

| 产品名称 | 单位 | 产量 | 销量 |
|---|---|---|---|
| 敏感器件及传感器 | 万只 | 724 | 720 |
| 压力敏感器件及传感器 | 万只 | 335 | 332 |
| 气敏感器件及传感器 | 万只 | 389 | 388 |
| 其他器件 | 万只 | 164 260.15 | 163 694.45 |
| 半导体制冷器件 | 万只 | 735 | 735 |
| 其他器件 | 万只 | 163 525.15 | 162 959.45 |

表 154　2002 年电力半导体器件（5A 以上）产量与销量情况

| 产品名称 | 单位 | 产量 | 销量 |
|---|---|---|---|
| 整流二极管 | 万只 | 222 903.34 | 214 807.64 |
| 普通晶闸管 | 万只 | 17.42 | 16.37 |
| 双向晶闸管 | 万只 | 0.70 | 0.70 |
| 快速晶闸管 | 万只 | 4 | 3 |
| 高频晶闸管 | 万只 | 2 | 1.80 |
| 晶闸管模块 | 万只 | 1.40 | 0.80 |
| 固态继电器模块 | 万只 | 2.27 | 1.94 |
| 静电感应器件（SIT） | 万只 | 284.80 | 529 |
| 其他电力半导体器件 | 万只 | 102.05 | 91.75 |

表 155　2002 年集成电路产量与销量情况

| 产品名称 | 单位 | 产量 | 销量 |
|---|---|---|---|
| 大规模集成电路 | 万块 | 256 251 | 205 512 |
| 双极数字电路 | 万块 | 53 452.50 | 52 522.20 |
| TTL 电路 | 万块 | 3 446 | 2 516.10 |
| SLTTL 电路 | 万块 | 12.55 | 12.96 |
| 其他 TTL 电路 | 万块 | 3 433.45 | 2 503.14 |
| ECL 电路 | 万块 | 3.30 | 2.90 |
| 其他双极数字电路 | 万块 | 50 003.20 | 50 003.20 |
| MOS 数字电路 | 万块 | 72 287.66 | 71 457.61 |
| 大规模 MOS 数字电路 | 万块 | 26 219 | 25 368 |
| CMOS 电路 | 万块 | 46 068.66 | 46 089.61 |
| BICMOS 电路 | 万块 | 26 219 | 25 368 |
| 大规模接口电路 | 万块 | 1.30 | 0.54 |
| 模拟电路 | 万块 | 438.79 | 843.71 |
| 运算放大器 | 万块 | 432.45 | 836.52 |
| 电压比较器 | 万块 | 5.68 | 6.39 |
| 时基电路 | 万块 | 0.20 | 0.20 |
| 其他模拟电路 | 万块 | 0.46 | 0.60 |
| 电源电路 | 万块 | 40 465.78 | 39 008.60 |
| 普通稳压电路 | 万块 | 5 923.30 | 5 810.10 |
| 开关电源控制电路 | 万块 | 271.71 | 283.71 |
| DC-DC 变换器 | 万块 | 10 661.31 | 10 016.75 |
| 其他电源电路 | 万块 | 23 609.46 | 22 898.04 |
| 专用电路 | 万块 | 286 194.89 | 278 832.42 |
| 大规模专用电路 | 万块 | 20 208.02 | 19 003.82 |
| 电视机电路 | 万块 | 6 137.40 | 6 113.30 |
| 黑白电视机电路 | 万块 | 4 855.10 | 4 676 |

续表 155

| 产品名称 | 单位 | 产量 | 销量 |
|---|---|---|---|
| 彩色电视机电路 | 万块 | 1 282.30 | 1 437.30 |
| 音响电路 | 万块 | 55 501.67 | 53 491.85 |
| 电子钟表电路 | 万块 | 1 193 | 1 118 |
| 电子玩具电路 | 万块 | 7 629.30 | 7 374.80 |
| 马达稳速电路 | 万块 | 7 886.87 | 7 764.20 |
| 遥控器发射/接收电路 | 万块 | 8 334.59 | 7 876.85 |
| 家用电器专用电路 | 万块 | 108 233.72 | 107 025.54 |
| 计算器电路 | 万块 | 180 | 150 |
| 通信电路 | 万块 | 12 489.43 | 12 192.67 |
| 固定通信交换机电路 | 万块 | 1 252.23 | 1 292.64 |
| 电话机电路 | 万块 | 7 613.17 | 7 404.53 |
| 其他通信电路 | 万块 | 3 624.03 | 3 495.50 |
| 汽车专用电路 | 万块 | 226.16 | 217.25 |
| 数字音、视频电路 | 万块 | 58 | 27 |
| 其他数字音、视频电路 | 万块 | 58 | 27 |
| 智能卡专用电路 | 万块 | 3 232 | 3 271 |
| 其他 | 万块 | 75 092.75 | 72 209.96 |
| 存储器电路 | 万块 | 352.80 | 350.10 |
| 微波集成电路 | 万块 | 12 531.83 | 12 800.22 |
| 微波单片集成电路 | 万块 | 316.47 | 313.47 |
| 微波毫米波混合集成电路 | 万块 | 7.16 | 7 |
| 其他微波集成电路 | 万块 | 12 208.20 | 12 479.75 |
| 混合集成电路 | 万块 | 8 141.77 | 7 918.63 |
| 薄膜混合集成电路 | 万块 | 487.04 | 487.13 |
| 厚膜混合集成电路 | 万块 | 7 654.73 | 7 431.50 |
| 传感器电路 | 万块 | 1 876 | 1 694 |

续表 155

| 产品名称 | 单位 | 产量 | 销量 |
|---|---|---|---|
| 其他传感器电路 | 万块 | 1 876 | 1 694 |
| 集成电路芯片 | 万片 | 389 798.71 | 365 042.41 |
| 集成电路芯片 | 万片 | 389 431.26 | 364 569.58 |
| 其他集成电路芯片 | 万片 | 367.45 | 472.83 |

## 表 156　2002 年微特电机产量与销量情况

| 产品名称 | 单位 | 产量 | 销量 |
|---|---|---|---|
| 驱动微电机 | 万只 | 29 309.90 | 30 618.31 |
| 异步电动机 | 万只 | 415.58 | 416.99 |
| 同步电动机 | 万只 | 272.95 | 281.96 |
| 直流电动机 | 万只 | 28 621.37 | 29 919.36 |
| 控制微电机 | 万只 | 6 904.57 | 6 591.31 |
| 自整角机 | 万只 | 1.50 | 1.40 |
| 伺服电动机 | 万只 | 6 307.19 | 5 956.06 |
| 测速发电机 | 万只 | 0.10 | 0.10 |
| 步进电机 | 万只 | 0.70 | 0.70 |
| 力矩电机 | 万只 | 0.08 | 0.05 |
| 微特电机机组及组合装置 | 万只 | 595 | 633 |
| 专用微特电机 | 万只 | 13 748.91 | 13 718.59 |
| 唱机用电机（CD唱机、唱片机） | 万只 | 837 | 790 |
| 计算机外设用电机 | 万只 | 1 500 | 1 500 |
| 录像、激光视盘机用电机 | 万只 | 3 165 | 3 179 |
| 手机、BP 机用微型振动马达 | 万只 | 8 172.91 | 8 175.59 |
| 录音机电机 | 万只 | 74 | 74 |
| 电源电机 | 万只 | 46.52 | 47.29 |
| 手摇发电机组 | 万只 | 0.02 | 0.04 |
| 变频、变流电机 | 万只 | 46.45 | 47.20 |

续表 156

| 产品名称 | 单位 | 产量 | 销量 |
|---|---|---|---|
| 发电机组 | 万只 | 0.05 | 0.05 |
| 其他电机 | 万只 | 606 | 583 |
| 洗衣机电机 | 万只 | 567 | 555 |
| 风扇电机 | 万只 | 8 | 8 |
| 压缩机电机 | 万只 | 31 | 20 |

**表 157　2002 年安装线缆产量与销量情况**

| 产品名称 | 单位 | 产量 | 销量 |
|---|---|---|---|
| 安装线 | 千米 | 377 288.37 | 360 483.75 |
| 安装电缆 | 对/千米 | 857 511.23 | 783 095.99 |
| 带状电缆 | 对/千米 | 177.10 | 246.50 |
| 电话机、计算机用弹簧绳 | 万根 | 314 | 313 |
| 电源插头线 | 万根 | 5 020.24 | 5 034.33 |

**表 158　2002 年射频电缆产量与销量情况**

| 产品名称 | 单位 | 产量 | 销量 |
|---|---|---|---|
| CATV 同轴电缆 | 千米 | 656 243.19 | 633 806.84 |
| 皱纹外导体射频电缆 | 千米 | 1 064.10 | 1 070.20 |
| 通用射频电缆 | 千米 | 151 110.10 | 144 727.40 |

**表 159　2002 年通信及电子网络用电缆产量与销量情况**

| 产品名称 | 单位 | 产量 | 销量 |
|---|---|---|---|
| 军用通信电缆 | 千米 | 944 513 | 990 992 |
| 电话通信电缆 | 千米 | 4 130 824 | 4 004 237.32 |
| 井下及隧道用监控、通信电缆 | 千米 | 9 098.60 | 9 118 |
| 计算机网络用电缆 | 千米 | 58 538.05 | 78 500.94 |

表 160 2002 年电子线材产量与销量情况

| 产品名称 | 单位 | 产量 | 销量 |
|---|---|---|---|
| 电子元件引线 | 吨 | 389 | 360.30 |
| 裸铜线 | 吨 | 32 438.25 | 31 181.85 |
| 铜包钢线 | 吨 | 438.20 | 374 |
| 微细漆包线（小于0.6mm） | 吨 | 25 150.90 | 24 739.08 |
| 一般漆包线（大于0.6mm） | 吨 | 14 928.23 | 15 157.97 |
| 纱包线及绕包线 | 吨 | 47 | 46 |
| 其他电子线材 | 吨 | 788 243 | 773 556 |

表 161 2002 年光缆产量与销量情况

| 产品名称 | 单位 | 产量 | 销量 |
|---|---|---|---|
| 特种光缆 | 皮长公里 | 17 123 | 16 098.80 |
| 普通光缆 | 皮长公里 | 850 366.55 | 889 032.42 |
| 带状光缆 | 皮长公里 | 166 | 160 |
| 其他光缆 | 皮长公里 | 250 585.89 | 247 979.10 |

表 162 2002 年碱性蓄电池产量与销量情况

| 产品名称 | 单位 | 产量 | 销量 |
|---|---|---|---|
| 锌银蓄电池 | 千伏安 | 1 377 398.40 | 1 293 574.40 |
| 圆柱形密封镉镍蓄电池 | 千伏安 | 229 957.60 | 225 442.60 |
| 扣式镉镍蓄电池 | 千伏安 | 131 | 358 |
| 非密封镉镍蓄电池 | 千伏安 | 31 579.90 | 31 749.40 |
| 镍氢蓄电池 | 千伏安 | 31 686.31 | 28 881.31 |
| 其他碱性蓄电池 | 千伏安 | 7 635.50 | 7 411.50 |

表 163　2002 年酸性蓄电池产量与销量情况

| 产品名称 | 单位 | 产量 | 销量 |
| --- | --- | --- | --- |
| 密封铅酸蓄电池 | 万 kVh | 1 454 576.72 | 1 438 956.95 |
| 非密封铅酸蓄电池 | 万 kVh | 53 398.57 | 52 393.38 |

表 164　2002 年锂蓄电池产量与销量情况

| 产品名称 | 单位 | 产量 | 销量 |
| --- | --- | --- | --- |
| 液体锂离子蓄电池 | 千伏安 | 7 037 394.30 | 6 582 687.53 |
| 聚合物锂离子蓄电池 | 千伏安 | 1 404 | 1 056 |
| 其他锂蓄电池 | 千伏安 | 183 190 | 326 091 |

表 165　2002 年原电池产量与销量情况

| 产品名称 | 单位 | 产量 | 销量 |
| --- | --- | --- | --- |
| 普通锌锰干电池 | 万只 | 107 186 | 104 398 |
| 碱性锌锰电池 | 万只 | 15 857.80 | 18 793.10 |
| 锌空电池 | 万只 | 0.70 | 0.40 |
| 其他原电池 | 万只 | 192 761 | 182 962 |

表 166　2002 年其他电池产量与销量情况

| 产品名称 | 单位 | 产量 | 销量 |
| --- | --- | --- | --- |
| 其他储备电池 | 万只 | 850 | 780 |
| 硅太阳能电池 | kW | 1 255 | 1 064 |

表 167　2002 年电池专用配件产量与销量情况

| 产品名称 | 单位 | 产量 | 销量 |
| --- | --- | --- | --- |
| 泡沫镍、纤维镍带 | 平方米 | 1 663 649 | 1 615 365 |
| 其他电池配件 | 平方米 | 388 651 | 354 997 |

**表 168　2002 年电子元件材料产量与销量情况**

| 产品名称 | 单位 | 产量 | 销量 |
|---|---|---|---|
| 纸绝缘板 | 公斤 | 33 295.05 | 36 628.04 |
| 纸基敷铜板 | 公斤 | 3 188 045.70 | 2 936 340.70 |
| 玻璃布基敷铜板 | 公斤 | 7 873 755.45 | 8 594 705.03 |
| 电子光学玻璃 | 公斤 | 2 181 174.52 | 2 272 327.89 |
| 电解二氧化锰粉 | 公斤 | 6 212 830 | 6 580 460 |
| 电容器用铝箔材料 | 公斤 | 10 114 403.71 | 10 483 868.72 |
| 铝箔 | 公斤 | 5 185 539.32 | 5 481 554.03 |
| 聚酯膜 | 公斤 | 10 492.40 | 6 132.87 |
| 聚丙烯膜 | 公斤 | 4 918 371.99 | 4 996 181.82 |
| 压电材料 | 公斤 | 28 804.43 | 23 059.28 |
| 铌酸锂单晶 | 公斤 | 4 872.53 | 19.64 |
| 人造水晶 | 公斤 | 23 931.90 | 23 039.64 |
| 光纤预制棒 | 光纤公里 | 2 794 | 2 794 |

**表 169　2002 年真空电子器件材料产量与销量情况**

| 产品名称 | 单位 | 产量 | 销量 |
|---|---|---|---|
| 钨制品 | 公斤 | 217 035.0 | 224 926.5 |
| 钨丝 | 公斤 | 66752.4 | 67 441.4 |
| 钨干 | 公斤 | 136 849.7 | 138 146.9 |
| 钨铰丝加热子 | 公斤 | 6 889.9 | 6 694.6 |
| 钨片 | 公斤 | 6 543.0 | 12 643.6 |
| 钼制品 | 公斤 | 124 204.5 | 118 146.4 |
| 钼丝 | 公斤 | 53 849.3 | 51 068.7 |
| 钼干 | 公斤 | 31 650.6 | 30 735.7 |
| 钼片 | 公斤 | 38 704.6 | 36 342.0 |
| 镍基合金 | 公斤 | 85 769.7 | 84 589.5 |

续表 169

| 产品名称 | 单位 | 产量 | 销量 |
|---|---|---|---|
| 镍丝 | 公斤 | 15 849 | 16 115.1 |
| 镍带 | 公斤 | 69 049 | 67 559.6 |
| 镍管 | 公斤 | 871.7 | 914.8 |
| 复合金属电子材料 | 公斤 | 94 243.7 | 95 617.9 |
| 杜镁丝 | 公斤 | 94 243.7 | 95 617.9 |
| 触头材料 | 公斤 | 38 832 | 36 982 |
| 电真空器件用玻璃 | 公斤 | 1 004 362 | 1 038 715 |
| 液晶材料 | 公斤 | 136 808 | 137 662 |
| 合金材料 | 公斤 | 17 084.1 | 16 582 |
| 其他合金材料 | 公斤 | 17 084.1 | 16 582 |
| 其他电真空材料 | 公斤 | 82 716.2 | 79 533 |

表 170　2002 年半导体材料产量与销量情况

| 产品名称 | 单位 | 产量 | 销量 |
|---|---|---|---|
| 半导体单晶 | 公斤 | 326 589.98 | 277 787.74 |
| 硅单晶 | 公斤 | 236 589.98 | 202 787.74 |
| 化合物单晶 | 公斤 | 90 000 | 75 000 |
| 半导体片材 | 万片 | 3 355.83 | 3 138.19 |
| 半导体抛光片 | 万片 | 448.88 | 345.93 |
| 其他半导体片材 | 万片 | 2 906.95 | 2 792.26 |
| 封装用金属管壳 | 万只 | 524 833.91 | 472 031.88 |
| 分立器件塑封引线框架及金属带材 | 万只 | 965 204.59 | 941 793.94 |
| 集成电路塑封引线框架及金属带材 | 万只 | 81 540.76 | 81 657.08 |
| 封装用模塑料粉及辅料 | 吨 | 1 233.18 | 1 236.04 |
| 其他半导体封装材料 | 吨 | 506.53 | 414.84 |
| 石英制品 | 公斤 | 131 775 | 128 324 |

# 第3部分　各类电子工业

## 雷达工业

### 改革与发展

2002年，雷达生产企业把握国防和国民经济建设装备更新换代的契机，以现代企业制度建设为主线，以加强成本核算为基础，以市场需求为导向，以提高经济效益为目的，不断深化企业改革，追求管理机制的创新，着力产品结构的调整和优化，企业的综合能力得到了提高，竞争能力也得到了加强，从而使雷达工业走上了良性发展的轨道。

2002年，信息产业部归口管理的雷达生产企业共54家，其中雷达整机制造业29家，占53.7%；雷达专用配套设备及部件制造业25家，占46.3%。2002年雷达工业从业人员平均人数49 630人，其中整机制造业33 471 人，配套设备及部件制造业16 159人。2002年雷达企业规模详见表1。

2002年是雷达工业继续深化改革和持续发展的一年，在体制建设上不断创新，围绕着“以加快发展为主题、以结构调整为主线”进行了组织机构的调整；在人事制度的管理上，推行“能上能下”的用人机制；在分配制度上，采取灵活多样的分配形式，极大地调动了员工的积极性；在产品的开发上，本着“走出去，请进来”的工作原则，突出“专、精、新、特”的发展思路，着力进行产品结构调整与优化，以提高产品的科技含量和拓展产品的应用领域；继续利用加入WTO契机，加强国际间的贸易和合作。

### 生产与销售

2002年，雷达工业生产继续保持较高的增长速度。全年共实现工业总产值685 596万元，增长率为34.8%，其中：整机制造业工业总产值479 176万元，增长率为15.5%。实现销售产值638 465万元，同比增长45.4%，其中，整机制造业销售产值445 528万元，增长率为23.9%。2002年雷达工业总产值、销售产值见表2。

### 科研与新产品

2002年，雷达工业继续加大科技投入的力度，加快新产品的研发频率，加速产品结构的调整和优化，提高产品的科技含量和应用领域，许多科研项目获得了国家、省部级科技奖，雷达产品的技术水平达到了国际、国内先进水平，填补了国内空白，增强了雷达工业的发展后劲。

**成都锦江电子系统工程有限公司** 2002年公司顺利完成了新老产品的更新换代。新产品工业总产值达到了1.63亿元，新产品产值率达70.5%。研发的6种系列新型雷达通过了设计定型，多普勒天气雷达产品于2000年获得了省科技进步一等奖；三座标中程引导雷达于2001年获得了国家科技进步二等奖和信息产业部科技进步一等奖；S波段全相参多普勒天气雷达获得国家重大技术装备成果奖；全相参多普勒天气雷达2002年获得了四川省科技进步一等奖。S波段和C波段全相参多普勒天气雷达这两种新型雷达立足高起点，吸收和引进当今国际多普勒天气雷达的先进技术，突破众多技术难点，其研制成功打破了欧、美等发达国家对先进天气雷达技术的垄断，其中S波段全相参多普勒天气雷达填补了国内空白，是具备当代国际同类产品先进水平的新一代天气雷达。

**川北电子工业公司** 2002年，公司进一步加强科研管理，确保质量体系在科研阶段持续有效运行，建立以项目管理为基础的科研管理体系，实行项目预算和成本管理，落实项目责任制，建立有企业科研开发的PDM网络系统，具备进行各种电子系统、电子线路、计算机辅助设计、模拟仿真、分析计算等先进的设计开发手段，具有大型系统软件、网络软件开发设计的能力。在多年的多种雷达及电子设备研制过程中，注重国内外先进技术的吸收和引进，形成了一套独具特色的军工技术，先后取得科研成果8项，其中，国际先进水平9项，国内先进水平77项，国家科技奖6项，部、省级奖37项。

**中国电子科技集团第二十研究所** 该研究所主要从事无线电导航、海用火控雷达、无线电通讯及计算机应用等大型系统工程的研究、设计、开发与生产，是集科研、生产、销售于一体的综合性实体。每年投入自筹科研经费超过上年度销售收入的比例5%，新体制雷达的研究项目通过设计定型、验收的有3项，获国防科技成果二等奖项目有1项。

**国营黄河机器制造厂** 该制造厂是承担国家地空制导雷达研制生产的主要企业，科研实力雄厚，在微波与电磁场、通讯工程、电子工程及应用电子、仪器仪表、计算机应用、工业自动化、机电一体化、热处理、铸造等涉及雷达研制的所有专业上，拥有一批高素质的专业技术人才。目前正在研制中国最新防空武器系统的制导雷达，具有高机动性、高可靠性、实用性、安全性和自动化检测能力。它是工厂自筹资金、自主开发的。动目标侦察雷达研制项目主要实现了在校射范围、校射精度、降低重量等方面的突破。

## 国际合作与对外贸易

进一步调整营销思路，在巩固和发展国内市场的同时，开辟国际市场，加强国际间的交流与合作，寻求新的经济增长点，已经被各厂家所认同，并积极主动地与国外公司多方位、多渠道、采取多种形式进行项目的技术交流和合作，投资办实体，取得了一定的经济效益。2002年对外贸易额达到了4.5亿元。

## 主要企业

**中国电子科技集团第十四研究所** 该研究所是中国的第一个雷达研究所，也是国内规模最大的综合性电子技术研究所。全所下设14个研究部，7个分厂。2002年通过一系列的改革举措取得极大发展。主要产品国内市场占有率为30%左右。该所拥有一支技术素质高、工程经验丰富、年龄结构合理的职工队伍，拥有各种先进的仪器、仪表等科研设备，具有各种体制、各种平台、各种用途、各种频段雷达的研制经验。目前，业已成熟的技术有：相控阵技术、PD技术、单脉冲技术、低副瓣超低副瓣技术、T/R组件和固态技术、高速数字信号处理技术、数字脉冲压缩技术、高性能光栅技术、高可靠性技术、高机动技术、热设计技术、微组装技术等。2002年该所相控阵弹道测量雷达获国家科学技术进步二等奖；该所与南航共同研制的15千瓦相控阵雷达电源获国防科学技术进步二等奖；该所与第二十八所等4家兄弟所共同进行的美国综合电子信息系统装备发展研究获国防科学技术进步三等奖。机载脉冲多普勒火控雷达、车载式有限电扫相控阵测量雷达、常规靶场弹道测量雷达、外地站设备与系统总承、火控雷达VXI测试系统技术等5项成果通过部级鉴定。2002年，完成销售收入18.32亿元，实现利润1.53亿元。军贸出口工作更加注重国际市场需求，进一步调整军贸营销思路，开辟军贸新渠道，逐步形成以东南亚、非洲、中东和两伊地区为主的重点军贸市场。签订了7 800万元军贸合同，实现合同到款8 640万元。

**四川九洲电器集团有限责任公司** 该公司是从事二次雷达系统、有线电视宽带综合业务信息网络系统、光缆、电线电缆、电力电缆、应用电视系统、电子政务和电子商务软件等开发、制造、经营和服务的大型高科技企业集团，目前正逐步进入家用电器、保险代理、教育等产业，初步形成了集团化发展格局。公司下属有7家控股子公司。现为国家重点企业，设有国家级企业技术中心和博士后科研工作站。公司继续坚持“科技兴企”战略，不断拓宽军、民品领域，科研工作取得显著成果，研制成功了高技术含量的MPEG-2音视频编码器、QAM调制器、数字调制转换器等数字前端产品，以及新一代的传输设备、网管系统、光发射机、光接收机、光接点站、光工作站、宽带接入单元、新型用户盒、广播电视网络安全管理系统、数字调制转换器、新一代可寻址收费系统、数字卫星接收机等系统产品，特别是1 550nm EDFA光纤放大器的研制成功，填补了行业内无同类国产产品的空白，其技术水平处于国内领先地位。2002年，公司实现工业总产值（不变价）113 492万元，销售收款115 839万元，销售收入83 187万元，实现利润6 630万元，上缴税金3 630万元，分别比2001年增长73.7%、107.4%、62.3%、60.6%和77.2%。

**南京长江机器集团有限公司** 该公司是中国第一家设计、制造并出口大型雷达的整机制造企业，也是地面对空情报雷达和海岸警戒雷达重要的科研和生产基地。经过50多年的发展，已成为以雷达产品、家电产品、信息产品为主业的大型国有企业。至2002年末，集团公司资产总额7亿元。集团公司目前下属16家子、分公司，其中1家为中德合资企业。在科研生产方面，国家重点工程产品若干个项目通过评审及审查，2002年国债项目产品通过原理样机性能试验，样机性能达到指标要求，今年落实了若干个国家级预研课题。集团公司两种雷达分别获得国防科工委科技进步二等奖和三等奖。公司经过多年的技改投入，现拥有1个省级研发中心、1个现代化的数控加工中心、1个先进的SMT加工中心、1个高科技创业园区。拥有先进的设计软件和检测手段以及龙门五面体、五轴连动、精密数控慢走丝线切割等数十台大型精密数控设备；SMT加工中心拥有先进的日本贴片生产线10条。集团公司主要产品有：雷达、卫星地面接收站、精密模具、引线框架、UPS电源系统、家用供暖热水壁挂炉、办公自动化产品、电风扇、电机、电焊机以及变压器等，拥有著名的“蝙蝠”商标，取得了数百项科研成果。2002年完成工业总产值23 034万元，比上年增长10%，销售收入22 556万元，实现利润137万元。

**中国电子科技集团公司第三十八研究所** 该研究所是国家一类研究所，主要从事国土防空情报雷达、电子系统工程及其基础技术的研究、开发和应用，是中国军、民用雷达研制生产的重要基地，也是外经贸部首批批准的具有自营进出口权的研究院之一。该所分为研究开发部门、加工制造部、民品公司、装备技术部、职能管理部门、科研保障部门、后勤保障部门7个部分。在多项领域形成了自己的技术优势，如：数字波束形成技术、合成孔径雷达技术、雷达抗干扰技术、抗反辐射导弹技术、超低副瓣天线技术、固态发射机技术、数字化接收机技术、高速信号处理和数据处理技术、专用集成电路设计技术、微波模块设计制造一体化技术、精密焊接技术、微电子组装技术等，从而取得了1 100多项科研成果，其中获国家级、部省级科技进步奖120多项。2002年该所实现总收入6亿多元。全年共完成了20多部整机雷达的生产与调试，并完成了50多部配套设备的生产任务。该所还积极发展出口贸易，截止到2002年，累计已有20多部雷达整机出口7个国家，为国家创汇1.16亿美元。

### 市场分析及展望

经过几年的不懈努力，雷达工业走上了良性发展的轨道，通过产品结构的调整和优化，特别是在高、精、尖和科技含量上，达到和超过了国际先进水平，拓宽了应用领域。雷达工业企业在管理机制、人才培育、科研投入、产品结构调整等方面，还需要不断地加以完善和创新，面向市场，以积极的工作思维方式来开拓新思路，探索新局面，实现新突破，极大限度地调动一切积极因素，发挥现有各种资源的作用，寻求雷达工业新的经济增长点，在未来的几年内雷达工业将会上升到一个新水平。

## 【统计数据】

表 1　2002 年雷达工业产业规模

| 类　别 | 企业个数（个） | 从业人员平均人数（人） | 资产合计（万元） |
|---|---|---|---|
| 整机制造业 | 29 | 33 471 | 1 047 802 |
| 配套设备用部件制造业 | 25 | 16 159 | 328 444 |
| 总　计 | 54 | 49 630 | 1 376 246 |

表 2　2002 年雷达工业总产值与销售产值

单位：万元

| 类　别 | 工业总产值（不变价） | 工业总产值（当年价格） | 工业销售产值 |
|---|---|---|---|
| 整机制造业 | 479 176 | 464 130 | 445 528 |
| 配套设备及部件制造业 | 206 420 | 201 059 | 192 937 |
| 总　计 | 685 596 | 665 189 | 638 465 |

[撰稿：王辉 靳宁　审稿：王绍祥]

# 电子通信工业

## 改革与发展

2002年由于受世界经济衰退的影响，全球通信产业的增长速度明显放缓，对中国通信产业的负面影响日渐增大，通信产业经济效益的增速开始放慢。在国内，由于受中国电信拆分以及各种电信企业重组的影响，通信网络基本建设的投资增幅较上年有所下降；通信市场的供求格局也发生了很大的变化，长线通信产品已呈现供过于求的局面，结构性矛盾愈显突出。在困难的环境下，中国通信制造企业在国家积极的财政政策和稳健的货币政策指引下，在通信运营业持续繁荣的牵引下，认真贯彻落实国家有关产业政策，继续扩大开放和深化改革，加快结构调整和技术创新，全力开拓国内外市场，发展水平与2001年基本持平。

2002年中国电信运营业仍然保持快速平稳的增长态势，全年电信业务总量以2000年单价计算达到5 051亿元，同比增长21.73%；全国局用交换机容量达到28 358万门，增加2 792万门；移动通信交换机容量达到27 130万户，增加5 204万户；固定电话用户数达到21 441户，增加3 405万户；移动电话用户数达到20 661万户，增加6 139万户。中国成为世界最大的固定电话通信和移动通信大国。2002年5月，改革重组后的中国电信、中国网通正式挂牌，中国电信市场形成了以中国电信、中国网通、中国移动、中国联通、中国铁通及中国卫通为主，4 000多家增值信息服务商为辅的通信服务业竞争格局，这是国家为适应加入WTO出现的新形势采取的重大战略举措，必将对中国通信产业的持续发展产生重大影响。

2002年全国通信产品制造业共完成工业产值3 836.22亿元（不变价），比上年下降1.1%；完成产品销售收入3 155.86亿元，比上年增长8.5%，实现利润总额174.75亿元，比上年下降33.1%；产品出口额115.7亿美元，比上年增长25.35%；完成工业增加值（生产法，现行价）669.64亿元，比上年增长32.05%。虽然2002年通信产品制造业主要经济指标比2001年有较大波动，各项指标仍然在各行业中名列前茅。

2002年通信产品制造业结构有所调整，产业规模进一步增大。统计的企业数为890个，其中，传输设备制造企业163个，交换设备制造企业151个，通信设备终端制造企业217个，通信设备修理企业6个，其他通信设备制造企业353个。主要通信产品的产量和销量大幅增长，其中移动通信手机的产量和销量分别比上年增长了43.8%和43%。华为、中兴、熊猫、TCL、波导等一大批通信企业在激烈的市场竞争中进一步发展壮大，形成了较强的开发能力和较大规模的生产能力，产品的技术水平和质量不断提高，国内的国有企业、合资企业和独资企业的生产能力已基本上可以满足高速发展的中国通信运营业的需求。

2002年通信产品制造业发展特点：

1. 全行业发展不平衡，移动通信制造业发展迅猛，固定交换机和光纤光缆行业下降幅度较大。

2. 处于沿海地区的珠江三角洲、长江三角洲、福-厦沿海地区和环渤海地区已成为中国通信产品的主要生产基地。

3. 中国通信企业技术创新能力有一定提高，全行业科研开发实力进一步增强。

4. 中国通信产品门类比较齐全，生产能力较强，除部分高端产品外，基本上能满足市场需求。

5. 利用外资是中国通信产品制造业发展的重要途径，三资企业在通信产品制造业中的地位举足轻重。

6. 随着通信产品市场由卖方市场转向买方市

场，市场竞争日趋激烈，竞争方式已由价格竞争逐渐转向技术和标准的竞争、品牌的竞争、销售渠道和体系的竞争和服务的竞争。

7. 受国际大气候的影响，通信产品出口的增长速度放慢。

## 生产与销售

2002年工业总产值达到3 836.23亿元，比上年下降1.1%。其中传输设备制造业比上年增长3.3%，占通信产品制造业工业总产值的比重为10.1%；交换设备制造业比上年下降29.9%，占通信产品制造业工业总产值的比重达22.7%；通信终端设备制造业比上年增长15.1%，占通信产品制造业工业总产值的比重达55.4%；其他通信设备制造业工业总产值比上年增长9.3%，占通信产品制造业工业总产值的比重达11.8%。2002年通信产品销售收入达到3 155.6亿元，比上年增长8.5%，产销率达到98.5%，产销衔接良好。

**移动通信设备**

移动通信运营业的快速发展，有效地带动了移动通信制造业。2002年国内移动通信整机生产企业有43家（含三资企业25家），其中手机生产商37家（含22家三资企业），已形成年产手机1.5亿部的生产能力。2002年实际生产移动交换机9 053万户，移动基站458万信道，手机1.2亿部。其中国产品牌移动交换机、基站、手机分别占生产总量的33%、22%、12.3%，国内市场占有率稳步提高。尤其是国产手机已从1998年零的突破达到了如今超过30%的市场份额。中国移动通信产品以优良的性价比、个性化设计赢得了市场和用户。

2002年4月，中国联通CDMA网络正式放号。按照规划，中国联通将在3年内建成覆盖全国200个以上重要城市、网络规模达3 000万户的CDMA网络，并使其成为世界上最大的CDMA网络，到2002年底，中国联通CDMA用户已达700万。中国联通在2001年5月第一轮招标的基础上，又于2002年10月进行第二轮设备招标，中兴等一批国内企业中标。

实现第三代移动通信（3G）产业化的准备工作也在紧锣密鼓地进行。6月3日，由NEC、松下通信和华为共同注资成立的上海宇梦通信科技有限公司在京召开新闻发布会，该公司主要从事3G移动终端的研究与开发，华为的出资比例占到6%。10月30日，国家计委、信息产业部、科技部在人民大会堂召开会议，大唐电信、中兴、华为、南方高科、华立等8家厂商结成TD-SCDMA产业联盟。

**光通信**

2002年以前，由于光网络建设的投资持续增长，带动了中国光传输设备市场的快速发展。但进入2002年以后，由于受国际上IT产业不景气的影响和受中国电信拆分、固定资产投资规模下降等因素影响，光传输设备市场的增长速度较年初预期的200亿元将有较大差距，估计在165亿元左右，较2001年有所下降。

光传输设备主要包括PDH、SDH、WDM、DWDM、DACS终端设备等。目前武汉烽火、华为、中兴和大唐销售的光通信设备产品主要是SDH设备，其中155M SDH、622M SDH的销售量较大，而2.5G SDH设备销售量很小，WDM与DWDM则更小。国内企业的SDH设备产品的市场份额虽不大，但增长迅速。随着国内厂商的技术进步，其在2.5G及以上的SDH设备和WDM设备会日趋成熟，因此国内主要企业的SDH产品将实现较大幅度的增长。

中国光网络建设的需求吸引了世界各大光传输设备供应厂商，因此，光传输市场的竞争非常激烈。北电网络、朗讯、阿尔卡特、ECI、西门子、马可尼、NEC等国外知名公司早就进入了中国光传输市场，并占据了较大的市场份额，尤其是在干线网络市场。而近年来，随着中国民族通信产业的崛起，在光传输设备市场上出现了以华为、中兴、烽火通信等为代表的一批民族通信企业，在竞争激烈的市场中占据了一席之地。

2002年中国光纤光缆产业竞争激烈、严重供大于求。大多数光纤光缆企业由于市场需求所限都处于开工不足状态，光纤价格大幅度下降。光缆价格已降至2001年基准价的20%以下，低于生产成本。2002年11月，在国家计委和国家经贸委的授权之下，中国机械工业联合会公布了最新的光纤光缆的平均生产成本，中国光纤光缆工业下滑的局面开始得到抑制，但形势依然严峻。

**程控交换机**

2002年国内44家企业共生产程控交换机5 888.07万线，销售5 663.25万线，分别比上年下降15.6%和19.9%；出口1 136.48万线，比上年增长6.5倍。

中国电信业装备的程控交换机在"八五"计划以前主要靠进口，曾造成中国交换机市场上"七国八制"的局面。"八五"计划期间，国家实施了程控交换机专项，国产程控交换机的开发研制取得群体性突破，并迅速形成生产规模。到2002年已基本上没有新进口局用程控交换机，市场主要由合资企业和国内企业生产的程控交换机占领，并大量出口。合资企业主要有上海贝尔阿尔卡特、北京国际交换、北京爱立信、江苏富士通等，国内企业主要有深圳华为、中兴、西安大唐、青岛海信、巨龙、南京熊猫集团等。

程控交换机作为中国通信产业的主导产品，已是一个成熟的产品，目前在国内市场上已接近饱和。2002年中国程控交换机总容量有2 792万线的增长，但由于生产能力远大于市场需求，市场竞争越来越激烈，利润也越来越薄，价格持续走低，使其在通信设备生产厂家利润中的份额不可避免地出现下降。目前，程控交换机生产厂家都在尽快实现从以程控交换机为主导产品的结构向多元化结构的转型，向移动交换机、IP交换机和ATM交换机方向发展。不少厂商通过降低程控交换机价格占领市场，然后通过自己的程控交换机平台提供其他系统产品和系统解决方案，以期在其他产品领域获得较大利润。

**网络通信设备**

2002年，由于互联网经济的持续不景气和全球电信行业的低迷，国际网络设备市场继续呈现疲软的状况。在中国，由于政府积极推动信息技术的广泛应用，提倡通过信息化带动工业化，用信息技术改造传统工业，大力支持信息产品和服务的发展，为网络产业在中国的发展提供了广阔的市场空间。因此，网络设备整体市场依旧平稳上升，保持了连续增长的势头。

在过去很长一段时间内，国内的路由器市场主要被国外产品所垄断。1999年以后，华为、中兴、大唐、巨龙等国内厂商依靠自身的实力和良好的售后服务开始崛起，国外路由器产品一统天下的局面被彻底打破。据统计，截止到2002年底，国产路由器在国内路由器市场中的销售总量已超过40%，国产路由器已初具规模。

在高端路由器产品方面，以华为、中兴通讯为首的国内通信设备制造商凭借自身雄厚的研发实力或联合国内科研院校的力量，经过艰苦的努力，推出了国产高端路由器。截止2002年底，国内高端路由器产品网上运行2 100余台，综合市场占有率25%，单一厂商市场份额仅次于Cisco；高端路由器市场份额达到9.7%，仅次于Cisco和JUNIPER。高端路由器市场中形成Cisco、华为及JUNIPER三家竞争的局面。

以太网交换机对于大中型企业的网络来说是必不可少的设备。随着中国各行业、各领域的大中型企业信息化进程的展开，以太网交换机的作用也越来越大，促进了交换机市场快速增长。数据显示，2002年以太网交换机市场规模已经达到62.8亿元左右。

在低端交换机市场，厂商主要有Cisco、华为、3Com、Intel、联想、D-Link、Accton、Edimax、Linksys和实达等。目前很多国产以太网交换机主要集中在中、低端市场，主要有两点原因：一是高端交换机对技术和性能的要求都很高，而国内的厂商在研发上起步时间较晚，很多厂商还在进行技术积累；二是现在国内大量中小型企业都在上网，增大了对中低端产品的需求。因此，国内厂商都在抓住时机，推出针对中小型用户的交换机，并逐渐在中小型网络应用中扮演了主角。

在高端交换机市场，国内厂商已开始向高端网络设备市场发起冲击，华为、港湾、神州数码、实达等一批民族品牌的迅速崛起，正在改变国外厂商垄断高端市场的状况。去年12月底，华为自主研发的C&C08程控交换产品和HONET接入网产品在全球的应用总量突破了1亿端口，其中，交换机近7 000万端口，列全球第8位；接入网为4 000多万端口，列全球第3位。在国内，华为的交换接入类产品目前广泛应用于中国30个省、区、市，已成为国内市场的主导品牌之一。

在服务器方面，从整体市场增长走势来看，2002年中国服务器市场规模的增长速度并不太理想。中国PC服务器市场销售总量为23.41万台，比去年同期增长14.9%；销售额为67.62亿元，同比增长1.2%。从PC服务器市场的竞争格局来看，2002年，以联想、浪潮为代表的国内服务器厂商依靠技术、产品、渠道和服务等方面的不断突破，进一步拉进了与国际著名厂商的距离。国产服务器阵营在2002年获得超过40%的市场份额，不仅在市场份额上拉近与国外厂商距离，更将竞争从中低端产品领域向高端领域悄然推进。

## 科研与新产品

### 移动通信研发专项进展顺利

在移动通信系统方面，GSM/GPRS和CDMA IS95/2000 1X两种制式移动通信系统的移动基站、基站控制器研发及产业化工作，基本完成了项目要求的任务，产品投入市场并且产生了可观的经济效益。中兴、华为公司GSM系统打破了外国公司长期占领国内GSM市场的局面，2002年在移动通信边际网市场中占有主要份额，并打入国际市场，成为公司GSM产品主要的利润来源。中兴通讯的CDMA 系统设备继在中国联通一期主设备招标中取得7.5亿元合同，占7.5%的市场份额后，在2002年中国联通二期招标中又已签下18亿元定单，所占市场份额已超过15%，华为公司CDMA系统在国际市场也取得很好效益。东方通信、大唐电信、首信集团研发的两种制式的移动通信基站及系统也已完成样机开发设计工作，有部分产品实现小规模商用。

在移动通信终端研发方面，国内有10多家主要手机生产厂商都参与了手机核心技术研发与产业化项目，在该项目的支持下，国内厂商在几乎没有任何基础的条件下，目前已经基本掌握了手机协议栈软件、应用软件的开发，以及整机电路、模具、造型的自主设计和大生产技术与产业化，一些厂商还掌握了基带芯片设计、物理层软件开发技术，并拥有整机参考设计能力，使中国手机研发技术水平得到显著提高，生产能力明显增强。目前，国产品牌手机在市场上得到普遍认可，市场占有率不断提高。

在为手机配套的元器件开发及产业化方面也取得了突破性进展，其中手机用SIM卡、砷化镓射频开关电路、LCD显示屏、锂离子电池、片式电阻、电容、电感、片式钽电容、片式变压器、片式发光二极管、片式三极管、微波介质器件和声表面波器件、滤波器、温度补偿石英晶体振荡器(TCXO)、印制电路板、送受话器等均已实现批量为国内外移动通信制造企业配套，或已通过相关配套认证。

在移动通信网管系统、业务支撑系统及增值服务平台方面，北京邮电大学承担的移动智能网系统的开发及应用项目已经圆满完成，并取得了良好的市场业绩，产品在全国10余个省级移动通信网上大规模商用；WAP网关、WAP终端开发等项目也基本开发完成，其中WAP网关已经在移动通信运营商和增值服务商得到使用，WAP终端也批量生产并投入实际应用。

### 3G研发工作取得进展

在第三代移动通信系统方面，移动通信制造企业的技术实力在逐步增强，在产品研发方面表现为从2G的被动贴牌到2.5G的跟进研发和3G的主动赶超。为适应市场竞争的需要，中国的移动通信制造企业对目前提出的3个国际第三代移动通信标准都投入了很大的力量进行研发。华为、中兴、大唐、东方通信、首信等国内优秀的通信生产企业，根据自身的实力及对技术和市场发展趋势的正确判断，正分别着力于WCDMA、cdma2000和TD-SCDMA 3G标准的相关技术产品的研发及产业化，都取得了很大的进展。

国家对TD-SCDMA产品开发与标准制定给予了很大支持。大唐集团已经进一步完善了TD-SCDMA标准，使其更为实用，同时开发出基于TD-SCDMA标准的全系统样机，并通过现场试验验证了TD-SCDMA系统的技术指标和业务功能。目前，TD-SCDMA系统的内部实验网也已开通，现场实验用单载波智能天线系统已开始投产，正在进行三载波基站产品的开发工作，TD-SCDMA系统开发已进入最后商品化阶段。

## 国际合作与对外贸易

近年来，中国电子信息产品出口保持了较高的增长速度，出口额逐年上升。据海关统计，2002年中国通信产品出口额115.7亿美元，比上年增长25.4%，约占电子信息产品总出口额的12.58%。在出口产品中，技术含量较高的产品出口增幅明显加大，手机出口额比上年增长了28.2%，移动基站出口额增长了116.4%，光传输设备出口额增长了18.5%。

但与2001年相比，2002年通信产品出口的增长幅度总体上呈下降趋势，一些产品的出口额甚至出现了负增长。影响中国通信产品出口的原因主要有五点：一是自2001年以来中国主要的贸易国美国、日本和西欧出现经济不景气，国家经济发展速度放慢，直接影响到中国通信产品的出口；二是中国出口通信产品中技术含量较低的产品电话单机、窄带程控交换机由于市场相对饱和，出口量有所下降；三是高技术、高附加值产品和具有自主知识产权的产品偏少，产品国际竞争力和出口利润率都较低；四是国有企业出口乏力；五是贸易方式较为单一，主要以进料加工贸易出口和来料加工贸易出口为主。

## 主要企业

**中国普天整合品牌**　中国普天拥有首信集团、东方通信、普天宁波电子等50余家子公司，三级企业多达100家，2002年的营业收入总额达到602亿元，在2003年（第十七届）信息百强中排名第二位。然而，由于集团内部的资产关系没有完全理顺，下属企业各自为政，不仅使得集团难以发挥整体效应，而且也使得集团遭受到内耗的困扰。统一集团形象，成为普天当务之急。因此，2002年中国普天喊出了整合的口号，使下属企业聚集在“中国普天”这个统一的品牌之下。

普天已经确定了发展目标：到2005年，经营规模比2000年翻一番，继续保持国内电子信息产品制造业领先地位和世界电信制造业50强地位，整体实力争取进入世界经济500强，成为国际知名、国内一流的全球化、综合性产业集团公司。

**华为成为中国3G第一品牌**　在2002年年初信息产业部主持的中国3G设备联合测试中，华为公司的3G方案获得专家组一致好评。2002年12月底，华为推出了WCDMA产品整套的商用版本，在3G领域，华为与全球领先者保持了同步。在代表着通信领域最高技术研究开发水平的3G领域，华为已经成为中国通信制造业领军企业。

2002年，华为在其他领域也保持了高速发展的态势，据介绍，华为2002年全球合同销售223亿元人民币，海外销售5.5亿美元，公司已经占据中国和亚太地区光网络市场份额的首位。目前华为光网络设备在网上应用超过13.5万套，占亚太光网络市场15.4%的份额，成为世界主要的光网络供应商。在数据通信方面，华为推出的第五代核心路由器构建新骨干业务网络引起业界的强烈关注。截止到2002年10月，华为 Quidway NetEngine高端路由器广泛应用于电信、金融、政府、教育、电力等数十个行业，网上运行1 600余台，成为全球高端路由器的主要供应商之一。

**中兴CDMA成为国产第一品牌** 2002年11月28日，中兴通讯董事会发布公告，称其在中国联通CDMA二期网络设备工程建设招标中，已与中国联通共同签署了总额为15.7亿元的CDMA一类主设备采购合同，并将承担中国联通12个省市（含广东、云南、贵州、山西、吉林、海南、重庆、青海、内蒙、湖北、宁夏和西藏）的CDMA二期工程建设。该合同是中兴通讯在联通CDMA一期网络设备工程建设取得较大份额的基础上取得的又一重大突破，市场份额较一期工程有了很大提高。2002年6月，中兴通讯在香港3G大会上推出了CDMA1X EV/DO（HDR）系统，可提供高达2.4Mbps的数据传输速率。

除CDMA产品之外，中兴还在光网络产品、数据产品、GSM产品、无线产品以及手机等方面取得了优良业绩。中兴在下一代网络（NGN）的核心技术软交换上也取得了突破，进入了中国电信的实验网范围。

**上海贝尔阿尔卡特营造全新中外合作模式** 于2001年年底正式宣布合并的上海贝尔阿尔卡特公司，历经了调整之后，在2002年7月2日正式开始了企业运作。经过一系列股权调整，现阿尔卡特持“50%+1”股，中方持剩余股份。阿尔卡特承诺将开放其全球技术库，上海贝尔阿尔卡特将享有业界领先的技术，同时作为阿尔卡特全球三大研发支柱之一，为全球通信技术的发展作出贡献。这是一种大胆的尝试和探索，也为国内外同类合资企业提供了借鉴。

随着公司的正式运营，电信级大单已经陆续到来。如中国网通南方21省市骨干网络，北方10省的中国电信骨干网络，福建、上海等5省市的CDMA二期项目合同，黑龙江、宁夏骨干传输网络，广东、浙江及其他省市的DSL项目等。上海贝尔阿尔卡特保持了市场的领先地位，如ADSL在全国占40%的市场份额。与此同时，出口是上海贝尔阿尔卡特重要的业务之一，到2002年底已累计出口到15个国家和地区，出口额达6亿美元。

## 行业管理

**积极做好移动通信产品研发专项管理工作**

5年来，由信息产业部具体组织实施的移动通信专项，在国家有关部委和企业的共同努力之下，取得丰硕成果，已逐渐进入项目验收阶段。

2002年，信息产业部有关司局继续加强专项资金的管理工作。据统计，从1998至2002年，信息产业部共落实产品研发专项资金10.31亿元，国债资金4亿元，引导企业自筹资金60亿元，用于移动通信终端、基站开发、移动通信产业发展公用基础设施建设、为移动通信整机配套的关键元器件研究开发、第三代移动通信系统关键技术研发和标准制定等84个项目，组织近100个企业参加研发，有力地推动了中国移动通信产业的发展。据统计，仅1999-2001年，因国产移动通信产品大量投入市场，迫使国外产品降低，而为中国通信运营业节省的开支超过300亿元。

**行业标准发布**

2002年5月信息产业部发布了6项推荐性通信行业标准。2002年6月，中国无线通信标准研究组（CWTS）CDMA工作组第28次会议在北京召开。会上，中兴通信提出的基于Parlay的L1接口标准等3项提案被大会正式接受并采纳，且决定在后续的会议上继续进行讨论。这些标准、规范的制定为CDMA综合业务平台（Parlay/OSA）的开发和联通CDMA网定位业务早日商用化奠定了基础。2002年12月，信息产业部发布了7项通信行业标准。

**产品质量监督抽查**

为落实国务院关于整顿和规范市场经济秩序的决定，信息产业部于2002年对部分通信产品进行了产品质量监督抽查。共抽查了7小类产品，总体质量指标为97%。其中移动电话手持机质量指标较上年同期有较大提高，增幅5.9个百分点。光端机、卫星通信地球站设备、卫星电视接收机、程控交换机、电话机、传真机等质量指标分别为

99.5%、100%、99.9%、100%、98.8%、98.8%。

另外，国家质量检验检疫总局抽查了移动通信手持机用电池充电器共抽查了9个品牌，其中6个品牌合格，3个不合格，合格率为66.7%；固定电话机共抽查25家，其中合格的有16家，不合格的9家，合格率为64%，不合格的主要原因是包装或传输特性等方面的问题。

## 市场分析及展望

2003年是实施“十五”计划关键的一年，也是中国电子信息产业面临形势比较严峻的一年。中国通信产品制造业能否继续以较快的速度发展，取决于影响产业发展的各种有利因素和不利因素的综合作用。

**一、影响通信产业发展的有利因素**

1. 中国通信产业发展的政策环境良好。

2. 国民经济信息化的推进将进一步拓展通信产业的市场空间。

3. 电信运营业的发展将进一步推动通信产品制造业的发展。

4. 通信技术的广泛应用和进步将促进通信产业的发展。

5. 外商对通信产业的投资将进一步加大，三资企业对通信产业发展的推动作用将更加明显。

**二、影响通信产业发展的不利因素**

1. 世界经济的持续衰退对中国通信产业的影响。

2. 外国通信产品的冲击。

3. 结构性矛盾突出。

**三、展望**

今后几年内通信产业仍将持续、快速增长，但增速将有所降低。

## 【统计数据】

**表1　2002通信设备行业主要经济指标**

| 项目名称 | 单位 | 2002年 |
|---|---|---|
| 统计企业数 | 个 | 890 |
| 其中：亏损企业数 | 个 | 221 |
| 从业人员 | 人 | 365 200 |
| 工业总产值（不变价） | 亿元 | 3 836.23 |
| 工业总产值（当年价） | 亿元 | 2 879.49 |
| 工业增加值（现行价） | 亿元 | 669.64 |
| 工业销售产值 | 亿元 | 2 835.81 |
| 新产品产值 | 亿元 | 1 078.39 |
| 产品销售收入 | 亿元 | 3 155.86 |
| 产品销售成本 | 亿元 | 2 549.79 |
| 产品销售费用 | 亿元 | 177.57 |
| 产品销售税金及附加 | 亿元 | 4.88 |

续表 1

| 项目名称 | 单位 | 2002 年 |
|---|---|---|
| 利润总额 | 亿元 | 174.75 |
| 产品出口交货值 | 亿元 | 820.97 |
| 全员劳动生产率 | 万元/人 | 18.33 |
| 产品销售率 | % | 98.48 |

资料来源：信息产业部经济运行司。

### 表 2 2002 年主要通信产品产销情况

| 产品名称 | 企业数(个) | 单位 | 产量 | 销量 |
|---|---|---|---|---|
| 通信发射机 | 5 | 部 | 1 468 | 1 381 |
| 短波、单边带发射机 | 4 | 部 | 255 | 161 |
| 其他发射机 | 2 | 部 | 1 213 | 1 220 |
| 通信接收机 | 5 | 部 | 2 901 | 2 577 |
| 短波、单边带接收机 | 3 | 部 | 1 742 | 1 648 |
| 数字接收机 | 5 | 部 | 1 159 | 929 |
| 数字蜂窝无线电话系统设备 | 20 | – | – | – |
| 基站设备 | 13 | 万信道 | 524 | 517 |
| 基站天线 | 5 | 万套 | 48 | 47 |
| 直放站设备 | 6 | 部 | 3 165 | 2 373 |
| 无线寻呼系统设备 | 1 | 信道 | 234 | 291 |
| 寻呼基站设备 | 1 | 信道 | 234 | 291 |
| 集群移动通信系统设备 | 8 | – | – | – |
| 基站设备 | 6 | 万信道 | 100 | 96 |
| 基站天线 | 2 | 套 | 110 | 110 |
| 中小自动无线电电话系统设备 | 3 | 部 | 59 180 | 57 747 |
| 交换机基站设备 | 1 | 部 | – | 47 |
| 其他设备 | 2 | 部 | 59 180 | 57 700 |

续表 2

| 产品名称 | 企业数(个) | 单位 | 产量 | 销量 |
| --- | --- | --- | --- | --- |
| 移动通信终端 | 37 | 万部 | 12 000 | 11 894 |
| GSM 手机 | 30 | 万部 | 11 160 | 11 156 |
| CDMA 手机 | 16 | 万部 | 840 | 738 |
| 其他移动通信终端 | 13 | 万部 | 697 | 694 |
| 车载电话 | 2 | 部 | 249 | 259 |
| 对讲机 | 8 | 万部 | 111 | 109 |
| 无线寻呼机 | 5 | 万部 | 85 | 85 |
| 小灵通 | 1 | 万部 | 574 | 574 |
| 微波通信设备 | 10 | 部 | 13 882 | 13 703 |
| 微波收发通信机 | 7 | 部 | 9 232 | 8 544 |
| 微波终端机 | 2 | 部 | 41 | 35 |
| 微波天线、馈线 | 3 | 部 | 4 325 | 4 791 |
| 其他微波设备 | 4 | 部 | 284 | 333 |
| 卫星应用产品 | 18 | 部 | 18 510 | 16 513 |
| 卫星通信地面站天线 | 6 | 部 | 4 310 | 3 423 |
| 卫星导航定位接收设备 | 7 | 部 | 13 340 | 12 248 |
| 卫星气象接收设备 | 1 | 部 | 72 | 72 |
| 其他卫星地面站和天线 | 4 | 部 | 788 | 770 |
| 通信导航定向设备 | 11 | 部 | 3 044 | 2 925 |
| 飞机通信导航定向设备 | 4 | 部 | 1 925 | 1 796 |
| 船用通信导航定向设备 | 3 | 部 | 48 | 49 |
| 地面通信导航定向设备 | 5 | 部 | 980 | 990 |
| 其他通信导航定向设备 | 2 | 部 | 91 | 90 |
| 载波通信设备 | 5 | 部 | 4 176 | 4 376 |
| 载波终端机 | 3 | 部 | 931 | 837 |
| 电力载波机 | 2 | 部 | 3 245 | 3 539 |

续表 2

| 产品名称 | 企业数(个) | 单位 | 产量 | 销量 |
|---|---|---|---|---|
| 光通信设备 | 18 | 部 | 64 969 | 59 738 |
| 光缆终端机 | 13 | 部 | 36 750 | 33 068 |
| 交叉连接设备 | 2 | 部 | 495 | 482 |
| 其他设备 | 3 | 部 | 27 724 | 26 670 |
| 交换机设备 | 46 | 万线 | 5 888 | 5 663 |
| 程控交换机 | 40 | 万线 | 4 214 | 3 989 |
| 局用机 | 20 | 万线 | 3 885 | 3 665 |
| 用户机 | 17 | 万线 | 175 | 171 |
| ATM 及 IP 交换机 | 1 | 万线 | 22 | 22 |
| 其他 | 2 | 线 | 132 | 132 |
| 其他交换机 | 6 | 线 | 1 674 | 1 674 |
| 用户接入设备 | 5 | 万部 | 331 | 322 |
| 电缆线接入设备 | 1 | 万部 | 15 | 11 |
| 光纤接入设备 | 1 | 部 | 1 764 | 1 624 |
| 接入终端设备 | 3 | 万部 | 317 | 311 |
| 电话单机 | 68 | 万部 | 11 892 | 11 893 |
| 普通电话机 | 24 | 万部 | 8 407 | 8 442 |
| 录音电话机 | 5 | 万部 | 189 | 189 |
| 可视电话机 | 2 | 部 | 6 188 | 5 164 |
| 无绳电话机 | 14 | 万部 | 2 083 | 2 063 |
| 插卡电话机 | 6 | 万部 | 20 | 20 |
| 特种电话机 | 3 | 万部 | 32 | 31 |
| 其他电话机 | 14 | 万部 | 1 162 | 1 149 |
| 数据通信设备 | 17 | 万部 | 305 | 304 |
| 传真机 | 12 | 万部 | 298 | 298 |
| 数传机 | 1 | 部 | 3 213 | 2 480 |

续表 2

| 产品名称 | 企业数(个) | 单位 | 产量 | 销量 |
|---|---|---|---|---|
| 其他 | 4 | 万部 | 8 | 6 |
| 通信配套产品 | 24 | 万部 | 137 | 137 |
| 一次电源设备 | 8 | 万部 | 4 | 4 |
| 二次电源设备 | 7 | 万部 | 131 | 131 |
| 网管、计费、监控设备 | 3 | 部 | 3 833 | 4 641 |
| 电话配套设备 | 1 | 部 | 4 956 | 4 786 |
| 载波配套设备 | 2 | 部 | 607 | 581 |
| 配线设备 | 3 | 部 | 2 632 | 2 142 |
| 其他通信配套设备 | 7 | 部 | 24 600 | 19 700 |
| 通信用调制解调器 | 3 | 部 | 21 000 | 16 200 |
| 通信用配线分线设备 | 4 | 部 | 3 579 | 3 547 |

资料来源：信息产业部经济体制改革与经济运行司。

### 表 3　2002 年主要通信产品出口情况

| 产品名称 | 数量(万台) | 金额(万美元) | 增长率(%) |
|---|---|---|---|
| 电话机 | 16 881.52 | 140 480.66 | -0.4 |
| 其中：无绳电话 | 6 881.98 | 103 607.96 | -0.7 |
| 可视电话 | 0.71 | 32.41 | -75.8 |
| 传真机 | 421.68 | 50 618.37 | 14.5 |
| 各种程控交换机 | 3.88 | 24 909.25 | 21.1 |
| 以太网络交换机 | 124.16 | 17 341.02 | 215.6 |
| IP 电话信号转换设备 | 4.28 | 144.61 | -10.0 |
| 手持(车载)无线电话 | 6 329.24 | 528 946.62 | 28.2 |
| 对讲机 | 1 987.04 | 18 684.75 | 8.0 |
| 移动通信基地站 | 1.87 | 47 062.38 | 116.4 |

续表 3

| 产品名称 | 数量(万台) | 金额(万美元) | 增长率(%) |
|---|---|---|---|
| 无线寻呼机 | 91.37 | 1 088.99 | -38.6 |
| 光通信设备 | 2.46 | 3 912.08 | 18.5 |

资料来源：中国海关总署。

表 4　2002 年主要通信产品进口情况

| 产品名称 | 数量(台) | 金额(万美元) | 增长率(%) |
|---|---|---|---|
| 电话机合计 | 1 199 500 | 1 969 | -3.5 |
| 其中：无绳电话 | 489 500 | 659 | -24.3 |
| 其中：可视电话 | 6 400 | 124 | 78.4 |
| 传真机 | 788 300 | 9 773 | 52.4 |
| 各种程控交换机 | 17 000 | 2 409 | -30.8 |
| 其中：数字式程控电话交换机 | 28 | 1 475 | -27.1 |
| 模拟式移动通信交换机 | 12 | 2 | -29.1 |
| 以太网络交换机 | 472 200 | 39 720 | -15.2 |
| IP 电话信号转换设备 | 27 200 | 425 | -88.7 |
| 手持（车载）无线电话 | 17 196 800 | 237 582 | 233.2 |
| 对讲机 | 47 200 | 546 | -33.3 |
| 移动通信基地站 | 8 700 | 15 026 | -55.7 |
| 光通信设备 | 31 700 | 19 745 | -46.9 |

资料来源：中国海关总署。

[撰稿：乔跃山　审稿：肖华]

# 广播电视设备工业

## 改革与发展

中国广播电视设备工业协会现有会员单位126家。根据协会掌握的统计资料，2002年年末固定资产净值321 697万元，年末在岗职工人数31 264人。广播电视设备行业各类产品生产企业数如下：中波广播发射机生产企业7家，短波广播发射机生产企业4家，调频广播发射机生产企业15家；1kW

以上米波电视发射机生产企业5家，1kW以上分米波电视发射机生产企业4家，300W以下米波电视发射、差转机生产企业9家，300W以下分米波电视发射、差转机生产企业3家；广播电视配套设备（广播电视发射天线等）生产企业14家。有线电视设备生产企业32家；应用电视设备生产企业10家；微波传输设备生产企业2家；卫星接收设备生产企业5家；音频、视频节目制作及播控设备生产企业9家。

## 生产与销售

根据广电协会对主要经济指标统计结果：2002年全部产品完成工业总产值（现价）530 829万元，同比增长6.5%；其中，广播电视设备产品完成工业总产值（现价）203 488万元，同比增长10.4%；工业增加值完成140 039万元，同比增长11.3%，其中，广播电视设备产品完成工业增加值42 826万元，同比增长44.1%；销售收入完成569 838万元，同比下降10.4%，其中，广播电视设备产品完成销售收入198 409万元，同比增长17.1%。

按广播电视设备各类产品的生产量、销售量、销售收入的情况是：中波广播发射机生产量是332部，同比下降20.6%；销售量348部，同比下降10.8%，销售收入3623万元，同比下降29.1%。短波广播发射机生产量是27部，同比下降69%；销售量34部，同比下降60.9%，销售收入7 729万元，同比下降45.9%。调频广播发射机生产量是2 603部，同比增长10.1%；销售量2 602部，同比增长11.2%，销售收入3 486万元，同比下降20.5%。1kW以上米波电视发射机生产量是62部，同比增长26.5%；销售量48部，与上年持平，销售收入1 088万元，同比下降14.7%。1kW以上分米波电视发射机生产量是66部，同比增长73.7%；销售量60部，同比增长50%，销售收入1 914万元，同比增长40.6%。300W以下米波、分米波电视发射、差转机生产量2 669部，同比增长88%；销售量2 766部，同比增长65.2%，销售收入1 285万元，同比下降41.4%。

广播电视配套设备（广播电视发射天线等）销售收入10 432万元，同比增长20.4%。有线电视设备销售收入138 833万元，同比增长36.3%；应用电视设备销售收入12 211万元，同比增长1.3%；卫星接收设备销售收入682万元，同比下降38.5%；广播电视微波传输设备销售收入536万元，同比下降70.9%；音频、视频节目制作及播控设备销售收入4 650万元，同比下降15.6%。

有的产品销售量和销售收入的增减比例不同步，甚至相差很大，主要原因是同类设备的功能、功率大小及价格差异造成的，有的产品门类没有统计生产量、销售量，只有销售收入，是因为同类产品设备的大小、功能相差很大，累计相加比较是没有实际意义的。

## 经济运行的主要特点

1. 在市场经济条件下，竞争激烈，市场向优势企业集中更加明显

统计数据结果表明：主要经济指标排序前10名的企业占被统计企业数的15%，而现价工业总产值占被统计企业的75.6%，工业增加值占80.1%，销售收入占77.9%，实现利税占97%；其中广播电视产品现价工业总产值、工业增加值分别占64%，销售收入占70.9%，实现利税占82%。

2. 产品结构进一步发生变化

在广播电视设备行业中，有线电视产品的销售收入占广播电视设备行业销售收入的70%，比上年又增加了10个百分点，而且是在基数相对较大的情况下增长的，而无线广播电视设备的销售收入（包括中波、短波、调频广播及米波、分米波电视发射、差转设备、各种广播电视设备发射天线等配套设备）仅占广播电视设备行业销售收入的14.9%，比上年又有所下降，而无线广播电视设备的国内市场逐年缩小。

## 市场分析及展望

由于目前广播电视设备行业生产能力超过市场需求，市场竞争会更加激烈。但是根据国家广

电总局已经把2003年定为网络发展年以及实现中国未来10年信息产业的发展目标，要建设新一代通信网络，按“三网融合”的要求，对网络进行战略调整，有线电视设备将会进一步稳定增长，但技术水平、产品质量要求会越来越高。而无线广播电视设备，虽在近期招标中不少企业中标争取到部分任务，地方电台的改造也会有一定的工作量，但随着“西新工程”（指中央提出的大力加强西部地区中、短波广播覆盖的专项工程）的陆续完成，要达到2002年的市场需求量是有一定困难的。根本的出路在于调整产品结构，开发新产品，提高技术水平，拓展国内外两个市场。应用电视作为本行业的支柱产品之一，市场前景看好，在未来的几年里将有较大的发展空间。

## 【统计数据】

表 1　广播电视设备行业主要经济数据完成情况

| 项目名称 | 单位 | 2001 年 | 2002 年 | 增长率(%) |
|---|---|---|---|---|
| 工业总产值（现价） | 万元 | 498 541 | 530 829 | 6.5 |
| 其中：本行业工业总产值 | 万元 | 184 372 | 203 488 | 10.4 |
| 工业增加值 | 万元 | 125 857 | 140 039 | 11.3 |
| 其中：本行业增加值 | 万元 | 29 720 | 42 826 | 44.1 |
| 销售收入 | 万元 | 635 719 | 569 838 | –10.4 |
| 其中：本行业销售收入 | 万元 | 169 490 | 198 409 | 17.1 |
| 实现利税总额 | 万元 | 75 251 | 94 048 | 25.0 |
| 其中：本行业利税总额 | 万元 | 19 218 | 25 461 | 32.5 |
| 实现利润总额 | 万元 | 59 198 | 73 711 | 24.5 |
| 其中：本行业利润总额 | 万元 | 13 161 | 18 144 | 37.9 |

备注：本行业指广播电视设备。

表 2　2002 年广播电视设备中各类产品产、销、存情况

| 产品类别 | 产量（部） | 销量（部） | 销售收入（万元） | 库存量（部） | 生产厂家（个） |
|---|---|---|---|---|---|
| 中波广播发射机 | 332 | 348 | 3 623 | 136 | 7 |
| 短波广播发射机 | 27 | 34 | 7 729 | – | 4 |
| 调频广播发射机 | 2 603 | 2 602 | 3 486 | 494 | 15 |
| VHF 1kW 以上电视发射机 | 62 | 48 | 1 088 | 4 | 5 |

续表 2

| 产品类别 | 产量（部） | 销量（部） | 销售收入（万元） | 库存量（部） | 生产厂家（个） |
|---|---|---|---|---|---|
| UHF 1kW 以上电视发射机 | 66 | 60 | 1 914 | 4 | 4 |
| V.U300W 以下电视发射机、差转机 | 2 669 | 2 766 | 1 285 | 61 | 12 |
| 有线电视设备 | – | – | 138 833 | – | 32 |
| 应用电视设备 | – | – | 12 211 | – | 10 |
| 卫星电视接收设备 | – | – | 682 | – | 5 |
| 音频视频节目制作及播控设备 | – | – | 4 650 | – | 9 |
| 广播电视微波传输设备 | – | – | 536 | – | 2 |
| 广播电视配套设备 | – | – | 10 432 | – | 14 |

**[撰稿：吴凤德　审稿：宋兴贤]**

# 消费类电子工业

## 改革与发展

2002年消费类电子产品（主要指视听类产品）在调整中取得了持续和高速的发展。视听类产品2002年实现工业总产值为5 162亿元，占全行业工业总产值17 800亿元的29%。在工业总产值中所占比重比2001年上升了3.3%，对2002年电子信息产品制造业的增幅起到了较大的拉动作用。据不完全统计，2002年从事电视机、收音机、收录机、录像机、数字激光视盘机等产品生产的企业有530多个。

2002年视听类电子产品发展的最显著特点是产品产量及市场需求经过几年的小幅度增长之后，出现了较高的增长态势，增幅高达26.6%，对全行业经济增长贡献率为42.5%，自1998年以来首次超过投资类产品贡献率，占全行业的比重也有所提高，成为2002年拉动全行业经济增长的主要产品。

## 生产与销售

**彩色电视机**　2002年，彩色电视机的年产量为5 200万台，较2001年的3 952万台增长了31.6%，销售5 260万台，增长了30.9%，产销率达到101.2%。年产量100万台以上的企业有14家，年产量500万台以上的企业有4家。从1981年至2002年，国内总计生产彩色电视机3.9亿台。到2002年底，彩电的普及率已经达到城镇每百户126.4台，农村每百户达到54台。

2002年生产背投影电视机48万台，较2001年的24万台增长了100%，销售了37万台，较2001年的21万台增长了76.2%。2002年生产等离子彩色电视机2万台，2002年彩色电视机实现工业总产值为1 454亿元，占消费类电子产品5 162亿元的28.2%，占全行业17 800亿元的8.2%。

**收音机和收录机**　2002年收音机的产、销量为21 795万台，较2001年的21 839万台略有下降。收录机的产、销量为21 222万台，较2001年的15 701万台增长了35.2%。

**数字激光视盘机** 数字激光视盘机（含VCD机、超级VCD机、DVD机）2002年的产、销量为9 045万台，较2001年的4 895万台增长了84.8%，其中出口7 549万台，内销1 450万台。由于数字激光视盘机行业属于竞争较充分的行业，企业安排生产量时以销定产，故一般不会有太大的库存，基本上能做到产销平衡。另外，2002年由于VCD机的销售价格已降得较低，一般每台售价300元左右，因此，销往农村市场的VCD机有较大幅度的增长，但由于农村市场的销售情况难以统计，故数字激光视盘机总产量的统计数字中部分销往农村市场的VCD机未能统计在内。

**录像机** 2002年共生产录放像机及放像机1 542万台，较2001年的500万台增长了208.4%，销售1 541万台，较2001年的503万台增长了206.4%，国内生产的录像机主要是满足国际市场的需求，出口了1 122.95万台，出口金额达4.13亿美元，内销420万台。

**摄录一体机** 2002年共生产摄录一体机21万台，较2001年的64万台下降了67.2%。摄录一体机国内生产企业较少，主要由两个外方控股的合资企业在组织生产，产量、品种和销售受控于外方的安排和计划。

**部分音频类产品** 2002年家庭影院（这里仅指家庭影院的放声系统即功放和音箱）产、销量为418万套，较2001年的320万套增长了30.6%；CD唱机产量为6 189万台，较2001年产量的4 980万台增长了24.3%，其中出口6 131万台，较2001年出口4 740万台增长了29.3%，内销量仅为58万台；汽车电子音响设备产量为1 018万台，销售1 016万台，出口769万台。

**部分关键件产品** 据不完全统计，2002年生产光学头（包括CD、VCD、DVD及特种光学头等）32 540万只，大部分出口；2002年生产机芯（包括CD、VCD、DVD及特种机芯等）8 775万只。由于中国已成为世界光盘产品的生产基地，全世界50%以上的整机产品、70%的光学头、90%的大机芯、小机芯及微电机都在中国生产，但由于统计渠道的关系，许多企业的生产情况难以掌握，生产数量难以准确统计在内，因此统计的数量比实际产量少许多。

## 科研与新产品

2002年消费类的视听产品取得了较高的发展速度，高科技、高附加值产品市场发展很好，极大地促进了消费类电子产品的生产和销售。企业加强了科研开发，加大了开发投入力度，产品结构调整取得明显进展，高技术含量、高附加值的产品投放市场的比例提高，从而提高了企业的效益。

### 视频产品的研制开发

2002年彩色电视机行业成效显著，不仅产销两旺，而且彩电高端产品推出量增大，城市市场基本以高端产品为主导。74cm以上的纯平彩电、104cm至150cm的背投影电视、等离子电视、液晶电视都取得较大的发展。

在显像管式的高端电视开发方面，重点在提高图像质量和声音质量上下功夫。应用数字技术，开发了数字处理的逐行扫描电视，75Hz、100Hz电视，有效地提高了彩电的图像质量，大、中城市销售的64cm以上的彩电主流产品多数为提高清晰度的应用纯平显像管的产品。为适应国外数字电视市场的需求，一些企业还开发了适合美国ATSC制式的数字电视销往美国市场，开发DVB制式的接收机销往欧洲等市场。

2002年投影电视是取得较大发展的一年，背投影彩电的产量较2001年翻了一番，国内品牌产品的市场占有率迅速上升。大型的彩电骨干企业在投影电视核心技术的开发方面取得很大的进展，并且开发了有自主知识产权的技术同时申请注册了专利。在背投影彩电整机设计和关键件开发方面迈出了可喜的一步，投影管式背投影电视由于应用了逐行扫描技术及一些数字处理技术，使产品的清晰度和亮度有所突破，得到很大提高，消费者普遍接受了国产品牌的投影管式背投影电视，投影管式背投影电视也在有的企业实现了规模生产。在LCOS（Liquid Crystal ON Silicon）背投影彩电的开发方面，也取得了显著进展，光学引擎和LCOS显示器件已有企业和科研单位开发成功，未来的任务是尽快实现产业化，整机系统已完成开发，并有小批量生产。

数字激光视盘机经过近10年的发展，产业已具备较好的基础。2002年各主要骨干企业推出了自行设计开发的多功能、多层次的各类产品。VCD机经过多年的发展已成为稳定成熟的产品，大的骨干企业已不再将VCD机作为主流产品生产，该类产品大多数由中、小企业生产，产品大部分出口，国内主要销往农村市场。视盘机的骨干企业普遍以生产DVD机为主，产品既有国内品牌，也为国外品牌做贴牌生产，特别值得一提的是，为国外品牌做贴牌生产的产品多数情况为国内企业自行设计，并且大部分配套件采购于国内生产的产品，这是由于国内企业生产的DVD机已达到或超过国外同类产品的水平，且性能价格比远远高于国外产品。便携式DVD机在2002年也已经成为成熟、稳定、规模化生产的产品，大型的骨干企业在视盘机的开发方面另一个突出特点是：加大了新产品的开发和投资力度，将主要精力转向开发技术含量高、附加值高、利润空间大的高档台式机和带显示屏幕的便携式DVD机。有自主知识产权的内藏2万首歌的台式DVD机，不但被国内的大部分歌厅选用，还进入了家庭。国内开发的含1万首、2万首歌的VCD机、DVD机在国外华人聚集的餐馆、卡拉OK厅也到处可见。少数日本企业开发生产、技术难度很高的便携式DVD机，2002年国内企业也自行开发设计并实现了规模生产，不但畅销国内市场，还远销发达国家和地区，售价10倍于普通台式DVD机的便携式DVD机大量出口到美国市场并占有较高的市场份额，这是中国视盘机产业的成功。

**数字激光视盘机关键件的研制开发**

VCD机、DVD机所用关键核心部件主要有IC、光学头及机芯。在产业发展的初期，全部关键件依赖进口，经过近些年不懈的努力，这些涉及到光、机、电及精密机械等技术含量高的关键件的研制已取得突破性进展，一些关键件已研制开发成功，并投入批量生产。

CD机、VCD机用光学头2002年国内企业已实现大批量生产，产量达到600万只，DVD机用光学头已完成开发设计和小批量试产，在制造工艺和设备进一步完善的基础上，2003年会转向批量生产；光学头用部分关键部件可进行批量生产：基座、支架开发成功并大量生产供货，非球面物镜已完成开发并投入批量生产，非球面物镜的特点是：体积小，设计难度大（相对球面物镜而言，非球面设计难度高许多），生产工艺复杂（要求不变型、光亮度高等），在国内企业取得突破之前，仅仅有日本的一、两个企业能够生产，基本处于垄断生产的局面，中国企业的规模化生产，打破了垄断。DVD光学头用的650nm激光器已由科研单位开发成功，在企业实现了批量生产，2002年生产了200余万只，并有50%的产品外销，2003年将进行更大规模的生产。DVD光学头用的多维力矩器，由大学开发成功，并且具有完全自主知识产权，但产品开发成功到实现规模化生产还将有一段不平坦的路，需大量的资金支持，需解决设备、完善生产工艺等一系列的工作，才可实现产业化。

VCD机、DVD机用大、小机芯已基本实现本地的规模化生产，大型的整机骨干企业为降低生产成本，企业自主开发机芯并解决大、小机芯的生产，实现自我配套，2002年全行业生产机芯并达到8 000多万只，机芯用主轴马达、循迹马达、导轨轴、基板等配套件也实现了本地化大规模生产。

**音频产品的研发**

在音频产品方面，国内企业已完成普通收音

机、收录机等产品的开发及大规模生产，近些年主攻目标是高档音响产品及基于网络化的音频产品。2002年为家庭影院配套的功率放大器及音箱产品实现了质的飞跃，涌现出一批可以与国外知名品牌相抗衡的产品，我国自主开发的高、中、低档功率放大器及与之配套的音箱，可以满足各层次消费群体的需求，既有发烧级消费者需求的极品产品，也有大众消费的中、高档产品，特别需要一提的是产品的外观设计既有年轻人喜欢的时尚造型，也有中、老年喜欢的沉稳端庄类型，且产品的工艺水平有了极大的提高，可以与国外同类产品相媲美，性能价格比远远优于国外品牌。基于网络化的MP3音频播放机，国内企业也开发了多种类型的产品，有应用光盘作为存储的MP3播放机，有应用固体存储介质的MP3播放机，也有同CD机、复读机等实现多种功能的一体机。

## 国际合作与对外贸易

2002年是生产视听类产品企业继续扩大对外合作的一年。中国加入世贸组织，伴随着全球经济一体化，也使中国电子信息产业达到前所未有的相互依存的状态。国内彩电企业在高端产品的研发方面进一步同国际知名的跨国公司合作，在等离子彩电、液晶彩电、投影电视等产品方面，引进关键配套件，结合自主开发，推出了一系列高档整机产品，满足国内外市场需求；在音频产品方面，引进英国、丹麦、美国等国的知名品牌，并建立一些合作开发实验室、合资企业，推出了具有国际领先水平的产品，不但满足国内市场需求，产品还远销许多国家和地区，由于产品档次的上升，拉动了行业效益的提升。

**视听类主要产品2002年出口情况** 彩色电视机出口1 919万台，出口金额达22.1亿美元，较2001年出口的1 162万台增长了65.1%；黑白电视机出口230万台，较2001年出口的213万台增长了8.0%；录放像机出口1 122万台，较2001年出口的492万台增长了128.0%；收音机出口21 000万台，同2001年的21 239万台基本持平；收录机出口20 300万台，较2001年的15 533万台增加了30.7%；CD唱机出口6 131万台，较2001年的4 740万台增加了29.3%；数字激光视盘机出口7 545万台，较2001年出口3 474万台增加了117.2%，出口金额达35.7亿美元，占全国出口总额的1%，成为机电产品出口的重要组成部分。

## 市场分析与展望

2002年在世界电子信息产品市场增长处于低迷态势的情况下，中国电子信息产品市场仍保持了高速增长，增长速度超过了30%，以音、视频类产品为主的消费类电子产品发展势头好，产销两旺，消费类电子产品市场经过几年的小幅增长之后，出现了较高的增长态势，对全行业的经济增长贡献率为42.5%。2002年消费类电子产品之所以取得这样高的增长速度，一是中国社会稳定，人民生活水平不断提高，在国家扩大内需政策和市场驱动双重作用下，电子信息产品产销两旺；二是中国加入WTO第一年，电子信息产品进出口贸易增长，带动了发展；三是国内企业大量地推出了高科技、高附加值的数字技术产品，这一方面推动了电子信息产品的更新换代，另一方面，新产品的不断推出，不断地形成市场的热点产品，从而也极大地刺激了消费。

在总结2002年市场增长及积极发展的同时，还应看到市场发展中的另外一些特点：

● 中国加入WTO，市场的开放程度不断扩大，市场壁垒已越来越严重，知名的跨国企业纷纷进入中国市场，有的向中国转移生产，有的输出产品，并且将最新开发的产品，首先在中国市场投放，这些都对国内企业带来直接的压力，市场竞争将会更激烈、更复杂。

● 由于经济发展的不平衡，造成了市场发展的不平衡，发达的沿海及东部地区市场供求旺盛，高端产品市场看好；西部地区随着“西部大开发”战略的实施，市场正在崛起，但有个过程；农村市场由于农民收入的提高不明显，虽然家电普及率远远低于城市，有市场潜力，但消费能力不足。因此，企业需细分市场，有针对性地开发产品，以便刺激和拉动消费。

● 消费类电子产品的竞争仍未脱离低级的价格竞争，并且产品价格还存在继续走低的趋势，残酷的价格竞争一方面损失了效益，另一方面采取低价格进入国际市场，将会不断地遭遇反倾销。

**市场发展趋势预测**

**彩电**　2003年彩电仍将有良好的发展势头，预计年产量会高于2002年，达到5 400万台，其中，高端彩电比重仍较大，等离子电视、液晶电视、投影电视仍会高速发展，产量有可能比2002年翻一番。彩电出口预计会超过2002年的出口量，达到2 000万台左右。

**数字激光视盘机**　国内市场消费仍将呈现增长的态势，城市市场将主要是DVD机，由于VCD机价格便宜，农村市场还会有需求，DVD机也会逐渐走向农村市场，预计2003年国内市场对数字激光视盘机的需求还会在2 000万台左右。由于普通DVD机出口价格的一再下降，加之需缴纳高额的专利费，一些正规的大企业将不会大量地生产普通DVD机出口，有自主开发能力的企业，将生产技术含量高、附加值高的高档机型，预计2003年数字激光视盘机的出口量不会超过2002年。

近年来，由于人民生活水平的提高，居住条件的改善，对家用音响设备追求高档化，为适应市场需求，2003年将有一批国内企业推出中、高档家用音响设备，将会形成新的市场热点，新的经济增长点。预计中、高档家庭影院的产量会超过500万套。

**行业发展中存在的主要问题**

● 国内企业由于缺乏核心技术，与跨国知名企业相比，创新能力不足，因而在高技术产品的开发、高附加值产品的推出方面相对滞后，进而很难先期赢得丰厚利润，也就很难投入高额资金开发未来产品，从而造成恶性循环，在短期内难以改变这种被动局面。

● 由于产品的同质化，生产能力的过剩，还会出现过度的价格竞争。

● 市场监督机制不健全，导致市场竞争不规范。

● 对WTO的游戏规则研究的不够，对应遵循的规则掌握的不够，对应享受的权利了解、掌握的更缺乏。

● 企业获得市场信息的能力不足，特别是对国际市场情况的掌握缺乏信息渠道，影响国际市场的开拓。

● 行业协会的作用仍未得到充分发挥。

## 【统计数据】

**表 1　2002 年黑白电视机产销量**

| 屏幕尺寸 | 单位 | 产量 | 销量 |
|---|---|---|---|
| 11cm | 万台 | 65 | 64 |
| 14cm | 万台 | 61 | 62 |
| 31cm | 万台 | 27 | 28 |
| 35cm | 万台 | 87 | 89 |
| 44cm | 万台 | 69 | 70 |
| 44cm 以上 | 万台 | 0.3 | 0.3 |

**表 2　2002 年彩色电视机产销量**

| 屏幕尺寸 | 单位 | 产量 | 销量 |
|---|---|---|---|
| 37cm | 万台 | 414 | 449 |
| 47cm | 万台 | 78 | 78 |
| 51cm | 万台 | 168 | 162 |
| 53cm | 万台 | 1 975 | 2 086 |
| 64cm | 万台 | 1 089 | 1 157 |
| 74cm | 万台 | 1 197 | 1 048 |
| 74cm 以上 | 万台 | 280 | 280 |

**表 3　主要消费类电子产品产销量**

单位：万台

| 产品名称 | 2001 年 | | 2002 年 | | | |
|---|---|---|---|---|---|---|
| | 产量 | 销量 | 产量 | 增长率(%) | 销量 | 增长率(%) |
| 电视机 | 4 297 | 4 364 | 5 492 | 27.8 | 5 551 | 27.2 |
| 其中：彩电 | 3 952 | 4 018 | 5 200 | 31.6 | 5 260 | 30.9 |
| 背投电视 | 24 | 21 | 48 | 100 | 37 | 76.2 |
| 黑白电视 | 321 | 324 | 309 | -3.7 | 313 | -3.4 |
| 录放像机 | 500 | 503 | 1 562 | 212.4 | 1 562 | 210.5 |
| 摄录一体机 | 64 | 66 | 21 | -67.2 | 21 | -68.2 |
| 收音机 | 21 839 | 21 839 | 21 795 | -0.2 | 21 795 | -0.2 |
| 收录机 | 15 701 | 15 701 | 21 222 | 35.1 | 21 222 | 35.2 |
| 家庭影院 | 320 | 320 | 418 | 30.6 | 418 | 30.6 |
| 组合音响 | 923 | 926 | 1 075 | 16.5 | 1 075 | 16.1 |
| CD 唱机 | 4 980 | 4 980 | 6 189 | 24.3 | 6 189 | 24.3 |
| 数字激光视盘机 | 4 895 | 4 895 | 9 045 | 84.8 | 9 045 | 84.8 |
| 电子琴 | 212 | 212 | 113 | -46.7 | 114 | -46.2 |
| 光学头 | - | - | 32 540 | - | 32 540 | - |
| 机芯 | - | - | 8 775 | - | 8 775 | - |

备注：表1、表2的数据来源于信息产业部经济体制改革与经济运行司统计数据。表3中“收音机、收录机、家庭影院、CD唱机、数字激光视盘机、光学头、机芯”的数据来源于中国电子音响工业协会的统计数据，其余数据来源于信息产业部经济体制改革与经济运行司统计数据。

[撰稿：白为民　审稿：肖华]

# 计算机产业

## 改革与发展

中国计算机产业从20世纪50年代开始，至今40多年来经历了萌芽、形成、发展和成长四个阶段。改革开放以来，中国计算机产业一直保持快速发展势头，特别是进入90年代后，经过几次经济调整和转型，中国计算机产业在发展速度、结构升级、市场拓展、出口贸易、企业转型等方面均取得了显著进步。

中国计算机产业取得实质性显著的发展是在20世纪90年代。国民经济在改革开放的大环境下，经过持续多年的高速发展，国家的经济实力大大增强；同时，中国经济体制正从计划经济向市场经济过渡，经济发展模式从粗放型向集约型转变。为实现这两个根本性转变，中国把加快信息化建设进程放到重要的战略地位上，以“三金”工程为代表的一系列涉及国民经济信息化的重大项目适时地开始实施。中国计算机产业抓住发展契机，坚持“抓应用、促发展”的方针，为大型应用系统工程配套，实现产用结合，并明确提出中国计算机产业走国际化道路，提出利用国内国外两种资源，面向国内国外两个市场以及发展计算机产业的相关政策建议，由此，中国计算机产业取得持续、健康、迅速的发展。

2002年是中国加入世界贸易组织的第一年，为进一步推动中国IT产业尽快融入世界经济，中国各级政府不断颁布实施相关政策法规，中国计算机产业政策环境有了明显的改善。

根据中国在世界贸易组织信息技术产品协议（ITA）中的承诺，到2005年，中国将逐步取消信息技术产品的进口关税。从2002年1月1日起，中国对251个信息技术产品关税税目，实行在“信息技术产品协议”中承诺的税率，主要包括：计算机、电信设备、半导体器件、半导体生产设备、软件、科学仪器及其他等7大类电子产品。其中对大、中、小型计算机，喷墨、激光打印机等122个关税税目的主要信息技术产品实行零关税；对针式打印机、网络设备等信息技术产品实行3%左右的低关税。2002年，中国信息技术产品关税总水平（即算术平均税率），从2001年的12.5%降低到3.4%，降幅达73%左右，是中国所有商品中降税幅度最大的商品。

2002年，随着中国计算机产业的快速发展，产业规模也相应得到发展。在1990年，原中国电子工业系统内计算机企业仅有191家，从业人员不到10万人，系统外的企业也为数不多。据全国第三次工业普查结果，到1995年，中国计算机企业已发展到15 000多家，从业人员30万人。到2002年底，中国从事计算机研发、生产、和销售、服务的企事业单位已超过26 000家，从业人员近百万人，其中制造业1 300多家，规模以上软件企业共4 700余家，从业人员59万人。

## 生产与销售

中国计算机产业已经成为中国电子信息产业中最具活力的重要组成部分，中国加入WTO后，其强大的产品生产能力不仅能充分满足国内市场日益增长的需求，而且还将成为世界计算机产品的主要生产基地。

2002年中国计算机工业总产值达到4 200亿元人民币，增长23.5%；计算机市场总销售额达到2 358.4亿元人民币，增长16%；计算机产品出口达402亿美元，增长61%。

中国计算机产业具有很强的集聚效应，从产业发展布局情况看，主要集中在以下4个地区：

珠江三角洲：以深圳为龙头，依托香港特别行政区，包括珠海、东莞、中山、惠州、顺德等，是目前中国最大的计算机产品制造中心。

长江三角洲：以上海为龙头，连结苏州、无锡、杭州、宁波等十几个城市，其代表性产品有打印机、硬盘驱动器、显示器、UPS、扫描仪等外部设备，是继珠江三角洲后中国计算机产品制造业的又一重要基地。

环渤海地区：以北京为龙头，连接天津、唐山、烟台等城市。北京是中国的政治文化中心，几乎所有来中国投资的跨国公司都在这里设立总部或分支机构，有一大批企业和优秀的高等学府，具有明显的人才优势。

东南基地：以厦门为龙头，连接泉州、福州等城市，有大量的打印机、显示器、鼠标厂商在此落户。

2002年中国电子信息产业生产继续保持快速、平稳发展，全行业共完成工业总产值17 800亿元人民币，同比增长20.9%，完成产品销售收入14 000亿元人民币，增长17.8%，产销率达97.8%，比上年同期提高了0.3个百分点。

中国计算机工业总产值1991年为70亿元，2002年达到4 200亿元，与上年同期相比增长23.5%，是1991年的60倍。

随着中国计算机工业迅速发展，生产规模不断扩大，计算机工业总产值占中国GDP的比重也连年扩大，它已从1991年的0.3%，上升到2002年的4.1%，对GDP增长的贡献率也从1991年的0.7%，提高到2002年的12.4%。

据信息产业部对中国国内重点生产企业的监测，2002年，重点PC生产企业共完成生产台式PC 1 463万台，同比增长58.5%；笔记本电脑共完成生产39万台，同比增长371.1%。2002年中国计算机产业的生产均有大幅度增长，对电子信息产业经济运行和增长拉动作用明显增强。

2002年，国际IT市场持续低迷，全球PC市场继续出现下滑趋势。这种态势虽然也波及中国IT市场，但是，在中国国内良好的宏观经济环境、政策法规环境以及企业投资环境影响下，特别是在国内众多计算机企业的努力下，以内需拉动为主要特征的中国计算机市场仍然保持了平稳的增长态势。2002年，中国计算机市场总销售额达到2 358.4亿元人民币，同比增长16%，这个增长率和前两年相比虽然有所下降，但仍处于稳定的增长期。

在整个计算机市场总销售额中，硬件产品市场的销售额达1 584亿元，增长11.1%；软件市场销售额为345亿元，增长21%；信息服务市场销售额为429亿元，增长32.9%。硬件、软件与服务市场的销售额占整个计算机市场总销售额的比重分别为67.2%、14.6%和18.2%。

由于近年政府加大正版软件采购力度，以及信息服务在整体计算机市场中的份额逐年提升，软件与信息服务市场将持续扩大。软件与服务两者的市场份额已接近整个计算机市场规模的1/3。中国计算机产业结构调整日见成效。

2002年中国计算机硬件产品市场中，计算机系统市场销售额为888亿元，占硬件产品市场56%的份额，同比增长14.9%。其中，计算机系统市场中最主要的台式PC市场持续增长，但增长速度继续减缓，销售量908万台，同比增长15.5%；而由于网络应用和移动办公需求的继续增长，笔记本电脑销售量达到81万台，同比增长39.8%。

2002年中国外部设备市场中各种产品均有不同程度的增长，特别是多功能一体机的销售量与上年同期相比增长了69.8%。由于中国企业网市场的不断启动，尽管整体计算机市场增长率继续下滑，但网络设备市场发展状况较好。2002年，中国网络产品市场规模达134亿元，虽然仅占硬件市场8.5%的份额，但其同比增长达到34.2%，是硬件产品系列中增长速度最快的产品系列。

理性与务实是2002年中国计算机市场的基本特征，这一特征具体表现在以下几个方面：

1. 品牌消费是2002年中国计算机用户市场的明显特征。无论是行业应用市场还是大众消费市场，追求品牌、追求产品品质、追求个性与时尚已成为中国计算机用户消费的明显特征。

2. 应用创新是2002年中国计算机产品市场的基本特征。厂商开始进一步注重对应用创新产品的投入，开始由原来的技术导向转为现在的应用导向。

3. 效能提升是2002年中国计算机产品渠道市场的显著特征。厂商越来越注意到，单靠以前渠道规模的增长已远远不能满足当前市场的要求，因此，开始越来越注重对渠道的培育，特别注重对渠道的运作及渠道效率的提高。

4. 差异化是2002年中国IT服务市场的突出特征。面对中国计算机市场的竞争核心已由原来的产品与技术转向目前的应用与服务，厂商也就越来越注意通过高效率、专业化、差异化的服务来满足用户对品牌消费等方面日益增长的需求。

## 国际合作与对外贸易

20世纪90年代以来，全球IT业的竞争日趋激烈，随着劳动力成本的不断上涨，许多著名的计算机生产企业开始考虑重新调整产业布局，全球IT产业又面临再次重大调整。而中国是最大的发展中国家，经济连年保持较高的增长速度，有着巨大的潜在市场，劳动力成本相对较低，成为吸引外资最大的国家。目前，长江三角洲、珠江三角洲和环渤海地区等都有大型计算机跨国公司的投资，他们充分利用中国人才优势和劳动力资源优势，形成全球重要的计算机产品制造和出口基地。

目前，外商又看准了中国加入WTO后的巨大商机，加大了对珠江三角洲、长江三角洲和环渤海等地区的投资力度，再次掀起了投资热潮。IBM已把芯片、打印机、服务器及部分笔记本电脑的生产基地设在上海、福建等地，DELL、东芝等企业也纷纷在这些地区建设自己的加工基地。与此同时，台湾省的计算机企业也开始向江苏、浙江、福建和广东进行整体性转移，著名的计算机厂商宏基也已落户苏州高新技术区。广东东莞更是利用自己的独特优势，迅速成为以台式PC、外围设备以及相关零配件为主的生产基地，在全球占有相当的份额。

目前，世界上主要的计算机公司基本都在中国建立了独资企业、合资企业或研发机构，“三资”企业的销售额和利润占据了全国计算机产业总量的一半以上。中国将形成世界IT生产制造基地，在经济全球化的大背景下参与国际经济调整与分工，可以充分利用两个市场、两种资源，新一轮投资热的出现也会拉动市场需求规模的增长，并扩大进出口贸易。中国已有多种计算机产品的出口在全球占有重要地位。

2002年中国进出口贸易呈一路攀升之势，全年进出口贸易首次突破6 000亿美元，达6 208亿美元，同比增长21.8%，其中出口3 256亿美元，增长22.3%。国家海关总署统计显示：2002年全国机电产品进出口贸易也已突破3 000亿美元，达3 127亿美元，增长30.7%，占全国外贸进出口的比重为50.4%。其中出口1 571亿美元，增长32.2%。

在中国外贸进出口总额中，电子信息产品占据了越来越重要的位置，而计算机产品又是中国电子信息产品进出口贸易中的重要组成部分。随着中国逐步成为世界重要的生产制造基地，带动了中国计算机产品出口规模的连年扩大。2002年，中国计算机产品进出口贸易达587亿美元，增长48.5%，其中出口402亿美元，增长61%，高于全国外贸出口增幅38.7个百分点。

2002年在中国计算机产品出口中，计算机系统、网络产品均有大幅度增长，其中小型机出口同比增长3倍多，以太网络交换机出口增长5倍多，路由器出口增长2倍多。外部设备产品中仅有喷墨打印机的出口下降22%。

2002年中国计算机产品出口市场主要集中在亚洲和北美，出口到中国香港特别行政区的金额，占全部计算机产品出口总额的27.9%，出口到美国占24.4%，日本占11.1%。

2002年外商独资企业出口金额占全部计算机产品出口总额的70.7%，增长81.2%，其次为中外合资企业，占14.0%，增长24.3%，国有企业占

10.6%，增长26.6%。

2002年出口仍以进料加工贸易为主，一般贸易仍然较小。属进料加工贸易方式出口的，占计算机产品出口总额的80.9%，其次是来料加工装配贸易，占15.0%。一般贸易仅占出口总值的1.3%。

## 市场分析及展望

2002年，中国计算机市场的规模与上年同期相比，仅增长16%，这也是近10年来中国计算机市场的最低增长速度，反映出市场总体需求并不非常旺盛。但是,中国计算机工业体系已基本形成，产业结构日趋合理，总体而言，中国计算机市场尚处于良性发展阶段，供给、需求结构相对平衡。

2002年，拉动中国计算机市场增长的仍然是以商用市场为主，商用市场占据市场总量的66.2%。其中中、小型企业市场的需求增长幅度要高于大型企业的市场需求，教育、政府和家庭等非商用市场的增长也有较大幅度的提高。

从重点行业市场来看，2002年，由于电信拆分，以及金融电子化的发展有所减缓等因素的影响，使得中国电信、金融等传统的投资大户需求明显减少，电信业IT投资份额下滑到13.2%，银行业下滑到12.2%，而制造业、能源、教育等行业，尤其是电子政务市场的投资规模都在不断加大。

未来几年，拉动中国计算机市场成长的将会是中小企业市场。因此，厂商必须深刻了解用户需求，针对不同用户，提供个性化服务，切入传统行业市场；提供普及服务，拓展新兴行业市场；正视各行业的应用差异细分市场，明确产品定位，以丰富的产品线应对不同行业市场的需求。

行业信息化、企业信息化一直为中国计算机市场的发展创造了巨大的需求空间。中国计算机市场在国家良好的宏观经济形势和政策因素环境下，依托国内应用需求的持续增长，2003年中国计算机市场仍将保持稳定发展。

## 【统计数据】

**表 1　2002 年中国计算机产业主要产品产量**

| 主要产品 | 单位 | 产量 | 增长率(%) |
|---|---|---|---|
| 台式PC | 万台 | 1 463 | 58.5 |
| 服务器 | 万台 | 12 | 9.4 |
| 笔记本电脑 | 万台 | 39 | 371.1 |
| 显示器 | 万台 | 4 927 | 41.5 |
| 其中：液晶显示器 | 万台 | 1 162 | 303.0 |
| 打印机 | 万台 | 1 138 | 15.4 |

数据来源：信息产业部对国内重点生产企业的监测。

表2 中国计算机工业总产值及其增长率

| 项目名称 | 单位 | 1997年 | 1998年 | 1999年 | 2000年 | 2001年 | 2002年 |
|---|---|---|---|---|---|---|---|
| 工业总产值 | 亿元 | 936.6 | 1480.7 | 1564.3 | 2327.9 | 2830.4 | 4138.7 |
| 增长率 | % | – | 58.1 | 5.6 | 48.8 | 21.6 | 46.2 |

表3 中国计算机市场销售额及其增长率

| 项目名称 | 单位 | 2000年 | 2001年 | 2002年 |
|---|---|---|---|---|
| 销售额 | 亿元 | 1 740.5 | 2 033.6 | 2 358.4 |
| 增长率 | % | 25.0 | 16.8 | 16.0 |

表4 中国计算机硬件产品占中国计算机市场的比重

| 类别 | 单位 | 2000年 | 2001年 | 2002年 |
|---|---|---|---|---|
| 中国计算机市场销售额 | 亿元 | 1 740.5 | 2 033.6 | 2 358.4 |
| 其中：硬件产品销售额 | 亿元 | 1 250.9 | 1 425.5 | 1 584.1 |
| 硬件占计算机市场比重 | % | 71.9 | 70.1 | 67.2 |

表5 中国计算机硬件产品系列销售额及其所占比重

| 类别 | 2000年 | | 2001年 | | 2002年 | |
|---|---|---|---|---|---|---|
| | 销售额（亿元） | 比重（%） | 销售额（亿元） | 比重（%） | 销售额（亿元） | 比重（%） |
| 计算机系统 | 688.7 | 55.1 | 789.2 | 55.4 | 888.2 | 56.0 |
| 外设与终端 | 272.6 | 21.8 | 300.9 | 21.1 | 319.2 | 20.2 |
| 应用产品与其他 | 189.6 | 15.2 | 218.0 | 15.3 | 242.5 | 15.3 |
| 网络产品 | 100.0 | 7.9 | 117.4 | 8.2 | 134.2 | 8.5 |
| 合　计 | 1 250.9 | 100.0 | 1 425.5 | 100.0 | 1 584.1 | 100.0 |

表 6　中国主要计算机产品销售量及其增长率

| 项目名称 | 单位 | 2001 年 | 2002 年 | 增长率(%) |
|---|---|---|---|---|
| 台式 PC | 万台 | 786 | 908 | 15.5 |
| 笔记本电脑 | 万台 | 58 | 81 | 39.8 |
| PC 服务 | 万台 | 20 | 24 | 16.7 |
| 工作站 | 万台 | 3 | 4 | 19.3 |
| 显示器 | 万台 | 830 | 1 038 | 18.6 |
| 扫描仪 | 万台 | 99 | 110 | 11.8 |
| 打印机 | 万台 | 351 | 433 | 23.4 |
| 多功能一体机 | 万台 | 12 | 20 | 69.8 |

表2~表6数据来源：中国电子信息产业发展研究院、赛迪顾问股份有限公司。

表 7　中国计算机产品进出口金额及其增长率

单位：亿美元

| 类别 | 2000 年 | 增长率(%) | 2001 年 | 增长率(%) | 2002 年 | 增长率(%) |
|---|---|---|---|---|---|---|
| 进口金额 | 116.8 | 56.8 | 145.5 | 24.6 | 185.0 | 27.1 |
| 出口金额 | 184.7 | 54.8 | 249.7 | 35.2 | 402.0 | 61.0 |
| 进出口总额 | 301.5 | 55.6 | 395.2 | 31.1 | 587.0 | 48.5 |

数据来源：国家海关总署。

表 8　2002 年中国主要计算机产品出口数量及其增长率

| 产品名称 | 单位 | 出口数量 | 增长率(%) |
|---|---|---|---|
| 计算机系统 | | | |
| 小型机 | 台 | 604 | 303 |
| 系统形式的小型机 | 台 | 135 | 99 |
| 微型机 | 万台 | 89 | 64 |
| 系统形式的微型机 | 万台 | 112 | 38 |
| 外设与终端 | | | |

续表 8

| 产品名称 | 单位 | 出口数量 | 增长率(%) |
|---|---|---|---|
| 针式打印机 | 万台 | 68 | 33 |
| 激光打印机 | 万台 | 978 | 33 |
| 喷墨打印机 | 万台 | 1 759 | −22 |
| 其他打印机 | 万台 | 79 | 127 |
| 扫描仪 | 万台 | 1 725 | 6 |
| 软盘驱动器 | 万台 | 6 385 | 18 |
| 光盘驱动器 | 万台 | 10 297 | 45 |
| 硬盘驱动器 | 万台 | 2 992 | 31 |
| UPS | 万台 | 529 | 36 |
| 应用产品与其他 | | | |
| 销售点终端出纳机（POS） | 万台 | 15 | 8 |
| 自动柜员机（ATM） | 台 | 4 694 | 54 |
| 键盘、鼠标器 | 万台 | 32 119 | 15 |
| 网络产品 | | | |
| 以太网络交换机 | 万台 | 124 | 515 |
| 集线器 | 万台 | 671 | 34 |
| 路由器 | 万台 | 154 | 235 |
| 调制解调器 | 万台 | 3 434 | 75 |

数据来源：国家海关总署。

[撰稿：侯建仁　审稿：张琪]

# 计算机软件

## 改革与发展

软件产业是信息产业的核心，是关系国民经济和社会信息化进程的战略性产业。21世纪以来，在国家高度重视和大力支持下，中国软件产业进入了稳步快速发展时期。2002年，尽管受全球经济回升乏力、复苏缓慢的影响，中国软件产业依然保持以30%以上的增幅高速发展，成为国民经济发展的一大亮点。

2002年中国软件产业增速再创历史新高，同比增长38.2%，总额达到1 100亿元，首次突破千亿大关。其中，软件产品销售额为507亿元，同比增长53.8%，软件服务469亿元，同比增长15.4%，软件出口124亿元，同比增长106.7%。国内软件市场销售额从2001年的736亿元，增长到2002年的977亿元，同比增长32.7%。软件产业总额占计算机市场和国内GDP的比重分别为37.9%和1.1%。从全球软件产业发展来看，2002年中国软件产业总额占世界软件产业总额的比重为1.9%。

软件产业队伍迅速壮大。到2002年底，全国共认定软件企业6 282家，登记备案的软件产品有10 900项。其中，2002年当年就有3 000多家企业通过软件企业认定。专门从事软件研发和软件编程的专业技术人员约30万人。此外，还约有45万软件技术相关人员在全社会各行业、各领域从事与计算机软件研究、教学与应用等相关工作。

## 生产与销售

2002年中国软件产品销售额为507亿元，比2001年的330亿元增长53.8%。其中，系统软件销售额为68亿元，同比增长17.2%，占软件产品销售总额的13.4%；支撑软件销售额为111亿元，同比增长35%，占软件产品销售总额的21.8%；应用软件销售额为280亿元，同比增长66%，占软件产品总额的64.8%。

从2002年中国软件产品市场来看，国外品牌的软件产品仍然占据系统软件、数据库软件、中间件和应用软件高端的大部分市场份额；国内品牌的软件产品在财务管理软件、单机版防杀毒软件、中文信息处理软件及信息安全、电子政务、教育、排版、证券等应用领域占据优势，在通信、管理、办公和网络应用软件等方面取得了较好的成绩，在系统软件、中间件、平台软件技术方面也有所突破。

## 重大工程与重点项目

2002年国家相继组织实施了一系列软件产业重大工程和重点项目。

**电子信息产业发展基金** 2002年电子信息产业发展基金中有40%用于支持软件项目，重点支持操作系统、中间件、办公套件及大型行业应用软件，有近百个单位获得基金支持。

**电子政务建设** 2002年电子政务试点示范工程全面启动，陆续完成工程动员、总体设计、应用开发和组织实施工程建设等任务。中国政府还正式推出了以“金”字号工程为代表的12项重大工程，包括办公业务资源系统、宏观政策管理系统、社会保障、金税、金关、金财、金融监管、金审、金盾、金质、金水、金农、金旅等。2002年8月，国务院信息化工作办公室首次提出了包括国家宏观经济数据库在内的国家电子政务建设第一批重点建设项目。

**LINUX产业发展** 信息产业部和原国家计委均立项支持LINUX发展，科技部在“缩小数字鸿沟——西部行动”中也力推国产软件，并强调应用系统要有限考虑基于LINUX的操作系统。“西部行动”已在2002年开始启动。另外，地方有关部门也积极启动与LINUX相关的工程或项目，如北京市在2002年相继启动了“扬帆工程”和“起航工程”，并获得了一系列成果。

**数据库软件产业发展** 国家科技部在2002年度“863”计划“数据库管理系统及其应用”重大专项中，通过综合评价择优支持了武汉达梦数据库有限公司、东软集团中间件技术分公司、北京人大金仓信息技术有限公司等开展国产数据库系统软件的研发与市场推广工作。

## 国际合作与对外贸易

国际软件企业在中国的投融资有所扩大。2002年6月26日原国家计委和微软签署了加强软件产业合作的谅解备忘录，合作计划涉及金额62亿元，成为迄今为止中国在软件产业领域最大的对外合作项目。就软件业风险投资而言，据清华创业投资公司对2002年度中国风险投资的年度调研，2002年中国软件领域的风险投资额在8 730万美元以上，单笔投资约194万美元，其中尤以互联网应用和系统集成等软件领域的风险投资最为活跃。

软件企业开展并购重组与合作。2002年用友收购通宝软件，并与全球第五大ERP软件厂商IFS公司成立合资公司——用友艾福斯公司，控股75%；金蝶收购新亚赛邦25%的股份；亚信收购广州邦讯等。甲骨文公司在深圳和北京投资设立两个研发中心，印度的软件企业也开始进军中国。微软、IBM等公司纷纷与国内企业签署协议，在软件技术开发引进、人才培养和培训等方面展开合作。

2002年中国软件出口快速增长，出口类型呈现多样化。随着国务院《鼓励软件产业和集成电路产业发展的若干政策》、《振兴软件产业行动纲要（2002年至2005年）》、《关于软件出口有关问题的通知》等政策的贯彻落实，使得中国软件出口工作顺利推进，软件出口快速增长。1999年中国软件出口只有21亿元，2001年增长到60亿元，2002年达到124亿元。软件出口地区范围较广，包括日本、美国、欧洲、东南亚等地。其中，对日出口成为主流，欧美出口有待进一步扩大。软件出口类型呈现多样化，既有外包加工，也有自主知识产权产品出口，还有大量随设备的嵌入式软件出口。其中，外包出口比重最大，出口层次明显，分为高、中、低三个层次。从软件出口地区和企业来看，上海、北京、深圳、大连等为软件出口的主要地区；2001年软件出口超过100万美元的企业很少，2002年则近100家，增速明显。

## 软件企业

软件企业认定工作卓有成效，截止到2002年底，中国已认定软件企业6 282家。其中，783家软件企业经严格评定被授予系统集成商资质，一级资质的企业57家。2002年从业人员超过1 000人的软件与系统集成企业有25家，销售额超过1亿元的有192家，超过10亿元的有19家。软件企业大部分集中在北京、上海、深圳、广州、天津、沈阳、南京、杭州、大连、珠海、福州、厦门等经济文化比较发达的地区。2002年进入国家规划布局内的重点软件企业有106家，其中，北京、上海、深圳等地在10家以上。在国家政策的鼓励下，通过CMM评估和ISO9000体系认证的企业数量增多。截止到2002年，全国近50家企业通过CMM2级以上评估，16家通过CMM3级以上评估。此外，软件企业在研发投入、建立和完善技术创新体系、提高创新能力等方面也有了长足的发展。

主要软件企业发展情况良好。2002年用友软件在中国管理软件市场的占有率为16.8%，是国内市场占有率最高的软件厂商。公司实现主营业务收入48 821万元，税后利润9 160万元，同比分别增长46.4%、30.1%。公司在产品研发方面形成了较为丰富的管理软件产品线和相对完整的ERP产品。其ERP-U8产品线成为面向中端客户的ERP产品；ERP-NC产品线已进入收获期。公司还通过购买和整合深圳市硕旺信息技术公司的人力资源软件产品，从而在该产品领域占得先机。东软公司在中国联通的核心业务领域继续保持领先地位，其社保核心业务解决方案在国内直辖市及行业用户达300余家，市场占有率达45%。公司软件出口业务拓展顺利，实现出口收入49%的较好业绩。浪潮软件通过了CMM2级认证，实现主营业务收入5.56亿元，同比增长67.3%，其中软件及系统集成业务收入3.85亿元，较上年增长17.7%。中软公司2002年实现主营业务收入4.6亿元，净利润3 957万元，同比分别增长42.9%和31.5%。

## 行业管理

在进一步明确了中国软件产业发展的指导思想、目标、发展思路和工作重点的基础上，原国家计委、信息产业部、外经贸部共同制定了《振兴软件产业行动计划》，从三个部委各自职能的角度提出了具体措施，提出通过建设软件出口基地、软件国家工程中心和信息化工程软件示范项目与电子信息产业发展基金项目等措施推动中国软件产业的发展。信息产业部、财政部等部门正在起草《软件产权交易管理办法》、《软件政府采购管理办法》等一系列配套细则，进一步完善了中国软件产业发展的政策环境。此外，信息产业部还制定了《信息系统工程监理暂行规定》，加强了对信息系统集成行业的管理。

软件行业协会也充分发挥中介机构在促进中国软件产业发展过程中的积极作用。2002年信息产业部批准授权了33家软件行业协会为软件企业认定和软件产品登记备案工作机构，推动各地“双软认定”工作有序进行，取得了显著成绩。软件行业协会还在加强宣传和行业管理，贯彻落实国家相关文件精神，做好相关交流和培训，促进软件产业发展等方面做了大量工作。

## 市场分析及展望

2002年，在国家高度重视和大力推进下，国内软件产业环境日益改善，市场空间逐步扩大，中国软件产业以30%以上的年增长速率快速成长，国内软件产业总额占全球软件产业总额的比重为1.9%，软件市场销售总额为977亿元。从软件产品市场来看，应用软件产品市场份额明显高于支撑软件、系统软件市场份额。随着政府软件采购、电子政务等重大信息工程的稳步推进，行业专用软件在应用软件产品市场中的比重将进一步加大；企业管理信息化（ERP）软件加快了行业通用软件市场的成长；网络应用软件、安全及反病毒软件和游戏软件快速增长成为通用类软件市场的亮点。从国内软件服务市场来看，2002年国内软件服务市场销售额为469亿元，同比增长15.4%。软件服务的市场份额集中在应用软件领域，约占86%，而系统软件、支撑软件分别占软件服务市场的5%和9%。软件多元化的增值服务已经成为软件产业发展的大趋势；软件外包、定制以及软件的网络化服务等软件服务模式也开始为人们所接受。

软件产业在快速发展的过程中也显现出了一系列问题，主要表现为产业整体规模不大；企业规模较小、出口能力弱、国际竞争力不强；软件人才短缺和核心技术缺乏等。

2002年国家出台了47号文件，明确提出到2005年中国软件产业销售额将达到2 500亿元，国产软件产品和服务的国内市场占有率将达到60%，出口达到50亿美元，软件人才达到80万人。这为中国软件产业快速发展创造了良好的机遇。2003年随着国家政府上网工程和企业信息化建设的进一步实施和深化，金融、电信、财政、税务、外贸等行业和部门的信息化建设步伐加快，国内软件市场需求将进一步扩大。相信在国家各项政策措施的有力推动下，2003年中国软件产业和软件出口规模将进一步扩大，软件企业的技术创新能力、管理水平和国际竞争力将得到进一步提高，软件产业基地和人才建设也将取得更加优异的成绩。

【统计数据】

表 1　中国软件产业销售收入构成

单位：亿元

| 类别 | 2001 年 | 2002 年 | 增长率(%) |
|---|---|---|---|
| 软件产品 | 330.0 | 507.4 | 53.8 |
| 软件服务 | 406.0 | 468.6 | 15.4 |
| 软件出口 | 60.0 | 124.0 | 106.7 |
| 总　计 | 796.0 | 1 100.0 | 38.2 |

数据来源：中国软件行业协会。

表 2　国内软件市场情况

单位：亿元

| 类别 | 1996 年 | 1997 年 | 1998 年 | 1999 年 | 2000 年 | 2001 年 | 2002 年 |
|---|---|---|---|---|---|---|---|
| 软件产品 | 92 | 112 | 138 | 182 | 238 | 330 | 507 |
| 软件服务 | 113 | 148 | 187 | 239 | 322 | 406 | 469 |
| 合　计 | 205 | 260 | 325 | 420 | 560 | 736 | 977 |
| 年增长率（%） | 46.8 | 31.0 | 26.4 | 27.0 | 35.0 | 31.4 | 32.7 |

数据来源：中国软件行业协会。

表 3　软件产品销售收入占国内计算机市场比重

单位：亿元

| 类别 | 1999 年 | 2000 年 | 2001 年 | 2002 年 |
|---|---|---|---|---|
| 软件产品销售收入 | 440.5 | 593.0 | 796.0 | 1 100.0 |
| 计算机市场总额 | 1 720.0 | 2 150.0 | 2 500.0 | 2 900.0 |
| 占市场比重（%） | 25.6 | 27.6 | 31.8 | 37.9 |

数据来源：中国软件行业协会。

表 4　中国在全球软件产业总额中所占比重

单位：亿美元

| 国家 | 2000 年 | 份额(%) | 2001 年 | 份额(%) | 2002 年 | 份额(%) |
|---|---|---|---|---|---|---|
| 中国 | 71.7 | 1.2 | 96.3 | 1.5 | 133.0 | 1.9 |
| 美国 | 2 400.0 | 40.2 | 2 612.0 | 42.0 | 2 797.0 | 40.2 |
| 西欧 | 1 860.0 | 31.2 | 1 980.0 | 31.8 | 2 159.0 | 31.0 |
| 日本 | 572.0 | 9.6 | 660.5 | 10.6 | 712.0 | 10.2 |
| 印度 | 88.5 | 1.5 | 102.3 | 1.6 | 122.0 | 1.8 |
| 韩国 | 83.2 | 1.4 | 99.0 | 1.6 | 168.3 | 2.4 |
| 其他 | 884.6 | 14.8 | 672.9 | 10.8 | 861.0 | 12.5 |
| 全球 | 5 960.0 | 100.0 | 6 219.0 | 100.0 | 6 965.0 | 100.0 |

数据来源：中国软件行业协会。

表 5　1998~2002 年软件专业人员数量

| 年份 | 人员数量(人) | 增长率(%) |
|---|---|---|
| 1998 | 132 000 | – |
| 1999 | 150 000 | 13.6 |
| 2000 | 186 000 | 24.0 |
| 2001 | 250 000 | 34.4 |
| 2002 | 300 000 | 20.0 |

数据来源：中国软件行业协会。

表 6　国内软件产品市场构成

单位：亿元

| 类　别 | 1996 年 | 1997 年 | 1998 年 | 1999 年 | 2000 年 | 2001 年 | 2002 年 |
|---|---|---|---|---|---|---|---|
| 系统软件 | 8.5 | 13.7 | 17.4 | 21.0 | 33.2 | 50.0 | 68.0 |
| 支撑软件 | 20.0 | 27.5 | 35.9 | 44.8 | 49.6 | 81.9 | 110.6 |
| 应用软件 | 63.5 | 70.8 | 84.7 | 110.2 | 155.0 | 198.1 | 328.8 |
| 合　计 | 92.0 | 112.0 | 138.0 | 182.0 | 238.0 | 330.0 | 507.4 |
| 年增长率（%） | 35.0 | 22.0 | 23.0 | 32.0 | 31.0 | 38.7 | 53.8 |

数据来源：中国软件行业协会。

[撰稿：陈英　　审稿：张琪]

# 金 卡 工 程

## 国家金卡工程建设及IC卡应用概况

### 一、银行卡发展情况

2002年是中国银行卡事业取得突破发展的一年。遵照国务院领导的要求和部署，中国人民银行会同各商业银行进一步加大了工作力度，在银行卡联网通用、联合发展、建立和完善银行卡运营机制和服务体系以及银行卡产业化发展等方面取得了显著成绩。2002年1月，统一标识的“银联卡”开始在北京、上海等城市发行，并逐步扩展到全国40个城市。2002年3月中国银行卡联合发展组织中国银联股份有限公司在上海挂牌成立。中国银联将负责建立和运营全国统一的银行卡跨行信息交换网络，制定统一的业务规范和技术标准，改善用卡环境，保障银行卡跨行通用以及业务的联合发展，为各商业银行提供共享的网络基础设施和信息交换平台，并开展技术和业务创新，提供先进的电子支付手段和相关的专业化服务。

成立中国银联，推行统一“银联”标识卡，解决了多年来困扰中国银行卡联合发展的运营机制问题，已经初步建立并将不断完善银行卡“市场资源共享、业务联合发展、公平有序竞争、服务质量提高”的良性发展环境。这标志着中国金卡工程银行卡业务进入了一个崭新发展阶段。目前，在中国人民银行的组织领导下，各商业银行、中国银联等有关单位正在加快建设步伐，300个城市银行卡同行异地联网工作已经基本完成；100个城市已初步实现银行卡同城跨行通用；40个重点城市已经发行了统一的“银联”标识卡，跨行交易成功率显著提高，银行卡受理环境明显改善。

随着银行卡联网通用、联合发展进程的加快，有关银行卡业务发展的各项指标持续增长。截止到2002年底，中国已有发卡金融机构88家，发卡总量4.97亿张；可以受理银行卡的商店、宾馆、饭店等特约商户约15万户；各金融机构装备的自动柜员机（ATM）总计4.9万台，销售点终端机（POS）28.6万台；全国受理银行卡的电子化业务网点已发展到14万个，全年交易总金额11.56万亿元，其中跨行交易总金额1 793亿元，并已初步建成了一个全国性的跨银行、跨地区的银行卡信息交换网络。有关银行卡业务发展数据统计详见附表。

按照1994年6月经国务院审定批准的《国家金卡工程总体方案》确定的金卡工程银行卡10年发展目标已基本实现。

### 二、全国IC卡应用稳步推进

2002年国家有关部门和行业以及地方政府主管部门，认真贯彻、落实经国务院批准发布的《集成电路卡应用和收费管理办法》、《集成电路卡注册管理办法》和《国家金卡工程全国IC卡应用总体规划》，加强对IC卡应用的统筹规划和管理，为规范IC卡应用和市场，确保国家金卡工程及各类IC卡应用健康、有序发展做了大量的工作。

2002年中国IC卡应用进入成熟、理性发展阶段，各有关部门和地方不再盲目跟风，认真制订本单位的IC卡应用规划和试点计划。虽然全国IC卡发卡量有所减少（主要是公用电话IC卡的减少），但是IC卡应用却发挥了更大的作用，社会和经济效益显著。据不完全统计，截止2002年底全国累计发行使用IC卡约为11亿张左右，其中电信行业发行的公用电话IC卡约为5.6亿张，移动电话SIM卡2.4亿张，总计8亿张。社会保障卡、组织机构代码卡、交通卡、加油卡等其他各类IC卡约有3亿张。

下面分别介绍几个重点部门和行业的IC卡应用情况。

1. 信息产业部门

信息产业部门是中国IC卡应用的最大市场，

2002年依然保持最大的市场份额和快速增长的势头。近年来中国GSM移动电话SIM卡发行总量超过2亿张，其中2002年新发行的卡约为6 000多万张；CDMA移动电话UIM卡发行超过700万张，均是2002年发行的。今年由于体制改革，中国电信分拆，公用电话IC卡发行和使用受到较大影响，致使今年公用电话IC卡的发行量较去年减少，2002年发卡总量约为8 000万张左右，目前中国安装的公用IC卡电话终端机约为170万部。

2002年IC卡在计算机管理信息系统和互联网应用（如：电子商务、电子政务等的安全应用、电子证书应用）方面有较快发展，共发行此类IC卡（包括eKey等产品）约100多万张。

2. 公安部门

2001年6月《国务院关于换发第二代居民身份证有关问题的批复》（国函［2001］62号）下发后，公安部、信息产业部等对应用非接触式IC卡换发第二代居民身份证（以下简称二代证）工作十分重视，按照各自职责进行了认真落实。公安部成立了全国换发第二代居民身份证领导小组及其办公室（以下简称二代证办公室），具体负责规划和组织换发二代证的各项工作。由信息产业部牵头、会同公安部有关业务、技术部门及二代证IC卡芯片、模块设计、生产单位联合成立了二代证产业配套工作协调小组，主要负责二代证专用芯片、模块的设计和生产配套及技术服务等工作。

目前，为换发二代证的各项准备工作正在紧张有序的进行，且取得了阶段性成果，并为今后二代证顺利换发提供了保证。

2002年10月，《中华人民共和国居民身份证法（草案）》已由国务院正式提交全国人大常委会审议，该法的颁布施行，将为换发二代证工作提供法律保障。按照国务院要求，全国换发二代证工作将于2003年正式启动，目前各地正在抓紧做好各项准备工作，以确保二代证换发工作顺利开展。

此外，由地方组织实施的驾驶员违章积分卡、暂住人口管理卡也已经在许多地方广泛使用。

3. 社会保障卡

在劳动和社会保障部的组织领导下，已经建立了社会保障卡全国统一的应用标准和技术支撑服务体系；实行统一的密钥管理体系，加强对发卡准备工作的认可和发卡注册管理，以及发卡后的跟踪监督和协调管理。社会保障IC卡应用工作逐步进入有序和规模发展阶段，目前全国已有20多个城市进行了发卡注册，发卡量累计达到1 000万张，其中2002年发卡量为430万张。

4. 旅游行业

IC卡在旅游行业有广泛的应用，如旅游饭店、景区的门禁系统、内部消费结算和管理系统等。国家旅游局为加强对旅游市场的综合治理整顿、对导游员进行强化和规范管理、维护旅游消费者权益，正在全行业推行导游人员IC卡管理系统。现已制定并发布了实施导游IC卡的管理规章，起草了导游人员IC卡技术标准并完成了审核。2002年底，在28个优秀旅游城市、北京等4个直辖市和3个省（福建、山东、海南）已发放9万张导游IC卡。

5. 金融领域

在人民银行的组织下，从2001年开始中国银行IC卡有了比较快的发展，目前共发行符合《中国金融IC卡规范》的银行IC卡约280多万张。此外，各商业银行还分别发行了形式多样的IC卡，并在许多领域得到应用。

6. 建设事业

建设事业IC卡应用经过近4年的理论探索与具体实践，已初步形成了具有建设事业特点的IC卡应用模式。一是实现了建设系统内部的多行业"一卡多用"，如上海已经实现了公交、出租车、地铁、轻轨、轮渡的交通一卡通,共发卡450多万张；二是技术先进的双界面CPU卡在建设领域得到了具体应用，如大连已发行双界面CPU卡22万张；三是异地互通初步实现，如无锡已成功发行了与上海通用的公共交通卡；四是省域范围内统一发卡的模式正在形成，比如江西省全省的IC卡应用系统已经启动。

7. 组织机构管理

在全国近30个省市共发行240万张，其中仅2002年就发行94万张。目前组织机构代码卡作为中国组织机构的身份证和基本信息卡，已经在税收、社会保障、银行、外汇、车辆管理等多个领域得到广泛使用。

**三、金卡工程配套产业迅速发展壮大**

国家的信息化建设必须植根于中国信息产业发展的坚实基础上，才能为信息化建设的顺利开展提供技术装备和服务保障，确保国家的安全、经济和社会的稳定。因此在金卡工程建设中坚决贯彻产用结合、共同发展的原则，认真落实国务院关于"要下大力气推动中国IC卡及读写设备的开发与生产，要重点抓好IC卡芯片及软件的开发与应用，特别是集成电路芯片的设计要'以我为主'，尽快提高IC卡芯片的自主设计、开发能力并组织大批量生产，满足市场需求"的重要指示精神，努力组织信息产业队伍，根据国家金卡工程建设的需要，研制关键芯片和应用软件及各类配套产品，以保证金卡工程建设的顺利进行。在信息产业部的组织领导及各大用户部门的积极配合与大力支持下，中国IT企业经过不懈努力，在配套产业建设方面已取得了显著成绩。为金卡工程配套的智能卡产业从无到有、从小到大，迅速成长壮大，已经形成了从芯片设计、开发和生产、芯片模块封装、各类卡片的规模生产、读写机具和ATM、POS机等应用产品的研制、各种配套元器件和材料供应，到卡操作系统COS和应用软件开发、系统集成和技术支持服务等一个完整的智能卡产业链，并形成了一定的产业规模，这是一支推动和支持金卡工程建设及IC卡应用向纵深发展的IT骨干队伍，并为金卡工程持续、快速发展提供了坚实的技术与物质保障。

目前，根据规定在国家IC卡注册中心进行注册的芯片设计单位有13家，其提供的芯片产品已经占有了国内近30%的市场份额。前几年，主要提供的是一些低端产品（如公用电话IC卡芯片、一般的逻辑加密卡和CPU卡），自2001年以来国内IT企业在IC卡高端产品研制和开拓市场等方面取得了明显突破，其中大唐微电子、北京华虹、北京握奇、武汉天喻等公司的GSM移动电话SIM卡或CDMA移动电话UIM卡产品已经通过有关电信运营商的测试和认可，部分产品已经批量生产。此外，上海华虹、中国华大、清华微电子、华圆微电子等公司的高性能CPU卡芯片、非接触式IC卡芯片等产品也在社会保障、组织机构代码、建设事业等领域获得广泛应用。在智能卡和读写机具研发和生产制造方面，也涌现出了珠海东信和平、天津环球、华旭金卡、中电智能卡、上海飞乐、上海索立克、上海斯伦贝谢、黄石捷德、深圳明华、海南太平洋等一批行业的骨干企业，各类产品已经广泛应用在金融、公安、社会保障、税务、工商、电信、组织机构代码卡、建设、交通等诸多领域。随着中国智能卡产业技术实力的不断增强和生产规模的日益扩大，一些企业已经走出国门，积极开拓海外市场，有关IC卡和读写机具等产品已经批量出口，并获得国外用户的认同和赞赏。

经过产业与用户部门的共同努力，中国金卡工程配套产业在技术水平和产品开发能力以及产业规模方面不断提高，产品呈系列化发展，产业规模逐步扩大，质量和市场竞争力显著提高。中国IC卡产业的迅速发展，已成为中国信息产业发展中的新亮点和国民经济一个新的增长点。当今中国已成为国际智能卡产业与应用市场的重要组成部分，并在其中占有重要地位，得到了国际社会的高度重视和好评。

## IC卡应用和产业发展中存在的问题

虽然我们已经在金卡工程建设、IC卡应用和产业发展方面取得了很大的成绩，但也应该看到，还存在不少的问题，其中一些问题已经严重影响金卡工程及IC卡应用的健康发展。主要表现在以下几方面：

（1）一些部门和地方对金卡工程IC卡应用认识不足、重视不够，有关IC卡应用的管理规章和总体规划没有得到很好的贯彻落实。

（2）规划内的个别行业IC卡应用进展缓慢，有的工作甚至停顿，严重阻碍和影响了这些行业IC卡应用的健康发展。管理及服务跟不上，用卡环境不完善，也严重影响了IC卡的使用，不能达到预期的效果和目标。

（3）有些管理和规划工作跟不上应用的发展，新出现的一些应用还没有纳入全国或地方的IC卡应用规划和管理工作中，成为管理的死角和漏洞。"一卡多用"的推进工作进展缓慢，成效不大。IC卡许可证和注册管理工作也需要进一步强化管理。

（4）IC卡应用市场不成熟、不规范，不正当竞争问题日益突出，严重影响和制约了IC卡应的用健康发展和产业的成长。

（5）中国IC卡生产企业分散、规模小、资金缺乏、竞争力弱，与发达国家相比尚有明显差距，尚未形成国际知名品牌和骨干厂商。

## 金卡工程重点工作安排

结合金卡工程实际和今后发展趋势，提出金卡工程的重点工作意见。

（1）信息化的关键在于应用，积极稳妥推进金卡工程建设。

（2）做好相关政策法规的宣传贯彻。

（3）加大监督检查力度，确保政策、规章的贯彻执行。

（4）加快建立和完善相关法律法规，保障IC卡应用健康有序发展。

（5）大力推进"一卡多用"，实现资源共享、提高IC卡应用水平和效益。

（6）做好IC卡应用服务工作。

（7）建立成熟、规范的市场，形成应用与产业互动、协调发展的和谐关系，进一步加快我国智能卡产业的发展。

（8）积极宣传金卡工程和国家信息化建设取得的丰硕成果。

## 【统计数据】

**银行卡业务发展数据统计表**

| 类别 | 单位 | 1993 年 | 1995 年 * | 2001 年 | 2002 年 |
|---|---|---|---|---|---|
| 发卡金融机构 | 户 | 5 | – | 55 | 88 |
| 发卡数量 | 万张 | 400 | – | 38 300 | 49 700 |
| 特约商户 | 万户 | 2 | – | 13 | 15 |
| 自动柜员机（ATM） | 台 | – | 4 700 | 40 000 | 49 000 |
| 销售点终端机（POS） | 台 | – | 30 000 | 334 000 | 286 000 |
| 电子化营业网点 | 个 | 46 000 | – | 129 000 | 140 000 |
| 全年交易总金额 | 亿元 | 2 000 | – | 84 300 | 115 600 |
| 跨行交易金额 | 亿元 | – | – | 920 | 1 793 |

* 统计截止到 1995 年 6 月。

［撰稿：张琪　赵波　徐旌珊　审稿：张琪］

# 中国空管系统装备建设

## “九五”计划以前科技攻关项目和工程项目完成情况

中国空管技术装备研制起源于20世纪70年代。国内有关厂所，在用户单位的大力支持下，自力更生研制出一套原理性试验系统，基本上达到了总体设计要求，原理上可行。但由于当时器件质量差、工艺落后，系统可靠性不能满足用户需求。

从1975年起，中国开始加大空管系统装备建设力度，周总理亲自批准并组织军、民航共同从法国汤姆孙公司引进8部空管雷达、6套管制中心等系统和装备，装备在北京至上海航线上。为配合军、民航引进，原四机部组织了十几个厂所近百名技术人员参加了引进工作，培养了大批人才，为国内研制空管装备奠定了技术基础，原四机部组织了系统的攻关，到1982年以前，国内陆续研制出了航管一次雷达、二次雷达、显示终端、通信、导航设备的性能样机，取得了初步成果。

从1983年开始，国家经贸委将空管系统列为国家重点投资类攻关项目，拨款1 500万元，有力地支持了空管系统装备国产化研制。1987年，中国成功地研制出了航管1号系统，1989年5月安装在济南张庄正式投入试用；1992年12月研制出空管二号系统，安装在杭州笕桥机场。通过这一阶段的工作，中国已拥有一批可承担研制空管技术装备任务的厂所，培养了技术和管理人才，积累了一定的研制生产技术和经验，国产化空管技术装备研制力量初具规模。但受当时的历史条件局限，这一阶段研制出的系统装备可靠性不能满足中国军、民航实施空中交通管制的要求。

随着中国空中交通运输业的飞速发展，中国空管系统现代化建设也拉开了新的篇章，建设规模和投资力度逐年扩大。同时，中国空管系统大规模建设形成的广阔市场，吸引了全世界的注意，各国的空管装备专业生产厂商纷纷涌入中国，形成了激烈的国际竞争。为配合中国军、民航空管建设，中国进一步加大了空管系统装备建设国产化研制力度，空管系统列为“八五”国家重大技术装备国产化项目之一，投入1 050万元研制经费，鼓励扶植国内企业开展空管系统装备研制。通过科研攻关和产品研制，中国空管技术装备研制能力和水平大幅度提高，研制出的系统和装备均填补了国内空白，达到国际九十年代初同类产品先进水平。其中空管区域管制中心系统、L波段远程全相参航管一次雷达、一、二次雷达通用联合录取器和机场多普勒气象雷达4个项目荣获国家“八五”科技攻关重大成果奖，分区管制中心系统、机场管制中心系统、VHF/UHF共用天线系统、微波着陆系统项目获电子行业“八五”国家科技攻关重大成果奖。通过“八五”技术攻关，中国掌握了飞行计划预调配、低高度告警、多雷达信息综合、2 000行高分辨率光栅管制显示器技术、计算机局域网双网管理等关键技术，研制出了满足军、民航要求的雷达数据处理系统、飞行情报处理系统、管制员工作站和气象系统；初步掌握了数字化、集成化、固态化、多媒体显示等技术；研制出了具有全相参、平板相阵式天线，单脉冲体制、数字化、遥控遥测等技术的雷达、通信、导航等关键设备。

“八五”科技攻关成果在空管系统装备建设中发挥了重要作用，填补了国产空管系统装备的空白，提高了技术水平、产品质量和系统可靠性，投入了批量生产，满足了军、民航“八五”空管系统建设需求，对抑制引进装备价格起到了积极作用，在激烈的国际竞争中赢得了一定市场。“八五”计划期间，在民航系统利用日元贷款采用国际公开招标的方式开展的“八五”计划建设项目中，国内厂所通过独家或与外商联合竞标等各种方式参与，其中中方独家中标的有5家，合同金额283万美元；联合中标的有6家，合同金额3 500万美元。国内企业还承担了军航“八五”计划建设工程90%以上的任务，并且全部顺利完成。同时，信息产业部还自筹资金开展了新航行系统的技术攻关，在卫星通信、卫星导航、管制中心等方面进行技术跟踪和系统装备开发研制，使中国新航行系统技术装备研究水平基本与国际同步。

总之，“八五”空管系统国产化攻关项目，全面提高了中国空管系统装备研制的技术水平和生产能力，结束了只能研制单台单套设备的阶段，可以对管制中心、雷达系统、通信、导航、气象等设备进行系统集成并实现批量生产，技术上达到20世纪90年代初世界先进水平。

## “九五”中国空管系统技术装备建设情况

### 国际发展情况

从目前国际空管装备技术的发展和研制方向看，世界发达国家的空管系统普遍采用了数字化、集成化、固态化、多媒体显示等技术，在全空域实现了雷达多重覆盖和管制。利用先进的通信、数据采集处理系统构成全国性的雷达情报网，飞行调度指挥网，气象数据综合处理显示网，建成了具有集中监视、提供趋势预测、调整预案等功能的空中交通管理系统，能够在全空域实现实时的飞行流量调整、指挥、调度和飞行路线的优化与调配等功能。雷达、导航、气象设备分别采用全固态、全相参、平板相阵式天线、单脉冲、数字化、遥控遥测等先进技术，S模式二次雷达技术已经到实用阶段，美国已经装备了近几十套S模式二次雷达。终端设备都在向高分辨率大屏幕、数字化处理、光栅扫描的终端综合显示器方向发展，雷达信号与卫星定位系统信号融合系统已经投入实用。

### 中国空运业以及系统建设发展情况

1. 空管系统技术装备初步改善，空管体制改革初见成效

通过十几年来大力度投资建设，中国空管系统装备建设得到基本改善，初步建成了由卫星、数字微波网、光纤等先进技术组成的通信网，改善了数话通信质量和效率；主要航路和机场装备了先进的航路导航DVOR/VME和机场进近着陆导航设备ILS系统，扩大了航路导航覆盖区、改善了机场进近和着陆导航能力；通过新建一次、二次雷达系统和雷达情报网络，扩大了雷达监控区域，在中国“京—广—深”航线即东线上基本实现了雷达监视；军、民航共建以计算机、卫星通信网络等先进电子技术的大量管制中心系统，使对空指挥初步摆脱了落后的程序管制方式。

先进的空管系统装备保证了中国空管体制改革的实施，1993年10月15日开始实施的中国飞行高度层第一步改革方案，在6 000米~12 000米高度范围内，每个高度层之间由原1 000米垂直间隔改为600米的垂直间隔，使高度层的单、双数的配备方法与国际民航组织公约保持一致。1994年4月实施了“京—广—深”航路军、民航管制指挥移交，1996年6月又实施了京沪、沪广航路的军、民航管制指挥移交，同时制定了中国空管体制第二步改革方案，为进一步深化空管体制改革、提高空中交通安全、提高空运经济效益提供了依据。2002年6月28日，中国完成了26条主要航线移交，顺利实施了空管体制第二步改革方案。这一系列举措使中国空域资源利用率得到很大提高、明显改善了飞行拥挤的状况，减少了空中危险接近，保障了飞行安全。

“八五”期间，中国的飞行总量平均每年增长15.3%，比“七五”快7.8个百分点。根据国际民航组织的秘书处近日公布的统计资料，中国2001年空运总周转量为138亿吨公里，突破了过去连续

3年停止在第9位的纪录，越过荷兰、新加坡和韩国，由2000年的世界排名第9位上升为第6位。前5名为美国、日本、英国、德国、和法国。空运总周转量增幅为19%。

2. 空运业务量及需求量不断增长，空管系统建设任务更加艰巨

“八五”计划、“九五”计划期间，民航系统基建投资463.09亿元人民币，技改投资191.87亿元人民币，建设西安、西宁、武汉、郑州、银川、浦东、杭州等33个机场；改造和扩建了北京、乌鲁木齐、兰州、昆明、拉萨、昌都、太原等62个机场；1985年中国民用机场有70多个，至2001年底，中国民用机场已增加到128个，其中国际机场31个，飞行区指标为4E的机场为24个，4D的35个，4C以下的69个，机场分布密度为每平方公里1~3个。

同时通用航空飞行也有了较大幅度的增长，特别是农林、物探、勘测、体育、公安、空中游览和科学实验等应用领域的飞行将有较大幅度的增加，使空中交通管制的难度更大，任务更艰巨。

大规模的基础建设和不断快速增长的空运业务，要求空管系统必须提供更可靠的安全保障、更快速的飞行情报和更灵活经济的空中交通指挥，以更加高效合理地运用空间资源，满足不断增长的需求。但是，中国目前空管系统装备还远远不能赶上运营业的发展要求，存在着明显的差距和不足：二次雷达系统仅在中国东部地区7 000米以上实现了基本覆盖，个别区段仍有盲区；虽然在个别地区实现了雷达监视条件下的空中交通管制，缩小了飞行间隔，但与实现雷达管制的条件尚有较大差距；通信基础不能满足管制移交和航行、雷达、气象信息传输的需要；大部分机场管制手段落后，没有建成全国性的飞行情报网，使已建成的工程项目整体效能不能充分发挥出来；全国空管缺乏系统监控、流量控制、空域管理等综合管理和协调运行机制。因此，中国空管建设任务依然将加大投资和建设力度。“九五”期间，中国民用航空建设计划投资90多亿元，军、民航分别开展以3大管制中心为主装备改造建设工程，即在北京、广州、上海投资近20亿元，建成先进的管制中心，对连接这3个点的主要航线的近20个管制中心进行改造，最终实现在中国东部飞行繁忙地区实现雷达监视条件下实行空中交通管制的建设目标。

**“九五”国家重大技术装备空管系统国产化项目执行情况**

为配合中国空管系统装备建设，“九五”计划期间，国家仍将空管系统装备研制列入重大技术装备国产化项目之一，投资3 000万元人民币给与重点扶持。按照国家经贸委关于“强调突出重点，着眼系统成套”的原则，“九五”空管系统装备国产化项目设立了管制中心、雷达系统两个课题，下设9个专题：飞行数据库及自动化系统研制、多雷达数据与ADS数据融合处理、CNS/ATM网管系统研制、机场集中监控系统研制、飞行情报进程自动化系统研制、S波段全固态近程航管一次雷达、全固态单脉冲二次雷达、C波段全相参多普勒气象雷达、L波段全固态大功率发射机。9个专题分别由中国电子科技集团第二十八研究所、第十四研究所、第三十八研究所、国营七二零厂、国营七六四厂、国营七八四厂、中国航空航天大学、民航空管局设备维修公司承担。

空管系统成套设备国产化项目于1999年12月启动，项目执行仅两年。项目各专题承担单位均十分重视，成立了专题领导小组，调集厂所内科技力量重点保障，仅用两年多时间就完成了攻关任务，按照攻关合同要求，攻克并掌握了关键技术，研制出的系统和装备，全部通过国家组织的技术鉴定，其中被专家评定达到国际同期先进水平的有2项、达到20世纪90年代末国际先进水平的有3项、国内领先的有3项。产品均填补了国内空白，满足了中国空管建设需要。通过攻关中国已经掌握了数据库自动生成和自动管理软件、多雷达数据与ADS数据融合处理技术、对上行、下行报文的管理技术、多种传感器和目标航迹的数学模

型建立技术、ADS航迹与飞行电报相关技术、数据链网关模型、地空数据链接入技术、多协议转换技术、链路状态的自动检测和断链后的自动恢复技术、空管设备的数据采集，处理和变换、研制全固态发射机、低噪声、大动态接收机、先进的信号处理技术及点迹处理技术、独立气象处理通道技术、机内监测设备与遥控遥测系统、系统可靠性与BITE设计技术等，研制出了符合中国民航总局“民用航空飞行动态固定格式”规定的可对飞行计划业务进行自动相关处理飞行数据自动化处理系统；开发出了应用于新航行系统的ADS工作站、面向空管系统和航空公司应用的的中国民航甚高频数据链网关系统；机场集中监控系统；配备高增益、高仰角LVA天线、双电机驱动天线座的全固态单脉二次雷达、S波段全固态航管一次雷达、L波段全固态远程一次雷达、具有高稳定度大动态全相参数字中频信号接收系统；气象环境里的强地杂波抑制技术等C波段全相参多普勒气象雷达等先进设备和适应中国军民航空管建设需要的管制中心系统、CNS/ATM网管系统、机场集中监控等系统。

通过“九五”攻关，中国空管产业实现了在雷达导航系统装备研制能力方面基本达到国际先进水平，在新航行系统装备研制方面储备一定技术力量的攻关目标，具备了空管系统装备商品化、批量化生产能力。同时为全面开展新航行系统研制打下了良好的基础。

**空管工程完成情况**

“九五”期间，中国空管系统装备队伍产业全面发展。雷达、通信、导航、气象、管制中心等关键系统和装备实现了批量化、商品化生产，技术水平和产品质量符合军、民航要求，生产能力不仅满足中国空管建设需要，有效地抑制了同类进口产品价格，同时还打入了国际市场，创造了良好的经济和政治效益。“九五”空管系统技术装备产业发展成绩突出体现在以下几个方面：

1. 开展总体技术研究，充分发挥建设工程效益

自1996年起，国家空管委分别委托电子第二十八研究所、空军第三研究所为国家空管系统总体技术依托单位、通信系统技术单位，负责提出全国空中交通管制系统以及通信等系统的技术方案、组织有关单位拟制全国空中交通管制系统联网的技术规范和标准，配合并帮助军、民航有关单位人员研究相关技术问题和进行技术攻关等任务。在国家空管委办公室的直接领导下，有关单位已经完成了一系列总体技术及规范文件的制定工作，通过了国家空管委组织的专家评审，正式颁布执行。同时，中国已分别实施了军、民航空管系统联网工程，该工程将中国军、民航“八五”、“九五”以来，由国内外不同厂家研制的、采用不同规范建设的各级管制中心纳入到一个系统中，实现了中国军航、民航空管系统各级管制中心系统联网互通。空管飞行情报网的顺利实施，标志着中国空管系统建设进入了一个新的阶段。使已建空管工程整体效益得以充分发挥、能够提供效率更高、更安全可靠的空中交通指挥，并为即将实施的全国飞行流量监控系统工程奠定了基础。

2. 科研成果结合产品研发，全面提高装备建设水平

“九五”空管系统装备国产化项目的攻关成果全面提高了空管系统装备产品的研发，提高了系统和装备的技术水平，赢得了军、民航用户的信任，在中国军、民航建设工程中得到推广使用。如由飞行情报数据库及自动化系统专题、多雷达数据与ADS数据融合处理专题、全固态单脉冲二次雷达专题、S波段全固态一次雷达专题组成了空管三号、四号系统工程，该工程是根据中国空管建设的实际需求而设计的上水平、上台阶、争取市场的重点项目，所采用的技术体制符合当前国际空管技术装备发展主流趋势，技术指标瞄准国际最先进水平，系统总体技术方案根据民航意见多次修改，着重加强了系统可靠性设计，强调在今后10~20年内保持系统和技术的先进性，以保证满足用户需要和可推广性。作为该工程总承接单位

的信息产业部电子第二十八研究所不仅研制出符合民航要求的雷达数据处理、飞行数据处理软件等关键系统，还对异种雷达规程、格式转换进行了研究与开发，设计出“通用雷达信息引接设备”。依托于民航VHF地控数据网二期工程的CNS/ATM网关系统课题和多雷达数据与ADS数据融合处理课题，在ADS报告处理、多雷达数据融合处理和ADS数据融合、信息交换的网关功能、CPDLC功能、ADS功能等，均属于新航行系统应用领域，这些技术领域在世界上还处于开发研制阶段，没有很成熟的产品，这些成果使中国能够依靠国内力量开展新航行系统的建设，与世界先进技术同步发展。在雷达系统研制方面，“九五”攻关课题囊括了目前国际空管雷达普遍应用的主要内容，如大功率全固态发射机、大口径平面垂直阵列天线、单脉冲收发询问机、高性能目标录取器等，研制出了一系列具有国际水准的装备。如电子军工集团第二十八所分别为军、民航制造了70余套管制中心系统、应急备份系统等工程任务，创产值1.56亿元；其他雷达系统已交付用户或签订合同共计130多台套，产值5.4亿元人民币，并在抑制进口系统装备价格方面起到了积极作用。

3. 推动行业结构调整，促进企业进步

“九五”各专题的展开注重了系统装备研制工作的延续性，适当结合原有技术基础和产品种类，取得了很好的成果，如L波段全固态大功率发射机专题是在“八五”攻关项目的基础上展开的。国营七二零厂针对原项目使用的器件寿命短、维护费用高等问题，自筹资金进行了L波段大功率多注速调管发射机的研制，取得了成功，在此基础上，开展了L波段全固态大功率发射机的研制。该专题的展开使该厂从技术上在两个五年计划中登上了三个台阶，从产品种类上，形成了产品系列化，在引进的基础上，通过攻关掌握了关键技术，掌握了知识产权，取得了优异的效益。

承担机场设备集中监控系统专题的国营七六四厂是通信和导航设备的研制厂家，1997年该厂利用专业优势自筹资金研制了一套机场设备集中监控系统，为1998年国庆阅兵起到了很大的保障作用。在此基础上，配合军民航“九五”建设需求设立了该专题，进一步深入开展技术升级和系统攻关。

## “十五”空管建设计划及产业发展思路

根据国家空管委正式批复的“中国新航行系统建设规划”和未来15年空管系统装备建设的总体思路，“十五”期间中国空管建设的总目标为：建成适合中国国情、与国际标准接轨、优质高效的地空一体化的空管系统。具体目标为：在哈尔滨—北京—西安—成都—昆明一线以东地区实现雷达管制、在西部地区逐步采用卫星导航、监视手段即CNS/ATM方式，实现伪雷达监视。“十五”后到2010年，将全面开展新航行系统建设，以符合国际民航组织在2010年全面实行新航行系统管制的要求。民航系统建设投资将达1 100亿元人民币，完成以广州、上海、北京3大管制中心为主的枢纽工程建设；完善包括沈阳、武汉、成都、昆明、西安、乌鲁木齐等10余个机场构成的干线工程和新建33个机场，改扩建10个机场的支线工程。

根据军、民航空管建设规划，中国空管系统装备产业应在“十五”期间，加强空管总体技术方案关键技术研究和飞行流量管理系统总体结构研究；配合军、民航的试验工程，全面开展VHF地空数据通信、卫星数据通信、GPS卫星导航、ADS工作站等装备的研制，争取通过“十五”科技攻关，构成基本上配套的新航行系统研制生产基地。同时，完善多路由通信网络技术、多雷达信息综合处理及系统网络管理技术、全固态一次雷达、单脉冲二次雷达、先进的导航、气象雷达等成熟装备的产业化生产，为军民航建设提供可靠性稳定的成套系统及装备。

[撰稿：钟娅辉 审稿：赵波]

# 电子专用设备工业

## 改革与发展

2002年，全球三大经济区域的经济发展仍然处于低潮之中。世界信息产业依然不景气。中国通过积极扩大内需，吸引国内外投资，加强外贸出口，有效地刺激了国内经济的快速发展，使中国的电子信息产品制造业保持了高速增长。中国电子专用设备行业坚持深化改革，加大产品结构调整和新产品开发的力度，积极开拓市场，在全国信息产业持续高速增长的推动下，全行业继续保持了较快的发展速度。

在改革与重组方面，铜陵三佳电子集团公司与日本山田株式会社合资组建了铜陵三佳山田集成电路模具公司，总投资1.2亿元，将致力于建设中国最大的集成电路模具生产企业。

北京七星华创电子股份有限公司于2002年11月顺利通过了中国证监会北京证管办的评估验收，标志着其上市辅导期的圆满结束，为公司今年的上市打下了良好的基础。

改制后的无锡华晶电子设备公司呈现出更高的工作热情。北京机电院专机所、萍乡无专等一批中小企业经过资产重组和改制，轻装上阵，走上了发展的新路。

中科院与广东风华高科技股份有限公司共同出资成立了长春光华微电子设备工程中心有限公司，将从事激光调阻机等光电子、微电子专用设备的研发、中试和生产。

北京、上海等地在2002年分别成立了专业研发关键半导体专用设备的上海微电子装备有限公司、北京科控微电子系统工程有限责任公司、中科信公司等企业，为中国电子专用设备行业的发展注入了新的活力。

2002年电子专用设备行业共有主要企事业单位93个，其中生产企业91个，专业研究所2个，职工总数33 372人，比2001年减少19.7%；其中工程技术人员7 184人，占职工总数的21.5%，工程技术人员总数比2001年减少1%，但所占比例增长了4个百分点。

## 生产与销售

根据对93个重点单位的统计，2002年电子专用设备行业工业总产值（1990年不变价）374 063万元（现行价总产值321 675万元），销售收入（不含税）282 213万元，利税总额38 202万元，利润总额23 608万元，分别比2001年增长13.4%、6.1%、12.9%、10.1%。全行业产品销售收入的利润率为8.4%，比2001年增长0.4个百分点。与2001年相比，2002年销售收入、利税总额、利润总额的增长速度分别下降了1.7%、2.8%和10.1%。

电子专用设备总产量111 958台（套），产销率达到96.1%。设备销售总额243 167万元，比2001年增长4.6% 。其中电子专用设备销售额147 184万元（占设备销售总额的60.5%），比2001年增长2.7%。环境试验设备销售额增长率达到了27.8%，位于行业各类产品的第一位；磁性材料生产设备销售额达到26 658万元，同比增长16.9%；半导体封装设备和模具的销售额同比增长1倍以上。在主要电子专用设备门类中，电真空器件生产设备的销售额下降了10%，其重要原因是CRT设备市场的下滑，反映了显示器件领域的技术发展趋势。

电子专用工具销售量415万件，比2001年下降51.3%，产销率88.3%；电子专用模具销售量904万副，比2001年下降0.22%，产销率93.6%。

电子专用工模具总销售额20 969万元，比2001

年增长103.4%。

2002年电子专用设备和电子专用工模具销售额占全行业销售额的比例为59.6% ，比2001年增长0.5个百分点。2002年全行业产量、销售量和产值、销售额详见附表。

2002年电子专用设备企业完成销售收入排在前10名的单位与2001年相比，江苏苏净集团有限公司仍然位居第1位，北京七星华创电子股份有限公司从第5位升至第2位，前10家单位销售收入的总和比2001年增长了10%。

2002年全行业亏损企业有16家，比2001年减少3家，亏损总额7 668万元，比2001年减少516万元。其中设备单位10家，亏损额5 817万元；工模具单位6家，亏损额1 851万元。

## 科研与新产品

2002年全行业共完成新品项目171项，其中电子专用设备134项、电子专用工模具10项。电子专用设备行业主要企事业单位承接国家的科研项目和各自根据市场需求安排的开发创新项目均已完成计划。

在半导体器件和集成电路生产设备方面，分别由上海微电子装备有限公司、北京科控微电子系统工程有限责任公司、中科信公司、中电科技集团四十五所、中电科技集团四十八所、中科院光电所、西安理工大学工厂、北京华兴微电子公司、北京自动测试技术研究所、铜陵三佳模具股份有限公司等承担的光刻机、刻蚀机、离子注入机、硅单晶炉等集成电路关键设备重点攻关项目和立式扩散炉、快速热处理设备、硅片腐蚀清洗机、硅片划片机、集成电路自动封装系统、VXI数模混合集成电路测试系统等8英寸集成电路生产线设备开发项目，以及液相外延系统、金属有机化学汽相淀积设备等半导体发光器件设备开发项目，有的已经进入组装阶段，有的正在进行加工制造，有的正处于前期工作中。中电科技集团四十八所开发的用于太阳能电池制造的M42150-1/UM型等离子刻蚀机、用于声学微振动系统薄膜淀积的M80100-1/UM型低压化学汽相淀积设备、M8020-1/UM型液态源化学汽相淀积设备、M5113-3A/UM型高温扩散氧化系统等产品通过了信息产业部组织的设计定型鉴定；北京有研半导体材料有限公司和北京特种机械研究所推出了“大直径硅单晶金刚石带锯截断机”，并于8月15日通过了新产品鉴定，该机最大切割单晶棒直径330mm，填补了中国大直径单晶截断机的空白；铜陵富社三佳公司研制的“塑料封装专用压机”已推广鉴定；北京七星华创电子股份有限公司2002年试制完成了金属密封质量流量控制器D7-16/ZM、D07-50/ZM数字化流量计和免配线流量显示仪，使中国的质量流量控制器制造日益接近世界先进水平；青岛无专设备仪表有限公司在已有技术的基础上，研制开发了新一代的全自动平行缝焊机，预计2003年可以小批量投产。

在电子元件生产设备方面，中电科技集团四十八所开发的RA14-102×2800×50/UM型28米全自动彩偏磁芯双推板烧结窑、RBN14-60×60×90/UM型钟罩式氮气保护烧结炉和44米全自动氮气氛保护推板窑通过了信息产业部组织的设计定型鉴定，继2001年之后，该所制造的大型钟罩式氮气氛保护烧结炉2002年再一次进入欧洲市场，表明了中国该类设备的制造已达到国际先进水平；北京七星华电科技集团开发的镍氢电池极片全自动生产线通过鉴定，该生产线采用了多项新技术，拥有自主的知识产权，实现了高速全自动化，产品质量稳定，可靠性高，达到国际同类生产线的先进水平，是中国自行研制的第一条全自动镍氢电池极片生产线，该类绿色电池生产线设备的国内市场占有率已达到60%；上海希瑞公司推出的“电容器安全和性能试验装置”，是抗干扰电容器进行安全和性能试验的关键设备，具有脉冲电压冲击试验、充电放电性能试验以及自燃性试验等功能，该产品的研制成功，为提高中国薄膜电容器产品的质量提供了必要的检测手段；上海保得公司研制的“多功能旋转式粉末成型自动压机”，可在磁性材料、粉末冶金、硬质合金、电子陶瓷等诸多领域使用，具有广阔的市场前景；2002年太原风华信息装备股份有限公司研制的TP—120型LCD贴片机和HX-450型LCD玻璃划片机也通过了由山西省科技厅组织的新产品鉴定，并将出口日本。

在电子整机装联设备方面，深圳日东公司和劲拓公司生产的表面贴装生产线中的无铅再流焊设备已经批量提供用户使用，其中劲拓公司产品已进入国际市场。

在电子专用模具方面，铜陵三佳模具股份有限公司的“一种二级顶出塑封模”、“一种塑封模注射头专用扳手”、“一种塑封模的分流锥式浇道”等技术的实用新型专利申请已经分别得到国家知识产权局的受理。

## 重大工程与重点项目

2002年在国家计委实施的新型电子元器件产业化专项中，电子专用设备行业共申报了6个项目，其中有4个项目通过了评估，包括中电科技集团四十五所申报的半导体封装设备产业化项目、太原风华公司申报的片式元器件设备产业化项目、深圳豪威公司申报的光电子真空镀膜设备产业化项目、长春光机科技发展有限公司申报的多功能激光调阻机产业化项目，4个项目总投资约3. 5亿元。其中中电科技集团四十五所自“九五”以来先后开发了探针测试台、划片机、引线键合机、印字机、引线成型机、编带机、电镀生产线等半导体封装设备，国家计委于2002年11月5日批复的“集成电路封装关键专用设备高技术产业化示范工程项目”的实施，将进一步提升该所的技术实力，使该所更好地发展半导体封装设备。

北京七星华创电子股份有限公司申报的“绿色环保电池制造设备生产线技术改造项目”的项目建议书已经获得信息产业部同意并报送原国家经贸委。

在信息产业部的2002年度电子信息产业生产发展基金中，北京七星华创电子股份有限公司的“8英寸硅片多工位清洗腐蚀机”、中电科技集团四十五所的“8英寸硅片自动划片机”、铜陵三佳模具股份有限公司的“集成电路自动封装系统”顺利中标并已开始实施。

肇庆新宝华电子设备公司承担的国债项目进展顺利，经过技术改造后，将增加价值5 000万元的各种装备，项目建成后，可开展各种精密、复杂的电子专用设备的零部件加工和精密模具制造，为用户提供更加优质的服务。

## 国际合作与对外贸易

国内近两年关于电子专用设备或与其有关的国际展览会越来越多，已经形成了竞争趋势。2002年3月，国际半导体设备与材料展览暨研讨会(SEMICON CHINA) 在上海举办，这是该展览在华举办以来规模最大的一次，吸引了来自美国、欧洲、亚洲的312家厂商参展，展出面积8 500平方米，显示出国外半导体设备对中国市场的空前重视。此外，每年分别在上海、北京、深圳举办的NEPCON国际电子生产设备展览暨研讨会，每年举办的PCB板设备国际展览会，IEEG中国国际电子产品展览会，中国国际电子材料、元器件和生产设备展览会等，在2002年都取得了较好的展览效果。上述有关电子专用设备的各种国际展览会的举办，为电子专用设备行业的国际合作与对外贸易工作搭建了良好的舞台。

2002年10月，北京七星华电科技集团公司在北京举办了“国际锂离子电池、镍氢电池、聚合物电池技术交流会”，国内有关设备制造和电池生产用户单位出席了会议。

2002年12月9日，中国电子专用设备工业协会(CEPEA) 和美国电子行业联接协会 (IPC) 签订了在中国共同举办标准认证培训和技术讲座的合作协议。行业协会还组织了“中美半导体国际研讨会”等国际合作活动。

2002年中国磁性材料生产设备继续向印度、欧洲和日本等国家出口共155台，出口交货值达到1 425万元，同比增长48.6%，国产磁性材料生产设备已经在国际市场与国外产品展开竞争。

2002年，铜陵三佳模具股份有限公司与日本山田尖端科技株式会社合资建设的铜陵三佳山田科技有限公司开业投产，合资公司总投资1.2亿元。公司将采用APIC YAMADA的先进技术，整合铜陵三佳模具的丰富经验，系统地开发生产半导体封装设备和模具。

面对表面贴装设备蓬勃发展的市场，国际著名厂商美国环球仪器公司投资500万美元、占地4 700平方米的现代化SMT设备制造基地即将在深圳蛇口开业，到2002年底，该基地已组装5台贴片机提供给用户，预计2003年将达到100台。英国DEK公司也将分别在苏州和蛇口设立SMT设备的技术支持实验室和制造基地，这意味着继半导体制造设备浪潮之后，SMT设备已成为另一电子专用设备的外商投资热点，它必将给中国电子专用设备行业的产业结构带来深刻的变化。

青岛旭光公司与法国AET公司经过多次洽商，达成了半导体设备生产的合作意向，将从半导体设备所需的电加热元件起步，合作生产相关的半导体设备。

## 主要企业

2002年行业销售收入前10名单位的销售收入总额已占到全行业的51%，比2001年提高了1.7个百分点，实现利润总额已占到全行业的74.9%，比2001年增长0.3个百分点。其中江苏苏净集团有限公司比2001年增长11.7%，仍然位于全行业的第一位；北京七星华创电子股份有限公司比2001年增长116.5%，从2001年的第5位升至第2位；黄岩模具二厂比2001年增长195.2%，首次进入前10名即名列第5位，是行业中的亮点；此外，中电科技集团四十五所首次进入前10名行列。

面对全球一体化市场竞争的严峻挑战，铜陵三佳电子集团公司认真研究和遵循WTO规则，通过合资、联营等方式引进国外先进的管理、技术和设备，加速本单位的技术嫁接和改造，发挥后发优势，取得了良好的效果，先后开发了MGP多缸模、自动成型切筋系统等多项新产品，其中铜陵富社三佳公司生产的“FSTM200—7TANM32型塑料封装专用压机”以其良好的性价比受到华晶、江阴长江等集成电路厂的赞赏，仅2002年就为集成电路封装厂提供了38台，取得了较好的经济效益和社会效益。

随着中国光学光电子行业的快速发展，兰新通信设备集团生产的研磨、抛光设备得到了广泛的应用，2002年，该公司抓住发展机遇，开发了十几种新产品，仅上半年销售量就达111台，销售额同比增长了28.9%。

针对2002年中国太阳能电池所需的硅单晶市场的快速增长，西安理工大学工厂积极地对原有的单晶炉进行改进，对设备的加工制造严格把关，提高服务质量，全年共销售单晶炉87台，销售额增长了近20%。

## 行业管理

2002年底，信息产业部电子信息产品管理司召开了有17个行业协（商）会负责人参加的座谈会，通报了中国电子信息产业发展的有关情况和2003年电子信息产品管理司的主要工作，并介绍了与各协会联系的领导和有关处室，各协会负责人也分别就各自协会的工作做了交流发言，中国电子专用设备工业协会理事长和秘书长出席了会议。会议起到了很好的沟通作用，对加强电子专用设备行业的工作将产生积极的影响。

2002年，中国电子专用设备工业协会的成员由2001年底的81个增加到93个，新增加的单位以民营企业为主，使得协会内民营企业的数量由2001年的11个增加到2002年的21个，中国电子专用设备行业的产业结构正在发生明显的变化。

2002年行业内还组织了“先进封装设备技术交流会”、“第二届全国半导体后封装设备和模具技术交流会”、“第四届薄膜电容器生产设备技术交流会”、“2002中国未来封装设备展示研讨会”

等技术交流活动。

2002年10月，中国电子专用设备工业协会与上海博华国际展览公司共同举办了“第十一届中国电子生产设备展览会”，25个会员单位、20台设备实物参加了展览。

## 市场分析及展望

2003年国家计委将继续实施新型电子元器件产业化专项，这将进一步扩大电子专用设备的市场，去年立项的4个电子专用设备项目的建成投产和北京七星华创电子股份有限公司的上市也将使行业的市场竞争力得到提高，为电子专用设备市场的开发打下基础。

由于中国电子整机市场的快速发展，对被称为信息产业心脏的集成电路的需求迅猛增长，中国集成电路需求额占世界集成电路市场的份额已从1997年的2.8%增长为2001年的12.8%。2001年，中国集成电路总产量已经达到63.6亿块，销售额200亿元，分别是1989年的60倍和50倍。2002年，在世界集成电路市场低迷的情况下，中国集成电路的产量仍然达到96.3亿块，增长了51.4%。尽管如此，中国集成电路的产量仍只能满足不到20%的国内市场需求。集成电路的巨大的市场需求吸引了众多的海内外投资，特别是在2000年国务院18号文件出台后，集成电路领域更是掀起了前所未有的投资热潮，上海、北京、深圳等地都出现了投资集成电路产业的良好势头。根据“中国半导体产业调研报告”的统计，2002年集成电路芯片生产线新建投产项目共4个，投资额达24.4亿美元；2002年在建项目共7个，投资额达50.3亿美元；拟建项目共7个，投资额达47.3亿美元；上述18个项目总计投资达122.25亿美元。同时，在集成电路封装领域的投资也空前活跃，总投资达十几亿美元。按照一般规律，集成电路生产线投资的70%左右要用于购置电子专用设备，集成电路芯片生产线以及集成电路封装领域的投资中总共将有90亿美元以上用于购置电子专用设备。与此同时，由于在半导体、集成电路生产线的建设中，全部采用新设备的投资较大，2003年二手半导体设备市场将趋于增长，目前美国已成立了二手设备协会组织，国外有的大公司已建立了二手设备调剂网站，这一趋势值得国内同行注意。据SEMI预测，2003年半导体设备市场的增长将达到29%；据Dataquest预测，2003年世界半导体封装市场将达到41.9亿美元，同比增长54%，这将刺激半导体封装设备市场的增长。由于半导体封装设备和模具的发展已得到国家的重点支持，且近年来进入半导体封装设备及模具制造的单位逐渐增多，预计国内半导体封装设备制造业将会得到较快的发展。随着LED的发展，利用LED作为照明光源的技术日渐成熟，也必将为半导体设备拓展新的市场。

信息产业的快速发展和各种电子整机产品的快速增长给电子整机装联设备带来了巨大的市场空间，除中国原有的各电子整机单位正在不断扩充自己的电子整机装联能力外，国际上的一些大型EMS、OEM、OBM厂家陆续落户中国，国内的类似厂家也逐渐应运而生，加上电子整机向短、小、轻、薄方向发展的速度逐渐加快，因此新一代组装技术——表面贴装技术（SMT）所需生产线设备的需求持续增长。在电子整机装联设备方面，国内用于表面贴装的自动贴片机的市场已经占到了全球的四分之一左右，近几年的进口数量和进口金额的年增长率都在50%左右。2002年仅SMT全自动贴片机的进口数量就达到5 243台，进口金额6.57亿美元，分别同比增长65.4%和48%，估计2002年电子整机装联设备生产线所有设备的进口金额将超过10亿美元，这一趋势预计将在2003年得以保持。在SMT设备品种上，无铅生产线设备、适用于IC新的封装形式的设备、自动光学检测（AOI）设备、自动X射线检测（AXI）设备等预计将有较快发展。

作为一项基础工艺，目前有铅焊接技术在电子信息产品制造中是普遍存在的，其所造成的铅污染已直接影响到广大人民的身体健康，并将给中国电子信息产品的外贸出口带来负面影响。针对这一问题，信息产业部在广泛调查研究的基础上，已经起草了“电子信息产品生产污染防治管理办法（征求意见稿）”，对含有铅、汞、镉、六价铬、聚合溴化联苯（PBB）或者聚合溴化联苯乙醚（PBDE）等物质的电子信息产品实行减量生产和禁止投放市场的时间分别做了具体规定，并已发至部分企业及有关行业协会征求意见。其中在电子专用设备方面，信息产业部“九五”以来一直积极引导企业致力于开发无铅焊接设备，目前深圳日东公司和劲拓公司生产的表面贴装生产线中的无铅再流焊设备已经批量提供用户使用，其中劲拓公司产品已进入国际市场。但是，目前整机装联生产线上仍在大量使用的波峰焊接设备仍为有铅工艺，预计“电子信息产品生产污染防治管理办法”的出台，将有助于推行波峰焊接设备的无铅化。

2003年，国家移动通信专项配套的一批基础元器件开发项目将得到落实，也将为电子专用设备带来一定的市场。

在磁性材料领域，由于其服务对象涉及通信、计算机、音视频产品、汽车、电动车等各种产品，世界磁性材料市场将呈两位数增长，随着新型电子元器件产业化专项的启动，中国磁性材料企业2003年也将继续加大投资力度，并将重点朝着提高质量和性能方向发展，目前国产设备已逐步被国内外厂商接受，并正在积极开发新产品，以便争取更大的市场，预计高频低功耗产品和高导磁率软磁铁氧体产品生产线设备的市场前景看好，钕铁硼产品也将具有较大的市场潜力。

在显示器件领域，CRT设备不会有大的市场，新型显示器件（包括LED、LCD、PDP、VFD、OLED、LCOS等）领域的发展则方兴未艾，将会引发新一轮的投资热潮。

总之，作为电子专用设备的用户行业，集成电路、半导体分立器件、各种新型显示器件、各种片式元器件、各种整机组装生产线的市场都在迅速增长，已经形成了大量的对电子专用设备的市场需求，中国已逐渐成为世界电子专用设备制造业密切关注的一片热土，中国的电子专用设备制造业应充分认清形势，迅速提高自己的市场竞争力，抢占国内市场，开发国际市场，提高中国电子专用设备行业的市场占有率。

**电子专用设备行业近期的发展重点**

半导体和集成电路生产线设备，包括前工序设备、后工序设备、材料制备设备及模具；表面贴装生产线设备，包括自动贴片机、印刷机、再流焊机等；各种片式元器件生产线设备；绿色电池（Li-ion电池、MH/Ni电池等）生产线设备；新型显示器件（LED、LCD、PDP等）生产线设备；新一代真空开关管生产线设备；大屏幕彩管、玻壳生产线设备；中高档磁性材料生产线设备；超净设备；气候及力学环境试验设备等。

## 【统计数据】

**表1 2002年电子专用设备工业规模**

| 企业类别 | 研究所（个） | 企业数（个） | 职工人数（人） | | 固定资产原值（万元） |
|---|---|---|---|---|---|
| | | | 总数 | 技术人员 | |
| 国有及国有控股 | 2 | 54 | 26 776 | 5 746 | 309 649 |
| 民营 | – | 21 | 2 219 | 547 | 16 346 |

续表 1

| 企业类别 | 研究所(个) | 企业数(个) | 职工人数(人) | | 固定资产原值(万元) |
|---|---|---|---|---|---|
| | | | 总数 | 技术人员 | |
| 股份制 | – | 12 | 3 671 | 761 | 31 460 |
| 三资 | – | 5 | 515 | 127 | 8 036 |
| 其他 | – | 1 | 191 | 3 | 3 657 |
| 合　计 | 2 | 93 | 33 372 | 7 184 | 369 148 |

**表 2　电子专用设备销量**

| 产品类别 | 单位 | 2001 年 | | 2002 年 | |
|---|---|---|---|---|---|
| | | 销量 | 增长率(%) | 销量 | 增长率(%) |
| 半导体与集成电路设备 | 台 | 4 628 | 33.8 | 1 648 | –64.0 |
| 电子元件设备 | 台 | 3 019 | –1.5 | 3 584 | 18.7 |
| 电真空器件设备 | 台 | 930 | 4.6 | 837 | –10.0 |
| 环境与可靠性试验设备 | 台 | 2 049 | 20.5 | 1 879 | –8.3 |
| 净化设备 | 台 | 60 635 | 53.4 | 82 699 | 36.4 |
| 电子整机装联设备 | 台 | 525 | 36.7 | 551 | 5.0 |
| 电子通用设备 | 台 | 17 981 | 7.1 | 16 292 | –9.4 |
| 电子专用工具 | 万件 | 853 | 14.2 | 415 | –51.3 |
| 电子专用模具 | 万副 | 906 | 28.5 | 904 | –0.2 |

**表 3　电子专用设备销售额**

单位：万元

| 产品类别 | 2001 年 | | 2002 年 | |
|---|---|---|---|---|
| | 销售额 | 增长率(%) | 销售额 | 增长率(%) |
| 半导体与集成电路设备 | 24 230 | 38.7 | 16 764 | –31.0 |
| 电子元件设备 | 37 463 | 2.8 | 39 511 | 5.5 |
| 电真空器件设备 | 19 366 | 24.4 | 18 154 | –6.3 |
| 环境与可靠性试验设备 | 12 072 | 38.8 | 15 429 | 27.8 |

续表3

| 产品类别 | 2001年 | | 2002年 | |
|---|---|---|---|---|
| | 销售额 | 增长率(%) | 销售额 | 增长率(%) |
| 净化设备 | 36 055 | 5.2 | 41 326 | 14.6 |
| 电子整机装联设备 | 4 177 | 4.3 | 3 684 | -11.8 |
| 电子通用设备 | 13 727 | -36.6 | 13 622 | -0.8 |
| 电子专用工模具 | 10 177 | 10.9 | 20 969 | 106.0 |

表1~表3中的数据由中国电子专用设备工业协会统计。

[撰稿：王勃华　金存忠　审稿：肖华]

# 电子测量仪器工业

## 改革与发展

2002年中国电子测量仪器行业大多数企业都进行了不同程度的改革，促进了企业的进一步发展。特别是一些骨干企业的改革较为全面和深入，除对本企业的发展产生了积极的影响外，对其他企业的进一步改革也起到了参考和借鉴作用。他们的主要作法是：

**一、通过企业主体改制实现生产关系的变革，带动经济体制的改革和经营机制的转换**

1. 通过所有制的转变，企业员工由固定职工转变为合同工，具有双重身份，既是劳动者（企业员工），又是资产所有者（股东）。企业主体则由国有制转变为全体股东和员工共同拥有的公有制企业，并按照《公司法》的要求，建立起了规范的股份制公司。

2. 规范法人治理结构，建立现代企业制度。妥善地解决安置成本、改制成本和改制资产的关系，将大部分资产用于安置职工和解决历史遗留问题。同时，在股权设置上实行安置股、自认股、职务股、人才激励股，四股相连，每一种股权承担不同的职能，目标指向性十分明确。通过4种股权的科学配置，改制后的公司股权相对集中，提高了企业规避风险的能力，充分发挥了利益驱动作用。在股权上使经营管理者、关键人才的风险和利益与企业的兴衰成败在更大程度上拴在了一起。另一方面，按照现代企业制度、公司法的要求，通过选举产生企业的决策层和经营班子，与以前由上级单位任命干部的方式相比发生了根本性的变化。在公司运作中，董事会行使企业的经营决策权，经营班子行使企业的经营管理权，个人利益与企业利益休戚相关，责任感增强了，队伍也更加稳定了。

3. 转换经营机制，调整经营模式。这主要体现在用人机制的转变和分配机制的改革方面。转变用人机制的主要内容是实行全员劳动合同制，企业与员工分别签订不同年限的劳动合同，中层以上管理人员全部采用公开招聘方式，通过自我陈述、面谈、情景训练、团队协作演练并结合实际案例全面考察应聘人员的综合素质，招聘面试后的名单张榜公示，接受全体员工的监督，通过公示者方可上岗，并对最终聘用的中层以上管理人员实施试用期制度、定期考评制度和末位淘汰制度。其他管理人员也按照同样的程序和方法竞聘上岗。面对激烈的竞争，大部分员工逐渐进入了状态，也有少部分员工不适应这种改革，在认真权衡后离开了企业。在分配机制的改革中，有的企业建立了划分为7种类别的新的薪酬管理制度，充分调动了广大员工的积极性，稳定了人才队伍。在经营模式方面，注意抓住以下几个要点：第一，严格财务工作的控制机制，各下属实体不再设立财务部，财务负责人和主要财务人员由公司统一安排；第二，在人事任免工作中，由公司向各下属实体派出总经理等少数主要管理人员，其他管理人员严格按公司规定的程序聘任；第三，切实发挥总公司技术中心的作用，做新项目、新技术、新领域的孵化器，推动企业技术水平的提高和技术进步。

**二、提升企业竞争力，为企业发展注入活力**

第一，加强人力资源建设，提高全体员工的综合素质。第二，狠抓新品开发，设计人员与市场紧密结合、强化产品开发与市场融通的互动作用。第三，有步骤有计划地进行技术改造，使之与产品结构的调整和技术升级结合起来，形成多元化的产品结构，提升了企业的综合竞争能力。

通过转变经营机制，这些企业的生产能力和市场竞争力得到了较大的提高，为企业下一步的发展打下了坚实的基础。例如成都前锋电子电器集团公司，2002年仅其7个子公司之一的电子仪器公司就实现产值7 839万元，比2001年的3 839万元增长了92.5%，预计在2003年进入成都高新技术开发区之后，还将会有更快的发展，为中国电子仪器行业做出更大的贡献。

2002年中国电子测量仪器主要企业的产值和销售额均比2001年有较大幅度的提高，其中成都前锋电子仪器厂2002年电子测量仪器产值7 389万元，比2001年增长了92.5%，销售收入增长78%；中国电子科技集团第四十一研究所电子测量仪器产值8 200万元，比2001年增长了100%，销售收入增长105%；江苏绿扬电子仪器有限公司2002年电子测量仪器产值10 058万元，比2001年增长40%，销售收入增长50%；宁波中策电子有限公司连续几年保持了出口4 000万元的水平。

2002年中国电子测量仪器市场呈现出旺盛的需求形势，电子信息产业、科研院所、教育系统等各领域都呈现了较大的市场需求，进口额出现了大幅度的增长。因此，必须加速发展中国的电子测量仪器行业，以适应中国电子信息产业和各类制造业、装备业对电子测量仪器的巨大需求，为电子信息产业乃至整个国民经济提供优良的电子测量仪器。

## 生产与销售

据信息产业部统计（数据范围包括国有电子仪器企业和部分500万元以上非国有电子仪器企业），2002年电子测量仪器工业总产值为365 218万元，比2001年的290 779万元增长了25.6%；电子测量仪器销售收入为363 054万元，比2001年的304 575万元增长了19.2%。2002年电子测量仪器（包括电子应用仪器）的产量为3 629 154台，比2001年的3 536 529台增长了2.6%；2002年电子测量仪器（包括电子应用仪器）的销量为3 604 960台，比2001年的3 506 936台增长了2.8%。

2002年电子测量仪器（不含电子应用仪器）的产量和销售量均有所下降，下降幅度约30%，但其产值和销售额均有20%的增幅，这说明高档产品和高附加值产品的比重在增加，这是中国电子测量仪器行业产品结构调整的成果，也是今后产品结构调整的努力方向，只有提高产品的档次，提高产品的技术附加值，才能进一步扩大产量，提高销售收入。另一方面，电子应用仪器产品的产量和销量分别有82%和87%的提高，这也说明在电子应用仪器方面是大有可为的，随着中国经济的快速发展和人民生活水平的提高，电子应用仪器一定会有更大的市场需求，急需我们提供更多的高水平高质量的电子应用仪器。根据信息产业部统计的电子测量仪器各大类产品的产量及销量情况详见附表。

## 科研与新产品

据中国电子仪器行业协会不完全统计，2002年中国电子仪器行业主要单位共完成鉴定产品42项。这些新产品的主要特点是向数字化、软件化、智能化、宽带化、集成化、多功能化、电路专用化、误差分析模型化、测试系统模块化、高精度、高稳定度等方向发展。

例如成都前锋电子仪器厂研制的QF1690型多制式基带信号发生器由波形编辑软件产生基带信号波形文件，用户调用不同的波形文件，由基带信号产生板输出各种调制类型的I/Q基带信号。输出信号最典型的应用是作为矢量信号源的外部I/Q输入，扩展矢量信号源的测试信号类型和提高调制精度；同样也可以直接测试I/Q调制/解调器。用户可以自定义调制类型，模拟信号可在通信信道中传输，以方便地获得需要的复杂测试信号，这使得QF1690成为数字通信用户有效的测试工具。该仪器具有100MHz的采样速率和14比特D/A分辨率，可以将I/Q信号通过计算调制到中频输出。QF1690型多制式基带信号发生器也可以产生W-CDMA信号，用于测试和研究W-CDMA系统。

成都前锋电子仪器厂研制的QF4941A/B型无线电综合测试仪集RF合成源、RF频率计、RF功率计、调制度仪、AF信号源、AF频率计、AF电压表、AF失真仪/信纳计及音频数字示波器于一体，因而可完成对无线电台全部参数的综合测量。该仪器在设计时充分考虑和吸收了国内外同类仪器的优点，采用了先进的设计方案和制造工艺，适用于各种AM/FM电台的检测、维修、生产和无线电整机综合测试及大专院校通讯实验室教学测试。

中国电子科技集团四十一所研制的AV5201型矢量信号分析仪可对各种复杂数字调制信号进行矢量分析，能提供数字化的、直观的调制参数测量结果，对TDMA及CDMA系统中连续载波或猝发载波的测量、限带或时变功率测量，长CDMA瞬变现象的时间捕获，评估带宽达5~20MHz，相邻信道泄漏功率比达70dBc。与传统的频谱分析仪相比，该矢量信号分析仪可进行选时和选频的功率测量，且可直接分析信号的相位特性，具有频域、相位域、时域和调制域测量能力。

VXI总线的仪器扩展模块是近年来国际上的技术发展方向，该所研制的AV43005型VXI总线高纯微波合成源模块，频率范围达8~110GHz，该产品的研制成功，将会推动中国VXI总线仪器的进一步发展。

该所AV3630/AV3632型宽带同轴矢量网络分析系统的研制成功，使其继波导系列之后，又具备了同轴系列的宽带矢量网络分析仪系统。该矢量网络分析仪可对微波传输、反射测量中的12项误差进行修正和实时数据处理，具有天线和RCS测试及脉冲测量功能。

AV3620型矢量网络分析仪是中国电子科技集团41所最新推出的中国第一代高精度射频一体化矢量网络分析仪，频率范围30kHz至6GHz，性能指标达到了世界先进水平。它的推出填补了中国高精度矢量网络分析仪的空白，实现了民族测试技术的飞跃。目前，该仪器已广泛应用于射频元器件及部件的研发设计和生产测试，为中国通信、广播电视、CATV、天线及航空电子等行业的发展提供了有力的测试支持。

北京大华无线电仪器厂研制的DH5111X1型雷达数字电路插件板故障诊断系统为大规模数字电路插件板测试提供了有效的手段。该系统故障定位到芯片的概率≥80%，诊断故障覆盖率≥90%，虚警率≤5%。

上海新建仪器设备有限公司研制的XJ14830型智能半导体器件特性图示仪为半导体器件特性测试提供了新一代产品，其主要特点是：测试开关智能控制，测试条件可预置，测试结果可存盘，可打印输出，适用于PC机显示被测器件特性曲线。

2002年研制的其他一些产品也都深受用户和市场欢迎，例如北京凯弘电子仪器有限公司研制的数字化合成信号源系列产品即出现了供不应求的热销局面。

## 国际合作与对外贸易

2002年中国电子测量仪器进出口贸易总额比2001年有较大幅度的增长，进口贸易的增长有两个原因，一是中国经济的全面发展使各行业对一般性电子测量仪器的需求大幅度上升，二是随着中国产业结构的调整和科研水平的提高，高档次电子测量仪器的需求迅速增长。2002年电子测量仪器的出口也有较大幅度的增长，这主要源于近年来中国电子测量仪器技术的不断进步，提高了出口竞争实力。据信息产业部统计，2002年电子测量仪器出口额39.4亿美元，比2001年的29.48亿美元增长了33.7%；2002年进口额56亿美元，比2001年的37.28亿美元增长了50.3%。

2002年中国电子测量仪器行业的对外合作工作也取得了可喜的进展，2002年3月19日，投资3 000万美元建设的美国泰克科技（中国）有限公司在上海举行了开业典礼，这是泰克公司在与中国的近20年合作中的又一个新举措，将大大加快其在华生产数字示波器等电子测量仪器产品的步伐，促进行业发展。

## 市场分析与展望

2002年电子测量仪器行业在深化改革、调整产业结构、产品结构方面都加大了力度，取得了显著成效，骨干企业销售额的增长幅度平均在50%左右。大量高水平的新产品投放市场，扩大了本行业在高水平电子测量仪器领域的影响。据不完全统计，2002年在国内电子测量仪器市场中，国内产品销售额36亿元；国外产品进口额56亿美元，约相当于460亿元人民币；两者相加国内市场约500亿元。面对中国经济的高速发展，应用领域宽广的电子测量仪器行业在2003年将会有更大的市场，中国电子测量仪器行业应积极面对市场，力争提供更多更好的国产电子测量仪器，这是时代的要求，国民经济发展的需要，也是我们电子测量仪器行业责无旁贷的责任。

2002年，围绕电子测量仪器行业的发展，中国电子仪器行业协会积极开展活动，为协会各成员单位做了大量服务工作。为加强对行业内企业的宣传力度，先后组织有关电子测量仪器企业两次参加有关的全国电子展览会，编辑出版了（2001—2002年）中国电子仪器样本，使企业的知名度和市场的参与能力不断得到提高。由于宣传力度的不断加大，不少行业外单位不断地向协会打来电话，询问和咨询产品情况，协会多次把产品需求信息转告给有关企业，对企业的销售工作起到了沟通作用。协会表示将根据《信息产业部关于加强信息产业行业协会建设的暂行规定》，加强协会的自身建设，努力实现为行业服务，为企业服务，为社会服务，协助政府工作的宗旨，在2003年为企业做更多的实事，创造更为良好的发展环境，使中国电子仪器行业的发展呈现欣欣向荣的局面。

【统计数据】

**电子测量仪器各类产品产量及销量**

单位：台

| 产品类别 | 2001 年 | | 2002 年 | |
|---|---|---|---|---|
| | 产量 | 销量 | 产量 | 销量 |
| 合　计 | 3 536 529 | 3 506 936 | 3 629 154 | 3 604 960 |
| 频率测量仪器 | 19 168 | 12 617 | 643 | 591 |
| 电压测量仪器 | 693 815 | 782 915 | 397 641 | 402 042 |
| 示波器 | 62 656 | 62 311 | 25 485 | 25 376 |
| 器件参数测量仪器 | 764 | 764 | 210 | 147 |
| 元件参数测量仪器 | 1 346 | 1 155 | 1 236 | 1 266 |
| 脉冲测量仪器 | 300 | 250 | 60 | 60 |
| 扫频频谱分析仪 | 2 163 | 2 548 | 4 283 | 3 837 |
| 微波测量仪器 | 2 089 | 2 058 | 1 114 | 516 |
| 通信测量仪器 | 1 621 | 1 328 | 325 | 322 |
| 广播电视测量仪器 | 5 731 | 6 886 | 6 000 | 6 534 |
| 超低频测量仪器 | 3 215 | 1 365 | 1 533 | 1 550 |
| 声学测量仪器 | 19 344 | 18 469 | 12 089 | 11 133 |
| 干扰场强测量仪器 | 20 | 51 | 25 | 55 |
| 稳压电源 | 1 574 705 | 1 606 083 | 1 283 623 | 1 284 252 |
| 信号源 | 9 855 | 9 613 | 5 938 | 5 773 |
| 功率计 | 413 | 451 | 311 | 323 |
| 其他测量仪器 | 10 681 | 10 608 | 20 000 | 15 000 |
| 医疗电子仪器 | 648 752 | 628 785 | 978 785 | 990 086 |
| 农业电子应用仪器 | 86 | 81 | 108 | 202 |
| 工交文教应用仪器 | 176 139 | 182 839 | 391 739 | 391 326 |
| 其他仪器 | 203 666 | 175 758 | 498 006 | 464 609 |

[撰稿：王勃华　徐春龄　审稿：肖华]

# 半导体器件与集成电路工业

## 改革与发展

中国要走新型工业化道路，优先发展信息产业，在经济和社会领域广泛应用信息技术。半导体产业作为信息产业乃至信息化的基础和核心，在中国经济建设和社会发展中的重要地位和支撑作用越来越明显，其发展水平及产业规模已经成为决定一个国家信息产业分工地位高低和信息产品国际市场竞争力强弱的重要因素。中国信息产业要实现跨越式发展，成为世界信息产业大国和强国，就必须掌握核心技术，突破半导体产业这一制约中国信息产业和信息化发展的瓶颈。

2002年，中国半导体器件和集成电路产业持续快速发展，产业规模不断扩大，技术水平显著提高，吸引外资及产品出口形势有明显改观，企业的经济效益不断改善，产业继续处于良好的发展期。

中国半导体从业人员共11.49万人，比1999年增长了29%。特别是集成电路设计业现有1.62万人，是1999年的2.7倍。

产业布局相对集中于东部沿海地区，京津环渤海湾地区、长江三角洲地区、珠江三角洲地区，销售额占国内半导体产业总销售额的90%以上，西部地区正在崛起，具有一定的发展潜力。

目前，中国半导体器件和集成电路产业由40多个芯片生产企业、60多个封装企业、300多家设计公司（中心）、100多家分立器件企业、若干专用材料及设备制造企业所组成。初步形成了电路设计、芯片制造和封装业共同发展，内资、合资、独资企业三足鼎立、竞相发展，具有一定规模的产业发展格局。

国务院18号文件颁布后，中国出现了投资集成电路的热潮，投资渠道已从过去单一的政府直接投入，发展为投资的多元化。两年来国内新建、在建、拟建的6英寸以上集成电路芯片生产线项目共18个，其中建成投产项目4个：8英寸项目2个，6英寸项目2个，投资总额24.4亿美元；在建项目7个：其中8英寸项目5个，6英寸项目2个，投资总额50.3亿美元；拟建项目7个：其中8英寸项目6个，6英寸项目1个，投资总额47.3亿美元。以上18个项目总投资额为122亿美元（约合1 013亿元人民币），半导体器件和集成电路产业呈现出蓬勃发展的势头。

1. 集成电路设计业

目前中国共有集成电路设计企事业单位近400家，从业人员1.62万人。这些设计单位主要分布在北京、上海、江苏、广东、浙江以及陕西等地，以上6个省市集中了全国93.7%的集成电路设计单位。2002年销售额达亿元的设计公司已发展到了7家，销售额在5 000~10 000万元规模的企业数量也在不断增长，年设计能力已超过500种，主要产品的设计线宽已达到0.35~0.25微米，重点产品已达到0.18微米，少数产品已开始采用0.13微米的设计规则。产品构成也有了很大改观，正从中低档产品逐步向高档产品发展。EDA设计软件研发已先后经历了熊猫系统、熊猫系统2000和“九天”系统3个版本，其中4个工具包的性能已达到国际先进水平并进入国际市场。大批回国创业的海外学子已成为中国IC设计行业的骨干力量，他们创办的设计公司正呈现出良好的发展势头。

2. 芯片制造业

中国集成电路芯片制造业相对集中，主要分

布在上海、北京、江苏、浙江等省市，并已初具规模。生产技术与工艺水平不断提高，目前主要采用6~8英寸硅片、0.8~0.25微米技术，其中上海中芯国际可达0.18微米生产工艺水平，与国外差距正在缩小。目前芯片制造业共有企业40多家，其销售额占IC总销售额的14%，10个骨干企业月投片量已超过30万片，其中8英寸硅片的产量占了30%。2002年，国内芯片委托加工业务逐渐增多，同时在芯片制造方面，还有多条新生产线正在建设中。

3. 封装业

目前，中国主要的封装测试单位总计60余家，2002年集成电路封装量达78亿块，已形成以北京、上海、天津、江苏、广东为主的集成电路封装规模化生产基地，许多国外大型集成电路生产企业在中国建立了独资的集成电路封装厂。2002年封装量超过5亿块的企业已有5家，这些企业在扩大生产规模的同时，注意引进先进的技术与装备，现已在生产设备、技术水平、新产品研发和管理等方面开始与国际接轨，产品面向国内外两个市场。随着封装企业的技术进步和跨国公司来华投资设厂，除双列直插式封装形式外，PQFP、SOP、PLCC、PGA、BGA、MCP等新型封装形式已开始形成生产能力。

4. 半导体分立器件产业

中国现有半导体分立器件企事业单位100多家，集中分布在浙江、广东、天津、江苏和四川。由于半导体分立器件的市场增长较快，技术更新平稳，所以近年来中国分立器件产业发展较快。同时，中国日益改善的投资环境和世界半导体产业结构的不断调整也为中国分立器件产业带来了机遇，中国逐步成为世界半导体分立器件生产的主要地点之一。此外，由于半导体分立器件具有较稳定的市场需求，所以近年来国内许多3英寸、4英寸集成电路生产线在转产分立器件后经营情况都很不错，随着中国分立器件市场与国际市场日益融合成一体化市场，中国的半导体分立器件制造业将会有较好的发展空间。

## 生产与销售

2002年，世界半导体产业在经历了2001年的严重衰退以后缓慢回升，中国半导体产业则在世界半导体产业格局不断调整、国内半导体投资环境和产业发展环境不断改善的大背景下快速发展。2002年全国集成电路的产量达到96.3亿块，比2001年增长51%,大大高于去年8.2%的增幅；销售额达到268亿元人民币，比2001年增长42%；中国集成电路产业在世界集成电路产业中的份额上升到了2.6%，比预测有所提高。半导体分立器件产量达到593亿只，销售额达到293亿元，分别比2001年增长了26.7%和24.6%。销售额过亿元的分立器件企业已由2001年的13家增加到15家，这15家企业2002年的销售额占国内销售总额的94%，产量超过10亿只的半导体分立器件企业已达到12家。

2002年，国产集成电路的供给仍然以大于0.35微米的产品为主，产品仍属于中低档产品，主要产品为音响、彩电、计算器、钟表、电风扇、遥控器、彩灯控制等家电产品消费类电路；存储器、显示驱动、计算机外设、打印机、鼠标等计算机类电路；电话机、传真机、程控交换机等通信类电路，此外，2002年IC卡市场增长迅速，由于IC卡产品应用领域广泛，因此自主开发的集成电路具有一定的竞争优势，许多企业成为IC卡芯片的主要供应商，如中国华大集成电路设计中心、上海华虹集成电路有限公司、大唐微电子技术有限公司以及上海复旦微电子股份有限公司等开发的产品在IC卡芯片市场上各具特色、各领风骚。国产半导体分立器件产品的供给则以通用二、三极管为主，硅整流二极管、高压硅堆、光电器件、发光二极管均有产品供应。

从地域分布来看，中国的集成电路产品主要产自长江三角洲地区和环渤海地区，这两个地区的产值占全国集成电路产值的90%以上。此外，珠江三角洲地区和西部地区也有少量生产。分立器件产品主要产自长江三角洲地区、四川省和广东省，此外，京津地区和山东省的产量也占一定份额。

## 科研与新产品

2002年，中国半导体器件和集成电路产业在科研和新品开发方面步伐加大：科技部在863计划中将集成电路列为重点项目给予支持，SOC技术及产品开发、光刻机、注入机、刻蚀机等半导体生产关键设备和硅单晶等半导体材料的攻关已经进入实施阶段。信息产业部在移动通信专项中继续安排了手机集成电路和半导体器件研发项目，信息产业电子发展基金持续地给予集成电路产品和半导体设备开发与产业化的支持，半导体器件和集成电路产品研发成效十分显著。

在国家财政部的大力支持下，在整机单位的积极配合下，经过项目承担单位的努力攻关，2002年移动通信专项集成电路和基础元器件项目已按进度实现了产品研发和产业化目标，取得了阶段性成果。移动通信手机用SIM卡、砷化镓开关电路、射频电路、片式发光二极管及片式三极管等产品都先后通过用户质量认证并实现批量供货。一批适应市场需求的配套电路产品，如UIM卡芯片、用于彩信手机的数字影像处理电路、砷化镓高线性功放电路、电源保护电路、晶体温补电路等，已进入研发阶段。

随着一批具有自主知识产权的高技术含量的芯片产品的问世，2002年中国集成电路设计业在不断扩大产业规模的同时，技术水平也有了长足的进步，新技术、新产品不断涌现。2002年，中国有多家集成电路设计公司设计的产品实现了0.18微米和0.25微米的技术突破，尤其是在逻辑集成电路方面，设计能力达到0.35~0.18微米的集成电路公司已经超过半数。以“方舟”、“龙芯”为代表的32位CPU芯片、“星光”系列数字摄像及图像处理芯片、视频解码芯片、数字电视及机顶盒专用芯片、WLAN基带芯片、非接触IC卡芯片等的开发成功，标志着中国集成电路产业在掌握核心技术方面有了突破。

此外，中国半导体业在高亮度、超高亮度发光二极管的科研和大生产技术方面也取得了新进展。

## 重大工程与重点项目

### 集成电路“十五”计划的实施

在2001年实现良好开局的前提下，2002年中国集成电路“十五”计划得到了进一步的实施，九〇九工程8英寸生产线项目——上海华虹NEC开始涉足代工生产，市场空间不断拓宽，2002年经济效益进一步好转，当年实现盈利，并准备扩大生产能力；中芯国际8英寸芯片生产线正式开始进行生产，工艺技术不断升级，生产能力逐步提高，达到3万片/月；杭州士兰、上海宏力、苏州和舰、上海先进、上海贝岭等新的生产线建设进展顺利。2002年，主要项目的进展情况如下：

**和舰科技（苏州）有限公司** 2002年，和舰科技有限公司总投资金额超过12亿美元的第一座晶圆制造基地进展顺利，该项目计划在苏州兴建两个8英寸晶圆制造厂，初期导入0.25微米工艺技术，设计月产量6万片。2002年该项目在建设厂房和各种配套设施的同时，设计公司、设计支援公司、封装及测试公司已相继进驻，计划于2003年第二季度进行试生产。

**中纬积体电路（宁波）有限公司** 宁波中纬积体电路有限公司由亚太科技开发股份有限公司和大茂电子国际股份有限公司共同发起设立，注册资金1亿美元，计划建设6英寸晶圆厂2座，8英寸晶圆厂1座，其中一期工程投资为1.5亿美元，其6英寸、1.0~0.35微米、月生产能力30 000片的集成电路生产线于2002年5月在宁波保税区南区正式开工建设，厂区占地13公顷，计划于2003年建成，其后再建设第二座6英寸厂，月生产能力也为30 000片。

**杭州士兰微电子有限公司** 中国第一条由民营资本独立投资兴建的芯片生产线于2002年12月建成投产，这是连续多年在中国集成电路设计业排名首位的杭州士兰微电子有限公司一期投资1.7亿人民币兴建的一条6英寸芯片生产线，占地108亩，总建筑面积18 000平方米。该生产线为0.8微米的可兼容双极和BiCMOS两种生产工艺的芯片生产线，将形成月产5 000片的生产能力。

**北京中芯环球半导体有限公司**　北京中芯环球公司8英寸、月投3万片和12英寸、月投3 000片的集成电路芯片生产线于2002年9月在北京经济技术开发区开工建设，该项目总投资为12.5亿美元，占地面积23万平方米，以代工生产计算机、消费类、通讯类应用产品为主。根据建设计划，标准厂房的建设周期为13个月，芯片生产线将于2003年底投入生产。

**东芝无锡半导体有限公司**　2002年，东芝公司将1994年在中国成立的合资公司无锡华芝半导体有限公司收购为旗下全资子公司，并更名为东芝无锡半导体有限公司，同时增加对该公司的投资额，其注册资金达到1 500万美元。东芝公司还计划在今后两年内再投资约50亿日元，使双极集成电路、Bi-CMOS集成电路的月封装量从现在的300万块增加到3 000万块，并开始分立器件的组装、质检、测试等工序。

**美国国家半导体公司**　2002年11月25日，美国国家半导体公司设于中国的首家芯片封装厂正式破土动工。该项目总投资额达2亿美元，位于苏州工业园内，由三幢大楼组成，总面积达51 800平方米。新厂计划于2004年落成启用，主要进行无线通信领域方面芯片的封装和测试。这是美国国家半导体公司在全球建立的第三家芯片封装和测试厂，另两家分别位于新加坡和马来西亚。

## 国际合作与对外贸易

2002年，中国的半导体生产企业积极加强国际合作，相互结成技术合作联盟，不断拓展市场商机。中芯国际与包括日本东芝、富士通、新加坡特许半导体以及欧洲的IMEC等在内的世界一流的半导体厂商开展技术合作，2002年可为客户代工24种采用不同制程的晶片，并且给客户提供先进的铜工艺和光掩膜制造服务。中芯国际还与美国德州仪器公司签署了在中国的第一个芯片生产协议，中芯国际将采用目前先进的工艺为TI生产DSP芯片。上海华虹NEC自向代工生产转型后，也与美国闪存厂商超捷签订了代工合约，预计从2003年第二季开始，华虹NEC将采用超捷的超快闪技术生产嵌入式闪存，为客户生产嵌入式专用集成电路，以供应全球市场。

2002年，世界半导体产业和市场在经历了2001年的严重衰退以后开始缓慢复苏。由于国内外市场的需求拉动，2002年中国集成电路的进出口贸易有了较大增长，其中进口量为300.2亿块，进口额为157.9亿美元，与2001年相比,分别增长了24.7%和26.8%。出口增长显著，出口量达到105.4亿块，出口额达到45.2亿美元，分别比2001年增长了66.2%和82.9%。中国集成电路进出口贸易呈现出一种大进大出的局面。

在进口的集成电路中，模拟集成电路份额最大，占到43.5%。其次是数字电路，占到34.5%。在集成电路的出口中，混合集成电路所占的比重最大，为31.4%，其次是模拟电路，占28.2%，而数字电路为13.5%。从进出口贸易的地域分布来看，2002年中国集成电路进口最多的国家和地区已经由历年的日本变为中国台湾省，日本则首次屈居第二；出口最多的地区也已经由东南亚替下香港升为第一位。

2002年，中国半导体分立器件的进出口规模有了较大幅度的增长，全年共出口半导体分立器件885亿只，出口金额为13亿美元，分别比2001年增长了32.6%和6.5%；全年共进口半导体分立器件1 066亿只，进口金额47亿美元，分别比2001年增长了22.2%和38.4%。

## 部分企业

**无锡华润微电子有限公司**　2002年，集团公司狠抓改革改制、资源整合及有效地投入，产销规模继续扩大，特别是2002年4月集团公司摆脱了自1995年以来的长期账面亏损局面，实现利润300万元。公司全年实现销售收入87 084万元，同比增长16.9%，自营出口创汇2 170万元，增长51.4%。公司积极进行技术改造，形成了月产双极IC圆片1万片、分立器件5万片的生产能力，同时双极IC的设计和工艺水平提升到1.0~0.8微米,处于国内领先水平。公司新品研发成效显著，全年新品销售率达到38.9%，降本增效活动也有了可观的成绩，2002年公司总成本下降23%，增效8 602万元。此外，公司还通过资产重组，加盟华润集团，改制成立无锡华润微电子有限公司，走上了资产多元化发展的轨道。

**中芯国际集成电路制造（上海）有限公司** 中芯国际集成电路制造有限公司是中国首家以0.25微米及以下工艺实现8英寸硅片批量生产的专业芯片工厂。2002年9月，中芯国际集成电路项目一期工程的3个厂全面投产。2002年底，一厂加上二厂实现月产8英寸、0.25微米及以下的芯片32 000片/月，三厂是支援客户所需的铜制程，可进行0.18微米及以下的圆片代工，中芯还具备配套的光掩膜板加工能力，全年的销售收入近6 000万美元。公司积极与业界的主要厂商结成不同形式的联盟，加速了公司技术的发展和产品质量的提升，其0.18微米逻辑制程通过国际权威的JEDEC的标准认证，并实现量产，同时成功生产0.13微米工艺的铜制程芯片和16位的DSP“汉芯一号”。预计2003年中芯国际可达到40 000万片/月的产能，销售收入将有大幅度增长。

**华越微电子有限公司** 2002年，华越微电子有限公司各项经济指标全面上扬，实现了扭亏盈利目标，顺利完成了债转股工作，由国有独资公司改制成为3家股东联合经营的有限责任公司。通过改制，成立了浙江华越芯装电子股份有限公司，实现销售收入3 275万元，利润327万元，12 000平方米的封装新厂房正在建设中。还成立了从事IC设计的绍兴芯谷科技有限公司。2002年，华越的管芯、成品产量分别达到了40 761万只和22 664万块，较去年增长76%。投资5 000多万元的5英寸生产线技术升级和扩产改造工程已顺利启动。公司还对4英寸生产线进行了产品结构调整，测试工厂首期扩产改造项目也在启动。此外，华越还积极开发新品，新产品销售比例超过了30%。

**上海先进半导体制造有限公司** 2002年，上海先进半导体制造有限公司加强了市场开发和客户的拓展，共生产5英寸大圆片26.7万片，同比增长26.2%；6英寸大圆片17.5万片，同比增长95.2%；销售额达到64 350.3万元，同比增长14%；出口金额为7 400万美元 ，同比增长25%。2002年，公司投资6.87亿美元建设了一条8英寸0.25微米集成电路芯片生产线，最终形成月产3万片集成电路芯片大圆片的生产能力。项目已经开始实施，预计2003年底前可以正式进行产品生产。此外，公司还计划转制上市，目前各项准备工作正在进行之中。

**中国华大集成电路设计中心** 中国华大集成电路设计中心是国内成立最早的集成电路专业设计公司，是集集成电路设计、EDA软件工具开发与电子应用系统开发这三大业务有机结合的企业。近几年来的销售收入连续过亿元， 2002年设计生产了IC卡芯片、ASIC电路和DVB芯片431万只，实现销售收入近1.4亿元。2002年公司还改制成立了北京中电华大电子设计有限责任公司，现已掌握以32位CPU为核心的SOC设计技术，并开发出多种产品。华大集成电路设计中心还是国内第一家自主开发智能卡芯片和操作系统（COS）的设计公司，已先后开发出几十种智能卡产品。

**天水华天微电子有限公司** 天水华天微电子有限公司是由原天水永红器材厂整体改制重组而成。目前，该公司已成为西部地区最大的集成电路封装企业和全国七个封装量过亿块的企业之一。2002年生产集成电路4.6亿块，比2001年增长121%；实现销售收入1.03亿元，比2001年增长67.8%。近年来，公司先后成功开发了SOP、SSOP、TSOP、QFPT等封装品种，2002年共完成新品研制项目45项，目前新品的销售收入已占企业收入的40%，新品利润已占到45%。公司还持续地实施集成电路生产线的技术改造，加强成本管理，提高企业效益水平。

**汕头华汕电子器件有限公司** 该公司是专业

从事半导体分立器件及其芯片生产和销售的企业，公司坚持走为国外著名企业OEM加工和自我品牌生产相结合的发展道路，积极扩大产销规模，2002年共完成器件产量14亿只，同比增长15%；实现销售收入1.7亿元，同比增长30%；出口创汇1 491万美元，同比增长49%。该公司不断加大技改力度，扩大生产规模，降低生产成本，目前公司的TO-92生产线产能已经提高到月产12 000万只。公司还对产品结构进行了调整，增加了高附加值大功率晶体管的产量，提高了经济效益。

## 行业管理

继国务院18号文颁布后，2002年，国家计委、财政部、信息产业部、国家税务总局、海关总署等相关政府部门为落实国务院18号文件，在集成电路领域又颁发了若干具体实施文件，主要有：

1. 财政部、国家税务总局《关于进一步鼓励软件产业和集成电路产业发展税收政策的通知》；

2. 财政部、国家税务总局《关于部分国内设计国外流片加工的集成电路产品进口税收政策的通知》；

3. 财政部《关于部分集成电路生产企业进口自用生产用生产性原材料、消费品税收政策的通知》；

4. 财政部《关于部分集成电路生产企业进口净化室专用建筑材料等物资税收政策问题的通知》；

5. 信息产业部、国家税务总局《集成电路设计企业及产品认定管理办法》。

国家计委在已对上海华虹NEC、天津Motorola、中芯国际、上海宏力4家集成电路企业进行认定的基础上，又分别下文对首钢NEC、苏州和舰、上海先进、苏州飞利浦等企业进行了认定。

同时，国务院已批复成立国家微电子专家咨询委员会，针对中国集成电路产业发展中出现的重大问题，及时提出研究意见和建议，供国务院及有关部委决策参考。

2002年，为贯彻落实国务院18号文件,中国半导体行业协会根据信部联产 [2002] 86号文，认真进行集成电路设计企业及产品的备案审查工作，2002年共有19家集成电路设计企业通过审查，行业协会已把结果上报信息产业部。中国半导体行业协会还努力构筑国际交流的合作平台，于2002年6月与美国半导体行业协会在北京联合举办了以WTO为主题的 “中美半导体国际研讨会”，积极申请加入世界半导体理事会（WSC)，多次组织与韩、日等国半导体企业和协会之间的互访，召开国内外半导体同行间的技术研讨会等，有力地推动了中国半导体产业与国际的信息交流和技术合作。

## 市场分析与展望

2002年，中国信息产业全行业持续、高速发展，特别是计算机、通信、信息家电、数字化3C等重点整机产品的迅猛发展，为半导体产业开辟了广阔的市场，提供了强有力的需求拉动。此外，全球信息产业发展的持续低迷，制造加工业向中国的转移以及中国信息产业基地建设的提速，都为中国半导体产业带来了巨大的市场空间。2002年，中国集成电路市场需求达到367亿块，1 471亿元，与2001年相比分别增长了49.8%和16.7%。2001年中国IC市场占世界市场的7.6%，到2002年世界IC市场同比上年增长1.6%，而中国IC市场需求同比增长63.4%，市场规模占全球IC市场的12.6%，中国已成为全球IC的重要市场。2002年，中国的半导体分立器件市场也高速增长，全国分立器件市场需求量达到774亿只，需求额达到459亿元，分别比2001年增长13.4%和11.9%，中国的分立器件市场已占世界分立器件市场的27.4%。

2002年,中国集成电路的三大市场应用领域仍然是消费类、计算机类和网络通信类产品，三大应用领域对集成电路的需求占到了集成电路总需求的85%。其中，消费类成为最大的应用领域，这主要得益于家电市场的高速增长。中国是家电生产大国，中国的家电产品除了巨大的内需市场外，还大量出口国际市场，由于低廉的生产成本使中国成为全球最大的家电出口国。家用电器对集成电路的市场需求主要来自彩电、影碟机、组合音响、空调、冰箱和洗衣机等，而微波炉、吸尘器、热水器、电风扇等小家电及玩具等则是低端集成电路的主要应用领域。计算机类集成电路的需求主要来自PC机、打印机、显示器、键盘及鼠标等电子信息产品在国内的OEM制造。中国台湾地区计算机厂商为了降低生产成本，几乎所有的计算机产品制造商都已在内地的长江三角洲和珠江三角洲地区设立了生产线，面向中国大陆及全球市场进行生产，2002年中国计算机类集成电路市场占到了总市场的将近1/3而居于第二大应用市场。另外，中国还是程控交换机、移动电话、电话机、传真机等通信产品的生产大国，尤其是2002年中国移动电话的产量达到1.2亿部，占全球移动电话总产量的1/4，带动了通信类集成电路的市场需求。此外，路由器、网络交换机、网卡等网络产品的生产也带动了高端集成电路产品的市场需求。但是，尽管2002年中国移动电话等通信产品市场增长强劲，但由于中国通信市场投资的疲软使网络通信领域对集成电路市场的拉动有限，所以2002年通信领域对集成电路的市场需求居于消费类和计算机类之后，处于第三位。

根据半导体分立器件的结构及用途，中国半导体分立器件市场按二极管、晶体管（小功率管、低噪声管、微波管等）、功率晶体管、光电器件及其他半导体器件划分成五类，其中功率晶体管所占的市场份额最大，为31.6%，其次为二极管，市场份额为23.7%，晶体管为21.6%，光电器件为15.6%，其他半导体器件为7.5%。2002年中国半导体分立器件市场主要分布在珠江三角洲、长江三角洲和京津环渤海湾地区，其中珠江三角洲地区几乎占据了全国半导体分立器件市场的半壁江山，达到45%，其次是长江三角洲地区，其市场需求额占全国的32%，京津环渤海湾地区则占全国的13%。

尽管中国半导体产业在2002年有了快速的发展，但是在总体上与发达国家相比，还存在很大差距，这主要表现在三个方面：一是产业规模小，为整机配套能力弱，2002年全国集成电路销售额仅占全球集成电路销售总额的2.6%，占国内市场需求份额不到20%，大量产品还要靠进口；二是创新能力弱，表现在对关键核心技术与知识产权掌握少，产品设计开发能力弱，重点整机产品所需要的高档IC产品主要靠进口，高级设计人才和工艺开发人才缺乏；三是支撑业发展滞后，半导体生产线设备、仪器和材料主要依靠进口的局面尚未改变。

2003年全球半导体市场将在2002年缓慢回升的基础上有更为亮眼的表现，预计2003年全球半导体市场规模将达到1 689.2亿美元。综合国内外市场影响因素，预计2003年中国集成电路市场需求比2002年仍有24%左右的增长率，达到1 830亿元。2003年中国集成电路市场仍然以消费类、计算机类和网络通信类应用为主体，IC卡和汽车电子等新兴领域的迅猛发展将成为集成电路市场需求新的增长点。由于中国宏观经济增长的拉动、国家政策的扶持以及2008年奥运会带来的商机等，未来5年将是中国半导体产业发展的重要时期，预计中国集成电路市场需求会继续保持年均增长20%以上，半导体分立器件市场则将维持平稳增长态势，产销规模仍将略高于电子信息产业的增长水平。半导体行业一定要抓住这个难得的发展机遇，继续持续快速健康发展。

[撰稿：陈舢　关白玉　审稿：郑敏政]

# 真空电子器件工业

## 改革与发展

2002年中国真空电子器件工业面对入世后的新形势，通过深化改革，积极调整产品结构和转化经营机制，开拓创新，大力拓展国内外市场，继续保持了稳定、持续发展的良好势头。

2002年真空电子行业规模变化不大，人员有进有出，国有企业继续转制，集体企业有所发展。据行业协会年终统计表明，2002年真空电子行业的企事业单位总数仍有84家，其中国有企业29家，比上年的33家减少12%；集体企业12家，比上年的8家增长50%；股份制企业19家；三资企业17家；其他企事业单位7家，基本上没有太大的变化。从事真空电子行业的职工有120 803人，其中，技术人员17 367人，比上年的18 327人减少5%；管理人员11 695人，比上年的10 242人增加14%；工人91 741人，比上年的91 865人减少124人。可见，真空电子行业的机构调整已趋完善，人员结构比较稳定，已经连续3年没有太大的变化。

2002年全行业生产真空电子器件2亿只，比上年的1.5亿只增长33%；完成工业总产值（不变价）975亿元，比上年的750亿元增长30%；实现销售收入580亿元，比上年的464亿元增长25%；实现利税42亿元，比上年的40.6亿元增长3.5%；完成出口创汇18.4亿美元，比上年的17.5亿美元增长5%。

上述统计结果表明，2002年真空电子行业的各项经营指标全面增长，但是在产量、产值和销售收入大幅度增长的同时，利税和出口创汇却增长缓慢，显见市场竞争激烈，价格下滑严重仍然在制约着企业经济效益的增长。2002年全行业有7家亏损企业，其亏损额度为27 034万元。其中国有企业5家，亏损2 161万元；三资企业2家，亏损24 873万元。

## 生产与销售

2002年中国真空电子器件的的总产量20 044万只，比上年的15 260万只增长31%，销售量19 956万只，比上年的15 147万只增长32%，产销率99.6%；显像管配件（玻壳、荫罩）产量12 307万只，比上年的9 707万只增长27%，销量12 899万只，比上年的9 345万只增长38%，产销率达到105%；电光源的产量14 683万只，比上年的14 188万只增长4%，销售量14 393万只，与上年的14 437万只基本持平，产销率达到98%。

彩色显像管（CPT）2002年生产4 916万只，比上年的3 731万只增长31%，销售量4 947万只，比上年的3 857万只增长28%，产销率达到100%，库存量尚有47万只。

彩色显示管（CDT）生产2 653万只，比上年的1 737万只增长52%，销售量2 661万只，比上年的1 762万只增长51%，产销率达到100%，库存量52万只。

彩管玻壳的产量5 326万套，比上年的4 784万套增长25%，销售量5 971万套，比上年的4 369万套增长37%，产销率达到112%，库存量有702万套。

荫罩2002年产量5 821万片，比上年的4 213万片增长38%，销售量5 798万片，比上年的4 296万片增长35%，产销率达到99.6%，库存量192万片。

2002年彩管及其配套的彩玻、荫罩企业的总产值902亿元，比上年648亿元增长39%，占全行业总产值的93%；实现销售收入529亿元，比上年的408亿元增长30%，占全行业销售收入的91%；利税34亿元，比上年的27亿元增长26%，占全行业利税总额的81%。显然，2002年彩管及其配套企业，由于彩电市场的回升，各项经营指标均比上年度有较大的增长。

自黑白显像管行业随着中国彩管行业的发展急剧衰落以来，大多数国有大中型企业纷纷转产，只剩下十几家小型企业和民营企业在维持黑白显像管和单色显示管的生产和销售，近年来，由于电子门铃和可视电话的发展，相应的小屏幕黑白显像管有所发展，相继又诞生了一批新型的民营企业。2002年黑白显像管的产量1 329万只，比上年的820万只增长62%，销量1 210万只，比上年的780万只增长55%；黑白玻壳产量1 160万套，比上年的710万套增长63%，销售量1 130万套，比上年的680万套增长66%；黑白电子枪的产量1 363万只，销售量1 367万只，其中大连大显集团公司生产黑白电子枪579万只，宝石集团公司生产448万只，曙光电子集团公司生产336万只。近年来，由于国内成都红光和宝石集团的黑白玻壳转产，只剩下天津津京玻壳公司一家，其产量供不应求，部分玻壳需要进口。因此，2002年新建了常州天普电子玻璃有限公司和无锡华光玻璃有限公司，其黑白玻壳年生产能力均在500万套。

真空开关管又称真空灭弧室，近年来一直保持了稳定的发展。2002年真空开关管的总产量70万只，比上年的63万只增长11%，销售量65万只，比上年的60万只增长8%，产销量达到93%。2002年生产真空断路器7 338台，比上年的7 747台减少5%；真空接触器11 842台，比上年的12 930台减少8%；生产真空电容器3 293只，比上年的4 955只减少34%。2002年无源真空器件行业完成工业总产值（不变价）19亿元，比上年的15.8亿元增长20%，实现销售收入13.3亿元，比上年的11.2亿元增长19%；利税总额1.7亿元，比上年的1.4亿元增长21%，各项经济指标均有较大幅度的增长。目前，国内真空开关管行业的发展，带动了陶瓷管壳、波纹管和金属触头材料等相关配套企业的发展。为了提高真空开关管的制管成品率和产品质量，2002年，协会组织相关企业进行了陶瓷及其金属封接的技术交流，并组织行业专家对真空电子陶瓷管壳制订了技术标准，信息产业部科技司批准执行，保证了真空开关管陶瓷管壳的供货质量。

真空电子管2002年的产量706万只，比上年的450万只增长57%；销售量700万只，比上年的388万只增长80%。其中主要是国内微波灶用的连续波磁控管产量达到640万只，同比增长62%，尚不能满足国内市场的需求，仍需大量进口国外的连续波磁控管。离子管的产量5 682万只，比上年的6 200万只减少8%；销售量5 861万只，比上年的6 100万只减少4%，其中主要是过电压保护气体放电管。近年来，由于固体保护器件的问世，取代了部分放电管的市场以外，尚有一批乡镇民营企业进入了本产品市场，导致了原有的国有企业产量下降。惟有湖北汉光电工厂与西门子合资的企业，依靠出口国外市场维持了原有的生产规模与企业的经营效益。真空荧光显示管（VFD）产量4 554万只，比上年的2 258万只增长102%；销售量4 355万只，比上年的2 199万只增长98%，产销率达到96%。目前国内生产真空荧光显示管（VFD）的主要企业是上海广电电子股份有限公司、京东方浙江真空电子有限公司和曙光电子集团公司，此外还有江苏、福建、湖南等地的十几家民营企业生产低档VFD产品供应市场。

电光源随着城镇建设的发展，其市场越来越大，特别是北京申奥成功与上海筹备世博会，为电光源的发展提供了更广阔的空间。目前，国内从事电光源的企业很多，分布在各个系统，只有从事特种光源的原电子系统的企业纳入了电子口的行业管理。2002年真空电子行业生产的电光源14 683万只，比上年的14 188万只增长3%，销售量14 393万只，与上年的14 437万只基本持平，产销率达到98%。其中，高压钠灯的产量增长10%，销量增长4%；汽车灯的产量减少11%，销量减少19%；节能灯的产量与上年持平，销量减少4%；荧光灯的产量增长7%，销量增长4%。

### 科研与新产品

2002年真空电子行业通过省部级的科研与新品开发项目56项，比上年的62项减少10%。其中微波管13项，占23%；真空开关管12项，占21%；彩管9项，占16%；电光源7项，占13%等。通过2002年科研与新品开发项目可以看出如下特点：

1. 微波电子管属于真空电子领域中的高新技术，在国防重点工程中占有重要的地位，必须依靠自己的科研开发力量，努力缩短与国外的差距。所以每年的科研与新品开发项目中，微波电子管的课题比较多。

2. 真空开关管每年的新品开发项目比较多，支撑了产业稳步的发展，特别是今年山东晨鸿开发了T D—126/200—40型超高压真空开关管，扩展了真空开关管的应用领域，为中国超高压真空开关的发展创造了条件。

3. 彩管正面临着平板显示器件的挑战，必须加强自身的科研与新品开发，努力提高彩管的性能价格比，使各种显示器在市场竞争中相互补充。今年彩管的新品开发有9项，比上年的3项增长了2倍。其主要课题是研制开发纯平彩管及其相关技术，多媒体彩管和高清晰度投影管等。

### 国际合作与对外贸易

据中国机电进出口商会统计，2002年中国真空电子行业进口用汇30.4亿美元，比上年的29.8亿美元增长2%；出口创汇18.4亿美元，比上年的17.5亿美元增长5%；进出口逆差12亿美元，比上年的12.3亿美元下降2%。

2002年彩色显像管进口982万只，比上年的617万只增长59%，用汇6.9亿美元，比上年的5.3亿美元增长31%；出口彩管1347万只，比上年的936万只增长44%，出口创汇6.3亿美元，比上年的4.6亿美元增长39%。进口彩色显像管的平均单价70.6美元，而出口彩管的平均单价47.1美元，显然进口的是附加值较高的大屏幕或者纯平彩管，而出口的彩管多是中小屏幕，价值较低。2002年彩色显示管（CDT）进口2 319万只，比上年的2 634万只减少12%，进口用汇12.8亿美元，比上年的15.8亿美元减少19%；出口彩色显示管（CDT）398万只，比上年的389万只增长2.3%，出口创汇1.5亿美元，比上年的1.9亿美元减少20%。显然，彩色显示管进口数量减少是国内产量增大所致；而出口数量增大，创汇数量反而减少，其原因是出口单价由2001年的48.1美元降至2002年的37.7美元，下降幅度11.6美元。随着LCD液晶显示器的日益成熟，彩色显示管的市场将会受到越来越大的冲击。

2002年黑白显像（示）管进口482万只，比上年的339万只增长42%，用汇8 755万美元，比上年的5 455万美元增长60%。其中进口黑白显像管365万只，比上年的188万只增长94%，用汇7 712万美元，比上年的4 606万美元增长67%。可见国内可视电话需求的小屏幕黑白显像管的市场正在崛起。2002年黑白显像（示）管出口436万只，比上年出口290万只增长50%，创汇2 217万美元，比上年的2 606万美元下降15%。其中黑白显像管价格下滑18%，而黑白显示管的平均出口单价由2001年的13.6美元降至2002年5.6美元，跌幅58%，导致了出口数量增长、创汇减少现象的发生。

2002年有特殊用途的其他阴极射线管，进口506万只，比上年的266万只增长90%，用汇1 284万美元，比上年的769万美元增长67%；出口335万只，比上年的143万只增长136%，出口创汇692万美元，比上年的434万美元增长60%。进出口贸易都有较大的增长。

2002年电子管进口5 537万只，比上年的5 056万只增长10%，用汇16 753万美元，比上年的14 378万美元增长17%。其中进口微波灶用的连续波磁控管2 506万只，占进口电子管总数的45%，用汇12 688万美元，占进口电子管用汇的76%。电子管出口2 465万只，比上年的出口2004万只增长23%，出口创汇3 783万美元，比上年的1 516万美元增长150%。其中主要是过电压保护气体放电管出口

2 243万只，占电子管出口总量的90%，出口创汇2 827万美元，占电子管出口创汇总额的74%。

2002年显像管零件进口用汇3.1亿美元，与上年的用汇持平，出口创汇2.3亿美元，比上年的1.7亿美元增长30%；其他阴极射线管零件进口用汇3.3亿美元，比上年的2.5亿美元增长34%，出口创汇4 752万美元，比上年的5 663万美元下降16%；电子管零件进口用汇2 255万美元，比上年的683万美元增长230%，出口创汇658万美元，比上年的899万美元下降27%。

2002年特种电光源进口数量29 836万只，比上年的24 861万只增长20%；进口用汇12 769万美元，比上年的9 547万美元增长34%；出口特种电光源216 673万只，比上年的177 962万只增长22%，出口创汇70 551万美元，比上年的创汇81 938万美元减少14%。2002年特种电光源的进出口顺差57 782万美元，其中主要是卤钨灯顺差15 469万美元，荧光灯（包括节能灯）顺差35 591万美元。

## 主要企业

### 电子信息百强企业

2003年电子信息百强企业入围门槛为年营业收入7.8亿元，比上年的5.1亿元增长53%。中国真空电子行业入围本届电子信息百强的企业有彩虹集团公司、京东方科技集团股份有限公司、大连大显集团有限公司、河南安彩集团有限责任公司、华东电子集团公司、广东福地科技股份有限公司、石家庄宝石电子集团有限责任公司7家企业。营业收入总计391亿元，占电子信息百强企业总营业收入5 373亿元的7.3%；上缴税金12亿元，占电子百强企业上缴总税金181亿元的6.6%；实现利润13.6亿元，占电子百强企业利润总额217亿元的6.3%。近年来，随着企业集团化的发展，真空电子行业中还有上海永新彩管、上海索广映像、北京松下、南京华飞、深圳赛格日立等企业，已达到入围标准，因没有单独申报，而纳入各自集团公司进入电子百强企业。

### 国有企业

国有企业随着社会主义市场经济的发展，继续深化改革，调整产品结构、转化经营机制，逐步完善现代企业制度，适应了市场竞争的良性循环。2002年29家国有企业拥有职工4.7万人，比上年的5万人减少6%，占全行业的39%；完成工业总产值151亿元，比上年的120亿元增长26%，占全行业的16%；实现销售收入93亿元，比上年的79亿元增长18%，占全行业的15%；利税9.2亿元，比上年的7.7亿元增长19%，占全行业利税的22%。

彩虹集团公司是大型国有企业，通过强化管理，打造核心竞争力，提高产品质量，降低成本，开拓市场，取得了明显的成效。2002年生产彩色显像管933万只，比上年的744万只增长25%；销量927万只，比上年的772万只增长20%；完成工业总产值122亿元，比上年的91.4亿元增长34%；实现销售收入77.1亿元，比上年的57.7亿元增长34%；利税总额8.1亿元比上年的5.7亿元增长42%；出口创汇13 391万美元，比上年的10 296万美元增长30%。产销量、工业总产值、销售收入、利税总额和出口创汇五项指标均排在全行业的第一位。

国营锦州华光电力电子集团公司继续深化改革，加强管理，降低成本，提高产品合格率，大幅度提升企业经济效益。2002年生产真空开关管7.8万只，比上年的6.7万只增长17%；完成工业总产值18 896万元，比上年的16 877万元增长12%；实现销售收入13 075万元，比上年的11 266万元增长16%；实现利税总额1 513万元，比上年的1 017万元增长49%。

国营徐州电子管厂，由于历史包袱沉重，连续多年亏损，难以维持。2001年在当地政府的指导下，经过改制，把国营徐州电子管厂按产品类别，改为两个集体企业，即徐州华兴真空电器有限公司和徐州华亚真空电子有限公司，经过一年多的运营，两个企业均转亏为盈。例如，徐州华兴真空电器有限公司，2002年生产真空开关管4万只，比上年的1.6万只增长150%，企业进入正常发展的轨道。

**集体企业**

2002年集体企业有较大的发展，现有企业12家，比上年的8家增长50%；有职工1 784人，比去年的918人增长94%，占全行业人员的2%；完成工业总产值3.4亿元，比上年的2亿元增长70%；实现销售收入2.6亿元，比上年的1.5亿元增长73%；利税总额2 631万元，比上年的1 381万元增长91%。集体企业多数是民营机制，它具有经营灵活和成本低廉的特点，在技术成熟、劳动密集型的领域中呈现出市场竞争的优势。山东晨鸿电工有限责任公司，2002年，完成工业总产值12 668万元，比上年的7 571万元增长67%；实现销售收入11 904万元，比上年的5 949万元增长1倍；企业利润总额1 320万元，比上年的714万元增长85%。无锡金三角电真空器件有限公司是老牌的乡镇企业，2002年生产黑白显像管22.2万只，销售21.5万只，产销率达到97%，完成工业总产值3 661万元，实现销售收入1 420万元，利税总额95.2万元。自从中国彩色显像管大批量生产以来，黑白显像管市场随之萎缩，许多从事黑白显像管生产的大、中型国有企业纷纷转产，只有像金三角这样的集体企业仍然能够维持黑白显像管产业的发展。

**股份制企业**

2002年19家股份制企业拥有职工34 814人，比上年的32 007人增长9%，占全行业职工总数的29%；完成工业总产值234亿元，比上年的146亿元增长60%，占全行业的24%；实现销售收入118亿元，比上年的111亿元增长6%，占全行业的20%；利税总额11亿元，与上年度持平，占全行业的26%。

安彩集团有限责任公司是中国彩玻行业的老大，早在1999年股份制改造以后，通过自主知识产权的玻壳生产核心技术，仅用11个月时间，投资4亿元，就对原成都红光玻壳生产线进行了全面改革，成立了河南安彩集团成都电子玻璃有限公司（简称安成公司），使停产两年之久的国营企业起死回生，实现了当年盈利，并形成了年产玻壳500万套的生产能力，年产值可达10亿元，利税超过2亿元。与此同时，又对天津津京玻壳厂以全部技术软件和部分硬件作为股份的50%，对其进行全面的技术改造，将原已停产的黑白玻壳生产线成功的改造为彩色玻壳生产线，使津京公司以全新的产品进入市场，一举扭亏为盈。2002年安彩集团公司与荷兰飞利浦在郑州合资兴建的纯平大屏幕彩玻项目，投资17亿元，历时一年的建设，成功地点火投产，为安彩集团公司走向世界打下了良好的基础。2002年安彩集团公司生产彩色玻壳2 680万套，占全行业彩玻产量5 326万套的50%；完成工业总产值110亿元，实现销售收入54.6亿元，利润总额2.7亿元，出口创汇12 307万美元，其中工业总产值、销售收入和出口创汇三项指标均排在了全行业的第二位。上海广电电子股份有限公司（原上海真空电子器件股份有限公司）注重科技创新，开拓新产品，积极调整产品结构，与日本松下合资的PDP项目已经量产，与韩国三星合资的VFD项目已经形成生产规模，企业的经济效益大幅度增长。2002年PDP的产量5 200台，真空荧光显示屏（VFD）的产量已达到2 289万只；完成工业总产值21 544万元，与上年的22 174万元基本持平。实现销售收入24 045万元，比上年的13 561万元增长77%；利税总额12 215万元，比上年的905万元增长12倍。其他股份公司均保持了稳定的增长，变化不大，福地股份公司已转亏为盈，利税总额2 869万元。

**三资企业**

真空电子行业中的三资企业17家，大部分都是从事彩色显像管及其配套企业，2002年由于彩电出口呈上升趋势，缓解了部分彩管及其配套的市场供求关系，产量、产值、销售额均有增长。但是，彩管价格平稳，而彩色显示管受到LCD显示器的挑战，价格跌落较大，导致企业的经济效益没有明显的增长。2002年三资企业的职工人数34 199人，比上年的33 235人增长3%，占全行业的

28%；完成工业总产值583亿元，比上年的468亿元增长25%，占全行业的60%；实现销售收入363亿元，比上年的272亿元增长34%，占全行业的63%；实现利税总额21亿元，与上年持平，占全行业的50%。佛山汤姆逊由于产量尚未形成规模，仍有亏损。上海永新彩色显像管有限公司生产彩管601万只，比上年的488万只增长23%，销售608万只，比上年的503万只，增长21%，产销率101%；完成工业总产值101亿元，比上年的77.4亿元增长30%；实现销售额42.8亿元，比上年的35.6亿元增长20%；实现利税2.4亿元，比上年的1亿元增长140%；出口创汇4 254万美元，比上年的3 289万美元增长29%。其中工业总产值排在全行业的第三位。南京华飞彩色显示系统有限公司生产彩管894万只，比上年的750万只增长19%；销售905万只,比上年的750万只增长21%；完成工业总产值88亿元，比上年的73亿元增长21%；实现销售收入38.7亿元，比上年的33.6亿元增长15%；利税总额7 034万元，比上年的2亿元下降65%；出口创汇10 200万美元，比上年的11 210万美元下降9%，其中出口创汇排在全行业的第三名。北京松下彩色显像管有限公司生产彩管745万只，比上年的554万只增长35%，销售756万只，比上年的564万只增长34%；完成工业总产值82亿元，销售额37亿元，实现利税1.9亿元，出口创汇8 668万美元。

**其他企业**

真空电子行业中的7家其他企业，主要是从事真空电子领域科研、教学和检测服务的事业单位。近年来，随着国家经济体制改革的不断深化，研究所也正在向企业化的方向发展，除了承担国防重点工程项目的科学研究之外，已经开始注重把科研成果转化为市场急需的产品。中国电子科技集团公司第五十五研究所，2002年销售收入25 998万元，比上年的18 547万元增长40%；实现利税总额5 761万元，比上年的4 842万元增长19%。芜湖电真空研究所主要是承担国防工程各种型号的显示项目，为了带动地方工业的发展，凭借研究所的科技实力，在芜湖市新技术开发区，建立了华夏科技园，为地方的经济发展做出了贡献。中国电子科技集团公司第十二研究所的真美公司开发了自主知识产权的投影管电子枪，与安彩集团公司合作开发投影管很快形成批量生产，将对中国背投彩电的发展产生积极的影响。

## 【统计数据】

**表 1　2002 年真空电子行业规模**

| 类别 | 企业数（个） | 职工人数(人) | | | |
|---|---|---|---|---|---|
| | | 总数 | 技术人员 | 管理人员 | 工人 |
| 国有 | 29 | 46 730 | 5 307 | 4 295 | 37 128 |
| 集体 | 12 | 1 784 | 273 | 241 | 1 270 |
| 股份 | 19 | 34 814 | 5 547 | 4 334 | 24 933 |
| 三资 | 17 | 34 199 | 4 241 | 2 565 | 27 393 |
| 其他 | 7 | 3 276 | 1 999 | 252 | 1 025 |
| 合　计 | 84 | 120 803 | 17 367 | 11 695 | 91 741 |

表 2 真空电子器件产量与销量

单位：万只

| 类别 | 2001 年 | | 2002 年 | | | | 2003 年 | |
|---|---|---|---|---|---|---|---|---|
| | 产量 | 销量 | 产量 | 增长率(%) | 销量 | 增长率(%) | 产量 | 销量 |
| 电子管 | 450 | 388 | 706 | 57 | 700 | 80 | 772 | 771 |
| 收讯放大管 | 49 | 40 | 54 | 10 | 49 | 22 | 60 | 60 |
| 发射管 | 6 | 5 | 11 | 83 | 10 | 100 | 12 | 11 |
| 超高频管 | 395 | 343 | 641 | 62 | 641 | 86 | 700 | 700 |
| 电子束管 | 6 288 | 6 399 | 9 032 | 43 | 8 975 | 40 | 9 400 | 9 300 |
| 黑白显像管 | 820 | 780 | 1 329 | 62 | 1 210 | 55 | 1 500 | 1 400 |
| 彩色显像管 | 3 731 | 3 857 | 4 916 | 31 | 4 947 | 28 | 5 100 | 5 100 |
| 彩色显示管 | 1 737 | 1 762 | 2 653 | 52 | 2 661 | 51 | 2 800 | 2 800 |
| 离子管 | 6 200 | 6 100 | 5 682 | –8 | 5 861 | –4 | 6 200 | 6 100 |
| X–光管 | 1.5 | 1.5 | 1.6 | 9 | 1.6 | 6 | 1.7 | 1.7 |
| 真空开关管 | 63 | 60 | 70 | 11 | 65 | 8 | 75 | 70 |
| VFD–管 | 2 258 | 2 199 | 4 554 | 102 | 4 355 | 98 | 5 000 | 4 800 |
| 显像管配件 | 9 707 | 9 345 | 12 307 | 27 | 12 899 | 38 | 13 500 | 13 450 |
| 黑白玻壳 | 710 | 680 | 1 160 | 63 | 1 130 | 66 | 1 500 | 1 450 |
| 彩色玻壳 | 4 784 | 4 369 | 5 326 | 25 | 5 971 | 37 | 6 000 | 6 000 |
| 彩色荫罩 | 4 213 | 4 296 | 5 821 | 38 | 5 798 | 35 | 6 000 | 6 000 |
| 电光源 | 14 188 | 14 437 | 14 683 | 3 | 14 393 | – | 15 100 | 15 100 |
| 高压钠灯 | 150 | 150 | 165 | 10 | 157 | 4 | 200 | 200 |
| 汽车灯 | 868 | 949 | 770 | –11 | 765 | –19 | 900 | 900 |
| 节能灯 | 4 867 | 5 102 | 4 875 | – | 4 876 | –4 | 5 000 | 5 000 |
| 荧光灯 | 8 303 | 8 236 | 8 873 | 7 | 8 596 | 4 | 9 000 | 9 000 |

表 3 真空电子行业产值与销售额

| 项目名称 | 单位 | 2001 年 | 2002 年 | 2003(预测) |
|---|---|---|---|---|
| 产值 | 万元 | 7 503 614 | 9 752 814 | 1 100 000 |
| 销售额 | 万元 | 4 643 788 | 5 799 012 | 7 000 000 |

**表4　2002年真空电子行业科研成果项目数统计**

| 类别 | 彩管 | 彩玻 | 平板显示 | 真空开关管 | 微波管 | 电子管 | 示波管 | 电光源 | 其他 | 总计 |
|---|---|---|---|---|---|---|---|---|---|---|
| 数量（项） | 9 | 4 | 2 | 12 | 13 | 4 | 1 | 7 | 4 | 56 |

**表5　真空电子行业产品进出口额统计表**

单位：万美元

| 类别 | 2001年 | | 2002年 | | | |
|---|---|---|---|---|---|---|
| | 进口额 | 出口额 | 进口额 | 增长率(%) | 出口额 | 增长率(%) |
| 彩色显像管 | 53 015 | 45 720 | 69 283 | 31 | 63 397 | 39 |
| 彩色显示管 | 157 858 | 18 734 | 128 174 | -19 | 14 984 | -20 |
| 黑白显像（示）管 | 5 455 | 2 607 | 8 755 | 60 | 2 217 | -15 |
| 其他阴极射线管 | 769 | 434 | 1 284 | 67 | 692 | 60 |
| 电子管 | 14 379 | 1 516 | 16 753 | 17 | 3 783 | 150 |
| 显像管零件 | 31 256 | 17 471 | 31 279 | 0.1 | 22 639 | 30 |
| 其他阴极射线管零件 | 24 896 | 5 663 | 33 270 | 34 | 4 752 | -16 |
| 电子管零件 | 683 | 899 | 2 255 | 230 | 658 | -27 |
| 电光源 | 9 547 | 81 938 | 12 769 | 34 | 70 551 | -14 |
| 合　计 | 297 858 | 174 982 | 303 822 | 2 | 183 673 | 5 |

备注：以上统计数据由真空电子行业协会提供。

[撰稿：李庆和　张立成　审稿：季国平]

# 电子元件工业

## 改革与发展

2002年，电子元件制造业有专业研究所10个。2002年开始启用根据信息产业部和国家统计局等有关部门研究的新的主要经济指标等的统计范围和内容，与往年相比数据值有较大的变化，其中电子元件行业的企业数、主要经济指标与其他行业相比，统计值增加更多。但产品产销量涉及到的地区和企业则远远少于经济指标能统计到的地区和企业，故此两类统计值不要作相干分析。现纳入信息产业部电子元件行业主要经济指标统计范围的企业数为4 437个，占电子信息产业制造业工业企业总数的49.2%；其中属于通用电子元件的生产企业为1 967个，微电机制造业企业302个，电线电缆业1 989个，电池业179个。全年从业人员平均人数129.78万人，占电子信息产业制造业从业人员平均人数的40.2%。

经国务院批准，2002年3月成立中国电子科技集团公司，是在信息产业部直属的46家电子科研院所及26家全资或控股公司基础上组建的，其中有电子元件及材料类专业研究所10所，还有一些有电子元件专业研究室的研究所。由西安创联电气科技 (集团) 有限责任公司等联合组建的陕西华经微电子股份有限公司也已成立。2002年电子元件行业又有厦门市法拉电子股份有限公司挂牌上市。烽火通信科技股份有限公司和浙江飞虹通信集团有限公司携手组建烽火飞虹通信集团有限公司，共同发展光缆产业。

## 生产与销售

随着国际经济的复苏，全球电子信息产业增长又有提高，同时中国加入WTO，电子整机和电子元件出口增长加快；国内电子信息产业仍保持健康、快速增长，尤其是家电等产品大幅度增长的拉动，使国内电子元器件市场处于很好的发展态势，但由于国内电子元件不适应国内新型整机的需求及关税等其他方面的原因，进口电子元件的增长大大高于出口的增长率，因此，2002年既是中国电子元件行业又进入一个新的发展阶段的一年，也是竞争更加激烈、效益下滑的又一年。

根据信息产业部的统计，2002年电子元件行业企业的工业产值（现价）为3 124.09亿元，比上年增长13.2%；工业增加值658.32亿元；工业销售产值3 041.26亿元；销售收入2 948.48亿元，同比增长13.2%。各类电子元件企业增长情况不均衡，差别很大，以工业总产值相比，通用电子元件制造业同比增长最高为20.8%（当然各分专业增长率也不同），微电机为11.1%，电池为9.3%，电线电缆为5.7%；销售收入增长率依次为电子元件21.2%，微电机10.3%，电池9.7%，电线电缆5.0%。利润总额比2001年又有下降，全行业为131.37亿元，下降1.0%；但电子元件利润总额达64.11亿元，增长21.9%；电池利润总额为7.5亿元，增长56.4%；微电机业利润为8.9亿元，下降10.54%；光电线缆企业进入2002年市场形势则变化很大，加之又出现价格恶性竞争，利润总额为50.6亿元，下降22.4%。电子元件全行业税金总额73.4亿元。

2002年电子元件总产量为2 197.9亿只，比上年增长0.2%。电子元件总销售量2 148.6亿只，增长0.3%。各类电子元件生产、销售形势差别很大。

据中国电子元件行业协会印制电路分会调查，2002年中国印制电路板销售额约378亿元，同比增长20%。印制电路板总产量5 062万平方米，其中单面板1 821万平方米，双面板779万平方米，多层板2 135万平方米，柔性板326万平方米。

据中国电子材料行业协会覆铜板分会统计，

2002年全国覆铜板总产量约8 390万平方米，比上年增长38%；其中玻璃布基覆铜板3 960万平方米，增长63%；纸基覆铜板4 030万平方米，增长20.3%；复合基覆铜板400万平方米，增长33.3%。

据不完全统计，2002年通过ISO（9000系列和14000）认证的有，江西联创光电科技股份有限公司吉安分公司（原江西电线电缆总厂）、中康光缆有限公司、大连太平洋多层线路板有限公司、电子四十所、深圳奋达实业有限公司、厦门宏发电声有限公司、江苏宝胜集团等。广东生益科技股份有限公司首获信息安全管理体系（BS7799）认证证书。

### 科研与新产品

2002年电子元件行业全年新产品产值为335.78亿元，占全年工业现价产值的10.7%。研究所及部分企业42个单位完成电子元件类新产品项目532个。

中电元协会电声器件分会为了以科技进步促进本行业由大变强，1996年一些企业自愿筹集38万元作为基金，奖励行业内有水平的科技开发项目，至2002年已是第8届。行业获2002年科技进步奖22个项目，其中二等奖是深圳东原电子有限公司的低失真大功率超薄车用超低音扬声器和深圳天泽扬声器有限公司的“V”型带式扬声器2项，三等奖陕西烽火通讯集团公司的SDJ-型骨导受话器、浙江天乐电器有限公司的注塑橡胶边的开发和应用等14项。

### 重大工程与重点项目

国家计委为推动中国新型电子元器件产业快速发展，从2002年开始组织实施新型电子元器件产业化专项。2002年批准的新型电子元器件产业化专项有24项，总投资额约18.7亿元，其中有深圳宇阳科技发展有限公司的0402片式瓷介电容器、厦门宏发电声有限公司的新型继电器、清华大学的石英晶体敏感器等。

为落实国务院《关于加快中国移动通信产业发展的若干意见》，信息产业部从1999年开始了移动电话手机用电子元器件产业化专项工程。2002年完成的移动电话手机用电子元件产业化专项工程分别由信息产业部和国家财政部验收，共有7类26项。

近年有一些重点基建和技改项目，2002年完成的项目有，浙江东磁公司的高性能微波炉磁体产业化和软磁铁氧体预烧料生产线，法尔胜光子有限公司承担的“十五”国家科技攻关计划的光纤预制棒产业化技术开发，山西运城恒磁新材料科技有限公司的高档烧结铷铁硼生产线一期工程等。

### 国际合作与对外贸易

#### 引进外资、合资、合作

厦门宏发电声有限公司与日本松下电工株式会社合资成立厦门松下电工控制装置有限公司。东磁公司与日本户田工业株式会社合资成立浙江东磁户田有限公司。日本欧姆龙集团迄今在海外投资规模最大的欧姆龙电子部件（深圳）有限公司开业。台湾大众电脑集团下的三希科技集团在广州建设HDI印制电路板生产线。

#### 进出口贸易

2002年全年电子元件类进口额150.9亿美元，比上年增长31.6%；而出口额为106.2亿美元，增长21.0%；出现逆差已4年，且逆差额继续扩大到44.7亿美元，增加超过了10亿美元。其中17项中还有7项是顺差，顺差的有：磁性材料、磁头、蜂鸣器、继电器、电声器件、拾音器、微电机。值得注意的是进口额增长的有13项，负增长4项。而出口额增长的有16项，负增长仅1项。反映国内市场即整机生产所需电子元件市场有较大增长，中国越来越成为全球电子元器件消费的重要市场，而国际市场的增长也开始恢复，但也表示国内生产的电子元件对国内整机的需求的适应性有相当大的差距。

出口额超过10亿美元的有印制电路板（18.03亿美元）、微电机（17.92亿美元）、电声器件

(15.46亿美元)、混合集成电路（13.55亿美元）等4类，出口5亿美元以上的还有电容器（8.40亿美元)、电子线缆（5.09亿美元)。进口额超过10亿美元的有：厚薄膜混合电路（37.17亿美元)、电容器(23.57亿美元)、印制电路板（24.81亿美元)、微电机（15.02亿美元）4项，超过5亿美元的还有电子线缆（8.8亿美元)、电阻器（7.5亿美元)、石英晶体器件（6.99亿美元)。

电子元件出口仍然以进料和来料加工贸易方式为主，其中进料加工占55.6%，比上年增长3.2%；来料加工占19.6%，增长20.8%；一般贸易方式占22.0%，增长20.4%。一方面国内电子元件在发展，而国内原材料短缺的矛盾也越来越突出。“三资”企业越来越成为出口主力军，尤其外商独资企业地位最突出，2002年出口额占42.1%，增长15.3%；外商合资和合作企业占25.5%。而国有和集体企业出口份额所占比重在减小，国有企业占26.5%，增长10.6%。出口市场主要集中于美国、日本等国家和中国香港特别行政区；同时，出口地区又集中在广东、江苏、上海、天津等省市。

进口中列出的片式电容器（多层、薄膜、钽）和电阻器有11.31亿美元，比上年增长了97.0%；占阻容总进口额的36.4%。其中片式钽电解电容器进口额为1.94亿美元，增长103.7%；片式瓷介电容器为7.15亿美元，增长101.85%；片式薄膜电容器0.32亿美元，增长55.4%；片式电阻器为1.91亿美元，增长82.9%；这些产品进口增长的速率大大高于其他电子元件，是近年进口的最大特点。因还有片式铝电解电容器等其他片式电子元件产品未单独列出，故片式电子元件进口额及所占比重要大于此值。同时，电子元件的价格无论是进口，还是出口价，都是下降趋势，故实际的进口量则大大高于贸易额的增长率。

电子元件进口也以进料和来料加工贸易方式为主，其中进料加工占59.5%，比上年增长18.6%；来料加工占22.6%，增长30.0%；一般贸易方式占12.8%，下降31.2%；此数据也反映国内电子元件加工工业得到了较快的发展。“三资”企业已成为主要进口者，尤其外商独资企业地位最突出，2002年进口额占51.8%，增长27.8%；外商合资和合作企业占24.5%。而国有和集体企业出口份额所占比重在减小，国有企业占20.7%，增长8.6%，反映国外企业在大陆内地的整机装配业在大力发展，中国越来越成为国际电子产品的加工地。

2002年信息产业部统计的电子元件企业出口交货值1 235.5亿元，占销售收入的41.9%，占电子工业系统出口交货值的20.3%。以只计量的电子元件类产品出口量是其同期销售量的50.9%。

出口1亿美元以上的企业有浙江横店集团东磁公司（1.78亿美元)、厦门TDK公司（1.63亿美元)、比亚迪股份有限公司（1.5亿美元)、上海飞乐(1.47亿美元)；出口1 000万至1亿美元的电子元件企业有天津真美电声器材有限责任公司（0.99亿美元)、广州国光电器股份有限公司（0.95亿美元)、上海京瓷电子有限公司（0.94亿美元)、无锡晶石电子有限公司（0.82亿美元）等60个企业。

**国外考察交流、国际展览会和研讨会**

2002年，电子行业协会及其分会组织了多次国际展览会，组织国际技术交流、学术研讨和新产品推广，邀请相关外商到会进行技术交流，通过对国外新技术、新设备的介绍，促进了本行业工艺技术水平的提高，为供应商和用户的交流构建了有效互动平台。组团赴香港特别行政区、台湾省和国外考察并参展，分别到德国、韩国、日本、泰国、新加坡、马来西亚等国家，进行信息交流，探讨合作项目。在国内，电子行业协会也接待了许多外国参观团，组织召开技术报告会等。

## 主要企业

电子元件企业进入2003年（第17届）电子百强的有18个企业：深圳开发科技股份有限公司(第28)、上海飞乐股份有限公司（第33)、亨通集团有限公司（第41)、比亚迪股份有限公司（第43)、永鼎集团有限公司（第46)、杭州富通集团公司（第47）、浙江富春江通信集团有限公司（第50）、横店集团东磁公司（第55）、上海金陵股份有限公司（第58）、咸阳偏转集团公司（第61）、中国振华电子集团有限公司（第65）、宏安集团有限公司（第74）、福建福日集团公司（第75）、江西省电子集团有限公司（第78）、长飞光纤光缆有限公司（第80）、华伦集团（第81）、江苏中天科技集团（第82）、哈尔滨光宇电源集团股份有限公司（第94）、广东生益科技股份有限公司（第99）。在百强企业中，还有一些综合性集团公司也拥有一批相当有名的电子元件生产企业，如中国普天信息产业集团（光电线缆等）、四川长虹电器股份有限公司（电池、印制电路板及其他元件）、深圳华强集团有限公司（激光拾音头、微型马达等）、大连大显集团有限公司（印制电路板等）、惠州市德赛集团有限公司（电池等）、青岛澳柯玛集团公司（电池等）、华立集团有限公司（覆铜板等）、武汉邮电科学院（光电线缆、光器件等）、江苏宏图电子信息集团有限公司（线缆等）、天津天大天财股份有限公司（光纤）、江苏紫金电子信息产业集团公司（印制电路板等）、九州电器企业集团（电缆等）。此届百强企业中电子元件企业有更迭。入围者主要是光电线缆企业和多产业集团公司，而且普遍比上届序列下降。

经企业申报和中国电子元件行业协会审核，按2002年销售收入（营业收入）排定的第十六届电子元件百强企业销售收入总额达462亿元，比上届百强减少5亿元，主要是受通信行业影响招致光电线缆行业的低迷，本届百强中光电线缆企业销售额比上届光电线缆企业少了10亿元；另外上届有几个超过5亿元的企业因有亏损不能入围新百强。本届百强企业销售收入同比增长10.6%，但实际利润总额同比仅增长0.76%。

这届百强的最低入围标准仍超过1亿元，有9家超过10亿元，比上届少了1家；但前5名都超过20亿元，比上届多2家。上海飞乐（37.4亿元）、亨通集团公司（24.7亿元）、永鼎集团公司（20.8亿元）、横店集团东磁有限公司（20.3亿元）、浙江富春江通信集团（20.0亿元）；销售收入同比增幅最大的前3名是陕西华经微电子股份有限公司（135.1%）、南京依利安达电子有限公司（98.3%）、横店集团电声有限公司（97%）。其中利税总额超过亿元的有11家，比上届少3家；5 000~10 000万元的有17家，比上届少11家；前5名是无锡晶石电子有限公司（3.7亿元）、上海飞乐公司（3.5亿元）、亨通集团公司（3.0亿元）、东磁有限公司（2.5亿元）、永鼎集团公司（2.08亿元）。销售利润同比增长的有63家企业，下降的有37家企业，销售利润下降的企业多为印制电路板和光电线缆企业。发展快的多为出口形势好的企业，从专业分，增长快的依次为电子变压器（38.77%）、电感器、磁性材料与器件、压电石英晶体器件、电子陶瓷与器件、电声器件（18.4%）。本届电子元件百强企业出口创汇21.9亿美元，比上届增加1.7亿美元，同比增长8.42%。

中国化学与物理电源行业协会根据会员单位所报2002年年度统计情况，排列电池百强，已是第十届。2002年年度电池百强总产值（现价）为212.4亿元，增长21.0%；销售收入 201.0亿元，增长23.07%；总利润额19.2亿元。百强销售收入超过10亿元的有比亚迪股份有限公司和广州市虎头电池集团有限公司（原广州电池厂）；超过1亿元的由上届的45家增加到54家，排序变化较大。

中国电子元件行业协会印制电路分会根据2002年企业销售收入排序，原辅材料前5位是广州长兴化学集团公司（16亿元）、苏州福田金属有限公司（2.56亿元）、广东西江电子铜材有限公司（2.18亿元）、杜邦中国集团有限公司（2.05亿元）、永胜泰科技股份有限公司（1.2亿元）。

## 行业管理

各级政府和行业主管部门及行业协会强化、支持、推广行业、企业信息化。电子元件行业协会与分会重点抓了行业的信息化建设，以及企业信息化经验交流工作。中国化学与物理电源行业协会建设和管理《中国电池在线》网站。

经充分调查研究和征求各方面意见，国务院关税税则委员会决定从2002年10月1日起对生产印制电路板的光致抗蚀干膜和生产覆铜板用的电子级玻璃纤维布两种商品执行暂定关税，干膜由每平方米9元下降至1.2元，玻璃纤维布由12%税率调整为6%，这项工作对提高中国印制电路板企业的竞争力，必将产生积极作用。

国家经贸委经济运行局经商国家计委价格司，发文“同意发布部分通讯电缆行业平均成本的批复”。发布的通信电缆产品包括松套层绞光缆、带状光缆、中心束管式光缆和全介质光缆共99个规格品种。

国家科技部组织有3位中科院院士参加的光纤预制棒发展战略课题组，启动“十五”光纤预制棒发展战略软课题，对国内外光纤技术、生产和市场发展进行调研。

海关总署、国家经贸委等公布实施的中国海关加工贸易单耗标准中有关电子元件类的有中心束管式光缆、镍氢和锂离子电池、电脑软磁盘开关片中央芯、光终端器、印制电路板及覆铜板和粘接片、录像带V–O盒等单耗标准。

国家各相关部委对新型电子元件的发展都给予支持。其中有经贸委“2002年国家级重点新产品试制计划”和“2002年国家重点技术创新项目”；科技部“科技型中小企业技术创新基金”等。信息产业部2002年发展基金项目（电子元件产业化）有19项。

行业协会围绕中国入世的新形势，开展多种形式的活动。行业协会及其分会和中国电子学会电子元件分会等出版会刊、印发简报。召开各类技术和产业发展专业会议，编印专题资料，加强信息与技术交流。中国化学与物理电源行业协会召开了三届二次理事会。进行行业协会理事会人员调整。电子元件行业协会发展新会员单位161个，在册会员单位达1 607个。

## 展望

欧盟“关于在电子设备中禁止使用某些有害物质指令”，要在2006年实施。日本也有类似的要求，但要求在2004年实施，现在一些外商独资、合资企业向日出口产品采用半无铅——用现有电子元器件，只在焊接时，采用无铅焊料。因无铅焊和无其他有害物的问题，不仅仅是整机的焊接问题，或电子元器件单一的无铅问题，而是涉及电子信息产业全行业和很多的相关行业，涉及法规、标准、产品、材料、技术、工艺等方方面面；随着焊接温度提高（现230℃以下，要提到240℃），加温区增加，对印制电路板、电子元器件耐温的影响和要求；电子元器件材料、零部件、工艺及设备的变化；新材料和新设备的研制和供应等等，是一个系统工程，需要有一个整体计划，分别落实。

由于增加内需政策进一步落实，国际经济的恢复比预期要快些，电子元件的出口有回升，2002年国内电子元件生产和销售形势发展较好，预计全年产量约2 500亿只。但各专业发展不平衡，为通信配套的电子元器件，包括通信电缆和光缆及印制电路板等，由于国内通信运营单位新的体制改革，需要有一个过渡和调整时间，这将影响其购置新装备的速度，故为其配套的电子元器件需求增长比原预期量要少。有的专业因彩电及本身出口形势好则回升快。

## 【统计数据】

### 表 1　电子元件类产品产量及销售量

单位：万只

| 类别 | 2001 年 | | 2002 年 | |
|---|---|---|---|---|
| | 产量 | 销量 | 产量 | 销量 |
| 电子元件 | 21 979 523 | 21 486 174 | 34 030 951 | 32 984 866 |
| 电容器 | 10 815 557 | 10 437 039 | 16 198 369 | 15 551 395 |
| 电阻、电位器 | 8 380 510 | 8 319 356 | 14 457 997 | 14 149 999 |
| 电连接元件 | 502 855 | 501 673 | 708 931 | 693 214 |
| 继电器 | 94 134 | 91 099 | 71 033 | 70 301 |
| 磁性材料、电感、变压器 | 1 839 820 | 1 806 169 | 1 948 902 | 1 926 161 |
| 磁头 | – | – | 48 071 | 48 248 |
| 电声器件 | 57 254 | 56 578 | 111 070 | 88 516 |
| 压电陶瓷及超声元件 | 74 854 | 72 070 | 226 034 | 218 537 |
| 敏感元器件 | – | – | 43 687 | 41 318 |
| 压电石英晶体元器件 | 208 268 | 195 693 | 208 468 | 188 868 |
| 厚薄膜混合集成电路 | 6 095 | 5 844 | 8 166 | 7 940 |
| 电子设备用电表 | 176 | 223 | 341 | 369 |
| 印制电路板（平方米） | 11 201 505 | 10 756 549 | 16 168 265 | 16 483 490 |
| 电子线缆及光缆（千米） | 16 457 318 | 16 340 035 | 20 877 073 | 20 745 482 |
| 原电池（万只） | 96 668 | 94 265 | 315 805 | 306 153 |
| 碱性及锂蓄电池等 * | 1 468 120 | 1 457 937 | 8 900 376 | 8 497 251 |
| 微特电机（万台） | 22 103 | 22 310 | 67 985 | 68 589 |
| 其他电子元件及零件（万只、万件） | 6 670 905 | 6 030 159 | 8 322 834 | 8 619 624 |

备注：从印制电路板以下不计入电子元件总数内。从2002年开始启用新的统计分类目录。

*铅酸蓄电池和物理电源未计入，1999年统计单位用万只，2000年开始用kVAH。

表 2　电子元件百强企业 2002 年销售收入与利润总额增长速率的比较

| 产品类别 | 销售收入增长率(%) | 利润总额增长率(%) |
| --- | --- | --- |
| 电容器 | 15.7 | 4.0 |
| 电阻、电位器 | 13.2 | –14.9 |
| 磁性材料与器件 | 28.4 | 52.3 |
| 电感器 | 31.0 | 89.8 |
| 电子变压器 | 38.8 | 79.4 |
| 混合集成电路 | 9.1 | –23.4 |
| 电子器件 | 20.8 | 22.8 |
| 压电晶体器件 | 24.8 | 13.6 |
| 控制继电器 | 6.8 | –13.5 |
| 电接插元件 | –2.7 | –13.5 |
| 微特电机与组件 | 11.5 | –26.5 |
| 电声器件 | 18.4 | 2.8 |
| 印制电路板 | 1.0 | –21.8 |
| 敏感元器件 | 8.5 | 5.1 |
| 光电线缆 | –8.1 | –22.6 |

[撰稿：杨宇坤　林素芬　审稿：季国平　邓雷]

# 电子专用材料工业

## 改革与发展

2002年中国电子信息产品市场快速、稳步地增长，为电子材料的发展提供了巨大的市场需求，企业坚持深化改革，加大结构调整和科技创新力度，努力开拓国际市场，积极应对中国加入WTO后遇到的挑战。2002年从事电子材料行业研究、生产的企业约1 000多家，从业人数约10万人，行业总体发展情况良好。由于国务院鼓励集成电路产业发展优惠政策的出台，为地方产业结构的调整指明了方向，国内主流技术所需的6英寸、8英寸抛光片的产销量在不断增长，说明中国硅材料技术工艺水平有了提高，同时引起了国外硅材料大公司对国内企业的关注，希望来中国投资设厂。键合金丝在国内已形成了规模生产，2002年招远贺利氏贵金属公司兼并了常熟金丝厂，形成了南北两个生产基地、产品统一销售的格局，产销量为国内第一。覆铜板材料、磁性材料等均注重产品结构的调整，加大了高档产品的研发和生产，2002年出口量和出口额均较上年有了明显的增长，在行业内是创汇最好的企业。由于整机表面贴装技术（SMT）的发展，各种焊料、焊剂的生产企业和产量呈现了快速增长的势头，生产企业从原来的几家增加到几十家，为了防止污染和应对欧盟指令的实施，都在积极开发生产无铅焊料。然而由于整机和元器件的降价，对电子材料的价格要求年年下降，企业间的竞争更加激烈，因此2002年各种电子材料产量、销售收入虽然增长较快，但利税效益却很微薄，材料企业在技术创新和管理上需下功夫以求得更好的发展。

## 生产与销售

### 一、半导体材料

2002年国内从事硅单晶研究生产的主要企业约35家，从业人员约3 700人，产量约770吨，销售额约10亿元，增长率为22%。出口量430.5吨，比上年增长48.5%，出口额4 709万美元，比上年增长3.6%。然而，利税收入却下降了约10%，利税下降的主要原因是世界硅材料供大于求而导致价格大幅下降，同时，国内产品大部分为中档、低档、小尺寸硅片。

国内硅片主流产品仍是100毫米和150毫米，200毫米硅片已建了生产线，尚未取得200毫米的用户市场，150毫米硅已有小部分供应，125毫米已供应正片。

国内太阳能单晶自1996年以来平均以65%的高速度发展，2002年增长率略有下降，太阳能电池用单晶占中国单晶产量的一半多，2002年产量约400吨，90%出口。这种出口具有出口原料、劳力和能源的特征。

2002年国内抛光片产量约为7 400万平方英寸，外延片产量约在1 300万平方英寸，国内抛光片占世界份额的1.7%，硅外延片占世界份额约1.3%，随着集成电路的发展，0.25微米、0.18微米、0.13微米技术，将逐步成为国内的主流技术，对硅抛光片外延片的需求会不断增长。使用外延片是提高硅片质量的好方法，外延片产量与抛光片产量的比例，也反映一个国家的硅材料产品结构和技术水平，为了占领国内市场，我们应当发展硅抛光片和外延片，尤其是对大尺寸硅外延片生产应给予关注和支持。

### 二、电子化学品材料

“十五”以来中国电子化学品的市场规模增长很快，2000年刚刚超过100亿元，预计2005年中国电子化学品的市场规模将超过200亿元，将成为化工行业发展最快的专业之一。中国能提供批量生产的电子精细化工产品品种有几百种，其中重点有以下产品。

1. 光刻胶

国内环化橡胶双叠氮系紫外负型光刻胶的产品质量已经达到了国际先进水平,并形成了年产40吨的生产规模。

在酚醛树脂重氮萘醌系紫外正型光刻胶产品的质量已经与国外产品的水平相当，生产工艺已经成熟，并形成了年产10吨的生产规模。g线胶产品已经定型，正在逐步打入市场。北京化学试剂所在248纳米光刻胶的成膜树脂聚对羟基苯乙烯等进行了深入的研究，并取得了较大的进展，无锡化工研究院研制的主要是电子束、X射线胶。国内生产光刻胶的主要单位是北京化学试剂所、无锡化工院和苏州瑞红电子化学品公司，目前，总的生产能力约100吨/年。

2. 超净高纯试剂

中国超净高纯试剂适合中小规模集成电路5微米技术用的MOS级试剂约22种，北京化学试剂所相继研制成功BV-I级、BV-II级和BV-III级超净高纯试剂，其中BV-III级超净高纯试剂达到国际SEMI-C7标准的水平，适用于0.8~1.2微米工艺技术（1~4M），并在“九五”计划末期形成了500吨/年的中等规模。0.2~0.6微米技术用BV-IV级超净纯试剂在研制方面也取得了大的进展，部分产品技术指标已经达到了国际SEMI-C8标准的水平。江阴化学试剂厂拥有一套2 000吨/年通用试剂（AR、GR级）生产装置和3 000吨/年超净高纯试剂（CMOS、MOS、LP级）化学品生产线。

3. 环氧模塑料

国内环氧模塑料起步较晚，目前国内生产规模约1万吨左右，生产水平从5~3微米到 1.2~0.8微米，实验室研制水平达到0.5~0.35微米。

连云港中电华威公司是中国塑封料生产规模最大的公司，目前生产能力达到6 000吨。北京科化新材料科技有限公司塑封料的年生产能力2 000吨。另外还有日本住友在苏州建有塑封料生产工厂，台湾企业在昆山建有塑封料生产工厂，生产不同档次的产品。

中国科学院化学所聚酰亚胺树脂的研制和生产为国内电子封装料的主要研究单位。

4. 电子用特种气体

电子工业用特种气体（简称特气）包括纯气体与多元混合气，主要用于加工保护、掺杂、蚀刻、离子注入、气体沉积等工序。目前国外纯气体有100多种，二元、多元混合气有17类、330多个品种、约1 000多种不同规格。国内大部分特气都由国外独资或合资企业提供。品种约40多个。成膜和掺杂用量较大的气体是硅烷、磷烷；蚀刻气中常用的是$BCl_3$、$CCl_4$、$CCL_2F_2$、$CF_4$、$NH_3$、$SiF_4$等；离子注入气常用的是$AsF_5$、$AsH_3$、$PH_3$、$BC1_3$等。目前特气的开发重点是氟化物特种气体。

5. 印刷电路板材料

印刷电路板（PCB）配套用电子化学品主要分为以下4类：

**基板用化学品：** 包括基体树脂和增强材料。基体树脂主要是酚醛树脂、环氧树脂、聚酯树脂和聚酰亚胺树脂，以及崭露头角的BT树脂等。基体树脂中酚醛树脂目前国内年产量为5 000吨左右；用量最大的是环氧树脂，目前总的年生产能力在5万吨左右。

**线路成像用光致抗蚀剂和网印油墨：** 国内主要有无锡阿尔梅感光化学公司等7家干膜供应商。2002年国内使用的各种阻焊剂约1500吨，其中感光成像阻焊剂需求增长最快。

**电镀用化学品：** 主要用于铜、镍、锡、金及其他贵金属的电镀，常用的电镀化学品有$Na_2S_2O_2$、$Na_2SO_4$、NaOH、$H_2SO_4$、$CuSO_4$、$HNO_3$、HCl等，这些产品国内均能供应，部分有特殊性能要求的电镀添加剂还需进口。

**显影用化学品：** 用于显影、蚀刻、黑化、除胶、清洗、保护助焊等化学品，国内的市场规模已超过1.5亿元，而且目前需求增长很快。

6. 液晶显示用材料

液晶显示器件由8大类材料组成，ITO导电玻璃、液晶、取向剂、光刻胶、偏振片、导电胶、粘合胶及清洗剂。其中主要是ITO导电玻璃、液晶和偏振片三种材料，国内ITO导电玻璃年生产能力超过500万片，液晶年生产能力达40吨，偏振片生产商主要是无锡阿尔梅感光化学公司，除供国内市场外还出口日本等国家。

## 三、覆铜板材料（CCL）

根据覆铜板材料行业分会提供的资料，2002年中国覆铜板总产量达8 390万平米，增长38%，其中，玻璃布基CCL产量为3 960万平米，增长63%，低基CCL产量为4 030万平米，增长20.3%，复合基CCL产量为400万平米，增长33.3%，3种产品之比为47:48:5，全行业销售收入约在近70亿元，出口量约7万吨，出口额21 896万美元，增长32%，进口量约14万吨，进口额49 835万美元，增长41%，进口产品中有相当一部分为挠性板、金属基板、微波器件用板、耐高温高Tg CCL产品，这部分产品售价高，导致进口额高于出口额。

总之，2002年全行业生产和销售形势比2001年要好，产销量较上年均有很大增长，达40%以上。然而，由于产品的降价，销售收入没有同步增长，全年销售收入只增长了10%，纸基板为主的企业销售收入不但没增长，反而比上年有所减少。

因此，CCL行业急需加快技术创新，提高竞争力和经济效益，发展高附加值产品。

### 四、磁性材料

2002年上半年磁性材料产品生产进入低速发展状态，出口形势面临较大的考验。中国加入WTO后，国内家电业有新的发展，磁性材料产品又一次出现新的增长。磁性产品的产量在不断扩大，但价格下降幅度较大，导致销售额下降，特别是国外的磁性材料企业纷纷进入中国建厂，使竞争更加激烈，利润出现负增长。磁性材料行业应把工作重点放在磁性材料产品的国际市场开拓和建立有效的市场协调体系上。2002年下半年起，磁性材料市场有复苏现象，各企业的生产形势良好。目前，中国的磁性材料生产企业和科研院所有近500家，已形成了自己的产业体系，成为世界上最大磁性材料生产基地。工业总产值达到近100亿元。从企业性质来看，国有企业、乡镇企业和独资（合资）企业各占三分之一，但国有企业所占的比例在缩小。从产量看，排列次序为：乡镇企业、国有企业和独资（合资）企业。从产品档次和质量看，大体上，独资（合资）企业的产品档次高、质量优；国有企业的产品档次属于中高、质量好；乡镇企业的产品大部分以中低档为主。

中国的磁性材料工业在产量方面已经初具规模，2002年，永磁铁氧体20 800吨、软磁铁氧体8 200吨、钕铁硼9 040吨。全年出口总额达7.5亿美元，中低档产品占据了较大的国际市场。在高档产品方面还没有形成较强的实力，缺少国际竞争能力。从行业整体看，中国的磁性材料工业与国外先进国家相比，在管理、制造工艺、产品档次和质量方面还存在不少差距。

今后中国的磁性材料行业要注意以下几个方面的改进与提高：加强科技创新力度；加强原材料基础建设；注重技术改造，加强企业管理水平；调整产品结构，提高产品档次；积极开发新型磁材专用设备。促进中国从磁性材料生产大国走向生产强国。

### 五、光纤预制棒材料

2002年科技部委托中国电子材料行业协会进行光纤预制棒发展战略研究项目，协会组织了业内的企业和专家，开展了国内主要光纤和预制棒的行业调研工作，调研结果表明，中国光纤和光纤预制棒产业特点是：

1. 中国已形成了以武汉长飞光纤光缆公司为主的五大光棒生产企业格局，目前光棒年生产规模已达1 850万公里/年，预计2005年将达4 400万公里。根据最近两年的统计，中国实际用纤量为：2000年800万公里；2001年1 200万公里；2002年，光纤产量约1 000万公里，用量为900万公里左右。

2. 中国的制棒技术日趋成熟和完善，国际上已有的二步法制棒工艺，国内基本上已经掌握，并且相当注重自主知识产权的建立，江阴法尔胜股份公司开发的MCVD+OVD光纤预制棒生产技术经专家鉴定为国内首创，产品质量达到国际先进水平，长飞、法尔胜、富通、烽火等单位2002年共申报专利30多项。

3. 光纤拉丝能力自足有余，全国已引进121条高速拉丝生产线，规模已达到3 000万公里/年以上。

4. 根据KMI的报告，国外光纤产业在近两年大规模扩产（超过25亿美元的资金投入），使得世界光纤生产能力增加了70%，即从1999年的7 700万公里增加到2001年的14 500万公里，2001年的世界用纤量仅为9 000万公里，过剩了38%。即便到2005年，还有20%过剩。

5. 由于国际国内光纤生产能力的过剩造成大量国外光纤（如南韩、美国、日本）倾销到国内市场，低于成本价销售，尤其是南朝鲜的四大光纤公司：LG、大韩、三星和大宇以低于成本价将产品大量倾销到国内市场，现在韩国的光纤已经降到了100元以下。由于中国光纤预制棒产业还处于起步阶段，在预制棒制造技术方面，尤其是在大直径制棒技术、劳动生产率和成本方面相比先进国家尚存在较大差距。据统计，2002年仅进口南韩光纤就达100万公里左右。

## 重大工程与重点项目

微电子配套材料是发展集成电路的基础，以硅材料为主体、硅基材料、化合物半导体材料、电子化工材料及封装材料共同发展的局面在未来5年仍将成为微电子材料发展的主流。国家科技部根据有所为、有所不为的原则选择重点，坚持自主开发，突破关键技术和加强成果向产业化转化为目标。2002年安排了超大规模集成电路用配套材料的“863”重大专项，总投资达5.85亿元，其中国拨经费2亿元。第一阶段共安排了10个课题，15个单位签订合同作为承担单位，到位资金5 000多万元，项目研究的总体目标是以0.13~0.10微米技术集成电路所需配套材料为主攻方向。同时，充分利用“八五”、“九五”国家科技攻关成果，加快0.18~0.25微米技术集成电路配套材料的发展，以企业为主体，产、学、研相结合，对市场用量大的微电子配套材料进行工程化技术体系研究，形成专业化发展和规模化生产。项目实施以来，各承担单位控制节点目标，按季度进行检查，保证任务按计划进行。同时，还将开展配套材料的发展战略研究，促使配套材料的可持续发展。

## 国际合作与对外贸易

随着中国加入WTO以及中国巨大的市场需求，国外很多材料制造商到中国投资建厂，这对国内电子材料生产企业来讲是挑战与机遇并存。行业中积极加强国际合作与交流，开拓国际市场，如磁性材料行业与日本电子工业协会共同交流了两国软磁铁氧体和磁性材料产业的现状和发展，签署了互访和经常性经济技术信息交流的协议，磁性材料分会还在上海市成立了中国磁性材料及设备贸易中心，加强行业内的协调，建立有序竞争的市场游戏规则，方便了与国外公司、协会间的交流合作。压电晶体材料与台湾晶体产业协会建立了海峡两岸互访和交流合作关系并签署了相关的协议。另外，中国电子材料行业协会参与了国际材料联合会，在中国西安举办的第八届国际电子材料论坛会，这都促进了中国电子材料行业与国外同行的交流合作。

## 主要企业

中国电子科技集团公司第四十六研究所是电子系统惟一的研究、生产电子材料的专业研究所，产品有半导体、光纤等电子材料，同时也是电子信息材料质量检测监督中心。近年来所领导大胆开拓，加快了向企业转化的进程。2002年针对国际、国内砷化镓市场出现的新格局，抓住机遇，投资引进了一整套直径4至6英寸砷化镓材料生产线。在消化吸收国外设备工艺的基础上，成功地研制出中国第一根直径为6英寸的砷化镓单晶，单晶重量达12千克，等径长度120毫米，实现了中国直径6英寸砷化镓单晶研制零的突破。2002年生长4炉单晶,单晶成晶率达到100%，产品性能和拉晶水平均达到国际商品水平。这也是国内第一条完整的4至6英寸砷化镓生产线，解决了长期以来中国砷化镓单晶达不到“开盒即用”的问题。该生产线为砷化镓的规模化生产打下了良好的基础，为缩短与西方发达国家在砷化镓单晶材料产业化方面的距离做出了贡献。另外，该所研制的熊猫型保偏光纤在2002年继续保持了较大的技术优势，占据了国内大部分市场。全年产量突破200公里。

洛阳单晶硅公司建于20世纪60年代，开始引进的是日本的设备和工艺，以生产3至4英寸硅片为主；80年代引进了美国的设备，建成4至5英寸硅片生产线；90年代加紧与国外同行间的合作，并与世界著名的硅片企业MEMC合资，注入资金，引进设备，使洛阳单晶硅厂在管理水平与技术水平上都有了大幅的提高，主要生产4至5英寸电路用抛光片，目前单晶硅年产量为100至150吨，4至5英寸抛光片年产能为200万片，其中一半以上出口。国务院18号文件实施以来，河南省和洛阳市政府又相继出台了一些相关配套政策支持该公司的发展，使该公司取得了很大的发展空间。如增值税实际税付超过3%的部分即征即退，到目前为止，退税金额为260万元，有力支持了企业的发展。18号文及地方配套政策的出台又为地方产业结构的调整指明了方向。该公司投资9 130万元，成功实施了6英寸硅抛光片技改项目，使洛阳单晶硅公司新增6英寸抛光片生产能力2万片/月，新增销售收入1.5亿元/年。公司还投资2.2亿元进行多晶硅原料的生产线改造，使多晶硅原料的生产从原有30吨生产量扩大到300吨/年的生产规模，为企业的后续发展打下了基础。目前企业的经济效益好转，预计2003年将实现销售收入1.6亿元。

## 行业管理

2002年中国电子材料行业协会开展了多方面的活动。

1. 协会机构清理整顿

完成了协会原有分支机构的清理整顿、重新登记以及新增分会的报批工作，至2002年底，民政部已批复了分支机构10个分会获准进行登记；电子锡焊料材料分会也已获准成立。

2. 积极应对中国加入WTO后面临的机遇与挑战

2002年，各分会针对生产和销售中的问题，多次召开分析研讨会，研究政策和策略，促进行业发展。

3. 协助政府部门开展行业调研与咨询服务

协助科技部进行了"'十五'光纤预制棒科技攻关及发展战略的研究"工作。军用电子材料体系、国防重点实验室、国防电子信息材料发展战略研究、军工配套电子材料等诸多项目的立项论证与评估，为政府部门提供了咨询服务。

4. 举办各种展览（展示）会和技术交流研讨会

2002年，协会分别在北京、西安、上海、广东地区举办技术交流推广会、展览会，对推动行业的发展起到了十分积极的作用。

5. 网站建设与服务

中国电子材料网充分利用网络资源及优势，行业内的信息在网站上进行及时发布，为国内企业开拓国内外市场、国外公司采购国内电子材料产品免费提供中介服务。网站运行情况良好，已成为行业交流的平台。

## 市场分析与展望

2002年中国通信、计算机、信息家电的增长，带动了集成电路和各类元器件的发展，同时也给基础材料带来了发展机遇。2002年电子专用材料中半导体硅单晶外延片、砷化镓材料、磷化镓、磷化铟材料、覆铜板材料、铜箔、玻璃纤维布、磁性材料、特种晶体材料、引线框架、环氧塑封料等的产量均比上年增长了15%~20%。但因价格因素，销售收入、利润却比上年降低了很多，与此同时中国加入WTO后，各种原材料进口关税下调或为零关税，关税倒挂的材料品种均给材料行业增加了很大的发展难度，企业的整体经济效益并没有因产量增加而回升。光纤预制棒行业，由于世界各生产企业的扩产，给中国光棒产业带来很大的冲击，目前由于市场需求增长速度慢，2002年光棒价格已降到低谷，各企业均在原地踏步，等待市场的回升，以求再度发展。目前电子专用材料企业已注重自我创新，注重开发高附加产品，如磁性材料开发了高导磁率的PC40软管材料，磁导率达到日本TDK2300的指标，该材料将用于高频功率电源中，适应通信整机的要求。覆铜板开发生产挠性板、金属基板、微波用耐高温、高TgCCL、高附加值材料，提高在市场中的竞争能力。硅片提高抛光片、外延片的生产比例，适应集成电路发展的需要，同时也提升了硅材料行业的技术水平。为了保护环境，减少污染，焊料行业在开发无铅焊料，等等。展望未来，中国有巨大的市场需求，随着全球经济的回升及国家有关政策的支持，电子专用材料将在现有的基础上继续向前发展。

**[撰稿：袁桐　鲁瑾　审稿：郑敏政　关白玉]**

# 光学光电子工业

## 综述

光电子技术已成为信息系统和网络中最引人注目的核心技术。光电子产业以其发展迅速而成为国民经济和军事领域具有战略重要性的产业。

在国家宏观政策的指导下，随着中国西部大开发的好机遇，2002年中国光电子行业中的光电四件、LED显示屏、液晶、红外、激光等行业的发展前景日益看好。例如：红外测温仪、热像仪等产品，随着逐步推广及技术安保体系的建立与完善，使用量正以较快速度增长，少数红外企业在中国市场上已呈现出一定的优势。另外LED显示屏，作为现代信息显示的主流产品其销售额2002年比2001年增长了近20%。据此，2003年中国激光产品的销售（除了受国际市场影响较大的光通信外），仍将会有较大幅度的增长。

## 光电器件

中国LED产业在保持2001年的稳健态势下，2002年又取得了长足进步，在从业人员、产量、销量、产值方面均有了重大突破，充分说明LED行业是朝阳工业。总结2002年LED有以下几方面进展：发光范围包含了整个可见光范围，红、橙、黄、绿、青、蓝、紫LED，并扩展到近紫外和近红外；关于这方面研究的单位包括北京大学、清华大学、中科院半导体所、信息产业部十三所、江西大学、中科院物理所、深圳大学等，其研究水平已达到国外同等水平。高亮度LED外延材料生产技术和芯片制造技术取得突破，AlGaInP、InGaN外延材料及器件已经实现了小批量生产；大面积高功率LED研发取得一定进展，为白光LED取代照明奠定了一定基础。其中有关LED前工序的生产企业，主要有山东华光、深圳方大、厦门三安、上海北大兰光、江西联创、江西欣磊、上海大晨、上海兰宝等企业，目前已实现超高亮度部分产业化，兰光正进入推进产业化的过程中，其研究水平已与国外水平相当。而以后工序为主生产的企业，包括厦门华联、佛山光电、宁波爱米达、天津天星、北京晶辉等公司绝大多数产品均已实现产业化，品种达到几千种，已基本能满足国内需求。研究院所与企业的合作也在积极开展中，目前已有8家单位，研究应用主要集中在前工序。

目前LED的应用主要集中在大屏幕显示、交通灯、汽车灯、背光源、装饰灯、中型广告牌及各种显示应用中。2002年LED显示屏产业发展良好，现在国内LED显示屏年产值20亿元，出口4亿元，国产LED显示屏占有率几乎100%，国外同类产品基本上没有市场。随着LED技术性能的不断提高，应用领域不断扩展，发展白光LED固态照明技术这一重大项目已经成为未来LED产业发展的重要课题。在继续关注LED新型发光材料的同时，还需要关注几方面课题：关注GaN基材料及器件，GaN基半导体激光器、在Si衬底上的蓝光LED，这项技术的突破，将大大降低现有的GaN基蓝光LED的成本；关注有机发光，有机发光是新一代显示技术，世界上有80多家大公司正在从事OLED材料与器件的研发工作，目前已有多种OLED产品推向市场，由于它有超薄、视角宽、生产工艺简单、能耗低、成本低等特点，应用广泛，将成为LED的一颗新星。

经光电器件分会下属会员单位不完全统计，2002年LED产量约为160亿只，产量和销售额及光电器件产业规模详见附表。

### LED显示屏

中国LED显示屏产业起步于20世纪80年代末90年代初，发展至今已初具规模。比较正规的专业性生产单位在全国约有100多个，从业人员约1万人。由于产业的发展已经成立了全国性的行业组织。据目前对全国80多个单位的调查统计，其从业人员中科技人员比例较高，约占总人数的50%。

目前，LED显示屏作为现代信息显示的主流产品在机场、港口、车站、证交所、银行、体育场馆、医院、城市交通、广场等都有其广泛的应用，而且用的愈来愈多。随着中国西部大开发，大城市中申办各种世博会、运动会以及城市建设发展的需要，LED显示屏应用前景还将会日益看好。

从对行业中80多个单位的调查统计来看，2002年其销售额为19亿元，比2001年的16亿元增长了近20%（18.75%），其中全彩屏的增幅约为33%，按此估算，全国LED显示屏2002年的销售额约为24亿元，比上年度的20亿元增长20%。2002年LED显示屏的出口额约为5亿元，比上年度的3.5亿元增长了42%，其中规模较大、年销售额在千万元以上的单位约有40个，这40个单位的销售额为17亿元，占全国的70%。

中国的LED显示屏单位主要分布在广州、深圳地区，上海、南京地区，北京、天津地区，西安、成都地区。

2002年LED显示屏从业人员的结构及LED显示屏的销售情况详见附表。

### 液晶

2001年中国液晶行业受全球经济衰退及信息产业发展趋缓的影响，发展明显减缓，出现了第一次负增长。2002年情况有所好转，但根本上还属于恢复性增长。

目前，液晶行业分会会员发展到了114家，据不完全统计：2002年全行业销售总值为59.40亿元，比上一年增加5.88亿元，增长11%。其中液晶显示器件37.51亿元，占63.15%，所占比例比去年下降3.01%；相关材料12.76亿元，占21.48%，所占比例比去年上升7.02%；制造设备1.08亿元，占1.82%，所占比例比去年上升0.88%；其他（包括配套服务、贸易等）8.05亿元，占13.55%。

#### LCD器件

根据不完全统计，中国大陆现有LCD生产厂家约82家，对业内主要的30家内资企业及部分合资企业2002年经济状况（管理、销售额）进行了调查。这30家企业总投资共计56.15亿元。职工17 198人，其中管理、技术人员约占22%。2002年销售额为37.51亿元，比上一年增加2.1亿元，增加5.9%。其中液晶屏产量200万平方米，销售额27.17亿元；模块1 889.46万块，销售额10.34亿元。

目前LCD企业主要分布在三个区域：以深圳为中心的华南地区，约47家，以上海为中心的华东地区约20家，华北、东北地区约为15家。在82家企业当中，外商独资或外商控股的企业约为42家，占51%。从了解的情况看这些外资企业的总投资额、职工人数、年销售额都要比内资企业大很多(统计数据很难拿到)。因此，LCD器件方面的统计数字只是部分反映了国内目前的产业状况。

2002年以来国内业界的热门话题是如何加快中国大陆第五代TFT-LCD建设，以满足日益迫切的市场需求。现已列入项目进程的是上海上广电与NEC合作投资8.5亿美元的五代线以及北京京东方投资12亿美元的五代线。这两条线的建设连同一批外商在大陆已经或正在建设的TFT后工序组装线将对中国液晶产业产生巨大影响。

业内另一重点是STN-LCD的彩色化。深圳天马等一批实力强的企业正全力推出彩色STN产品，以满足手机显示屏彩色化的要求。与此相对应的深圳莱宝的彩色滤色膜生产线也已于去年年底投入生产。

#### LCD相关材料

2002年中国四家液晶材料企业共出售26.5吨液晶（含单体和混合液晶），销售额1.77亿元。同比分别增长39.6%和18.07%。石家庄实力克在四家当中规模最大，品种最多。

偏振片现有福地日合、温州侨业、深纺乐凯3家生产企业。2002年共销售80.3万平方米，销售额为5 263.3万元。销售量增长7%，但销售金额却下降12%。产生这种现象的一个主要原因是来自进口偏振片边角料低价倾销对低档产品的价格打压。

ITO导电玻璃仍然是液晶器件三大材料中发展最快的。生产厂家已超过10家，其中规模较大的是深圳南玻和深圳莱宝。2002年共生产ITO玻璃513万平方米，销售总额8.63亿元。同比分别增长36.4%和116%。导电玻璃目前不但能基本上满足国内需求，出口比例也达到一定水平。生产导电玻璃的成套设备目前也在逐步从低端向中高端方向具备实现国产化的能力。

此外，掩膜版、背光源、取向剂、封接胶、光刻胶以及其他相关材料的国内自给率有了很大的提高。据不完全统计，从事这方面生产的企业已达7家以上，实现年产值1.83亿元。

**LCD制造设备**

经过各方多年来的努力，中国目前已能批量生产部分LCD制造设备及测试仪器，但与LCD器件和相关材料比，仍显得滞后一些。虽然从事这方面工作的企业在增加，但每一家的规模都偏小，一些高端产品也大多停留在仿制阶段，缺乏比较强的竞争力。尤其是国内还未能形成一套成熟完整的提供成套设备的环境和条件，也限制了设备制造业的发展，以至于在高端设备方面仍大量引进的局面难以打破。

可喜的是国内设备制造企业在成盒后的流水线设备配套能力方面大大提高。切割机、灌晶机、偏光片裁片等后工段的主要设备的国内配套能力也达到一个较好的水平，性价比也已经达到让日本、韩国企业已基本失去竞争力的程度。在前工序的设备上，部分企业已可制造一些要求不算太高的清洗设备。也有部分企业开始通过与日本公司合作的方式，涉足如摩擦机、高要求清洗机等高端设备。

2002年，主要的6家设备制造厂家的销售额为1.02亿元，主要产品是各种清洗机、摩擦机、玻璃切割机、盒厚测量仪、显影机、蚀刻机以及ITO镀膜生产线等。

## 红外

中国的红外技术仍处于产业化的进程中，较具规模的红外机构约30家，其中多数为科研机构。在体制上大部分已陆续实现了从事业单位向企业的转型，分属电子、兵器、航空和航天等集团公司。它们正直面市场经济的洗礼，创造机遇、搏击挑战。更多的红外机构或是规模偏小，或是独立法人的下属部门，随着改革的深化，已从科研院所和工厂独立出一些专业公司，其规模虽多数偏小，产品较单一，但市场竞争能力已有所增强。以人工晶体研究所为例，改制后2002年的产值和销售额均比2001年度增长50%。近年在红外高技术领域出现的一些公司具有较强的生命力，如进口焦平面阵列芯片后制造并销售非制冷热像仪的几家公司。外资和合资企业尤其在中、高端产品领域，正扩大它们的销售份额。

红外产品市场总体上维持着健康发展的格局。红外测温仪、热像仪等产品随着工业自动控制程度的提高，热故障与热漏泄诊断的逐步推广以及技术安保体系的建立与完善，使用量正以较快速度稳步增长。其中，热像仪市场呈急剧上升态势。另一方面，红外加热类产品（含各类理疗仪器）的销售持续不旺。

少数红外企业已在中国市场上展现出一定优势。其中部分企业的产品市场占有率超过50%。在红外光学材料领域，北京有色金属研究院国晶辉红外光学材料有限公司生产的锗单晶在2002年度的销售额维持在2 000多万元人民币的水平。在红外探测器领域，生产热电探测材料与器件及其衍生产品的上海尼赛拉传感器有限公司在2002年度的产量超过2亿只，年产值和销售额分别达到2.9亿元和2.25亿元人民币，公司全员人均产值和销售额分别超过130万元/人和100万元/人。在热像仪领域，浙江大立科技有限公司DL系列热像仪2002年度的销售额达到人民币5 000万元。其公司的红外监视、监测、监控系统2002年度销售额为人民币3 000万元。在红外理疗仪领域，北京周林频谱总公司生产的周林频谱仪2002年度的销售额大致维持在4 000万元人民币的水平上。

在2002年度，红外探测器作为红外技术和产业的基础，其研制工作继续取得进展。在中波红外：128×128锑化铟焦平面阵列和512×512元PtSi焦平面阵列都已进入实用化研制阶段。碲镉汞焦平面阵列正在突破256×256元的阵列规模。在长波红外：HgCdTe线列4n系列和二维焦平面阵列的规模正在扩大之中。非制冷焦平面阵列的研制工作继续取得进展。总体来看，实用化红外探测器的品种依然较少，光电探测器、热电偶与热电堆、热敏电阻探测器等的产量较少，产品性能的一致性、稳定性和可靠性有待进一步提高，并需大力推广应用。

红外测温仪的设计制造技术已基本过关，重复性和可靠性已有较大提高，部分产品的性价比优于进口产品。配套元器件业已生产，但尚需进口部分红外探测器。

热成像技术的第一代产品仍在继续推广应用中，但这类光机扫描型制冷热像仪正面临非制冷热像仪日益激烈的竞争。第二代热成像技术尚处于实验室研究阶段。继288×4元长波红外碲镉汞焦平面阵列热像仪研制成功之后，正在研制凝视焦平面阵列热像仪。

## 激光

在中国，激光技术为主导的光电子产业已是新世纪带动相关产业发展的新经济增长点。中国激光技术的发展已有42年的历史。经过几代人的艰辛努力，中国的激光、光电子学研究获得了重大发展，取得了以“神光二号”巨型激光器为代表的一大批具有国际先进水平的科研成果，成功推广了一大批实用技术。

据不完全统计，目前从事激光技术研究、激光应用产品研制生产的单位约有400余家（不含激光音像产品、设备生产单位），其中常年有定型产品的生产和销售并具有一定规模的生产单位约200余家，从业人员2万余人。表明中国激光行业已形成了一支具有相当实力的产业队伍。

在过去激光行业竞争最激烈的两年中，全球经济不景气，国际IT市场萎缩，使全世界激光产品市场连续两年出现大幅度下滑。自2001年世界激光市场销售额下降了36%后，2002年整个激光行业的总收入又从2001年的56亿美元跌至43亿美元，下降幅度达24%。受世界激光产品市场的波及，中国激光产品市场2002年也出现了下滑。据相关行业的调查统计：全国激光行业有217家生产单位（其中激光产品生产单位134个、全息制品生产单位83个）上报了统计数据，在不包括激光音像制品与设备、光通信工程、激光条码检测以及激光二次效益的情况下，2002年中国激光产品市场销售总额为28.62亿元人民币，比2001年的32.4亿元减少了11.7%。其中，尽管激光加工连年稳步增长，2001年首次突破10亿元大关，但由于光通信受国际市场波及出现大幅度下跌，使激光产品市场由2001年的28.39亿元降至24.04亿元；全息制品销售比2001年略有增加，由4.01亿元增至4.58亿元；2002年中国激光产品出口创汇受国际经济不景气影响再度下滑，由2001年的2 469万美元降至2 157万美元，减少了12.6%。出口产品主要为激光加工设备、光通信器件、激光医疗装置等。

2002年中国激光产品销售额按主要应用市场分类、按主要激光器件分类统计、出口创汇统计以及市场销售份额地区排序具体如下：

### 一、激光产品销售按主要应用市场分类统计

1. 光通信

尽管2001年中国光通信市场由于器件国产化水平提高使国内市场购买力增强，在国际IT市场萎缩情况下仍保持了高速发展的势头，但受国际市

场影响2002年出现了大幅度下滑，全国光通信市场在2002年的销售额仅为3.073亿元，相当于2001年的1/5，实际减少了11.407亿元之多。其中，仅武汉地区就减少了9.37亿元。

2. 激光加工

2002年中国激光加工产品继续保持高速发展势头，全年销售额首次突破10亿元大关，达到10.355亿元，比2001年的6.332亿元净增4.033亿元，增长了63.5%。其中：激光打标机市场由2001年的2.863亿元增至5.029亿元，增长了75.7%，净增2.166亿元；激光切割机市场由2001年的1.377亿元增至2.417亿元，增长了75.6%，净增1.04亿元；激光加工机市场增长幅度最大，由2001年的1 498万元增至9 746万元，增长了550.5%，净增8 248万元；激光焊接机市场由2001年的7 219万元增至8 656万元，增长了19.9%，净增1 437万元；激光快速成型机市场由2001年的2 497万元增至4 750万元，增长90.2%，净增2 253万元；此外，激光打孔机、去重微调机、划片机市场也有不同程度增长。

激光热处理机市场2002年出现下降，由2001年的7 370万元减至1 148万元，下跌了84.4%，减少了6 222万元之多。

3. 激光医疗

2002年中国激光医疗市场继续稳步回升，销售总额达到1.965亿元，比2001年的1.074亿元增长了82.9%，其中：He-Ne激光治疗机由2001年的388万元增至408万元，增长了5.4%；激光美容机由2001年的6 330万元增至8 126万元，增长了28.4%；YAG激光治疗机由2001年的1 106万元增至2 522万元，增长了128%。眼科治疗机由2001年的373万元增至489万元，增加了31.3%；半导体激光治疗机由2001年的78万元增至122万元，增长了55.8%。

$CO_2$激光治疗机、激光血疗仪市场的销售额则出现下降，其中：CO2激光治疗机由2001年的2 021万元降至1 686万元；激光血疗仪由2001年的432万元降至255万元。

4. 测距、准直

2002年我国激光测距、准直市场比2001年有较大增长，由2.57亿元增至3.2亿元，增长了23.3%。

5. 激光器件

2002年中国激光器件市场比2001年有较高增长，由2001年的1.16亿元增至1.965亿元，净增7 005万元，增长了55.4%。这主要得益于半导体激光应用整机、YAG激光打标机和全固态激光器技术近年发展很快。其中：半导体激光器由2001年的9 206万元增至11 980万元，增长了30.1%；YAG激光器出现大幅度回升，由2001年的223万元增至1 707万元，增长了665.7%，净增1 484万元；He-Ne激光器由2001年的194万元增至532万元，增长了174.9%。

$CO_2$激光器则略有下降，由2001年的2 264万元减至2 170万元，下降了4.1%。

6. 全息制品

根据中国光学学会全息防伪专业委员会提供的统计数据，涉及2002年全国全息制品销售统计的生产厂家共有83家，总销售额为4.58亿元，比2001年的4.01亿元增长了14.2%。其中，全息防伪标识销售额略有下降，由2001年的3亿元降至2.98亿元；全息包装材料有较大幅度增长，由2001年的1.01亿元增至1.6亿元，增长了58.4%，净增5 900万元。

7. 材料、元器件

材料、元器件类产品主要指各类激光晶体、非线性晶体及光学元件等。2002年尽管激光晶体出现较大回升，中国材料、元器件市场的整个销售额仍有所下降。其中：激光晶体由2001年的2 537万元增至3 969万元，净增1 405万元，增长了56.6%。这主要归功于激光加工市场连年稳步增长，尤其是打标机市场火爆。

非线性晶体持续下滑，由2001年的4 781万元降至3 217万元，减少了32.7%。而光学元件因一些生产厂家未能在规定期限内返回统计数据，因此最终统计结果大大低于2001年的7 512万元，只有1 379万元。

8. 部件

部件类产品主要是各类激光辅助器件，如各种调制器、泵浦灯、电源及功率能量计等。2002年中国激光部件市场有较大增长，由2001年的2 273万元增至5 278万元，增长了132%，净增3 005万元。

**二、激光产品销售按主要激光器件分类统计**

1. He-Ne激光器

2002年全国He-Ne激光产品销售额比2001年有所减少，由2 635万元降至1 299万元，减少了50.7%。He-Ne激光器的主要应用领域为文教、检测、医疗等。

2. $CO_2$激光器

2002年全国$CO_2$激光产品销售额比2001年有较大增长，由31 943万元增至55 211万元，增长72.8%，净增23 268万元。这主要是激光加工产品市场的增长幅度大，2002年$CO_2$激光加工产品市场销售额为47 631万元，比2001年的26 589万元增长了79.1%之多，净增21 042万元。

3. YAG激光器

2002年全国YAG激光产品销售额比2001年有较大增长，由66 289万元增至90 448万元，增长了36.4%，净增24 159万元。其中以激光加工产品市场增长最多，由2001年的34 844万元增至51 974万元，增长了49.2%，净增17 130万元。

4. 半导体激光器

2002年中国半导体激光器产品销售额受光通信市场大幅度下滑影响很大，由2001年的156 975万元跌至52 315万元，减少了66.7%。但各类半导体激光应用整机却有较大增长，如激光测距、准直、加工、检测等，具有很大发展空间。

**三、激光产品出口创汇**

2002年中国激光产品出口创汇有所下降，由2001年的2 469万美元降至2 058万美元，减少了16.7%。出口创汇主要市场为：激光加工、激光晶体材料、光通信等。

**四、激光产品市场销售份额的地区分布**

中国激光产品市场的基本格局2002年未出现太大变化，依旧主要分布在湖北、北京、上海、江苏、广东等经济发达省市。其中，湖北、广东、北京、上海、江苏5省市的销售额均超过亿元，仅这5个省市的销售额就有20.08亿元，约占全国总销售额的83.5%。2002年全国激光产品销售额前15位地区排序见附表。

**【统计数据】**

**表1　2002年光电器件产业从业人数**

| 企业数（个） | 职工人数（人） | | | |
|---|---|---|---|---|
| | 职工总数 | 技术人员 | 管理人员 | 工人 |
| 420 | 30 000 | 3 000 | 2 000 | 25 000 |

**表2　光电器件产量与销量**

单位：亿只

| 2001年 | | 2002年 | | | | 2003年（预测） | |
|---|---|---|---|---|---|---|---|
| 产量 | 销量 | 产量 | 增长率（%） | 销量 | 增长率（%） | 产量 | 销量 |
| 102 | 98 | 160 | 56.86 | 150 | 53.06 | 200 | 180 |

表 3 光电器件产值与销售额

| 类别 | 单位 | 2001 年 | 2002 年 | 2003 年(预测) |
|---|---|---|---|---|
| 产值 | 亿元 | 59.8 | 100 | 120 |
| 销售额 | 亿元 | 38.2 | 80 | 100 |

表 4 2002 年 LED 显示屏从业人员结构

| 从业人员(人) | 管理人员(人) | 比例(%) | 科技人员(人) | 比例(%) | 工人(人) | 比例(%) |
|---|---|---|---|---|---|---|
| 8 500 | 1 500 | 17 | 4 200 | 50 | 2 800 | 33 |

表 5 LED 显示屏销售情况

| 类别 | 单位 | 2001 年 | 2002 年 |
|---|---|---|---|
| 销售额 | 万元 | 160 000 | 190 000 |
| 其中：全彩屏 | 万元 | 60 000 | 80 000 |
| 出口额 | 万元 | 35 000 | 50 000 |
| 其中：全彩屏 | 万元 | 30 000 | 40 000 |

表 6 主要地区 LED 显示屏销售额及出口额

| 类别 | 单位 | 广州、深圳 | 上海、南京 | 北京、天津 | 西安、成都 |
|---|---|---|---|---|---|
| 销售额 | 亿元 | 6.00 | 3.80 | 3.70 | 3.50 |
| 出口额 | 亿元 | 3.19 | 0.07 | 0.66 | 0.20 |

表 7 中国液晶行业发展概况

| 类别 | 单位 | 2000 年 | 2001 年 | 2002 年 |
|---|---|---|---|---|
| 会员单位 | 个 | 91 | 104 | 114 |
| 职工人数 | 人 | 25 576 | 21 966 | 26 083 |

续表 7

| 类别 | 单位 | 2000 年 | 2001 年 | 2002 年 |
|---|---|---|---|---|
| 技术及管理人员数 | 人 | 7 002 | 5 492 | 5 928 |
| 全行业销售额 | 万元 | 546 000 | 535 200 | 594 000 |
| LCD 年产量 | 万平米 | 195 | 150 | 200 |
| ITO 玻璃年产量 | 万平米 | 333 | 376 | 513 |
| 液晶材料年产量 | 吨 | 17 | 16 | 27 |
| 偏振片年产量 | 万平米 | 43 | 75 | 80 |

**表 8　主要红外产品销售额**

单位：万元

| 产品类别 | 2001 年 | 2002 年 | 增长率(%) | 2003 年(预测) |
|---|---|---|---|---|
| 光电探测器与配套件 | 7 200 | 8 670 | 20.4 | 9 870 |
| 热电探测器与配套件 | 24 720 | 25 700 | 3.9 | 26 470 |
| 测温仪 | 7 190 | 7 560 | 5.1 | 9 450 |
| 热像仪与热电视 | 8 450 | 14 270 | 68.8 | 18 550 |
| 报警器 | 4 180 | 4 550 | 8.8 | 5 000 |
| 分析仪器 | 4 030 | 4 200 | 4.2 | 4 400 |
| 加热涂料 | 2 300 | 2 200 | -4.3 | 2 200 |
| 加热元件 | 7 220 | 7 010 | -2.9 | 7 010 |
| 加热装置与系统（含各类理疗仪） | 22 670 | 21 530 | -5.0 | 21 530 |

**表 9　全国激光产品销售额统计**

单位：亿元

| 类别 | 2000 年 | 2001 年 | 2002 年 | 2003 年(预测) |
|---|---|---|---|---|
| 激光产品 | 16.05 | 28.39 | 24.04 | 27.00 |
| 全息制品 | 3.06 | 4.01 | 4.58 | 5.00 |
| 合计 | 19.11 | 32.40 | 28.62 | 32.00 |

表 10 全国激光产品销售额按主要应用市场分类统计

单位：亿元

| 类别 | 2000 年 | | 2001 年 | | 2002 年 | |
|---|---|---|---|---|---|---|
| | 销售额 | 增长率(%) | 销售额 | 增长率(%) | 销售额 | 增长率(%) |
| 光通信 | 65 649.6 | 112.9 | 144 800.0 | 120.0 | 30 730.0 | -78.8 |
| 激光加工 | 34 013.7 | 111.5 | 63 220.2 | 85.9 | 103 550.0 | 65.0 |
| 激光医疗 | 9 528.3 | -3.7 | 10 743.6 | 12.8 | 19 650.0 | 82.9 |
| 测距准直 | 22 257.2 | 12.5 | 25 703.5 | 15.5 | 31 694.7 | 23.3 |
| 全息制品 | 30 600.0 | 33.6 | 40 100.0 | 31.0 | 45 800.0 | 14.2 |
| 材料、元器件 | 15 718.8 | -20.0 | 15 147.8 | -3.6 | 8 635.1 | -43.0 |

表 11 全国激光产品销售额按主要激光器件分类统计

单位：亿元

| 类别 | 2000 年 | | 2001 年 | | 2002 年 | |
|---|---|---|---|---|---|---|
| | 销售额 | 增长率(%) | 销售额 | 增长率(%) | 销售额 | 增长率(%) |
| He-Ne 激光器 | 2 179.6 | 13.2 | 2 635.45 | 20.9 | 1 299.33 | -50.7 |
| $CO_2$ 激光器 | 15 201.8 | 26.5 | 31 942.5 | 110.1 | 55 210.56 | 72.8 |
| YAG 激光器 | 49 639.7 | 93.6 | 66 288.6 | 33.5 | 90 447.50 | 36.4 |
| 半导体激光器 | 67 612.6 | 72.3 | 156 974.8 | 132.2 | 52 314.50 | -66.7 |

表 12 2002 年全国激光产品销售额前 15 位地区排序表

| 序号 | 地区 | 销售额(万元) | 序号 | 地区 | 销售额(万元) |
|---|---|---|---|---|---|
| 1 | 湖北省 | 80 833.70 | 9 | 重庆市 | 3 963.62 |
| 2 | 广东省 | 44 021.40 | 10 | 山东省 | 3 850.40 |
| 3 | 北京市 | 37 171.01 | 11 | 福建省 | 3 000.00 |
| 4 | 上海市 | 20 989.76 | 12 | 陕西省 | 2 740.10 |
| 5 | 江苏省 | 17 797.22 | 13 | 河南省 | 2 564.50 |
| 6 | 四川省 | 7 532.00 | 14 | 广西壮族自治区 | 1 714.00 |
| 7 | 浙江省 | 4 215.39 | 15 | 天津市 | 1 680.96 |
| 8 | 辽宁省 | 4 132.72 | | | |

**[撰稿：中国光学光电子行业协会]**

# 中国科学院电子信息产业

## 改革与发展

2002年，中国科学院院属单位投资的科技型企业的改制工作基本完成，大部分企业已改制成按《公司法》设立的有限责任公司，小部分企业发起设立为股份有限公司并积极筹备上市。建立了多元投资结构的企业法人治理结构，鼓励科技人员和管理人员投资入股，鼓励风险投资者、海外科技人员、留学人员以资金技术购股、入股，使中国科学院院属单位投资企业的股权社会化程度有较大的提高。

## 生产与销售

据对中国科学院院属单位投资的454户企业的统计，2002年度，企业营业收入494.91亿元，比上年增长13.9%；利润总额36.03亿元，比上年增长55.0%；利税总额50.59元，比上年增长17.7%；资产总额391.79亿元，比上年增长20.8%；所有者权益166.04亿元，比上年增长41.7%；企业从业人员58 576人。院属单位投资企业R&D费用合计为13.68亿元；企业获得专利授权486项，开发新产品632项，承担606项科技活动课题。企业经营规模迅速扩大，盈利能力增强，对国家国民经济建设和高技术产业发展的贡献日渐增大。

## 主要企业

联想控股有限公司是一家从事非相关多元化产业投资为主的投资控股公司，投资控股的企业包括：联想集团有限公司、神州数码控股有限公司、联想投资有限公司、北京融科智地房地产开发有限公司等。多年来，经过不懈努力、开拓创新，联想控股有限公司探索出了一条具有联想特色的“贸工技”的高科技产业化发展道路，真正实现了技术有效地转化为产品、产品变成资金、资金再投入新技术产生更高效益的良性循环。公司目前拥有员工16 000余人；在北京、上海、成都、西安、沈阳、深圳等地设有地区总部，在全国各地建有数千家代理分销网点；在欧洲、美洲、亚太地区设有海外平台。2002年，联想控股有限公司的发展又上了一个新台阶，实现营业收入超过355亿元，利税总额达到32.7亿元，成为国内信息产业百强企业第三名。

中国网络通信有限公司成立于1999年8月，由中国科学院、国家广播电影电视总局、铁道部、上海市政府联合投资设立，以承担“中国高速互联网络示范工程”的建设和运营工作，其主营业务范围是带宽批发业务，高速公众互联网接入业务，高速数据中心及其主要服务，VPN（虚拟专网），虚拟ISP，IP长途电话等。中国网通组织结构依据国际通行的现代企业机制建立，公司在创建现代企业组织结构与科学管理体系的同时，也在创建网通人的价值观，创建网通奋斗、奋发向上的企业文化。

中科实业集团（控股）公司是中国科学院大型综合性高技术企业集团。其成员企业中有中国大恒（集团）有限公司、北京三环新材料高技术公司、北京中科大洋科技发展股份有限公司、北京中科希望软件股份有限公司、中科集团科技园总公司、北京中科科仪技术发展有限责任公司等一批电子信息行业的中大型企业。充足的资金支持和进一步的规范管理使企业经营规模迅速扩大，盈利能力增强，业绩显著提高。2002年集团实现销售收入22.5亿元，利润总额1.3亿元。

华建电子有限责任公司自1997年6月成立以来一直持续发展，其产品的技术含量高，公司无形资产运作相当成功，向中国科学院的投资回报率也不断提高。2002年，华建公司的净利润达到3 391万元。

**【统计数据】**

**2002年中国科学院信息领域营业收入和利税总额前10名企业**

| 序号 | 公司名称 | 营业收入（万元） | 序号 | 公司名称 | 利税总额（万元） |
|---|---|---|---|---|---|
| 1 | 联想控股有限公司 | 3 554 249 | 1 | 联想控股有限公司 | 326 530 |
| 2 | 中国科健股份有限公司 | 311 786 | 2 | 中国科健股份有限公司 | 6 952 |
| 3 | 中国大恒（集团）有限公司 | 174 586 | 3 | 中国大恒（集团）有限公司 | 6 572 |
| 4 | 北京中科软件集团有限公司 | 60 160 | 4 | 上海尼赛拉传感器有限公司 | 5 748 |
| 5 | 上海尼赛拉传感器有限公司 | 22 526 | 5 | 北京中科软件集团有限公司 | 4 306 |
| 6 | 沈阳红网科技有限公司 | 21 301 | 6 | 华建机器翻译有限公司 | 3 112 |
| 7 | 北京中科大洋科技发展有限公司 | 19 639 | 7 | 华建电子有限责任公司(本部) | 3 098 |
| 8 | 北京中科希望软件股份公司 | 17 938 | 8 | 中科实业集团(控股)公司（本部） | 3 023 |
| 9 | 中科实业集团(控股)公司（本部） | 13 037 | 9 | 沈阳新松机器人自动化股份公司 | 2 785 |
| 10 | 厦门辰信企业发展有限公司 | 12 892 | 10 | 北京中科大洋科技发展有限公司 | 2 537 |

[撰稿：刘新　审稿：陈文开]

# 中国科学院信息领域重要技术进展

2002年，中国科学院信息技术领域研究与发展工作继续深入贯彻新时期办院方针，面向国家战略需求，加强原始科学创新和技术创新与集成，在一些关键、核心技术领域取得了重大突破；同时不断推进科技成果应用和产业化，促进传统产业技术升级，为经济建设、社会进步、国家安全做出了新贡献。

## "龙芯1号"高性能通用CPU芯片研制成功

中科院计算技术研究所、微电子中心等单位联合攻关，研制成功高性能通用CPU芯片——"龙芯1号"，标志着中国已初步掌握当代CPU关键设计技术，结束了中国信息产业无"芯"的历史。装载这颗芯片的中国第一台具有自主核心技术的服务器"龙腾"也同时诞生。该成果被两院院士评为2002年中国十大科技成果之一。

"龙芯1号"是一种与MIPSIII（32位模式）指令系统兼容的通用CPU芯片，采用0.18微米CMOS标准单元工艺，最高主频266MHz，定点和浮点最高运算速度均超过2亿次/秒；超流水线结构，实现动态调动和乱序执行；具有防缓冲区攻击的硬件设计，可以抵御一大类缓冲区溢出型黑客和病毒攻击；支持Linux、VxWorks等主流操作系统，能直接支持软解压的流媒体应用，可用于网络终端

机 (NC)、工业控制计算机等嵌入式设备。“龙芯1号”拥有一批自主知识产权，获得12项发明专利。业内专家认为“龙芯1号”在总体上达到20世纪90年代中期的国际先进水平，居国内通用CPU研制领先水平。

中科院计算所在推进“龙芯1号”产业化方面也采取了一些新的举措，成立了北京神州龙芯集成电路设计有限公司，开始批量生产；发起成立与海尔集团、长城公司等多家单位组成的“龙芯产业化联盟”，形成产业链，共同推动中国芯片和系统的发展。同时为进一步提高性能、降低成本，已经安排了基于“龙芯1号”的嵌入式CPU开发工作和龙芯2号的研制。

### 万亿次计算机研制成功

联想集团公司推出首台实测速度超过万亿次的计算机。联想集团推出的这台具有自主知识产权核心技术的超级计算机，运算速度可达每秒1.027万亿次，达到目前公布的世界前500台超级计算机排行中第24位的水平，前23位均为日本和美国制造。

### 新型计算机选举系统应用

四川中科院信息技术有限公司研制的新型“计算机选举系统”，为党的“十六”大选举计票工作提供了准确、高效的服务，完全达到了中央提出的“准确、迅速和万无一失”的要求。

党的“十六”大会议选举计票工作完全由中科院研制的“计算机选举系统”承担。大会正式选举过程持续40分钟，共投入选票6 396张，当最后一名代表将最后一张选票投入票箱的同时，计算机选举系统便以自动实时处理功能将全部选票信息处理完毕，并准确无误地输出选举结果，大大节约了会议时间，保证了大会选举工作顺利、圆满完成。

该系统经过了各种严格的技术实验和技术测试，达到了稳定性、可靠性、实用性和先进性的高度统一。产品具有技术领先和市场领先优势。

### “神光二号”巨型激光器研制成功

中国科学院、中国工程物理研究院研制的建在中科院上海光机所的“神光二号”巨型激光器，将成百台光学设备集成在一个足球场大小的空间内，当8束强激光通过空间立体排布的放大链聚集到一个小小的燃料靶球时，在十亿分之一秒的超短瞬间内可发射出相当于全球电网电力总和数倍的强大功率，从而形成极高的压力和温度，引发聚变反应。“神光二号”激光装置是当前国内规模最大、国际上为数不多的高性能高功率钕玻璃激光装置，是中国惯性约束聚变领域开展科学研究的重要实验平台。它的研制成功，标志着中国高功率激光科研和激光核聚变研究已进入世界先进行列。

### 手写识别和OCR（光学字符识别）技术产业化

中科院自动化所和汉王公司长期从事文字识别的研究工作，目前在联机手写体汉字识别、脱机手写体汉字识别、印刷体汉字识别的研究方面取得突破性创新成果，处于国际领先地位。近年来，获得软件著作权登记26项，各类专利22项。这些成果通过“汉王”公司实现了产业化，在联机手写体汉字识别和印刷体汉字识别的市场推广和应用方面处于市场领先地位。汉王的文字识别技术得到了国内外众多企业的使用，广泛应用于各种汉字手写输入系统。近年累计实现销售收入近4亿元，利润3 650万元，上缴利税1 200万余元，为中国信息处理与应用做出了重要贡献。

### PKI关键技术研究新成果“LOIS PKI系统”

中科院有关部门研究完成PKI关键技术研究新成果“LOIS PKI系统”。在PKI安全模型构建、入侵容忍技术等方面取得重要创新。

该系统构建了具有自主知识产权的PKI模型框

架，具有优良的互操作性，可扩展性和易实现性；创造性地提出PKI实体模型概念，完成PKI实体的相关研究和设计；开发了PKI中需要的全部组件；针对运营级PKI系统的安全需要，研究和设计了符合国际标准的入侵容忍的CA系统；提出PKI组建的最小互操作规范、系统安全技术等级要求和评估标准；完成了PKI配套系统的开发工作，为成果推广提供了坚实的基础。

该系统已申请国内专利9项，国际PCT 1项，自主版权登记17项。鉴定专家认为，该研究成果内容丰富，系统设计思想先进，研制难度大，学术水平高。该系统总体技术水平具国际先进水平，其中PKI实体模型和入侵容忍等核心技术达到国际先进水平。

### 人脸检测与识别技术得到应用

中科院计算所研制完成生物特征识别核心技术人脸检测与识别技术。该成果在人脸检测、面部特征提取、人脸识别与身份确认等核心技术等方面取得了重大进展，并已获得实际应用。

该项技术取得的主要成果包括提出了基于人脸中心模板的人脸检测算法等一系列算法，提高了各种情况下的人脸检测能力和识别率。经有关专家鉴定，该研究成果整体处于国内领先、国际先进水平，其中在基于人脸重心模板的实时检测、基于子空间判别分析的人脸识别等方面达到国际领先水平。该技术在众多领域有着广阔的应用前景，并和社会资本结合成功地推向产业。

### “大直径SI-GaAs单晶”生长工艺新突破

中国科学院半导体研究所材料科学中心和北京中科镓英半导体有限公司在大直径SI-GaAs单晶生长工艺技术的研发方面取得了突破性进展。2002年采用高压液封直拉（HPLEC）方法研制出中国第一根直径5英寸半绝缘砷化镓（SI-GaAs）单晶，晶体重量6.5公斤，晶体直径13.2~13.8厘米，等径部分大于6.5厘米。

以砷化镓为代表的第二代化合物半导体材料是当代光电子和微电子产业的关键材料，广泛应用于光纤通信、移动通信和空间技术等领域。4~6英寸SI-GaAs单晶及晶片是目前国际上产业化的主流产品，此前半导体所是国内惟一的一家能够研制4英寸SI-GaAs单晶片，并能小批量提供给国内外客户试用的单位。

5英寸直拉SI-GaAs单晶的研制成功，为国内急需的优质大直径半绝缘砷化镓单晶研制开创了一个好的开端，并为中科镓英半导体有限公司加快实现产业化生产打下坚实的技术基础。

### 中国科学院EDA中心成立

目前，中国IC产业对设计技术的需求越来越迫切，但是设计工具与软件环境落后已成为制约其发展的一个瓶颈。中科院在微电子发展战略规划与布局中提出将IC设计平台建设作为重要战略举措。2002年11月，成立了中国科学院电子设计自动化软件中心（简称“中科院EDA中心”）。

中科院EDA中心作为全院电子设计的网络化公共平台，通过与国际领先EDA软件公司开展战略性合作，在中国构建一流的IC设计先导性技术研究与教育平台。EDA中心通过网络实现软件资源的共享；并通过统一设计流程、建立共享单元库、建立所际合作机制，促进科学院全院系统与器件单位的合作，以发挥学科综合优势，实现技术创新；同时，发挥国内最大的综合性国立科研和研究生教育机构的优势，建设高素质人才培养基地。

目前，EDA中心的网络平台建设已经完成并成功运行，软件使用量大幅度上升，一些重要项目得到了软件平台的有力支持。为进一步发挥技术及资源优势，EDA中心积极促进本土IC产业链的建立和完善，目前正加速推进与上海宏力和中芯国际等加工企业的合作。

### 2003年信息领域工作重点

2003年电子信息技术工作要贯彻落实中科院工

作会议提出的三大发展战略——创新战略、人才战略和可持续发展战略，面向国家战略需求，面向世界科技前沿，深入系统开展发展战略研究，启动中长期战略发展规划工作，进一步凝练目标和调整布局；做好重点项目的推进与跟踪管理，综合集成和有效利用各方资源，切实促进重大成果的产出。加强共性技术平台方面的建设，促进研究所合作机制健康发展；促进高新技术成果的产业化，为增强中国综合国力和企业市场竞争力不断做出创新贡献。

[撰稿：李兆杰　汪锦]

# 中国航天科技集团公司电子工业

## 改革与发展

2002年，中国航天科技集团公司各项工作均取得了显著成绩：全年科研生产和大型飞行试验任务圆满完成，经济效益大幅度提高，改革与脱困工作稳步推进，国际合作进一步开展，企业文化建设和信息化建设初见成效。全年共有111个项目获得国防科学技术奖，其中一等奖11项，二等奖34项，三等奖66项。

2002年8月，中国航天科技集团公司成功召开了第二次工作会，制定了《中国航天科技集团2002—2005年发展与建设纲要》，在认真分析形势、现状和未来前景的基础上，与时俱进地提出了2002—2005年集团的“发展航天，强大集团，改革创新，铸造一流”的发展方针、“专业化，产业化，集团化，国际化”的建设方略和铸造国际一流宇航公司的发展目标，系统阐述了在2002—2005年期间集团发展与建设的主要任务和措施。

2002年，中国航天科技集团公司制定并实施了《中国航天科技集团公司经营性投资管理办法》，开展了清理整顿各级投资设立的公司（企业）工作，完成了公司清理登记，减少公司数量20%。

公司完成了航天四创和航天东方红卫星公司各70%股权注入“中国卫星”的运作。火箭股份“卫星导航应用系统设计与集成国家工程研究中心”项目、航天四创“卫星导航综合应用高技术产业化示范工程”项目、中兴通讯“电信综合运营支撑系统产业化”项目已经国家计委批准，以航天机电、中兴通讯、航天动力为代表，在汽车零部件、信息通讯、节能环保等重点产品的技术开发与技术改造取得了新进展。

2002年，中国航天科技集团公司按照研发、设计、生产一体化原则，优化专业资源结构，完成了惯性系统及其器件科研生产能力和布局调整能力的调整，对航天电子专业领域已开始了进一步重组，完成了卫星应用和航天电子专业重组总体方案思路的研究和制定，并已组织实施；航天信息中心、航天动力、航天制造专业的重组已完成初步方案设计。企业改革脱困，完成了30户企业的梳理和上报，确定了整体破产企业1户，拟分立破产企业3户，债转股企业1户。

按照立足企业、面向市场、面向发展的要求，制定了《中国航天科技集团公司企业文化建设总体规划》，阐述了企业文化建设的重要意义，指出了集团公司企业文化建设的指导思想、基本原则和总体目标，明确了企业文化建设的主要内容及其实施步骤、实施要求。全面进行了集团公司视觉识别系统的导入，完成了中国航天科技集团公司《企业视觉识别系统（VI）管理手册》的编制工作，在全系统统一了标识，建立了航天科技集团统一的形象，对内凝聚了职工，形成了合力，对外树立了集团公司统一良好的形象。

制定了《中国航天科技集团公司信息化建设总体规划方案》，提出了“领导挂帅、流程再造；统筹规划、分步实施；自主开发、应用主导；突出重点、讲求实效；资源共享、安全可靠”的信息化建设方针；明确了“建设覆盖集团的实时、精确、安全的网络系统；开发先进、实用、可靠的应用系统，包括可控的工程管理系统、畅通的电子商务系统、综合的企业门户系统，实现信息集成、数据共享和资源优化，到2005年实现‘数字航天’”的目标；确定了“开展三项工作：建成安全保障体系和标准规范体系，重构一个流程：集团各项业务流程”的信息化建设任务；制定了实施计划和工作措施。

## 生产与销售

2002年，中国航天科技集团公司国有及国有控股单位完成国内生产总值（GDP）102.88亿元，完成工业总产值257.50亿元。其中30户国有工业企业中，盈利企业为27户，亏损企业为3户，全年盈亏相抵实现利润1.75亿元，比上年增盈4 800万元，平均综合经济效益指数85.30%，比上年增长了6.49个百分点，总资产贡献率2.54%，资产保值增值率110.00%，全员劳动生产率36 802元/人，工业产品销售率96.19%，工业企业综合经济效益比上年显著提高。

## 科研与新产品

2002年，中国航天科技集团公司圆满完成了三星两船的发射任务，将1996年以来长征系列运载火箭连续成功的纪录续写为27次。

载人航天工程取得重大进展，神舟三号和神舟四号飞船由长征二号(F)火箭分别于2002年3月25日和12月30日成功发射，正常运行，安全返回，轨道舱稳定工作，获得圆满成功，为载人飞行奠定了坚实的基础。

风云一号D星和海洋一号A星于5月15日发射升空，运行良好，已经交付用户使用，在轨运行的卫星表现良好，东方红三号02星在寿命期正常工作，风云一号C星和资源一号01星已超过了设计寿命，仍继续在轨稳定运行。

## 国际合作与对外贸易

2001年，中国航天科技集团公司（含控股公司）实现外贸进出口总额为8.54亿美元，比上年增长了30.4%，其中出口总额为3.52亿美元，比上年增长9.40%，进口到货总额为5.02亿美元，比上年增长了50.7%。

**【统计数据】**

**2002 年中国航天科技集团公司卫星发射情况一览表**

| 运载火箭 | 发射地点 | 发射时间 | 卫星名称 | 备注 |
| --- | --- | --- | --- | --- |
| 长征二号(F) | 酒泉 | 2002.03.25 | 神舟三号试验飞船 | 成功 |
| 长征四号乙 | 太原 | 2002.05.15 | 风云一号 D 气象卫星<br>海洋一号 A 星 | 成功 |
| 长征四号乙 | 太原 | 2002.10.27 | 中国资源二号卫星 | 成功 |
| 长征二号(F) | 酒泉 | 2002.12.30 | 神舟四号飞船 | 成功 |

**[撰稿：路明辉　审稿：李开民]**

# 中国航天科工集团公司电子工业

## 改革与发展

2002年是中国航天科工集团公司（以下简称集团公司）深化改革，加快发展的一年；是坚持与时俱进，不断开拓创新的一年；是团结拼搏，各方面工作取得新成绩的一年。

集团公司4个事业部正式挂牌组建并开始试运行，长峰、海鹰民品子集团相继组建，建立了一系列规章制度和工作规范，实现了航天科技工业管理体制和运行机制改革的历史性突破，为集团公司下一步发展奠定了基础。完成了集团公司军品科研生产能力结构调整总体方案的编制，确定了调整思路和基本方案，结合事业部改革、企业脱困和技术改造，军品科研生产能力调整工作正式启动。企业扭亏脱困工作开展了大量基础工作取得新成绩；完成了以军民品发展、企业改革脱困为主要内容的保留企业梳理工作，确定了相关企业的发展方向，为企业实现良性发展创造了有利条件。竞争、激励、约束机制不断完善，人事、分配制度改革进一步深化。

航天信息股份公司顺利通过国家证监会发审会审查，将择机公开上市发行新股。集团公司收购的PT北旅公司成功实现恢复上市，正式更名为“北京航天长峰股份有限公司”，为2003年增发新股、实现再融资打下了基础。航天科技股份公司顺利实施了与航天固体运载公司的重组，进一步突出了公司的航天主业形象。航天中汇公司积极调整产业结构，与中国移动等公司合作，向通信服务业转型，为实现快速、稳定和可持续发展创造了条件。集团公司与建设银行、工商银行、民生银行、光大银行签署了资金集中统一管理暨资金结算系统银企合作协议，航天科工财务公司结算中心正式运行，将大大提高集团公司资金管理水平和调控能力。深圳地区的资产整合工作基本完成。

在破产企业和困难企业中做到落实政策与细致的思想工作相结合，及时化解矛盾和不稳定因素；确保破产企业职工、下岗职工“两费一保”及时到位，有效地保证了破产企业和困难企业的稳定。继续推行在型号队伍中实行特殊津贴政策，保证了职工队伍的稳定。

集团公司坚持“用能人、建新制”，切实加强各级领导班子建设和人力资源管理，优化队伍结构，不断提高员工素质和职业道德水平，选拔了一批“靠得住、有本事”的中青年干部走上关键领导岗位；企业文化建设全面推进，在全系统深入开展了以“人制管理”理念为基础，以形象建设为切入点，以“诚信”为核心，以企业精神和企业作风为重点的航天科工文化的宣传教育和培训；航天科工文化在社会上产生了一定的影响，在集团公司内部正逐步深入人心，成为凝聚队伍、增强合力的纽带。

## 生产与销售

2002年，集团公司在外部环境不利的情况下，仍然较好地完成了年初制定的经济指标。全年完成工业总产值（不变价）144亿元，同比增长17.2%；实现销售（营业）收入205亿元；实现利润（结余）总额8亿多元；总资产达到452亿元，所有者权益为126亿元；经济运行质量进一步提高，企业亏损面为19.5%，亏损额进一步下降。2002年集团公司经济效绩指标继续位居十大军工集团公司前列。

航天金税防伪税控系统克服各种困难，销售

收入创历史新高；锂电池、铝加工设备、汽车发动机、特种改装车等项目保持较好的发展势头；通信维修服务业发展较快；全系统有15项产品销售收入超过亿元。全国党校数字图书馆工程完成了系统设计和示范试点工作，总体方案正式通过评审立项。三产实现主营业务收入67.5亿元，以系统集成为主的技术服务业发展稳定，金融、房地产、旅游业等呈现出良好的发展潜力。对外贸易进出口总额达到4.3亿美元，其中出口1.5亿美元；集团公司苏州紧固件出口基地基本形成。经贸合作开始起步。集团公司开展了与有关国家的科技交流与合作，并取得一定成效。在深圳高交会和第四届中国国际航空航天博览会上，集团公司对外签约达3.6亿元人民币。

## 科研与新产品

2002年，集团公司型号科研生产任务取得较好成绩，重点型号研制工作取得一定进展。集团所属单位较好地完成了为载人飞船和长征运载火箭及多种卫星配套的研制生产任务。

航天产品开发有所推进，固体运载火箭首次飞行试验为研制工作积累了经验和教训，小卫星特别是体积更小、集成化更高的纳星研制工作取得重要进展。无人机研制工作已正式展开，进展顺利；依托国内若干著名大学开展了一批航天支撑技术基金课题研究，有的项目已获得国防科工委、总装备部的批准。CIMS技术应用在4个试点型号中开展产品模装、虚拟样机建造、动力学及运动学仿真等工作，为在型号研制和重大工程中扩大推广应用打下基础。加强了同国内有关重点大学的合作，与清华大学签署了军工企业信息化建设战略合作协议，产、学、研合作取得实质性成果。

## 国际合作与对外贸易

2002年，集团公司出口形势呈现良好势头，大部分具有外贸经营权的企业都有了赢利，经济运行状况处于良好态势。

集团公司出口市场从港澳及主要发达地区向全球延伸，形成了多元化的市场网络。出口商品结构逐步优化，创汇能力不断增强。集团公司出口商品已由主要出口初级产品向主要出口工业制成品转变，深加工、高附加值商品的含量不断增加，出口初级产品与工业制成品的比例不断提高，一批拳头出口商品正逐步形成。专业外贸公司、工贸公司、自营进出口企业、“三资企业”出口齐头并进，初步形成“大外贸”的经营格局。

国际经济技术合作及招商引资有了较大的发展，利用外资规模不断增大，项目质量有所提高，招商引资工作取得了一定的进展。

## 行业管理

集团公司加强管理，质量管理体系不断完善，开始全面实施《集团公司质量文化建设纲要》；工艺工作在型号研制生产中的地位和作用得到重视，技术和管理工作得到了加强；标准化、计量、情报、成果转化工作取得较好成绩。经营目标责任管理全面实行并初见成效，有力地促进了各项重点任务的完成。财务管理得到进一步强化和规范；研究并提出了事业部体制下会计核算体系和财务管理模式，启动了集团全面预算管理、资金集中管理，以及内部效绩评价工作。内部控制制度逐步完善，事业部体制下的审计工作模式初步建立，实现了全系统领导干部离任审计和固定资产投资竣工决算审计的制度化；围绕集团公司中心任务，开展重点型号研制经费审计、年薪制试点审计、比价审计等，促进了企业增值增效。信息化管理开始起步，集团公司组建了信息中心，完成了信息化建设一期工程，初步建成了集团公司高速主干网，实现集团公司总部与部分单位骨干局域网的连通。用CIMS的管理思想和理念组织型号科研生产管理的试点工作取得成效，促进了科研生产管理水平的提高。

[撰稿：胡秋雁　审稿：王建生]

# 第4部分　科　技

## 2002年信息产业部电子科技工作综述

### 一、基本工作

2002年信息产业科技工作，重在转变观念，改进作风，加快技术创新，突出环境建设，强化行业管理和宏观指导，为推动信息产业实现跨越式发展，提供了技术支撑。

（一）加强宏观指导，推动信息产业跨越发展

按照2002年度行业工作会议的部署和要求，信息产业部科技主管部门对年度科研试制计划工作方式进行改革，在突出科技工作宏观指导的同时，根据产业发展的需求，强化了对全行业和地方发展信息产业的政策指导。

推进《信息产业科技发展“十五”计划和2010年远景目标纲要》的落实，组织编制和实施《信息产业科研试制计划》，提出科技进步和技术创新的重点；会同国家计委、科技部分别组织召开“九五”科技攻关6项重中之重项目的收尾与8个国家工程研究中心（ERC）的建设验收工作；会同国家经贸委组织编制《利用高新技术改造传统产业》和《以信息化带动工业化》等两个指导意见。通过组织编制《电信发展技术政策》和《信息产业技术开发指南》，指导全行业加快产业结构调整，推进电子制造业、软件业和电信运营企业实施信息技术创新与跨越式发展。

（二）提高自主开发能力，推进产业结构调整

2002年信息产业部继续推进和实施以《集成电路与软件技术创新》为重点的国家专项，组织开展具有自主知识产权的大容量高性能通用CPU的联合攻关与集中评测，攻克关系国家信息安全和增强综合国力的核心技术，突破制约中国信息技术和产业跨越发展的关键技术，开发涉及产业结构调整、产品升级、以信息化带动工业化和信息化建设急需的应用技术。

通过实施数字电视、数控机床平台、家庭网络平台、新一代数字音视频系统、TD-SCDMA移动通信系统、新一代安全可控综合信息网络技术平台、40Gb/s SDH等光通信系统与关键器件、新型元器件等“十五”国家和信息产业部产业化专项及863项目，推动了信息产业的结构调整与产品升级；通过加快信息网络技术、技术开发、中文信息和信息技术应用四个产业技术平台的技术创新工作，提高了中国信息产业和以信息化带动工

业化、改造传统产业的自主开发能力；按照“积极跟踪、先行试验、培育市场、支持发展”的原则，组织开展了第三代移动通信系统三种制式（WCDMA、CDMA2000、TD-SCDMA）的技术试验，在对各系统提供商和终端商完成第一阶段测试工作的基础上，继续组织实施第二阶段的测试工作，为下一阶段的网络试验和今后是否有效地发展3G通信系统提供了技术支撑。

推动企业成为技术创新和产业开发主体的建设工作。2002年信息产业部科技工作的重点放在对信息产业密集地区、国家高技术园区和中西部信息产业特色园区的引导与支持上，加快对集成电路、软件、计算机、通信、高清晰度电视(HDTV)、信息安全、光电子、新型显示器件、新型电子元器件、新信息材料等产、学、研、用的技术创新基地、产业化基地和人才培训基地的建设。

（三） 突出环境建设，适应新的形势

2002年信息产业科技工作，针对世界IT业发展低迷、国内电信改革重组和应对入世要求等三个方面的新形势，从如何加快信息产业技术创新，如何利用有关技术政策与壁垒规则，促进国内企业提高自主创新能力入手，重点抓了以下产业发展环境建设。

1. 推进标准化工作改革。按照“面向市场、服务产业、自主制定、适时推出、及时修订、不断完善”的工作思路，结合WTO对技术标准的要求，2002年信息产业部强化标准制订、技术开发与创新的结合，推动企业成为行业、国家标准化工作的主体，为国内产、学、研、用等部门广泛参与国际标准化工作创造环境。

2002年标准化工作围绕产业和市场热点，以企业为主体，开展以第三代移动通信、数字电视、软件工程、中文信息处理、电子商务、数字家庭网络平台、多媒体IC卡、GPRS、固定无线接入、IP、网间互联互通、网间计费等为重点的标准研究制定工作。推进中国通信标准化协会的筹备工作，特别是通过网间互联互通标准的研究制定与实施，支撑了电信改革、重组和分营，规范了国内电信市场与多运营商的竞争环境。

全年共完成制订信息产业部标准294项。其中，电子工业标准101项，通信行业标准73项，军工电子标准120项。据不完全统计，截止至今，信息产业部完成制定的标准总数达到10 037个。按类别划分，电子工业标准6 490个。其中，国家1 876个，行业4 614个，通信标准1 280个；其中，国家386个，行业881个，技术文件13项；军工电子标准2 267个；其中，国家军用标准705个，行业军用标准1 562个。这些标准为推动中国信息产业发展发挥重要作用。

2. 重视专利，保护知识产权。2002年信息产业部组织召开“第四届信息技术领域专利态势分析报告会暨产业发展战略研究会”，开展数字电视、移动通信、光通信、数据存储、显示器件等重点信息技术领域的专利战略分析研究，完成《装备采办合同知识产权管理情况调研分报告》、《光通讯技术专利战略研究》、《WTO与信息产业相关规则》、《中国知识产权保护与法制环境》、《技术标准与知识产权》等综合性专题报告。通过全方位开展知识产权的宣传与培训工作，加强了对全行业专利与知识产权的宏观指导与信息引导，为信息产业技术发展提供技术保障和服务，在全行业中逐渐形成技术创新与拥有自主知识产权的新意识。

3. 重视科技成果评审，提倡创新。据不完全统计，2001年行业申报国防科技奖278项。其中，获奖项目159项。

2002年分别组织召开了“国防科学技术奖电子专业组评审会议”，对264项申请国防科技奖项目进行评审，并在此基础上，召开“国防科学技术奖军用电子评审委员会”会议，初评出129项获奖项目。其中，一等奖13项，二等奖41项，三等奖75项。

2002年受理国防科技成果登记716项，完成国防军工成果推广计划项目7项。2002年度完成信息产业14项重大发明评审与3项重大发明项目向社会发布的工作。2001年信息产业重大技术发明评选结果见表1。2002年信息产业重大技术发明评选结果见表2。

4. 对科技基础工作加强指导。全年共组织完成科技计划项目四大类25项。其中，专题情报研究与数据库21项，信息数字化与网络1项，信息资源建设与服务1项，科技信息工作管理与交流2项；以及《电子情报研究2002卷》的编撰出版工作。加强对科技期刊的管理。2002年对行业内的23种科技期刊进行调整，创办新期刊7种，组织申报电子出版物53项。

5. 推进信息产品质量振兴。2002年信息产业部全面贯彻实施《信息产品质量“十五”发展计划》，不断完善信息产品质量管理制度，不断强化产品与服务质量监管，不断规范信息产业质量机构的管理，提高服务水平，增强企业市场竞争力，扩大信息产品出口。

2002年，信息产业部召开全国信息产业军工质量工作会议，并会同国家质检总局制定发布了《微型计算机系统商品修理、交换、退货责任规定》、《家用视听商品修理、更换、退货责任规定》；开展手机三包的有关组织与协调工作。根据七部委广发技字［2002］585号文，组织起草《无线广播电视发射设备许可证实施细则》，落实《国务院关于印发鼓励软件产业和集成电路产业发展若干政策的通知》，起草发布《软件过程及能力成熟度评估指南》，组织起草《3.5GHz固定无线接入系统及扩频微波通信系统》等9种通信产品进网检验实施细则。

全年对14种电子信息产品实施国家质量监督抽查，对卫星电视广播接收设备、广播电视接收机、微机系统产品、IC卡及读写机、家用音响等产品开展了换发生产许可证管理工作，配合中国名牌战略推进委员会开展固定电话机、服务器等产品的中国名牌产品评价认定工作。

推进移动通信模拟试验网建设，对信息产业部电话交换设备质量检查中心等6个质量检查机构完成了复查换证、业务扩项的调查；对信息产业部质量检查机构开展了计量认证、审查认可的监督管理。

6. 为完成军工项目提供技术支撑。2002年信息产业部围绕重点军工电子任务，发挥标准化、计量、科技情报、成果管理、质量与可靠性、电波观测与环境的综合优势，发挥技术基础在以信息化带动机械化装备发展和国防现代化建设中的支撑与保障作用。

全年组织实施国防军工电子计量科研计划及研究管理项目41项，完成计划项目30项，为重点型号和电子高新技术的发展提供了计量保障和服务。

#### （四）扩大对外交流，推行国际标准化

2002年信息产业部会同科技部举办《中欧信息技术与信息社会》国际合作论坛，会同国家质检总局在中国召开《IEC第66届年会》，主办3GPP、3GPP2、国际软交换论坛、AIC亚洲信息论坛等归口国际会议，与美国在信息技术标准、认证和知识产权等领域内开展了科技交流与对话活动，同日本、韩国就标准信息交流签署了三国合作备忘录，组织、管理、参加ITU、3GPP、3GPP2、IETF、TMF等各项国际研究活动。据不完全统计，全年共派出参加ITU会议活动达380人次，向国际电联提交议案文稿30余份。

## 二、2003年工作计划

在2003年，信息产业部将更加重视科技工作的前瞻性与时效性，为促进行业发展，提供有效的技术支撑，提供有益的技术指导。

#### （一）推进技术创新

推进集成电路与软件技术创新工作。2003年信息产业部将攻克以通用CPU和操作系统为代表的核心技术；推进新型元器件及新材料技术与产品、计算机和信息处理技术与产品、现代通信技术与

设备系统、音视频及多媒体技术与产品、信息安全技术与产品、信息网络技术与产品、电子信息技术应用、电子产品制造技术、标准和质量与可靠性技术等关键技术的创新开发；推进涉及到产业结构调整、产品升级、以信息化带动工业化、改造和提升传统产业、促进新兴产业发展和信息化建设急需的应用技术的开发，掌握自主发展的主动权。

（二）推进信息网技术的应用

2003年信息产业部将着重加快国家综合信息网技术平台的开发建设，构建“新一代安全可控综合信息网络技术平台”，从技术上解决国家信息网的安全、可控问题。

（三）推进制造业、软件业的发展

为了振兴中国电子信息产品制造业和软件业的发展，2003年信息产业部将建立能够支撑信息产业发展和国家信息化建设的工业过程控制技术平台、业务流程管理技术平台、信息技术开发平台、中文信息处理平台；将推进电子商务、电子政务和金融电子化等现代化建设，推进企业的ERP广泛应用与结构调整，提高国产技术装备在信息网络化发展中的比重。

（四）重视知识产权，提升产品保护意识

2003年在构筑信息技术与产业发展技术基础平台的同时，信息产业部将引导企业不断提升产业自主创新能力，不断提高产品知识产权保护意识，并出台相应的技术标准、知识产权和质量要求。

（五）提供创新环境

为了推动行业科技进步，2003年信息产业部将为行业发展提供有利于技术创新的环境，并逐渐形成以企业为主体，产、学、研、用有机结合的信息技术联合创新体系与机制。

（六）加强对外交流

2003年信息产业部将推进信息产业科技对外合作与交流，发挥后发优势，逐渐扩大中国信息技术在国际市场上的比重和影响力，掌握世界信息技术发展的主动权和控制权。

【统计数据】

表1 2001年信息产业重大技术发明项目

| 序号 | 项目名称 | 研制单位 |
|---|---|---|
| 1 | SCDMA无线用户环路 | 北京信威通信技术有限公司 |
| 2 | TMT2000 TD-SCDMA移动通信技术 | 大唐电信集团 |
| 3 | 以太网直接与物理信道适配的接口装置和方法 | 武汉邮电科学研究院烽火网络公司 |
| 4 | 物理层与网络层设备之间的数据传输装置与方法 | 武汉邮电科学研究院烽火网络公司 |
| 5 | 汉王形变连笔的手写识别方法与系统 | 北京汉王科技有限公司 |
| 6 | 地理信息系统基础软件——吉奥之星 | 武汉吉奥信息工程技术有限公司 |

表 2　2002 年信息产业重大技术发明项目

| 序号 | 项目名称 | 研制单位 |
|---|---|---|
| 1 | 半导体功率器件的耐压层技术 | 电子科技大学 |
| 2 | 组合移动式集装箱检查系统的检测技术 | 清华大学、清华同方威视技术股份有限公司 |
| 3 | 三维服装 CAD 系统 | 杭州爱科电脑技术有限公司 |

［撰稿：曹建华　审稿：韩俊］

【资　料】

国家技术研究中心

| 序号 | 单位名称 | 依托单位 |
|---|---|---|
| 1 | 通信软件与专用集成电路设计国家工程研究中心 | 中国电子科技集团公司第五十四研究所 |
| 2 | 视像音响数字化产品国家工程研究中心 | 熊猫电子集团有限公司 |
| 3 | 新型电源国家工程研究中心 | 中国电子科技集团公司第十八研究所 |
| 4 | 移动通信国家工程研究中心 | 中国电子科技集团公司第七研究所 |
| 5 | 电信交换及软件支援系统国家工程研究中心 | 信息产业部电信科学技术第十研究所 |
| 6 | 数字无绳电话系统国家工程研究中心 | 信息产业部电信科学技术第四研究所 |
| 7 | 国家 ICCAD 工程研究中心 | 中国华大集成电路设计中心 |
| 8 | 国家光纤通信技术工程研究中心 | 武汉邮电科学研究院 |

# 2002 年信息产业部电子信息产品质量工作综述

2002年是中国加入世贸组织的第一年，也是规范市场，加快发展，全面提高信息产业整体质量水平和竞争力的关键一年。信息产业部质量监督管理职能进一步向政策调控、宏观指导的方向转变，在发挥市场拉动机制和企业主体作用的同时，加强质量法制建设，推行国际通行的合格评定制度，建立符合市场经济体制的公平竞争机制，有效地改善了企业提高产品质量的外部环境，企业的用户意识、竞争意识明显增强。由质量监督检验机构、认证机构、质量管理协会等中介组织形成的产业化服务体系推动了各项制度的贯彻，加快了质量监督管理法制化、科学化、规范化和与国际接轨的步伐。

## 一、　贯彻产品质量振兴计划

全面贯彻落实《信息产品“十五”质量振兴计划》（信部科［2001］923号文件），推进电子信息产品质量振兴，提高产品总体质量水平。企业是质量工作的主体，围绕“十五”产品质量发展目标，推动企业切实加强技术改造，坚持技术创新，完善质量体系，促进产品质量上一个新台阶。

## 二、加强产品质量监督抽查

为了加强对信息产品的质量监督抽查，规范市场环境，2002年信息产业部会同国家质量监督检验检疫总局对笔记本电脑、手持式电子信息产品、CRT显示器、彩色电视接收机、卫星数字电视接收机、企业财务管理软件、语言复读机、移动通信手持机用电池、移动通信手持机用电池充电器、移动通信系统基站天线、微型永磁直流电动机、微型计算机（含服务器）、家庭影院用环绕声放大器、固定电话机、汽车收放机、IC卡读写机、销售点终端等共17种电子信息产品进行了国家产品质量监督抽查。本次共抽样查检全国380家企业生产的392种产品。抽样检查结果：285家企业生产的296种产品合格，企业抽样合格率为75%，产品抽样合格率为75.5%。2002年信息产业部产品质量监督抽查情况见表1。

## 三、对信息产业部的质检机构加强监督管理

根据国家对质检机构的管理要求，加强了对信息产业部的质检机构的监督管理，制定出国家计量认证、审查认可、复查换证和增项计划，组织专家现场审查，确认质检机构的检测能力和资格，并对其检测业务给予授权。2002年信息产业部共认可授权质检机构11家。

## 四、做好生产许可证的管理工作

继续与国家质量监督检验检疫总局做好电子信息产品生产许可证的管理工作。在有效期内，换发证的电子信息产品有：卫星电视广播接收设备共83家企业136张证书,包括：天线40张、室外单元（高频头）14张、接收机62张、调制一体机19张、内藏式接收机1张。

广播电视接收机共144家企业176张证书，包括：黑白广播电视接收机34张、彩色广播电视接收机112张、彩色监视器3张、黑白监视器1张、背投影式广播电视接收机18张、等离子显示广播电视接收机4张、液晶显示广播电视接收机等4张。

集成电路（IC）卡及读写机产品共41家企业43张证书，包括：集成电路（IC）卡25张、集成电路（IC）卡读写机18张。

微机系统产品共336家企业336张证书,包括：微型计算机197张、显示器75张、打印机25张、不间断电源20张、扫描仪8张、开关电源11张。

## 五、继续做好电子信息商品修理、更换、退货责任规定工作

会同国家质量监督检验检疫总局，组织制定发布《微型计算机商品修理、更换、退货责任规定》和《家用视听商品修理、更换、退货责任规定》，并对微型计算机系统和家用视听商品维修人员持职业资格证书上岗做出规定（信部科［2002］467号文件）。

## 六、大力推进软件过程能力评估制度的实施

组织宣传贯彻《软件过程能力评估模型》和《软件能力成熟度模型》两项行业标准；为推动该两项标准的有效应用和实施，会同国家认证认可监督管理局联合审定发布了《软件过程及能力成熟度评估指南》，组织起草了评估机构基本要求和认可程序规则，对试点评估机构国家认可计划做出了安排。

## 七、推进计算机行业相关制度的实施

组织起草发布《计算机信息系统集成资质评审机构管理办法》，对从事一、二级计算机信息系统集成资质评审的中国软件评测中心和赛宝认证中心进行了能力水平认可评审并授权；对省、市从事三、四级计算机信息系统集成资质评审机构的工作进行指导，并计划在2003年对所有从事三、四级计算机信息系统集成资质评审机构进行能力

水平的认可；目前，信息产业部正在起草《计算机信息系统集成资质评审》和《信息系统工程监理资质评审机构管理办法》等法规文件；正在组织起草《计算机信息系统集成质量管理体系行业标准》等。

## 八、 推动合格评定制度在信息产业中的实施

在国家认证认可监督管理委员会的指导下，支持与国际组织IECQ接轨的中国电子元器件质量认证委员会（QCCECC）扩展合格评定产品范围，开展电子元器件产品的合格评定工作；推动中文信息处理产品认证中心，根据中文字库标准，开展中文信息处理产品的标准符合性认定工作，促进中文信息处理技术开发应用规范化。

## 九、 推进名牌战略的实施

为了推进名牌战略的实施，促进中国名牌产品的发展，增强中国的市场竞争力，2002年信息产业部配合中国名牌战略推进委员会，开展固定电话机和服务器产品的中国名牌产品的评价认定工作。

固定电话机获得2002年“中国名牌产品”称号的企业有：

1. TCL集团股份有限公司；
2. 深圳泰丰通讯电子有限公司；
3. 惠州侨兴电讯工业有限公司；
4. 广东步步高电子工业有限公司；
5. 德赛电子（惠州）有限公司。

服务器获得2002年“中国名牌产品”称号的企业有：

1. 浪潮集团有限公司；
2. 联想（北京）有限公司；
3. 中国长城计算机深圳股份有限公司；
4. 北京北大方正集团有限公司。

## 十、 推进电子行业质量管理小组活动和用户满意工作

信息产业部委托中国电子质量管理协会推进企业质量管理小组活动和用户满意工作。2002年中国电子质量管理协会评选出电子工业优秀质量管理小组286个、优秀质量信得过班组38个、质量管理小组活动先进单位32个、质量管理小组活动优秀领导者44名、质量管理小组活动优秀推进者57名。2002年中国电子质量管理协会评选出40个用户满意的工作先进单位和56种用户满意产品。

## 十一、2002年部分电子信息产品质量指标统计情况

据不完全统计，2002年4季度（全年累计值，下同）电子元器件总体质量指标是95.57%。与去年同期相比，基本上没有变化，较上季度增长了1.77个百分点。从整体上看，该类产品质量是稳中有升。消费类电子产品质量指标长期以来基本稳定，本期质量指标为96.12%，无论是与去年同期相比较，还是与上季度指标相比较都很稳定。通信产品质量指标达到97.04%，质量水平无较大波动。计算机与网络产品、计算机外部设备及配套产品和电子测量仪器总体质量指标分别为100%、98.12%、98.09%，均达到较高水平。2002年六大类电子产品质量指标情况见表2。2002年六大类电子产品质量指标情况比较见图1。

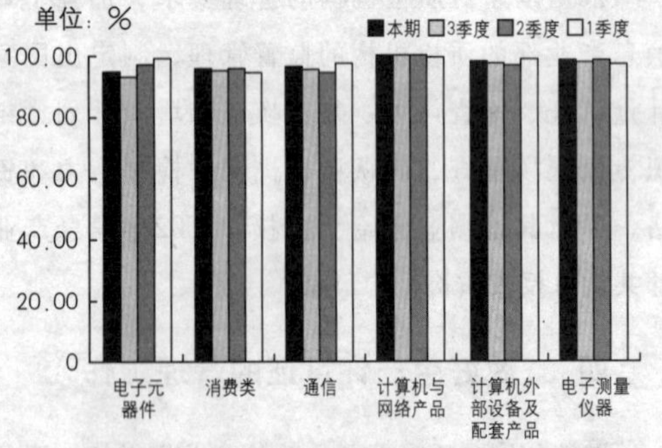


**图1 2002年六大类电子产品质量指标情况比较**

1. 电子元器件产品

2002年电子元器件产品总体质量指标为95.57%。从整体看，较去年同期和上期指标相比基本稳定。具体到小类产品，敏感元器件类产品质量水平有显著提高，本期指标合格率为97.47%，较去年同期上升2.28个百分点，较上季度上升8.73

个百分点。其他各产品质量指标从去年同期至本期基本稳定，波动值范围均在两个百分点以内。2002年电子元器件产品质量指标情况见表3。电子元器件产品质量指标情况分别见图2（a）、图2(b)。敏感元器件产品质量指标波动情况见图3。

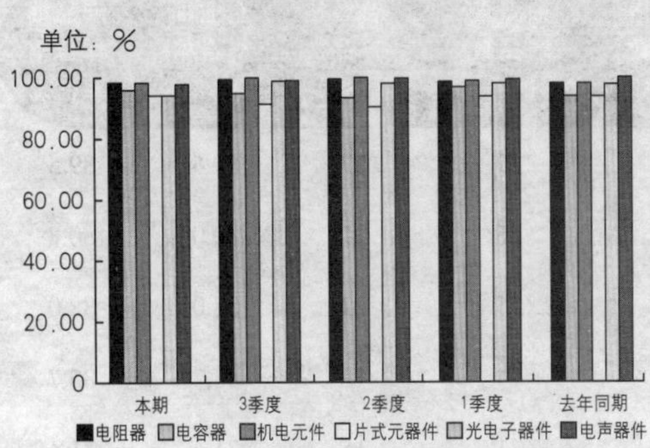


图2(a)　电子元器件产品质量指标情况

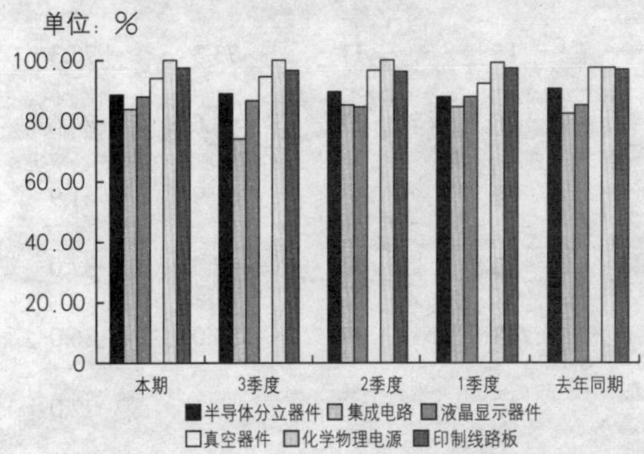


图2(b)　电子元器件产品质量指标情况

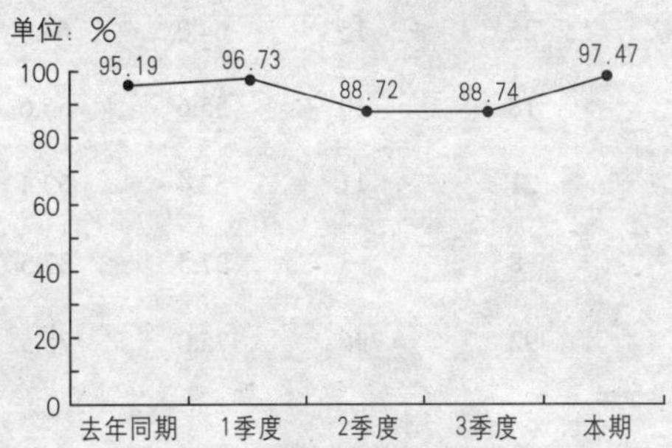


图3　敏感元器件产品质量指标波动情况

由图3可以看出：敏感元器件质量指标合格率从去年四季度到本期波动较明显，主要体现在2002年2、3季度合格率偏低，分别为88.72%和88.74%，从几个季度的质量指标变化趋势线来看，呈略微下降趋势，因此应引起有关生产厂家的重视。

2. 消费类电子产品

2002年4季度，消费类电子产品总体质量指标达到96.12%，该类产品质量长期以来基本稳定。具体到各小类产品指标也无明显波动，彩色电视机、家用录像机、组合音响、收录机、CD唱机、视盘机等质量指标均达到很高的水平，本季度家用录像机和摄、录一体家用摄像机缺报。2002年消费类电子产品质量指标情况见表4。

3. 通信产品

2002年4季度，通信产品共统计到7小类产品，总体质量指标为97.04%，与近几期相比较基本稳定。其中，移动电话手持机质量指标较去年同期有较大提高，增幅为5.91个百分点。光端机、卫星通信地球站设备、卫星电视接收设备、程控交换机、电话机、传真机等质量指标分别为：99.46%、100%、99.09%、100%、98.76%、98.76%。2002年通信产品质量指标情况见表5。

4. 计算机与网络产品

2002年4季度，该大类缺报产品较多，就微型计算机和微机服务器而言，其质量指标均达到100%。2002年计算机与网络产品质量指标情况见表6。

5. 计算机外部设备及配套产品

2002年4季度，该大类产品整体质量指标为98.12%。与前几期相比较，产品质量基本稳定。定向统计产品的质量情况：针式打印机99.36%、智能卡100%。这些产品的质量指标基本稳定，且均保持较高水平。2002年计算机外部设备及配套产品质量指标情况见表7。

6. 电子测量仪器

2002年4季度，电子测量仪器共统计到3种产品：示波器、信号源、电源，质量指标分别为：98.29%、95.44%、99.07%，据不完全统计，电子测量仪器类总体质量指标达到98.09%。2002年电子测量仪器产品质量指标情况见表8。

【统计数据】

表 1　2002 年信息产业部产品质量监督抽查情况

| 序号 | 产品名称 | 抽查企业数（个） | 合格企业数（个） | 抽查产品数（种） | 合格产品数（种） | 企业抽样合格率(%) | 产品抽样合格率(%) |
|---|---|---|---|---|---|---|---|
| 1 | 笔记本电脑 | 19 | 17 | 19 | 17 | 89.5 | 89.5 |
| 2 | 手持式电子信息产品 | 25 | 20 | 26 | 21 | 80.0 | 80.8 |
| 3 | CRT 显示器 | 25 | 22 | 25 | 22 | 88.0 | 88.0 |
| 4 | 彩色电视接收机 | 14 | 12 | 14 | 12 | 85.7 | 85.7 |
| 5 | 卫星数字电视接收机 | 21 | 15 | 21 | 15 | 71.4 | 71.4 |
| 6 | 企业财务管理软件 | 24 | 21 | 24 | 21 | 87.5 | 87.5 |
| 7 | 语言复读机 | 15 | 11 | 15 | 11 | 73.3 | 73.3 |
| 8 | 移动通信手持机用电池 | 26 | 22 | 26 | 22 | 84.6 | 84.6 |
| 9 | 移动通信手持机用电池充电器 | 21 | 13 | 21 | 13 | 61.9 | 61.9 |
| 10 | 移动通信系统基站天线 | 18 | 16 | 23 | 20 | 88.9 | 87.0 |
| 11 | 微型永磁直流电动机 | 43 | 37 | 43 | 37 | 86.0 | 86.0 |
| 12 | 微型计算机（含服务器） | 44 | 30 | 50 | 36 | 68.1 | 72.0 |
| 13 | 家庭影院用环绕声放大器 | 13 | 9 | 13 | 9 | 69.2 | 69.2 |
| 14 | 固定电话机 | 25 | 16 | 25 | 16 | 64.0 | 64.0 |
| 15 | 汽车收放机 | 18 | 10 | 18 | 10 | 55.6 | 55.6 |
| 16 | IC 卡读写机 | 21 | 11 | 21 | 11 | 52.4 | 52.4 |
| 17 | 销售点终端 | 8 | 3 | 8 | 3 | 37.5 | 37.5 |
|  | 合　计 | 380 | 285 | 392 | 296 | 75.0 | 75.5 |

表 2　2002 年六大类电子产品质量指标情况

单位：%

| 产品类别 | 本期指标 | 3 季度 | 2 季度 | 1 季度 | 去年同期 |
|---|---|---|---|---|---|
| 电子元器件类 | 95.57 | 93.80 | 97.36 | 98.81 | 95.81 |
| 消费电子产品类 | 96.12 | 95.86 | 96.12 | 94.78 | 97.06 |
| 通信产品类 | 97.04 | 96.15 | 94.76 | 97.72 | 95.89 |
| 计算机与网络产品类 | 100 | 99.98 | 99.98 | 99.52 | 99.14 |
| 计算机外部设备及配套产品 | 98.12 | 97.99 | 97.64 | 98.72 | 98.95 |
| 电子测量仪器类 | 98.51 | 98.04 | 98.51 | 97.91 | 98.87 |

表 3　2002 年电子元器件产品质量指标情况

单位：%

| 产品名称 | 本期指标 | 3 季度 | 2 季度 | 1 季度 | 去年同期 |
|---|---|---|---|---|---|
| 电阻器 | 98.64 | 98.41 | 98.46 | 98.5 | 97.85 |
| 电容器 | 96.08 | 95.09 | 93.99 | 96.89 | 94.71 |
| 机电元件 | 98.66 | 99.00 | 99.21 | 99.02 | 97.65 |
| 片式元器件 | 94.45 | 91.59 | 90.30 | 93.41 | 93.26 |
| 敏感元器件 | 97.47 | 88.74 | 88.72 | 96.73 | 95.19 |
| 光电子器件 | 94.57 | 98.10 | 97.52 | 97.63 | 97.20 |
| 电声器件 | 97.43 | 98.50 | 98.87 | 98.74 | 99.02 |
| 半导体分立器件 | 89.62 | 89.62 | 90.04 | 89.26 | 90.46 |
| 集成电路 | 83.87 | 73.49 | 87.10 | 84.71 | 82.57 |
| 液晶显示器件 | 89.17 | 87.31 | 86.15 | 88.83 | 87.00 |
| 真空器件 | 95.00 | 95.28 | 97.74 | 93.08 | 96.95 |
| 化学物理电源 | 99.87 | 99.90 | 99.96 | 99.82 | 97.30 |
| 印制线路板 | 97.88 | 97.02 | 96.76 | 96.97 | 96.90 |

表 4　2002 年消费类电子产品质量指标情况

单位：%

| 产品名称 | 本期指标 | 3 季度 | 2 季度 | 1 季度 | 去年同期 |
|---|---|---|---|---|---|
| 彩色电视机 | 98.34 | 98.83 | 95.56 | 97.79 | 98.61 |
| 组合音响 | 100 | 100 | 100 | 100 | 97.29 |
| 收录机 | 99.58 | 100 | 97.66 | 100 | 99.82 |
| CD 唱机 | 99.89 | 99.90 | 99.90 | 100 | 99.84 |
| VCD (DVD) 视盘机 | 95.98 | 95.68 | 96.50 | 94.69 | 96.96 |

表 5　2002 年通信产品质量指标情况

单位：%

| 产品名称 | 本期指标 | 3 季度 | 2 季度 | 1 季度 | 去年同期 |
|---|---|---|---|---|---|
| 光端机 | 99.46 | 99.86 | 99.89 | 100 | 99.96 |
| GSM 数字移动电话手持机 | 96.51 | 95.41 | 92.12 | 97.23 | 90.60 |
| 卫星通信地球站设备 | 100 | 100 | 100 | 100 | 100 |
| 卫星电视接收设备 | 99.44 | 99.90 | 99.90 | 99.90 | 99.93 |
| 程控交换机 | 100 | 100 | 99.87 | 99.60 | 99.75 |
| 电话机 | 98.76 | 98.56 | 99.69 | 99.13 | 99.56 |
| 传真机 | 98.76 | 98.40 | 98.24 | 98.39 | 97.47 |

表 6　2002 年计算机与网络产品质量指标情况

单位：%

| 产品名称 | 本期指标 | 3 季度 | 2 季度 | 1 季度 | 去年同期 |
|---|---|---|---|---|---|
| 微型计算机 | 100 | 100 | 99.98 | 99.52 | 99.14 |
| 微机服务器 | 100 | 100 | 100 | 100 | 100 |

表 7 2002 年计算机外部设备及配套产品质量指标情况

单位：%

| 产品名称 | 本期指标 | 3 季度 | 2 季度 | 1 季度 | 去年同期 |
|---|---|---|---|---|---|
| 针式打印机 | 99.36 | 99.27 | 99.12 | 98.35 | 99.10 |
| 显示器（终端） | 97.72 | 97.77 | 97.37 | 98.75 | 98.63 |
| 输入输出设备 | 99.23 | 99.23 | 99.23 | - | 99.76 |
| 智能卡 | 100 | 100 | 100 | 100 | 100 |

表 8 2002 年电子测量仪器产品质量指标情况

单位：%

| 产品名称 | 本期指标 | 3 季度 | 2 季度 | 1 季度 | 去年同期 |
|---|---|---|---|---|---|
| 示波器 | 98.29 | 98.67 | 98.18 | 98.21 | 98.26 |
| 信号源 | 95.44 | 96.37 | 97.12 | 96.44 | 96.15 |
| 电源 | 99.07 | 98.85 | 99.23 | 98.04 | 99.90 |

[供稿：信息产业部科技司]

# 2002 年度批准发布的电子信息产业各类标准情况

## 【综述】

据统计，2002年度共批准发布电子信息产业各类标准271项。其中，国家标准72项，国家军用标准24项，行业标准39项，行业军用标准136项。与国际或国外同类标准比较，等同采用国际或国外标准28项，非等同采用5项。

从1997年开始，截止至2002年累计批准发布国家标准544项、国家军用标准389项、行业标准232项、行业军用标准535项。1997年~2002年国家标准批准发布情况见图1，1997年~2002年国家军用标准批准发布情况见图2，1997年~2002年行业标准批准发布情况见图3，1997年~2002年行业军用标准批准发布情况见图4。

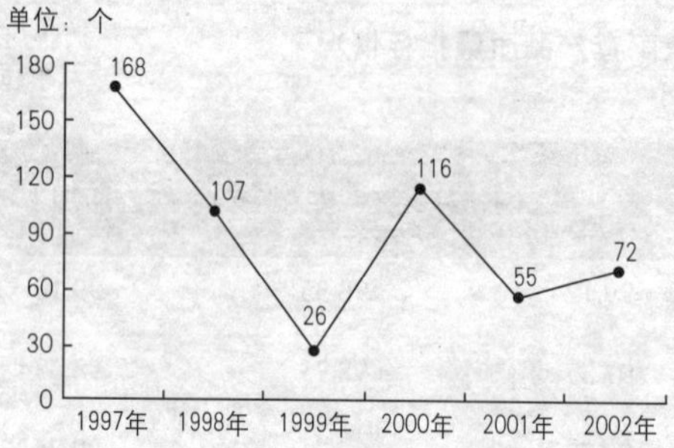


图1 1997年～2002年国家标准批准发布情况

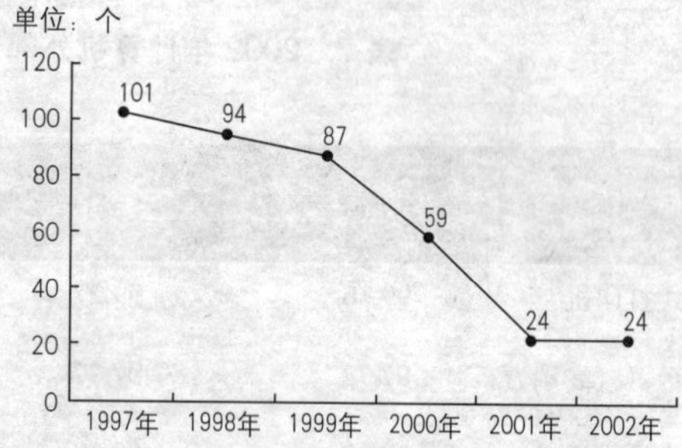


图2 1997年～2002年国家军用标准批准发布情况

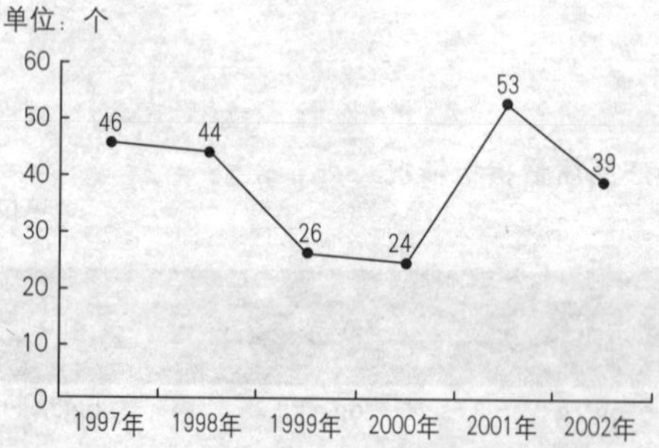


图3 1997年～2002年行业标准批准发布情况

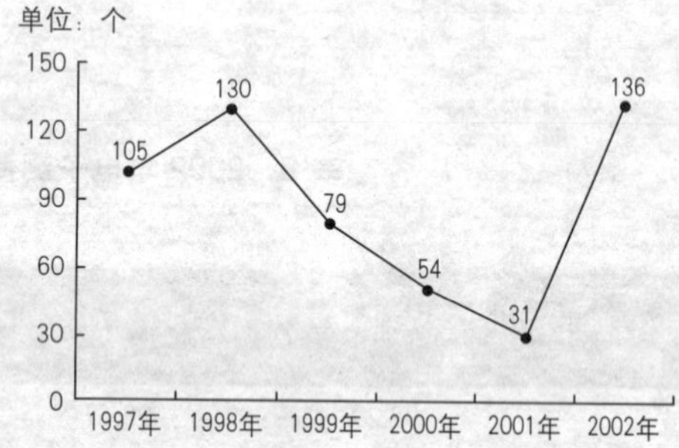


图4 1997年～2002年行业军用标准批准发布情况

## 【统计数据】

### 表 1 2002 年度批准发布的国家标准目录

| 序号 | 标准编号 | 标准名称 | 发布日期 | 实施日期 |
|---|---|---|---|---|
| 1 | GB/T 15694.2-2002 | 识别卡 发卡者标识 第 2 部分：申请和注册规程 | 2002-5-8 | 2002-10-1 |
| 2 | GB/T 16649.5-2002 | 识别卡 带触点的集成电路卡 第 5 部分：应用标识符的国家编号体系和注册规程 | 2002-5-8 | 2002-10-1 |
| 3 | GB/T 17975.7-2002 | 信息技术 运动图像及其伴音信息的通用编码 第 7 部分：先进音频编码(AAC) | 2002-5-8 | 2002-10-1 |
| 4 | GB/T 18714.1-2002 | 信息技术 开放分布式处理 参考模型 第 1 部分：概述 | 2002-5-8 | 2002-10-1 |
| 5 | GB/T 18714.2-2002 | 信息技术 开放分布式处理 参考模型 第 2 部分：基本概念 | 2002-5-8 | 2002-10-1 |
| 6 | GB/T 9632.1-2002 | 通信用电感器和变压器磁心测量方法 | 2002-7-15 | 2002-12-1 |
| 7 | GB/T 18238.2-2002 | 信息技术 安全技术 散列函数 第 2 部分：采用 n 位块密码的散列函数 | 2002-7-18 | 2002-12-1 |
| 8 | GB/T 18238.3-2002 | 信息技术 安全技术 散列函数 第 3 部分：专用散列函数 | 2002-7-18 | 2002-12-1 |

续表 1

| 序号 | 标准编号 | 标准名称 | 发布日期 | 实施日期 |
|---|---|---|---|---|
| 9 | GB/T 18787-2002 | 电子图书阅读器通用规范 | 2002-7-18 | 2002-12-1 |
| 10 | GB/T 18788-2002 | 平台式扫描仪通用规范 | 2002-7-18 | 2002-12-1 |
| 11 | GB/T 18789-2002 | 自动柜员机(ATM)通用规范 | 2002-7-18 | 2002-12-1 |
| 12 | GB/T 18790-2002 | 联机手写汉字识别技术要求与测试规程 | 2002-7-18 | 2002-12-1 |
| 13 | GB/T 18791-2002 | 电子和电气陶瓷性能试验方法 | 2002-7-18 | 2002-12-1 |
| 14 | GB/T 18792-2002 | 信息技术 文件描述和处理语言 超文本置标语言(HTML) | 2002-7-18 | 2002-12-1 |
| 15 | GB/T 18793-2002 | 信息技术 可扩展置语言(XML)1.0 | 2002-7-18 | 2002-12-1 |
| 16 | GB/T 18794.1-2002 | 信息技术 开放系统互连 开放系统安全框架 第 1 部分：概述 | 2002-7-18 | 2002-12-1 |
| 17 | GB/T 18794.2-2002 | 信息技术 开放系统互连 开放系统安全框架 第 2 部分：鉴别框架 | 2002-7-18 | 2002-12-1 |
| 18 | GB/T 1913.2-2002 | 印制板用漂白木浆纸 | 2002-7-18 | 2002-12-1 |
| 19 | GB/T 3388-2002 | 压电陶瓷材料型号命名方法 | 2002-7-18 | 2002-12-1 |
| 20 | GB/T 4184-2002 | 钨铼合金丝 | 2002-7-18 | 2002-12-1 |
| 21 | GB/T 4186-2002 | 钼钨合金杆 | 2002-7-18 | 2002-12-1 |
| 22 | GB/T 4313-2002 | 信息技术 办公机器和打印机用编织打印色带通用规范 | 2002-7-18 | 2002-12-1 |
| 23 | GB/T 7153-2002 | 直热式阶跃型正温度系数热敏电阻器 第 1 部分：总规范 | 2002-7-18 | 2002-12-1 |
| 24 | GB/T 18806-2002 | 电阻应变式压力传感器总规范 | 2002-8-9 | 2003-4-1 |
| 25 | GB/T 18807-2002 | 信息技术 130mm 盒式光盘上的数据交换容量：每盒 1.3G 字节 | 2002-8-9 | 2003-4-1 |
| 26 | GB/T 18808-2002 | 信息技术 130mm 一次写入盒式光盘记录格式技术规范 | 2002-8-9 | 2003-4-1 |
| 27 | GB/T 18809-2002 | 空气离子测量仪通用规范 | 2002-8-9 | 2003-4-1 |
| 28 | GB/T 9491-2002 | 锡焊用液态焊剂(松香基) | 2002-8-9 | 2003-4-1 |
| 29 | GB/T 11297.1-2002 | 激光棒波前畸变的测量方法 | 2002-12-4 | 2003-5-1 |
| 30 | GB/T 11297.3-2002 | 掺钕钇铝石榴石激光棒消光比的测量方法 | 2002-12-4 | 2003-5-1 |
| 31 | GB/T 14598.1-2002 | 电气继电器 第 23 部分：触点性能 | 2002-12-4 | 2003-5-1 |
| 32 | GB/T 15142-2002 | 方形开口镉镍单体蓄电池总规范 | 2002-12-4 | 2003-5-1 |

续表 1

| 序号 | 标准编号 | 标准名称 | 发布日期 | 实施日期 |
|---|---|---|---|---|
| 33 | GB/T 15157.7-2002 | 频率低于 3MHz 的印制板连接器 第 7 部分：有质量评定的具有通用插合特性的 8 位固定和自由连接器详细规范 | 2002-12-4 | 2003-5-1 |
| 34 | GB/T 16649.10-2002 | 识别卡 带触点的集成电路卡 第10部分：同步卡的电信号和复位应答 | 2002-12-4 | 2003-5-1 |
| 35 | GB/T 16649.8-2002 | 识别卡 带触点的集成电路卡 第 8 部分：与安全相关的行业间命令 | 2002-12-4 | 2003-5-1 |
| 36 | GB/T 17562.8-2002 | 频率低于 3MHz 的矩形连接器 第 8 部分：具有 4 个信号接触件和电缆屏蔽用接地接触件的连接器详细规范 | 2002-12-4 | 2003-5-1 |
| 37 | GB/T 18310.1-2002 | 纤维光学互连器件和无源器件 基本试验和测量程序 第 2-1 部分：试验-振动(正弦) | 2002-12-4 | 2003-5-1 |
| 38 | GB/T 18310.12-2002 | 纤维光学互连器件和无源器件 基本试验和测量程序 第 2-12 部分：试验-撞击 | 2002-12-4 | 2003-5-1 |
| 39 | GB/T 18310.19-2002 | 纤维光学互连器件和无源器件 基本试验和测量程序 第 2-19 部分：试验-恒定湿热 | 2002-12-4 | 2003-5-1 |
| 40 | GB/T 18310.21-2002 | 纤维光学互连器件和无源器件 基本试验和测量程序 第 2-21 部分：试验-温度-湿度组合循环试验 | 2002-12-4 | 2003-5-1 |
| 41 | GB/T 18310.5-2002 | 纤维光学互连器件和无源器件 基本试验和测量程序 第 2-5 部分：试验-扭转/扭绞 | 2002-12-4 | 2003-5-1 |
| 42 | GB/T 18310.7-2002 | 纤维光学互连器件和无源器件 基本试验和测量程序 第 2-7 部分：试验-弯矩 | 2002-12-4 | 2003-5-1 |
| 43 | GB/T 18896-2002 | 彩色投影显像管测试方法 | 2002-12-4 | 2003-5-1 |
| 44 | GB/T 18897-2002 | 多普勒甚高频全向信标性能要求和测试方法 | 2002-12-4 | 2003-5-1 |
| 45 | GB/T 18901.1-2002 | 光纤传感器 第 1 部分：总规范 | 2002-12-4 | 2003-5-1 |
| 46 | GB/T 18902-2002 | 超高频测距仪性能要求和测试方法 | 2002-12-4 | 2003-5-1 |
| 47 | GB/T 18903-2002 | 信息技术 服务质量：框架 | 2002-12-4 | 2003-5-1 |
| 48 | GB/T 18904.1-2002 | 半导体器件 第 12-1 部分： 光电子器件 纤维光学系统或子系统用带/不带尾纤的光发射或红外发射二极管空白详细规范 | 2002-12-4 | 2003-5-1 |
| 49 | GB/T 18904.2-2002 | 半导体器件 第 12-2 部分： 光电子器件 纤维光学系统或子系统用带尾纤的激光二极管模块空白详细规范 | 2002-12-4 | 2003-5-1 |
| 50 | GB/T 18904.3-2002 | 半导体器件 第 12-3 部分： 光电子器件 显示用发光二极管空白详细规范 | 2002-12-4 | 2003-5-1 |
| 51 | GB/T 18904.4-2002 | 半导体器件 第 12-4 部分：光电子器件 纤维光学系统或子系统用带/不带尾纤的 Pin-FET 模块空白详细规范 | 2002-12-4 | 2003-5-1 |
| 52 | GB/T 18905.1-2002 | 软件工程 产品评价 第 1 部分：概述 | 2002-12-4 | 2003-5-1 |
| 53 | GB/T 18905.2-2002 | 软件工程 产品评价 第 2 部分：策划和管理 | 2002-12-4 | 2003-5-1 |
| 54 | GB/T 18905.3-2002 | 软件工程 产品评价 第 3 部分：开发者用的过程 | 2002-12-4 | 2003-5-1 |

续表 1

| 序号 | 标准编号 | 标准名称 | 发布日期 | 实施日期 |
|---|---|---|---|---|
| 55 | GB/T 18905.4-2002 | 软件工程 产品评价 第 4 部分：需方用的过程 | 2002-12-4 | 2003-5-1 |
| 56 | GB/T 18905.5-2002 | 软件工程 产品评价 第 5 部分：评价者用的过程 | 2002-12-4 | 2003-5-1 |
| 57 | GB/T 18905.6-2002 | 软件工程 产品评价 第 6 部分： 评价模块的文档编制 | 2002-12-4 | 2003-5-1 |
| 58 | GB/T 18908.1-2002 | 工业用时间继电器 第 1 部分：要求和试验 | 2002-12-4 | 2003-5-1 |
| 59 | GB/T 18909-2002 | 按能力批准评定质量的电子设备用高频电感器和中频变压器分规范 | 2002-12-4 | 2003-5-1 |
| 60 | GB/T 18910.1-2002 | 液晶和固态显示器件 第 1 部分：总规范 | 2002-12-4 | 2003-5-1 |
| 61 | GB/T 18911-2002 | 地面用薄膜光伏组件 设计鉴定和定型 | 2002-12-4 | 2003-5-1 |
| 62 | GB/T 18912-2002 | 光伏组件盐雾腐蚀试验 | 2002-12-4 | 2003-5-1 |
| 63 | GB/T 18913-2002 | 船舶和航海技术 航海气象图传真接收机 | 2002-12-4 | 2003-5-1 |
| 64 | GB/T 18917-2002 | 彩色投影显像管空白详细规范 | 2002-12-4 | 2003-5-1 |
| 65 | GB/T 4183-2002 | 钼钨合金丝 | 2002-12-4 | 2003-5-1 |
| 66 | GB/T 6495.8-2002 | 光伏器件 第 8 部分：光伏器件光谱响应的测量 | 2002-12-4 | 2003-5-1 |
| 67 | GB/T 6589-2002 | 半导体器件 分立器件 第 3-2 部分：信号（包括开关）和调整二极管电压调整二极管和电压基准二极管(不包括温度补偿精密基准二极管)空白详细规范 | 2002-12-4 | 2003-5-1 |
| 68 | GB/T 9634.1-2002 | 铁氧体磁心表面缺陷极限导则 第 1 部分：总则 | 2002-12-4 | 2003-5-1 |
| 69 | GB/T 9634.2-2002 | 铁氧体磁心表面缺陷极限导则 第1部分：RM磁心 | 2002-12-4 | 2003-5-1 |
| 70 | GB/T 9634.3-2002 | 铁氧体磁心表面缺陷极限导则 第3部分：ETD和 E 形磁心 | 2002-12-4 | 2003-5-1 |
| 71 | GB/Z 18906-2002 | 开放式电子图书出版物结构 | 2002-12-4 | 2003-5-1 |
| 72 | GB/Z 18914-2002 | 信息技术 软件工程 CASE 工具的采用指南 | 2002-12-4 | 2003-5-1 |

**表 2　2002 年批准发布的国家军用标准目录**

| 序号 | 标准编号 | 标准名称 | 发布日期 | 实施日期 |
|---|---|---|---|---|
| 1 | GJB 4169-2001 | 军用通信保密设备中、低速语音编解码模块通用规范 | 2002-1-11 | 2002-5-1 |
| 2 | GJB 1042A-2002 | 电磁继电器通用规范 | 2002-7-19 | 2002-12-1 |

续表 2

| 序号 | 标准编号 | 标准名称 | 发布日期 | 实施日期 |
|---|---|---|---|---|
| 3 | GJB 142A/14-2002 | 机柜用外壳定位小型矩形 GL 类锡焊插针接触件滤波电连接器详细规范 | 2002-7-19 | 2002-12-1 |
| 4 | GJB 1934/10-2002 | SYFY-75-12-51（1/2英寸）、SYFYZ-75-5-51（1/2英寸）型泡沫聚乙烯绝缘皱纹外导体半硬同轴射频电缆详细规范 | 2002-7-19 | 2002-12-1 |
| 5 | GJB 1934/1-2002 | SYFY-50-5-51（1/4英寸）、SYFYZ-50-5-51（1/4英寸）型泡沫聚乙烯绝缘皱纹外导体半硬同轴射频电缆详细规范 | 2002-7-19 | 2002-12-1 |
| 6 | GJB 1934/2-2002 | SYFY-50-7-51、SYFYZ-50-7-51型泡沫聚乙烯绝缘皱纹外导体半硬同轴射频电缆详细规范 | 2002-7-19 | 2002-12-1 |
| 7 | GJB 1934/3-2002 | SYFY-50-9-51（3/8英寸）、SYFYZ-50-9-51（3/8英寸）型泡沫聚乙烯绝缘皱纹外导体半硬同轴射频电缆详细规范 | 2002-7-19 | 2002-12-1 |
| 8 | GJB 1934/4-2002 | SYFY-50-12-51（1/2英寸）、SYFYZ-50-12-51（1/2英寸）型泡沫聚乙烯绝缘皱纹外导体半硬同轴射频电缆详细规范 | 2002-7-19 | 2002-12-1 |
| 9 | GJB 1934/5-2002 | SYFY-50-16-51（5/8英寸）、SYFYZ-50-16-51（5/8英寸）型泡沫聚乙烯绝缘皱纹外导体半硬同轴射频电缆详细规范 | 2002-7-19 | 2002-12-1 |
| 10 | GJB 1934/6-2002 | SYFY-50-22-51（7/8英寸）、SYFYZ-50-22-51（7/8英寸）型泡沫聚乙烯绝缘皱纹外导体半硬同轴射频电缆详细规范 | 2002-7-19 | 2002-12-1 |
| 11 | GJB 1934/7-2002 | SYFY-50-32-51（1-1/4英寸）、SYFYZ-50-32-51（1-1/4英寸）型泡沫聚乙烯绝缘皱纹外导体半硬同轴射频电缆详细规范 | 2002-7-19 | 2002-12-1 |
| 12 | GJB 1934/8-2002 | SYFY-50-42-51（1-5/8英寸）、SYFYZ-50-42-51（1-5/8英寸）型泡沫聚乙烯绝缘皱纹外导体半硬同轴射频电缆详细规范 | 2002-7-19 | 2002-12-1 |
| 13 | GJB 1934/9-2002 | SYFY-75-5-51（1/4英寸）、SYFYZ-75-5-51（1/4英寸）型泡沫聚乙烯绝缘皱纹外导体半硬同轴射频电缆详细规范 | 2002-7-19 | 2002-12-1 |
| 14 | GJB 4409-2002 | 压阻式压力传感器通用规范 | 2002-7-19 | 2002-12-1 |
| 15 | GJB 4410-2002 | 旋磁铁氧体材料通用规范 | 2002-7-19 | 2002-12-1 |
| 16 | GJB 4411-2002 | 光缆组件通用规范 | 2002-7-19 | 2002-12-1 |
| 17 | GJB 4412-2002 | 纤维光学开关通用规范 | 2002-7-19 | 2002-12-1 |
| 18 | GJB 4413-2002 | 雷达方舱运输平台通用规范 | 2002-7-19 | 2002-12-1 |
| 19 | GJB 4414-2002 | 军用雷达和电子对抗装备 AC/DC 电源规范 | 2002-7-19 | 2002-12-1 |
| 20 | GJB 675A-2002 | 有和无可靠性指标的模制射频固定电感器通用规范 | 2002-7-19 | 2002-12-1 |

续表 2

| 序号 | 标准编号 | 标准名称 | 发布日期 | 实施日期 |
|---|---|---|---|---|
| 21 | GJB 681A-2002 | 射频同轴连接器通用规范 | 2002-7-19 | 2002-12-1 |
| 22 | GJB 920A-2002 | 膜固定电阻网络、膜固定电阻和陶瓷电容的阻容网络通用规范 | 2002-7-19 | 2002-12-1 |
| 23 | GJB 972A-2002 | 有和无可靠性指标的塑料膜介质交直流固定电容器通用规范 | 2002-7-19 | 2002-12-1 |
| 24 | GJB/Z 132-2002 | 军用电磁干扰滤波器选用和安装指南 | 2002-7-19 | 2002-12-1 |

## 表 3 2002 年批准发布的行业标准目录

| 序号 | 标准编号 | 标准名称 | 发布日期 | 实施日期 |
|---|---|---|---|---|
| 1 | SJ/T 198-2001 | 计数管总规范 | 2002-1-31 | 2002-5-1 |
| 2 | SJ/T 207.6-2001 | 设计文件管理制度 第6部分：项目代号 | 2002-1-31 | 2002-5-1 |
| 3 | SJ/T 207.7-2001 | 设计文件管理制度 第7部分：电气简图的编制 | 2002-1-31 | 2002-5-1 |
| 4 | SJ/T 207.8-2001 | 设计文件管理制度 第8部分：图样编制 | 2002-1-31 | 2002-5-1 |
| 5 | SJ/T 3326-2001 | 陶瓷-金属封接抗拉强度测量方法 | 2002-1-31 | 2002-5-1 |
| 6 | SJ/T 10157-2001 | 脉冲磁控管空白详细规范 | 2002-1-31 | 2002-5-1 |
| 7 | SJ/T 11049-2001 | 录音机用永磁直流电动机通用规范 | 2002-1-31 | 2002-5-1 |
| 8 | SJ/T 11244-2001 | 单相 R 型变压器用铁芯 | 2002-1-31 | 2002-5-1 |
| 9 | SJ/T 11245-2001 | 单相 R 型铁芯电源变压器 | 2002-1-31 | 2002-5-1 |
| 10 | SJ/T 11246-2001 | 真空开关用陶瓷管壳 | 2002-1-31 | 2002-5-1 |
| 11 | SJ/T 11247-2001 | 永磁铁氧体瓦形磁体公差及外形缺陷 | 2002-1-31 | 2002-5-1 |
| 12 | SJ/T 11248-2001 | 液晶和固态显示器件 第3-1部分：液晶显示(LCD) 屏空白详细规范 | 2002-1-31 | 2002-5-1 |
| 13 | SJ/T 11249-2001 | 计数管空白详细规范 | 2002-1-31 | 2002-5-1 |
| 14 | SJ/T 11250-2001 | 压阻式过载传感器总规范 | 2002-1-31 | 2002-5-1 |
| 15 | SJ/T 11251-2001 | 射频电缆 第3-1部分：数字通信用水平布线同轴缆-局域网用500m以下、10Mb/s及其以下泡沫介质同轴电缆详细规范 | 2002-1-31 | 2002-5-1 |
| 16 | SJ/T 11252-2001 | 射频电缆 第3-2部分：数字通信用水平布线同轴缆-局域网用185m以下、10Mb/s及其以下实芯介质同轴电缆详细规范 | 2002-1-31 | 2002-5-1 |

续表 3

| 序号 | 标准编号 | 标准名称 | 发布日期 | 实施日期 |
|---|---|---|---|---|
| 17 | SJ/T 11253-2001 | 射频电缆　第3-3部分：数字通信用水平布线同轴缆-局域网用500m以下、10Mb/s及其以下泡沫介质同轴电缆详细规范 | 2002-1-31 | 2002-5-1 |
| 18 | SJ/T 11254-2001 | 射频同轴电缆组件　第2-3部分：柔软同轴电缆组件详细规范 | 2002-1-31 | 2002-5-1 |
| 19 | SJ/T 11255-2001 | 叠层型片式电感器详细规范 | 2002-1-31 | 2002-5-1 |
| 20 | SJ/T 11256-2001 | 有质量评定的石英晶体振荡器　第1部分：总规范 | 2002-1-31 | 2002-5-1 |
| 21 | SJ/T 11257-2001 | 有质量评定的石英晶体振荡器　第5部分：总规范-鉴定批准 | 2002-1-31 | 2002-5-1 |
| 22 | SJ/T 11258-2001 | 有质量评定的石英晶体振荡器　第5-1部分：空白详细规范-鉴定批准 | 2002-1-31 | 2002-5-1 |
| 23 | SJ/T 11259-2001 | 制冷机低温泵总规范 | 2002-1-31 | 2002-5-1 |
| 24 | SJ/T 11260-2001 | 真空开关管系列 | 2002-1-31 | 2002-5-1 |
| 25 | SJ/T 11261-2001 | 真空开关管型号命名方法 | 2002-1-31 | 2002-5-1 |
| 26 | SJ/T 11262-2002 | 互联网机顶盒通用规范 | 2002-5-23 | 2002-5-23 |
| 27 | SJ/T 11263-2002 | 微波炉磁控管用永磁铁氧体分规范 | 2002-5-23 | 2002-5-23 |
| 28 | SJ/T 11264-2002 | 扬声器用永磁铁氧体磁体尺寸及公差 | 2002-5-23 | 2002-5-23 |
| 29 | SJ/T 11265-2002 | 软磁铁氧体料粉 | 2002-5-23 | 2002-5-23 |
| 30 | SJ/Z 11266-2002 | 电子设备的安全 | 2002-5-23 | 2002-5-23 |
| 31 | SJ 11267-2002 | 电子设备用压敏电阻器安全要求 | 2002-5-23 | 2002-5-23 |
| 32 | SJ/T 11268-2002 | 网络信息分类系统 | 2002-5-23 | 2002-5-23 |
| 33 | SJ/T 11269-2002 | 显像管玻壳型号命名方法 | 2002-5-23 | 2002-5-23 |
| 34 | SJ/T 2744-2002 | 磁性氧化物制成的方形磁芯(RM磁芯)及其附件的尺寸 | 2002-7-31 | 2002-12-1 |
| 35 | SJ/T 10410-2002 | 永磁铁氧体材料 | 2002-7-31 | 2002-12-1 |
| 36 | SJ/T 10411-2002 | 永磁铁氧体材料物理分析方法 | 2002-7-31 | 2002-12-1 |
| 37 | SJ/T 10412-2002 | 永磁铁氧体料粉 | 2002-7-31 | 2002-12-1 |
| 38 | SJ/T 11270-2002 | 信息技术　鼠标器通用规范 | 2002-7-31 | 2002-12-1 |
| 39 | SJ/T 11271-2002 | 数字域名规范 | 2002-7-31 | 2002-12-1 |

**表 4　2002 年批准发布的行业军用标准目录**

| 序号 | 标准编号 | 标准名称 | 发布日期 | 实施日期 |
| --- | --- | --- | --- | --- |
| 1 | SJ 20810-2002 | 印制板尺寸与公差 | 2002-1-31 | 2002-5-1 |
| 2 | SJ 20811/1-2002 | CA-YZ-001 型压阻式冲击振动加速度传感器详细规范 | 2002-1-31 | 2002-1-31 |
| 3 | SJ 20811-2002 | 压阻式加速度传感器总规范 | 2002-1-31 | 2002-1-31 |
| 4 | SJ 20812-2002 | 军用电子设备三防设计的管理规定 | 2002-1-31 | 2002-5-1 |
| 5 | SJ 20813-2002 | 铝和铝合金化学转化膜规范 | 2002-1-31 | 2002-5-1 |
| 6 | SJ 20814-2002 | 军用电磁屏蔽箔片通用规范 | 2002-1-31 | 2002-5-1 |
| 7 | SJ 20815-2002 | 天地数字电视系统地面终端设备体制及接口 | 2002-1-31 | 2002-5-1 |
| 8 | SJ 20816-2002 | 天地 VHF 数字通信系统地面设备体制及接口 | 2002-1-31 | 2002-5-1 |
| 9 | SJ 20817-2002 | 电子设备的涂饰 | 2002-1-31 | 2002-5-1 |
| 10 | SJ 20818-2002 | 电子设备的金属镀覆与化学处理 | 2002-1-31 | 2002-5-1 |
| 11 | SJ 50063/3-2002 | CAK-8 型有可靠性指标的气密封固体电解质钽电容器详细规范 | 2002-1-31 | 2002-5-1 |
| 12 | SJ 50065/2A-2002 | JRW-210M 型有可靠性指标的 T0-5 密封直流电磁继电器详细规范 | 2002-1-31 | 2002-5-1 |
| 13 | SJ 50192A/1-2002 | CCK4101 型有可靠性指标的无包封多层片式瓷介电容器详细规范 | 2002-1-31 | 2002-5-1 |
| 14 | SJ 50192A/2-2002 | CCK4102 型有可靠性指标的无包封多层片式瓷介电容器详细规范 | 2002-1-31 | 2002-5-1 |
| 15 | SJ 50597/54-2002 | 半导体集成电路 JW431 精密可调电压基准源详细规范 | 2002-1-31 | 2002-5-1 |
| 16 | SJ 50597/55-2002 | 半导体集成电路 JSC320C25 型数字信号处理器详细规范 | 2002-1-31 | 2002-5-1 |
| 17 | SJ 50597/56-2002 | 半导体集成电路 JW920 型 PIN 驱动器详细规范 | 2002-1-31 | 2002-5-1 |
| 18 | SJ 50924/1-2002 | CTK401 型有可靠性指标的瓷介固定电容器详细规范 | 2002-1-31 | 2002-5-1 |
| 19 | SJ 50924/2-2002 | CTK402 型有可靠性指标的瓷介固定电容器详细规范 | 2002-1-31 | 2002-5-1 |
| 20 | SJ 50924/3-2002 | CTK403 型有可靠性指标的瓷介固定电容器详细规范 | 2002-1-31 | 2002-5-1 |
| 21 | SJ 50972/3-2002 | CLSK235 型有可靠性指标的金属化聚碳酸酯薄膜介质直流固定电容器详细规范 | 2002-1-31 | 2002-5-1 |
| 22 | SJ 51065/7-2002 | GTP004A、GTP023A、GTP029A型普通同轴射频隔离器详细规范 | 2002-1-31 | 2002-5-1 |

续表 4

| 序号 | 标准编号 | 标准名称 | 发布日期 | 实施日期 |
|---|---|---|---|---|
| 23 | SJ 51313/1-2002 | CY401、CY402、CY403、CY404和CY405型云母固定电容器详细规范 | 2002-1-31 | 2002-5-1 |
| 24 | SJ 51314/1-2002 | CT401 型瓷介固定电容器详细规范 | 2002-1-31 | 2002-5-1 |
| 25 | SJ 51314/2-2002 | CT402 型瓷介固定电容器详细规范 | 2002-1-31 | 2002-5-1 |
| 26 | SJ 51428/8-2002 | 可带中继的浅海光缆详细规范 | 2002-1-31 | 2002-5-1 |
| 27 | SJ 51428/9-2002 | 层绞式光缆详细规范 | 2002-1-31 | 2002-5-1 |
| 28 | SJ 51919/3-2002 | JGL27-1.8-03 型两芯轻型多模野战光缆连接器详细规范 | 2002-1-31 | 2002-5-1 |
| 29 | SJ 51919/4-2002 | JGL27-2.5-01 型四芯小型多模野战光缆连接器详细规范 | 2002-1-31 | 2002-5-1 |
| 30 | SJ 51919/5-2002 | JGL30-2.5-01 型舰用两芯多模光缆连接器详细规范 | 2002-1-31 | 2002-5-1 |
| 31 | SJ 53516/5-2002 | CD351 型铝电解电容器详细规范 | 2002-1-31 | 2002-5-1 |
| 32 | SJ 53516/6-2002 | CD352 型铝电解电容器详细规范 | 2002-1-31 | 2002-5-1 |
| 33 | SJ 20819-2002 | 军用EMI吸波元件（包括磁珠、磁环、磁筒、磁夹板等元件）通用规范 | 2002-6-15 | 2002-10-1 |
| 34 | SJ 20820/1-2002 | 信息技术 小计算机系统接口（SCSI）-3基本命令层 第1部分：基本命令 | 2002-6-15 | 2002-10-1 |
| 35 | SJ 20820/2-2002 | 信息技术 小计算机系统接口（SCSI）-3基本命令层 第2部分：控制器命令2 | 2002-6-15 | 2002-10-1 |
| 36 | SJ 20820/3-2002 | 信息技术 小计算机系统接口（SCSI）-3基本命令层 第3部分：流设备命令 | 2002-6-15 | 2002-10-1 |
| 37 | SJ 20820/4-2002 | 信息技术 小计算机系统接口（SCSI）-3基本命令层 第4部分：媒体交换器命令 | 2002-6-15 | 2002-10-1 |
| 38 | SJ 20820/5-2002 | 信息技术 小计算机系统接口（SCSI）-3基本命令层 第5部分：多媒体命令 | 2002-6-15 | 2002-10-1 |
| 39 | SJ 20820/6-2002 | 信息技术 小计算机系统接口（SCSI）-3基本命令层 第6部分：块命令 | 2002-6-15 | 2002-10-1 |
| 40 | SJ 20820/7-2002 | 信息技术 小计算机系统接口（SCSI）-3基本命令层 第7部分：简化的块命令 | 2002-6-15 | 2002-10-1 |
| 41 | SJ 20820/8-2002 | 信息技术 小计算机系统接口（SCSI）-3基本命令层 第8部分：机箱服务命令 | 2002-6-15 | 2002-10-1 |
| 42 | SJ 20820/9-2002 | 信息技术 小计算机系统接口（SCSI）-3基本命令层 第9部分：公共访问方法 | 2002-6-15 | 2002-10-1 |
| 43 | SJ 20038/1-2002 | J34MD27Z21 型脉动电机详细规范 | 2002-10-30 | 2003-3-1 |
| 44 | SJ 20344/1-2002 | J230LWX01 型无刷直流力矩电动机详细规范 | 2002-10-30 | 2003-3-1 |

续表 4

| 序号 | 标准编号 | 标准名称 | 发布日期 | 实施日期 |
|---|---|---|---|---|
| 45 | SJ 20460/1-2002 | 6C18T 型盘封管详细规范 | 2002-10-30 | 2003-3-1 |
| 46 | SJ 20527/5-2002 | 微波组件 WFK170018 型单刀七掷开关详细规范 | 2002-10-30 | 2003-3-1 |
| 47 | SJ 20643/2-2002 | 紫外切除型脉冲氙灯详细规范 | 2002-10-30 | 2003-3-1 |
| 48 | SJ 20821-2002 | 激光棒单程损耗系数的测量方法 | 2002-10-30 | 2003-3-1 |
| 49 | SJ 20822-2002 | 信息技术　软件维护 | 2002-10-30 | 2003-3-1 |
| 50 | SJ 20823-2002 | 信息技术　软件生存周期过程　配置管理 | 2002-10-30 | 2003-3-1 |
| 51 | SJ 20824-2002 | 军用 LCR 自动测量仪通用规范 | 2002-10-30 | 2003-3-1 |
| 52 | SJ 20825-2002 | 军用装备直流供电电源总规范 | 2002-10-30 | 2003-3-1 |
| 53 | SJ 20826-2002 | 20GNC36 碱性蓄电池组规范 | 2002-10-30 | 2003-3-1 |
| 54 | SJ 20827-2002 | 20GNC43 碱性蓄电池组规范 | 2002-10-30 | 2003-3-1 |
| 55 | SJ 20828-2002 | 合格鉴定用测试图形和布设总图 | 2002-10-30 | 2003-3-1 |
| 56 | SJ 20829-2002 | 金属磁粉心总规范 | 2002-10-30 | 2003-3-1 |
| 57 | SJ 20830-2002 | 铂硅红外焦平面探测器杜瓦组件通用规范 | 2002-10-30 | 2003-3-1 |
| 58 | SJ 20831-2002 | 4N 红外焦平面探测器杜瓦组件参数测试方法 | 2002-10-30 | 2003-3-1 |
| 59 | SJ 20832-2002 | 光纤温度传感器通用规范 | 2002-10-30 | 2003-3-1 |
| 60 | SJ 20833-2002 | WSS-001 型温湿度变送器规范 | 2002-10-30 | 2003-3-1 |
| 61 | SJ 20834-2002 | 气体和液体流量继电器总规范 | 2002-10-30 | 2003-3-1 |
| 62 | SJ 20835-2002 | 战场侦察雷达修理规范 | 2002-10-30 | 2003-3-1 |
| 63 | SJ 20836-2002 | 雷达方舱简易牵引轮通用规范 | 2002-10-30 | 2003-3-1 |
| 64 | SJ 20837-2002 | 仪表着陆系统选址要求 | 2002-10-30 | 2003-3-1 |
| 65 | SJ 20838-2002 | 指挥自动化系统设备 BITE 通用要求 | 2002-10-30 | 2003-3-1 |
| 66 | SJ 20839-2002 | 长波地波传输信道计算方法 | 2002-10-30 | 2003-3-1 |
| 67 | SJ 20840-2002 | 三军协同无线电通信系统与相关网系互连互通要求 | 2002-10-30 | 2003-3-1 |
| 68 | SJ 20841-2002 | II 型无线双工移动通信系统保密设备接口要求 | 2002-10-30 | 2003-3-1 |
| 69 | SJ 20842-2002 | 砷化镓表面砷镓比的测试方法 | 2002-10-30 | 2003-3-1 |
| 70 | SJ 20843-2002 | 砷化镓单晶 AB 微缺陷密度定量检验方法 | 2002-10-30 | 2003-3-1 |

续表 4

| 序号 | 标准编号 | 标准名称 | 发布日期 | 实施日期 |
|---|---|---|---|---|
| 71 | SJ 20844-2002 | 半绝缘砷化镓单晶微区均匀性测试方法 | 2002-10-30 | 2003-3-1 |
| 72 | SJ 20845-2002 | 高清晰显示管用稀土彩色荧光粉规范 | 2002-10-30 | 2003-3-1 |
| 73 | SJ 20846-2002 | 电镀用氰化亚金钾规范 | 2002-10-30 | 2003-3-1 |
| 74 | SJ 20847-2002 | 宽温度范围液晶材料规范 | 2002-10-30 | 2003-3-1 |
| 75 | SJ 20848-2002 | 钼铜合金棒规范 | 2002-10-30 | 2003-3-1 |
| 76 | SJ 50033/150-2002 | 半导体分立器件 2DW230~236 型硅电压基准二极管详细规范 | 2002-10-30 | 2003-3-1 |
| 77 | SJ 50033/151-2002 | 半导体分立器件 2DW14~18 型低噪声硅电压基准二极管详细规范 | 2002-10-30 | 2003-3-1 |
| 78 | SJ 50033/152-2002 | 半导体分立器件 2CK140 型微波开关二极管详细规范 | 2002-10-30 | 2003-3-1 |
| 79 | SJ 50033/153-2002 | 半导体分立器件 2CK141 型微波开关二极管详细规范 | 2002-10-30 | 2003-3-1 |
| 80 | SJ 50033/154-2002 | 半导体分立器件 2DG251 型硅超高频低噪声晶体管详细规范 | 2002-10-30 | 2003-3-1 |
| 81 | SJ 50033/155-2002 | 半导体分立器件 2DG252 型硅微波线性晶体管详细规范 | 2002-10-30 | 2003-3-1 |
| 82 | SJ 50033/156-2002 | 半导体分立器件 2DA505 型硅微波脉冲功率晶体管详细规范 | 2002-10-30 | 2003-3-1 |
| 83 | SJ 50033/157-2002 | 半导体分立器件 3DA506 型硅微波脉冲功率晶体管详细规范 | 2002-10-30 | 2003-3-1 |
| 84 | SJ 50033/158-2002 | 半导体分立器件 3DG44 型硅超高频低噪声晶体管详细规范 | 2002-10-30 | 2003-3-1 |
| 85 | SJ 50033/159-2002 | 半导体分立器件 3DG142 型硅超高频低噪声晶体管详细规范 | 2002-10-30 | 2003-3-1 |
| 86 | SJ 50033/160-2002 | 半导体分立器件 3DG122 型硅超高频小功率晶体管详细规范 | 2002-10-30 | 2003-3-1 |
| 87 | SJ 50033/161-2002 | 半导体分立器件 2CW210~251 型硅电压高速二极管详细规范 | 2002-10-30 | 2003-3-1 |
| 88 | SJ 50065/10-2002 | JRW-222M 型有可靠性指标的 TO-5 密封直流电磁继电器详细规范 | 2002-10-30 | 2003-3-1 |
| 89 | SJ 50065/11-2002 | JRW-110M 型有可靠性指标的 TO-5 密封直流电磁继电器详细规范 | 2002-10-30 | 2003-3-1 |
| 90 | SJ 50680/1-2002 | 2.92 系列内插针到插针 2 级射频同轴连接器转接器详细规范 | 2002-10-30 | 2003-3-1 |
| 91 | SJ 50680/2-2002 | 2.92 系列内插孔到插孔 2 级射频同轴连接器转接器详细规范 | 2002-10-30 | 2003-3-1 |
| 92 | SJ 50680/3-2002 | 2.92 系列内插针到插孔 2 级射频同轴连接器转接器详细规范 | 2002-10-30 | 2003-3-1 |

续表 4

| 序号 | 标准编号 | 标准名称 | 发布日期 | 实施日期 |
|---|---|---|---|---|
| 93 | SJ 50681/82-2002 | 2.92 系列(接半硬电缆)插针接触件 2 级射频同轴插头连接器详细规范 | 2002-10-30 | 2003-3-1 |
| 94 | SJ 50681/83-2002 | 2.92 系列(接半硬电缆)插孔接触件 2 级射频同轴插头连接器详细规范 | 2002-10-30 | 2003-3-1 |
| 95 | SJ 50681/84-2002 | 2.92 系列(接软电缆)插针接触件 2 级射频同轴插头连接器详细规范 | 2002-10-30 | 2003-3-1 |
| 96 | SJ 50918/3-2002 | WJ56 型旋转非线绕预调电位器详细规范 | 2002-10-30 | 2003-3-1 |
| 97 | SJ 50918/4-2002 | WJ13 型螺杆驱动非线绕预调电位器详细规范 | 2002-10-30 | 2003-3-1 |
| 98 | SJ 50971/7-2002 | J250LYX 系列永磁式直流力矩电动机规范 | 2002-10-30 | 2003-3-1 |
| 99 | SJ 50976/16-2002 | 2.92系列（接微带）插针接触件法兰安装、射频同轴插座连接器详细规范 | 2002-10-30 | 2003-3-1 |
| 100 | SJ 50976/17-2002 | 2.92系列（接微带）插孔接触件法兰安装、射频同轴插座连接器详细规范 | 2002-10-30 | 2003-3-1 |
| 101 | SJ 50976/18-2002 | 2.92系列（接微带）插针接触件螺纹安装、射频同轴插座连接器详细规范 | 2002-10-30 | 2003-3-1 |
| 102 | SJ 50976/19-2002 | 2.92系列（接微带）插孔接触件螺纹安装、射频同轴插座连接器详细规范 | 2002-10-30 | 2003-3-1 |
| 103 | SJ 51042/2-2002 | JMW-3M 型微型中功率密封磁保持继电器详细规范 | 2002-10-30 | 2003-3-1 |
| 104 | SJ 51042/3-2002 | JQX-40M 型小型大功率密封直流电磁继电器详细规范 | 2002-10-30 | 2003-3-1 |
| 105 | SJ 51427/7-2002 | 62.5/125μm 多模光纤详细规范 | 2002-10-30 | 2003-3-1 |
| 106 | SJ 51427/8-2002 | C1-5.5/80-2 型偏振保持光纤详细规范 | 2002-10-30 | 2003-3-1 |
| 107 | SJ 51432/7-2002 | RMK1005 型有可靠性指标的片式膜固定电阻器详细规范 | 2002-10-30 | 2003-3-1 |
| 108 | SJ 51515/4-2002 | JGX-0602M 型密封直流固体继电器详细规范 | 2002-10-30 | 2003-3-1 |
| 109 | SJ 51515/5-2002 | JGC-1MA 型密封直流固体继电器详细规范 | 2002-10-30 | 2003-3-1 |
| 110 | SJ 51520/3-2002 | CAK43 型有可靠性指标的模压固体电解质钽电容器详细规范 | 2002-10-30 | 2003-3-1 |
| 111 | SJ 51659/3-2002 | TSE-773 型浅海光缆接头盒详细规范 | 2002-10-30 | 2003-3-1 |
| 112 | SJ 52146/2-2002 | GS1113K 型低功耗数码显示器详细规范 | 2002-10-30 | 2003-3-1 |
| 113 | SJ 52147/1-2002 | JTDY4 系列稀土永磁低速同步电动机详细规范 | 2002-10-30 | 2003-3-1 |
| 114 | SJ 52438/11-2002 | 混合集成电路 HOA030 型线性 12 位数字/模拟转换器详细规范 | 2002-10-30 | 2003-3-1 |

续表 4

| 序号 | 标准编号 | 标准名称 | 发布日期 | 实施日期 |
|---|---|---|---|---|
| 115 | SJ 52438/12-2002 | 混合集成电路 HPA2748 型脉宽调制功率放大器详细规范 | 2002-10-30 | 2003-3-1 |
| 116 | SJ 52438/13-2002 | 混合集成电路 HPA2753 型脉宽调制功率放大器详细规范 | 2002-10-30 | 2003-3-1 |
| 117 | SJ 52821/1-2002 | J110SY241 型永磁直流伺服电动机详细规范 | 2002-10-30 | 2003-3-1 |
| 118 | SJ 53146/1-2002 | DP 系列稳速直流电动机详细规范 | 2002-10-30 | 2003-3-1 |
| 119 | SJ 53930/1-2002 | 半导体光电子器件 GR8813 型红外发射二极管详细规范 | 2002-10-30 | 2003-3-1 |
| 120 | SJ 20760/2-2002 | CH-DR-002 型高分子湿敏元件详细规范 | 2002-12-12 | 2003-5-1 |
| 121 | SJ 20786/1-2002 | 半导体光电组件 CBGS2301 微型双向光电定位器详细规范 | 2002-12-12 | 2003-5-1 |
| 122 | SJ 20849-2002 | 军用通信网络管理系统通用安全要求 | 2002-12-12 | 2003-5-1 |
| 123 | SJ 20850-2002 | 军用 UHF 移动通信系统数字加密体制 | 2002-12-12 | 2003-5-1 |
| 124 | SJ 20851-2002 | 军用数字保密自动电话网密钥管理中心通用规范 | 2002-12-12 | 2003-5-1 |
| 125 | SJ 20852-2002 | 军用通信系统音质 MOS 评价测试语音数据库 | 2002-12-12 | 2003-5-1 |
| 126 | SJ 20853-2002 | 军用智能网独立智能外设与业务控制点及业务交换点接口规范 | 2002-12-12 | 2003-5-1 |
| 127 | SJ 20854-2002 | 数字视频光纤传输系统通用规范 | 2002-12-12 | 2003-5-1 |
| 128 | SJ 20855-2002 | 波分复用光纤通信系统通用规范 | 2002-12-12 | 2003-5-1 |
| 129 | SJ 20856-2002 | 高频串行调制解调器互操作性和性能要求 | 2002-12-12 | 2003-5-1 |
| 130 | SJ 20857-2002 | 电阻箔复合材料规范 | 2002-12-12 | 2003-5-1 |
| 131 | SJ 20858-2002 | 碳化硅单晶材料电学参数测试方法 | 2002-12-12 | 2003-5-1 |
| 132 | SJ 20859-2002 | 军用毫米波微波管陶瓷金属化膜层规范 | 2002-12-12 | 2003-5-1 |
| 133 | SJ 50809/1-2002 | KW2 型微动开关详细规范 | 2002-12-12 | 2003-5-1 |
| 134 | SJ 50809/2-2002 | KW3 型微动开关详细规范 | 2002-12-12 | 2003-5-1 |
| 135 | SJ 50809/3-2002 | KW5C 型微动开关详细规范 | 2002-12-12 | 2003-5-1 |
| 136 | SJ 51512/2-2002 | AN 型按钮开关详细规范 | 2002-12-12 | 2003-5-1 |

# 2002 年国内授权专利情况

## 一、基本情况

2002年，中国专利局共授权电子类发明专利636件，创历史新高。其中，测量测试类有185件，基本电气元件类有160件，计算机软硬件类有101件，电子通信类有66件，其他类有124件。与2001年相比，除了电子通信类外，其他各类的授权量都有增长。2002年国内授权电子专利专业分布情况见图1。1998年~2002年按专业划分的国内授权电子专利情况见表1。1998年~2002年电子各专业授权专利情况分别见图2、图3、图4、图5、图6。从图2~图5中，我们可以看出：在1998年至1999年期间，国内电子专利授权量处于较低水平。与1999年相比，2000年国内电子专利授权量大幅上涨，并在此后的两年内维持在一个较高水平。尽管2001年的授权量略有回落，但是不影响总体趋势。1999年后专利授权量大幅提高，主要得益于中国专利局加快了审查速度，加大了审查人力的投入。2002年国内测量测试类授权专利情况见表2，2002年国内电子通信类授权专利情况见表3，2002年国内基本电气元件类授权专利情况见表4，2002年国内电子计算机类授权专利情况见表5，2002年国内其他电子类授权专利情况见表6。

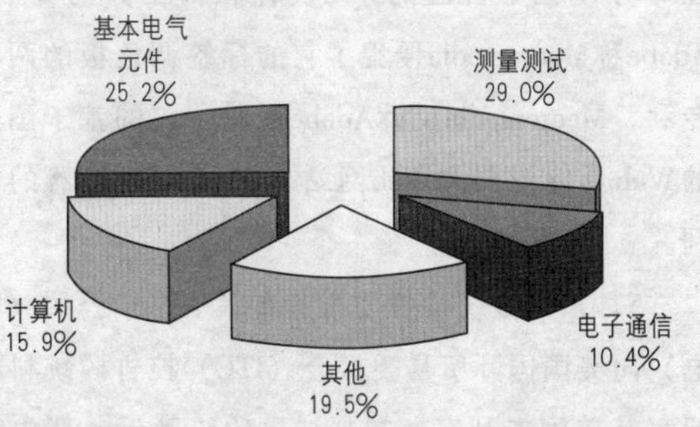


**图1 2002年国内授权电子专利专业分布情况**

## 二、国内外重要电子专利侵权案例

1月4日 北电在提交美国得克萨斯州北区联邦地方法院的诉状中称，京磁在手机中使用了北电的技术，侵犯了北电的四个CDMA技术专利。

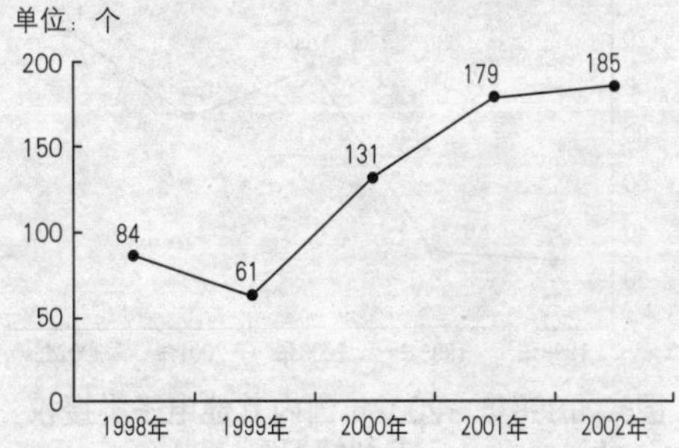


**图2 1998年～2002年国内测量测试类授权专利情况**

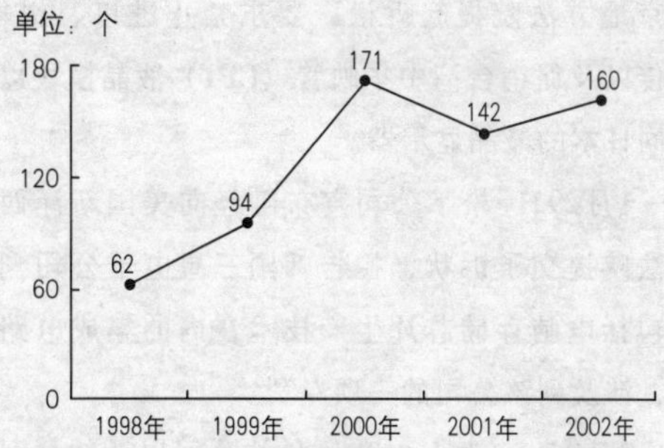


**图3 1998年～2002年国内基本电气元件类授权专利情况**

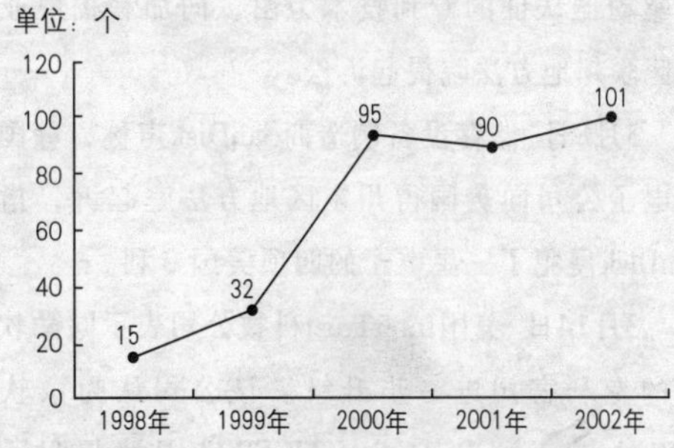


**图4 1998年～2002年国内计算机软硬件类授权专利情况**

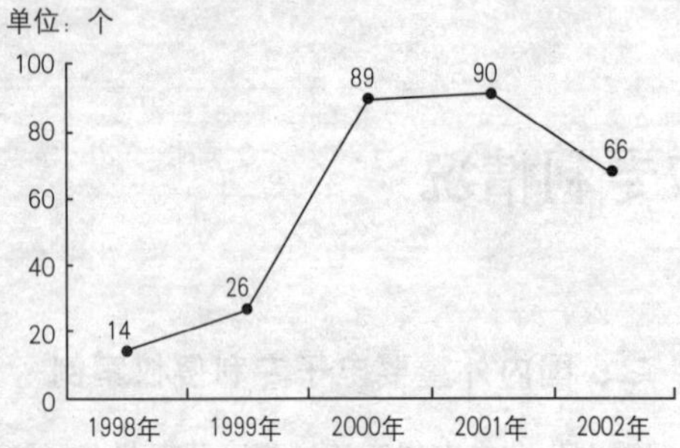


图5　1998年～2002年国内电子通信类授权专利情况

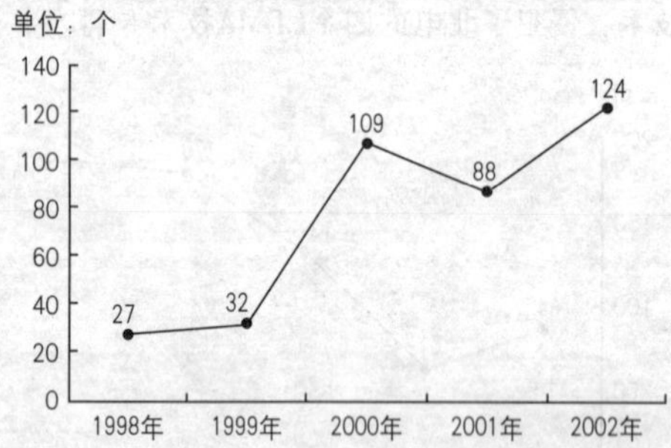


图6　1998年～2002年国内其他电子类授权专利情况

1月24日　夏普基于该公司的液晶相关专利向东京地方法院提起诉讼，要求禁止进口、销售、宣传以及促销台湾中华映管（CPT）液晶模块以及大同日本的液晶显示器。

1月29日　松下公司宣布已经向美国新泽西州一法院提交了诉状，控告韩国三星电子公司剽窃其包括电脑存储芯片生产技术在内的集成电路技术，涉及到该公司的三项专利。

2月8日　美国InterTrust科技公司以微软公司在Windows XP及其他操作系统产品中非法使用其有关驱动器认证的专利技术为由，向加利福尼亚州北区联邦地方法院提起诉讼。

3月8日　储存设备制造商SanDisk声称，韩国三星电子公司向美国得州东区地方法庭起诉，指控SanDisk侵犯了三星电子的四项美国专利。

3月14日　美国InterTrust科技公司表示同微软公司的专利官司进一步升级。该公司认为微软的“Windows File Protection（WFP）”技术侵犯了其美国专利。WFP是“Windows XP”和“Windows 2000”中嵌入的系统文件保护技术。

3月25日　美国网络商务公司（Network Commerce）向西雅图地区法院提起诉讼，控告微软公司侵犯了该公司的一项电子商务专利。该专利涉及一种网上购物方式，这种方式使用不同的服务器和一个软件协调从互联网上下载软件、音乐和视频节目。

4月5日　互联网广告公司Overture Services表示，已对网络搜索引擎Google提出控诉，指控Google系统上提供的付费广告，侵犯了Overture的一项专利。

4月10日　索尼公司在东京宣布，已将未经授权而使用该公司专利生产DVD 机的美国阿佩克斯数码公司告上纽约市的一家联邦地方法院。阿佩克斯数码公司成立于1998年，目前已成为北美市场上DVD机的主要供应商。

4月11日　佳能公司宣布对德国Pelikan Hardcopy公司及其欧洲后勤服务公司进行起诉，理由是这两家公司侵犯了佳能的喷墨打印机墨盒专利。

4月12日　储存设备制造商EMC表示，已经分别向美国国际贸易委员会（ITC）和麻萨诸塞州伍斯特地方法院提出诉讼，指控日立公司和Hitachi Data Systems的远程数据备份和TimeFinder软件产品侵犯了EMC的专利权。一周后，日立公司在美国奥克拉荷马州西区地方法院反诉EMC，指控EMC的Symmetrix和Clariion系列产品侵犯了该公司的八项专利。

4月29日　Adobe公司和Macromedia公司互相指控对方侵犯了自己的Web设计软件工具的专利。Adobe称Macromedia侵犯了它的标签调色板的两项专利，Macromedia反诉Adobe侵犯了它的基于图像的Web页编辑器和Web网站分层结构编辑器的专利。

5月7日　矽统科技公司宣布联华电子公司（联电）向美国国际贸易委员会（ITC）控告矽统科技侵害其美国专利案，初判结果矽统胜诉。联电于2001年1月26日向ITC提出申请，控诉矽统科技侵害其两项美国专利。ITC经调查，初步判决联电前述两项专利无效。

6月11日 日本半导体能源研究所以台湾宏碁电脑公司及其美国公司——美国宏碁电脑公司侵犯该公司液晶面板相关美国专利为由，向美国加利福尼亚州北区联邦地方法院提起诉讼，并要求法院禁止向美国进口及销售宏碁制造的笔记本个人电脑及液晶显示器。

6月24日 美国InterTrust科技公司宣布与微软公司的专利诉讼将升级。该公司将以另外4项专利遭受侵害为由再次起诉微软。

6月25日 荷兰飞利浦公司表示，已向美国国际贸易委员会（ITC）提出对19家空白光盘厂商和贸易公司的投诉，要求ITC禁止这些厂商进口侵犯其CD-R和CD-RW专利权的光盘。被控侵权的厂商主要是台湾制造商。

7月 北京先行新机电技术有限公司将美国罗宾康公司告上法庭，指控其销售的高压变频器侵犯了自己的专利权。据称，这是中国企业首次就核心技术专利向外国企业发难。

8月9日 美国MPEG LA（MPEG视频专利的授权管理公司）宣布，已向克罗拉多州联邦地方法院起诉了DVD影碟机制造商美国顶点数码公司（APEX Digital），理由是该公司违反授权合同。

8月20日 荷兰半导体设备厂商ASML宣布，针对尼康（Nikon）公司侵害其专利一事向日本法院提出诉讼。ASML是全球第二大步进扫描机厂商，仅次于日本的Nikon。

8月20日 为一宗P2P专利侵权案，美国唱片工业协会（RIAA）请求华盛顿州联邦法官强制命令Verizon通信公司提供该公司进行非法歌曲交换的用户名单。

9月3日 韩国LG电子与荷兰飞利浦公司的合资企业LG Philips表示，已在美国加州洛杉矶联邦法院对台湾大同及其下属美国大同公司和华映公司提起专利侵权诉讼，控告其侵犯了与薄膜电晶体液晶显示器（TFT-LCD）技术有关的六项美国专利。

9月23日 三洋电机的美国公司SANYO Energy（USA）公司向美国加利福尼亚州南区联邦地方法院起诉中国电池制造商——比亚迪（BYD）股份有限公司及其美国公司——比亚迪美国公司，指控其侵害了该公司的专利。

9月23日 深圳市中级人民法院正式受理深圳市科技有限公司的起诉。朗科指控北京华旗资讯数码科技有限公司、北京宏基讯息有限公司、深圳市富光辉电子有限公司以及有关的两家代理商侵犯了自己的专利权。

9月30日 美国惠普公司宣布，已经向加利福尼亚州北区联邦地方法院起诉美国EMC，指控其高端存贮系统“Symmetrix”、中档存贮系统“Clariion”以及备份软件“TimeFinder”中的功能侵害了惠普公司的七项美国专利。随即，EMC在麻萨诸塞州伍斯特地方法院反控惠普侵害EMC六项专利。

10月 法国汤姆逊公司起诉中国彩电专利侵权。

10月8日 矽统科技公司宣布，美国国际贸易委员会（ITC）针对“联电控告矽统科技侵害其美国专利案”做出了终审判决：联电两项专利的29项权利要求中的28项均告无效，此项判决绝大部分维持了同年5月7日初判时矽统获胜的认定。

10月10日 美国得克萨斯东区联邦地方法院裁决英特尔在其64位安腾处理器中所用的技术侵犯了Intergraph公司持有的专利，裁决可能要求英特尔向Intergraph支付至少1.5亿美元的核定损失额。英特尔发言人表示英特尔将要求法官在十日内对裁决进行复议，否则将上诉。

10月14日 尼康公司向东京地方法院起诉荷兰ASML公司，指控其侵害了该公司拥有的12项日本专利。尼康要求ASML公司停止对其逐次移动式曝光装置和扫描仪的相关专利的侵害，并赔偿损失。另外，尼康还向韩国汉城地方法院起诉ASML公司及其3家相关公司，指控这些公司侵害了尼康拥有的5项韩国专利。

10月17日 Agere公司向美国特拉华州地区法院提起诉讼，控告Intersil公司侵犯了其Wi-Fi芯片专利。该公司的下属公司——Proxim公司在3月份针对3Com公司、思科公司、Intersil公司以及Symbol等公司提起过类似的诉讼。

10月30日 Harris通信设备公司声称，得州北区联邦地方法院的一个陪审团在前一天裁定，爱立信公司美国分公司的移动电话和基站侵犯了Harris公司持有的一项专利权，为此需赔偿Harris公司6 100万美元。

10月31日 英特尔在香港宣布，其在德国起诉威盛科技公司侵犯其奔腾4微处理器专利权一案中获胜。德国的杜塞尔多夫法庭判令，禁止进口或者销售威盛支持Pentium 4处理器的芯片组。

10月31日 美国得克萨斯州马歇尔地区法院裁定，英特尔的安腾微处理器侵犯了Intergraph的加快微处理器内部运行的专利。11月21日，英特尔向联邦上诉法院提出上诉。此案审判前双方曾达成协议，如果法院发现安腾侵犯了Intergraph公司的平行指令运算专利，英特尔将向对方支付1.5亿美元；如果上诉法院维持原判，或英特尔决定就专利获得特许使用权，英特尔则需加付1亿美元；英特尔如果胜诉，将不支付任何费用。

11月13日 3Com、Xircom和英特尔三方宣布，3Com与英特尔子公司Xircom之间关于PC卡产品的专利诉讼案已达成和解。此次达成和解的对象包括3Com向Xircom提起的1项诉讼和Xricom向3Com提起的2项诉讼。根据双方达成的协议，Xircom将向3Com支付1500万美元，同时双方将就有关专利缔结交叉授权合同。

11月18日 美国加州Shell and Slate公司对Adobe公司提出控诉，指控Adobe公司最新版本的Photoshop软件侵犯了其专利权。

11月26日 理光及其美国公司向美国新泽西地区联邦地方法院起诉美国Pitney Bowes公司，指控其侵犯专利权。

11月27日 Nortel Networks向得克萨斯州提请联邦诉讼请求，指控Ciena推出的多种透过光纤网络传输和引导信息产品侵犯了Nortel的8项专利。

12月 佳能宣布，该公司在韩国水原地方法院起诉韩国三星电子公司侵害专利权的诉讼案中获得胜诉。佳能指控三星公司制造并销售的感光鼓侵害了佳能拥有的专利权。水原地方法院判令三星公司停止侵害佳能专利权，并判令三星公司赔偿佳能7.7亿韩元。

12月9日 Intergraph向得州东部地区法院起诉三家大型个人电脑制造商戴尔、惠普和Gateway侵犯了其关于Pentium品牌微处理器系统中的三项内存管理专利。

12月12日 美国高通公司表示，已向圣地亚哥联邦地方法院提出诉讼请求，指控Maxim Integrated Products公司侵犯高通在移动电话发送、接收及信息处理等工艺方面所拥有的三项专利。Maxim是一家开发、制造模拟以及其他混合信号的半导体芯片制造商。

12月23日 英国手机制造厂商Sendo表示，由于在知识产权上有所争议，已向美国联邦法院控告微软侵犯其专利权。

【统计数据】

表 1 1998 年~2002 年按专业划分的国内授权电子专利情况

| 项目名称＼年份 | 1998 | 1999 | 2000 | 2001 | 2002 | 合计 |
|---|---|---|---|---|---|---|
| 测量测试 | 84 | 61 | 131 | 179 | 185 | 640 |
| 基本电气元件 | 62 | 94 | 171 | 142 | 160 | 629 |
| 计算机软硬件 | 15 | 32 | 95 | 90 | 101 | 333 |
| 电通信 | 14 | 26 | 89 | 90 | 66 | 285 |
| 其他 | 27 | 32 | 109 | 88 | 124 | 380 |
| 合 计 | 202 | 245 | 595 | 589 | 636 | 2 267 |

表 2 2002 年国内测量测试类授权专利情况

| 专利号 | 专利权人 | 发明人 | 发明名称 |
|---|---|---|---|
| 91108169 | 中国矿业大学 | 郭俊峰等 | 一种用于测量煤岩体强度的智能化测试方法 |
| 94102684 | 梁跃武 | 梁跃武 | 称重传感器的过载保护装置 |
| 95109728 | 石油大学 | 牟永光等 | 井中震电探测法 |
| 95112504 | 于永源 | 于永源等 | 电网对地电容及其电容电流的测量方法 |
| 95112593 | 曹增杰 | 曹增杰 | 全球性自主基面定位导航仪 |
| 95113229 | 绵阳市昌达电力电子技术公司 | 王昌杰 | 变频器用的自调节式压力表 |
| 95115465 | 西北工业大学 | 廖明夫等 | 一种识别支承各向异性的转子轴上裂纹的方法 |
| 95116076 | 成文章 | 成文章 | 一种汽包差压水位测量筒 |
| 95119390 | 中国科学院长春应用化学研究所 | 郭奕柱等 | 一种有机水凝胶固定酶制备生物传感器的方法 |
| 96102656 | 大庆石油管理局地球物理勘探公司 | 黄克有 | 地震勘探烃类检测方法 |
| 96102910 | 王宝昌、董连芝 | 王宝昌等 | 加速度型高灵敏度机电传感器 |
| 96104739 | 广州市公路工程公司 | 邓积诗等 | 压力电脑测试仪 |

续表 2

| 专利号 | 专利权人 | 发明人 | 发明名称 |
| --- | --- | --- | --- |
| 96107469 | 刘北英 | 刘北英 | 全“位置数和”等分定位装置及方法 |
| 96109516 | 煤炭科学研究总院重庆分院 | 王连成等 | 矿井地质雷达仪 |
| 96109521 | 李韫言 | 涂相征 | 一种微细加工的热式流量传感器及其制造方法 |
| 96111602 | 中国科学院武汉岩土力学研究所 | 谷志孟 | 封闭型断电式传压盒 |
| 96112356 | 张绍清 | 张绍清 | 森林火险天气预报仪 |
| 96114076 | 中国科学院电子学研究所 | 王岩飞 | 合成孔径雷达原始数据非线性压缩器 |
| 96114603 | 中国科学院长春地理研究所 | 张俊荣等 | 星载微波辐射计一点定标法 |
| 96115059 | 大连理工大学 | 张志麟等 | 一种用激光诱导血清的自体荧光-喇曼光谱诊断癌症的设备 |
| 96115667 | 青岛海洋大学、胜利石油管理局地质科学研究院 | 路德明等 | 岩芯孔隙结构非接触连续测量装置 |
| 96116410 | 苏州大学 | 蒋心逵等 | 碱减量自动测控装置 |
| 96116505 | 中国科学院上海技术物理研究所 | 陆卫等 | 一种原位检测直接带隙 AixGal-xAs 分子束外延薄膜材料组分方法和装置 |
| 96116592 | 中国科学院上海光学精密机械研究所 | 蔡惟泉 | 光悬浮测量系统 |
| 96116651 | 中国科学院上海原子核研究所 | 王功庆等 | 高温高压反应釜内的料量测量方法及装置 |
| 96117019 | 中国科学院合肥智能机械研究所 | 刘锦淮等 | 易燃易爆有毒及其他气体的测试方法 |
| 96119681 | 华中理工大学 | 刘德明等 | 综合补偿型光纤电流传感器 |
| 96120969 | 常庆生 | 常庆生等 | 全球导航定位卫星差分数据链系统 |
| 96122138 | 中国科学技术大学 | 阴泽杰 | 剂量场分布成像测量方法及装置 |
| 96122190 | 中国科学院福建物质结构研究所 | 张雨东等 | 实时高温红外光谱光学泵浦采集系统 |
| 96122267 | 徐先 | 徐先 | 掌上型数字式电容/介质损耗、电感/品质因数参数测量仪 |
| 96123705 | 中国科学院长春应用化学研究所 | 孙家珍等 | 高分子膜离子选择电极活性材料的制备 |
| 97100698 | 中国科学院长春光学精密机械研究所 | 卢启鹏 | 一种宽波段光谱信息高速采集方法及装置 |
| 97101529 | 中国科学技术大学 | 黄文浩等 | 具有 0.01 纳米分辨率的原子光栅测量方法 |
| 97106560 | 宣新年、孙宪政 | 宣新年等 | 微小型轴承滚道粗糙度测试仪 |
| 97106664 | 张辉 | 张辉 | 电压变动检测电路及其报警器输入装置 |
| 97107248 | 中国科学院紫金山天文台 | 顾福元等 | 气体密度精密检测与控制的方法及其装置 |

续表 2

| 专利号 | 专利权人 | 发明人 | 发明名称 |
|---|---|---|---|
| 97112561 | 中国科学院化学研究所 | 高振等 | 一种形成团簇反应的装置 |
| 97116349 | 国家建筑材料工业局天津水泥工业设计研究院 | 陈进等 | 粉状物料中微量氯快速测定法 |
| 97117278 | 中国科学院长春光学精密机械研究所 | 吴一辉等 | 非接触式微扭矩测量装置 |
| 97119780 | 天津大学 | 徐苓安等 | 可产生多种形式激励的电磁层析成像激励系统 |
| 97120107 | 北京燕山石油化工公司研究院 | 徐英等 | 锂系聚合反应破杂终点在线测定法及其测定仪 |
| 97120158 | 中国科学院电子学研究所 | 夏善红 | 微腔充气型真空微电子压力传感器 |
| 97120246 | 清华大学 | 路新瀛 | 一种快速评定混凝土抗渗性的方法 |
| 97120957 | 胡东生 | 胡东生 | 用气象卫星遥感材料做盐湖采矿动态变化长期监测 |
| 97121316 | 张侯国 | 张侯国 | 集群式智能电能表 |
| 97121997 | 中国科学院物理研究所 | 朱湘东等 | 探测与监控薄膜外延生长和热退火的光反射差法及装置 |
| 97125727 | 中国石油集团地球物理勘探局 | 李淑清等 | 磁环式地震检波器 |
| 97125787 | 中国科学院空间科学与应用研究中心 | 吴季等 | 星（机）地一体化陆基微波散射计 |
| 97125877 | 北京科技大学 | 郭志猛等 | 高阻值衬层裂纹检测分析仪 |
| 98100514 | 中国环境监测总站 | 蒋德珍等 | 一种自动跟踪动压平衡型烟尘采样仪 |
| 98100678 | 中南工业大学 | 张学庄等 | 一种亚毫米级精度位移自动监测系统 |
| 98100881 | 中国科学院电子学研究所 | 夏善红等 | 敏感膜——阴极复合型压力传感器 |
| 98101027 | 新产业投资股份有限公司北京烽森技术分公司、北京科技大学 | 何业东等 | 一种测定金属氧化动力学的方法 |
| 98101281 | 西北有色金属研究院 | 赵永庆等 | 一种钛合金燃烧速度的检测方法 |
| 98101408 | 岳棋柱 | 岳棋柱 | 天然电磁辐射测深技术的方法及其装置 |
| 98101743 | 宝山钢铁股份有限公司 | 刘韵秋 | 乳化液皂化值和杂油含量的测定方法 |
| 98102366 | 中国科学院电子学研究所 | 崔大付等 | 表面等离子体谐振测试仪 |
| 98103030 | 清华大学 | 王磊等 | 石英谐振式力/称重传感器 |
| 98103055 | 北京有色金属研究总院 | 蒋文全等 | 电池用氢氧化镍中硫酸根的分离及测定方法 |

续表 2

| 专利号 | 专利权人 | 发明人 | 发明名称 |
|---|---|---|---|
| 98103343 | 冶金工业部钢铁研究总院 | 秦卫东等 | 钢液中氢的测定仪 |
| 98107125 | 浙江万向特种轴承有限公司 | 刘寿祥等 | 双列圆锥滚子轴承轴向游隙测量方法 |
| 98110100 | 王其明、李春和 | 王其明等 | 一种连续电容传感器 |
| 98110798 | 中国科学院上海光学精密机械研究所 | 胡企铨等 | 探测大气的非相干激光雷达系统 |
| 98111006 | 李建国、任臻、查利权、陆致中、周小刚 | 李建国等 | 超声波多次脉冲回波测微系统及其测量方法 |
| 98111185 | 中国矿业大学 | 何学秋等 | 预测含气煤岩砼灾害的方法及装置 |
| 98111409 | 中国科学院安徽光学精密机械研究所 | 张毅等 | 橡胶部件轮廓激光在线检测装置 |
| 98111559 | 中国科学院合肥智能机械研究所 | 马以武等 | 厚膜微压力传感器及制备方法 |
| 98111625 | 东南大学 | 李伟华等 | 电子地理信息定位方法及装置 |
| 98111634 | 中国科学院合肥智能机械研究所 | 焦正等 | 动态气敏元件性能测试装置及其方法 |
| 98111691 | 西安交通大学 | 赵宏等 | 一种快速投影结构光的三维轮廓相位测量方法及装置 |
| 98111715 | 清华大学 | 孟永钢等 | 对金属/陶瓷摩擦副的摩擦系数进行主动控制的方法 |
| 98111797 | 中国科学院空间科学与应用研究中心 | 李茂堂等 | 对核辐射进行实时快速测量用的数据处理与传输系统 |
| 98112805 | 西安交通大学 | 屈梁生等 | 基于扭振的回转机械状态监测方法 |
| 98113068 | 西安交通大学 | 王栋等 | 分流分相式两相流体流量测量方法 |
| 98113806 | 大连海事大学 | 杨成恩 | 电子分罗经 |
| 98114181 | 大庆油田建设设计研究院 | 陈福庆等 | 工控机脉冲插入板 |
| 98114276 | 李宁 | 李宁等 | 酸碱性污水 pH 值自控排放处理方法 |
| 98115336 | 李培德、李俏春 | 李培德等 | 遥测式土壤水分测定仪 |
| 98115735 | 吉林大学 | 金钦汉等 | 全波长表面等离子体激元共振光化学传感装置 |
| 98117226 | 清华大学 | 尤政等 | 一种应用微型惯性测量组合进行三维位置测量的方法 |
| 98117561 | 北京矿冶研究总院 | 董锋等 | 一种选矿药剂电化学检测控制方法 |

续表 2

| 专利号 | 专利权人 | 发明人 | 发明名称 |
|---|---|---|---|
| 98117647 | 中国科学院空间科学与应用研究中心 | 许可等 | 获取海洋雷达高度计中频仿真信号的方法和设备 |
| 98117742 | 清华大学 | 李岩等 | 金属基体表面非金属涂层厚度非接触测量方法及其装置 |
| 98117799 | 清华大学 | 周辛庚等 | 应力式玻璃膨胀仪 |
| 98121493 | 华南理工大学 | 沈辉等 | 磁性液体电镜样品的制备方法 |
| 98121707 | 中国人民解放军空军雷达学院 | 王永良等 | 空时二维多波束自适应信号处理方法 |
| 98122130 | 孙迎光 | 孙迎光等 | 光源跟踪探测器 |
| 98122870 | 中国科学院上海光学精密机械研究所 | 邓建等 | 激光等离子体参数的测量装置及其测量方法 |
| 98124488 | 清华大学 | 郭继华等 | 高分辨表面等离子体波角度/折射率传感器 |
| 98125047 | 浙江大学、宝钢钢铁股份有限公司 | 方志宏等 | 液压系统泄漏故障诊断方法 |
| 98125839 | 厦门大学、中国人民解放军<br>海军舰船维修研究所 | 林昌健等 | 便携式涂层/金属耐蚀性快速测试系统 |
| 98126310 | 上海大众汽车有限公司 | 陆建民 | 输送链磨损检测的方法及装置 |
| 98126398 | 清华大学 | 路新瀛 | 一种快速评价混凝土渗透性相对好坏的方法 |
| 99100541 | 于志谦、贾生 | 于志谦等 | 双燃料汽车高压管路泄漏检测装置 |
| 99101428 | 太原重型机械(集团)有限公司 | 连晋华等 | 一种起重机主梁下挠度激光检测方法及装置 |
| 99102421 | 燕山大学 | 高峰等 | 一种具有弹性铰链六维力与力矩传感器 |
| 99102664 | 侯桂芬 | 侯桂芬 | 硅热法炼镁用球团密度的测定方法 |
| 99102754 | 强祖基、强军 | 强祖基等 | 强地震短临预测卫星热红外技术 |
| 99103273 | 石油大学(北京) | | 全三维电阻率测井方法 |
| 99104596 | 天津大学 | 徐廷献等 | 高温性能稳定的氧敏薄膜的制备方法 |
| 99105329 | 吉林大学 | 梁枫等 | 超声雾化器 |
| 99105703 | 清华大学 | 罗国安等 | 一种含有纳米金属氧化物的固体 pH 电极及其制备方法 |
| 99109623 | 清华大学 | 王佳等 | 目标空间位置及姿态激光跟踪测量系统及其测量 |
| 99111592 | 清华大学 | 田芊等 | 光纤偏振光干涉位移和振动测量仪 |
| 99113026 | 杨贵水 | 杨贵水等 | 三维传感检测物位计 |

续表 2

| 专利号 | 专利权人 | 发明人 | 发明名称 |
|---|---|---|---|
| 99113590 | 刘立人、吴宗焱、J.L.德·布格内 | 吴宗焱等 | 镜片大口径自动扫描测量仪 |
| 99113698 | 中国科学院上海技术物理研究所 | 褚君浩等 | 单色仪分光红外椭圆偏振光谱仪 |
| 99113742 | 庄钠、殷祖伦 | 庄钠等 | 数字磁罗经系统 |
| 99113794 | 中国科学院上海技术物理研究所 | 沈学民等 | 线性调频连续波雷达料位仪 |
| 99114462 | 东南大学 | 黄惟一等 | 冲击回波式液/料位探测方法及探测激振器 |
| 99116520 | 武汉工业大学 | 张云等 | 激光测定回转窑托轮位置校准窑的方法和仪器 |
| 99119051 | 于志谦、贾生 | 于志谦等 | 两用燃料汽车性能检测方法 |
| 99119320 | 燕山大学 | 高峰待 | 并联解耦结构六维力与力矩传感器 |
| 99119342 | 北京航空工艺研究所 | 董春林等 | 一种弧光传感等离子弧焊小孔行为的方法及其装置 |
| 99119705 | 清华同方股份有限公司 | 朱彦武等 | 一种风速/温度测量仪 |
| 99120455 | 兖矿集团有限公司、山东矿业学院 | 崔洪义等 | 煤巷煤炭自燃隐蔽火源点位置的红外探测法 |
| 99121422 | 王小海 | 王小海 | 绝对式光电编码器的一种新使用方法 |
| 99122159 | 清华大学 | 朱惠忠等 | 一种量程设计可变的石英谐振式力传感器 |
| 99122603 | 姚伟国 | 姚伟国等 | 高速线材测温仪 |
| 99123578 | 重庆西南医院 | 府伟灵等 | 组合靶基因自动检测方法 |
| 99127494 | 吉林大学 | 里佐威等 | 光纤喇曼光谱仪 |
| 00102548 | 郑金华 | 郑金华 | 锅炉蒸汽干度自动测试和控制方法 |
| 00103053 | 清华大学 | 殷纯永等 | 双真空室双频测相空气折射率干涉仪 |
| 00105004 | 徐晗 | 徐晗 | 液体液位、密度及质量的测量仪 |
| 00108414 | 合肥工业大学 | 徐科军等 | 科氏质量流量计数字信号处理系统 |
| 00109016 | 清华大学 | 吕俊复等 | 一种固体物料流量测量方法及装置 |
| 00119098 | 孙洪泰 | 孙洪泰 | 非电量仪表无源远程数据即时采集传输系统及其传输方法 |

表 3 2002 年国内电子通信类授权专利情况

| 专利号 | 专利权人 | 发明人 | 发明名称 |
|---|---|---|---|
| 92105793 | 陈克炯 | 陈克炯 | 一种脉冲通信方法及其装置 |
| 94116286 | 西安电子科技大学 | 何大可 | 一种高速数据置乱方法 |
| 95110270 | 沈阳汇通电子研究所 | 许辉等 | 多路话务纠察时间记录系统 |
| 95111519 | 杨忠信 | 杨忠信等 | 人身物品安全保障多信息钟表系统 |
| 95113011 | 成都市微通电子技术有限公司 | 潘家富 | 快速获取无线移动电话被盗用信息的方法 |
| 96101056 | 刘杰 | 刘杰 | 数字式复印机 |
| 96107900 | 郭念君 | 郭念君 | 恶意呼叫截取并自动通知用户的方法和系统装置 |
| 96108558 | 姜牧 | 姜牧 | 组合式背投电视及其 mxn 无缝大画面显示器<br>一种防疫消毒电话筒 |
| 96118774 | 张炳林 | 张炳林 | 一种防疫消毒电话筒 |
| 97103508 | 惠州市惠峰企业总公司 | 罗七华等 | 智能型电计量收费管理系统 |
| 97103885 | 张会庭 | 张会庭 | 电力线复用数多多路电话及综合信息传输系统 |
| 97106339 | 上海贝尔电话设备制造有限公司 | 张恩等 | S12 交换机定时供给方法及其系统 |
| 97107970 | 胡海洋 | 胡海洋 | 有线电视计算机收费系统 |
| 97108938 | 华为技术有限公司 | 任雄伟 | 一种外线测试装置和故障分析方法 |
| 97108965 | 华为技术有限公司 | 李发君等 | 将终端设备接入远程计算机网络的方法 |
| 97108975 | 华为技术有限公司 | 彭智平等 | 无线多用户单元的计费方法 |
| 97114231 | 结为技术有限公司 | 甘定良等 | 一种大容量 T 型交换网 |
| 97115603 | 王明 | 王明 | 一种音膜及由其构成的大功经中高频扬声器 |
| 97116018 | 梁堂振 | 梁堂振等 | 一种模拟信号发射调制加密及接收控制系统 |
| 97120159 | 广东省电信科学技术研究院 | 陈建妫等 | 本地网数字传输监控系统 |
| 97122000 | 清华大学 | 刘小明等 | 实现波分复用系统动态增益谱均衡的方法及其均衡放大器 |
| 98100055 | 华为技术有限公司 | 李国平 | 一种实现综合业务数字网交换机点到多点功能的状态转移方法 |
| 98100578 | 曲振兴 | 曲振兴 | 程控电话自动系列查号系统 |
| 98101835 | 杨明杰等 | 蒋南峰等 | 室内无绳电话网实现方法及其电话设备 |
| 98103028 | 中国人民解放军信息工程学院 | 胡捍英等 | 基于可编程数字匹配滤波器的软切换 RAKE 接收方法 |

续表 3

| 专利号 | 专利权人 | 发明人 | 发明名称 |
|---|---|---|---|
| 98103535 | 国家科学技术委员会高技术研究发展中心 | 徐元欣等 | 具有同时异步读写的缓冲器 |
| 98105406 | 上海贝尔电话设备制造有限公司 | 陈西林 | 数字程控交换机模拟用户板 |
| 98107193 | 四川长虹电子集团公司 | 张继涛 | 一种具有定时提示功能的彩色电视机 |
| 98110289 | 胜利石油管理局电力管理总公司 | 巴沾利 | 无线信道接驳编程方法 |
| 98110779 | 上海贝尔电话设备制造有限公司 | 孟旭东等 | ADSI 汉字电话终端机 |
| 98111798 | 中国科学院空间科学与应用研究中心 | 苏建等 | 一种具有自适应特性的帧同步虚拟信道分接器 |
| 98111842 | 四川长虹电子集团公司 | 郑光清等 | 一种电视屏幕上显示特定字符或图像的方法 |
| 98112318 | 深圳市冠日高科技发展有限公司 | 吴超等 | 公用电话网的构成及其实现方法 |
| 98112846 | 西安电子科技大学 | 易克初 | 带限信号时分多路复用传输方法 |
| 98112974 | 西安邮电学院 | 方强等 | 一种波分复用的方法及其装置 |
| 98113149 | 华为技术有限公司 | 过中梁等 | 一种实现快速保护倒换的方法 |
| 98113218 | 华为技术有限公司 | 艾伟等 | 一种手持式移动台 |
| 98115893 | 艾默生网络能源有限公司 | 严青 | 小功率铃流发生器的次级信号切换电路 |
| 98118799 | 华为技术有限公司 | 王劲 | 移动通信系统全网基站同步方法 |
| 98118987 | 华为技术有限公司 | 过中梁等 | 同步数字序列空分交叉连接设备 |
| 98119375 | 潍坊北大青鸟华光科技股份有限公司等 | 刘斌 | 综合业务数字网交换机单板同步交换器 |
| 98120302 | 华为技术有限公司 | 郝健康等 | 呼叫排队路由分配方法 |
| 98120525 | 北京信威通信技术有限公司 | 李世鹤等 | 同步码分多址通信系统接力切换的方法 |
| 98122881 | 上海大唐移动通信设备有限公司 | 孙玉望等 | 数字移动通信系统中的 16kbit/s 子信道直接交换方法 |
| 98123631 | 浙江华能通信发展公司 | 朱森祥等 | 高速寻呼信息服务系统 |
| 98125280 | 华为技术有限公司 | 陆云海等 | 实现智能网业务管理点与具体业务无关的方法 |
| 99100060 | 北京邮电大学 | 张平等 | 适用于宽带码分多址信号传输的帧结构的实现方法 |
| 99100792 | 中信通信项目管理有限责任公司 | 罗宗觊等 | 宽带多业务数字化智能话机及其使用方法 |
| 99104222 | 孟超等 | 孟超等 | 环绕声的实现方法及环绕声碟片 |

续表 3

| 专利号 | 专利权人 | 发明人 | 发明名称 |
| --- | --- | --- | --- |
| 99105556 | 中信通信项目管理有限责任公司 | 罗宗贶等 | 宽带多业务数字交换系统及其工作方法 |
| 99108712 | 华为技术有限公司 | 朱浩冰等 | 数字移动通信系统中无线信道误码率的估算方法 |
| 99109581 | 北京首信股份有限公司 | 武筱华等 | 移动电话机停止振铃的工作状态的实现方法 |
| 99114228 | 滕志猛 | 滕志猛 | 用户多终端多业务统一接入设备体系 |
| 99116005 | 深圳市中兴通讯股份有限公司 | 辜世勇等 | 会议电视系统单板测试仪 |
| 99116197 | 深圳市中兴通讯股份有限公司 | 杜忠达 | 一种基于小区动态优先级的切换控制方法 |
| 99116451 | 华中理工大学 | 胡汉平等 | 动态电子密码形成方法 |
| 99117212 | 深圳市中兴通讯股份有限公司 | 蒲迎春等 | 基带成形滤波装置及其数字实现方法 |
| 99119077 | 福建铁路有线电视台 | 王斌俊等 | IC 卡收费电视系统 |
| 99121648 | 葛水生 | 葛水生 | 铁路列车卫星电视系统 |
| 99121988 | 北京基和在线技术开发有限公司 | 何洋 | 宽带多媒体服务系统 |
| 99124413 | 深圳市中兴通讯股份有限公司 | 张斌 | 一种抗多径路径相关的多用户检测方法及装置 |
| 99125949 | 北京赛博天地科技发展有限公司 | 谭湘俊 | 一种 GPS（全球卫星定位系统）定位信息和控制信息的传输方法 |
| 00107945 | 北京首信股份有限公司 | 武筱华等 | 移动电话机在呼机模式下的工作方法及其实现方法 |
| 00131287 | 华中科技大学 | 胡汉平等 | 一种用于信息安全的加/解密方法 |

表 4　2002 年国内基本电气元件类授权专利情况

| 专利号 | 专利权人 | 发明人 | 发明名称 |
| --- | --- | --- | --- |
| 94100544 | 郭宝库 | 郭宝库 | 当量平衡变压器 |
| 94109346 | 廖志成 | 廖志成 | 密封铅蓄电池橡皮紧箍式单向排气阀与加液密封装置 |
| 94110077 | 中国科学院金属研究所 | 张劲松等 | 高温超导材料制备过程中微波气压充氧工艺 |
| 94110463 | 胜利石油管理局钻井工艺研究院 | 李振亚等 | 海水或食盐水铝—空气电池及其制造方法 |
| 96115023 | 中国科学院金属研究所 | 熊良钺等 | 一种电极用吸氢合金粉 |
| 96115341 | 熊锡金 | 熊锡金等 | 卤酸盐电池 |

续表 4

| 专利号 | 专利权人 | 发明人 | 发明名称 |
| --- | --- | --- | --- |
| 96116985 | 南京电气(集团)有限责任公司 | 潘荣法等 | 盘形悬式绝缘子的震动胶装方法及装置 |
| 96117183 | 袁壁疆 | 袁必疆 | 叠氮化钡的生产方法 |
| 96117312 | 邱励楠 | 邱励楠等 | 新型彩色显示器 |
| 96117313 | 徐景发 | 徐景发 | 微波移动目标检测技术 |
| 96118338 | 汪建华 | 汪建华 | 一种电缆编织套管的生产方法 |
| 96120295 | 张宁 | 张宁 | 旋转回弹式电连接方法及装置 |
| 96122954 | 中国科学院近代物理研究所 | 滕人瑞等 | 10kV 级辐照交联电力电缆绝缘层及其制备方法 |
| 97100631 | 中国科学院物理研究所 | 许祖彦等 | 飞秒参量激光自动延时补偿方法及其装置 |
| 97100771 | 中国科学院化工冶金研究所 | 朱永平等 | 固体氧化物燃料电池的结构及其联接方法 |
| 97104464 | 中国科学院金属研究所 | 杨柯等 | 无钴含锡储氢电极材料 |
| 97105272 | 陈存枢 | 陈存枢 | 矿灯蓄电池的电极组件 |
| 97105331 | 深圳赛格日立彩色显示器件有限公司 | 张玮等 | 彩色显像管薄型荫罩 |
| 97106410 | 上海维安热电材料有限公司 | 潘昂等 | 制备正温度系数热敏电阻器的水解交联法 |
| 97106753 | 中国科学院上海冶金研究所 | 沈鸿烈等 | 一种高灵敏度巨磁电阻材料的制备方法 |
| 97107123 | 南京大学 | 杨昌正等 | 一种磺化聚酰胺及其制法和用途 |
| 97107133 | 南京大学 | 陆延青等 | 制备稀土离子掺杂 LN、LT 光学超晶格材料及其应用 |
| 97107678 | 电子科技大学 | 李言荣等 | 钇钡铜氧高温超导双面外延薄膜制备方法和装置 |
| 97108446 | 彩虹彩色显像管总厂 | 王鹏等 | 单组分有机硅绝缘液 |
| 97108659 | 中国科学院西安光学精密机械研究所 | 王水才 | 双波长飞秒激光器定向插芯 |
| 97109010 | 武汉大学 | 李升宪等 | 高性能锂离子电池正极材料 $LiMn_2O_4$ 的制备方法 |
| 97109329 | 李上灿 | 李上灿 | 脉冲式充气灯 |
| 97111018 | 中国科学院大连化学物理研究所 | 林化新等 | 熔融碳酸盐燃料电池隔膜的制备方法 |
| 97111733 | 首钢总公司 | 万永 | 一种具有不锈特性的永磁材料及其制造方法 |
| 97112264 | 中国科学院化学研究所 | 相红旗等 | 用于锂二次电池的碳负极材料及其制备方法 |
| 97112265 | 中国科学院化学研究所 | 相红旗等 | 一种碳负极材料及其制备方法和用途 |

续表 4

| 专利号 | 专利权人 | 发明人 | 发明名称 |
|---|---|---|---|
| 97115263 | 中国科学院化学研究所 | 刘昌炎等 | 一种锂离子二次电池及其制备方法 |
| 97115893 | 中国科学院长春应用化学研究所 | 马树华等 | 锂离子电池碳材料负极的制备 |
| 97116465 | 中国科学院化学研究所 | 唐晓辉等 | 一种镍氢电池负极材料及其制备方法和用途 |
| 97116467 | 中国科学院化学研究所 | 唐晓辉等 | 一种锂电池正极材料及其制备方法和用途 |
| 97116469 | 中国科学院化学研究所 | 唐晓辉等 | 一种镍氢电池正极材料及其制备方法和用途 |
| 97118189 | 中国科学院长春应用化学研究所 | 于雷等 | 锂二次电池正极材料的制备方法 |
| 97118743 | 中国科学技术大学 | 陈乾旺等 | 粉末多孔硅及其水热制备方法 |
| 97120293 | 清华大学 | 张书练等 | 应力双折射双频激光器 |
| 97122024 | 中国科学院电子学研究所 | 万重怡 | 增益开关型高重复频率脉冲 $CO_2$ 激光器 |
| 97122056 | 王纪三 | 王玉杰等 | 充电电池的电极和电极制造方法及其设备 |
| 97122363 | 中国科学院新疆物理研究所 | 杨文等 | 氧化物半导体热敏电阻及其制造方法 |
| 98100008 | 中国科学院半导体研究所 | 王国宏等 | 高效发光二极管及其制造方法 |
| 98100036 | 中国地质大学（北京） | 杨静等 | 制备 CuInSe2 半导体薄膜的溶胶-凝胶-Se 化工艺 |
| 98100696 | 北京大学 | 慈云祥等 | 高聚物热解碳为负极的锂离子电池 |
| 98100827 | 中国科学院化学研究所 | 胡树文等 | 一种固体电解质及其制备方法和用途 |
| 98101622 | 中国科学院电子学研究所 | 李建平 | “准球面型”微型气敏传感器及其制备方法 |
| 98102333 | 中国科学院半导体研究所 | 张敬明 | 高功率高亮度激光器 |
| 98104827 | 优点机械塑模（深圳）有限公司 | 马智鸿 | 发光二极管无导柱封胶成型工艺 |
| 98108529 | 浙江大学 | 孙维林等 | 联噻唑芳杂环高分子软铁磁性材料及其制备方法 |
| 98108958 | 北京世纪富原燃料电池有限公司 | 魏金柱等 | 含有气体导流板的燃料电池 |
| 98110508 | 王法俊 | 王法俊 | 高压复合绝缘材料 |
| 98110582 | 李成祥 | 李成祥等 | 高压电器用无碱无蜡玻璃纤维绝缘带的制作方法 |
| 98110968 | 中国科学院上海光学精密机械研究所 | 郭世海等 | 用于高功率激光器的调压直流电源 |

续表 4

| 专利号 | 专利权人 | 发明人 | 发明名称 |
|---|---|---|---|
| 98110969 | 中国科学院上海光学精密机械研究所 | 姜中宏等 | 用于染料激光器的固体染料激光介质及其制备方法 |
| 98110991 | 何岳明 | 何岳明 | 一种继电器式长寿命接近开关 |
| 98111977 | 四川联合大学 | 孙杨宣等 | 高密度聚乙烯通信电缆、光缆护套料 |
| 98112862 | 中国科学院西安光学精密机械研究所 | 赵卫等 | 对撞锁模激光器基横模的选择方法 |
| 98112942 | 中国科学院西安光学精密机械研究所 | 李金科等 | 接触照相复制法生产荫罩版用的玻璃基板 |
| 98113210 | 黄建为 | 黄建为等 | 超高速屏蔽线缠绕机 |
| 98113542 | 中国科学院武汉物理与数学研究所 | 邱衍军等 | 核磁共振测井仪永磁体 |
| 98113603 | 李再光 | 李再光 | 圆形金属腔气体激光器 |
| 98114084 | 中国科学院金属研究所 | 何军舫等 | 一种电子管用夹持杆 |
| 98116896 | 中国科学院新疆物理研究所 | 王疆瑛 | 宽温区热敏电阻 |
| 98117756 | 清华大学 | 张书练等 | 一种可调谐的中频差氦-氖双频激光器 |
| 98117777 | 中国科学院电工研究所 | 南和礼等 | 无感线圈的绕制方法及用该方法绕制的超导开关 |
| 98118149 | 哈尔滨工业大学 | 刘逢梅等 | 射频激励双通道不等长波导二氧化碳激光器电极 |
| 98119257 | 张国飙 | 张国飙 | 集成电路中的似电容元件 |
| 98120285 | 许开华 | 周中斌 | 电池极板用穿孔钢带及其生产工艺和专用设备 |
| 98120366 | 清华大学 | 万春荣等 | 喷雾干燥法制备锂离子电池活性材料超细粉的方法 |
| 98121950 | 富士康(昆山)电脑接插件有限公司等 | 陈四平等 | 电连接器接合电路板的方法及其构造 |
| 98121959 | 中国科学院上海技术物理研究所 | 陆卫等 | 无分立像元光学读出的量子阱红外焦平面芯片 |
| 98122016 | 上海维安热电材料有限公司 | 侯李明等 | 低电阻热敏电阻器及其制造方法 |
| 98122032 | 富士康(昆山)电脑接插件有限公司等 | 吴煌灿 | 电讯导接方法 |
| 98122033 | 富士康(昆山)电脑接插件有限公司等 | 骆志强 | 线缆连接器组合及其组接方法 |
| 98122067 | 中国科学院上海冶金研究所 | 林成鲁等 | 以氮化铝为绝缘埋层的绝缘体上的硅材料制备方法 |
| 98123189 | 清华大学 | 姜忠良等 | 一种高性能稀土永磁材料及其制备方法 |
| 98123522 | 中国科学院新疆物理研究所 | 宋世庚等 | 制备负温度系数薄膜热敏电阻的溶胶凝胶方法 |

续表 4

| 专利号 | 专利权人 | 发明人 | 发明名称 |
| --- | --- | --- | --- |
| 98124404 | 清华大学 | 万春荣等 | 基于控制结晶法的高活性锂离子电池正极材料的制备方法 |
| 98125129 | 河北工业大学 | 梁广川等 | 一种用流延法制造高热导率集成电路氮化铝陶瓷基片的方法 |
| 98125274 | 冶金工业部钢铁研究总院 | 程菊等 | 碱性二次镍氢电池及其制造方法 |
| 98125288 | 冶金工业部钢铁研究总院 | 吴建民等 | 一种用于可充电电池的负极材料 |
| 98125474 | 山西大学 | 张宽收等 | 全固化单频倍频激光器 |
| 98126202 | 永济电机厂 | 王成新等 | 直流接触器 |
| 98126302 | 富士康(昆山)电脑接插件有限公司等 | 吴煶灿等 | 高密度电连接器制造方法及其成品 |
| 98126303 | 富士康(昆山)电脑接插件有限公司等 | 李明武等 | 电连接器的制造方法 |
| 98126304 | 富士康(昆山)电脑接插件有限公司等 | 郭洲荣 | 线缆的整线接合方法及其装置 |
| 99100161 | 西北有色金属研究院 | 王天成等 | 高温超导体电流引线接点的制作方法 |
| 99100162 | 西北有色金属研究院 | 王天成等 | 高温超导体电流引线制备方法 |
| 99100397 | 北京工业大学 | 沈光地等 | 高效逐级增强高亮度发光二极管及其设计方法 |
| 99103111 | 北京大学 | 薛增泉等 | 碳纳米管的组装技术及电子器件 |
| 99103514 | 清华大学 | 张书练等 | 位移自传感氦氖激光器系统及其实现方法 |
| 99104482 | 吉林大学 | 吕础 | 固体氧化物燃料电池的高温封接材料和封接技术 |
| 99104491 | 昆明理工大学 | 陈敬超等 | 合成法制备银-二氧化锡电接触材料 |
| 99106687 | 中国科学院新疆物理研究所 | 王疆英等 | 室温固相反应制备负温度系数热敏粉体的方法 |
| 99107266 | 中国科学院物理研究所 | 阎阿儒等 | 用快淬的方法制备各向异性钐-钴系列永磁材料 |
| 99107434 | 清华大学 | 杜晓华等 | 高密度球形氢氧化镍的表面覆钴工艺 |
| 99107435 | 清华大学 | 李建军等 | 高容量锂离子电池负极材料的制备方法 |
| 99109344 | 邓忠宪 | 邓忠宪 | 气隙连续可调的磁芯 |
| 99109750 | 北京工业大学 | 周美玲等 | 电子管阴极材料及其制备方法 |
| 99110272 | 浙江大学 | 陈湘明等 | 铅基微波介质陶瓷及其制造方法 |
| 99111723 | 太原理工大学 | 孙彦平等 | 半导体薄膜光电极的制备方法及其应用 |
| 99112260 | 山东大学等 | 王继扬等 | 特殊切角的硼酸氧钙稀土盐激光倍频晶体 |

续表 4

| 专利号 | 专利权人 | 发明人 | 发明名称 |
|---|---|---|---|
| 99113092 | 中国科学院金属研究所 | 耿殿禹等 | 一种制备钐铁碳化合物永磁材料的方法 |
| 99113522 | 富士康(昆山)电脑接插件有限公司等 | 汪国正等 | 电连接器的制造方法及其产品 |
| 99113631 | 富士康(昆山)电脑接插件有限公司等 | 黄伟正 | 电连接器的制造方法及其产品 |
| 99113632 | 富士康(昆山)电脑接插件有限公司等 | 蔡志文 | 高速传输用卡缘连接器 |
| 99113891 | 富士康(昆山)电脑接插件有限公司等 | 柯作锦 | 电连接器组合 |
| 99113892 | 富士康(昆山)电脑接插件有限公司等 | 小关美嗣等 | 一种电连接器的结构 |
| 99113894 | 富士康(昆山)电脑接插件有限公司等 | 小关美嗣等 | 一种电连接器结构 |
| 99113939 | 富士康(昆山)电脑接插件有限公司等 | 柯作锦等 | 低摩擦力电讯端子的制造方法及其产品 |
| 99113942 | 富士康(昆山)电脑接插件有限公司等 | 黄楠宗等 | 一种电连接器制造方法及其电连接器成品 |
| 99113943 | 富士康(昆山)电脑接插件有限公司等 | 黄伟正 | 电连接器的制造方法及其产品 |
| 99113963 | 上海交通大学 | 吴建生等 | 金属膜高阻电阻器及其制造工艺 |
| 99114275 | 章景兴 | 章景兴 | 以银-钛为基础的电接触材料及其生产工艺 |
| 99114443 | 韩甫清 | 韩甫清 | 可用于电子元器件的导电连接绝缘隔离片及制备方法 |
| 99115177 | 四川大学 | 涂铭旌等 | 低 Co 镧镨铈-镍系贮氢合金电极材料 |
| 99115178 | 四川大学 | 涂铭旌等 | 镧镨铈-镍系贮氢合金电极材料 |
| 99115766 | 曾凡 | 曾凡 | 一种触摸开关 |
| 99115803 | 西安交通大学 | 吴洪才等 | 干法制备硫化亚铜薄膜方法 |
| 99115804 | 西安交通大学 | 吴洪才等 | 一种调节硫化亚铜薄膜铜硫原子比的工艺 |
| 99115881 | 西安科技学院 | 周安宁等 | 一种导电材料复合组合物及其制备方法 |
| 99115944 | 西北工业大学 | 赵晓鹏等 | 掺杂稀土改性二氧化钛电流变液及其制备方法 |
| 99116040 | 石平湘等 | 石平湘等 | 二氧化碳激光混合气体 |
| 99116574 | 中国科学院武汉物理与数学研究所 | 盛荣武等 | 一种铷光谱灯 |
| 99116819 | 上海交通大学 | 崔容强等 | 透明导电薄膜和减反射薄膜喷涂装置及其方法 |
| 99116826 | 富士康(昆山)电脑接插件有限公司等 | 威廉·比尔·威克豪 | 双层零插入力插座连接器 |
| 99119218 | 中国科学院声学研究所 | 何世堂等 | 一种欧洲数字无绳电话用声表面波中频滤波器 |
| 99119477 | 广州高权电器灯饰有限公司 | 林闽应 | 一种卤素灯插座 |

续表 4

| 专利号 | 专利权人 | 发明人 | 发明名称 |
|---|---|---|---|
| 99119908 | 富士康(昆山)电脑接插件有限公司等 | 吴熶灿 | 插座连接器 |
| 99119942 | 富士康(昆山)电脑接插件有限公司等 | 黄竞忆等 | 线缆连接器组合 |
| 99119943 | 富士康(昆山)电脑接插件有限公司等 | 麦道格尔·亚伦 | 一种连接器模组及其制造方法 |
| 99119944 | 富士康(昆山)电脑接插件有限公司等 | 麦道格尔·亚伦 | 模组连接器 |
| 99119990 | 富士康(昆山)电脑接插件有限公司等 | 柯作锦等 | 线缆连接器 |
| 99119994 | 富士康(昆山)电脑接插件有限公司等 | 李有松 | 电连接器的制造方法及其产品 |
| 99120144 | 武汉大学 | 张勋高等 | 碳包金属、碳包金属碳化物纳米微粉的合成方法 |
| 99120167 | 信息产业部电子第五十四研究所 | 杨可忠等 | 具有相位校正副面的多波束抛物环面天线制造方法 |
| 99120639 | 中国科学院等离子体物理研究所 | 冯士芬等 | 纳米级 $TiO_2$ 加入 ZnO 压敏电阻配方中的方法 |
| 99122244 | 清华大学 | 马振伟等 | 一种气氛烧结贱金属内导体制备叠层片式电感的方法 |
| 99122309 | 北京师范大学 | 韩德俊 | 新结构线阵列 X 光探测器及其探测方法 |
| 99122540 | 原培新等 | 原培新等 | MFC 系高介质压敏电阻/电容复合元件的生产方法 |
| 99123362 | 北京燕山石油化工公司研究院 | 陆兴军等 | 导电聚苯胺水胶乳及其制备方法和应用 |
| 99123748 | 清华大学 | 殷纯永等 | 偏振双反射膜的制备方法及其双频激光器 |
| 99124237 | 中国科学院上海冶金研究所 | 张轩雄等 | 高温压力传感器芯片的制作方法 |
| 99124249 | 石松耀等 | 石松耀等 | 用于精密电流互感器纳米晶合金铁芯及其制造方法 |
| 99124261 | 中国科学院上海光学精密机械研究所 | 程兆谷等 | 输出巨脉冲激光的横流二氧化碳激光器 |
| 99124527 | 中国科学院新疆物理研究所 | 陆峰等 | 宽温区热敏电阻及其制备方法 |
| 99125512 | 清华大学 | 孟永钢等 | 一种具有强电流变效应的电流变液的制备方法 |
| 99125704 | 富士康(昆山)电脑接插件有限公司等 | 吴荣发等 | 电连接器组合 |
| 99125706 | 富士康(昆山)电脑接插件有限公司等 | 卜学武 | 端子料带组合及端子生产方法 |
| 99125709 | 富士康(昆山)电脑接插件有限公司等 | 吴熶灿 | 插座电连接器 |
| 99125747 | 中国科学院上海原子核研究所 | 张聪 | 辐射交联低烟无卤阻燃热收缩电力电缆附件 |
| 99125749 | 中国科学院上海冶金研究所 | 王连卫等 | 一种在高声速材料衬底上生长氮化铝压电薄膜的方法 |

续表 4

| 专利号 | 专利权人 | 发明人 | 发明名称 |
| --- | --- | --- | --- |
| 99126548 | 中国科学院山西煤炭化学研究所 | 刘朗等 | 一种提高复合材料导电性的方法 |
| 99126792 | 周友东 | 周友东等 | 具有电动操作机构的组合式断路器 |
| 99127010 | 宝山钢铁股份有限公司等 | 高玉田等 | 超高载流密度电刷及其制造方法 |
| 00134569 | 田维等 | 田维等 | 电子工业用氧化锆窑具及其制造方法 |

**表 5　2002 年国内电子计算机类授权专利情况**

| 专利号 | 专利权人 | 发明人 | 发明名称 |
| --- | --- | --- | --- |
| 90102939 | 苗玉水 | 苗玉水 | 现代汉语单词拉丁化语音码汉字输入法 |
| 92110525 | 黄宗炯 | 黄宗炯 | 一种汉字计算机输入方法 |
| 93100866 | 陈劲松 | 陈劲松 | 文字全形码 |
| 93110555 | 张永信 | 张永信 | 一种对机电式控制设备数据采集的方法及装置 |
| 94107330 | 沈志斌 | 沈志斌 | 汉语编程单片机的计算机系统 |
| 94107928 | 胡家瑞 | 胡家瑞 | 一种以汉语拼音为基础的计算机汉字输入方案 |
| 94111115 | 曹述交 | 曹述交 | 汉字自然部件编码 |
| 94111320 | 卓卫民 | 卓卫民 | 信号总线控制系统 |
| 94111329 | 石志华 | 石志华 | 三维字型计算机汉字输入法 |
| 94113892 | 吉海玲 | 王松等 | 一种叠加式按形归类的文字拆分编码输入方法及键盘 |
| 94115551 | 舒从如 | 舒从如 | 二代区位码汉字输入法 |
| 95103696 | 中国人民解放军总参谋部第六十一研究所 | 李德毅等 | 隶属云发生器和由其组成的控制器 |
| 95104924 | 关宗灵等 | 关宗灵等 | 一种计算机音韵调义汉字编码键盘输入方法 |
| 95104971 | 李慧君 | 栗兴民等 | 一笔字形字词无重码输入法 |
| 95106154 | 翁健华 | 翁健华 | 一种方位码汉字计算机输入法 |
| 95106713 | 深圳成星工贸有限公司 | 周国鼐 | 电表联网管理系统 |
| 95109947 | 北京新兴生物医学工程研究发展中心 | 俞梦孙等 | 生物信号推进式滚动显示的全隔离的数据采集系统与方法 |

续表 5

| 专利号 | 专利权人 | 发明人 | 发明名称 |
| --- | --- | --- | --- |
| 95110605 | 黄文 | 黄文 | 交点式汉字编码方法及键盘 |
| 95110911 | 马洪 | 马洪 | 声形笔顺四角码计算机汉字输入法及键盘 |
| 95113034 | 钟诚 | 钟诚 | 计算机汉字音形意自然编码键盘输入法 |
| 95114225 | 黄志军 | 黄志军 | 微计算机控制系统或智能卡中的数据保护电路 |
| 95115633 | 华南师范大学 | 叶惠文等 | 学习反应信息实时测试分析系统及其实时测试分析方法 |
| 96102430 | 张增良 | 张增良 | 三音码计算机汉字输入方法及其键盘 |
| 96103035 | 王桂华 | 王桂华等 | 便用式新型电子计算器 |
| 96105268 | 刘江海 | 刘江海 | 磁卡的制作方法 |
| 96107979 | 浙江大学 | 郑筱祥等 | 用于心血管疾病的无损定量诊断系统的使用方法 |
| 96109208 | 中国科学院自动化研究所 | 陈振民等 | 雷达图像扫描输入装置 |
| 96109838 | 张胤微 | 张胤微 | 高速模乘法装置 |
| 96116491 | 李运吉 | 李运吉 | 全汉字定义码输入法 |
| 96116943 | 王有卫 | 王有卫 | 汉语识字码输入法 |
| 96117106 | 连云港化工高等专科学校 | 唐炎森 | 电脑汉字“双笔”输入法 |
| 96117767 | 西南石油学院 | 陈利学等 | 一种计算机防治病毒的硬件装置 |
| 96118082 | 张柳清 | 张柳清 | 分类形码汉字输入法 |
| 96118171 | 罗平候 | 罗平候等 | 计算机四角八位汉字输入法 |
| 96120638 | 孟武 | 孟武 | 触发式防伪印章及其检验装置 |
| 96120740 | 吕奇 | 吕奇 | 规范部首笔画合成输入法 |
| 96120795 | 王琦 | 王琦 | 一种声形结合的计算机汉字输入方法 |
| 96121435 | 刘汉华 | 刘汉华 | 六笔码电脑汉字输入方法 |
| 96122285 | 中国科学院长春光学精密机械研究所 | 乔燕燕 | 一种应用程序的加密方法及装置 |
| 97100478 | 张跃明等 | 张跃明等 | 数字式自动售货机控制系统 |
| 97100489 | 石易 | 石易 | 随机码发生器 |
| 97101195 | 杨亚飞 | 杨亚飞 | 新汉字码及其汉字输入键盘 |
| 97101951 | 罗仁 | 罗仁等 | 一种智能音形码输入法及其应用 |

续表 5

| 专利号 | 专利权人 | 发明人 | 发明名称 |
|---|---|---|---|
| 97102397 | 浙江大学 | 严拱标等 | 大型旋转机组在线状态监测与故障诊断系统 |
| 97103669 | 联想集团公司 | 贺志强等 | 自动设置 CPU 参数值的个人计算机 |
| 97104405 | 王介生 | 王介生 | 虹膜识别方法 |
| 97104742 | 王丁 | 王丁 | 汉字书法练习装置 |
| 97107586 | 曾志鹏 | 曾志鹏 | 一种拼形字母的汉字输入方法 |
| 97107675 | 邓仁 | 邓仁 | 计算机音形汉字输入法 |
| 97108332 | 胡辉 | 胡辉等 | 六区五位汉语音节和汉字键盘输入方法 |
| 97108566 | 中国科学院西安光学精密机械研究所 | 陈烽 | 彩色套印机自动套准方法及其装置 |
| 97108865 | 陈伟 | 陈伟 | 笔画码汉字输入法 |
| 97108909 | 叶科泰 | 叶科泰等 | 汉字画音码编码输入方法 |
| 97108986 | 陈伟 | 陈伟 | 基于字形结构的汉字输入方法 |
| 97111399 | 汤光大 | 汤光大 | 一种声韵意调编码的汉字输入方法 |
| 97111712 | 冯天岳 | 冯天岳 | 电脑汉字大字符集码根输入法 |
| 97111900 | 冯天岳 | 冯天岳 | 电脑日文码根码 |
| 97112577 | 清华大学 | 苏光大等 | 实现邻域图像数据并行存取的方法及邻域图像帧存储体 |
| 97114208 | 梁忠民 | 梁忠民 | 屏蔽式密码输入方法及其设备 |
| 97116855 | 邵通 | 邵通 | 一种计算机二次启动方法 |
| 97116887 | 王永民 | 王永民 | 阅读声译器 |
| 97116994 | 中国科学院计算技术研究所 | 夏培肃等 | 大规模并行处理计算机系统的新型互联网络技术 |
| 97119961 | 保定市长林电子自动控制设备有限公司 | 陈晓林 | 一种远动终端 |
| 97120110 | 北京金冠王码科技有限公司 | 王永民 | 形码五键输入法及五区五位键盘 |
| 97120245 | 中国科学院计算技术研究所 | 刘志勇等 | 高速缓冲存储器系统中的地址映射变换技术与装置 |
| 97120259 | 王峰 | 王峰 | 寻呼系统拼音字符编码输入方法及综合应用 |
| 97120901 | 黄宝文等 | 黄郑隽等 | 一种汉字辞书检索和微机输入法及键盘 |

续表 5

| 专利号 | 专利权人 | 发明人 | 发明名称 |
|---|---|---|---|
| 97125726 | 张义农等 | 张义农等 | 一种通用计算机的访问控制和软件版权保护装置及方法 |
| 97125786 | 中国科学院空间科学与应用研究中心 | 陈小敏等 | 一种多路传输数据总线的开发仿真系统 |
| 98100740 | 王海鹰 | 王海鹰等 | 一种计算机网络非对称信道传输系统 |
| 98101248 | 中国科学院计算技术研究所 | 沈理 | 模糊推理协处理器 |
| 98101433 | 北京东方通科技发展有限责任公司 | 朱律玮等 | 保证交易一致性的方法 |
| 98104091 | 北京多思科技工业园股份有限公司 | 廖福九等 | 阵列错位比较装置及用来实现查询的方法 |
| 98108502 | 清华同方股份有限公司 | 朱家维等 | 智能卡读写器 |
| 98108581 | 王伟 | 王伟 | 硬件检索机 |
| 98110167 | 茹家佑 | 茹家佑等 | 聋哑人语音学习、对话方法中使用的语音同步反馈装置 |
| 98111444 | 余路 | 余路 | 用二维图像码防伪的方法 |
| 98111549 | 马鞍山钢铁股份有限公司 | 林镇钟 | 型钢定尺优化锯切的方法 |
| 98112271 | 孙建功 | 孙建功 | 多功能商品密码防伪系统及使用方法 |
| 98113123 | 华为技术有限公司 | 袁子文等 | 智能网业务中的语音处理方法 |
| 98113755 | 南文元 | 南文元 | 结构码汉字输入法及使用的通用键盘 |
| 98117107 | 张永生 | 张永生 | 具有多个 CPU 内部协调处理装置的多功能远程通讯系统 |
| 98117214 | 交通部天津海上安全监督局 | 史光平等 | 船舶数据处理系统 |
| 98117866 | 国家科学技术委员会高技术研究发展中心 | 闫建新等 | 插槽式通用多片数字信号处理单元硬件装置 |
| 98119348 | 何志东 | 何志东 | 汉字正负单数部首数码输入法 |
| 98120058 | 中国科学院计算技术研究所 | 夏培肃 | 大规模并行处理计算机系统的新型互联网络 |
| 98121566 | 刘晖等 | 叶弘等 | 汽车行驶状态记录装置 |
| 98125941 | 英业达集团(上海)电子技术有限公司 | 何代水等 | 电子辞典扩充更新的方法 |
| 99100296 | 何志东 | 何志东 | 汉字正负数码输入法 |
| 99104183 | 英业达集团(上海)电子技术有限公司 | 何代水等 | 快速字词识别方法 |

续表 5

| 专利号 | 专利权人 | 发明人 | 发明名称 |
|---|---|---|---|
| 99109229 | 乌汉 | 乌汉 | 随机测试题库的实现方法 |
| 99113603 | 英业达集团(上海)电子技术有限公司 | 何代水等 | 字体缩放方法及其装置 |
| 99115128 | 徐祖华 | 徐祖华 | 一种多功能汉语电脑词典 |
| 99115810 | 李增胜 | 李增胜 | 防止 CIH 等病毒破坏计算机主板 BIOS 的方法 |
| 99116195 | 深圳市中兴通讯股份有限公司 | 苏卉 | 在快闪内存芯片中存储程序和数据的方法 |
| 99117186 | 苏毅 | 苏毅 | 在多个物理隔离网络之间进行切换的方法和装置 |
| 99119754 | 马淑芬等 | 马淑芬等 | 多媒体经络传导治疗系统 |
| 99125707 | 富士康(昆山)电脑接插件有限公司等 | 吴熀灿等 | 电子卡连接器 |
| 00105550 | 清华同方光盘股份有限公司 | 裴京等 | 基于单目标设备号下连接多个存储设备的系统 |
| 00109133 | 清华大学 | 李宛洲等 | 基于图像序列分析的驾驶员桩考过程自动测试系统 |
| 00117179 | 富准精密工业(深圳)有限公司等 | 李振吉 | 散热器制造方法 |

**表 6　2002 年国内其他电子类授权专利情况**

| 专利号 | 专利权人 | 发明人 | 发明名称 |
|---|---|---|---|
| 92104747 | 王玉明 | 王玉明 | 直筒式密封隔离气体流量控制系统 |
| 93108059 | 广东工业大学 | 罗勇武等 | 微机速度比例同步控制系统 |
| 94106609 | 中国科学院福建物质结构研究所 | 杨怱冰等 | 三硼酸锂晶体表面增透膜膜系及制备工艺 |
| 94106884 | 浙江大学 | 童勤业 | 不可复制的电子混沌指纹保密方法 |
| 94118778 | 西安电子科技大学 | 易克初等 | 汉语识别合成型声码器及其韵律信息处理方法 |
| 95100519 | 中国科学技术大学 | 袁宏永等 | 利用彩色影像三基色差分进行火灾深测与定位的方法 |
| 95101392 | 陈亚宁等 | 陈亚宁等 | 绝缘栅器件的隔离驱动器 |
| 95108030 | 广州松本真善美电气有限公司 | 吴云肖 | 一种电子开关 |

续表 6

| 专利号 | 专利权人 | 发明人 | 发明名称 |
| --- | --- | --- | --- |
| 96101072 | 云南省烟草公司烟叶分公司 | 朱晓瑜等 | 烟叶分检线微机控制网络系统 |
| 96102653 | 厦门大学 | 刘守等 | 用莫尔技术制作显现型全息密码的装置 |
| 96107031 | 蔡耀华等 | 蔡耀华 | 一种智能音频服务器 |
| 96109235 | 中国兵器工业第二〇五研究所 | 黄祥成 | 绿色薄膜的膜系结构 |
| 96109334 | 中国科学院物理研究所 | 尚昌和等 | 一种具有高记录密度的锰铋铝磁光材料及其制备方法 |
| 96111979 | 吴世法 | 吴世法 | 原子力与光子扫描隧道组合显微镜图像分解方法 |
| 96115763 | 李建明等 | 李建明等 | 互补相控式交流稳压电源装置 |
| 96115852 | 山东三金玻璃机械集团有限公司 | 姜丰英等 | 制瓶机同步传动调相系统 |
| 96116300 | 中国科学院上海光学精密机械研究所 | 梁培辉等 | 激光琴 |
| 96116478 | 上海工业大学科技园区 | 熊义辉等 | 用于氢镍电池的合金粉末电镀方法及其装置 |
| 96116626 | 周继武 | 周继武 | 气体放电灯恒稳功率电源 |
| 96120470 | 中国科学院物理研究所 | 王树铎 | 一种固体开关 |
| 96120581 | 高健等 | 高健等 | 一种软开关脉宽调制电路 |
| 96122926 | 王晓光 | 王晓光 | 现金清分机 |
| 97103202 | 中国科学技术大学 | 邢晓正等 | 用于天文光谱望远镜的光纤单元定位装置 |
| 97103973 | 黄远义 | 黄远义 | 分级启动式高强度气体放电灯电子镇流器 |
| 97104492 | 中国科学院自动化研究所 | 朱大万 | 振动探测器 |
| 97104762 | 张国栋 | 张国栋等 | 机动车自动免撞方法以及实现该方法的装置 |
| 97106070 | 中国石化齐鲁石油化工公司 | 谭洪生 | 自限温加热管及其制备工艺 |
| 97106514 | 朱守晨 | 朱守晨 | 一种道路收费口 |
| 97106547 | 林恒延 | 林恒延 | 一种应用控制图原理进行质量控制的通用监控仪 |
| 97107818 | 四川智能通科技有限公司 | 曾庆华等 | 公路电子收费系统 |
| 97108699 | 新疆石油管理局采油一厂 | 欧阳虎等 | 机械采油井全自动采油控制仪 |
| 97108966 | 华为技术有限公司 | 蒋厚云等 | 控制时钟信号切换时相位瞬变的设备和方法 |

续表 6

| 专利号 | 专利权人 | 发明人 | 发明名称 |
| --- | --- | --- | --- |
| 97109021 | 中国科学院武汉物理与数学研究所 | 胡志林等 | 可变通道超窄线宽原子滤光器的调整方法及装置 |
| 97112086 | 中国乐凯胶片集团公司 | 黄振国等 | 彩色感光材料用聚合品红成色剂 |
| 97112431 | 卢吉生 | 卢吉生 | 立体印刷物像制品的制作方法及其设备 |
| 97112551 | 中国石油化工集团公司等 | 吴长喜 | 双路显示温度温差控制仪表 |
| 97112897 | 大连理工大学 | 张兴国等 | 电磁铸造用复合电磁感应器 |
| 97115702 | 陈建 | 陈建 | 一种补偿式稳压器 |
| 97116226 | 中国辐射防护研究院 | 杨华庭等 | 数字量信号长距离传输方法 |
| 97116274 | 刘从章 | 刘从章 | 一种应用到逻辑控制器上的逻辑控制方法 |
| 97119771 | 朱润枢 | 朱雨心 | 相控阵光学装置 |
| 97119878 | 中国人民解放军信息工程学院 | 高凤玉等 | 短波多机共用天线隔离耦合系统 |
| 97119956 | 北京大学 | 曹维孝等 | 水性阴图预涂感光版及其制法和用途 |
| 97120915 | 刘威 | 刘威等 | 一种激光全息防伪商标标识及其制造方法 |
| 97121828 | 殷洪生等 | 殷洪生 | 智能多传感器复合失火探测器 |
| 98100485 | 中国科学院半导体研究所 | 石寅等 | 一种高速模拟开关 |
| 98100512 | 中国科学院低温技术实验中心 | 叶加鼎等 | 蓄热式不间断工作冷凝器 |
| 98100898 | 中国科学院感光化学研究所 | 王尔鉴等 | 原位同步光聚合光生色成像材料组合物及其制法与用途 |
| 98101096 | 河北节能投资有限责任公司 | 郭琛等 | 采用热管传导散热的温差电致冷器 |
| 98101880 | 中国石油天然气总公司地球物理勘探局 | 张永军 | 一种降低放大器噪声的方法及其超低噪声前置放大器 |
| 98102188 | 清华大学 | 孟永钢等 | 用于电流变液控制的高压快速开关电路 |
| 98102280 | 清华大学 | 付金美等 | 用于彩色显示的彩色滤色片的制备方法 |
| 98102544 | 中国科学院感光化学研究所 | 郭新民等 | 钨酸钙核/卤化银壳微晶乳剂及其制备方法 |
| 98102712 | 北京化工大学 | 杨小平等 | 耐热阻燃面状发热体及其制备方法 |
| 98102891 | 李韫言 | 涂相征等 | 一种微细加工的红外线法布里-珀罗滤色器及其制造方法 |
| 98103480 | 国家科学技术委员会高技术研究发展中心 | 郑宝辉等 | 大动态范围低噪声系数调谐器 |

续表 6

| 专利号 | 专利权人 | 发明人 | 发明名称 |
|---|---|---|---|
| 98109032 | 王俣人 | 王天资等 | 高效率甲类开环晶体管恒流放大器 |
| 98110626 | 中国科学院上海光学精密机械研究所 | 陈宇渊等 | 自动控制的恒流高压直流电源 |
| 98110765 | 复旦大学 | 吕瑞波等 | 多畴结构铁电液晶器件的制备方法 |
| 98110772 | 中国科学院上海光学精密机械研究所 | 钱红斌等 | 连续激光的时间调制和空间分束装置 |
| 98110990 | 复旦大学 | 资剑等 | 二维光子晶体偏振器及制备方法 |
| 98111483 | 王强 | 王强 | 串联式数码管译码电路 |
| 98111716 | 清华大学 | 叶雄英等 | 微光学开关及其制作方法 |
| 98113313 | 孔海发等 | 孔海发等 | 反光陶瓷的制造方法及其结构 |
| 98114007 | 栾文彦等 | 栾文彦等 | 红外辐射电热薄膜及其生产方法 |
| 98114041 | 曹宝山 | 曹宝山 | 室内遥控照明线路敷设方法 |
| 98114343 | 中国石油化工集团公司等 | 吴长喜等 | 液位显示控制报警装置 |
| 98114542 | 浙江大学 | 韩高荣等 | 一种液晶光阀的制备方法 |
| 98115444 | 王振民 | 王振民 | 永磁发电机优化照明系统 |
| 98117320 | 中国科学院声学研究所 | 何世堂等 | 声表面波反射电极宽度加权单相单向换能器滤波器 |
| 98117359 | 河北工业大学等 | 曹晓明等 | 耐熔锌腐蚀内加热器 |
| 98117980 | 国家科学技术委员会高技术研究发展中心 | 宋杭宾等 | 噪声减小的有限冲激响应滤波器均衡器及其噪声减小方法 |
| 98118143 | 华为技术有限公司 | 周跃 | 主备份倒换装置 |
| 98119705 | 中国科学院长春应用化学研究所 | 杨正华等 | 液晶显示器负性光学补偿膜的制备方法 |
| 98119724 | 陈伟圣 | 陈伟圣 | 可控制多路灯串的电子泡 |
| 98120104 | 北京大学 | 阎宏等 | 光纤阵列型基因芯片及其制作方法 |
| 98123261 | 华侨大学 | 黄华灿 | 可任意扩展的多路选择控制电路 |
| 98124266 | 中国科学院长春物理研究所 | 秦伟平等 | 配有气体延迟线的非相干光时间延迟四波混频系统和方法 |
| 98124659 | 中国科学院山西煤炭化学研究所 | 孙予罕等 | 氧化锆/氧化硅系高抗激光损伤高反膜的制备方法 |
| 98124724 | 马秀芝等 | 马秀芝等 | 绝缘基材表面改性的面电热元件的制造方法 |

续表 6

| 专利号 | 专利权人 | 发明人 | 发明名称 |
|---|---|---|---|
| 98124975 | 中国科学院空间科学与应用研究中心 | 朱光武等 | 一种负信号对数放大器电路 |
| 99114311 | 深圳市永华电子系统股份有限公司 | 欧阳谊明等 | 机动车联网定位、报警、监控、收费方法及系统 |
| 99114435 | 朱纪军等 | 朱纪军等 | 基于电子网板和丝网印刷的化合物微阵列芯片制备方法 |
| 99114436 | 卢秀强 | 卢秀强 | 整体注塑边框玻璃层架及制作方法 |
| 99115802 | 西安交通大学 | 袁战恒等 | 薄膜电致发光器件的大平面制备方法 |
| 99116147 | 广州市光机电工程研究开发中心 | 黄政杰等 | 银行存取票自动填写机 |
| 99116336 | 华中理工大学 | 裴先登等 | 波导近场光记录读写头 |
| 99116873 | 苏州大学 | 吴建宏等 | 全息窄带带阻滤光片及其制作工艺 |
| 99116935 | 中国科学院上海光学精密机械研究所 | 胡衍芝 | 激光二极管与光纤的耦合器件 |
| 99117880 | 郭俊彦 | 郭俊彦 | 显示型瓦斯漏气警报自动遮断装置 |
| 99118903 | 吉林大学 | 马於光等 | 利用光辐照方式可逆地形成或消除图像的电致发光器件 |
| 99119238 | 清华大学 | 李元昌等 | 采用正负性互用的化学增幅光致抗蚀剂的光刻工艺方法 |
| 99124952 | 中国科学院武汉物理与数学研究所 | 孙献平等 | 一种主动式铷原子共振滤光器 |
| 00100550 | 清华大学 | 周凯 | 全方位一体化的集成化 PC 数控系统 |
| 00111625 | 上海交通大学等 | 林建平等 | 数字移动通信移动台辅助切换汽车追踪定位器 |
| 00112139 | 东南大学 | 杨春等 | 塑料光纤的管式加热拉锥方法 |
| 00116867 | 上海交通大学 | 曹庄琪等 | 激光光强衰减方法 |
| 00128163 | 武汉大学 | 张治民等 | 1,2-二氨基-5,7-萘二磺酸铁络合物及其合成方法和用途 |
| 00129523 | 中国科学院自动化研究所 | 谭民等 | 开放式工业机器人控制平台 |

[供稿：信息产业部电子知识产权咨询服务中心]

# 信息技术领域专利态势分析

【综述】

自中国加入世贸组织后，知识产权就尤为突出地摆在中国企业面前，依靠知识产权制度下的技术创新，已经成为企业、产业乃至国家在国际竞争中寻求发展的关键路径。

## 一、 信息技术领域专利发展态势

### （一）宏观专利检索情况

据不完全统计，从1985年至2001年，中国三种专利申请累计为1 138 633项，呈逐年递增趋势，平均增幅为20%。其中，发明专利申请累计为186 904项，平均增幅为31.5%。申请量的增长表明中国专利保护意识正在不断增强，发明专利的较快增长说明中国专利技术质量有所提高。1985年~2001年中国专利申请情况见表1。

在中国企业对知识产权认识不断提升的同时，国外企业在中国的专利申请也呈增长趋势，其平均增长幅度为15.2%。据不完全统计，1985年~2001年国外在中国申请三种专利累计为231 456项。其中，发明专利申请累计为203 120项。由此可见，目前国外企业在中国申请专利仍保持较高数量。尽管其平均增长幅度没有国内企业增长幅度大，但是由于国外企业申请专利的基数较大，因此发明专利增长的绝对值仍远大于国内企业。1985年~2001年国外在中国申请专利情况见表2。

在国内外专利申请中，职务与非职务专利申请分布情况如表3所示。其中，职务申请比例明显偏低。这说明，一是在高技术占主导地位的情况下，专利技术总体水平不高；二是企业专利保护意识不强；三是非职务专利很难在市场竞争中形成优势。

在对国内外三种专利情况进行比较后，我们得出这样的结论：目前，中国的专利技术整体质量不高，不利于在市场竞争中形成真正的控制力和优势。国内外三种专利申请分布情况见表4。

从各国专利申请情况看，目前少数发达国家已经形成了对技术的控制和垄断。据不完全统计，日本、美国等10国在中国申请专利的数量已经达到国外申请专利总量的92.6%。国外在中国申请专利排前10位的国家情况见表5。

### （二）信息技术专利申请情况

在1997年至2001年期间，中国在计算机及外设、电子测量等应用技术领域内获得较快发展，在其他涉及基础技术领域内与国外差距较大。1997~2001年信息技术领域部分重点技术国内外专利申请情况见表6。

从目前情况看，国外企业专利申请数量超过中国企业。但是随着市场经济的发展，中国企业对产品专利申请开始重视，并取得长足的进步。

**在数字电视技术方面** 索尼公司申请286项，三星电子株式会社申请275项，松下电器产业株式会社申请270项，美国汤姆森消费电子有限公司申请243项，大宇电子株式会社申请142项，皇家飞利浦电子有限公司申请135项，汤姆森多媒体公司申请83项，法国汤姆森许可公司申请76项，德国汤姆逊-布朗特公司申请50项，LG电子株式会社申请49项，摩托罗拉公司申请49项，RCA·汤姆森许可公司申请39项，株式会社日立制作所申请25项。国家科学技术委员会高技术研究发展中心申请28项，四川长虹电子集团公司申请10项，TCL王牌电子（深圳）有限公司申请8项，清华大学申请7项，海信集团公司申请4项。

**在显示器件技术方面** 松下电器产业株式会社申请195项，日本精工爱普生株式会社申请192

项，三星电管株式会社申请122项，LG电子株式会社申请88项，夏普公司申请84项，索尼公司申请78项，三星电子株式会社申请78项，株式会社日立制作所申请72项，东芝株式会社申请59项，株式会社半导体能源研究所申请47项，国际商业机器公司申请43项，皇家飞利浦电子有限公司43项，中国邱励楠申请9项，清华大学申请7项，东南大学申请4项，深圳奥沃国际科技发展有限公司申请3项，西安交通大学申请3项，中国科学院长春物理研究所申请3项。

**在光通信技术方面** 三星电子株式会社申请126项，康宁股份有限公司申请77项，日本住友电气工业株式会社申请57，项法国阿尔卡塔尔公司申请54项，朗迅科技公司申请50项，富士通株式会社申请42项，瑞典艾利森电话股份有限公司申请34项，西门子公司申请27项，美国莫列斯公司申请26项， 加拿大JDS尤尼费斯公司申请25项，清华大学申请13项，中国科学院上海光学精密机械研究所申请12项，深圳市华为技术有限公司申请11项，信息产业部武汉邮电科学研究院申请7项，深圳市中兴通讯股份有限公司申请7项，中国科学院半导体研究所申请6项，北京邮电大学申请4项，华中理工大学申请4项，上海交通大学申请4项，中国科学院物理研究所申请4项。

**在移动通信技术方面** 日本电气株式会社申请373项，三星电子株式会社申请333项，瑞典艾利森电话股份有限公司申请245项，诺基亚公司申请242项，松下电器产业株式会社申请190项，朗迅科技公司申请181项，美国艾利森公司申请140项，西门子公司申请134项，摩托罗拉公司申请125项，阿尔卡特公司申请100项，夸尔柯姆股份有限公司（高通公司）申请90项，日本NTT移动通信网株式会社申请76项，皇家飞利浦电子有限公司申请62项，富士通株式会社申请61项，深圳市华为技术有限公司申请53项，深圳市中兴通讯股份有限公司申请40项，英业达集团（上海）电子技术有限公司申请13项，中国黄金富申请10项，北京邮电大学申请9项，英业达集团（南京）电子技术有限公司申请8项，信息产业部电信传输研究所申请8项，信息产业部电信科学技术研究院申请8项，清华大学申请7项。

**电子信息百强企业情况** 2002年电子信息百强企业申请专利有以下几个特点。第一，进入电子信息百强企业并拥有专利的企业由去年的44家，增加到65家；第二，从排序看，专利数量基本上与企业研发投入成正比；第三，由于多数企业拥有发明专利较少，因此仅从专利的数量上还不能完全反映出企业的技术实力；第四，近几年，随着技术和市场竞争的不断加剧，中国企业专利保护意识有所提高。2002年中国电子信息百强企业专利申请情况见表7。

## 二、各类电子工业在中国申请专利情况

### （一）光通信工业

通过对中国专利数据库的检索，对1997年~2001年期间，在中国申请光通信类发明专利进行综合分析（本次检索截止的公开日是2001年12月26日）。最后确定和光通信技术密切相关的专利，累计1 077条。

#### 1. 近年专利申请情况

据不完全统计，从1997年~2001年光通信技术专利累计申请1 077项。其中，国外932项，国内145项。从近年国内外专利申请情况看，国外专利申请始终保持较高数量，这与中国光通信市场引起相关领域国际企业的关注有关。国内专利申请量虽然在总量上有所不足，但是近几年来增幅明显，增长率超过国外，这说明国内企业在进行技术研发的同时，开始重视相关专利的申请。1997年~2001年国内外光通信技术专利申请情况见表8。

#### 2. 专业类别专利申请情况

本次检索的光通信类专利主要分布在七个技术领域，另外还有一些相关的其他专利。

**无源光器件** 共有专利200项。主要有光纤光

栅、光连接器、光耦合器、波分解复用器等各种无源光器件，涉及各种器件的制造方法和应用、生产设备。

**有源光器件** 共有专利139项。主要包括各种半导体激光器和光纤激光器、调制器、发射和接收模块、收发一体模块等。其中，与半导体激光器有关的专利占较大比重。

**光纤和光缆** 共有185项。主要是光纤预制棒、光纤和光缆和制造技术，以及相关的制造设备。其中介绍色散补偿光纤有2项。

**光放大器** 共有105项。主要是放大介质光纤、放大器的结构和实现、控制措施等多个方面。其中，放大器种类有掺铒光纤放大器、半导体放大器、光纤喇曼放大器，以及其他光纤放大器。在上述放大器中，掺铒光纤放大器占的比例较大，涉及的专利超过45项。

**光交换技术** 共有78项。主要是光子交换、光开关矩阵、光交叉连接、光分插复用和波长变换器。其中，光开关的专利比较多，波长交换节点结构的核心专利有16项。

**光传输设备、系统和网络** 共有191项。其中，有20项为核心技术。即：用于传输、色散补偿设备，波分复用（WDM）系统、双向传输系统、远泵放大系统、光时分复用系统和光孤子传输系统等。有10项专利内容与光网络结构、波长选路算法有关，反映了光通信技术发展方向。

**光通信系统的监测** 共有43项。其中，有7项为核心技术。光通信系统的监测是光通信系统实现的重要方面，主要包括光信号各种参数的监测、故障定位等几个方面。与其他技术领域相比，此类专利的总量较少，但是，其增长率高，增长势头仍在延续，是值得关注的领域。

**其他** 其他一些与光通信有关的专利有136项。

3. 与光通信核心技术相关的专利

目前，与光通信核心技术相关的专利有90条。其中，国外占81项，国内占9项。在中国申请光通信核心技术专利的申请人大部分是国外企业。主要分布在光放大器、光交换技术、光传输设备、系统和网络等技术领域。中国申请的核心技术专利虽然不多，但是分布的较为广泛，基本涉及到上述各个技术领域，这说明目前中国光通信技术发展较为均衡。国内外与光通信核心技术相关专利申请情况见表9。

4. 专利申请人情况

目前在中国申请光通信类专利的国家较多，申请量相差较大，从几件到几百件不等。其中，美国和日本是申请专利数量最多的国家，其申请专利占总量的一半以上，具有明显的技术优势；中国名列第四，与信息领域中的其他技术相比，在光通信技术方面，中国与其他强国的总体差距相对较小。光通信专利申请排前10名的国家情况见表10。

（二）数据存储领域

据不完全统计，1997年~2001年在中国申请存储技术领域内的专利累计6 462项。以国家知识产权局2002年1月10日公布的专利数据为准。

从1997年开始，数据存储专利申请呈现稳步增长态势。1998年受市场驱动影响，国外公司利用技术与专利优势，加紧专利申请。1997年~2001年国内外数据存储领域专利申请情况见表11。

1. 各国在中国申请数据存储专利情况

包括中国在内共有29个国家和地区在中国申请数据存储专利。其中，专利申请数量在100项以上的国家有6个。日本居首位，申请2 020项；第二是美国，申请1 221项；第三是韩国，申请738项；第四是中国，申请631项；第五是德国，申请391项；第六是荷兰，申请201项。

东亚国家，如日本和韩国重视中国市场，两国的专利申请量几乎占据半壁江山。虽然，韩国在中国的数据存储专利申请量位居第三位，但是其来中国申请专利的时间短，成长速度却惊人。美国在数量上与日本几乎相差一半，但是专利分析表明，二者在专利分布的技术领域中存在较大差异。日本申请专利集中在G11分类中，主要应用在存储介质、磁盘、磁带与媒体播放器等产品中；美国集中在G06F分类中，主要应用在信息存储系统等高端产品中，是信息存储领域最核心的专利。所以，专利数量上的差距并未影响美国公司在中国数据存储市场的垄断地位。中国虽然排名第4，但是在631项专利中，包括中国台湾279项、中国香港12项，中国内地实际专利申请是340项，占专利申请总量的53.9%。

2. 国外公司在中国专利申请情况

在排前10名的公司中，日本公司有6家。其中，索尼公司居首位，申请专利810项；其次是韩国三星公司，申请专利521项；第三是日本松下公司，申请专利486项。第四是美国IBM公司，申请专利449项。日本公司以传统消费类电子企业的专利申请为主，所以其专利主要偏重于消费类电子领域的应用性专利；美国公司以计算机领域信息存储专利为主，其专门存储厂商Seagate、EMC、Sun、Hp等都以大量专利跻身前30名中。此外，美国大量位于硅谷的中小公司，如霍尼维尔等虽然专利数量很少，但却都是核心专利，技术含量很高。这表明美日两国在存储产业上的专利布局存在较大差异，目前两国的交叉竞争较少。美国垄断了专门的信息存储核心专利，日本拥有消费类电子领域的核心存储专利，这表明世界各国与美国、日本之间的依存度很大。在中国申请数据存储专利排前10名的国外公司情况见表12。

中国虽然以631件专利排名第4位，但是与国外企业相比较，目前没有一家企业进入前30名。这表明中国尚未出现一家具有世界水准的大型企业，因此仍有待政府及企业的努力。

（三）数字电视

对1997年以来国内外申请人在中国专利局提出的有关数字电视技术的发明专利申请进行检索，该类专利申请累计802项。

从专利申请年度分布来看，1997年以来维持在每年200件左右的高水平。2000年已经公开的申请量虽然只有116件，但还有一半以上没有公开，预计实际申请量应该在230件以上。1997年~2001年国内外在中国申请数字电视技术发明专利情况见表13。

802件专利申请只涉及到12个国家。其中，日本居首位，236项；其次是美国188项；第三是韩国133项；第四是中国91项；第五是法国，83项；第六是荷兰，32项；第七是德国，26项；英国与瑞典各有4项；芬兰有3项；比利时与新西兰各有1项。排在后5位国家的申请量合计仅有13件，由此可见数字电视技术集中在少数几个国家中，即：日本、美国和韩国。中国以91件（包括中国台湾地区的15件）申请位列第四，申请量占总量的11.3%。国外主要公司申请数字电视技术专利情况见表14。

1. 公司分布情况

专利申请量在10件以上的外国申请人有14家公司。这14家公司的申请量之和占申请总量的68.7%。其中，松下电器公司、三星电子公司的申请量超过中国的总申请量，其申请涉及数字电视的各个技术领域，具有较强的技术实力。

国内申请比较分散，91件申请涉及到49个申请人。其中，14件是个人申请。国家科学技术委员会高技术研究发展中心居首位，有16件，显示出中国组建“HDTV总体组”是卓有成效的；其次是四川长虹电器股份有限公司，9件；第三是清华大学，7件；第四是TCL集团有限公司，6件；第五是海信集团4件。

2. 技术类别情况

在802件专利申请中，涉及到数字电视的各个技术领域大致可以分成以下九个类别。信源编码和信道编码与调制属于发端技术，但有的专利申请同时涉及到编码与解码或者调制与解调，因此保留了这部分数据。

**数字视频编解码技术** 此类专利申请186件。包括视频码流合成和分解、MPEG-2技术、离散余弦变换（DCT）、运动估计及运动补偿（MC）、块匹配、水印技术及数据嵌入等。法国卡纳尔公司在14件申请中，有6件属于本类技术。在数字电视领域，该公司在视频编解码技术方面投入较多。

**射频传输调制编解码技术**（信道编码与调制解调） 此类专利申请96件。包括：数字电视传输的各种射频调制技术及传输纠错编码。主要有残留边带调制（VSB）、编码正交频分调制(COFDM)、正交幅度调制（QAM）、键控移相调制（QPSK）技术及各种RS纠错、数据交织器、网格编码、复用与解复用和其他高频数字传输网络技术等。松下电器公司有4件申请。中国国家科学技术委员会高技术研究发展中心、清华大学和四川长虹等涉足该领域。

**视频信号数字处理技术** 此类专利申请172件。其涉及行加倍、场加倍、行场信号内插、信号或图形叠加、图像增强、降噪、黑白电平延伸处理、信号滤波、定时等技术。松下电器公司有36件，索尼公司有22件，三星电子公司有21件，汤姆森消费电子有限公司有19件。

**电子节目菜单及用户图形接口等软件技术** 此类专利申请87件。以控制软件，尤其是中间件为主；以数字电视的管理信息软件为核心。包括各种电子节目菜单（EPG）、用户图形接口（GUI）的编程技术及表现方式、节目播控与接收选取等。美国联合视频制品公司居首位，有13件。该公司在数字电视领域的专利申请总计15件。

**电视数字伴音技术** 此类专利申请23件。其涉及杜比AC-3、MPEG-2音频、MP3等数字音频编解码的改进技术。此类申请不但总量较少，而且分散，23件申请涉及17家申请单位和个人。目前，该项技术尚未形成研发热潮。

**高清晰度显示器技术** 此类专利申请85件。该类专利申请比较分散，没有哪家单位的申请量超过10件。四川长虹电器股份有限公司、熊猫电子集团有限公司、TCL集团有限公司、海信集团有限公司和赛格集团等在该领域都申请了专利。

**综合接收解码器（IRD）和机顶盒（STB）** 此类专利申请98件。包括各种多功能数字接收机，如：多媒体接收机技术、交互电视技术、网络电视机技术（包括上网浏览）、附加数据接收机、图文电视机和MPEG-4接收机技术等。

**保密、加扰等条件接收控制技术** 此类专利申请49件。包括条件接收（CA）、图像加密和加扰、禁止接收、信息隐藏技术等。该类专利申请比较分散，各申请人的申请量都在几件范围内。

**其他与数字电视有关技术** 除上述分类以外，可用于数字电视接收机的其他有关技术专利申请还有6件，如数字电视机特有调谐器技术、关机屏幕消隐控制和电视节能技术等。

### （四）第三代移动通信领域

对中国专利数据库检索，获得1997年~2001年在中国申请移动通信类发明专利5 000多件（专利公开日截止到2001年12月26日），经筛选，与第三代移动通信系统相关的专利共462件，终端方面有94件。

#### 1. 系统方面专利申请情况

目前，中国在移动通信领域拥有自主知识产权数量不多，中国国内申请量低于国外申请量。不过，从2001年起，这个差距正在逐渐缩小，中国国内申请量的增长比率高于国外。这说明中国推动第三代移动通信取得一定成效。1997年~2001年国内外在第三代移动通信领域专利申请情况见表15。

在移动通信领域，大部分专利来自日本、美国、韩国的知名企业。如韩国的三星、日本的松下、瑞典的爱立信、日本电气、朗讯、高通等。随着中国企业在第三代移动通讯技术领域的投入与专利意识的提高，深圳华为集团公司进入专利申请前10名。

在移动通信领域，专利申请数量在10件以上的国家情况是：日本居首位，申请专利136件；其次是韩国，99件；第三是美国，88件；第四是中国，70件；第五是瑞典，34件；第六是法国，10件。专利申请数量在10件以上的企业情况是：三星居首位，80件；其次是松下，43件；第三是爱立信，39件；第四是日本电气，39件；第五是朗讯，30件；第六是NTT，29件；第七是高通，26件；第八是深圳华为集团公司，23件；第九是摩托罗拉，22件；第十是LG，18件。

如果深入分析一下这5年来不同技术领域的增长情况，可以发现功率控制、切换、干扰消除、系统/信道等结构都是近几年专利申请增幅较大的技术领域，显示了第三代移动通信技术发展的方向。

2. 终端方面专利申请情况

从1997年至2001年，终端专利累计申请94件。1997年5件，1998年19件，1999年32件，2000年26件，2001年12件。

在94项终端专利中，中国国内申请55件。其中，个人申请32件，机构申请23件。国外来中国申请专利39件。其中，日本居首位，17件；其次是韩国，10件；第三是芬兰，5件；第四是瑞典，3件。申请人多为大公司，如三星、日本电气、松下、诺基亚、爱立信等。1997年~2002年第三代移动通信领域专利申请情况见表16。

## 三、入世后信息产业面临的竞争压力

在中国加入世贸组织后，信息产业在挑战与机遇并存的空间发展，因此对一些问题应该有所认识。

1. 关税下调、市场放开将按照中国政府对外承诺的时间表逐步到位，由此带来的变化能否给企业在市场上带来双赢的结果，对中国国内企业来说不容乐观；

2. 通过政府实施的调控手段和方式将变得更宏观，政府直接影响市场和企业的行为将进一步弱化并受到限制；按照市场规律和规则办事将是惟一的出路和捷径；

3. 知识产权制度和司法保护手段不断完善，将使跨国公司的垄断地位得到加强，使国内企业在技术开发上面临更大的压力。因此，熟悉和掌握有关规则，找准发展空间对于企业至关重要；

4. 在开放的国际环境下，跨国公司可以利用其资金和技术上的优势，对有关产业和市场进行更大程度上的渗透和控制。在市场经济中，规则是相同的，利益是客观的，实施手段是多样的。从相对弱势的情况看，加强行业联盟和利益共享可以更快的形成合力；

5. 知识产权作用于技术标准，将使技术和市场的竞争更加严峻，企业薄弱的技术积累和创新能力，导致企业竞争力较差，这种状况在短期内很难改变；

6. 最根本的问题在于中国市场经济体制尚需进一步完善，企业必须在市场中学会生存。其中包括，技术创新、知识产权管理、人才队伍建设等等。

## 【统计数据】

表 1　1985 年~2001 年中国专利申请情况

单位：件

| 项目 \ 年份 | 1985~1997 | 1998 | 1999 | 2000 | 2001 |
|---|---|---|---|---|---|
| 三种专利合计 | 626 303 | 96 248 | 109 970 | 140 339 | 165 773 |
| 其中：发明专利 | 102 198 | 13 726 | 15 596 | 25 346 | 30 038 |

表 2　1985 年~2001 年国外在中国申请专利情况

单位：件

| 项目＼年份 | 1985~1997 | 1998 | 1999 | 2000 | 2001 |
|---|---|---|---|---|---|
| 三种专利合计 | 113 276 | 25 756 | 24 281 | 30 343 | 37 800 |
| 其中：发明专利 | 100 221 | 22 234 | 21 098 | 26 401 | 33 166 |

表 3　国内外职务与非职务专利申请分布情况

单位：%

| 类别＼项目名称 | 职务 | 非职务 | 职务发明 | 非职务发明 |
|---|---|---|---|---|
| 国内 | 33.0 | 67.0 | 41.1 | 58.9 |
| 国外 | 94.7 | 5.3 | 95.0 | 5.0 |

表 4　国内外三种专利申请分布情况

单位：%

| 类别＼项目名称 | 发明专利 | 实用新型专利 | 外观设计专利 |
|---|---|---|---|
| 国内 | 16.4 | 58.9 | 24.7 |
| 国外 | 87.8 | 1.3 | 10.9 |

表 5　国外在中国申请专利排前 10 位的国家情况

单位：件

| 国家名称 | 日本 | 美国 | 德国 | 韩国 | 法国 | 瑞士 | 荷兰 | 英国 | 瑞典 | 意大利 |
|---|---|---|---|---|---|---|---|---|---|---|
| 合　计 | 76 516 | 61 439 | 21 722 | 13 774 | 10 136 | 7 852 | 7 494 | 7 137 | 4 433 | 3 651 |

表 6　1997 年~2001 年信息技术领域部分重点技术国内外专利申请情况

单位：件

| 类别＼项目名称 | 移动通信 | 集成电路 | 数字电视 | 计算机及外设 | 电子测量 | 显示器件 | 电池 | 光通信 |
|---|---|---|---|---|---|---|---|---|
| 国内 | 381 | 319 | 131 | 1 650 | 1 025 | 208 | 366 | 145 |
| 国外 | 2 979 | 3 051 | 2 264 | 2 248 | 1 909 | 1 880 | 1 323 | 932 |
| 合　计 | 3 360 | 3 370 | 2 395 | 3 898 | 2 934 | 2 088 | 1 689 | 1 077 |

**表7　2002年中国电子信息百强企业专利申请情况**

单位：件

| 企业名称 | 专利总数 | 发明 | 实用新型 | 外观设计 | 研发投入 |
|---|---|---|---|---|---|
| 海尔集团 | 2 125 | 42 | 774 | 1 309 | 398 000 |
| 深圳华为 | 456 | 225 | 93 | 138 | 304 963 |
| 长虹集团 | 273 | 31 | 48 | 194 | 35 630 |
| 深圳中兴 | 239 | 135 | 34 | 70 | 112 978 |
| 联想集团 | 213 | 11 | 76 | 126 | 96 146 |
| 青岛海信 | 203 | 10 | 72 | 121 | 16 353 |
| TCL集团 | 145 | 23 | 23 | 99 | 58 600 |
| 清华同方 | 79 | 21 | 52 | 6 | 12 589 |
| 江苏新科 | 78 | 1 | 22 | 55 | 2 555 |
| 华侨电子 | 75 | 7 | 31 | 37 | 7 400 |

**表8　1997年~2001年国内外光通信技术专利申请情况**

单位：件

| 类别＼年份 | 1997 | 1998 | 1999 | 2000 | 2001 |
|---|---|---|---|---|---|
| 国内 | 7 | 18 | 37 | 55 | 28 |
| 国外 | 209 | 245 | 241 | 153 | 84 |
| 合　计 | 216 | 263 | 278 | 208 | 112 |

**表9　国内外与光通信核心技术相关专利申请情况**

单位：件

| 项目名称＼类别 | 国内 | 国外 |
|---|---|---|
| 光纤和光缆 | – | 2 |
| 光放大 | 1 | 44 |
| 光交换技术 | 5 | 11 |
| 光传输设备、系统和网络 | 2 | 18 |
| 光通信系统的监测 | 1 | 6 |
| 总　计 | 9 | 81 |

**表 10　光通信专利申请排前 10 名的国家情况**

单位：件

| 美国 | 日本 | 韩国 | 中国 | 法国 | 英国 | 瑞典 | 德国 | 加拿大 | 比利时 |
|---|---|---|---|---|---|---|---|---|---|
| 302 | 249 | 148 | 145 | 59 | 41 | 36 | 32 | 27 | 9 |

**表 11　1997 年~2001 年国内外数据存储领域专利申请情况**

单位：件

| 类别＼年份 | 1997 | 1998 | 1999 | 2000 | 2001 |
|---|---|---|---|---|---|
| 国内 | 104 | 120 | 185 | 196 | 21 |
| 国外 | 1 254 | 1 624 | 1 613 | 996 | 351 |
| 合　计 | 1 358 | 1 744 | 1 800 | 1 193 | 372 |

**表 12　在中国申请数据存储专利排前 10 名的国外公司情况**

单位：件

| 公司名称 | 索尼 | 三星 | 松下 | IBM | NEC | 菲利浦 | 西门子 | 三菱 | 先锋 | 日立 |
|---|---|---|---|---|---|---|---|---|---|---|
| 申请量 | 810 | 521 | 486 | 449 | 289 | 189 | 180 | 157 | 127 | 125 |

**表 13　1997 年~2001 年国内外在中国申请数字电视技术发明专利情况**

单位：件

| 年份 | 1997 | 1998 | 1999 | 2000 | 2001 |
|---|---|---|---|---|---|
| 申请量 | 214 | 253 | 190 | 116 | 29 |

**表 14　国外主要公司申请数字电视技术专利情况**

单位：件

| 公司名称 | 申请量 | 公司名称 | 申请量 |
|---|---|---|---|
| 松下电器公司 | 103 | 德国汤姆森-布朗特公司 | 18 |
| 三星电子公司 | 97 | 美国通用仪器公司 | 17 |
| 日本索尼公司 | 81 | LG 电子公司 | 16 |
| 美国汤姆森消费电子公司 | 69 | 联合视频制品公司 | 15 |
| 法国汤姆森许可公司 | 40 | 法国卡纳尔公司 | 14 |
| 飞利浦电子公司 | 31 | 大宇电子 | 12 |
| 法国汤姆森多媒体公司 | 26 | 日本胜利公司 | 12 |

表 15　1997 年~2001 年国内外在第三代移动通信领域专利申请情况

单位：件

| 类别＼年份 | 1997 | 1998 | 1999 | 2000 | 2001 |
|---|---|---|---|---|---|
| 国内 | 5 | 5 | 30 | 22 | 8 |
| 国外 | 61 | 83 | 178 | 55 | 15 |
| 总　计 | 66 | 88 | 208 | 77 | 23 |

表 16　1997 年~2001 年第三代移动通信领域专利申请情况

单位：件

| 类别 | 申请量 | 类别 | 申请量 |
|---|---|---|---|
| 功率控制 | 84 | 小区搜索 | 13 |
| 切换 | 47 | 多径分离 | 12 |
| 系统/信道结构 | 41 | 信道分配 | 12 |
| 同步 | 34 | 编译码器 | 9 |
| 扩频码产生与分配 | 29 | 无线资源管理 | 9 |
| 信号处理/控制/信道估计 | 26 | 分组数据传输 | 8 |
| 干扰消除 | 20 | 随即接入 | 8 |
| 瑞克接收机 | 19 | 定位 | 7 |
| 分集 | 16 | 速率检测 | 5 |
| 调制解调 | 16 | 其他 | 19 |

[供稿：信息产业部电子知识产权咨询服务中心]

# 第5部分 市 场

## 入世一年来的电子信息产业

加入WTO以来，特别是进入2002年后，中国电子信息产业在认真兑现入世承诺的基础上，面对新的国际国内形势，克服世界经济复苏步伐放慢、全球信息产业增长减缓带来的困难，抓住国际产业力量转移的机遇，在拓展国内外市场的同时，不断深化改革、调整创新，解决新问题，应对新挑战，使全行业经济运行继续保持健康发展，对外贸易取得快速增长，为全国外贸出口和国民经济增长做出了贡献。我们应该看到，在电子信息产业蓬勃发展、国际化进程不断加快的同时，中国日益成为跨国IT巨头实现业务增长和提高竞争力的战略要地，这是加入WTO后逐步显现的一种双赢态势，反映出电子信息产业的一些新发展、新变化。

### 一、入世后中国电子信息产业的相关调整

中国加入WTO后，按照其开放市场、公平贸易的宗旨及最惠国待遇，透明、公平、自由的原则，认真兑现入世承诺。中国政府主要从增加市场准入、提供国民待遇、改善宏观环境与行政管理等几个方面进行了调整，在降低进口关税、减少配额、许可证、招标等贸易壁垒的同时，扩大外商的市场准入范围，对其提供国民待遇，并从知识产权保护、提高行政管理透明度、增加国际规则运用等方面改善了宏观环境与行政管理。

从电子信息产业看，与其相关的调整主要体现在市场准入、国民待遇、宏观环境和行政管理等几个方面，具体包括：

#### （一） 大幅降低电子信息产品的关税

从2002年1月1日起，中国开始兑现加入世界贸易组织信息技术产品协议的承诺，对计算机、电信设备、半导体器件、软件、科学仪器及其他等七大类251个电子信息产品实行“信息技术产品协议”税率，大幅降低了信息技术产品关税税率。其中，对移动通信基站、移动交换机、计算机、传真机等122个关税税目的主要信息技术产品实行零关税。这些税目约占中国信息技术产品总税目（251个）的49%；对其他主要的信息技术产品，包括手机、程控交换机、网络设备、针式打印机、电容器等实行3%左右的低关税。中国信息技术产品关税的总水平从2001年的12.47%降至3.4%，降

幅达到73%。这在中国所有的商品中降税幅度是最大的。

（二） 取消信息技术产品进口许可证和配额限制

中国加入WTO时，立即取消了激光唱机、录音机、汽车用收（录）放音组合机等17种信息技术产品的进口配额与许可证，取消了其他有线载波通信设备、其他卫星地面站设备、无接头电缆等6种产品的进口特定招标；进入2002年后，又取消了录像机、激光视盘机、电视摄像机、彩色视频监视器等19种产品的进口许可证与配额限制，取消了传真机、音频扩大器、手机、移动通信基地站、移动交换机等10种产品的进口特定招标。

（三） 对外商减少限制、提供国民待遇

在2002年3月颁布的《外商投资产业指导目录》中，对外商投资产业鼓励类项目由186条增加到262条，限制类项目由112条减少到75条，外资在中国可独资的产业已占产业体系的87.6%。其中，电子及通信设备制造业中有29项属于鼓励类项目。同时，在修改过的《中外合资企业法》、《中外合作企业法》、《外资企业法》中，对三资企业的股权要求、外汇平衡、出口比例、本地化率等多方面的限制逐步放开，对从事电子信息产业（特别是通信制造业）外商的有关限制也相应减少。

（四） 改善宏观环境与行政管理

加强知识产权保护。在入世前后，中国信息产业部分别颁布了《集成电路布图设计保护条例》、《计算机软件保护条例》和《计算机软件著作权登记管理办法》，为电子信息产品的知识产权保护提供了政策保障。同时，信息产业部改善政府管理，减少行政干预，增加行政管理的透明度，特别是推行电子政务，通过官方网站发布政府工作通告，开展行业管理工作。

## 二、电子信息产业运行总体状况

加入WTO后，中国电子信息产业继续保持快速发展态势。从2002年的经济运行状况看，主要表现为：

（一）产销保持快速增长，效益稳步回升

加入WTO后，中国电子信息产业生产、销售继续保持稳步增长。2002年，全行业总计完成工业总产值（不变价）17 800亿元，增长20.9%；实现产品销售收入14 000亿元，增长17.8%；产销率为97.8%，比上年提高了0.3个百分点。主要电子产品产销两旺。其中，移动通信手机、微机、显示器、彩电、集成电路等主要产品的产销量同比增幅均超过40%。2002年各月电子信息产业生产增长情况见图1。

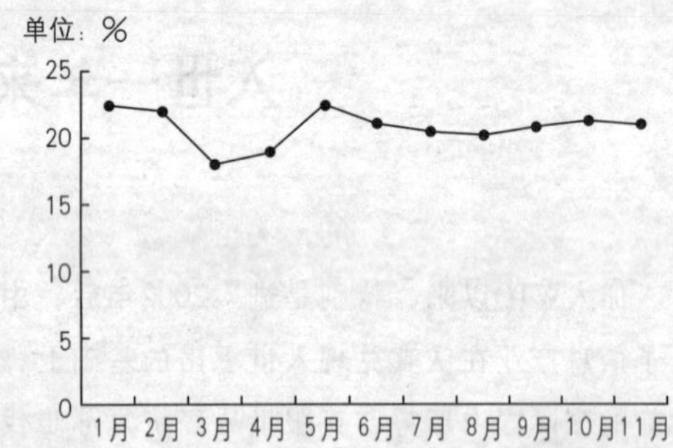


图1 2002年各月电子信息产业生产增长情况

2002年电子信息产业的经济效益稳步回升。全行业完成工业增加值2 980亿元，增长14.4%；实现利润逐季回升。特别是进入下半年后，电子信息产业扭转了年初以来持续负增长的局面，实现了正增长。全年共完成利润总额600亿元，增长6.5%；上缴税金260亿元，下降7.3%。2002年各月电子信息产业利润增长情况见图2。

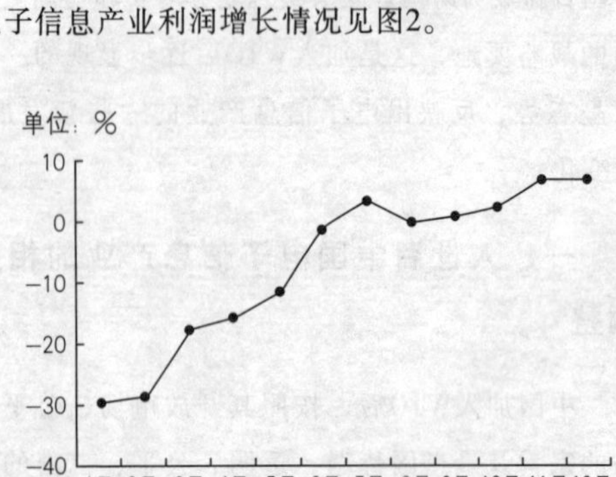


图2 2002年各月电子信息产业利润增长情况

（二）产业结构呈现出新的发展趋势

从产品结构看，消费类产品成为全行业增长的重要拉动力量。2002年，投资类、消费类、元器件三大类产品的比例为45:29:26。受全球电信业低迷、国内运营业重组的影响，以通信设备为代表的投资类产品的生产增长速度减缓，增幅仅为13.8%，与去年相比，其占全行业的比重下降3个百分点，对全行业经济增长的贡献率也由去年的46%降为30%。以家电产品为主的消费类产品生产增长26.6%，在全行业所占的份额比上年提高2个百分点，对全行业经济增长的贡献率为42.5%。这是自1998年以来，消费类产品的贡献率首次超过投资类产品。2001年、2002年三大类产品所占份额情况分别见图3、图4。

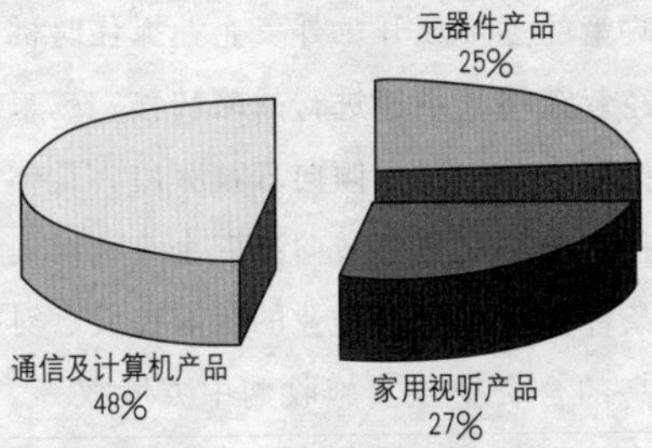


图3　2001年三大类产品所占份额情况

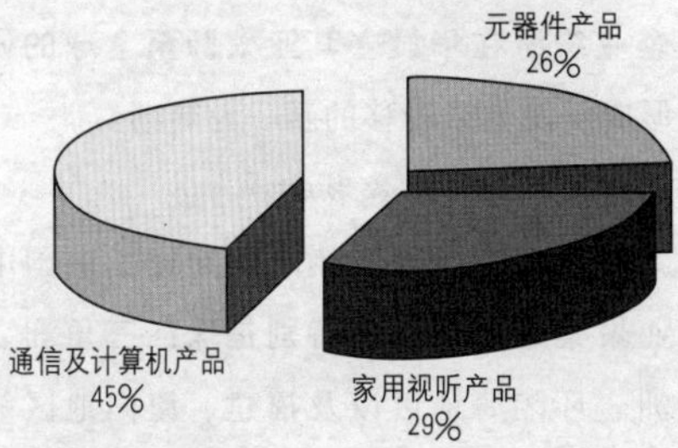


图4　2002年三大类产品所占份额情况

从企业结构看，三资企业在全行业中的地位日益突出。2002年，三资企业完成产值12 069亿元、销售收入8 868亿元，分别比上年增长22.8%、22.1%，增速均高于全行业平均水平，二者占全行业的比重均达60%以上。国有企业发展相对缓慢，实现工业总产值5 975亿元，销售收入3 211亿元，分别比上年增长17.9%和4.8%，均低于全行业平均水平。

从地区结构看，东部沿海8个省市继续保持高于全行业平均增长水平的发展速度，产业规模不断扩大。其中，广东省、上海市、江苏省、北京市、天津市等的产业规模均已超过1 000亿元，福建省、山东省、浙江省、辽宁省等的产业规模均超过500亿元。中西部地区在西部大开发战略的推动下，出台了一系列优惠政策，吸引国内外企业参与中西部发展，使得产业取得快速发展。其中，四川省、贵州省、宁夏、青海等的生产增速均超过40%。

（三）外贸出口与外资引进取得可喜成绩

加入WTO后，中国电子信息产品对外贸易取得高速发展。2002年，电子信息产品的进口额为851.3亿美元，出口额为920.4亿美元，进出口顺差值为69.1亿美元，贸易额为1 771.7亿美元，分别占全国的28.8%、28.3%、28.5%、22.8%，均达到历史新水平。其中，电子信息产品出口更是一路攀升，至10月份已提前完成全年700亿美元的出口任务，11月份电子信息产品出口额为100亿美元，创下历史最高纪录。全年电子信息产品出口增速达到41.4%，在全国外贸出口增长22.3个百分点中拉动10.1个百分点，贡献率达到45.4%。2002年各月电子信息产品出口情况见图5。

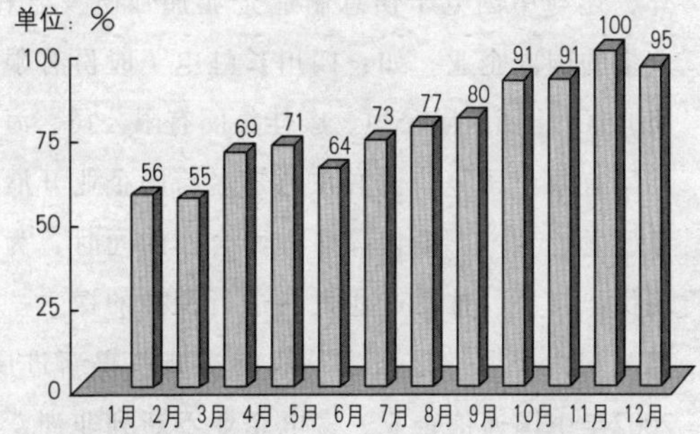


图5　2002年各月电子信息产品出口情况

外资引进取得较好的成绩。2002年，电子信息产业引进外资超过50亿美元，占中国外资引进总额的10%以上。目前，在全球IT百强企业中，已有90%以上的企业在中国进行投资。

## 三、入世后中国电子信息产业发展中呈现的新特点

从2002年电子信息产业的发展情况看，入世带来的影响是多方面的，有利有弊，但在总体上是双赢的。一方面促进了产业国际化进程的加快，推动产业蓬勃发展；另一方面中国日益成为跨国IT巨头实现业务增长和竞争力提高的战略要地。此外，国内产业聚集带正在加速形成、市场竞争日趋加剧、中外贸易纠纷呈上升趋势等，这些均是中国电子信息产业在加入WTO后出现的新变化。

### （一）产业国际化进程日益加快

中国加入WTO后，随着市场进一步开放及宏观环境的日趋改善，产业对外开放再上新的台阶，国际化进程日益加快。首先，中国电子信息产品在国际市场上的地位与影响力日益提高，产品出口占世界电子信息产品贸易额的比重从1998年的2.7%上升至当前的6.5%。其中，电视机、DVD、手机、显示器等多种产品的出口量跃居世界第一。其次，三资企业在产业发展及外贸中占据着重要地位，其产值、销售收入及外贸占全行业的比重均超过60%。第三，国际合作日益加强，形式愈加多样化。目前，跨国公司除委托中国企业为其产品做贴牌加工、通过技术转让分享国内市场份额外，还与中国电子信息制造企业加强研发合作。众多的国内企业，如：四川长虹电子股份有限公司、TCL集团有限公司、康佳集团有限公司、海信集团有限公司等，他们在与知名跨国企业开展产品研发、生产、销售等多方面合作的同时，为实现优势互补、推动产业发展进行积极的探索。第四，国内企业“走出去”战略实施取得新进展。2002年中国通信企业、家电企业不断到非洲、中东欧国家投资办厂，带动了通信设备和家电产品向这些新市场的出口快速增长，特别是一些通信制造企业，在国内市场低迷的情况下，通过拓展海外市场取得良好的销售业绩。

### （二）中国日益成为跨国IT巨头的重要事业基地

中国巨大的电子信息产品市场，丰富、价廉的人力资源以及不断改善的投资环境，日益成为吸引跨国公司在华建立事业基地的重要因素。首先，外资和台商不断加大投资转移力度。进入2002年后，新设三资企业数量明显增加，外商投资规模日益扩大，特别是日本、韩国企业纷纷在中国增加数以亿计的投资，扩大或新建高端电视、液晶显示器等产品的生产；台湾的半导体、计算机配件企业也不断向大陆转移；一些跨国公司原来设在其他地区，特别是东南亚的很多工厂被纷纷关掉转至中国。其次，外商加大在华的控制力，企业独资化趋势日益明显。随着中国对三资企业限制政策的逐步放开，外资企业抓住时机，调整内部经营策略，快速进行战略转移，越来越多的外商投资企业的独资倾向日益突出，具体表现为将新技术与增值业务转向独资企业、以提供新技术为条件换取对合资企业的绝对控股、对投资回报率高的合资企业实施收购中方股权等。第三，研发中心不断向中国转移。越来越多的跨国企业加大在华研发的力量，增强对中国人力资源的利用，特别是日韩家电企业、计算机企业以及跨国通信企业纷纷在华设立其亚太乃至全球的研发中心，形成研发力量转移的新一轮热潮。

### （三）产业聚集带形成

新一轮的外商投资热潮，加速了中国电子信息产业聚集带的形成，特别是珠江三角洲、长江三角洲、环渤海地区以及福建、厦门地区等在中国电子信息产业中的地位愈加突出。由于这些地区的产业基础良好，行业配套能力强，政府服务意识强，政策环境良好，配套设施完备。因此，吸引外资不断加大投资力度，推动区域产业发展步入良性循环，而且各具特色。像广东东莞的桌式电脑、上海的集成电路、苏州的笔记本电脑和液晶显示器等都不断呈现新的产业聚集与优化。

目前，广东省、上海市、江苏省、北京市、天津市、福建省等的产业规模位居全国前六位，其合计占全国的比重超过3/4。其中，规模最大的两省是广东省、江苏省。这两个省的生产增长幅度均超过全国平均水平。从产品的出口情况看，2002年广东省尽管出口基数很大，占全国出口总量的一半以上，但是其出口增速为37%；江苏省的出口增速达到66.9%，占全国比重比上年高2个百分点以上。

（四） 国内市场竞争日趋加剧

加入WTO后，“国际竞争国内化”的趋势愈加明显，对国内产业发展造成一定的冲击，特别是随着关税大幅度下调，产品进口剧增，增长超过40%。其中，手机、显示器、激光视盘机、激光唱机、集成电路等产品的进口增长达到1倍以上，增加了国内市场的拥挤程度；同时产品进口价格下降，计算机、彩电、显示器、光盘驱动器等很多产品的进口单价均低于2001年的平均水平，在一定程度上导致国内市场价格走低，进而影响了产业的盈利状况。进入2002年后，全行业利润一直处于较低水平，上半年利润一直为负增长，进入下半年后，情况有所好转，但相比产销增长水平依然较低。同时，2002年国内电子百强企业各方面增长指标均低于全行业近10个百分点，也是对此的综合反映。

（五） 中外贸易纠纷不断增多

中国加入WTO后，中外均加强在贸易领域对国际规则的运用，双方在反倾销、技术性贸易壁垒、知识产权保护等方面引发的贸易纠纷不断增加。一方面，国外在对中国电子信息产品提供同等优惠待遇的同时，纷纷采用反倾销、技术壁垒、知识产权收费等非关税措施阻碍中国电子信息产品的出口扩大。目前，中国彩电、节能灯出口依然受制于欧盟、韩国等国家和地区的反倾销制约，知识产权收费也给中国电子信息产品出口企业带来强大的压力。2002年初，中国出口到欧盟的DVD产品分别在德国、英国、荷兰等国海关被扣，这是中国加入WTO后因知识产权收费引发的第一场贸易纠纷。随后，法国THOMSON公司又致函中国视像行业协会，要求中国彩电企业缴纳专利费。

近期，中国国内光纤企业就韩国光纤材料低价倾销提出申诉，这是中国加入WTO后，合理运用国际规则保护国内企业合法利益、促进产业健康发展的一个重要开始，也代表整个产业的逐步成熟。

## 四、下一步形势展望及对策

当前，中国电子信息产业步入一个关键的时期，各种机遇与挑战并存。中国政府把推进信息化和发展信息产业提到非常重要的战略位置，提出“信息化是中国加快实现工业化和现代化的必然选择”，要“坚持以信息化带动工业化，以工业化促进信息化”，要“优先发展信息产业，在经济和社会领域广泛应用信息技术”。这是今后电子信息产业发展的重要方向，也将为电子信息产业发展创造有利的政策环境。中国加入WTO的效应将不断显现，随着各种调整、改革进一步深入，一个促进电子信息产业自由竞争、资源有效配置、国际流动的有利环境将逐步形成。中国作为WTO的成员，可以利用国际贸易规则并享受相关权利，通过谈判协商减少产品出口的阻碍，有利于拓展国际市场。中国巨大的电子信息产品市场，丰富、价廉的人力资源及不断改善的投资环境，将吸引跨国公司继续加大对华投资转移力度，使其对国内产业的推动作用愈加明显。

中国将继续兑现加入WTO的承诺，信息技术产品关税税率进一步下调。从2003年1月1日起，信息技术产品关税继续下调，总水平从3.5%降至1.5%，降幅高达57%。其中，有90个产品实行零关税。这样累计实行零关税的产品税目达到213个，占全部信息技术产品税目的83%。与此同时，产品进口配额、许可证、特定招标等非关税措施也将逐步取消，对三资企业的限制不断减弱。这些都将使产品进口不断增加，导致国内市场压力日益增强。随着中国日益成为世界IT产品加工制造的重要基地，产品出口面临的障碍越来越突出，反倾销、技术壁垒、知识产权收费等将日益制约中国电子信息产品的出口扩大。在这样的形势下，中国电子信息产业只有抓住新机遇、应对新挑战，采取新举措，积极调整，开拓创新，才能进一步营造中国电子信息产业发展的新局面。

（一）促进技术创新体系完善，推进结构优化升级

改善相关的政策环境，将原先以促进出口导向的很多政策进一步与促进技术创新、加快行业发展结合起来，使政策更加有效地落到实处，发挥整体效用；加强相关政策的落实，特别是要继续支持软件与集成电路产业发展，鼓励联合研发，促进国际技术合作，逐步缓解电子信息产业发展的瓶颈矛盾，推动产业优化升级。

（二）加快推进信息化进程，拓展国内市场空间

充分利用国家信息化建设、以信息化带动工业化过程中的大好时机，拓展电子信息产业的国内市场空间，特别是要推动相关部门加快《国家信息化领导小组关于中国电子政务建设指导意见》（中办发［2002］17号文）的落实，加快电子政务的建设，推进各项上网工程，加大信息资源的开发和基础设施建设的力度。在信息化建设过程中，应当着重通过政府采购倾斜扶持国内企业的发展。

（三）加强对外资引进的引导与管理

创造有利的条件吸引外资，特别是要建立一个公平透明的制度环境。在引进外资的基础上，不断规范管理，提高外资引进的质量和效率。在把引导外资同国内产业升级、国有企业改革、西部大开发等紧密结合的同时，取消三资企业的超国民待遇，保障国内外企业公平发展，正确处理地方竞争，避免恶性竞争、重复引进带来的效率低下。

（四）加强行业监测与市场监管

加强对行业及市场的监测预警，从部分重点产品起步，制定市场指标体系及监测系统，并逐步推广建立整个产业的市场监测系统，为作好新形势下的行业管理奠定科学客观的信息基础。其中，特别要加强进口管理，运用反倾销、反补贴、保障条款等手段对进口产品进行监控，防止电子信息产品进口大幅上升，保障贸易平衡和市价稳定。加强对入世后国际贸易关系，特别是贸易壁垒变化的研究，及时针对国外反倾销投诉、技术壁垒及知识产权纠纷制定有效的应对措施。

（五）支持行业协会的改革与发展

通过开展产业预警、市场监测、纠纷协调等工作建立平台，从重点行业协会入手，对其改革与发展予以实质性支持，促进其调整组织，充实力量。鼓励各电子行业协会分别出台具体意见，增强对会员企业的协调、监督与管理，组织企业在联合研发、标准确立、竞争协调、信息服务、国际合作、纠纷应对等多方面取得有实效的进展。

推动相关部门健全产业配套服务体系建设，为完善产业链条、提升制造水平奠定基础，加快物流体系建设特别是海关EDI系统建设，并逐步改善交通条件、促进配送服务体系发展，加快其他相关服务行业的发展，如法律、会计、管理咨询、广告等，特别是在部分产业聚集的地区更要注重发展，为下一步建设若干个国家电子信息产业基地做出积极的探索。

【供稿：周子学】

# 移动通信产业成为电子信息产业新的经济增长点

## 【综述】

### 一、产业的总体情况

从近年中国电子信息产业发展情况看，移动通信产业发展迅速，已成为中国电子信息产业新的经济增长点。中国移动通信产业的总体发展情况如下：

1. 产业体系建立，成为新的经济增长点

自1999年1月国务院颁布加快中国移动通信发展的相关政策以来，中国移动通信产业取得了长足的发展，制造业滞后于运营业发展的局面得以快速改变，国内自有品牌的系统设备和终端市场占有率在实现零的突破的基础上有了明显提高，初步建立了从整机到配套元器件专业门类基本齐全、从研发到产业化技术水平明显提高的移动通信工业体系。

移动通信产业成为国民经济新的增长点。据不完全统计，2002年中国移动通信制造业市场规模超过2 000亿元，是1998年470亿元的4.2倍。手机销售收入为1 600亿元，占电子信息产品销售总额的12%，出口额为53亿美元。

截止到2002年初，国内已有移动通信整机制造企业43家。其中，外资企业25家。产品覆盖GSM/CDMA数字移动交换机、基站系统和手机。手机生产企业由1997年的5家发展到2002年的37家。其中，外资企业22家。1999年~2002年国产品牌手机国内市场占有率情况见图1。1999年~2002年三资企业与国产品牌手机市场份额情况见表1。

2. 技术水平明显提高

在移动通信技术开发上取得群体突破。目前，国内企业已掌握交换机、基站系统的开发和生产

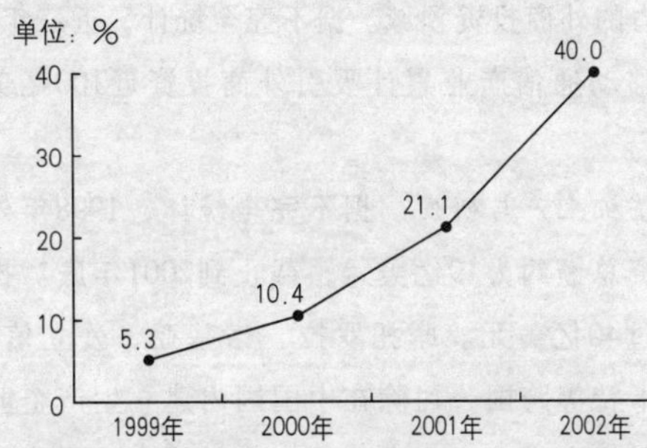


图1　1999年～2002年国产品牌手机国内市场占有率情况

技术；CDMA2000、WCDMA、TD-SCDMA等第三代移动通信系统的研发也取得实质性成果，深圳市中兴通讯股份有限公司、华为技术有限公司、大唐电信科技产业集团等均已推出自主研发的3G系统样机，缩短了与国际先进水平的差距；在手机方面，除芯片和底层协议软件外均可与国际接轨。在整机发展的拉动下，部分关键配套元器件的开发和产业化也实现了从无到有的跨越式发展，生产工艺技术基本掌握，部分产品已达到国际同类产品的水平。

3. 结构调整成果显著

整机企业的结构得到有效调整。1999年以前，国内移动通信制造业主要依靠外商投资企业。在国内传统通信企业、家电企业和科研院所的介入下，国内品牌整机企业达15家，且规模不断扩大。2002年波导手机产量达到722万部，波导与TCL手机的国内市场占有率连续两年进入前五名。

移动通信产业的快速发展，不仅带动了相关配套新型元器件产业的发展，使其发展成为外商投资的热点，同时也加快了国内基础产业由低频、接插式向高频化、片式化、微型化、高精度、高功率、多功能、复合化等方向发展，产品技术水

平和性能质量不断提高，应用领域不断扩大，已由移动通信拓展到汽车、电子设备、卫星通信等领域，带动了企业产品结构的调整，成为企业发展的新增长点。

4. 外商投资规模迅速扩大

在国家政策引导下，移动通信产业成为最具吸引力的外商投资领域。据不完全统计，近三年，中国移动通信产业累计吸引外商投资近100亿美元。

整机生产与研发　据不完全统计，1998年外商投资总额约为19亿美元，截止到2001年底。投资超过40亿美元。摩托罗拉、诺基亚、爱立信、阿尔卡特等跨国公司除在中国国内建立生产企业外，还投资成立面向全球、高水平的移动通信技术开发中心，不断增加研发投入，提高在中国本土企业的技术水平。爱立信、西门子、飞利浦、三菱等跨国公司加快向中国转移生产基地的速度。1998年中国移动通信产品出口额为4亿美元，2002年为65.3亿美元，是1998年的16倍。2002年手机出口量为6 329万部，是1998年的280倍。

配套件　据不完全统计，近三年，中国吸引外商投资近70亿美元。集成电路、片式元器件、频率器件、LCD显示器件、锂离子电池等关键配套元器件的产业规模和技术水平明显提高。摩托罗拉公司计划到2006年，其在中国的投资总额将达到100亿美元，形成100亿美元的产业规模；元器件在中国采购达到100亿美元。诺基亚公司拟在北京星网工业园一期工程的基础上，进行二期建设。 1998年~2002年外商对中国投资情况见图2。1998年~2002年移动通信产品在电子信息产品出口中所占比重情况见图3。

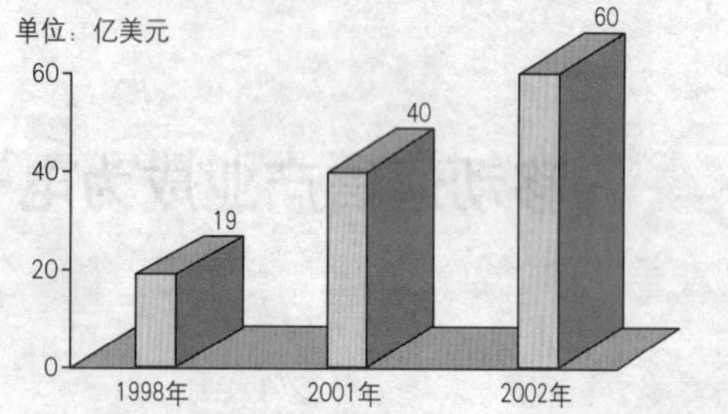


图2　1998年～2002年外商对中国投资情况

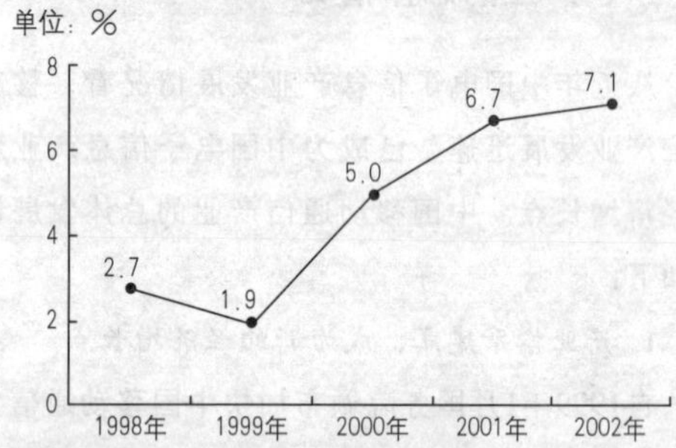


图3　1998年～2002年移动通信产品在电子信息产品出口中所占比重情况

## 二、产业发展特点

与其他制造业相比，中国移动通信业的发展具有明显的特征，归纳起来有如下几点：

1. 世界最大的移动通信生产基地

截止到2002年底，中国已具备移动交换机1亿户、基站系统250万信道、移动手机1.7亿部的年产能力。其中，GSM 1.5亿部、CDMA 0.2亿部。2002年国内手机生产量为13 155万部，占全球的比重由1998年的2.3%上升到31%，提高11倍。目前，中国已成为全球最大的数字移动通信产品制造基地。1998年~2002年国内手机在全球手机产量中所占比重情况见表2。

2. 网络规模与用户数量全球第一

截止到2002年底，中国移动交换机容量达到2.71亿户，移动电话用户总数达到2.066亿户，当年新增用户6 180万。移动电话普及率由1990年的2%上升到16.2%。移动通信的网络规模与用户总量均跃居世界第一。2002年手机用户排前8位的国家情况见图4。1995年~2002年中国国内手机用户情况见图5、图6。1995年~2002年国内移动通信系统设备发展情况见图7、图8、图9。

3. 发展速度快、外贸出口多、经济效益好

1998年中国国产手机的产量是零记录。经过4年发展，中国国产品牌手机的产量达到3 126万部，其发展速度很快。据不完全统计，1999年手机出口量为568.9万台，2002年为6 329万台，是1999年

的11倍。1998年~2002年手机产量增长情况见表5。1999年~2002年移动通信产品出口情况见表6。1999年~2002年手机出口情况见图10。

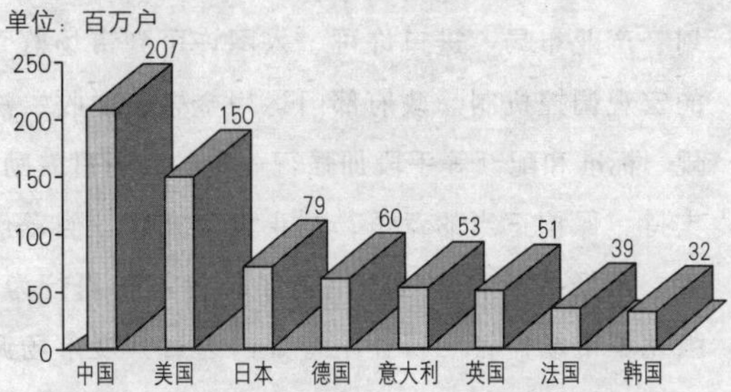


图4　2002年手机用户排前8位的国家情况

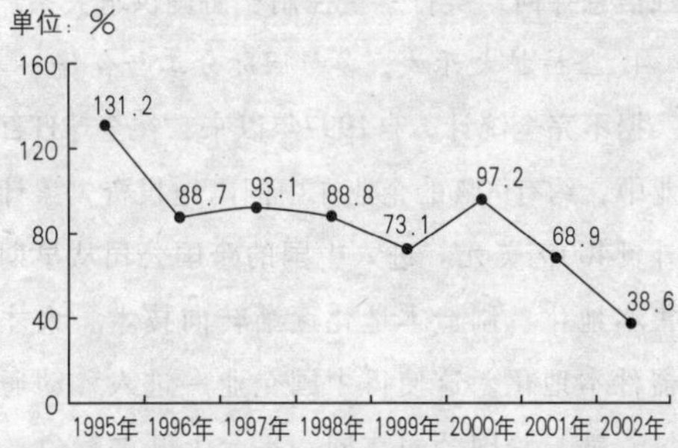


图5　1995年～2002年中国国内手机用户年增长情况

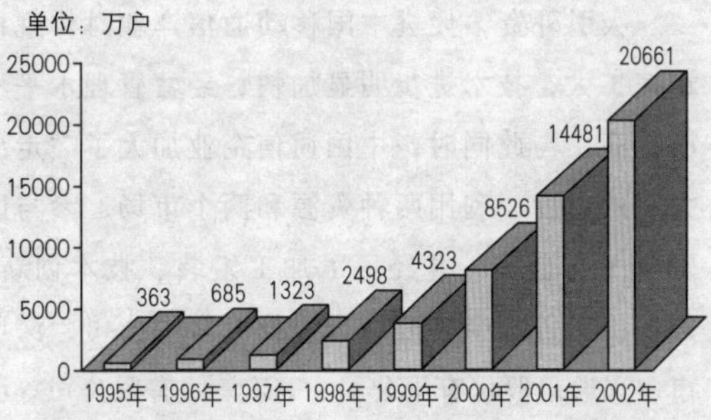


图6　1995年～2002年中国手机用户情况

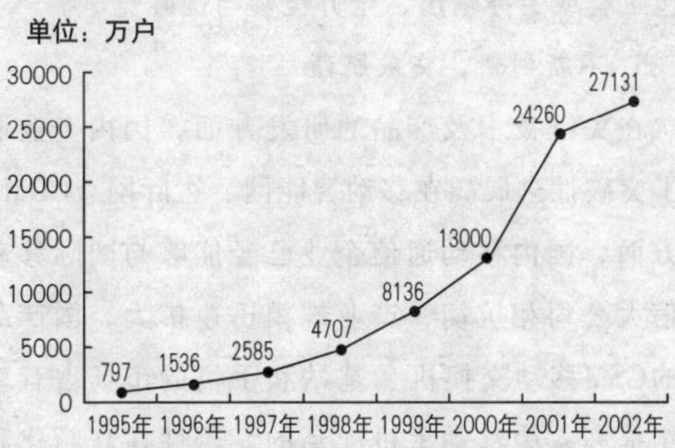


图7　1995年～2002年移动交换机容量情况

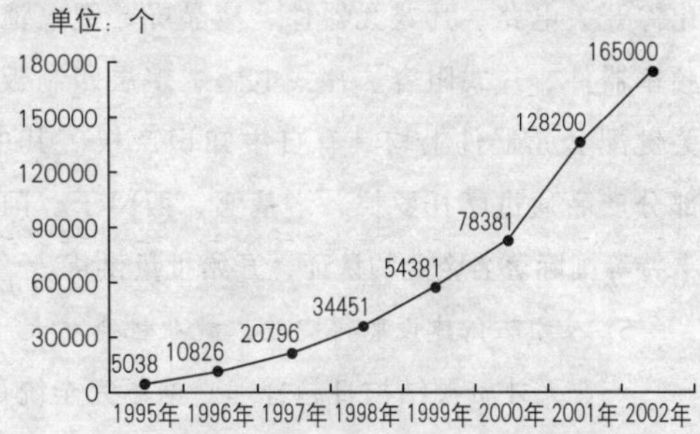


图8　1995年～2002年移动基站情况

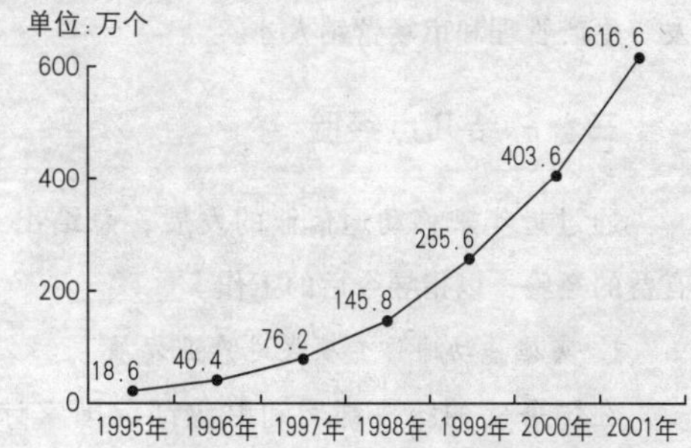


图9　1995年～2001年移动基站信道情况

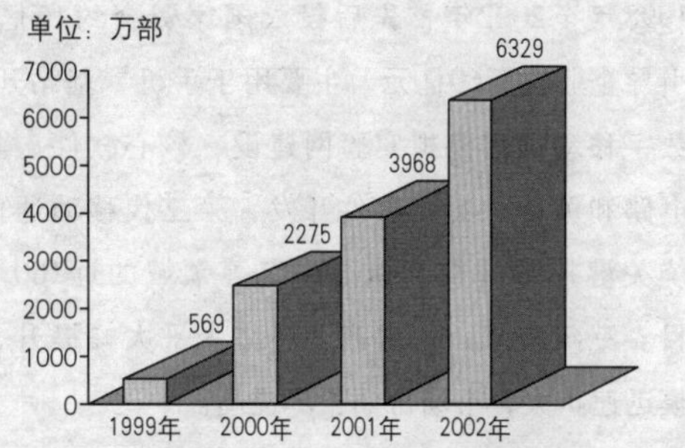


图10　1999年～2002年手机出口情况

4. 研究开发和规模化生产水平明显提高

目前，国内系统企业已经掌握GSM交换机、基站系统的开发与生产技术。其中，GSM技术工艺达到国际先进水平，3G系统研发与国际先进水平差距缩短，CDMA系统基本与国际水平同步。

终端企业已经掌握手机的结构外观设计、应用层软件开发，射频模块设计技术与大批量生产技术，在核心芯片和底层协议的开发方面也取得进展。国产品牌手机生产企业已完成射频电路、基带电路、内置MP3、PDA模块的研制生产。

部分配套元器件企业实现突破。在SIM卡、砷化镓开关电路、片式元器件、液晶屏、锂电池和频率器件、片式阻容、片式电感、多层印制板等关键配套元器件上均具有自主知识产权。其中，部分产品通过摩托罗拉、诺基亚、西门子、阿尔卡特等国际著名企业的认证，开始批量供货。

5. 人才队伍建设取得突破，就业机会扩大

产业人才资源结构日趋合理。据不完全统计，近三年来随着移动通信产业的快速发展，为社会提供了近6万个就业岗位，并培养了一大批研究开发、生产管理和市场营销人才。

## 三、总结几点经验

通过近年来移动通信业的发展，总结出一些有益的经验，以指导今后的工作。

1. 实施移动通信专项促进产业发展

在国务院的统一部署和财政部、国家计委、经贸委、外经贸部等部门的支持下，信息产业部组织实施了数字移动通信产品产业化专项。从1998年至2002年，先后投入国家资金约15亿元，引导企业投资60亿元，主要用于手机、基站开发，数字移动通信模拟实验网建设，核心软件、集成电路和关键配套元器件开发，第三代移动通信系统关键技术研发及标准制定等领域的近100个项目。三年多来，国内产业整体水平大幅提升，规模迅速扩大，市场份额稳步提高。

2. 运营业、制造业互动发展，加快产业成长

1997年以前，中国通信业已呈现快速发展的势头，与之配套的通信设备制造业却大大滞后，其中一个重要的原因就是产业与市场脱节。1998年信息产业部组建后，运营业与制造业的结合更加紧密。在通信业高速发展的牵引下，在国家相关产业政策的推动下，自有品牌移动通信产品从无到有快速发展，本地化率明显提高；计算机硬件和软件也伴随着网络用户成倍增长。经过几年的发展，以通信、计算机产品为主体的投资类产品已成为推动行业经济增长的主要因素。国内移动通信产业快速发展的实践证明：制造业与运营业紧密结合、互动提升有利于相互促进和加快发展。

3. 建立宏观调控体系保证产业健康发展

目前，国内移动通信产业基本形成从综合规划、产业布局、进口许可、入网许可到市场监管的宏观调控机制。政府部门运用金融、税收、法规、标准和配额等手段加强行业指导；通过鼓励、支持、保护正当的竞争，制止以次充好、假冒伪劣、市场垄断和非法使用走私件等不正当行为，强化了市场监管。行业主管部门通过开展市场调查、统计分析、研究热点问题、定期召开经济运行分析会、建立信息网络及相应的信息发布制度，加强信息导向，实行总量控制，协调供求关系。

4. 坚持扩大开放，参与国际分工与合作

据不完全统计，自1997年以来，在全球IT百强企业中，约有90%的企业在中国内地投资，累计利用外资400亿美元。进入中国的跨国公司从早期的销售本地化、制造本地化逐渐转向技术、人才和元器件本地化。这使得中国企业一进入移动通信领域，就与跨国公司在同一平台上开展竞争；使得中国自有品牌产品的技术、性能、质量提升基本与境外同步，很快显现出后发优势。

吸引外资，促进中国移动通信产业总体规模迅速扩大，技术进步明显加快，经营管理水平不断提高。与此同时，中国通信企业加大了“走出去”的力度，利用两种资源和两个市场，参与国际分工与合作，并经历了加工组装、技术创新、加快出口等几个阶段。华为技术有限公司、深圳市中兴通讯股份有限公司、TCL集团有限公司等已陆续到国外投资办厂、合资合作、设立研发机构、承包工程或劳务输出，全方位参与国际竞争。

5. 不断创新，突破瓶颈

在关键技术及产品的研发方面，国内企业取得了突破性进展。在移动智能网、边际网、CDMA网方面，国内移动通信企业已经能够与国际移动通信大公司相抗衡，产业规模迅速扩大，国产品牌的GSM移动交换机、基站和手机的市场占有率逐年提高；为移动手机配套的元器件在高频化和

小型片式化方面有较大提高，并具有自主知识产权；在第三代移动通信的标准制定、技术研发和市场竞争等方面，国内企业已做好全面超越的准备，将从被动跟随向主动领先突破。

## 四、未来发展展望

预计在未来的5年中，在国家扩大内需的宏观政策刺激下，在加入WTO后，电信市场对外开放力度不断加大、电信业市场竞争新格局的刺激下，在宽带、多媒体等数字移动通信新技术的推动下，中国移动通信市场将保持快速增长态势。这无疑为通信设备制造业带来新的机遇。

此外，国家实施的城市化战略和西部大开发战略，将带动农村和中西部地区的发展，为移动通信市场保持较高的长线增长潜力提供保障。2001年，中国移动通信用户在东部、中部、西部地区分别占56.5%、25.8%和17.7%，当年用户增长率分别为64.9%、72.6%和83%。在城市普及率较高的情况下，农村和中西部地区将成为最具发展潜力的移动通信市场。

随着世界IT产业结构调整和战略性转移，中国将成为全球移动通信产品开发、生产和销售大国。中国移动通信产业将是发展速度最快的产业。其不仅是技术进步最快的产业，同时也是市场规模巨大的产业。

## 【统计数据】

表 1　1999 年~2002 年三资企业与国产品牌手机市场份额情况

单位：%

| 项目名称＼年份 | | 1999 | 2000 | 2001 | 2002 |
|---|---|---|---|---|---|
| 三资企业 | 占销量的比重 | 95.90 | 94 | 88 | 77 |
| | 国内市场份额 | 92.20 | 87 | 77 | 60 |
| 国产品牌 | 占销量的比重 | 4.10 | 6 | 12 | 23 |
| | 国内市场份额 | 5.30 | 10 | 21 | 40 |

表 2　1998 年~2002 年国内手机在全球手机产量中所占比重情况

单位：%

| 项目名称＼年份 | 1998 | 1999 | 2000 | 2001 | 2002 |
|---|---|---|---|---|---|
| 国内手机产量 | 396 | 2 260 | 5 340 | 8 700 | 13 155 |
| 全球手机产量 | 17 200 | 28 300 | 43 900 | 39 900 | 42 200 |
| 比重（%） | 2.30 | 8 | 12 | 21 | 31 |

表 3　2003 年~2005 年世界及中国、美国移动通信用户增长预测

单位：亿部

| 项目名称＼年份 | 2003 | 2005 |
| --- | --- | --- |
| 世界 | 14.00 | 19.00 |
| 中国 | 2.62 | 3.80 |
| 美国 | 1.45 | 1.57 |

表 4　2003 年~2005 年世界手机产量预测

单位：亿部

| 项目名称＼年份 | 2003 | 2004 | 2005 |
| --- | --- | --- | --- |
| 总产量 | 4.69 | 5.25 | 5.90 |
| 欧洲 | 1.35 | 1.60 | 1.88 |
| 美洲 | 0.48 | 0.40 | 0.34 |
| 亚洲 | 2.34 | 2.74 | 3.19 |
| 其中：中国 | 1.50 | 1.70 | 2.00 |
| 日本 | 0.51 | 0.51 | 0.49 |
| 中国所占比重（%） | 32.00 | 33.00 | 34.00 |

表 5　1998 年~2002 年中国手机产量增长情况

单位：万部

| 项目名称＼年份 | | 1998 | 1999 | 2000 | 2001 | 2002 |
| --- | --- | --- | --- | --- | --- | --- |
| 三资企业 | 产量 | 396 | 2 150 | 5 000 | 7 650 | 10 029 |
| | 增长率（%） | – | 440 | 134 | 51.7 | 31.1 |
| 国产品牌 | 产量 | – | 110 | 340 | 1 050 | 3 126 |
| | 增长率（%） | – | – | 195 | 204 | 198 |
| 合　计 | 产量 | 396 | 2 260 | 5 340 | 8 700 | 13 155 |
| | 增长率（%） | – | 472 | 137 | 61 | 51 |

表 6　1999 年~2002 年移动通信产品出口情况

单位：亿美元

| 项目名称＼年份 | 1999 | 2000 | 2001 | 2002 |
| --- | --- | --- | --- | --- |
| 手机出口量（万台） | 568.90 | 2 275.40 | 3 968.40 | 6 329.00 |
| 手机出口额 | 6.60 | 26.40 | 41.30 | 59.00 |
| 基站出口量（台） | 29 820.00 | 4 475.00 | 9 571.00 | 18 733.00 |
| 基站出口额 | 0.80 | 1.20 | 2.20 | 4.70 |

［撰稿：韦俊　　审稿：王建章］

# 2002 年中国软件产业发展综述

**【综述】**

2002年信息产业部与国家统计局联合开展了中国软件产业统计调查，现将调查结果公布如下。

2002年全国规模以上软件企业共计4 700家，从业人员59万人。全行业完成软件及系统集成收入1 100亿元，同比增长46.5%，出口创汇15亿美元，增长100%。

## 一、2002年中国软件产业发展的主要特点

### 1. 全国软件产业规模迅速壮大

经过近十几年的发展，中国软件产业已进入稳定增长期。2002 年全国软件产业继续保持高速增长，产业规模迅速扩大。主要表现在两个方面：一是软件产业队伍迅速壮大，实力强的软件企业增多。2002 年全国规模以上的软件企业有 4 700 家，比 2001 年增加 1 270 家。其中，年销售额超过 1 000 万元的有 1 100 家，比 2001 年增加 398 家，占软件企业总数的 23%；年销售额在 5 000 万元以上的有 368 家，增加 168 家，占 8%；年销售额在 1 亿元以上的有 214 家，增加 117 家，占 4.5%。二是软件产业的收入规模增长迅速。在规模以上的软件企业完成软件及系统集成收入1 100亿元，增长 46.5%,同比增长 12.5 个百分点。其中，软件产品销售收入660.5亿元，增长28%；系统集成及计算机服务收入439.5亿元，增长87.3%。

### 2. 以内资企业为主，各种经济结构并存

2002年，内资企业有4 056家，完成软件及系统集成收入905亿元，占全国该项总收入的82.3%。企业和软件收入主要集中在有限责任公司、股份有限公司和私营企业范围。其中，有限责任公司2 525家，占全国软件企业总数的53.7%，完成软件及系统集成收入537亿元，占全国的48.8%；股份有限公司353家，占全国软件企业总数的7.5%，完成软件及系统集成收入215.6亿元，占全国的19.6%；私营企业870家，占全国软件企业总数的18.51%，完成软件及系统集成收入84.7亿元，占全国的7.7%。与上述企业相比，国有及集体软件企业的发展相对缓慢。国有及集体软件企业共有176家，占全国软件企业总数的4%，完成软件及系统集成收入56.1亿元，占全国的5.1%。

三资企业是软件业发展的主要力量。据不完全统计，2002年在软件企业中，港澳台商投资企业189家，占全国软件企业总数的4%,完成软件及系统集成收入40亿元；外商投资企业455家，占全国软件企业总数的9.7%，完成软件及系统集成收入155.2亿元。

### 3. 东西部地区软件产业发展差异显著

中国经济发展的地区差异同样影响到软件业，造成软件产业地区间发展的不平衡。从2002年全国软件及系统集成收入的分布看，软件业高度集中在东部地区，中西部地区软件产业的发展主要依靠少数几个省市的带动。

东部11省市（辽、吉、黑、京、粤、沪、苏、浙、闽、鲁）的软件及系统集成收入合计完成880亿元，占全国软件及系统集成总收入的80%。其中比较发达的省市是：北京市、广东省、江苏省、上海市、浙江省和山东省。这六个省市的软件及系统集成收入合计占全国总收入的74%。2002年六省市在全国软件及系统集成市场中所占份额情况见图1。

从整体上看，中西部地区软件产业的发展水平

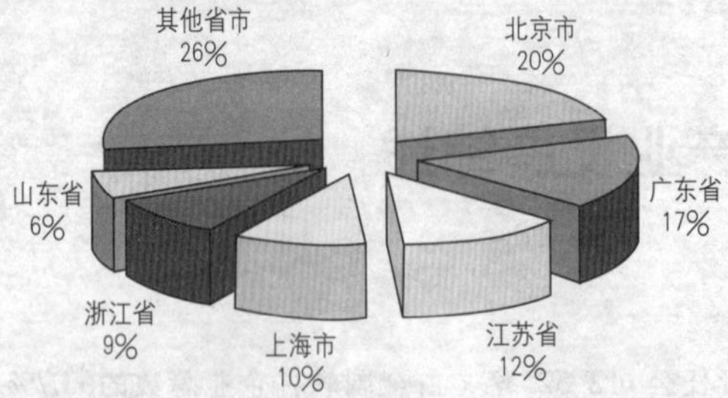


图1　2002年六省市在全国软件及系统集成市场中所占份额情况

较低。陕西省、四川省和湖南省软件业发展较快，其收入占全国的比例分别为5%、4%、3%。中西部地区其余省市该项指标均在1%及以下。

4. 软件产品结构不断变化

与2001年相比，2002年中国软件市场的产品结构发生变化。应用软件占主导地位，市场份额为64.5%；工具（平台）软件市场份额下降28.9%，减少1.1个百分点；中间件软件市场份额增长6.6%，提高2.9个百分点。促进应用软件快速发展的因素：一是中国信息化发展进程正在不断加快；二是在信息化建设中，各个行业更加重视系统平台的各种应用系统的建设；三是由于网络病毒传播的泛滥和黑客攻击的频繁，使得各个行业用户均加大了对系统网络与信息安全方面的投资。

在ERP、CRM等领域迅速发展的同时，与用户业务和生活相关的应用软件，包括协作、商业智能、Linux应用、移动应用以及其他企业级应用软件均保持良好的发展态势。

管理软件仍是企业和用户关注的焦点。在工具（平台）软件市场上，Linux在各个领域都取得了进展，盈利模式已经形成，并进入到企业级应用，特别是在服务器领域里取得了成功。

5. 国产软件市场份额不断扩大

随着各级政府、各个行业信息化建设的快速推进，中国软件市场在实现快速发展的同时，市场竞争日趋激烈。

国外品牌软件在系统软件市场上占据垄断地位。据不完全统计，在中国系统软件市场中，2002年国外品牌软件占95.3%的市场份额。微软在桌面和PC服务器高端操作系统方面具有优势；在高端服务器操作系统、数据库管理系统以及系统及网络管理软件市场上，国外品牌软件占主导地位。2002年Sybase公司在中国数据库管理系统市场中占主导地位。

国内品牌软件在中间件软件市场和应用软件市场占有一定的份额。在中间件软件市场上，国内品牌和国外品牌势均力敌。国内企业拥有相对优势的领域是网络安全软件市场。虽然国外品牌在企业级网络安全产品市场上占有优势，但是国内一些软件企业，如东软、天融信、瑞星等也先后推出了用于企业级的防杀毒软件、高端防火墙、入侵检测系统产品。

在应用软件市场上，国内品牌占有较大的优势，尤其是在管理软件市场上。用友、神州数码、东软金算盘、博科、TurboCRM等国内品牌基本上占领了管理软件的大部分市场。

6. 人才队伍规模扩大，人才结构有待优化

在软件业从业人员中，高学历人才占有较大比重。2002年全国软件产业从业人员59万人，同比增长一倍。其中，43 208人具有研究生学历，占全部从业人员的7%；196 151人具有本科学历，占33%；99 431人具有大专学历，占17%。

从目前中国软件人才的业务结构看，其结构尚不合理。一是水平高的系统分析员和有行业背景的项目策划人员偏少；二是缺乏软件操作员。由于大量的本科程序员从事简单的编码工作，使得软件的人力成本居高不下，影响了软件产品的竞争力。

## 二、中国软件产业发展存在的问题

中国软件产业已经连续8年保持25%以上的增长速度，而且近两年增长速度越来越快。从中国软件产业发展过程看，目前中国软件产品市场正由导入期走向成长期。由于内需的不断拉动，预计在未来几年内，中国软件市场将继续保持快速

增长的态势。

中国软件产业在发展过程中存在以下一些问题。

1. 制约软件发展因素

归纳起来，目前制约中国软件发展的因素有三个方面。

第一，整体规模尚小。据CSIA统计，2002年在全球软件市场总额中，美国、西欧分别占40%和31%的份额，中国仅占2%的份额。美国软件的本国提供率高达97%，中国目前仅达到1/3左右。

第二，人才结构尚不合理。由于国内软件人才结构尚不合理，造成国产软件的核心竞争力不强，导致人力成本居高不下。2002年中国拥有软件研发人员15.7万人，其分布在4 700家各类软件公司中。其中，50人以下的企业占67%左右，50人至200人的占26%左右，1 000人以上的软件企业非常少。

第三，缺乏核心技术。目前，中国软件生产尚处于模仿和加工阶段，没有形成产业规模；在操作系统、数据库管理系统和关键应用软件方面尚未形成完整、系统的自主版权产品。软件产品主要集中在产业链的低端，缺乏在核心技术上具有创新性、自主设计的软件产品。此外，由于软件企业的生产和流程管理水平不高，因此达到CMM3以上认证的企业数目较少。

总之，企业规模偏小、软件人才短缺与缺乏核心技术是制约中国软件产业发展的瓶颈。

2. 软件企业出口能力差

随着企业的不断发展，国内软件企业开始开拓海外市场。但是由于缺乏自主知识产权产品，缺乏项目分析和设计经验，缺乏对国际市场信息、先进软件设计、开发方式的了解，缺乏完善的质量保障体系，缺乏对软件过程有效的管理体系，缺乏严格的质量认证和规范化管理。因此，目前中国软件产品尚不能与国际标准接轨。这些因素成了当前中国软件产品出口的障碍。

目前中国软件产品出口的主要对象是日本，并形成了一定的规模。对日本的软件出口，多采用传统制造业的外包方式，转包到中国的，仅仅是低层模块的开发。由于不能满足欧美市场对完整解决方案及完整应用系统的要求，因此中国软件难以进入欧美市场。

## 三、中国软件产业展望

2003年中国软件业将面临更加有利的新形势，其原因如下。

1. 软件产业将成为新一轮经济增长的动力

《振兴软件产业行动纲要》提出：到2005年，中国软件产业销售额将达到2 500亿元，国产软件产品和服务的国内市场占有率将达到60%，出口达到50亿美元，软件人才达到80万人。届时中国软件产业将占国际软件市场的3%左右。这为中国软件产业发展明确了近期奋斗目标，围绕这一目标实施的各项政策措施，将给中国软件产业发展带来新的高潮。

2. 国内软件市场需求将得到扩大

2003年，政府上网工程和企业信息化建设将进一步得到实施和深化，金融、电信、财政、税务、外贸等行业和部门的信息化建设将加快，个人上网用户数量和企业、各级政府部门上网的数量将不断增长，这将进一步扩大对系统软件、网络安全软件、支撑软件及行业应用软件等的需求。

现代远程教育网络系统建设的深入，将扩大软件市场需求。2000年底教育部开始实施“校校通”计划，并决定从2001年起用5年到10年的时间在全国中小学基本普及信息技术教育，全面实施“校校通”工程。2003年将是该工程快速进展的一年，必将推动教育软件市场需求的扩大。

随着“数字奥运”建设专项的逐步开展和实施，将带动软件产业的发展。

3.“走出去战略”有新突破

国家将鼓励软件企业通过劳务输出、系统工程承包、开拓国际应用服务市场等多种方式，增强软件产业国际竞争力，扩大软件产品和服务的出口。外汇管理部门已经取消了对中资企业设立外汇帐户的限制；国家将在全国建立数个软件出口基地，对于基地内的企业给予相应的政策优惠。一系列的政策和措施将推动更多的软件企业走出国门。

4. 软件人才队伍建设继续加强

国家把软件人才队伍建设继续作为发展软件产业的重点，具体措施包括：示范性软件学院到2005年共培养20万左右的新型软件工程师；建设软件技术学院，5年内共培养30万软件“蓝领”；推进软件专业人员职业资格证书制度，进一步推进软件教育社会化培训等。

国家有关部门在软件技术产权交易，拓宽软件企业投融资渠道，培养大型骨干企业，保护软件知识产权，软件市场的反垄断、反倾销、反盗版等方面也都在研究和推出有效的政策和措施。

总之，在国家各项有利政策与措施的推出和实施下，中国软件产业的发展将开创出新的局面。

## 【统计数据】

**表1　2002年各省、市、自治区软件产业主要经济指标完成情况(1)**

单位：万元

| 省、市、自治区名称 | 企业数（个） | 产品销售收入 | 软件及系统集成收入 | 计算机服务收入 |
|---|---|---|---|---|
| 北京市 | 1 722 | 3 623 070 | 2 221 016 | 1 343 650 |
| 天津市 | 145 | 147 388 | 80 717 | 10 014 |
| 河北省 | 44 | 214 384 | 34 230 | 2 652 |
| 山西省 | 15 | 10 586 | 6 495 | 911 |
| 内蒙古自治区 | 21 | 90 083 | 34 289 | 3 490 |
| 辽宁省 | 380 | 1 490 911 | 361 585 | 88 751 |
| 吉林省 | 28 | 308 499 | 221 312 | 42 615 |
| 黑龙江省 | 62 | 211 148 | 159 144 | 9 220 |
| 上海市 | 212 | 2 980 000 | 1 114 432 | 86 632 |
| 江苏省 | 242 | 13 284 906 | 1 287 971 | 0 |
| 浙江省 | 214 | 3 784 138 | 954 437 | 23 167 |
| 安徽省 | 61 | 67 066 | 36 766 | 3 883 |
| 福建省 | 44 | 131 908 | 69 450 | 12 659 |
| 江西省 | 34 | 163 792 | 65 230 | 18 758 |
| 山东省 | 157 | 10 551 780 | 692 138 | 120 457 |
| 河南省 | 53 | 77 768 | 31 065 | 1 158 |

续表 1

| 省、市、自治区名称 | 企业数（个） | 产品销售收入 | 软件及系统集成收入 | 计算机服务收入 |
|---|---|---|---|---|
| 湖北省 | 11 | 33 507 | 1 496 | 171 |
| 湖南省 | 113 | 474 895 | 299 063 | 11 918 |
| 广东省 | 671 | 4 954 791 | 1 887 828 | 166 112 |
| 广西壮族自治区 | 37 | 36 381 | 14 082 | 1 331 |
| 海南省 | 19 | 20 264 | 12 671 | 3 107 |
| 四川省 | 73 | 662 252 | 435 954 | 13 693 |
| 贵州省 | 47 | 273 508 | 82 677 | 13 631 |
| 云南省 | 41 | 190 281 | 99 267 | 11 386 |
| 重庆市 | 56 | 232 798 | 157 652 | 16 973 |
| 陕西省 | 124 | 856 148 | 556 813 | 40 840 |
| 甘肃省 | 46 | 99 345 | 70 066 | 6 651 |
| 宁夏回族自治区 | 20 | 22 659 | 10 666 | 1 257 |
| 新疆维吾尔族自治区 | 8 | 9 166 | 2 065 | 1 262 |

**表 2 2002 年各省、市、自治区软件产业主要经济指标完成情况(2)**

单位：万元

| 省、市、自治区名称 | 工业总产值（不变价） | 工业增加值 | 利润总额 | 其中：软件利润 |
|---|---|---|---|---|
| 北京市 | 5 952 554 | 1 923 861 | 335 029 | 10 080 |
| 天津市 | 206 157 | 50 251 | 8 486 | 79 |
| 河北省 | 423 393 | 121 224 | 19 143 | 2 074 |
| 山西省 | 9 249 | 5 941 | 1 393 | 347 |
| 内蒙古自治区 | 91 549 | 11 020 | 3 755 | 757 |
| 辽宁省 | 2 191 186 | 200 966 | 60 035 | 17 150 |
| 吉林省 | 325 198 | 59 018 | 22 155 | 13 484 |
| 黑龙江省 | 451 846 | 61 147 | 27 323 | 15 666 |
| 上海市 | 5 471 467 | 807 147 | 192 777 | 34 691 |
| 江苏省 | 23 118 107 | 2 259 422 | 624 914 | 919 |

续表 2

| 省、市、自治区名称 | 工业总产值（不变价） | 工业增加值 | 利润总额 | 其中：软件利润 |
|---|---|---|---|---|
| 浙江省 | 4 982 648 | 882 582 | 260 825 | 43 105 |
| 安徽省 | 71 986 | 23 876 | 3 606 | 587 |
| 福建省 | 156 849 | 70 550 | 15 793 | 8 457 |
| 江西省 | 241 659 | 52 004 | 15 725 | 4 445 |
| 山东省 | 10 005 021 | 1 269 459 | 301 027 | 15 927 |
| 河南省 | 120 951 | 23 712 | 6 256 | 3 691 |
| 湖北省 | 36 990 | 14 502 | 5 289 | 427 |
| 湖南省 | 505 606 | 127 408 | 36 214 | 20 008 |
| 广东省 | 5 208 078 | 2 865 799 | 310 837 | 18 701 |
| 广西壮族自治区 | 39 383 | 16 907 | 2 896 | 940 |
| 海南省 | 14 667 | 18 328 | 791 | -655 |
| 四川省 | 627 888 | 245 201 | 79 312 | 18 843 |
| 贵州省 | 255 145 | 50 636 | 11 430 | 1 058 |
| 云南省 | 232 155 | 40 107 | 8 034 | 2 345 |
| 重庆市 | 236 021 | 30 638 | 10 418 | 3 707 |
| 陕西省 | 871 209 | 323 255 | 100 630 | 20 565 |
| 甘肃省 | 91 732 | 38 913 | 7 447 | 3 452 |
| 宁夏回族自治区 | 25 976 | 1 957 | 846 | 309 |
| 新疆维吾尔族自治区 | - | 14 644 | 1 602 | 866 |

**表 3　2002 年各省、市、自治区软件产业主要经济指标完成情况(3)**

单位：万元

| 省、市、自治区名称 | 固定资产原值 | 资产合计 | 负债合计 | 所有者权益合计 |
|---|---|---|---|---|
| 北京市 | 917 234 | 7 487 175 | 3 171 284 | 4 302 232 |
| 天津市 | 104 797 | 354 963 | 167 693 | 182 899 |
| 河北省 | 402 671 | 564 513 | 358 727 | 202 804 |
| 山西省 | 1 777 | 10 507 | 4 151 | 6 100 |

续表 3

| 省、市、自治区名称 | 固定资产原 值 | 资产合计 | 负债合计 | 所有者权益合计 |
|---|---|---|---|---|
| 内蒙古自治区 | 14 977 | 53 401 | 23 975 | 29 409 |
| 辽宁省 | 319 387 | 1 005 989 | 636 704 | 216 984 |
| 吉林省 | 185 986 | 325 016 | 182 477 | 142 539 |
| 黑龙江省 | 117 391 | 356 512 | 100 951 | 232 112 |
| 上海市 | 397 396 | 2 781 983 | 1 501 543 | 1 261 586 |
| 江苏省 | 336 177 | 2 124 553 | 1 451 588 | 339 634 |
| 浙江省 | 568 054 | 3 085 369 | 1 644 543 | 1 177 875 |
| 安徽省 | 17 852 | 90 422 | 32 617 | 57 304 |
| 福建省 | 49 571 | 188 854 | 64 756 | 111 428 |
| 江西省 | 65 710 | 190 904 | 73 781 | 116 725 |
| 山东省 | 934 571 | 4 037 482 | 2 002 812 | 2 030 054 |
| 河南省 | 34 969 | 152 716 | 86 639 | 65 518 |
| 湖北省 | 2 725 | 53 872 | 25 512 | 27 753 |
| 湖南省 | 196 626 | 872 907 | 359 435 | 511 027 |
| 广东省 | 1 549 554 | 6 881 580 | 3 948 143 | 2 989 266 |
| 广西壮族自治区 | 5 395 | 36 739 | 13 394 | 23 046 |
| 海南省 | 8 196 | 73 699 | 22 597 | 49 074 |
| 四川省 | 127 586 | 1 355 900 | 670 129 | 675 536 |
| 贵州省 | 120 302 | 554 848 | 306 197 | 239 896 |
| 云南省 | 45 130 | 209 599 | 100 621 | 107 193 |
| 重庆市 | 73 796 | 396 637 | 210 001 | 184 123 |
| 陕西省 | 318 495 | 1 451 174 | 687 763 | 620 251 |
| 甘肃省 | 66 913 | 238 424 | 119 273 | 82 986 |
| 宁夏回族自治区 | 2 786 | 21 684 | 8 747 | 12 744 |
| 新疆维吾尔族自治区 | 13 141 | 16 527 | 2 347 | 14 180 |

表 4　2002 年软件企业前 50 家收入情况

| 序号 | 单位名称 | 软件及系统集成收入 | | | |
|---|---|---|---|---|---|
| | | 合计 | 软件收入 | 系统集成收入 | 软件服务收入 |
| 1 | 华为技术有限公司 | 554 109 | 554 109 | – | – |
| 2 | 深圳市中兴通讯股份有限公司 | 385 000 | 385 000 | – | – |
| 3 | 托普集团科技发展有限责任公司 | 324 571 | 133 835 | 181 120 | 9 616 |
| 4 | 神州数码（中国）有限公司 | 234 201 | 69 266 | 151 168 | 13 767 |
| 5 | 浪潮集团有限公司 | 226 467 | 61 284 | 75 826 | 89 357 |
| 6 | 上海西门子移动通信有限公司 | 214 379 | 214 379 | – | – |
| 7 | 熊猫电子集团有限公司（江苏） | 211 732 | 211 732 | – | – |
| 8 | 东软集团有限公司 | 200 799 | 31 584 | 128 516 | 40 699 |
| 9 | 北京北大方正集团公司 | 192 473 | 25 719 | 165 701 | 1 053 |
| 10 | 微软(中国)有限公司 | 184 074 | 184 074 | – | – |
| 11 | 清华同方股份有限公司 | 182 581 | 15 700 | 166 881 | – |
| 12 | 大唐电信科技股份有限公司（北京） | 136 545 | 30 088 | 97 288 | 9 169 |
| 13 | 中国计算机软件与技术服务总公司 | 133 229 | 60 348 | 56 843 | 16 038 |
| 14 | 中国民航信息网络股份有限公司 | 108 454 | | 108 454 | – |
| 15 | 中国长城计算机集团公司 | 107 741 | 83 430 | 19 484 | 4 827 |
| 16 | 山东中创软件工程股份有限公司 | 102 932 | 33 970 | 68 962 | – |
| 17 | 朝华科技（集团）股份有限公司（重庆） | 101 441 | 136 230 | 69 411 | 18 407 |
| 18 | 北京爱立信移动通信公司 | 78 408 | 78 408 | – | – |
| 19 | 上海贝尔阿尔卡特移动通信系统公司 | 73 710 | 73 710 | – | – |
| 20 | 北京天桥北大青鸟科技股份有限公司 | 70 688 | 34 751 | 25 321 | 10 616 |
| 21 | 北京甲骨文软件系统公司 | 66 084 | 42 542 | – | 23 524 |
| 22 | 烟台东方电子信息产业集团 | 63 059 | 4 393 | 58 666 | – |
| 23 | 上海宝信软件股份有限公司 | 61 256 | 30 030 | 23 732 | 7 494 |
| 24 | 珠洲时代集团公司 | 59 956 | | 59 956 | – |
| 25 | 金蝶软件（中国）有限公司 | 57 667 | 48 000 | – | 9667 |
| 26 | 海信集团有限公司（山东） | 55 182 | 9 102 | 4 203 | 41 877 |

续表 4

| 序号 | 单位名称 | 软件及系统集成收入 | | | |
|---|---|---|---|---|---|
| | | 合计 | 软件收入 | 系统集成收入 | 软件服务收入 |
| 27 | 云南南天电子信息产业公司 | 54 790 | 34 366 | 18 633 | 1 791 |
| 28 | 北京用友软件股份有限公司 | 54 039 | 25 076 | – | 28 963 |
| 29 | 南京南瑞集团公司 | 50 503 | 21 716 | 23 736 | 1 515 |
| 30 | 湖南长沙新宇科技发展公司 | 50 420 | 15 826 | 30 606 | 3 988 |
| 31 | 创智集团（湖南） | 49 950 | 49 960 | – | – |
| 32 | 浙江大学快威科技集团公司 | 47 111 | 10 836 | 30 016 | 6 259 |
| 33 | 杭州恒生电子股份有限公司 | 46 071 | 14 071 | 32 000 | – |
| 34 | 南京南瑞继保电气有限公司 | 44 933 | 44 933 | – | – |
| 35 | 新华控制技术（集团）公司（上海） | 44 890 | 16 340 | 26 025 | 2 525 |
| 36 | 深圳开发科技股份有限公司 | 43 255 | 43 255 | – | – |
| 37 | 北京联想软件有限公司 | 43 139 | 21 569 | – | 21 570 |
| 38 | 爱立信科技服务（中国）公司 | 42 679 | – | 10 010 | 32 669 |
| 39 | 南京联创科技股份公司 | 42 409 | 42 409 | – | – |
| 40 | 杭州新中大软件股份公司 | 41 923 | 41 923 | – | – |
| 41 | 亚信科技中国有限公司 | 39 927 | 17 316 | 21 588 | 1 023 |
| 42 | 哈尔滨亿阳信通股份有限公司 | 38 976 | 16 552 | 15 582 | 6 842 |
| 43 | 广州新太科技有限公司 | 38 408 | 16 460 | 21 425 | 523 |
| 44 | 上海华东电脑股份有限公司 | 38 210 | 341 | 5 966 | 31 903 |
| 45 | 深圳市金证科技股份公司 | 38 000 | 15 000 | 20 000 | 3 000 |
| 46 | 太极计算机集团（北京） | 37 199 | 14 239 | 13 780 | 9 180 |
| 47 | 天津天大天财股份有限公司 | 36 287 | 29 477 | 4 610 | 2 200 |
| 48 | 国电南瑞科技股份有限公司（江苏） | 34 853 | 13 642 | 20 503 | 132 |
| 49 | 大恒新纪元科技股份有限公司 | 31 957 | 25 072 | 6 885 | – |
| 50 | 江苏南大苏富特软件有限公司 | 31 140 | 31 140 | – | – |

# 2003年电子信息产品市场展望

宏观经济走势和经济政策是影响中国电子信息产业发展的主要因素之一。随着2002年世界国际经济逐渐复苏，对2003年的国际经济形势将有一个较好的预期，国际市场需求将会不断增加。

## 一、2003年市场发展特点

2003年中国新一届政府为中国的经济发展提出新的目标，全面建设小康社会的目标将激励中国各行各业加快发展步伐。

2003年中国电子信息产品市场发展存在诸多有利的因素，主要表现为以下几个方面。

1. 电子政务的建设将推动中国电子信息产业的发展

2002年8月，中共中央办公厅向各省、市、自治区、中央和国家机关各部委转发了《国家信息化领导小组关于中国电子政务建设指导意见》(以下简称《指导意见》)。《指导意见》指出电子政务建设作为今后一个时期中国信息化工作的重点，政府先行，带动国民经济和社会发展信息化。因此，2003年是继续落实电子政务的重要一年，它将提供一个实施电子政务所必须的软硬件产品市场需求。

2. 中西部地区的电子信息产业将有较快发展

随着“西部大开发”战略的实施以及电子信息产业结构调整，中西部地区的电子信息产业将有一个较快的发展。从2002年各省市拉动电子信息产业经济增长的情况看，西部一些地区对经济增长的贡献率正在不断提高，西部市场正在崛起。

3. 电子信息产品出口不断扩大

随着对WTO规则的适应、“科技兴贸”和“走出去”战略的实施，中国电子信息产品的出口将进一步增加。

4. 软件、集成电路产业获得发展

国务院18号文件的实施将促进中国软件产业和集成电路产业的发展。在中国电子信息产品结构中，软件及软件服务业的比例尚低。为了落实18号文件，国务院信息化工作办公室下发了《振兴软件产业行动纲要》，明确提出了发展目标和具体的政策措施，这将推动中国软件产业发展。同时，随着有关集成电路方面实施细则的出台和对集成电路产品税收优惠政策的落实，也必将推动集成电路产业的发展。

5. 实施“十五”计划，确保电子市场增长

(1)“十五”规划全面启动，国家组织实施五大信息化工程，加速了信息产业的发展。电力部门计划投入6 000亿元改造电力网和电源建设。铁路部门计划投入3 500亿元对现有296座电台、653座电视台、近1 300座有线电视台进行数字化改造，同时建设卫星、地面、有线的传输数据网。电信业计划投入2 300多亿元扩大移动网，改造电信网，建设数据网。

“三网”工程（政府、企业、家庭的网络工程）建设。预计到2005年，中国计算机拥有量将从现在的3 000万台增加到6 000至8 000万台。移动通信用户从2002年的1.5亿户增加到3亿户，平均每年新增5 000万户；固定电话从2002年的1.8亿户增加到2.6亿户，上网人数达2亿人，有线电视用户达到1.5至2亿户。

(2) 各地政府为电子信息产业发展创造了良好的宏观环境和商机。北京申奥成功拟投入700亿元用于基础设施建设；西部投入3 000亿元进行12项工程建设。目前，该项目只完成300亿元；各地提出建数字省、信息港、光谷、硅谷、软件园、微电子园区等目标，这不仅推动信息化发展，把信息产业作为支柱产业给予支持，同时也给电子信息产业带来商机。电子信息产业相对集中的沿海8个省市，即：北京、天津、上海、山东、江苏、浙江、福建、广东的工业总产值、销售收入、

利税分别占全行业的84%、85%、86%，拉动行业增长26个百分点。值得注意的是：西部地区以30.4%的速度发展，超过全行业的平均水平发展。

(3) 用信息技术改造和提升传统产业，尤其是软件和IC发展促进信息技术向数字化、网络化、智能化方向发展，创造新的市场空间。

传统家电与信息技术融合将成为家电市场新的亮点。如：数码相机、PDA、机顶盒、背投电视、交互电视、逐行扫描电视、数字电视。市场需求正由单机应用转向系统解决方案，由单一的产品提供商转向软件与服务提供商，帮助用户提供新的增值服务。通信和计算机网络应用的高速发展，带动了中国通信和网络产品的开发、生产的快速发展。

(4) 中国将成为世界IT制造生产基地，在经济全球化的大背景下参与国际经济调整与分工，充分利用两个市场、两种资源；新一轮合资的出现将拉动市场规模增长，扩大进出口贸易。资本、人才、资源的发展有利于IT产业发展。据不完全统计，目前中国已有十多种产品的产量占世界首位，成为世界生产大国和出口大国。

2003年电子信息产品市场的发展也存在一些不利因素和不确定因素。这些因素在一定程度上将影响中国电子信息产品市场的增长。比如，国际政治经济形势的变化难以预料；一些突发性事件和自然灾害难以预料和抗拒；进口产品的大量增加将加剧国内市场竞争和对国内产品的挤压；贸易摩擦还会增多；中国拥有自主知识产权和技术创新的电子信息产品还太少等等。

总体看来，2003年中国电子信息产品市场发展的有利因素多于不利因素。预计2003年中国电子信息产品市场仍将保持30%左右的增长幅度，市场总体规模将达到2.1万亿元。

## 二、2003年热点产品市场走势

### (一) 程控交换机

电信拆分后，资产进行了重组，各大运营商开始建设自己的网络，由此将引发出一个新的光网络建设高潮。预计2003年的光传输市场将恢复到40%的发展速度，达到210亿元。

此外，电信拆分后将出现众多的交换节点，以解决数据跨越不同网络的需要。因此，建设若干个汇接局和光交换局是当务之急，这个市场是巨大的。

### (二) 移动通信手持机

目前，中国正在实施第十个五年计划。国家的目标是：到2005年，通信业务收入将达到1万亿元人民币，五年平均增长23%。届时，固定、移动电话网规模都有望跃居世界第一位，电话用户总数达到5亿户，数据、多媒体和互联网用户达到2亿户，上网人口普及率达到15%。中国电信网的建设必将带来市场需求。

截止到2002年年底，中国电话用户总数已达到4.24亿户。其中，固定电话用户为2.14亿户，移动电话用户为2.1亿户,上网用户超过4 970万户。中国已成为全球最大的移动电话市场，也是少数几个仍保持高速增长的主要移动电话市场之一。从中国电信、中国移动等电信企业受到联通、铁通等后起之秀挑战开始，电信运营主体的多极化打破了中国通信业的垄断经营状态，竞争格局已经形成，电信业将从高速发展进入稳定发展阶段。

从1998年至2001年，中国移动通信用户的年均增长率达到80%；2002年，新增移动电话用户为6 139万户，累计达2.1亿户。目前，移动通信网络规模和用户总量均居世界第一。根据“十五”规划，中国移动通信产业今后将保持20%以上的年平均增长速度。预计，到2005年末，中国手机用户数将超过3亿户。

在全球电信业大幅度萎缩的情况下，中国市场已经成为国际手机制造企业的留守阵地。摩托罗拉几次增资，把部分利润再次投入中国，并把北亚中心从香港迁到北京。预计到2006年，摩托罗拉在中国投资总额将达100亿美元（包括合资伙伴和供应商等战略伙伴的投资）。

在爱立信全球业务收入中，中国市场占9%~13%

的比例。

预计2003年世界手机市场需求约为4.4亿部，中国将为之提供近4成的手机。中国国内手机市场需求将达到6 000万部以上，约增长15%。其中，国产品牌手机的国内市场占有率约为40%。

（三）笔记本电脑

信息产业部信息中心提供数据，在1996年~2000年期间，中国家庭电脑的拥有率以年均38.2%的速度递增。目前，中国家庭电脑的拥有率约为15%。其中，北京、上海、广州等城市的家庭电脑拥有率高出全国平均水平，达30%左右。

2003年是笔记本电脑市场的高峰年。由于笔记本电脑中的CPU大幅降价，带动整机价格下降，这对激发市场增长起到作用。此外，外挂基本配置如软驱、光驱、各类移动硬盘的出现，使得笔记本电脑更加便于携带。预计2003年笔记本电脑将增长40%，市场需求量约为45万台。

（四）彩色电视机

2003年，彩电仍将是消费类电子产品中的热点产品。

根据有关调查结果显示，尽管通过互联网获取信息的比例（28%）略高于广播（27%），但远远落后于电视（83%）。目前，中国城市家庭电脑的普及率约为15%，电视依然是众多普通居民获取各类信息的主要途径。

自从2002年以来，中国彩电企业发展有两个方向，一是以四川长虹电子集团有限公司为代表，根据国际彩电技术与国际以及中国市场的实际，开拓背投电视市场；二是以海信集团有限公司、TCL集团股份有限公司为代表，开发互动电视与HID电视的信息化彩电。预计2003年这两种彩电发展模式将出现互相靠近的趋势，在技术上将出现互相交融的特点。

预计背投电视、PDP等离子彩电将是2003年的热销产品，29英寸至34英寸纯平CRT管彩电市场看好。上述三类彩电的国内市场需求总量约为3 500万台。随着大屏幕液晶显示和等离子显示彩电价格的下降，该类彩电市场将出现快速增长势头，市场需求量约为100万台以上。

（五）互动电视和信息家电

据IDC的调查报告显示，全球信息家电销量在2004年将达到8 900万个单位，销售额将达到178亿美元。另据报道，在2003年全球信息家电的销量将会超过PC，其中互动（网络）电视的市场将占到40%左右。

目前，美国、欧洲、日本等国家相继推出了具有各自特点的互动电视。西欧研制的互动电视是开放式的，电视机外置数字机顶盒，通过卫星传输实现接收数字信号和上网浏览。美国在线与时代华纳通过电视机外置机顶盒实现上网，电视机起到显示器的作用；美国微软公司通过在电脑里加入高频头等措施，让电脑可以收看电视节目。中国企业正在研制互动电视。该电视除了具有边看电视边上网的基本功能外，还设置了新闻、财经、生活等专门的信息频道；其操作简单，使用一个键，既可通过电话线上网，也可通过宽带上网；电视机选用逐行扫描的高清晰画质产品。

预计2003年数字电视机顶盒市场将快速起步；从下半年起，该产品将出现市场需求激增的态势。

## 三、电子信息产品市场的变化趋势

（一）家电价格继续下降的趋势

在国内外家电企业均看好中国家电市场的情况下，国内家电价格的升降是人们关注的焦点。2003年家电整体的价格变动趋势是：

1. 继续下降的趋势。来自帕勒咨询的研究表明：在加入WTO后的几年内，中国家电价格仍将大幅度降低。这其中包括本土品牌与外资品牌的产品。2003年，家电产品的价格在总体上呈现继续下降趋势，但是这种下降趋势并非是所有家电价格的下降所导致的，主要是由国外品牌家电价格下降和一些新型家电随着市场规模增加后价格的下调带动的。目前，品牌家电产品的降价因素，一是10%左右的关税减除，二是10%左右的现有利润空间。因此，品牌家电降低价格的基本底线为20%。由此得出结论：今后至少有20%的价格降幅在等待着中国市场空间内所有家电产品。

2. 在加入WTO前，中国家电消费市场已经出现家电产品价格走低预期与持币待购现象。在加入WTO后，一些在以前关税水平上生产的高档机已经变成"WTO概念机"。如果这种高关税概念机不赶在新关税水平下生产的产品上市前销售，那么在市场竞争中，该类产品只能降价销售。

3. 中国加入WTO后，中国家电市场出现外资品牌的高端产品价格同时下降现象。在很大程度上，降价因素是抛售"WTO概念机"。这种做法导致中国家电产品，为了抵制外资高端产品抛售带来的价格压力，保住市场份额，只好在无降价空间的基础上再次降价。

4. 虽然中国是世界公认的最大家电市场之一，但是市场容量也有限。目前，外资品牌大规模向中国转移生产线，采用合资或者其他方式盘活中国某些生产线的沉淀产能，导致中国家电制造业处于新一轮的家电产能放大期。这种供大于求的状态，在一定程度上刺激市场需求的增长，但是将导致价格竞争，是产品价格持续降价的基础。

5. 非理性的降价因素增加。目前，不同的外资品牌（包括在中国市场取得成功的、在中国市场失利的、尚未进入中国终端销售的）都做出新的中国市场发展计划。这些蜂拥而入的外资品牌群体正在加剧这种"集体的无理性"，导致中国市场的风险越来越大。

6. 降价的市场内在机理已经形成。新产品价位走低，给本来已经是微利的中国家电产品预留了价格必须走低的惟一通道。反之，低端家电产品的价格持续走低对高端产品的价格也是一种扯动。巨大的产能，繁多的品牌成为这种高低端产品的价格循环走低的动力。

### （二）企业营销模式多元化的趋势

近年来，中国家电行业出现大面积亏损，一些大型家电企业也不能幸免。主要原因是家电企业的销售模式发生变化。

一是传统销售模式向新型销售模式转变。近几年，随着国际大公司进入中国市场，引发了中国流通业革命性的变化，推动国内国美、苏宁、三联、华联等全国连锁店蓬勃发展，与其相关联的物流配送业也正在走向规模化。

在这种市场经济运作下，作为制造业要适度收缩市场职能，专注制造和研发，确立企业优势；以理性的价格与流通业结盟，共同承担市场职能；以降低市场营运成本和销售费用，提升企业赢利为主。

从国外的情况看，家电专业连锁店已经逐渐占据市场的主体。以美国为例，三家最大的家电连锁专业店Circuitcity 、Bestbuy 、Goodguys已经占有全美家电销售的80%以上。

其次是"零库存"模式的兴起。在传统销售模式下，市场销售方式表现为库存销售。这种方式在彩电、空调业中很明显。目前，一些大型家电企业习惯于淡季库存生产、库存销售，忽略时间成本，生成亏损隐患。

第三是品牌策划的观念要改变。近几年，从市场竞争的表象看，中国家电产品处于品牌竞争阶段。但是事实上，现有的品牌竞争仍是一种低层次的竞争，其结果必然导致品牌同质化。一旦市场竞争上升到产品升级和技术领先层次上，企业就必须改变现有的品牌策划观念，使之真正折射出企业的核心竞争力。

第四要适应个性化销售的趋势。加入WTO后，国内经济融入全球，市场竞争更趋激烈，张扬个性化销售，适应电子商务发展，培育企业核心竞争力，是现代市场营销的重要筹码，为客户定做，让客户参与设计，使产品更具亲和力，销售更具个性，是营销的发展趋势。

### （三）市场向以客户为中心转移的趋势

加入WTO后，在WTO规则和多边贸易体制的保证下，跨国企业在立足于在中国长期发展的同时，也把现代经营理念和发展模式引入中国。在这种情况下，客户将成为企业一切活动的中心。IT企业从产品型公司向综合服务型公司转型。

目前，中国企业的经营思路正在逐渐地从以产品为中心转向以客户为中心，把满足客户需求而非推销自己的产品作为首要任务。为了适应这种转移，企业在各个方面都进行调整。在所有的转变中，最重要的是公司业务形态的变化，即：从产品型公司转变为服务型公司。

（四）世界IT制造业向中国内地转移的趋势

在中国加入WTO前，全球制造中心向中国转移的速度明显加快。目前，中国的珠江三角洲、长江三角洲、环渤海地区、福厦地区已经形成了具有明显区域优势的电子信息产品生产聚集带，在广东东莞，计算机80%以上的零部件都可以实现配套，市场的人气自然生成。预计未来五年内，世界三分之一的IT制造业将转移到中国内地。估计到2005年，中国内地的IT厂商将收到超过10 000亿美元的国外订单。

（五） 企业之间的竞争与合作并存的发展趋势

在加入WTO之前，国内外企业之间的合作主要体现在代理和制造上，国内企业利用自己的本土化优势给跨国企业提供零部件和整机产品的OEM生产或者代理分销服务，竞争主要表现为国内外企业自有品牌的市场争夺。进入WTO之后，由于流通业的对外开放和跨国企业全面介入国内市场，国内外企业之间原有的竞争与合作关系被打破，他们之间将建立起一种新的竞争与合作关系。根据对加入WTO前后IT产业的特征分析，预计今后国内外企业之间将建立新的竞争与合作关系。

（六）企业由市场型向技术型转变的趋势

20世纪80年代以来，全球IT厂商根据各自的竞争力、对产业发展的影响以及相互之间的关系形成了一种层次化的产业结构。其中，掌握核心关键技术的上游芯片和软件厂商成为主导产业发展的领导企业；整机产品技术厂商则以跟进消化上游芯片厂商核心技术、进行应用产品研发，确立自己的竞争优势，位居产业链的次席；以品牌运作和市场营销为企业优势的OEM厂商，根据企业现有的本地市场运作优势通过与上游整机产品技术厂商的合作，实行产品定制，为本地用户提供适合的最优性价比产品；数量众多的渠道分销商，利用本地化的产品销售网络，分享着IT产业链末端的有限利润。目前，大多数国内IT企业分布在第四和第三个层次，基本上位于产业链的末端，主要通过大规模生产和经营获取有限的利润。国内只有非常少的企业掌握了一些比较重要的技术，具备了自主研制开发整机应用产品的能力。

加入WTO以后，IT产业链在竞争中必将发生变化，国内企业由市场型企业向技术型企业转变势在必行，向产业链的前端转移大有可为。

［撰稿：黄建忠　审稿：王秉科］

# 在竞争中增强实力

## ——2002 年电子信息百强企业经济运行分析

2002年是中国加入世界贸易组织的第一年。电子信息百强企业在更大范围内参与国际经济技术合作与竞争。

### 一、运行状况

累计到2002年11月，电子信息百强企业的工业总产值和销售收入与去年同期相比有小幅增长，利润出现较大幅度下降,效益下滑。2002年11月份百强企业累计完成工业总产值4 181亿元，与去年基本持平；累计实现营业收入4 643亿元，增长6.4%。其中，完成产品销售收入4 187亿元，增长4.9%；上交税金142亿元，下降4.5%；实现利润总

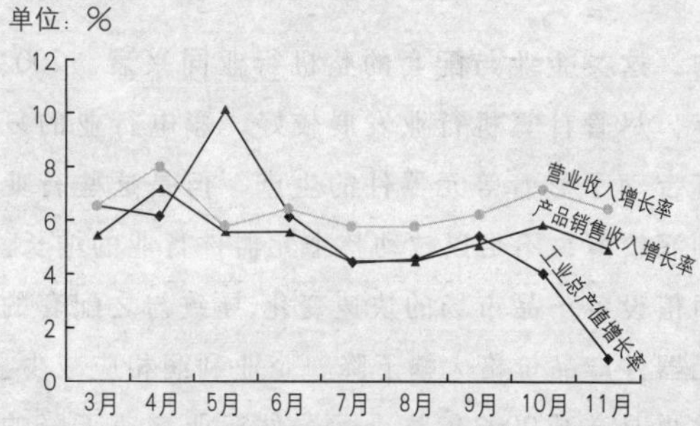


**图1(a) 2002年3月～11月电子信息百强企业经济运行情况**

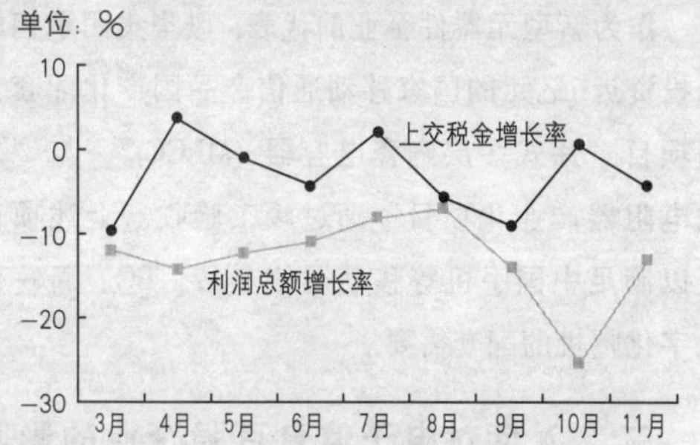


**图1(b) 2002年3月～11月电子信息百强企业经济运行情况**

额171亿元，下降13.2%。2002年3月~11月电子信息百强企业经济运行情况见图1（a）和图1（b）。

（一）通信企业处于调整期

世界经济复苏步伐放慢，全球信息产业增长减缓所带来的挑战更加直接波及到电子信息百强企业，其中通信设备制造业尤为明显。2002年通信设备制造企业深受国内外运营业投资降低的影响。由于行业不景气，运营商一方面将成本压力转嫁给设备制造商，制造企业资金回收困难；另一方面，运营商投资步伐放缓，2002年大幅度削减投资额，造成电信设备制造企业从前几年的高增长期回落，步入调整期。由于订单大量减少，产品库存过高，财务费用居高不下，因此在电子信息百强中，几乎所有的通信设备制造企业生产、销售、利润都有不同程度下滑。其中，中国普天信息产业集团公司、华为技术有限公司等骨干企业的利润下降幅度在60%以上。为了渡过难关，各企业纷纷裁员、压缩开支，采取各种调整措施。

2002年手机成为整个通信行业的亮点。在电子信息百强企业中，手机产销量占到了全行业的二分之一。2002年国内移动用户数量处于高速增长阶段，国产品牌手机的市场份额也有了突破。尽管手机价格随之大幅下降，但是2002年手机生产仍成为众多通信企业的赢利点，在一定程度上弥补了其他业务的损失，起到以丰补歉的作用，减小了行业周期波动给企业带来的影响。那些没有涉足手机生产的通信企业在行业调整期承担了较多的风险。

（二）国际化成为软件企业的发展趋势

为了适应国内市场国际化的需要，电子信息百强企业中的大型软件企业也开始谋求国际市场发展空间。2002年底，东软集团有限公司正式通过了CMM 5级评估，成为中国第一家获得CMM 5级评估的企业，同时使得中国成为全球第三个拥有CMM 5级软件企业的国家（其余两个是美国、印度）。目前，东软集团有限公司正在与日本东芝公司合作。除了承接日本业务外，该公司还承接了欧美项目。

托普软件、中软技术、中创软件等重视开展与国际知名企业的交流与合作。通过对先进技术与知识的共享，增强了企业的创新能力。中创软件通过开展国际合作，跟踪信息技术发展动态，与国际先进信息技术保持同步发展，提高了软件产品竞争力。与此同时，该公司采取“人才共享”的方法，较好地解决了管理与技术人才缺乏和流失等问题。

（三）计算机业产销两旺

2002年中国计算机产品呈现出产销两旺的良好发展势头。据不完全统计，电子信息百强企业计算机产量合计占全行业总量的60%。累计到11月份，电子信息百强企业共生产计算机（PC）679万台，销售673万台。其中，联想控股有限公司、北京北大方正集团公司等利用本土优势，在2002年计算机（PC）销售上取得良好业绩。

（四）家电业走上良性发展道路

2002年，以彩电为主的消费类产品产销均保持快速增长态势。显示器件引发了大屏幕彩电变革。一年来，国产背投彩电、等离子彩电等高端家电产品投放市场。在同业竞争中，企业提出："要打价值战，不打价格战"的口号。这表明中国家电企业开始走出价格战的泥潭，开始走上以提高技术含量和服务质量，获取合理利润、提高企业品牌价值的良性发展道路。

四川长虹电子集团有限公司抓住中国加入世贸组织、世界电子产品加工基地向中国转移的机遇，提出了以"世界级彩电大王"为突破口，整合资源优势，发展和创新应用技术的构想。该公司通过与跨国公司的合作，全面提升企业国际综合竞争能力，打造中国式的世界级企业。2002年，通过机制创新、技术创新、管理创新以及开拓国际市场，四川长虹电子集团有限公司进入持续稳定发展的新时期。该公司的产品出口到美国、俄罗斯、澳大利亚、欧盟等40多个国家和地区，创汇额大幅度增长。与此同时，该公司实现了从产品出口到技术、资本输出的转型，新产品的销售收入占到了总销售收入的80%以上。

海尔集团公司推进品牌发展战略，重视家电产品技术标准，在技术创新上取得新成果，进入家电产品核心技术领域，提高了产品附加值。2002年海尔集团公司开发新产品382项，平均每天1.5项。其中有93项产品技术被国家有关部门鉴定已达到国际领先水平。在专利申请方面，全年申报专利662项；在核心技术开发方面，研制成功具有完全自主知识产权的SOC芯片。这项研制表明，在数字时代中国的家电产品将拥有自己的关键芯片。2002年海尔全球营业收入达到720亿元。其中，手机销量超过200万部，软件产值达到12.6亿元。

TCL集团股份有限公司通过收购德国著名企业施耐德电器公司，实现了低成本海外扩张。目前海外销售增长速度高于国内销售增长速度。

(五)元器件制造业与整机行业同兴衰

元器件制造企业一直是电子信息百强企业利润总额的主要贡献力量。但是受产业链的影响，这类企业与配套的整机行业同兴衰。2002年，尽管计算机行业发展较好，彩电行业的复苏带动了彩管等元器件的生产，但是这些行业利润较薄，不足以拉动整个元器件行业的增长。通信设备产品市场的快速变化,导致与之配套的元器件产品价格大幅下降，企业利润相应减少。这也是造成2002年整个元器件行业增速下降的主要原因。

作为新型元器件企业的代表，风华集团承担的总投资近6亿元的国家移动通信产品国产化配套专项项目"片式多层陶瓷电容器（MLCC）"与"片式电阻器产业化项目"通过竣工验收。上述项目可以满足中国手机等移动通信产品、PC、新一代数字化整机的配套需要。

## 二、入世对电子信息百强企业的影响分析

在中国加入WTO后，对电子信息百强企业的影响是机遇与挑战并存。

(一)机遇

1. 推动企业加快改革和发展步伐，推进企业体制、技术和管理创新，提高企业的竞争能力。2002年中国电子信息制造企业经受住世界IT产业不景气的考验，保持了较好的发展态势。

2. 有利于为企业建立稳定的出口环境，以平等地位应对国际贸易纠纷，降低出口成本。2002年电子信息百强企业在产品出口方面取得好成绩。在家电类企业中，TCL集团股份有限公司、四川长虹电子集团有限公司、海信集团有限公司、厦门华侨电子企业有限公司、江苏新科电子集团有限公司等的出口额均实现了50%以上的增长；在元器件类企业中，彩虹集团公司、河南安彩集团有限责任公司、深圳赛格集团有限公司、京东方科技集团股份有限公司等的出口同比增长均在20%以上。此外，海尔集团公司、海信集团有限公司等通过海外收购或直接在海外建厂等多种形式向外扩张，海外销售规模不断攀升，对企业整个销售

收入的贡献越来越大。

3. 为电子信息百强企业充分利用国际资本，接受国际产业转移、实现产业结构升级提供了机遇。 目前，电子信息百强企业正逐步融入到全球一体化经济之中，成为整个产业链不可或缺的一部分。企业一方面占领国内市场，一方面开拓国际市场。

（二）挑战

1. 关税下调，国内产品成本价格优势减弱。加入WTO后，由于中国放开部分电子产品的进口配额，大幅下调电子产品进口关税，导致电子产品进口快速增长。

2. 技术贸易壁垒作用加剧。加入WTO后，国外企业在拥有自由进入中国市场，与中国企业进行平等竞争的机会同时，利用技术专利和商标使用权的优势制约中国企业。2002年贸易摩擦的数量大幅增加。

3. 竞争压力加大。跨国企业全面进入中国国内市场。这些跨国企业不仅具备雄厚的资本和技术优势，同时有本国高效运作的行业协会等作为支撑体系。因此，这些企业凭借强大的全球化运作能力与国内企业展开全方位的激烈争夺。据不完全统计，截止到目前为止，全球IT100强企业中的90%以上都已经在中国投资，“国内市场国际化”已经成为一种普遍现象。2002年以来，外商明显加大了在中国的投资力度。随着中国对合资企业投资比例限制的逐步放宽，跨国公司已开始快速进行战略转移，独资、控股的倾向明显加强。

外商独资企业增多，并成为拉动中国电子信息行业发展的主要力量，以国有经济占主体的电子信息百强企业在行业中的骨干作用相对削弱，这种现象对中国电子信息产业发展及国有企业改革、重组和产业结构升级都是一个新的课题。2002年，电子信息百强企业发展速度明显低于行业发展速度。截止到2002年11月，电子信息百强企业累计实现销售收入增长低于全行业13个百分点。其中，利润增长低于行业近20个百分点，绝对值占行业比重不足四成。但是从上交税金来看，百强企业累计上交税金占全行业近七成，仍是行业纳税的主要力量。国有企业负担偏重也是影响发展的重要因素。

## 三、推进百强企业发展的有关措施

为了推进电子信息百强企业的发展，提出如下建议。

（一）加快机制转化和管理创新，形成跨国大企业

面对激烈的国内外市场竞争，电子信息百强企业要抓住发展机遇,建立自己的知识、技术创新体系，向核心技术领域进军。对内要加强企业管理，不断深化改革，推进企业的体制、技术和管理创新；对外通过联合、兼并收购、海外上市等方式，加快海外市场拓展步伐，提高企业的国际竞争力,实现利用外资和内资、引进技术和自主创新、扩大增量和盘活存量相结合，提高企业的发展后劲。

（二）实施名牌、品牌战略

目前，电子信息百强企业已经形成了一批在国内拥有广泛影响和良好声誉、在国际上具有一定影响力的品牌，如海尔集团公司、联想控股有限公司、TCL集团股份有限公司、四川长虹电子集团有限公司、华为技术有限公司、深圳市中兴通讯股份有限公司等。但是这些企业的总体规模在全球范围来看还比较小，影响力有限。因此，向世界宣传中国电子信息百强企业，形成和提高品牌效应，有利于中国电子信息百强企业走向国际市场。

（三）转变政府职能与观念

中国入世以后，政府必须转变职能和观念，发挥引导、规范、监管、服务的功能和作用。当前要做好以下工作：

1. 呼吁减轻企业税负。2002年外资企业是拉动电子信息产业增长的主力，但是电子信息百强企业却是行业纳税的主力军，从电子信息百强企

业在行业中的地位看，2002年1~11月百强企业的销售收入和利润总额占全行业比重不足四成，上交税金却占全行业比重高达七成。这些数据说明电子信息百强企业为国家纳税做出了贡献，与外资企业相比，税负偏重。企业快速发展有赖于建立一个公平的市场竞争环境,随着市场经济的深入发展，减轻国有控股企业的税负将有利于百强企业的发展、有利于百强企业与外资企业进行公平竞争。

2. 消除地方保护主义,实现政企分开。地方保护主义是长期困扰国内企业发展的问题,即使是在业内有着广泛影响力的著名企业也难以幸免。在百强企业中,大部分是原国有企业,它们在经营上很难彻底摆脱地方主管部门的干涉。大到企业间的兼并收购和股权变动，小到企业内部的人事任命、激励机制等,都会受到主管部门的制约,在很大程度上束缚了企业发展,削弱了企业竞争力。

3. 整合资源，齐抓共管，加强市场预测和监管工作。一方面是加强国内产品市场监管，做好价格协调，打击假冒伪劣、制止恶性竞争、实施知识产权保护、加强质量监督、规范市场秩序等各项工作；另一方面要选准突破口，构筑产业监测系统，按照WTO规则，对国内国外市场同时进行监管，为企业的发展营造一个良好的环境。

（四）发挥行业协会的职能和作用

在西方市场经济发达国家中，行业协会对促进行业发展的重要性和行业协会运转的高效率是有目共睹的。相比之下，行业协会的特殊作用在国内还没有得到充分的认识，也没有与之相对应的法律法规。由于行业协会职能的缺位，国内企业基本上是单枪匹马在市场上闯荡，遇到行业的共性矛盾，单个企业就显得无能为力。推进行业协会发展、发挥行业协会的协调作用将是完善市场环境的重要内容。

**[供稿：信息产业部经济体制改革与经济运行司综合处]**

# 2003年电子信息百强企业主要经济指标完成情况

| 排序 | 企业名称 | 营业收入（万元） | 上交税金（万元） | 利润总额（万元） | 出口交货值（万元） | 研究与发展经费支出（万元） | 信息化投资总额（万元） |
|---|---|---|---|---|---|---|---|
| 1 | 海尔集团公司 | 7 105 282 | 222 386 | 273 503 | 369 108 | 400 112 | 7 000 |
| 2 | 中国普天信息产业集团公司 | 6 022 793 | 78 893 | 109 698 | 1 414 696 | 55 076 | 2 139 |
| 3 | 联想控股有限公司 | 3 554 249 | 66 868 | 239 285 | 79 132 | 107 683 | 20 000 |
| 4 | TCL集团股份有限公司 | 3 188 505 | 193 042 | 152 578 | 908 590 | 87 680 | 28 |
| 5 | 上海广电（集团）有限公司 | 2 686 936 | 57 372 | 137 225 | 901 099 | 151 539 | - |
| 6 | 海信集团有限公司 | 1 930 579 | 61 924 | 33 084 | 158 223 | 20 516 | 8 481 |
| 7 | 华为技术有限公司 | 1 721 420 | 282 007 | 124 615 | 225 014 | 305 575 | - |
| 8 | 熊猫电子集团有限公司 | 1 638 895 | 55 027 | 43 505 | 356 508 | 26 298 | 1 500 |
| 9 | 北京北大方正集团公司 | 1 450 372 | 22 560 | 26 079 | 13 440 | 72 605 | 4 000 |
| 10 | 四川长虹电子集团有限公司 | 1 434 892 | 63 121 | 18 395 | 620 273 | 77 140 | 2 800 |

续表

| 排序 | 企业名称 | 营业收入（万元） | 上交税金（万元） | 利润总额（万元） | 出口交货值（万元） | 研究与发展经费支出（万元） | 信息化投资总额（万元） |
|---|---|---|---|---|---|---|---|
| 11 | 深圳市中兴通讯股份有限公司 | 1 245 389 | 90 181 | 93 284 | 37 891 | 118 166 | – |
| 12 | 上海贝尔阿尔卡特股份有限公司 | 1 113 840 | 49 087 | 71 398 | 106 952 | 64 703 | 4 816 |
| 13 | 京东方科技集团股份有限公司 | 866 369 | 11 409 | 21 751 | 143 168 | 17 457 | 370 |
| 14 | 深圳华强集团有限公司 | 834 033 | 13 902 | 14 700 | 680 163 | 27 539 | 1 095 |
| 15 | 康佳集团股份有限公司 | 810 000 | 12 510 | 5 600 | 45 600 | 25 100 | 800 |
| 16 | 大连大显集团有限公司 | 799 682 | 32 557 | 23 155 | 393 663 | 18 154 | – |
| 17 | 深圳创维–RGB 电子有限公司 | 777 682 | 6 108 | 3 430 | 187 205 | 18 672 | 107 |
| 18 | 彩虹集团公司 | 771 000 | 34 000 | 47 285 | 128 080 | 9 000 | 185 |
| 19 | 厦门华侨电子企业有限公司 | 648 839 | 1 744 | 6 156 | 83 152 | 9 640 | 2 560 |
| 20 | 浪潮集团有限公司 | 640 322 | 15 147 | 12 522 | 24 422 | 29 235 | 3 060 |
| 21 | 惠州市德赛集团有限公司 | 636 316 | 21 240 | 26 926 | 399 018 | 19 861 | 2 320 |
| 22 | 江苏新科电子集团有限公司 | 608 174 | 7 576 | 8 674 | 243 887 | 4 880 | 502 |
| 23 | 深圳市赛格集团有限公司 | 565 309 | 8 014 | 42 315 | 214 673 | 4 915 | 780 |
| 24 | 河南安彩集团有限责任公司 | 559 749 | 21 923 | 14 248 | 102 144 | 11 650 | 1 200 |
| 25 | 华东电子集团 | 558 347 | 9 195 | 16 531 | 52 516 | 23 420 | 30 |
| 26 | 清华同方股份有限公司 | 556 689 | 21 179 | 44 630 | 23 970 | 31 343 | 50 |
| 27 | 苏州孔雀电器集团有限责任公司 | 553 301 | –107 | 16 023 | 284 422 | 3 614 | – |
| 28 | 深圳开发科技股份有限公司 | 541 556 | 1 221 | 8 885 | 541 556 | 19 610 | – |
| 29 | 青岛澳柯玛集团总公司 | 503 946 | 10 755 | 6 786 | 31 804 | 25 526 | 636 |
| 30 | 厦新电子有限公司 | 448 983 | 18 746 | 69 566 | 36 611 | 29 564 | 388 |
| 31 | 中国华录集团有限公司 | 401 059 | 5 270 | 25 322 | 319 692 | 19 701 | 50 |
| 32 | 托普集团科技发展有限责任公司 | 396 158 | 14 200 | 40 500 | 7 278 | 15 200 | 5 800 |
| 33 | 上海飞乐股份有限公司 | 374 295 | 9 228 | 26 001 | 122 435 | 9 146 | – |
| 34 | 深圳桑达电子总公司 | 357 560 | 3 137 | 11 330 | 105 577 | 1 021 | 1 780 |

续表

| 排序 | 企业名称 | 营业收入（万元） | 上交税金（万元） | 利润总额（万元） | 出口交货值（万元） | 研究与发展经费支出（万元） | 信息化投资总额（万元） |
|---|---|---|---|---|---|---|---|
| 35 | 华立集团有限公司 | 355 085 | 21 472 | 30 286 | 52 717 | 8 835 | 1 050 |
| 36 | 惠州侨兴集团有限公司 | 312 744 | 13 328 | 19 280 | – | 987 | 143 |
| 37 | 中国科健股份有限公司 | 311 786 | 600 | 5 000 | – | 3 503 | – |
| 38 | 长白计算机集团公司 | 300 456 | 1 259 | 1 720 | 112 991 | 2 498 | 120 |
| 39 | 西安海星科技投资控股（集团）有限公司 | 269 232 | 2 342 | 11 774 | – | 4 534 | 30 |
| 40 | 大唐电信科技产业集团 | 264 951 | 7 913 | 9 607 | – | 16 500 | 5 000 |
| 41 | 亨通集团有限公司 | 255 842 | 8 112 | 13 796 | 4 056 | 5 600 | 710 |
| 42 | 武汉邮电科学研究院 | 237 229 | 18 024 | 1 186 | 9 587 | 12 746 | 720 |
| 43 | 比亚迪股份有限公司 | 234 859 | 38 100 | 75 362 | 127 847 | 6 649 | 2 100 |
| 44 | 福建实达电脑集团股份有限公司 | 232 955 | 8 533 | 3 699 | – | 6 000 | 900 |
| 45 | 江苏宏图电子信息集团有限公司 | 229 721 | 3 200 | 5 788 | 88 937 | 7 645 | 4 033 |
| 46 | 永鼎集团有限公司 | 221 758 | 6 474 | 12 223 | 8 280 | 780 | 120 |
| 47 | 富通集团有限公司 | 219 822 | 7 328 | 10 284 | 14 880 | 11 534 | 2 800 |
| 48 | 威海北洋电气集团股份有限公司 | 219 619 | 1 198 | 7 820 | 172 750 | 8 637 | 1 120 |
| 49 | 上海宏盛科技发展股份有限公司 | 215 151 | 657 | 2 600 | 211 070 | 307 | 44 |
| 50 | 浙江富春江通信集团有限公司 | 214 919 | 7 600 | 8 168 | 8 323 | 3 500 | 50 |
| 51 | 上海飞乐音响股份有限公司 | 213 527 | 5 277 | 15 957 | 32 935 | 3 314 | 173 |
| 52 | 浙江浙大网新科技股份有限公司 | 213 466 | 3 135 | 10 000 | 632 | 4 316 | 11 306 |
| 53 | 广州南方高科有限公司 | 212 952 | 420 | 4 999 | 686 | 1 965 | 48 |
| 54 | 大恒新纪元科技股份有限公司 | 205 754 | 4 742 | 7 927 | 1 586 | 10 288 | 350 |
| 55 | 横店集团东磁有限公司 | 203 526 | 8 433 | 17 055 | 145 551 | 8 568 | 2 673 |
| 56 | 广东福地科技股份有限公司 | 202 553 | 1 582 | 5 431 | 47 658 | 262 | – |

续表

| 排序 | 企业名称 | 营业收入（万元） | 上交税金（万元） | 利润总额（万元） | 出口交货值（万元） | 研究与发展经费支出（万元） | 信息化投资总额（万元） |
|---|---|---|---|---|---|---|---|
| 57 | 东软集团有限公司 | 200 806 | 19 837 | 5 694 | 8 094 | 22 865 | 4 680 |
| 58 | 上海金陵股份有限公司 | 194 761 | 7 190 | 21 359 | 66 268 | 3 895 | 1 900 |
| 59 | 清华紫光股份有限公司 | 190 045 | 3 363 | 1 960 | 4 822 | 5 970 | 300 |
| 60 | 广州金鹏集团有限公司 | 184 477 | 4 746 | 1 901 | – | 4 100 | – |
| 61 | 咸阳偏转集团公司 | 174 154 | 2 259 | 1 949 | 51 410 | 5 324 | 2 100 |
| 62 | 石家庄宝石电子集团有限责任公司 | 158 860 | 13 075 | 7 736 | 210 | 853 | 60 |
| 63 | 北京国际交换系统有限公司 | 158 429 | 18 124 | 13 024 | 72 | 12 763 | 4 762 |
| 64 | 北京航星机器制造公司 | 154 613 | 761 | 8 898 | 1 798 | 351 | 360 |
| 65 | 中国振华电子集团有限公司 | 152 841 | 6 895 | 2 514 | 13 325 | 5 415 | 690 |
| 66 | 广州华南信息产业集团有限公司 | 152 554 | 2 678 | 8 998 | 109 842 | 1 000 | 500 |
| 67 | 广东正通集团有限公司 | 150 326 | 3 640 | 3 216 | 47 764 | 3 026 | 478 |
| 68 | 江苏赛博电子有限公司 | 148 247 | 1 812 | 4 869 | 89 178 | 5 076 | 1 352 |
| 69 | 北京益泰电子集团有限责任公司 | 147 251 | 1 021 | 3 607 | 77 411 | 7 000 | 81 |
| 70 | 深圳兰光电子集团有限公司 | 144 402 | 10 208 | 1 229 | 69 263 | 3 500 | 300 |
| 71 | 四川汇源科技产业控股集团有限公司 | 140 365 | 7 978 | 9 057 | – | 3 125 | 2 800 |
| 72 | 广州七喜电脑股份有限公司 | 136 417 | 2 567 | 5 150 | – | 260 | 16 |
| 73 | 中国计算机软件与技术服务总公司 | 133 229 | 5 186 | 8 905 | 5 838 | 10 858 | 1 020 |
| 74 | 宏安集团有限公司 | 131 309 | 8 127 | 12 715 | – | 3 939 | 260 |
| 75 | 福建福日集团公司 | 130 177 | 1 715 | 2 116 | 13 882 | – | – |
| 76 | 天津天大天财股份有限公司 | 130 000 | 5 422 | 3 300 | 103 612 | 13 000 | – |
| 77 | 南天电子信息产业集团公司 | 128 059 | 9 924 | 5 210 | 600 | 4 352 | 372 |
| 78 | 江西省电子集团公司 | 124 641 | 4 842 | 4 532 | 26 515 | 2 500 | 500 |
| 79 | 朝华科技（集团）股份有限公司 | 120 522 | 2 108 | 5 109 | – | 1 214 | 718 |
| 80 | 长飞光纤光缆有限公司 | 120 150 | 12 980 | 1 285 | 9 793 | 1 784 | 420 |

续表

| 排序 | 企业名称 | 营业收入（万元） | 上交税金（万元） | 利润总额（万元） | 出口交货值（万元） | 研究与发展经费支出（万元） | 信息化投资总额（万元） |
|---|---|---|---|---|---|---|---|
| 81 | 华伦集团 | 117 631 | 3 207 | 5 209 | – | 2 927 | 294 |
| 82 | 江苏中天科技集团 | 116 800 | 7 115 | 12 480 | 1 726 | 9 500 | 800 |
| 83 | 上海精密科学仪器有限公司 | 113 689 | 3 282 | 7 623 | 62 503 | 2 658 | 49 |
| 84 | 北京.JVC电子产业有限公司 | 108 881 | 3 055 | 1 622 | 94 324 | 940 | 180 |
| 85 | 航天信息股份有限公司 | 103 389 | 7 600 | 17 949 | – | 2 730 | 150 |
| 86 | 山东中创软件工程股份有限公司 | 102 932 | 1 230 | 1 823 | 912 | 1 620 | 350 |
| 87 | 广州无线电集团 | 101 849 | 4 696 | 16 303 | 3 097 | 8 058 | 690 |
| 88 | 丹东东宝电器（集团）总公司 | 100 025 | 400 | 1 002 | 93 655 | 25 | – |
| 89 | 乐山无线电股份有限公司 | 98 295 | 2 415 | 8 535 | 92 512 | 2 800 | 100 |
| 90 | 上海自动化仪表股份有限公司 | 97 535 | 5 055 | 4 685 | 3 320 | 2 926 | 500 |
| 91 | 天津市中环电子计算机公司 | 96 814 | 1 135 | 7 376 | 51 715 | 3 368 | 1 275 |
| 92 | 北京兆维电子（集团）有限责任公司 | 94 425 | 3 007 | 1 606 | – | 4 036 | 145 |
| 93 | 江苏紫金电子信息产业集团公司 | 92 520 | 5 060 | 7 035 | 68 | 3 026 | 229 |
| 94 | 哈尔滨光宇电源集团股份有限公司 | 92 288 | 6 767 | 13 767 | 4 614 | 628 | 920 |
| 95 | 辽宁无线电二厂（集团） | 89 148 | 1 957 | 5 730 | 55 839 | 3 026 | 431 |
| 96 | 西湖电子集团有限公司 | 88 137 | 1 398 | 2 304 | 40 559 | 1 431 | 1 100 |
| 97 | 四川九洲电器企业集团 | 83 177 | 3 501 | 6 658 | 22 313 | 6 032 | 340 |
| 98 | 深圳莱英达科技有限公司 | 82 556 | – | 2 631 | 73 741 | 540 | 87 |
| 99 | 广东生益科技股份有限公司 | 78 817 | 4 432 | 11 779 | 55 792 | 192 | 15 |
| 100 | 深圳市先科企业集团 | 78 287 | 1 672 | 1 100 | 23 979 | 2 750 | 50 |

[供稿：信息产业部经济体制改革与经济运行司综合处]

# 2002年电子信息产业三资企业发展情况

据不完全统计，2002年电子信息产业三资企业取得良好的经济效益，在中国电子信息产业中占有重要位置。2002年电子信息产业外商及港澳台企业完成工业总产值（不变价）120 691 349万元，占电子信息产业工业总产值（不变价）的67.8%；新产品产值19 974 675万元，占电子信息产业新产品产值的60%；工业销售产值90 741 122万元，占电子信息产业工业销售产值的67.6%；出口交货值53 924 096万元，占88.5%；工业增加值13 822 000万元，占50.9%；实现税收金总额1 134 016万元，占45.8%。2002年销售收入排前100名电子信息产业三资企业情况见下表。

**2002年销售收入前100名的电子信息产业三资企业情况**

单位：万元

| 企业名称 | 销售收入 | | 利税 | |
|---|---|---|---|---|
| | 金额 | 增长率(%) | 金额 | 增长率(%) |
| 摩托罗拉（中国）电子有限公司 | 4 533 263.8 | 15.7 | 333 183.8 | -61.5 |
| 鸿富锦精密工业（深圳）有限公司 | 3 873 705.0 | 118.3 | 81 348.0 | 161.7 |
| 北京诺基亚移动通信有限公司 | 1 773 338.5 | -21.5 | 39 790.6 | -47.7 |
| 戴尔计算机（中国）有限公司 | 1 757 187.4 | 176.4 | 167 531.6 | 197.2 |
| 长城国际信息产品（深圳）有限公司 | 1 558 051.4 | 52.3 | 129 698.4 | 41.8 |
| 联想（北京）有限公司 | 1 506 699.7 | 3.6 | 81 850.4 | 31.5 |
| 上海西门子移动通信有限公司 | 1 071 893.1 | -29.9 | 87 579.6 | -3.2 |
| 冠捷电子（福建）有限公司 | 1 024 735.3 | 15.9 | 36 906.6 | -17.9 |
| 希捷国际科技（无锡）有限公司 | 1 023 647.4 | 84.2 | 51 523.9 | 32.8 |
| 神州数码（中国）有限公司 | 1 016 776.7 | 18.3 | 25 477.3 | 57.8 |
| 东莞诺基亚移动电话有限公司 | 995 145.3 | -2.6 | 27 028.0 | -30.3 |
| 明基电通信息技术有限公司 | 876 828.7 | 92.9 | 6 399.2 | -52.3 |
| 顺德市顺达电脑厂有限公司 | 861 633.5 | 39.2 | 610.7 | -70.1 |
| 达丰上海电脑有限公司 | 805 098.2 | 465.1 | 5 915.5 | -418.8 |
| 深圳创维-RGB电子有限公司 | 789 000.0 | 75.2 | 9 437.0 | 53.7 |
| 乐金电子（惠州）有限公司 | 781 997.7 | 46.3 | 6 517.1 | 13.9 |
| 鑫茂科技（深圳）有限公司 | 752 458.3 | 0.5 | 1 564.6 | -45.7 |
| 上海贝尔阿尔卡特股份有限公司 | 736 347.7 | -18.9 | 55 023.9 | -48.8 |

续表

| 企业名称 | 销售收入 | | 利税 | |
|---|---|---|---|---|
| | 金额 | 增长率(%) | 金额 | 增长率(%) |
| UT斯达康（杭州）通讯有限公司 | 709 390.7 | 110.4 | 149 823.1 | 831.5 |
| 惠州TCL移动通信有限公司 | 692 169.8 | 237.8 | 149 086.9 | 226.9 |
| 厦门华侨电子企业有限公司 | 648 839.1 | 12.3 | 7 899.7 | 33.5 |
| 仁宝电脑工业（中国）有限公司 | 629 932.3 | 123.0 | -805.1 | -116.1 |
| 伟创力实业(珠海)有限公司 | 621 544.5 | 378.0 | 5 613.9 | 259.0 |
| 飞利浦电子元件（上海）有限公司 | 575 935.9 | 30.9 | -69 007.0 | 70.9 |
| 旭电（苏州）科技有限公司 | 553 843.6 | 8.2 | 52 322.0 | 30.4 |
| 南京爱立信熊猫通信有限公司 | 541 046.0 | -59.8 | 32 360.0 | -61.3 |
| 苏州飞利浦消费电子有限公司 | 526 624.3 | 4.4 | 15 502.3 | -33.8 |
| 中华映管（福州）有限公司 | 526 454.5 | 57.8 | 47 691.0 | 85.4 |
| 昆山广志电子有限公司 | 514 167.9 | 494.6 | - | - |
| 北京爱立信移动通信有限公司 | 496 806.0 | -44.6 | 30 389.8 | -19.5 |
| 深圳三星电管有限公司 | 465 777.8 | 34.7 | 51 404.7 | 54.9 |
| 天津三星电子显示器有限公司 | 454 043.8 | 26.6 | 27 114.6 | 33.4 |
| 厦新电子有限公司 | 450 462.9 | 355.8 | 88 810.9 | -906.0 |
| 杭州摩托罗拉移动通信设备有限公司 | 442 781.5 | 158.1 | 35 996.5 | 1 718.9 |
| 东莞三星电机有限公司 | 442 694.6 | 56.9 | 16 459.0 | 60.8 |
| 惠普计算机产品（上海）有限公司 | 434 746.6 | 26.4 | 29 740.6 | 210.9 |
| UT斯达康（中国）有限公司 | 429 594.8 | -9.1 | 44 127.4 | -59.7 |
| 上海永新彩色显像管股份有限公司 | 428 384.3 | 20.2 | 24 333.3 | 132.3 |
| 深圳海量存储设备有限公司 | 420 001.0 | 8.2 | 13 248.0 | -32.4 |
| TCL王牌电器（惠州）有限公司 | 411 492.9 | -3.3 | 31 713.4 | -18.7 |
| 深圳三洋华强激光电子有限公司 | 409 472.0 | 47.7 | 3 358.9 | 56.3 |
| 上海惠普有限公司 | 405 444.9 | -18.7 | 40 437.8 | -51.0 |
| 北京金长科国际电子有限公司 | 394 662.7 | -12.9 | 24 511.3 | -7.6 |
| 华飞彩色显示系统有限公司 | 387 378.0 | 15.4 | -7 689.0 | 440.0 |
| 信华精机有限公司 | 385 478.1 | 28.3 | 14 871.0 | 58.0 |

续表

| 企业名称 | 销售收入 | | 利税 | |
|---|---|---|---|---|
| | 金额 | 增长率(%) | 金额 | 增长率(%) |
| 乐金飞利浦曙光电子有限公司 | 382 341.8 | 46.2 | 23 731.4 | 239.7 |
| 北京松下彩色显像管有限公司 | 371 971.3 | 36.1 | 27 604.7 | 582.6 |
| 惠普科技（上海）有限公司 | 368 158.1 | – | 42 888.9 | – |
| 天津三星视界有限公司 | 355 240.8 | 56.2 | 42 055.8 | 764.0 |
| 才众电脑（深圳）有限公司 | 349 116.3 | 12.4 | 1 799.6 | 31.9 |
| 恩斯迈电子（深圳）有限公司 | 342 324.8 | – | 1 276.8 | – |
| 惠州三星电子有限公司 | 333 703.6 | 46.2 | 32 069.9 | 103.3 |
| 唯冠科技（深圳）有限公司 | 331 614.5 | 40.4 | 5 143.9 | 35.3 |
| 伟创力科技（珠海）有限公司 | 327 789.8 | 214.3 | 4 536.5 | –687.9 |
| 柯达（中国）股份有限公司厦门分公司 | 325 294.3 | 38.3 | 52 528.3 | –425.4 |
| 北京诺基亚航星通讯系统有限公司 | 313 156.6 | –49.0 | 22 155.1 | –56.7 |
| 伟创力电子（上海）有限公司 | 308 077.1 | 103.0 | 13 282.2 | 249.7 |
| 高创（苏州）电子有限公司 | 305 750.6 | 180.5 | 5 960.6 | 408.1 |
| 旭丽电子（广州）有限公司 | 304 672.9 | 1630.4 | 2 115.1 | –1 712.1 |
| 英业达（上海）有限公司 | 297 123.4 | – | –3 285.4 | – |
| 厦门灿坤实业股份有限公司 | 290 800.3 | 31.4 | 31 939.6 | 54.8 |
| 河南安阳彩色显像管玻壳有限公司 | 288 562.0 | 54.8 | 14 571.0 | –58.8 |
| 三宝电脑（沈阳）有限公司 | 282 367.7 | 56.2 | 611.3 | –176.4 |
| 天津三星电子有限公司 | 272 534.8 | 43.8 | 28 708.7 | 85.0 |
| 天津三星电机有限公司 | 269 343.3 | –6.9 | 17 200.7 | 276.5 |
| 东莞科泰电子有限公司 | 269 005.2 | –2.8 | 7 930.8 | 34.2 |
| 北京东方冠捷电子有限公司 | 264 329.0 | 19.9 | 9 209.2 | 57.1 |
| 上海贝尔阿尔卡特移动通信系统有限公司 | 263 898.4 | –33.4 | 57 556.8 | –27.8 |
| 佳能大连办公设备有限公司 | 255 217.0 | 63.4 | 8 584.0 | 126.7 |
| 四海电子（昆山）有限公司 | 251 128.3 | 30.3 | 454.6 | –93.3 |
| 友利电电子（深圳）有限公司 | 247 063.5 | –1.3 | –737.0 | –91.4 |
| 天津三星通信技术有限公司 | 244 670.0 | 827.0 | 4 636.3 | 2 382.0 |

续表

| 企业名称 | 销售收入 | | 利税 | |
|---|---|---|---|---|
| | 金额 | 增长率(%) | 金额 | 增长率(%) |
| 上海索广映像有限公司 | 243 738.9 | –19.5 | 59 703.7 | –22.4 |
| 富士施乐高科技（深圳）有限公司 | 242 063.3 | 85.6 | 8 111.9 | 514.5 |
| 广东北电通信设备有限公司 | 241 824.7 | –62.3 | 22 957.1 | –19.4 |
| 南京 LG 彩色显示系统有限公司 | 237 762.0 | 47.3 | 9 573.0 | 57.9 |
| 苏州罗技电子有限公司 | 237 750.5 | –4.6 | 15 090.3 | –33.1 |
| 深圳国际商业机器技术产品有限公司 | 237 681.0 | 25.3 | 14 713.0 | 87.3 |
| 惠阳市电子工业有限公司 | 233 874.4 | 156.0 | 16 423.6 | 87.2 |
| 北京松下通信设备有限公司 | 225 775.2 | 139.4 | 13 324.7 | –581.5 |
| 杭州东信移动电话有限公司 | 221 697.4 | –52.1 | 19 636.3 | 76.1 |
| 三洋电机（蛇口）有限公司 | 220 375.3 | –6.4 | 9 305.6 | 38.2 |
| 上海索广电子有限公司 | 208 181.9 | –41.2 | 8 959.9 | –5.5 |
| 日立显示器件（苏州）有限公司 | 207 142.1 | 862.5 | –670.0 | 84.8 |
| 深圳桑菲消费通信（深圳）有限公司 | 206 297.3 | –24.9 | 8 574.8 | –72.8 |
| 国基电子中山有限公司 | 194 751.1 | 31.8 | 1 864.8 | 99.8 |
| 深圳赛格日立彩色显示器件有限公司 | 194 026.0 | 16.6 | 11 689.1 | 24 717.6 |
| 日本电产（大连）有限公司 | 191 865.0 | 40.1 | 17 921.0 | 385.5 |
| 上海旭电子玻璃有限公司 | 190 306.1 | 29.2 | 37 284.9 | 9.4 |
| 天津通广三星电子有限公司 | 189 227.0 | 86.5 | 11 107.0 | –236.4 |
| 深圳安圣电气有限公司 | 187 524.8 | –11.1 | 73 147.8 | –9.5 |
| 诺基亚（苏州）电信有限公司 | 185 662.4 | –33.3 | 10 578.0 | –66.5 |
| 宏基电脑（中山）有限公司 | 178 502.4 | –11.4 | –1 844.3 | –313.4 |
| 上海乐金广电电子有限公司 | 177 560.0 | 3.6 | 1 121.6 | –25.0 |
| 上海联想电子有限公司 | 177 496.0 | – | 21 125.3 | – |
| 希捷国际科技（深圳）有限公司 | 173 454.5 | –69.2 | –10 832.8 | –167.1 |
| 苏州明基电子技术有限公司 | 171 138.3 | 271.1 | 6 208.4 | 373.3 |
| 中山嘉华电子（集团）有限公司 | 168 925.2 | 28.4 | –2 063.4 | –253.6 |
| 华宇电脑（江苏）有限公司 | 168 510.4 | 2 095.4 | 3 676.4 | –495.4 |
| 惠阳东威电子制品有限公司 | 164 647.4 | 176.5 | 1 406.2 | 18.3 |

［供稿：刘辑］

# 近年信息产业部《计算机信息系统集成资质》证书颁发情况

根据信部规 [1999] 1047号文，《计算机信息系统集成资质管理办法（试行）》自2000年1月1日起试行。目前，已有64个企业，分七批通过计算机系统集成资质一级认证；有261个企业，分七批通过计算机系统集成资质二级认证。第5~7批获得信息产业部计算机系统集成资质一级证书的企业情况见表1。2003年获得信息产业部计算机信息系统集成资质二级证书的企业情况见表2。

【统计数据】

表 1　第 5~7 批获得信息产业部计算机系统集成资质一级证书的企业名单

| 序号 | 单位名称 | 序号 | 单位名称 |
| --- | --- | --- | --- |
| 1 | 国防科学技术大学信息工程研究所 | 12 | 哈尔滨工业大学软件工程有限公司 |
| 2 | 中软网络技术股份有限公司 | 13 | 金鹏电子信息机器有限公司 |
| 3 | 中电科技电子信息系统有限公司 | 14 | 深圳市紫金支点技术股份有限公司 |
| 4 | 南京莱斯大型电子系统工程公司 | 15 | 山东鲁能积成电子股份有限公司 |
| 5 | 华建电子有限责任公司 | 16 | 中国惠普有限公司 |
| 6 | 亚信科技（中国）有限公司 | 17 | 北京新晨科技股份有限公司 |
| 7 | 浙江大学快威科技集团有限公司 | 18 | 上海复旦光华信息科技股份有限公司 |
| 8 | 北京大恒创新技术有限公司 | 19 | 武汉烽火信息集成技术有限公司 |
| 9 | 南京南瑞集团公司 | 20 | 南京中兴软创科技有限责任公司 |
| 10 | 四川银海软件有限责任公司 | 21 | 青岛中天信息技术有限公司 |
| 11 | 厦门新宇软件股份有限公司 | 22 | 西安交大博通资讯股份有限公司 |

表 2　2003 年获得信息产业部计算机信息系统集成资质证书的企业情况

| 序号 | 申请单位名称 | 资质等级 | 证书编号 | 所在省市 | 审批时间 |
| --- | --- | --- | --- | --- | --- |
| 1 | 安徽科大恒星电子商务技术有限公司 | 二级 | Z2340020030241 | 安徽 | 2003-09-08 |
| 2 | 北京中电兴发科技有限公司 | 二级 | Z2110020030242 | 北京 | 2003-09-08 |
| 3 | 北京宇博电子科技有限公司 | 二级 | Z2110020030243 | 北京 | 2003-09-08 |
| 4 | 北京清华紫光软件股份有限公司 | 二级 | Z2110020030244 | 北京 | 2003-09-08 |

续表 2

| 序号 | 申请单位名称 | 资质等级 | 证书编号 | 所在省市 | 审批时间 |
|---|---|---|---|---|---|
| 5 | 北京宝亮网智电子信息技术有限公司 | 二级 | Z2110020030245 | 北京 | 2003-09-08 |
| 6 | 北京环亚时代信息技术有限公司 | 二级 | Z2110020030246 | 北京 | 2003-09-08 |
| 7 | 北京兆维晓通科技有限公司 | 二级 | Z2110020030247 | 北京 | 2003-09-08 |
| 8 | 华云信息技术工程公司 | 二级 | Z2110020030248 | 北京 | 2003-09-08 |
| 9 | 北京清软英泰信息技术有限公司 | 二级 | Z2110020030249 | 北京 | 2003-09-08 |
| 10 | 北京万里红科技有限公司 | 二级 | Z2110020030250 | 北京 | 2003-09-08 |
| 11 | 天创科技发展有限公司 | 二级 | Z2110020030251 | 北京 | 2003-09-08 |
| 12 | 北京哈工大北方科技有限公司 | 二级 | Z2110020030252 | 北京 | 2003-09-08 |
| 13 | 北京国图数字技术有限公司 | 二级 | Z2110020030253 | 北京 | 2003-09-08 |
| 14 | 北京金高科技股份有限公司 | 二级 | Z2110020030254 | 北京 | 2003-09-08 |
| 15 | 北京市西风科技发展有限公司 | 二级 | Z2110020030255 | 北京 | 2003-09-08 |
| 16 | 北京北大青鸟软件工程有限公司 | 二级 | Z2110020030256 | 北京 | 2003-09-08 |
| 17 | 北京赛迪时代信息产业股份有限公司 | 二级 | Z2110020030257 | 北京 | 2003-09-08 |
| 18 | 福建金科信息技术股份有限公司 | 二级 | Z2350020030258 | 福建 | 2003-09-08 |
| 19 | 福建省凯特科技有限公司 | 二级 | Z2350020030259 | 福建 | 2003-09-08 |
| 20 | 兰州飞天网景信息产业有限公司 | 二级 | Z2620020030260 | 甘肃 | 2003-09-08 |
| 21 | 广东省信息工程有限公司 | 二级 | Z2440020030261 | 广东 | 2003-09-08 |
| 22 | 广东省计算机有限公司 | 二级 | Z2440020030262 | 广东 | 2003-09-08 |
| 23 | 广州南天电脑系统有限公司 | 二级 | Z2440020030263 | 广东 | 2003-09-08 |
| 24 | 广州市电信科技开发有限公司 | 二级 | Z2440020030264 | 广东 | 2003-09-08 |
| 25 | 广州广电运通金融电子有限公司 | 二级 | Z2440020030265 | 广东 | 2003-09-08 |
| 26 | 广州保利网络科技有限公司 | 二级 | Z2440020030266 | 广东 | 2003-09-08 |
| 27 | 广州融通系统集成有限公司 | 二级 | Z2440020030267 | 广东 | 2003-09-08 |
| 28 | 石家庄汉佳信息技术有限公司 | 二级 | Z2130020030268 | 河北 | 2003-09-08 |
| 29 | 河南九洲计算机有限公司 | 二级 | Z2410020030269 | 河南 | 2003-09-08 |
| 30 | 郑州威科姆电子科技有限公司 | 二级 | Z2410020030270 | 河南 | 2003-09-08 |

续表 2

| 序号 | 申请单位名称 | 资质等级 | 证书编号 | 所在省市 | 审批时间 |
|---|---|---|---|---|---|
| 31 | 大庆金桥信息技术工程有限公司 | 二级 | Z2230020030271 | 黑龙江 | 2003-09-08 |
| 32 | 武汉瑞达信息安全产业股份有限公司 | 二级 | Z2420020030272 | 湖北 | 2003-09-08 |
| 33 | 湖北资讯联合信息有限公司 | 二级 | Z2420020030273 | 湖北 | 2003-09-08 |
| 34 | 中电科长江数据股份有限公司 | 二级 | Z2420020030274 | 湖北 | 2003-09-08 |
| 35 | 武汉理工光科股份有限公司 | 二级 | Z2420020030275 | 湖北 | 2003-09-08 |
| 36 | 湖南琴岛科技有限公司 | 二级 | Z2430020030276 | 湖南 | 2003-09-08 |
| 37 | 长春信息技术发展有限责任公司 | 二级 | Z2220020030277 | 吉林 | 2003-09-08 |
| 38 | 江苏南大苏富特软件股份有限公司 | 二级 | Z2320020030278 | 江苏 | 2003-09-08 |
| 39 | 南京熊猫信息产业有限公司 | 二级 | Z2320020030279 | 江苏 | 2003-09-08 |
| 40 | 江苏宏图高科技术开发有限公司 | 二级 | Z2320020030280 | 江苏 | 2003-09-08 |
| 41 | 江西思创数码科技有限公司 | 二级 | Z2360020030281 | 江西 | 2003-09-08 |
| 42 | 泰豪信息技术股份有限公司 | 二级 | Z2360020030282 | 江西 | 2003-09-08 |
| 43 | 南昌先锋软件股份有限公司 | 二级 | Z2360020030283 | 江西 | 2003-09-08 |
| 44 | 山东山大华天科技股份有限公司 | 二级 | Z2370020030284 | 山东 | 2003-09-08 |
| 45 | 陕西深思科技企业有限公司 | 二级 | Z2610020030285 | 陕西 | 2003-09-08 |
| 46 | 西安恒生科技股份有限公司 | 二级 | Z2610020030286 | 陕西 | 2003-09-08 |
| 47 | 上海中交海德交通科技股份有限公司 | 二级 | Z2310020030287 | 上海 | 2003-09-08 |
| 48 | 上海广电通讯网络有限公司 | 二级 | Z2310020030288 | 上海 | 2003-09-08 |
| 49 | 深圳市兰光桑达网络科技有限公司 | 二级 | Z2440320030289 | 深圳 | 2003-09-08 |
| 50 | 深圳市华为技术服务有限公司 | 二级 | Z2440320030290 | 深圳 | 2003-09-08 |
| 51 | 深圳市创冠智能网络技术有限公司 | 二级 | Z2440320030291 | 深圳 | 2003-09-08 |
| 52 | 深圳高新区信息网有限公司 | 二级 | Z2440320030292 | 深圳 | 2003-09-08 |
| 53 | 深圳市思乐数据技术有限公司 | 二级 | Z2440320030293 | 深圳 | 2003-09-08 |
| 54 | 深圳键桥通讯技术有限公司 | 二级 | Z2440320030294 | 深圳 | 2003-09-08 |
| 55 | 四川省创意技术发展有限责任公司 | 二级 | Z2510020030295 | 四川 | 2003-09-08 |
| 56 | 福建亿力电力科技股份有限公司 | 二级 | Z2350220030296 | 厦门 | 2003-09-08 |

续表 2

| 序号 | 申请单位名称 | 资质等级 | 证书编号 | 所在省市 | 审批时间 |
|---|---|---|---|---|---|
| 57 | 云南优耐达信息产业有限公司 | 二级 | Z2530020030297 | 云南 | 2003-09-08 |
| 58 | 杭州银江电子有限公司 | 二级 | Z2330020030298 | 浙江 | 2003-09-08 |
| 59 | 杭州新世纪信息系统工程有限公司 | 二级 | Z2330020030299 | 浙江 | 2003-09-08 |
| 60 | 浙江八方联通电信有限公司 | 二级 | Z2330020030300 | 浙江 | 2003-09-08 |
| 61 | 中程科技有限公司 | 二级 | Z2330020030301 | 浙江 | 2003-09-08 |

[供稿：信息产业部规划司]

【资 料】

**一级资质：**

1. 企业近3年完成计算机信息系统工程项目总值2.0亿元以上,并承担过至少1项3 000万元以上或至少4项1 000万元以上的项目；所完成的系统集成项目中应具有自主开发的软件产品；软件费用（含系统设计费、软件开发费、系统集成费和技术服务费）应占工程项目总值的30%以上（即不低于6 000万元）；工程按合同要求质量合格，已通过验收并投入实际应用。

2. 企业注册资本1 200万元以上，近3年的财务状况良好。

3. 企业从事软件开发、系统集成等业务的工程技术人员不少于100人，且其中大学本科以上学历的人员所占比例不少于80%。

4. 企业总经理或负责系统集成工作的副总经理具有5年以上从事信息技术领域企业管理工作经历；企业具有已获得信息技术相关专业的高级职称、且从事计算机信息系统集成工作不少于5年的技术负责人；企业具有中级职称以上的财务负责人。

5. 企业具有较强的综合实力，有先进、完整的软件及系统开发环境和设备，具有较强的技术开发能力。

6. 企业已按ISO 9000或软件过程能力成熟度模型等标准、规范建立完备的质量保证体系，并能有效地实施。

7. 企业具有完备的客户服务体系，并设立专门的机构。

8. 企业具有系统的对员工进行新知识、新技术培训的计划，并能有效地组织实施。

9. 企业没有出现验收未通过的项目。

10. 企业没有触犯知识产权保护等有关法律的行为。

**二级资质：**

1. 企业近3年完成计算机信息系统工程项目总值1.0亿元以上，并且承担过至少1项1 500万以上或至少3项800万以上的项目；所完成的系统集成项目中应具有自主开发的软件产品；软件费用（含系统设计费、软件开发费、系统集成费和技术服务费）应占工程项目总值的30%以上（即不低于3 000万元）；工程按合同要求质量合格，已通过验收并投入实际应用。

2. 企业注册资本500万元以上，近3年的财务状况良好。

3. 企业从事软件开发、系统集成等业务的工程技术人员不少于50人，且其中大学本科以上学历的人员所占比例不少于80%。

4. 企业总经理或负责系统集成工作的副总经理具有4年以上从事信息技术领域企业管理工作经历；企业具有已获得信息技术相关专业的高级职称、且从事计算机信息系统集成工作不少于4年的技术负责人；企业具有中级职称以上的财务负责人。

5. 企业具有先进、完整的软件及系统开发环境和设备，具有较强的技术开发能力。

6. 企业已按ISO 9000或软件过程能力成熟度模型等标准、规范建立完备的质量保证体系，并能有效地实施。

7. 企业具有完备的客户服务体系，并设立专门的机构。

8. 企业具有系统的对员工进行新知识、新技术培训的计划，并能有效地组织实施。

9. 企业没有出现验收未通过的项目。

10. 企业没有触犯知识产权保护等有关法律的行为。

**三级资质：**

1. 企业近3年完成计算机信息系统工程项目总值4 000万元以上；所完成的系统集成项目中应具有自主开发的软件产品；软件费用（含系统设计费、软件开发费、系统集成费和技术服务费）应占工程项目总值的30%以上（即不低于1 200万元）；工程按合同要求质量合格，已通过验收并投入实际应用。

2. 企业注册资本100万元以上，近3年的财务状况良好。

3. 企业从事软件开发、系统集成等业务的工程技术人员不少于20人，且其中大学本科以上学历的人员所占比例不少于70%。

4. 企业总经理或负责系统集成工作的副总经理具有3年以上从事信息技术领域企业管理工作经历；企业具有已获得信息技术相关专业的中级职称以上或硕士以上、且从事计算机信息系统集成工作不少于3年的技术负责人；企业具有助理会计师职称以上的财务负责人。

5. 企业具有与所承担项目相适应的软件及系统开发环境和设备，具有一定的技术开发能力。

6. 企业已按ISO 9000或软件过程能力成熟度模型等标准、规范建立完备的质量保证体系，并能实施。

7. 企业具有完备的客户服务体系，并设立专门的机构。

8. 企业具有系统的对员工进行新知识、新技术培训的计划，并能有效地组织实施。

9. 企业近3年内没有出现验收未通过的项目。

10. 企业没有触犯知识产权保护等有关法律的行为。

**四级资质：**

1. 企业近3年完成计算机信息系统工程项目总值1 000万元以上；所完成的系统集成项目中应具有自主开发的软件产品；软件费用（含系统设计费、软件开发费、系统集成费和技术服务费）应占工程项目总值的30%以上（即不低于300万元）；工程按合同要求质量合格，已通过验收并投入实际应用。

2. 企业注册资本30万元以上，近3年的财务状况良好。

3. 企业从事软件开发、系统集成等业务的工程技术人员不少于10人，且其中大学本科以上学历的人员所占比例不少于70%。

4. 企业总经理或负责系统集成工作的副总经理具有2年以上从事信息技术领域企业管理工作经历；企业具有已获得信息技术相关专业的中级职称以上或硕士以上、且从事计算机信息系统集成工作不少于2年的技术负责人；企业具有助理会计师职称以上的财务负责人。

5. 企业具有与所承担项目相适应的软件及系统开发环境和设备，具有一定的技术开发能力。

6. 企业已建立质量保证体系，并能实施。

7. 企业具有完备的客户服务体系，并配备专门人员。

8. 企业具有系统的对员工进行新知识、新技术培训的计划，并能有效地组织实施。

9. 企业近3年内没有出现验收未通过的项目。

10. 企业没有触犯知识产权保护等有关法律的行为。

［供稿：信息产业部规划司］

# 第6部分　电子产品进出口

## 电子信息产业利用外资成就斐然

改革开放以来，在国家政策的鼓励与引导下，外资通过多种形式进入中国，对推动中国的国民经济快速发展起到了促进作用，对中国电子信息产业持续、快速发展起到了促进作用。从近年中国电子信息产业的总体发展上看，电子信息产业是外资最为关注、投资最多的产业之一。中国利用外资弥补了国内电子信息产业建设资金不足等问题，加快了产业技术进步，提高了经营管理水平，增强了产品出口，同时也扩大了社会劳动就业机会。

### 一、电子信息产业利用外资发展历程

改革开放以来，电子信息产业利用外资促进产业发展大致经历了以下几个阶段：

（一）以引进为主，探索开展合资合作阶段(1980年至1986年)

在这一阶段中，中国仍处于计划经济条件下，经济发展依靠国家计划安排，引进技术主要采取现汇贸易、补偿贸易、许可证制度、技贸结合等方式，利用外资尚未被摆到重要位置。在这个期间，电子信息产业围绕“打基础，上水平”的发展思路，共引进1 000多项生产技术、设备和生产线，用汇10多亿美元。其中，被纳入1985年统计的中外合资企业只有23个。据统计，从1981年至1986年6月，在全国1 300余家单位组织实施的引进项目中，除广东省有69项合资合作项目外，其他省市合资合作项目很少。

（二）改善投资环境，积极引进外资阶段(1986年至1990年)

1986年10月11日，中国政府公布了《关于鼓励外商投资的规定》，对外商企业实行更为灵活的优惠政策。规定中对外商投资的“先进技术企业”和“产品出口企业”给予了特别的优惠政策。为了扩大开放的力度，吸引外商投资，国家将绝大部分的电子信息产品纳入到《外商投资产业指导目录》中的鼓励类项目。此举措提高了外商和国内企业对创办电子类合资合作企业的积极性。这一时期电子信息产业利用外资有了长足进展。截止到1990年，纳入电子统计口径的三资企业数量较1985年增长了近6倍。同时，系统外其他部门和

乡镇企业兴办的三资企业数量也迅速上升。

（三）外商投资规模扩大，三资企业长足发展阶段（1991年至今）

进入20世纪90年代，社会各方面对电子技术和电子产品提出了更多更高的需求，特别是国民经济信息化的提出和推进，对以通信和计算机为主的投资类产品提出了更加迫切的需求，国内市场迅速扩大，呈现出广阔的发展前景。同时，中国低廉的生产成本、劳动力成本，丰富的智力资源，不断改善的投资环境和前期外商企业已取得的经营效果，促使跨国公司普遍看好中国市场。

在电子信息产业的“九五”和“十五”规划中，行业主管部门提出“积极、合理、有效地利用外资，加大利用外资的力度，提高利用外资的质量”的工作思路，在1997年修改《外商投资产业指导目录》时，再次扩大了鼓励外商投资的电子产品领域。与此同时，移动通信、集成电路和软件产业发展的扶持政策也相继出台，激发了外商投资中国移动通信、集成电路、软件及相关配套电子元器件产业的积极性。目前，三资企业已逐渐成为推动中国电子信息产业快速发展的主要力量。据外经贸部统计，截止到2002年，中国电子信息产业的外商投资企业逾万家，累计投资总额超过700亿美元，在全国利用外资总额中占15%。电子信息产业已成为中国吸引外商投资的主要领域之一。

## 二、电子信息产业利用外资促进发展

在不断加速的改革过程中，中国政府有效地利用外资引进，推动国内经济发展，促进国内相关产业发展。

（一）外资为促进电子信息产业发展提供资金

据统计，从1990年至2002年，在中国电子信息产业快速发展的12年中，中国政府和企业对电子信息产业的总投资额约为1 800亿元；外商在中国电子信息产业的总投资额为700亿美元。按照60%到位率计算，电子信息产业实际利用外资约为400亿美元，折合人民币约为3 200亿元，是同期国内投资的2倍。在某些高技术领域，如：集成电路、移动通信、计算机及外部设备等，外商实际投资已占主导地位。外资已成为中国电子信息产业发展的重要资金来源。

（二）三资企业推动电子信息产业总体规模扩大

截止到1999年，中国电子信息产业的总体规模已跃升到世界第三位。在中国电子信息产业总体规模不断扩大的过程中，外商投资企业发挥着推动作用。据中国信息产业部统计，2002年外商投资企业的销售收入、工业增加值、利润总额、出口额已分别占全行业的68.6%、44.5%和70%、79.9%。经过数十年的发展，外商投资企业在推动中国电子信息产业总体规模扩大的同时，也发展了自己，并在中国电子信息产业中占有相当的比重，在出口贸易中占主导地位。

目前，在部分产品领域中，三资企业占据优势地位。第一，在移动通信行业，2002年中国三资企业的手机生产量约占中国国有企业手机生产总量的77%；第二，在国内17家彩管生产企业中，有14家是外商投资企业，产量合计约占国内生产总量的70%；第三，在国内9家集成电路前工序企业中，有7家是外商投资企业。

（三）利用外资，推动产业技术进步

利用外资，推动产业技术进步。国内电子信息产品制造企业利用外资使得新技术、新产品不断被引入国内，在拓宽产品生产领域的同时，加快了国内产业技术更新换代的速度。通过对外合作，国内一些经济技术实力较弱的企业，在来料加工、SKD、CKD组装生产的基础上，通过消化、吸收，逐步掌握了较先进的技术，同时也积累了资金，培养了人才，由合作初期对外商的全面依赖发展到与外商联合开发和生产新产品。其中，部分企业实现了自主创新。产业整体技术水平得到提升。

（四）经营管理水平显著提高

引进外资不仅扩大了生产规模，同时也为中

国企业提供了学习、借鉴国外先进的管理经验、管理技术和管理方法的机会。近年来，国内企业的市场意识、质量意识、成本意识和竞争意识不断增强，经营机制的转换加快，全行业的生产和经营管理水平有大幅度的提升，市场应变能力明显增强，这些成绩在很大程度上是得益于利用外资。从总体上看，外商投资企业普遍管理水平较高，在企业决策能力、市场应变能力、人才培训等方面都有很好的经验和业绩。外资企业的管理制度对行业发展起到了示范和带动作用。

(五) 促进外向型经济发展，推动产品出口

“八五”以来，国内产业充分利用外方的渠道“借船出海”，使国内产业与国际联系、合作更加广泛，加快了国内电子企业向外向型发展的速度。据统计，1990年全国电子产品出口总额约为37亿美元，截止到2002年，出口总额约为920亿美元，比1990年增长22倍多。其中，外资企业在出口中占有主导地位。2002年三资企业实现出口额735亿美元，占全国电子产品出口总额的79.9%。

## 三、外商对中国电子信息产业新一轮投资的特点

“九五”以来，外商不仅增加他们在中国电子信息产业中的投资规模，同时运作模式也发生了变化。外商在中国电子信息产业新一轮投资中具有如下特点：

(一) 投资企业由中小企业为主逐步转变以国际著名公司为主

20世纪80年代，在中国投资的三资企业多以中小企业为主；进入90年代后，跨国公司来中国投资电子信息产业的积极性快速上升。据有关统计，目前世界500强中的电子电气类跨国公司已全部在中国投资。美国的IBM、Intel、HP、AMD、摩托罗拉、微软、朗讯，日本的松下、东芝、日立、富士通、索尼、夏普、三菱、三洋、NEC、JVC、TDK，德国的西门子，法国的阿尔卡特，荷兰的飞利浦，芬兰的诺基亚，瑞典的爱立信，加拿大的北电网络，瑞士的西屋电气，韩国的三星、LG以及东南亚，中国香港和台湾等的大公司都纷纷在中国投资设立多家三资企业。

(二) 数量增加，单个项目投资规模扩大

在1980年至1986年期间，外商对中国的投资额在600万美元以上的企业只有5家。进入90年代后，外商在中国的投资额超千万亿美元，乃至亿美元以上的项目已屡见不鲜。截止到2000年底，平均每家跨国公司在中国投资8个企业，平均投资额近1 000万美元。超过1亿美元的大型项目越来越多，如：美国摩托罗拉公司已在中国设立10家企业，投资总额约为35亿美元。该公司计划，在未来的五年内，将再投资100亿美元；上海华虹NEC项目投资12亿美元；日本松下电器公司在中国已设立38家企业，投资总额近10亿美元；目前，北京诺基亚正在北京兴建的星网工业园的规划投资额超过12亿美元。

(三) 投资区域主要集中在长江三角洲和珠江三角洲两大地带，环渤海湾地区发展也比较快

在中国，外商投资区域主要集中在长江三角洲与珠江三角洲两大地带。在中国经济蓬勃发展的带动下，目前，在环渤海湾地区外商投资发展加快。

在中国珠江三角洲的外商企业不仅数量多，同时其产业结构也正在向更高层次转移。外商投资企业的运作模式从以“三来一补”、中低档劳动密集型加工业为主，逐步向高附加值、高档次产品的开发、生产基地转变。目前，深圳市已成为中国的外向型电子信息产业城，东莞已发展成为全球瞩目的电脑加工基地。

20世纪90年代末期，中国长江三角洲逐渐成为吸引外资的又一热点地带。尤其是经过最近三年来的快速发展，上海市已成为通信、集成电路领域跨国公司在中国投资企业的聚居地；苏州地区已成为中国台资电子企业的聚集地。截止到2001年底，外商在苏州地区电子信息产业的总投资额累计达到140亿美元。其中，在中国台湾最大20家IT公司中，已有16家在苏州地区投资设厂。

在上述两个地区的三资企业发展的同时，以北京市、天津市为核心的环渤海湾地区将成为外商在中国投资的又一个比较集中的地区。北京市受到众多跨国公司的重视，摩托罗拉、LG、三星等跨国公司都将亚太总部设立于此。

*(四)　产品层次逐渐提高，跨国公司开始在华设立研发中心*

出于全球竞争的考虑，许多跨国公司和国外大财团纷纷把技术含量较高的电子信息产品的生产基地转向中国大陆，发展配套产业，建立产业群，带动相关供应商来中国投资。他们把在中国生产产品的工序前移，带动了中国电子信息产业技术的提升。与此同时，许多跨国公司开始把研发中心建在中国大陆。此种做法以欧美公司居多。如摩托罗拉、IBM、朗讯、阿尔卡特、诺基亚、爱立信等著名跨国公司在华设立研发中心。这些公司与中国高校建立了广泛的合作关系。其原因一是上述公司为了开拓他们在中国的业务；二是上述公司在中国本土获得中国优秀人才的一种有效途径。目前，摩托罗拉与中国26所高校建立合作关系，IBM公司与30多所高校建立了合作关系。与之相比，日本、韩国企业在中国设立研发中心则相对较少。

*(五)　外商投资呈现整合趋势，独资明显增多*

90年代中期以来，外商投资企业在不断扩大投资规模的基础上，开始整合其在中国的投资企业或项目。一些外商企业通过出售其在中国企业的股份，调整投资结构；通过收购或兼并实现在中国投资的扩张。例如，法国的阿尔卡特公司通过控股比利时贝尔公司进入上海贝尔公司，实现在中国业务的扩张。截止到2001年年底，外商独资在中国电子三资企业中的比重已达到45%。近两年来，在新设立的外商投资企业中，独资企业数量明显增加。独资企业增加的主要原因：一方面是近几年中国市场更加开放，一些过去不允许外资进入的领域，或只允许设立合资的领域开始全面向外资开放；另一方面跨国公司更习惯于独资方式，特别是投资信息技术产品项目，独资企业省去了对中方企业资产的评估、避免了中方配套资金不足等矛盾。尽管当前外商与国有企业的合作仍居多数，但是随着中国多种所有制经济的发展，跨国公司与民营电子信息企业的合作空间将不断扩大。

综上所述，改革开放12年以来，中国电子信息产业利用外资工作取得了令人瞩目的成就。

## 四、当前行业利用外资工作中存在的主要问题

虽然，电子信息产业利用外资成就斐然。但是，在行业引进外资工作中尚存在一些问题。加入WTO后，中国将按照国民待遇和市场准入原则与ITA协议的有关规定，在过渡期内将IT产品进口关税降至零，逐步取消产品进口配额，取消技术转让、产品内外销比例、本地化率、外汇平衡等有关对外商投资中国IT领域的政策限制，“以市场换技术”政策将取消。这些政策的实施无疑将给行业利用外资工作带来新的机遇和挑战。此外，从行业整体情况看，也存在着规划布局不合理，部分地区急功近利，导致低水平重复建设，产业发展所需的配套服务体系不健全，政府办事效率不高等问题。

[撰稿：韦俊　审稿：王建章]

# 2002 年电子信息产品进出口情况综述

2002年中国电子信息产业面对加入WTO后的新形势，克服世界经济复苏步伐放缓、全球信息产业增长速度减慢等困难，抓住国际产业力量转移的有利时机，推进电子信息产品出口，为全国外贸出口和国民经济增长做出了贡献。

## 一、2002年出口状况回顾

2002年，电子信息产品进口额为851.3亿美元，出口额为920.4亿美元，贸易额为1 771.7亿美元，三者均创历史新水平。其中，电子信息产品出口情况喜人。截止到10月底，电子信息产品出口提前完成全年700亿美元的出口任务；截止到11月底，电子信息产品出口额完成100亿美元，创下历史最高记录。

### （一）出口新特点

2002年以来，电子信息产品出口呈现出一些新的特点，主要表现为：

1. 计算机与家用电子电器占主导

2002年，计算机类产品与家用电子电器成为拉动电子信息产品出口增长的主要力量。二者在电子信息产品出口增长41.4个百分点中拉动了30.8个百分点，贡献率达到74.5%。其中，计算机类产品出口额为357.6亿美元，占出口总额的38.9%，同比增长60.5%。特别是微型计算机、激光打印机、计算机显示器、路由器、调制解调器等产品的出口增速均在60%以上。家电产品出口额为221.2亿美元，同比增长42.5%，占出口总额的24%。其中，彩色电视机、激光视盘放像机等产品的出口额分别比上年增长52.1%和80.9%。

与2001年相比，虽然通讯类产品的出口增长速度放缓，但是呈逐月回升态势。全年通讯类产品出口额为115.7亿美元，增长25.4%。与上年相比，其增速下降了9.7个百分点，与上半年相比，提高了15.3个百分点。其中，电话机略有下降，但是手持（车载）无线电话、以太网络交换机等产品的出口继续保持快速增长的发展态势，移动通信基地站也扭转了年初出口下降的局面，再次呈现高速增长态势。

软件出口态势良好。全年软件出口额为15亿美元，同比增长1倍多。2002年主要电子信息产品出口情况见表1。

2. 外商独资企业快速发展

2002年三资企业出口额为735亿美元，占出口总额的79.9%，继续保持主导地位。其中，外商独资企业独占鳌头，出口额为486亿美元，占出口总额的52.8%，同比增长59.9%。与上年同期相比，其增长速度加快了1倍多。国有企业出口额为154.6亿美元，占出口总额的16.8%，同比增长26.7%，比上年增速提高了22.1个百分点。2002年不同经济类型企业出口情况见图1。

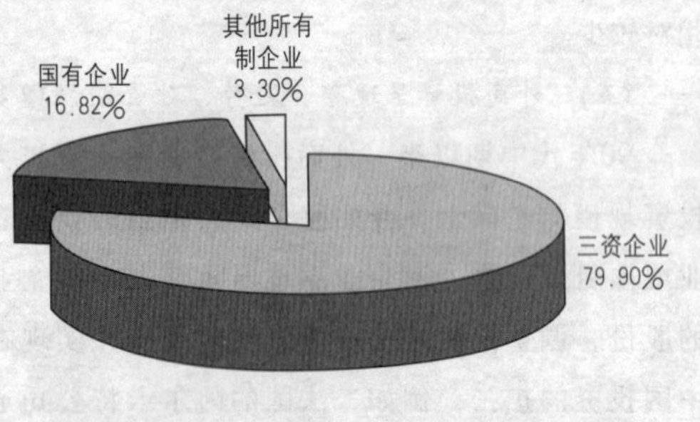


图1　2002年不同经济类型企业出口情况

3. 来进料加工贸易仍占主导

据海关统计，2002年来进料加工贸易出口额为826.2亿美元，约占出口总额的89.8%。其中，进料加工贸易出口额为668.1亿美元，同比增长41.7%，占出口总额的72.6%；来料加工装配贸易增长同样迅速，出口额为158.1亿美元，增长39%，比上年增速提高了30多个百分点。一般贸易出口额为71.1亿美元，增长35.7%，占出口总额的7.7%。此外，保税区仓储转口贸易增长十分迅猛，出口额为18.4亿美元，增长1倍多。2002年不同贸易方式出口情况见图2。

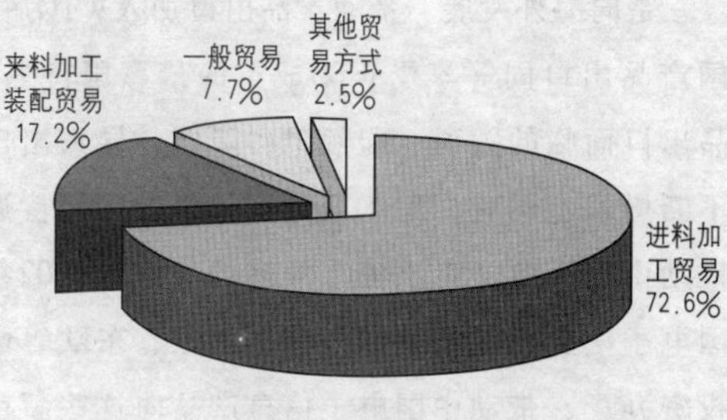


图2　2002年不同贸易方式出口情况

4. 美、日市场出口额大幅回升，新市场开拓迅速

据海关统计，2002年全国累计向位居前十位的国家和地区出口电子信息产品772.2亿美元，占出口总额的83.9%。其中，向位居前三位的国家和地区出口额均超过100亿美元，即：香港229.3亿美元、美国210.2亿美元、日本112.7亿美元，增速分别达到40.6%、54%、37.4%，均比上年有较大回升。同时，新市场开拓也取得较快进展。全年对澳大利亚、加拿大、匈牙利、印度、爱尔兰、俄罗斯、捷克等国家的出口增速均超过50%。

5. 出口省市依然集中于东部沿海地区

据统计，2002年电子信息产品出口排在前五位的省市依次是：广东省出口额为483.6亿美元，占全国电子信息产品出口总额的52.5%，同比增长37.1%；江苏省出口额为135.8亿美元，占14.8%，增长68.8%；上海市出口额为90.5亿美元，占9.8%，增长31.7%；天津市出口额为55.3亿美元，占6%，增长42.9%；福建省出口额为38.5亿美元，占4.2%，增长61.6%。五省市合计出口额约占全国电子信息产品出口总额的87.3%。此外，与上年相比，在中西部地区中，四川省、湖北省、安徽省的出口额分别增长321.9%、73.4%、36.1%，增速均有较大提高。

（二）电子信息产品出口主要成就

2002年中国电子信息产品出口持续快速增长，在国际市场上的影响力日益提高，也为我国外贸出口和经济增长做出贡献，继续成为实施“科技兴贸”战略的主要推动力量。

1. 影响力不断提高

据统计，1998年中国电子信息产品出口额占世界电子信息产品贸易额的比重仅为2.7%，2001年上升到5%，2002年达到6.5%。目前，中国有很多产品的出口量已经跃居世界第一位。其中，包括电视机、DVD、手机、显示器、程控交换机等。中国电子信息产品在世界电子信息产品市场中的影响力不断提高。

2. 地位持续提高

1989年，电子信息产品出口额为27.6亿美元，占全国外贸出口额的5.2%；1998年占14.7%，2001年占24.4%，2002年达到28.3%。2002年电子信息产品出口额是1989年的5倍多。总之，电子信息产品出口在中国外贸出口中的地位持续提高，对拉动中国经济增长具有影响力。

3. 拉动国内外贸出口

近十年来，电子信息产品出口平均增长速度高出全国外贸出口增长速度10个百分点以上，对拉动国内外贸出口起着不可忽视的作用。2002年电子信息产品出口增长速度达到41.4%，高于全国外贸出口增长速度19.1个百分点，在外贸出口增长22.3个百分点中拉动10.1个百分点。

4. 对外汇储备的贡献不断加大

自1995年起，中国电子信息产品进出口开始实现贸易顺差。截止到2001年，共实现贸易顺差217亿美元，占同期全国外贸顺差的12.6%。2002年，在我国开始全面履行信息技术协议（ITA）和降税义务、产品进口压力增大的严峻形势下，电子信息产品进出口仍取得较好成绩，全年贸易顺差达到69.1亿美元，创下历史最高水平，占全国外贸顺差的比重升至22.8%。

5. 为提升产品的技术含量和附加值做出贡献

自90年代以来，中国高新技术的出口增长主要来自电子信息产品。2002年，高新技术产品出口额为677亿美元。其中，电子信息产品出口额占90%以上。从电子信息产品本身看，以组合收录机、黑白电视机、电话机为代表的传统电子产品的出口比重不断下降；一些技术含量高的产品，如手机、移动通信基地站、激光打印机、不间断电源、路由器等产品的出口快速增长，比重不断加大。

## 二、出口增长原因分析

分析2002年中国电子信息产品出口大幅增长的主要原因有如下几点：

一是中国政府对信息化建设高度重视。其鲜明的观点在2002年召开的“党的十六大”工作会议上阐述：“优先发展信息产业，在经济和社会领域广泛应用信息技术”。这不仅为中国的电子信息产业发展创造了有利的条件，同时也为推动电子信息产品出口的快速增长创造了良好的外部环境。随着各项出口政策的落实，电子信息产品出口成为了行业工作中的重点，并被推动。

二是随着国际产业力量的转移，国内三资企业对出口的推动作用日益明显。中国潜在的市场、丰富廉价的人力资源以及不断完善的投资环境，吸引跨国公司来华发展电子信息产业。中国成为世界电子信息产品制造加工基地的趋势日益明显。

2002年国际产业在中国发展信息产业有如下特点：

一是对在中国运营的企业，外商加强控制力。在投入更多的资金、技术的同时，推进其合资企业独资化。从而，导致这些外商独资企业在中国电子信息产品出口中的地位更加突出。

二是跨国公司把其更多的生产加工环节向中国市场转移。有些跨国公司把原来设置在其他地区，特别是东南亚国家的工厂关闭。这些公司或者在中国设立新工厂，或者委托中国国内的企业对其产品做贴牌加工，再从中国组装基地出口产品。这种生产方式在家电和计算机行业表现的尤为明显。当然这也是推动家电与计算机产品加工贸易出口快速增长的因素。2002年以来，跨国IT企业明显加大了对华的投资转移力度。日本、韩国等家电集团不断将制造工厂向中国转移，台湾半导体与计算机厂商加大对中国（国内）大陆的投资力度，国际知名通信设备企业纷纷在华设立全球研发中心。

三是向海外发展。带动产品出口加入WTO后，中国产品出口同等享受WTO成员的最惠国待遇，产品出口面临的关税、配额阻碍降低，导致出口量不断增长。同时，WTO成员国提供的国民待遇也推动中国企业“走出去”战略的实施。2002年中国电子信息企业相继到非洲、中欧、东欧等国家投资办厂，带动中国电子信息产品向这些新市场的出口快速增长。特别是一些通信设备制造企业，在国内市场低迷的状况下，通过拓展海外市场，取得良好的销售业绩，形成“东方不亮西方亮”的发展新势头。

## 三、在协调中，推动出口

### 1. 落实“科技兴贸”战略政策

信息产业部与外经贸部、科技部共同推进“科技兴贸”战略，落实国家外贸政策，推动电子信息产品出口。

作为主办单位之一，信息产业部参与举办全国主要省市科技兴贸工作座谈会；按照吴仪国务委员的有关指示，将科技兴贸联合工作机制扩大为八部委；就电子信息产品出口统计、软件出口管理、关税倒挂等电子信息产品出口中的问题与有关部委进行协调；组织企业参加高新技术产品交易会（深圳）、北京国际科技产业博览会等活动。

### 2. 开展国际合作，推动产品出口

2002年信息产业部在协调电子信息产品出口不断扩大的同时，开展国际合作。首先，根据国务院领导的批示意见，信息产业部、外经贸部联合组团，对俄罗斯、乌克兰、白俄罗斯、波兰、埃及、希腊等多国电子信息产品技术与市场进行考察，达成多项双边合作项目，提出扩大电子信息产品贸易的具体工作建议。其次，信息产业部、国家经贸委共同与瑞典驻华大使馆、瑞典投资促进署在北京市、上海市、深圳市组织了中瑞投资促进活动，为

中瑞电子信息产业的沟通与合作提供了发展平台，为中国企业到瑞典投资办厂、引进先进信息技术创造了条件。此外，信息产业部邀请俄罗斯等国主管电子信息产业的政府领导和企业代表来华进行交流与洽谈，利用各种途径介绍宣传中国电子信息产品及企业，促成多个双边合作项目。

3. 应对入世要求，解决国际贸易纠纷

对DVD知识产权纠纷案进行协调，解决中国加入WTO后，企业所面临的实际问题。2002年初，中国出口欧盟的DVD产品分别在德国、英国、意大利等国海关被扣，产品出口前景堪忧。在此情况下，信息产业部与外经贸部共同研究解决办法，对有关跨国企业进行了严正交涉，为中方专利谈判小组提供宏观指导和支持，使得DVD专利谈判取得阶段性的成果，产品出口继续保持快速发展。

## 四、2003年出口展望

2003年中国电子信息产品出口将有一个好的开局。其根据如下：一是中国政府对信息产业高度重视，把外贸出口和“走出去”战略列为重要工作；二是为了推进信息产业发展，中国政府授权有关部门，把科技兴贸联合工作机制范围扩大，明确分工、增强协作，促进出口协调机制形成更加有效的合力；三是充分利用WTO国际贸易规则，享受有关的权利，并通过谈判协商减少出口面临的障碍；四是国际产业力量不断向中国市场转移，必将推进中国电子信息产品的出口。

当然，2003年电子信息产品出口也面临一些问题。我们必须正视这些问题，必须解决这些问题。

1. 不确定因素的增加

在世界经济发展中，不确定因素的不断增加，将影响中国电子信息产品的出口增长。美国近期提出非农产品零关税措施建议，目的在于扩大美产品出口，挤占国际市场；中东局势不稳定，战争阴影笼罩伊拉克，影响世界经济发展，特别是美国为打击伊拉克，势必将财政向军事倾斜，从而减少对电子信息产品的需求，进一步影响我产品对美出口；全球电信市场低迷的态势难以短期内得到扭转，我国通信设备出口前景依然不容乐观。

2. 出口面临的障碍日趋增多

一些国家开始利用反倾销、技术壁垒等非关税手段阻碍中国电子信息产品进入其市场；国际专利集团的专利收费将对中国电子信息产品出口形成压力。近期，法国THOMSON公司开始要求中国彩电生产企业缴纳专利费。这些都将给中国信息产业发展与产品出口造成压力。

3. 出口政策的环境有待完善

出口政策的落实直接影响企业的利益。虽然中国政府出台了优惠的出口政策，但是出口政策的环境有待于完善，特别在出口退税方面。第一，仍有上千亿元的出口退税工作尚未完成，其手续及中间环节有待于完善；第二，软件出口管理存在问题，软件出口统计存在困难，出口退税缺乏有效办法；第三，关税倒挂问题仍影响整机产品的出口增长。

综上所述，2003年电子信息产品出口增长速度将放缓。预计，全年出口额将达到1 000亿美元，增长8%。从产品出口情况看，软件、等离子彩电、液晶电视、液晶显示器、微型计算机等产品的出口前景看好，通信设备的出口将缓步回升，国产手机、集成电路的出口将进一步增加；从企业出口情况看，三资企业仍是出口的主要力量，特别是外商独资企业将发挥突出作用；从地区发展情况看，东南沿海省市仍是出口的重要地区，特别是江苏省、广东省、福建省等产业较为聚集的地区，预计出口增长幅度将超过10%。北京市、上海市的出口将继续扩大；从出口市场情况看，美国、香港、日本将继续成为中国电子信息产品出口的主要市场，中欧、东欧、东南亚等新市场的开拓有望取得新进展。

[统计数据]

表 1　2002 年各省、市、自治区电子信息产品

| 省、市、自治区名称 | 进口总计 | 增长率（%） | 通信设备 | 广播电视设备 | 电子计算机 |
|---|---|---|---|---|---|
| 广东省 | 3 985 401.34 | 0.56 | 233 266.42 | 4 992.94 | 855 493.96 |
| 上海市 | 1 249 723.66 | 0.45 | 108 394.36 | 15 264.15 | 291 188.85 |
| 江苏省 | 1 049 874.39 | 0.59 | 59 996.80 | 1 750.22 | 194 812.25 |
| 北京市 | 585 714.57 | –0.02 | 139 340.65 | 11 225.23 | 137 294.59 |
| 天津市 | 471 495.91 | 0.73 | 60 173.05 | 926.70 | 11 573.21 |
| 福建省 | 299 946.84 | 0.51 | 30 128.00 | 220.24 | 88 633.10 |
| 浙江省 | 227 543.28 | 0.30 | 122 357.64 | 936.74 | 9 778.26 |
| 辽宁省 | 221 000.36 | 0.20 | 12 117.58 | 1 627.38 | 49 677.70 |
| 山东省 | 184 696.34 | 0.18 | 50 424.95 | 324.42 | 15 318.84 |
| 四川省 | 72 057.64 | 0.34 | 3 466.71 | 28.39 | 4 433.29 |
| 湖北省 | 24 375.85 | –0.37 | 4 058.83 | 161.37 | 4 231.09 |
| 陕西省 | 18 059.16 | –0.15 | 2 608.87 | 160.19 | 2 763.11 |
| 黑龙江省 | 18 042.46 | 0.46 | 685.90 | 88.49 | 10 012.84 |
| 湖南省 | 16 180.00 | –0.17 | 1 180.10 | 375.58 | 3 394.66 |
| 重庆市 | 12 121.58 | 1.20 | 2 803.54 | 3.96 | 2 317.29 |
| 吉林省 | 10 628.85 | –0.02 | 237.08 | 52.97 | 1 708.02 |
| 河北省 | 9 742.82 | –0.24 | 1 837.88 | 34.36 | 2 721.69 |
| 安徽省 | 8 690.31 | –0.04 | 291.32 | 39.34 | 1 979.16 |
| 云南省 | 8 244.33 | –0.30 | 484.54 | 9.89 | 5 587.64 |
| 贵州省 | 7 415.99 | 1.44 | 5 356.33 | 0.89 | 355.86 |
| 广西壮族自治区 | 5 759.71 | –0.06 | 2 303.37 | 1.11 | 1 153.03 |
| 河南省 | 5 315.99 | –0.44 | 269.26 | 39.46 | 2 309.40 |
| 江西省 | 3 989.37 | –0.30 | 100.16 | 9.48 | 1 233.53 |
| 甘肃省 | 3 846.14 | 1.21 | 210.84 | 0.18 | 2 520.93 |
| 海南省 | 3 745.10 | –0.48 | 532.50 | 16.32 | 783.22 |
| 山西省 | 3 194.31 | – | 99.21 | 38.89 | 1 802.84 |

**进口情况**

单位：万美元

| 家用电子电器 | 电子仪器设备 | 电子元件 | 电子器件 | 电子材料 |
|---|---|---|---|---|
| 257 248.46 | 184 235.64 | 574 346.43 | 1 852 586.90 | 23 230.59 |
| 82 944.59 | 108 523.61 | 127 124.34 | 453 624.82 | 62 658.93 |
| 81 156.83 | 79 069.43 | 130 521.18 | 488 997.59 | 13 570.08 |
| 33 378.25 | 56 049.75 | 32 946.57 | 172 255.61 | 3 223.92 |
| 27 248.96 | 29 873.91 | 71 631.40 | 222 200.48 | 47 868.20 |
| 10 999.25 | 12 630.23 | 32 496.79 | 122 702.06 | 2 137.17 |
| 5 997.23 | 18 133.32 | 18 245.81 | 49 700.17 | 2 394.13 |
| 25 152.80 | 11 705.21 | 35 282.67 | 84 005.99 | 1 431.04 |
| 41 396.79 | 13 364.31 | 28 544.56 | 34 505.50 | 816.97 |
| 7 860.45 | 6 127.70 | 3 270.35 | 44 941.77 | 1 929.00 |
| 727.83 | 5 941.97 | 2 650.68 | 4 648.84 | 1 955.24 |
| 826.41 | 5 473.80 | 926.73 | 3 829.23 | 1 470.82 |
| 2 903.73 | 2 378.84 | 328.33 | 1 622.72 | 21.62 |
| 305.05 | 3 033.66 | 385.22 | 7 284.79 | 220.94 |
| 2 860.45 | 3 105.99 | 440.42 | 568.53 | 21.40 |
| 1 930.38 | 3 078.86 | 1 757.40 | 1 769.49 | 94.66 |
| 225.94 | 2 962.90 | 454.85 | 538.12 | 967.08 |
| 244.85 | 2 695.62 | 494.09 | 2 865.44 | 80.48 |
| 210.04 | 1 522.24 | 56.38 | 182.12 | 191.49 |
| 171.45 | 1 267.80 | 227.69 | 24.14 | 11.83 |
| 156.84 | 1 346.77 | 489.08 | 301.76 | 7.77 |
| 203.88 | 1 806.18 | 379.47 | 231.72 | 76.61 |
| 195.74 | 983.72 | 98.14 | 1 012.01 | 356.60 |
| 20.95 | 1 043.85 | 33.16 | 13.44 | 2.79 |
| 1 017.80 | 711.78 | 518.63 | 164.76 | 0.10 |
| 126.35 | 875.59 | 108.06 | 131.54 | 11.84 |

续表 1

| 省、市、自治区名称 | 进口总计 | 增长率(%) | 通信设备 | 广播电视设备 | 电子计算机 |
|---|---|---|---|---|---|
| 新疆维吾尔族自治区 | 2 956.47 | –0.42 | 102.37 | 35.92 | 1 061.67 |
| 内蒙古自治区 | 2 468.89 | 0.50 | 253.47 | 0.05 | 1 233.27 |
| 西藏自治区 | 376.14 | 1.51 | – | – | 123.05 |
| 宁夏回族自治区 | 368.73 | –0.67 | 0.07 | 1.98 | 102.24 |
| 青海省 | 302.38 | –0.07 | 1.20 | – | 269.85 |

**表 2　2002 年各省、市、自治区电子信息**

| 省、市、自治区名称 | 出口总计 | 增长率(%) | 通信设备 | 广播电视设备 | 电子计算机 |
|---|---|---|---|---|---|
| 广东省 | 4 836 093.45 | 0.37 | 421 262.67 | 62 498.80 | 2 122 738.59 |
| 江苏省 | 1 357 747.34 | 0.69 | 122 309.04 | 9 206.52 | 755 996.14 |
| 上海市 | 905 269.18 | 0.32 | 113 260.61 | 14 841.72 | 237 224.74 |
| 天津市 | 553 378.07 | 0.43 | 214 462.99 | 19 963.03 | 52 406.46 |
| 福建省 | 384 661.70 | 0.62 | 10 980.97 | 1 876.31 | 244 523.51 |
| 辽宁省 | 301 678.50 | 0.27 | 13 854.07 | 3 026.40 | 88 945.41 |
| 北京市 | 291 041.21 | 0.26 | 170 196.06 | 12 584.30 | 24 128.95 |
| 浙江省 | 215 618.46 | 0.32 | 44 364.00 | 3 056.20 | 9 932.28 |
| 山东省 | 173 529.76 | 0.43 | 35 825.14 | 3 226.57 | 27 305.38 |
| 四川省 | 88 468.20 | 3.22 | 108.23 | 100.83 | 506.89 |
| 湖北省 | 16 757.67 | 0.73 | 7 638.52 | 152.00 | 3 212.55 |
| 陕西省 | 13 324.03 | 0.12 | 816.63 | 11.67 | 186.57 |
| 安徽省 | 11 083.96 | 0.36 | 183.80 | 288.17 | 50.74 |
| 黑龙江省 | 9 899.08 | 0.67 | 183.07 | 13.91 | 7 870.70 |
| 湖南省 | 9 535.77 | 0.15 | 188.82 | 23.67 | 3.86 |
| 河北省 | 9 513.08 | 0.30 | 478.56 | 65.53 | 153.36 |

| 家用电子电器 | 电子仪器设备 | 电子元件 | 电子器件 | 电子材料 |
|---|---|---|---|---|
| 208.31 | 1 367.13 | 13.72 | 167.36 | – |
| 13.72 | 748.17 | 14.39 | 203.40 | 2.44 |
| 3.58 | 5.89 | 49.60 | 194.03 | – |
| 26.39 | 201.07 | 6.87 | 20.89 | 9.22 |
| – | 26.31 | 0.41 | 4.61 | – |

**产品出口情况**

单位：万美元

| 家用电子电器 | 电子仪器设备 | 电子元件 | 电子器件 | 电子材料 |
|---|---|---|---|---|
| 1 306 368.32 | 245 866.82 | 483 828.61 | 187 242.84 | 6 286.80 |
| 220 523.37 | 32 330.45 | 113 517.42 | 103 149.83 | 714.57 |
| 158 468.45 | 31 108.07 | 73 062.58 | 274 940.27 | 2 362.75 |
| 122 674.91 | 12 639.48 | 47 369.68 | 83 216.52 | 644.99 |
| 65 000.58 | 18 034.20 | 27 346.58 | 16 237.85 | 661.70 |
| 129 348.43 | 14 836.54 | 40 537.7 | 10 905.34 | 224.62 |
| 23 888.86 | 7 143.88 | 15 094.14 | 31 677.50 | 6 327.52 |
| 47 279.29 | 19 218.80 | 71 153.06 | 20 041.70 | 573.15 |
| 49 548.68 | 7 224.23 | 31 426.38 | 18 726.91 | 246.48 |
| 72 983.54 | 425.90 | 2 987.73 | 11 059.84 | 295.24 |
| 1 506.72 | 388.21 | 3 009.25 | 817.51 | 32.92 |
| 2 025.36 | 1 134.05 | 852.98 | 8 125.57 | 171.22 |
| 5 295.48 | 522.21 | 2 184.38 | 2 540.68 | 18.51 |
| 274.98 | 593.25 | 590.44 | 372.50 | 0.23 |
| 630.71 | 103.06 | 2 468.79 | 5 878.43 | 238.44 |
| 894.41 | 1 330.84 | 3376.40 | 1 504.87 | 1 709.12 |

续表 2

| 省、市、自治区名称 | 出口总计 | 增长率（%） | 通信设备 | 广播电视设备 | 电子计算机 |
|---|---|---|---|---|---|
| 吉林省 | 3 538.77 | 0.64 | 11.23 | 20.65 | 61.77 |
| 河南省 | 3 178.82 | -0.67 | 122.97 | 2.73 | 5.02 |
| 重庆市 | 3 109.93 | 2.16 | 245.84 | 0.46 | 22.10 |
| 广西壮族自治区 | 2 804.39 | 0.50 | 38.55 | 0.53 | 26.82 |
| 新疆维吾尔族自治区 | 2 585.75 | 0.76 | 92.83 | 80.31 | 230.58 |
| 江西省 | 2 534.90 | 0.07 | 14.14 | 19.31 | 7.34 |
| 海南省 | 1 853.76 | -0.03 | 149.93 | 23.12 | 97.85 |
| 宁夏回族自治区 | 1 636.55 | -0.86 | 0.82 | 1.67 | - |
| 贵州省 | 1 561.34 | 1.20 | - | 35.04 | 12.22 |
| 西藏自治区 | 1 028.26 | -0.16 | 66.14 | 224.58 | 35.22 |
| 云南省 | 1 008.04 | -0.35 | 25.51 | 1.21 | 122.50 |
| 山西省 | 925.46 | 0.73 | 4.67 | 1.05 | 10.10 |
| 内蒙古自治区 | 530.74 | -0.17 | 2.85 | 1.54 | 5.18 |
| 甘肃省 | 201.06 | 2.43 | 1.71 | - | 117.99 |
| 青海省 | 25.51 | 5.54 | 3.16 | 5.47 | 1.30 |

| 家用电子电器 | 电子仪器设备 | 电子元件 | 电子器件 | 电子材料 |
|---|---|---|---|---|
| 593.44 | 20.36 | 1 709.27 | 730.80 | 391.24 |
| 320.34 | 65.54 | 2 022.55 | 143.26 | 496.41 |
| 436.66 | 351.83 | 1 825.37 | 208.54 | 19.13 |
| 20.54 | 24.49 | 2 284.52 | 399.64 | 9.31 |
| 1 780.13 | 209.93 | 154.26 | 28.06 | 9.64 |
| 198.92 | 110.56 | 1 040.64 | 403.27 | 740.73 |
| 235.09 | 175.73 | 835.38 | 336.42 | 0.25 |
| 0.58 | 0.25 | 230.04 | 41.39 | 1 361.81 |
| 1 018.85 | 52.33 | 323.73 | 119.17 | – |
| 680.58 | 5.76 | 14.17 | 1.81 | – |
| 91.31 | 24.18 | 712.94 | 30.39 | – |
| 4.95 | 30.07 | 653.58 | 200.76 | 20.27 |
| 17.90 | 68.56 | 426.38 | 1.01 | 7.32 |
| 15.28 | 4.94 | 45.07 | 16.08 | – |
| 8.84 | 0.21 | 6.54 | – | – |

表 3　2002 年通信设备产品进口情况

| 产品名称 | 单位 | 进口量 | 进口额（万美元） | 增长率（%） |
|---|---|---|---|---|
| 电话机合计 | 万台 | 119.95 | 1 969.04 | -0.04 |
| 其中：无绳电话 | 万台 | 48.95 | 659.02 | -0.24 |
| 可视电话 | 万台 | 0.64 | 124.09 | 0.78 |
| 传真机 | 万台 | 78.83 | 9 772.81 | 0.52 |
| 各种程控交换机 | 万台 | 1.70 | 2 409.40 | -0.31 |
| 其中：数字式程控电话交换机 | 千台 | 2.80 | 1 475.37 | -0.27 |
| 模拟式移动通讯交换机 | 千台 | 1.20 | 1.96 | -0.29 |
| 以太网络交换机 | 万台 | 47.22 | 39 720.09 | -0.16 |
| IP 电话信号转换设备 | 万台 | 2.72 | 425.42 | -0.89 |
| 手持（车载）无线电话 | 万台 | 1 719.68 | 237 582.23 | 2.33 |
| 对讲机 | 万台 | 4.72 | 546.40 | -0.33 |
| 移动通信基地站 | 万台 | 0.87 | 15 025.67 | -0.56 |
| 无线寻呼机 | 万台 |  | - | -1.00 |
| 光通信设备 | 万台 | 3.17 | 19 745.05 | -0.47 |
| 其中：光端机及脉冲编码调制设备 | 万台 | 2.59 | 3 433.32 | -0.35 |
| 波分复用光传输设备 | 万台 | 0.58 | 16 311.73 | -0.49 |

表 4　2002 年通信设备产品出口情况

| 产品名称 | 单位 | 出口量 | 出口额（万美元） | 增长率（%） |
|---|---|---|---|---|
| 电话机合计 | 万台 | 16 881.52 | 140 480.66 | - |
| 其中：无绳电话 | 万台 | 6 881.98 | 103 607.96 | -0.01 |
| 可视电话 | 万台 | 0.71 | 32.41 | -0.76 |
| 传真机 | 万台 | 421.68 | 50 618.37 | 0.15 |
| 各种程控交换机 | 万台 | 3.88 | 24 909.25 | 0.21 |
| 其中：数字式程控电话交换机 | 千台 | 22.20 | 10 591.42 | -0.20 |

续表 4

| 产品名称 | 单位 | 出口量 | 出口额（万美元） | 增长率（%） |
|---|---|---|---|---|
| 模拟式移动通讯交换机 | 千台 | – | 15.10 | 6.75 |
| 以太网络交换机 | 万台 | 124.17 | 17 341.02 | 2.16 |
| IP 电话信号转换设备 | 万台 | 4.28 | 144.61 | –0.10 |
| 手持（车载）无线电话 | 万台 | 6 329.24 | 528 946.62 | 0.28 |
| 对讲机 | 万台 | 1 987.04 | 18 684.75 | 0.08 |
| 移动通信基地站 | 万台 | 1.87 | 47 062.38 | 1.16 |
| 无线寻呼机 | 万台 | 91.34 | 1 088.99 | –0.39 |
| 光通信设备 | 万台 | 2.46 | 3 912.08 | 0.19 |
| 其中：光端机及脉冲编码调制设备 | 万台 | 0.28 | 451.83 | –0.74 |
| 波分复用光传输设备 | 万台 | 2.18 | 3 460.25 | 1.24 |

表 5 2002 年广播电视设备产品进口情况

| 产品名称 | 单位 | 进口量 | 进口额（万美元） | 增长率（%） |
|---|---|---|---|---|
| 广播电视用无线电广播、电视发射设备 | 台 | 263 | 1 600.12 | –0.49 |
| 电视用卫星地面站设备 | 台 | – | 3.35 | –0.97 |
| 电视摄像机 | 台 | 5 339 | 686.94 | 1.16 |
| 广播级电视摄像机 | 台 | 326 | 1 049.07 | –0.59 |

表 6 2002 年广播电视设备产品出口情况

| 产品名称 | 单 位 | 出口量 | 出口额（万美元） | 增长率（%） |
|---|---|---|---|---|
| 广播电视用无线电广播、电视发射设备 | 台 | 684 | 781.81 | 7.88 |
| 电视用卫星地面站设备 | 台 | – | 52.78 | –0.55 |
| 电视摄像机 | 台 | 195 | 10.17 | –0.83 |
| 广播级电视摄像机 | 台 | – | 10.11 | 3.40 |

表 7　2002 年电子计算机产品进口情况

| 产品名称 | 单位 | 进口量 | 进口额（万美元） | 增长率（%） |
| --- | --- | --- | --- | --- |
| 微型计算机 | 万台 | 3.35 | 6 311.30 | -0.36 |
| 计算器 | 万台 | 1 178.69 | 2 905.90 | 0.64 |
| 打印机 | 万台 | 540.12 | 74 644.76 | 0.14 |
| 其中：针式 | 万台 | 71.73 | 18 376.10 | 0.25 |
| 激光 | 万台 | 88.57 | 28 527.93 | 0.12 |
| 喷墨 | 千台 | 372.29 | 23 296.18 | 0.08 |
| 扫描仪 | 千台 | 127.14 | 10 021.82 | 0.20 |
| 数字化仪 | 万台 | 0.13 | 126.04 | -0.17 |
| 硬盘驱动器 | 万台 | 1 776.31 | 137 113.08 | 0.65 |
| 软盘驱动器 | 万台 | 2 867.75 | 23 073.64 | 0.21 |
| 光盘驱动器 | 万台 | 2 537.55 | 96 068.49 | 1.01 |
| 计算机显示器 | 万台 | 264.65 | 55 837.67 | 1.11 |
| 自动柜员机 | 万台 | 0.47 | 9 049.06 | -0.42 |
| 不间断供电电源 | 万台 | 16.32 | 7 557.12 | -0.09 |
| 集线器 | 万台 | 15.88 | 1 525.36 | -0.32 |
| 路由器 | 万台 | 28.38 | 25 499.07 | -0.49 |
| 调制解调器 | 万台 | 847.32 | 22 230.03 | 0.25 |
| 计算机软件 | 万套 | - | 2.19 | -0.90 |

表 8　2002 年电子计算机产品出口情况

| 产品名称 | 单 位 | 出口量 | 出口额（万美元） | 增长率（%） |
| --- | --- | --- | --- | --- |
| 微型计算机 | 万台 | 200.91 | 141 720.61 | 1.04 |
| 计算器 | 万台 | 47 665.03 | 77 698.19 | 0.35 |
| 打印机 | 万台 | 2 884.17 | 260 770.64 | 0.23 |
| 其中：针式 | 万台 | 68.23 | 6 192.10 | -0.05 |

续表 8

| 产品名称 | 单 位 | 出口量 | 出口额（万美元） | 增长率（%） |
|---|---|---|---|---|
| 激光 | 万台 | 978.06 | 158 837.98 | 0.77 |
| 喷墨 | 万台 | 1 758.61 | 91 408.22 | -0.20 |
| 扫描仪 | 万台 | 1 725.04 | 44 973.90 | 0.20 |
| 数字化仪 | 台 | 317.00 | 6.72 | 4.43 |
| 硬盘驱动器 | 万台 | 2 992.17 | 168 693.82 | 0.11 |
| 软盘驱动器 | 万台 | 6 384.82 | 36 527.10 | 0.09 |
| 光盘驱动器 | 万台 | 10 296.57 | 158 453.18 | 0.26 |
| 计算机显示器 | 万台 | 4 268.02 | 572 671.45 | 0.62 |
| 自动柜员机 | 万台 | 0.47 | 4 126.51 | 3.04 |
| 不间断供电电源 | 万台 | 529.20 | 16 304.57 | 0.21 |
| 集线器 | 万台 | 671.06 | 8 039.79 | 0.42 |
| 路由器 | 万台 | 153.83 | 5 257.75 | 1.65 |
| 调制解调器 | 万台 | 3 433.66 | 35 577.03 | 0.62 |
| 计算机软件 | 万套 | 6.27 | 5 266.15 | -0.17 |

**表 9　2002 年家用电子电器产品进口情况**

| 产品名称 | 单位 | 进口量 | 进口额（万美元） | 增长率（%） |
|---|---|---|---|---|
| 彩色电视机 | 万台 | 11.87 | 1 641.72 | -0.35 |
| 黑白电视机 | 万台 | 0.6 | 23.77 | 1.02 |
| 家用型视频摄录一体机 | 万台 | 3.91 | 1 572.11 | - |
| 袖珍盒式磁带收放机 | 万台 | 0.64 | 8.51 | 27.47 |
| 袖珍盒式放声机 | 万台 | 0.78 | 19.45 | 0.01 |
| 激光视盘放像机 | 千台 | 41.34 | 3 268.63 | 4.76 |
| 激光唱机 | 千台 | 25.50 | 2 021.06 | 2.31 |
| 收录放音组合机 | 万台 | 29.76 | 419.77 | 0.21 |

续表 9

| 产品名称 | 单位 | 进口量 | 进口额（万美元） | 增长率（%） |
|---|---|---|---|---|
| 汽车用收音及收录放组合机 | 万台 | 35.16 | 2 533.39 | 0.62 |
| 彩色视频投影机 | 万台 | 0.30 | 698.67 | 0.25 |
| 正射投影仪 | 万台 | 0.20 | 338.48 | 0.87 |
| 收音机 | 万台 | 16.83 | 37.03 | –0.14 |
| 微波炉 | 万台 | 2.69 | 175.78 | 0.59 |

**表 10　2002 年家用电子电器产品出口情况**

| 产品名称 | 单位 | 出口量 | 出口额（万美元） | 增长率（%） |
|---|---|---|---|---|
| 彩色电视机 | 万台 | 1 881.80 | 213 895.01 | 0.52 |
| 黑白电视机 | 万台 | 1 160.17 | 17 189.49 | 0.19 |
| 家用型视频摄录一体机 | 万台 | 7.74 | 1 924.34 | – |
| 袖珍盒式磁带收放机 | 万台 | 1 327.77 | 3 676.82 | –0.32 |
| 袖珍盒式放声机 | 万台 | 1 167.49 | 2 238.76 | –0.21 |
| 激光视盘放像机 | 万台 | 7 549.30 | 357 232.70 | 0.81 |
| 激光唱机 | 万台 | 6 130.96 | 91 073.69 | 0.12 |
| 收录放音组合机 | 万台 | 22 741.26 | 240 378.74 | 0.15 |
| 汽车用收音及收录放组合机 | 万台 | 1 901.36 | 50 309.29 | 0.25 |
| 彩色视频投影机 | 万台 | 11.20 | 5 585.26 | 2.17 |
| 正射投影仪 | 万台 | 9.55 | 887.87 | –0.03 |
| 收音机 | 万台 | 5 390.52 | 8 044.95 | –0.19 |
| 微波炉 | 万台 | 2 034.46 | 80 218.74 | 0.35 |

**表 11　2002 年电子元器件产品进口情况**

| 产品名称 | 单位 | 进口量 | 进口额（万美元） | 增长率（%） |
|---|---|---|---|---|
| 电容器 | 公斤/千个 | 3 386.93 | 179 074.94 | 0.63 |
| 电阻器 | 公斤/千个 | 1 388.54 | 64 021.63 | 0.40 |

续表 11

| 产品名称 | 单位 | 进口量 | 进口额（万美元） | 增长率（%） |
|---|---|---|---|---|
| 印刷电路板 | 公斤/千个 | 823 451.73 | 248 101.33 | 0.28 |
| 集成电路（包括微电子组件） | 个 | 3 421 763.22 | 2 617 896.68 | 1.43 |
| 彩色显像管 | 只 | 981.67 | 69 282.86 | 0.31 |
| 黑白显像管 | 只 | 364.69 | 7 712.25 | 0.67 |
| 彩色数据图形显示管 | 只 | 2 318.78 | 128 173.89 | –0.19 |
| 晶体管 | 个 | 8 503 805.40 | 270 660.38 | 0.46 |
| 彩色电视机零件 | 公斤 | 1 282.69 | 20 690.03 | 0.25 |
| 黑白电视机零件 | 公斤 | 50.97 | 571.39 | –0.36 |
| 光缆 | 公斤 | 956.47 | 8 839.47 | –0.23 |
| 镍氢电池 | 个 | – | – | –1.00 |
| 锂离子电池 | 个 | – | – | –1.00 |
| 电声器件 | 个 | 118 273.94 | 51 091.35 | 0.19 |

### 表 12　2002 年电子元器件产品出口情况

| 产品名称 | 单位 | 出口量 | 出口额（万美元） | 增长率（%） |
|---|---|---|---|---|
| 电容器 | 公斤/千个 | 3 518.57 | 74 842.21 | 0.29 |
| 电阻器 | 公斤/千个 | 1 566.35 | 28 354.59 | 0.35 |
| 印刷电路板 | 公斤/千个 | 513 579.25 | 180 361.40 | 0.19 |
| 集成电路（包括微电子组件） | 个 | 806 039.22 | 428 292.88 | 1.34 |
| 彩色显像管 | 只 | 1 346.66 | 63 396.85 | 0.39 |
| 黑白显像管 | 只 | 202.48 | 907.07 | –0.01 |
| 彩色数据图形显示管 | 只 | 397.91 | 14 984.06 | –0.20 |
| 晶体管 | 个 | 6 503 761.58 | 66 457.22 | 0.38 |
| 彩色电视机零件 | 公斤 | 4 217.69 | 41 154.30 | 0.64 |
| 黑白电视机零件 | 公斤 | 744.50 | 7 311.88 | 0.35 |
| 光缆 | 公斤 | 350.26 | 2 434.60 | –0.33 |
| 电声器件 | 个 | 254 724.44 | 175 210.37 | 0.25 |

表 13　2002 年成交额排在前 10 位的国家与地区

| 国家与地区 | 进口总计 | 增长率（%） | 通信设备 | 广播电视设备 | 电子计算机 |
|---|---|---|---|---|---|
| 日本 | 1 741 173.67 | 0.39 | 111 225.15 | 18 142.73 | 211 002.47 |
| 中国台湾省 | 1 327 873.46 | 0.79 | 61 130.32 | 1 079.02 | 237 094.12 |
| 韩国 | 944 325.58 | 0.78 | 251 082.09 | 2 068.54 | 107 068.36 |
| 中国（内地） | 916 902.64 | 0.85 | 24 779.56 | 1 565.99 | 341 619.13 |
| 美国 | 820 174.32 | 0.03 | 108 768.82 | 3 088.57 | 221 184.26 |
| 马来西亚 | 549 957.72 | 0.92 | 18 129.93 | 936.47 | 97 838.92 |
| 中国香港特区 | 454 757.41 | 0.53 | 33 064.58 | 3 766.88 | 42 439.53 |
| 新加坡 | 300 508.93 | 0.59 | 10 706.34 | 683.04 | 107 062.63 |
| 菲律宾 | 271 319.30 | 1.36 | 1 993.08 | 44.41 | 52 026.74 |
| 德国 | 221 992.07 | – | 34 653.69 | 494.11 | 35 690.14 |

表 14　2002 年成交额排在前 10 位的国家与地区

| 国家与地区 | 出口总计 | 增长率（%） | 通信设备 | 广播电视设备 | 电子计算机 |
|---|---|---|---|---|---|
| 中国香港特区 | 2 292 776.95 | 0.41 | 240 218.13 | 9 531.48 | 1 008 940.71 |
| 美国 | 2 102 258.40 | 0.54 | 318 353.30 | 41 634.52 | 851 329.51 |
| 日本 | 1 126 766.39 | 0.37 | 77 743.82 | 32 882.72 | 405 215.34 |
| 荷兰 | 479 507.19 | 0.52 | 16 911.98 | 8 849.92 | 288 177.19 |
| 德国 | 379 069.62 | 0.37 | 117 335.54 | 4 599.67 | 124 619.18 |
| 韩国 | 326 106.91 | 0.21 | 67 407.33 | 4 395.38 | 57 647.04 |
| 新加坡 | 322 065.92 | 0.40 | 27 326.32 | 2 038.40 | 127 687.42 |
| 马来西亚 | 258 197.68 | 0.65 | 27 039.52 | 2 721.93 | 106 425.31 |
| 中国台湾省 | 233 455.49 | 0.63 | 5 775.23 | 639.24 | 110 823.12 |
| 英国 | 202 139.16 | 0.10 | 14 247.15 | 2 263.73 | 83 171.13 |

**电子信息产品进口情况**

单位：万美元

| 家用电子电器 | 电子仪器设备 | 电子元件 | 电子器件 | 电子材料 |
|---|---|---|---|---|
| 126 358.26 | 157 185.46 | 271 912.07 | 805 714.92 | 39 632.63 |
| 33 378.79 | 47 403.93 | 194 587.38 | 727 162.81 | 26 037.09 |
| 56 557.53 | 22 196.75 | 105 386.55 | 397 345.43 | 2 620.32 |
| 140 753.24 | 36 220.39 | 210 379.96 | 159 645.44 | 1 938.94 |
| 62 603.31 | 117 684.88 | 35 088.19 | 232 648.76 | 39 107.53 |
| 12 942.71 | 5 743.45 | 35 644.95 | 375 878.30 | 2 843.00 |
| 41 386.79 | 17 220.43 | 79 331.97 | 230 790.30 | 6 756.94 |
| 13 846.98 | 10 051.35 | 24 862.35 | 132 740.56 | 555.69 |
| 3 827.98 | 2 089.98 | 12 840.64 | 198 242.77 | 253.71 |
| 42 291.20 | 51 652.38 | 16 109.73 | 37 878.01 | 3 222.80 |

**电子信息产品出口情况**

单位：万美元

| 家用电子电器 | 电子仪器设备 | 电子元件 | 电子器件 | 电子材料 |
|---|---|---|---|---|
| 333 753.44 | 89 504.79 | 338 338.90 | 264 962.83 | 7 526.66 |
| 621 155.77 | 86 534.57 | 106 664.79 | 69 701.07 | 6 884.88 |
| 335 262.86 | 68 413.28 | 135 933.24 | 66 838.54 | 4 476.59 |
| 119 984.27 | 10 339.79 | 11 043.05 | 23 956.54 | 244.44 |
| 79 687.31 | 16 868.70 | 25 103.57 | 10 718.56 | 137.09 |
| 54 417.75 | 13 632.90 | 62 347.88 | 65 206.85 | 1 051.79 |
| 42 701.86 | 9 932.69 | 36 940.55 | 75 304.50 | 134.20 |
| 39 959.62 | 4 562.43 | 18 333.29 | 58 943.55 | 212.03 |
| 17 635.57 | 21 006.52 | 24 862.42 | 51 650.98 | 1 062.42 |
| 74 115.89 | 9 861.79 | 13 913.37 | 4 423.14 | 142.96 |

表 15　2002 年按贸易方式划分的电子信息

| 贸易方式 | 进口总计 | 增长率 (%) | 通信设备 | 广播电视设备 |
|---|---|---|---|---|
| 进料加工贸易 | 4 237 259.93 | 0.65 | 139 997.8 | 16 865.55 |
| 一般贸易 | 2 313 463.61 | 0.14 | 624 234.29 | 15 401.55 |
| 来料加工装配贸易 | 1 048 836.72 | 0.55 | 10 443.55 | 1 546.53 |
| 保税区仓储转口货物 | 546 724.01 | 0.69 | 35 915.67 | 2 069.49 |
| 外商投资企业作为投资进口的设备、物品 | 220 785.16 | 0.73 | 3 330.72 | 435.84 |
| 保税仓库进出境货物 | 95 960.34 | -0.31 | 27 071.65 | 1 870.77 |
| 加工贸易进口设备 | 29 152.62 | 0.61 | 55.83 | 1.57 |
| 出口加工区进口设备 | 11 008.45 | 1.61 | 109.10 | 3.41 |
| 其他 | 6 354.70 | -0.18 | 1 749.31 | 34.48 |
| 国家间、国际组织无偿援助和赠送的物资 | 1 825.96 | 0.01 | 167.75 | 101.17 |
| 免税外汇商品 | 1 032.74 | -0.62 | - | 29.32 |
| 边境小额贸易 | 307.64 | 0.68 | - | - |
| 租赁贸易 | 204.70 | 0.40 | - | 7.18 |
| 出料加工贸易 | 192.69 | -0.03 | - | - |
| 华侨、港澳台同胞、外籍华人捐赠物资 | 169.63 | -0.09 | 7.32 | - |

表 16　2002 年按贸易方式划分的电子信息

| 贸易方式 | 出口总计 | 增长率 (%) | 通信设备 | 广播电视设备 |
|---|---|---|---|---|
| 进料加工贸易 | 6 680 946.94 | 0.42 | 957 742.20 | 87 640.69 |
| 来料加工装配贸易 | 1 580 925.89 | 0.39 | 79 499.30 | 30 376.88 |
| 一般贸易 | 710 549.22 | 0.36 | 107 261.96 | 9 191.49 |
| 保税区仓储转口货物 | 183 738.75 | 1.04 | 7 829.16 | 2 617.41 |
| 保税仓库进出境货物 | 36 618.34 | 0.06 | 4 015.66 | 984.23 |
| 边境小额贸易 | 6 239.36 | 0.39 | 164.47 | 386.75 |
| 对外承包工程出口货物 | 1 962.35 | 0.49 | 190.63 | 19.29 |
| 易货贸易 | 1 441.08 | 1.59 | - | 3.71 |

产品进口情况

单位：万美元

| 电子计算机 | 家用电子电器 | 电子仪器设备 | 电子元件 | 电子器件 | 电子材料 |
|---|---|---|---|---|---|
| 743 502.70 | 296 012.53 | 79 936.84 | 633 108.44 | 2 241 689.15 | 86 146.92 |
| 563 104.93 | 137 963.69 | 204 928.33 | 136 777.74 | 610 129.88 | 20 923.22 |
| 103 874.98 | 92 966.39 | 17 775.25 | 229 990.40 | 538 899.43 | 53 340.20 |
| 263 885.36 | 20 253.63 | 24 103.91 | 56 845.12 | 141 376.79 | 2 274.04 |
| 18 305.84 | 5 049.40 | 190 449.95 | 952.27 | 1 752.61 | 508.54 |
| 9 645.72 | 31 116.90 | 3 408.21 | 5 676.01 | 15 996.81 | 1 174.27 |
| 495.60 | 267.32 | 28 274.59 | 19.56 | 38.15 | – |
| 1 327.21 | 54.42 | 9 282.61 | 24.89 | 205.89 | 0.91 |
| 1 106.22 | 846.31 | 1 197.13 | 425.49 | 946.33 | 49.44 |
| 474.29 | 237.65 | 712.39 | 23.50 | 108.58 | 0.63 |
| 6.27 | 994.19 | 2.96 | – | – | – |
| – | – | – | – | 0.05 | 307.59 |
| 17.52 | – | 180.00 | – | – | – |
| – | – | – | – | 155.54 | 37.16 |
| 121.79 | 0.86 | 39.06 | – | 0.60 | – |

产品出口情况

单位：万美元

| 电子计算机 | 家用电子电器 | 电子仪器设备 | 电子元件 | 电子器件 | 电子材料 |
|---|---|---|---|---|---|
| 2 916 567.74 | 1 504 351.10 | 244 366.25 | 517 950.74 | 443 250.75 | 9 077.47 |
| 520 387.50 | 465 951.34 | 85 667.67 | 182 593.84 | 208 683.99 | 7 765.37 |
| 31 236.17 | 208 477.98 | 49 625.64 | 204 690.75 | 94 384.31 | 5 680.91 |
| 97 323.19 | 15 650.24 | 8 090.14 | 21 053.28 | 30 154.56 | 1 020.78 |
| 9 244.87 | 12 282.25 | 4 226.20 | 3 594.15 | 2 261.01 | 9.98 |
| 333.63 | 3 806.92 | 308.96 | 1 078.65 | 152.68 | 7.31 |
| 180.55 | 67.87 | 1 435.03 | 64.68 | 4.31 | – |
| – | 1 435.30 | 1.59 | 0.35 | 0.13 | – |

续表 16

| 贸易方式 | 出口总计 | 增长率(%) | 通信设备 | 广播电视设备 |
|---|---|---|---|---|
| 国家间、国际组织无偿援助和赠送的物资 | 1 366.83 | 0.16 | 132.49 | 108.53 |
| 其他贸易 | 178.26 | 0.83 | 57.65 | 24.31 |
| 出料加工贸易 | 152.41 | -0.09 | - | - |
| 租赁贸易 | 3.29 | -0.45 | - | - |

表 17　2002 年不同经济类型企业电子信息

| 企业经济类型 | 进口总计 | 增长率(%) | 通信设备 | 广播电视设备 |
|---|---|---|---|---|
| 外商独资企业 | 4 074 542.69 | 0.86 | 179 573.94 | 6 520.70 |
| 国有企业 | 2 111 639.67 | 0.22 | 400 790.11 | 11 269.00 |
| 中外合资企业 | 1 807 878.91 | 0.09 | 235 206.35 | 19 217.08 |
| 中外合作企业 | 211 565.88 | 0.33 | 6 258.76 | 360.21 |
| 私人企业 | 166 367.01 | 2.16 | 16 441.99 | 734.97 |
| 集体企业 | 137 448.79 | 0.36 | 4 697.71 | 247.13 |
| 其他企业 | 3 835.94 | -0.68 | 114.13 | 17.75 |

表 18　2002 年不同经济类型企业电子信息

| 企业经济类型 | 出口总计 | 增长率(%) | 通信设备 | 广播电视设备 |
|---|---|---|---|---|
| 外商独资企业 | 4 859 839.78 | 0.60 | 547 169.82 | 36 251.03 |
| 中外合资企业 | 2 192 063.41 | 0.20 | 464 025.90 | 56 966.53 |
| 国有企业 | 1 545 823.98 | 0.27 | 103 354.04 | 32 886.81 |
| 中外合作企业 | 298 552.58 | 0.26 | 15 080.65 | 1 015.41 |
| 集体企业 | 196 698.40 | 0.36 | 23 148.61 | 2 826.42 |
| 私人企业 | 110 754.74 | 2.16 | 4 053.48 | 1 402.37 |
| 其他企业 | 389.83 | -0.11 | 61.01 | 4.72 |

| 电子计算机 | 家用电子电器 | 电子仪器设备 | 电子元件 | 电子器件 | 电子材料 |
|---|---|---|---|---|---|
| 627.61 | 84.45 | 314.64 | 43.07 | 55.51 | 0.53 |
| 40.87 | 28.02 | 5.32 | 21.03 | 1.08 | – |
| – | – | – | – | 150.42 | 1.99 |
| – | – | 3.29 | – | – | – |

**产品进口情况**

单位：万美元

| 电子计算机 | 家用电子电器 | 电子仪器设备 | 电子元件 | 电子器件 | 电子材料 |
|---|---|---|---|---|---|
| 894 620.00 | 186 958.50 | 259 697.90 | 550 952.70 | 1 868 317.00 | 127 901.60 |
| 484 356.70 | 146 989.40 | 173 570.50 | 220 879.00 | 664 845.20 | 8 939.73 |
| 196 249.10 | 204 582.60 | 94 293.74 | 226 231.20 | 809 147.60 | 22 951.08 |
| 54 084.88 | 21 175.34 | 10 743.66 | 34 583.02 | 82 740.35 | 1 619.68 |
| 60 008.70 | 10 089.81 | 12 491.06 | 13 574.01 | 52 051.45 | 975.02 |
| 15 918.23 | 14 596.71 | 8 891.25 | 17 066.38 | 73 655.90 | 2 375.47 |
| 630.75 | 1 370.91 | 603.15 | 557.00 | 541.96 | 0.28 |

**产品出口情况**

单位：万美元

| 电子计算机 | 家用电子电器 | 电子仪器设备 | 电子元件 | 电子器件 | 电子材料 |
|---|---|---|---|---|---|
| 2 518 439.00 | 722 653.60 | 217 127.00 | 392 096.00 | 413 245.90 | 12 857.25 |
| 524 151.80 | 678 809.20 | 40 431.09 | 186 361.00 | 236 745.00 | 4 572.95 |
| 369 932.30 | 592 540.90 | 92 998.09 | 247 010.70 | 102 122.70 | 4 978.41 |
| 130 471.60 | 70 850.07 | 19 420.87 | 51 758.00 | 9 454.79 | 501.23 |
| 27 932.31 | 98 565.79 | 9 016.42 | 27 375.72 | 7 709.67 | 123.46 |
| 4 930.45 | 48 700.87 | 14 928.13 | 26 468.28 | 9 740.14 | 531.03 |
| 84.61 | 15.02 | 123.13 | 20.80 | 80.55 | – |

### 表 19　2002 年主要电子信息产品出口情况

| 产品名称 | 出口量(万台) | 出口额(亿美元) | 增长率(%) |
| --- | --- | --- | --- |
| 显示器 | 4 268 | 57.27 | 62.38 |
| 手持（车载）无线电话 | 6 329 | 52.89 | 28.23 |
| 集成电路 | 806 039 | 42.83 | 134.08 |
| 激光视盘放像机 | 7 549 | 35.72 | 80.87 |
| 打印机 | 2 884 | 26.08 | 22.90 |
| 收录放音组合机 | 22 741 | 24.04 | 14.85 |
| 彩色电视机 | 1 882 | 21.39 | 52.08 |
| 印刷电路板 | 513 579 | 18.04 | 18.68 |
| 电声器件 | 254 724 | 17.52 | 24.70 |
| 硬盘驱动器 | 2 992 | 16.87 | 11.39 |
| 光盘驱动器 | 10 296 | 15.85 | 25.94 |
| 微型计算机 | 201 | 14.17 | 103.55 |
| 电话机 | 16 881 | 14.05 | –0.36 |

### 表 20　2003 年主要电子信息产品出口预测情况

| 产品名称 | 出口额(亿美元) | 增长率(%) | 产品名称 | 出口额(亿美元) | 增长率(%) |
| --- | --- | --- | --- | --- | --- |
| 显示器 | 70 | 23 | 彩色电视机 | 26 | 8 |
| 手持（车载）无线电话 | 60 | 15 | 印刷电路板 | 20 | 11 |
| 集成电路 | 50 | 19 | 硬盘驱动器 | 18 | 9 |
| 激光视盘放像机 | 40 | 14 | 光盘驱动器 | 18 | 12 |
| 打印机 | 28 | 8 | 软件 | 18 | 20 |
| 收录放音组合机 | 26 | 8 | 微型计算机 | 16 | 14 |

备注：预计2003年电子信息产品出口额将达到1000亿美元，增长8%。

[供稿：信息产业部经济体制改革与经济运行司经济协调处]

# 2002 年中国电子进出口总公司进出口情况

## 【综述】

2002年中国电子进出口总公司围绕年初提出的“制订发展战略，加快改革进度，强化企业管理，提高经济效益”的工作指导思想，团结奋斗，开拓进取，克服各种困难，取得较好的成绩。该公司继续被国家有关部门评为首都文明单位、中央国家机关文明单位、全国外经贸质量效益型先进企业。

2002年该公司系统完成进出口总额210 763万美元，比上年增长4%。其中，出口额为109 985万美元，进口额为100 778万美元，进出口额均超过10亿美元，完成全年目标计划的122.5%。

## 一、出口情况

2002年，该公司系统实际出口109 985万美元，为1998年以来的最好成绩，增长14%，完成年度目标计划的113%。

### 1. 出口增长态势较旺

2002年，该公司系统出口自二季度开始形势有所好转，各季度出口额同比增长幅度均在20%以上。四季度的出口额达到31 652万美元，增幅为29%，月均出口额在1亿美元左右。虽然该公司系统出口呈现出良好的增长态势，但是各个经营单位的出口增幅并不均衡。其中，有21个单位出口额增长，有16个单位出口额下降。出口额增长的单位有：总公司本部、江苏公司、浙江公司、福建公司、厦门公司、湖北公司、深圳公司、山东公司、彩虹公司、山西公司、宁波公司、河北公司、海南公司、珠海公司、河南公司、华东公司、无锡公司、常州公司、经贸公司、富嘉公司、西南公司。其中，福建公司、厦门公司、湖北公司、深圳公司、山东公司、彩虹公司、山西公司、珠海公司、华东公司、经贸公司、富嘉公司等增幅较大。其中，厦门公司、经贸公司、富嘉公司的出口额增长一倍以上；福建公司、湖北公司、山西公司、河南公司的出口额增长在50%以上；深圳公司、山东公司、彩虹公司、珠海公司、华东公司的出口额增长在20%以上。另外，江苏公司、福建公司、厦门公司、湖北公司、深圳公司、山东公司、常州公司、经贸公司、富嘉公司等15个单位完成总公司下达的全年出口目标计划。

### 2. 对主要出口市场的贸易发展增长势头良好

2002年，该公司系统对主要出口市场国家或地区的贸易发展增长势头良好。对印度尼西亚、韩国、土耳其、埃及、阿联酋、菲律宾、马来西亚等国的出口呈现出高速增长的态势，增长幅度分别为42%、57%、45%、191%、70%、208%、126%；对中国香港、美国、英国的出口增长幅度分别为5.3%、4.7%、15.4%；对日本、德国、意大利的出口有所下降，分别下降7.6%、29%、4.4%。此外，对一些非洲、大洋洲等新兴市场的出口有所增长，对俄罗斯的出口增长59%。

### 3. 机电产品出口继续增长，高新技术产品成为新增长点

目前，该公司仍以机电产品出口为主。2002年该公司机电产品出口额为89 184万美元，占出口总值的85.6%，增长9%，对当年总体出口增长的贡献率为71%。2002年高新技术产品成为该公司新的出口增长点。其中，计算机、通讯类产品及成套设备、家电产品、轻工业品、服装及纺织品的出口增幅较大。仪器仪表、电子元器件等产品的出口下降。

计算机类产品的出口增长136%，通讯类产品增长11%。在家电产品中，组合音响、彩色电视机、黑白电视机等视听产品的出口增幅分别为37.13%、71.46%、9.34%；电风扇出口增长54.44%。

此外，成套设备出口增加两倍多，原材料出口增长53%。仪器仪表、元器件、影碟机和收录机等下降幅度分别为41.71%、9.11%、42.91%、25.93%。2002年出口额在100万美元以下的公司情况见表1。2002年中国电子进出口总公司主要出口贸易国家与地区情况见表2。2002年中国电子进出口总公司主要出口商品情况见表3。

## 二、进口情况

2002年该公司系统进口额为100 778万美元，下降5%，完成年度目标计划的135.8%。

1. 部分公司进口增长

与上年比较，有15个公司的进口额有所增长，有20个公司的进口额下降。其中，总公司本部、天津公司、辽宁公司、江苏公司、福建公司、厦门公司、江西公司、深圳公司、重庆公司、山西公司、宁波公司、珠海公司、无锡公司、经贸公司、富嘉公司等进口额有所增长。

2. 主要进口国家与地区

该公司的主要进口国家或地区是：从中国香港进口29 896万美元，从美国进口16 523万美元，从日本进口14 147万美元，从欧盟进口10 199万美元，从韩国进口10 285万美元，从德国进口5 775万美元，从东盟进口3 668万美元，从俄罗斯进口3 247万美元，从台湾进口3 070万美元，从新加坡进口2 674万美元。其中，与韩国、东盟、俄罗斯、台湾、新加坡等国家和地区的进口同比分别增长87.4%、73%、8倍、79.6%、127%；与中国香港、日本、欧盟的进口分别有所下降。

3. 以高技术产品为进口主体

2002年该公司以高技术产品为主要进口商品。其中，电讯设备及器材进口额为50 047万美元、仪器仪表进口额为13 575万美元、成套设备进口额为13 321万美元、家用电器进口额为5 605万美元、各类机械进口额为4 802万美元。各类机械、成套设备、家电类产品的进口均有增长，通讯类产品增长1.86倍。

计算机类产品、仪器仪表及元器件等产品有所下降。2002年中国电子进出口总公司主要进口贸易国家与地区情况见表4。2002年中国电子进出口总公司主要进口商品情况见表5。2002年中国电子进出口总公司进口额在100万元以上的公司情况见表6。

## 【统计数据】

**表 1　2002 年出口额在 100 万美元以上的公司情况**

单位：万美元

| 出口额 | 公司名称 |
|---|---|
| 30 000 | 深圳公司 |
| 5 000~10 000 | 总公司本部、宁波公司、珠海公司、彩虹公司 |
| 2 000~5 000 | 广东公司、浙江公司、山东公司、湖北公司、厦门公司、北京公司、福建公司、常州公司 |
| 1 000~2 000 | 华南公司、无锡公司、山西公司、富嘉公司、中电陕西公司、江西公司、吉林公司 |
| 500~1 000 | 华东公司、辽宁公司、河北公司、江苏公司、经贸公司 |
| 200~500 | 东南公司、海南公司、湖南公司、安徽公司、四川华龙公司 |
| 100~200 | 河南公司、重庆公司 |

**表 2 2002 年中国电子进出口总公司主要出口贸易国家与地区情况**

单位：万美元

| 国家与地区 | 累计金额 | 占总值(%) | 国家与地区 | 累计金额 | 占总值(%) |
|---|---|---|---|---|---|
| 亚洲 | 68 069 | 65.36 | 欧洲 | 16 116 | 15.47 |
| 中国香港特区 | 31 618 | 0.36 | 欧盟 | 13 226 | 12.70 |
| 日本 | 5 301 | 5.09 | 俄罗斯 | 767 | 0.74 |
| 韩国 | 3 116 | 2.99 | 拉丁美洲 | 4 053 | 3.89 |
| 中国台湾省 | 1 294 | 1.24 | 北美洲 | 9 134 | 8.77 |
| 东盟 | 9 945 | 9.55 | 美国 | 8 525 | 8.19 |
| 非洲 | 5 651 | 5.43 | 大洋洲 | 1 121 | 1.08 |

**表 3 2002 年中国电子进出口总公司主要出口商品情况**

单位：万美元

| 产品名称 | 累计金额 | 占总值(%) | 产品名称 | 累计金额 | 占总值(%) |
|---|---|---|---|---|---|
| 机械及设备 | 3 673 | 3.53 | 黑白电视机 | 2 553 | 2.45 |
| 各类机械 | 2 522 | 2.42 | 影碟机 | 1 007 | 0.97 |
| 设备 | 1 150 | 1.10 | 组合音响 | 4 871 | 4.68 |
| 电讯设备及器材 | 36 529 | 35.08 | 收录机 | 1 825 | 1.75 |
| 计算机类产品 | 2 863 | 2.75 | 家用小电器 | 17 342 | 16.65 |
| 通讯类产品 | 5 162 | 4.96 | 电风扇 | 2 502 | 2.40 |
| 元器件 | 25 211 | 24.21 | 各种灯（灯泡） | 7 642 | 7.34 |
| 原材料 | 863 | 0.83 | 服装及纺织品 | 4 697 | 4.51 |
| 仪器仪表 | 949 | 0.91 | 轻工业品 | 6 394 | 6.14 |
| 电子仪器 | 420 | 0.40 | 钟表 | 1 168 | 1.12 |
| 家用电器 | 36 444 | 34.99 | 五金矿产品 | 3 035 | 2.91 |
| 彩色电视机 | 1 694 | 1.63 | | | |

**表 4　2002 年中国电子进出口总公司主要进口贸易国家与地区情况**

单位：万美元

| 国家与地区 | 累计金额 | 占总值(%) | 国家与地区 | 累计金额 | 占总值(%) |
|---|---|---|---|---|---|
| 亚洲 | 63 908 | 64.81 | 欧盟 | 10 199 | 10.34 |
| 中国香港特区 | 29 896 | 30.32 | 俄罗斯 | 3 247 | 3.29 |
| 日本 | 14 147 | 14.35 | 拉丁美洲 | 215 | 0.22 |
| 韩国 | 10 285 | 10.43 | 北美洲 | 17 296 | 17.54 |
| 东盟 | 3 668 | 3.72 | 美国 | 16 523 | 16.76 |
| 非洲 | 63 | 0.06 | 大洋洲 | 304 | 0.31 |
| 欧洲 | 16 676 | 16.91 | | | |

**表 5　2002 年中国电子进出口总公司主要进口商品情况**

单位：万美元

| 产品名称 | 累计金额 | 占总值(%) | 产品名称 | 累计金额 | 占总值(%) |
|---|---|---|---|---|---|
| 各类机械 | 4 802 | 4.87 | 仪器仪表 | 13 575 | 13.77 |
| 成套设备 | 13 321 | 13.51 | 电子仪器 | 7 487 | 7.59 |
| 电讯设备及器材 | 50 047 | 50.75 | 家用电器 | 5 605 | 5.68 |
| 计算机类产品 | 13 676 | 13.87 | 电视机及音响设备 | 4 332 | 4.39 |
| 通讯类产品 | 16 222 | 16.45 | 家用小电器 | 1 235 | 1.25 |
| 元器件 | 10 105 | 10.25 | 轻工业品 | 1 711 | 1.74 |
| 原材料 | 6 888 | 6.98 | 五金矿产品 | 1 051 | 1.07 |

**表 6　2002 年中国电子进出口总公司进口额在 100 万美元以上的公司情况**

单位：万美元

| 累计进口额 | 公司名称 |
|---|---|
| 47 000 | 总公司 |
| 8 000~9 000 | 北京公司、深圳公司 |
| 1 000~4 000 | 彩虹公司、华南公司、经贸公司、河北公司、广东公司、福建公司、辽宁公司、山东公司、富嘉公司 |
| 500~800 | 无锡公司、珠海公司、天津公司、吉林公司、四川华龙公司 |
| 200~500 | 山西公司、宁波公司、安徽公司、湖南公司、江西公司 |
| 100~200 | 江苏公司、河北公司、河南公司 |

［撰稿：吴同珠　审稿：钱本源］

# 第7部分 地区电子工业

## 天 津 市

### 综述

2002年，天津市电子仪表工业总公司系统共有电子工业企业201家，从业人员49 431人，其中工程技术人员4 698人，占职工总数9.5%；管理人员6 475人，占职工总数13.1%；软件开发人员60人。全年完成工业总产值639.5亿元，比上年增长50.6%；销售收入278.8亿元，增长33.4%；实现利润11.5亿元，增长64.3%；工业增加值45亿元，增长12.5%；出口创汇18.2亿美元，增长35.8%；全员劳动生产率80 636元，增长22.2%。

全年三资企业完成工业总产值598亿元，比上年增长53.7%，占全系统93.5%；销售收入254亿元，增长37.3%；实现利润10.9亿元，增长88.9%；出口创汇17.8亿美元，增长36%。

年销售收入超过10亿元的企业有：天津三星电子显示器有限公司、天津三星视界有限公司、天津三星电子有限公司、天津三星电机有限公司、天津三星通信技术有限公司、天津通广三星电子有限公司、三星高新电机（天津）有限公司等7家；实现利润超亿元的企业有6家。

全年新建三资企业有：三星爱商（天津）国际物流有限公司、天津中云科技有限公司等3家；增资及转股企业有：天津雅马哈电子乐器有限公司、天津三和电机有限公司、天津津亚电子有限公司等5家。协议利用外资1.4亿美元。特别是三星爱商（天津）国际物流有限公司是中国外经贸部批准的第一家同时拥有进出口权、国际货物运输代理业务、物流业务的运用电子商务平台，是为制造企业提供集中采购服务、供应链管理服务为重点的合资企业。

国有企业全年完成工业总产值41亿元，比上年增长18.6%。其中，中环半导体有限公司、中环精模注塑有限公司、光电技术有限公司、广播器材公司、中环三峰电子有限公司、天虹微电机有限公司等生产增幅均在30%以上。年销售收入达亿元以上的企业有：通信广播公司、津京玻壳股份有限公司、中环精模注塑有限公司、光电通信公司、中环半导体有限公司、六〇九电缆有限公司等6户企业。国有企业20强完成工业总产值和销售收入均占全部国有企业完成数额的70%。

主要电子产品产量：光电端机8 954端，增长571.7%；传真机47 982部，增长173.2%；手机235.3万部，增长9倍；录像机334万台，增长8.1%；

DVD机102.8万台，增长98.1%；背投电视40 216台，增长80.3%；电子琴109.7万台，增长23.3%；小型计算机111部，增长29.1%；彩色显示器416万台，增长29.2%；打印头109万只，增长5.8%；墨盒2 488万只，增长76.6%；黑白玻壳593万只，增长2.1%；彩色玻壳319万只，增长135.6%；彩色显像管222万只，增长62%；彩色显示管258万只，增长2%；高压硅堆28 994万支，增长65.6%；键盘637万只，增长8.3%；印制电路板121 845平米，增长21.5%。

主要电子产品出口情况：彩色电视机164.9万台；DVD录像一体机48.6万台；录像机332.9万台；汽车CD一体机8.2万台；电子琴96.6万台；电磁转换器4 590万只；磁头1 373万只；磁鼓528万只；电机9 153万只；手机191万部；打印头85.3万只；墨盒2 423万个；存折打印机16 296台；彩色显示器224万台；印制电路板75 260平米；铝电解电容器22亿只；贴片电阻器132亿只；贴片电容器216亿只；钽电解电容器6.6亿只；彩色显示管42万只；高压硅堆10 351万只。

## 科技进步与产品质量

全年实施了技术改造、基建项目28项，总投资19亿元，完成投资额10.3亿元，其中用于技术改造项目投资9.7亿元。航空近程导航系统、安全监视新型显示管、硅片扩能、专业电子琴、电子钢琴、新型塑料电子元件、高档精密双面多层电路板等一批项目具有良好发展前景。全年研制开发新产品170项，投产120项。新产品实现销售收入90亿元，实现利税4.5亿元。中环半导体有限公司成功开发出显示器用超快恢复二极管等4项新产品，全年实现产值1 000万元。环欧半导体材料有限公司成功开发生产出了直径5英寸、930毫米长的区熔硅单晶棒，创造了国内记录；同时还制造出了直径3英寸，长度为国际之最的2 200毫米的硅单晶棒。手机、液晶显示器、34英寸纯平彩管、摄像机、新型片式元器件、投影管玻壳等一批具有当代国际先进水平的产品的投产增强了企业的竞争力。片式电容器、片式电阻器、片式钽电解电容器、电子琴、录像机、计算机键盘、打印头、高压硅堆、黑白玻壳、变容二极管等11种产品居全国同行业第一位。投资类、消费类、基础元器件三大类产品占全行业经济总量比重分别达到37.4%、26.8%和35.8%，投资类产品成为第一大门类产品。全年又投入4 254万元用于配套技改投入，配套总资产达4.25亿元。46户国有企业全年实现加工配套收入38 776万元，比上年增长29.3%，其中前10户企业实现26 618万元，占全部配套收入68.6%。光电通信公司、中环高科技有限公司、通广集团公司、中环三峰电子有限公司、长城电子公司、中环电子机电元件公司等6户企业实现配套收入均超过2 000万元以上。贴片、注塑、冲压和组装4大加工基地已基本建成。其配套的产品技术水平不断提高，配套规模不断扩大，配套市场呈多元化，目前已能为摩托罗拉、三星、LG、NEC、雅玛哈、爱普生、ABB等多家跨国公司配套。许多企业通过配套接受新理念，采用新管理，提升员工素质，使企业整体水平得到提高，也积蓄了力量，促进企业向具有自主知识产权产品方向转变。产品质量不断提高，全年市管产品稳定提高率100%，出口商品商检合格率100%，国家抽查合格率100%。

## 企业改革与调整

全行业27个工业公司、直属企业中已有14个建立了有限责任公司，建立了现代企业制度。45户中小企业中已有31户通过整体改制、分块搞活或留壳重组等方式进行了调整，调整面达到68.9%。在20户债务负担沉重的国有企业中有19户完成了有效资产的经营性剥离和资产重组，企业及其资产结构日趋合理。抓紧实施企业东移的发展战略，完成了天津三达电气有限公司、六〇九电缆有限公司两厂的东移工作；长城电子公司重组后的东移和厂区土地盘活工作正在进行过程中；

完成了建津机器厂、无线电二厂等6个单位部分土地的调整和出让，支持了企业的改革和调整。三项制度改革成效显著，以层层竞聘、能者上、庸者下为核心的人事用工制度改革广泛实行。中环半导体有限公司、中环精模注塑有限公司实行的经营者持股办法，充分调动了经营者积极性，经济效益大幅度提高。

### 人力资源开发

根据“围绕项目抓人才，抓好人才促项目”的要求，按照“十五”发展重点，对确定的6大项目系列、45项重点逐项进行了排队和分解，对重点项目单位人才队伍现状、人才总量、人才分布及专业结构进行了综合调查分析，确定了人才引进重点，全年结合重点项目引进人才40多人。通过组团招聘和制定引进人才政策，接收应届大学毕业生820人，接收了1 100名中专毕业生。还通过人才市场、网上等其他招聘方式，招聘既有学历，又有经历，更有实际经验的技术骨干近150人。继续与南开大学联合开办了以培训领导干部为主的工商管理研究生课程班；狠抓了现代企业制度、WTO基本规则的“双基”培训和国际财务会计证书培训以及电子商务等三大培训；广泛开展了对专业技术管理人员的专业培训，全员培训率达51%。系统内学校建设得到加强，全年共输送到高校进行重点培养和攻读硕士学位的教师20名。电子信息学院通信技术专业和计算机网络专业分别被天津市和国家教育部确定为重点专业。电子信息高级技校通过了ISO9000国家质量体系认证并荣获国家教育部、劳动和社会保障部、经济贸易委员会授予的全国职业教育先进单位称号。

## 【统计数据】

表 1　2002 年天津市电子信息产业人员构成情况

| 企业类别 | 企业数（个） | 人员构成（人） | | | | |
|---|---|---|---|---|---|---|
| | | 总人数 | 技术人员 | 所占比例（%） | 管理人员 | 所占比例（%） |
| 国有企业 | 55 | 9 401 | 1 491 | 15.9 | 1 701 | 18.1 |
| 国有独资企业 | 2 | 2 365 | 677 | 28.6 | 379 | 16.0 |
| 集体企业 | 75 | 3 170 | 300 | 9.5 | 454 | 14.3 |
| 股份合作企业 | 11 | 892 | 86 | 9.6 | 112 | 12.6 |
| 股份有限公司 | 1 | 1 303 | 132 | 10.1 | 64 | 4.9 |
| 私营企业 | 2 | 88 | 13 | 14.8 | 17 | 19.3 |
| 中外合资经营责任制企业 | 40 | 30 678 | 1 813 | 5.9 | 3 579 | 11.7 |
| 中外合作经营企业 | 1 | 122 | 19 | 15.6 | 11 | 9.0 |
| 与港、澳、台商合资经营企业 | 13 | 1 339 | 167 | 12.5 | 136 | 10.2 |
| 外商独资企业 | 1 | 73 | – | – | 22 | 30.1 |

**表 2　天津市主要电子产品完成情况**

| 产品名称 | 单位 | 产量 | | | 销量 | | |
|---|---|---|---|---|---|---|---|
| | | 2001 年 | 2002 年 | 增长率 (%) | 2001 年 | 2002 年 | 增长率 (%) |
| 光电端机 | 端 | 1 333 | 8 954 | 571.7 | 1 159 | 7 307 | 530.5 |
| 传真机 | 部 | 17 565 | 47 982 | 173.2 | 20 533 | 46 907 | 128.4 |
| 手机 | 万部 | 3 | 235 | 9 050.0 | 3 | 235 | 9 050.0 |
| 黑白电视机 | 万台 | 15 | 11 | -29.3 | 15 | 11 | -29.3 |
| 彩色电视机 | 万台 | 54 | 76 | 41.5 | 53 | 76 | 44.0 |
| 录像机 | 万台 | 309 | 334 | 8.1 | 309 | 333 | 7.8 |
| DVD 机 | 万台 | 52 | 103 | 98.1 | 52 | 98 | 88.1 |
| 背投电视 | 部 | 22 300 | 40 216 | 80.3 | 22 300 | 41 544 | 86.3 |
| 电子琴 | 万台 | 89 | 110 | 23.3 | 88 | 111 | 26.4 |
| 小型计算机 | 台 | 86 | 111 | 29.1 | 86 | 111 | 29.1 |
| 微型计算机 | 台 | 6 099 | 9 195 | 50.8 | 6 311 | 9 093 | 44.1 |
| 彩色显示器 | 万台 | 322 | 416 | 29.2 | 326 | 412 | 26.4 |
| 打印头 | 万只 | 103 | 109 | 5.8 | 106 | 108 | 1.9 |
| 墨盒 | 万只 | 1 409 | 2 488 | 76.6 | 1 386 | 2 428 | 75.2 |
| 黑白玻壳 | 万只 | 581 | 593 | 2.1 | 575 | 550 | -4.3 |
| 彩色玻壳 | 万只 | 135 | 319 | 135.6 | 81 | 247 | 205.7 |
| 彩色显像管 | 万只 | 137 | 222 | 62.0 | 145 | 222 | 53.1 |
| 彩色显示管 | 万只 | 253 | 258 | 2.0 | 260 | 259 | 0.0 |
| 高压硅堆 | 万支 | 17 517 | 28 994 | 65.5 | 16 440 | 28 912 | 75.9 |
| 扬声器 | 万只 | 1 938 | 1 937 | 0.0 | 1 862 | 2 081 | 11.8 |
| 电子线缆 | 万公里 | 12 | 13 | 8.3 | 12 | 13 | 8.3 |
| 键盘 | 万只 | 588 | 637 | 8.3 | 588 | 637 | 8.3 |
| 铝电解电容器 | 万只 | 368 392 | 386 269 | 4.9 | 343 905 | 398 201 | 15.8 |
| 延迟线 | 万只 | 142 | 126 | -11.3 | 147 | 127 | -13.6 |
| 印刷电路板 | 平米 | 100 306 | 121 845 | 21.5 | 100 306 | 121 845 | 21.5 |

**表 3　天津市电子信息产业主要经济指标完成情况**

| 项目名称 | 单位 | 2000 年 | 2001 年 | 2002 年 |
| --- | --- | --- | --- | --- |
| 工业总产值（不变价） | 万元 | 3 331 822 | 4 105 095 | 6 245 338 |
| 工业增加值（现价） | 万元 | 363 140 | 353 772 | 442 773 |
| 工业销售产值（现价） | 万元 | 1 798 459 | 1 974 907 | 2 757 167 |
| 其中：出口交货值 | 万元 | 982 384 | 1 130 278 | 1 466 827 |
| 销售收入 | 万元 | 1 856 268 | 1 950 900 | 2 670 236 |
| 实现利税总额 | 万元 | 150 216 | 105 366 | 165 165 |
| 其中：利润总额 | 万元 | 122 676 | 60 020 | 106 687 |
| 工业全员劳动生产率 | 元/人 | 62 575 | 52 562 | 82 465 |
| 流动资金周转次数 | 次 | 2.0 | 1.8 | 2.6 |
| 工业产品销售率 | % | 98.5 | 98.4 | 98.6 |
| 总资产贡献率 | % | 8.0 | 4.9 | 8.1 |
| 资本增值保值率 | % | 126.7 | 101.1 | 128.8 |
| 资本负债率 | % | 65.6 | 65.2 | 65.2 |

**表 4　天津市电子信息产业财务情况**

| 项目名称 | 单位 | 2000 年 | 2001 年 | 2002 年 |
| --- | --- | --- | --- | --- |
| 流动资金合计 | 万元 | 1 046 202 | 1 060 007 | 1 259 196 |
| 固定资产合计 | 万元 | 740 341 | 743 788 | 833 887 |
| 固定资产原值 | 万元 | 1 082 835 | 1 133 830 | 1 252 486 |
| 资产合计 | 万元 | 2 010 353 | 2 079 056 | 2 275 387 |
| 产品销售收入 | 万元 | 1 856 268 | 1 950 900 | 2 670 236 |
| 利润总额 | 万元 | 122 676 | 60 020 | 106 687 |
| 应交所得税 | 万元 | 7 370 | 10 884 | 19 024 |

表 5　天津市电子信息新产品情况

| 项目名称 | 单位 | 2000 年 | 2001 年 | 2002 年 |
|---|---|---|---|---|
| 电子工业产值（现价） | 万元 | 3 331 822 | 4 105 079 | 6 245 338 |
| 新产品产值（现价） | 万元 | 437 150 | 738 858 | 934 534 |
| 所占比重 | % | 13.1 | 18.0 | 15.0 |
| 新产品开发总数 | 个 | 217 | 240 | 235 |
| 新产品鉴定总数 | 个 | 178 | 183 | 135 |

表 6　天津市电子信息产品出口情况

| 产品名称 | 单位 | 出口量 | 出口额(万美元) |
|---|---|---|---|
| 彩色电视机 | 万台 | 164.9 | 10 267 |
| 其中：彩电散件 | 万台 | 121.6 | 5 161 |
| 黑白电视机 | 万台 | 11.3 | 293 |
| DVD 录像一体机 | 万台 | 48.6 | 5 629 |
| 录像机 | 万台 | 332.9 | 18 693 |
| DVD | 万台 | 97.1 | 8 242 |
| 汽车 CD 一体机 | 万台 | 8.2 | 1 457 |
| 电子琴 | 万台 | 96.6 | 10 100 |
| 电磁转换器 | 万支 | 4 590.0 | 1 731 |
| 汽车 CD 机芯 | 万只 | 184.2 | 7 559 |
| 偏转线圈 | 万只 | 240.0 | 1 648 |
| 行输出变压器 | 万只 | 711.0 | 1 839 |
| 磁头 | 万支 | 1 373.0 | 985 |
| 磁鼓 | 万支 | 528.0 | 2 319 |
| 电机 | 万支 | 9 153.0 | 9157 |
| 薄膜 | 万个 | 4 774.0 | 4 022 |
| 调制解调器 | 万只 | 970.0 | 1 795 |
| 手机 | 万部 | 191.0 | 19 003 |

续表 6

| 产品名称 | 单位 | 出口量 | 出口额(万美元) |
|---|---|---|---|
| 打印头 | 万支 | 85.3 | 1 581 |
| 墨盒 | 万个 | 2 423.0 | 3 785 |
| 小键盘 | 万台 | 486.0 | 1341 |
| 存折打印机 | 台 | 16 296.0 | 774 |
| 彩色显示器 | 万台 | 224.0 | 31 782 |
| 陶瓷滤波器 | 万只 | 1 406.0 | 770 |
| 传感器 | 万只 | 381.0 | 420 |
| 片式电阻器 | 亿只 | 121.6 | 900 |
| 印制电路板 | 平米 | 75 260.0 | 1 050 |
| 铝电解电容器 | 亿只 | 22.0 | 4 840 |
| 移通（VCO） | 万支 | 2 428.0 | 1 566 |
| 贴片电阻器 | 亿只 | 132.0 | 917 |
| 贴片电容器 | 亿支 | 216.0 | 5 459 |
| 钽电解电容器 | 亿支 | 6.6 | 2 758 |
| 彩色显像管 | 万只 | 10.3 | 1 447 |
| 彩色显示管 | 万只 | 42.0 | 1 632 |
| 高压硅堆 | 万只 | 10 351.0 | 363 |

[撰稿：陈良　审稿：单长寿]

# 河　北　省

## 综述

2002年，河北省电子信息产业主要经济指标实现稳步增长，全省完成工业总产值138.15亿元，增长15.2%；完成销售收入89.5亿元，增长15%；其中软件和系统集成销售收入5.11亿元，增长45.3%；完成工业增加值34亿元，增长15%；实现利税11.44亿元，增长16.1%，其中利润7.13亿元，增长29.3%；完成出口交货值5.62亿元，增长33%；出口创汇8 419万美元，增长22.8%；产销率98%，与去年持平。完成固定资产投资8.6亿元，增长21%；实际利用外资4 882万美元；完成新产品开发100项。从各项经济指标完成情况看，利税增长高于全国同行业平均水平。河北省电子信息产品制造业产品结构调整已初步显现成效。

## 电子信息产品制造业

一是着力抓好在建大项目。石家庄宝石集团投资2.2亿元的彩壳纯平化改造工程全部完成并投入生产。河北远东通信公司卫星地面接收天线、河北液晶公司手机用液晶显示模块、唐山晶源公司移动通信用温补振荡器等在建国债项目已经建成投产并通过国家验收。廊坊国瑞电子公司水平砷化镓晶片、邯郸钢铁公司企业信息化等一批国家、省高技术产业化和技改项目进展顺利。

二是加大新项目谋划力度，为产业发展增添了后劲。2002年8月，国信办领导和专家已初步确定河北省和北京市为NC机应用试点省（市）。按照“以网络教育、农业信息化拉动NC机（网络计算机）制造，以NC机的推广应用促进信息化建设”的思路，目前已完成样机试制并小批量生产。全年协助省计委组织申报高技术产业化项目20项，其中上报国家计委9项。中国电子科技集团公司第四十五所集成电路封装设备、河北凯华公司统计信息资源管理系统、十三所无线通信用有源和无源射频集成电路产业化等3个项目，列入国家产业化示范工程项目，国家计委已批复可研报告，项目总投资1.6亿元，争取国债资金1 600万元。

三是抓好现有企业的技术改造工作。石家庄宝石集团玻管生产线、沧州远东印制电路公司引进高密度互联多层板关键生产设备和秦皇岛海湾可视对讲系统等3个项目列入省技改项目计划。总投资6 700万元。

四是积极扩大招商引资。签订合资、合作项目28项，总投资48 443万美元，合同利用外资19 900万美元，占总投资额的41%，其中总投资2 000万美元以上的项目3项。

## 园区建设

一是加强与中国电子科技集团公司的合作，决定共同建设“两个基地一个园区”，即：中电科技集团石家庄数字通信与微电子产业基地、燕郊电子专用设备与机械加工基地、中电科技集团石家庄信息产业园。中电科技集团石家庄信息产业园是中国电子科技集团在全国重点规划建设的五大基地之一，依托五十四所、十三所建设，在鹿泉开发区占地2 000亩，并初选了宽带无线接入、硅外延片产业化、集成电路封装等7个技术成熟、产业化基础好的项目，其中部分项目已列入国家高技术产业化示范工程项目计划，总投资10.9亿元，达产后可实现年产值26.9亿元。中电科技集团公司将集中力量把园区建成具有国际水平的信息产业园。

二是与京津高校合作取得了新进展。11月29日，河北四方通信设备有限公司与清华大学成立了光通信联合实验室，拟投资1 100万元，主要用于光通信技术产品的研究开发，它标志着河北省信息产业与名牌大学的合作进入了一个新阶段。

三是抓住北京承办2008年奥运会和部分电子企业外迁的契机，多次与北京电子控股集团洽谈在河北省建立加工生产基地问题，北京电子控股集团公司多次到燕郊开发区考察投资环境，并就投资建设的一些具体问题进行了磋商。积极与河北清华研究院合作，共同建设河北信息技术转化中心项目。

## 龙头企业发展和集团建设

2002年，河北省对全行业重点企业加强了宏观指导力度。石家庄宝石集团产品结构已经从适应性调整转向战略性调整，投资2.2亿元实施了彩锥成型改造，21至34英寸玻壳全部实现了纯平化。扩大了销钉阳极帽生产能力，新上L–35铅玻管、高频无极放电灯、数字闭路视频监视系统等新项目实现了产业化。河北液晶公司移动通信用液晶显示模块开发与产业化项目通过国家验收，信息产业部一期拨款1 000万元已经到位，项目建设进展顺利，二期投资即将启动，达产后将形成年产1 000万块彩色和黑白液晶显示模块的能力。债转股涉及的土地变更性质和土地征用出让手续问题，已得到较好解决。秦皇岛海湾集团投资8 000万元用于企业技术研发中心等项目建设，产品由最初的消防报警产品扩展为楼宇自控、电子电度表等系列产品，这些项目建成达产后，生产能力可提高4倍，为企业发展增添了后劲。唐山晶源电子公司国家高技术产业化示范工程数字移动通信用温补振荡器产业化项目已经通过验收。秦皇岛海湾公司和唐山晶源公司正在抓紧上市前的准备工作。

全省电子信息产业共完成省级以上新产品开发100项，其中宝石集团视频监控系统、保定双弧软件公司的坐标工具软件、石家庄四方通信公司光纤连接器、石家庄泛安公司宽带家庭智能网关系统等一批新产品对河北省产业结构调整将起到积极的推动作用。

## 软件产业

加快三河燕郊、石家庄、保定、秦皇岛软件园的规划建设。三河燕郊软件园已有中美亚星、汉王科技、安博科技等十几家企业入驻。石家庄河北软件园规划占地由原来的500亩增加到800亩，首期300亩已经启动。保定软件园规划占地2 000亩。燕郊软件园、石家庄河北软件园和保定软件园被省计委和省信息产业厅认定为省级软件产业基地。秦皇岛东大河北软件基地已经挂牌成立。

积极落实国家和河北省关于鼓励软件产业和集成电路产业发展的优惠政策。在2001年50家软件企业通过认定、146项软件产品完成登记、4家计算机系统集成企业通过三、四级资质认证的基础上，2002年又有24家软件企业和113项软件产品通过认证和登记，13家系统集成资质企业通过了三、四级认证。会同省计委、省建设厅向全省推广了保定纵横建筑工程量计算软件。帮助软件企业和系统集成企业落实退税政策，退税金额达2 200多万元。

## 信息化应用

加强统一管理和规划，营造“数字河北”建设的宽松环境。按照国家信息化建设“统筹规划、资源共享、应用主导、面向市场、安全可靠、务求实效”的指导方针，起草了《河北省信息化建设管理办法》和《河北省信息化建设实施计划纲要》，确定“数字河北”建设以“省公共互联传输网、省公共信息平台、11大领域中心数据库和9项应用工程”为主线，分步实施，重点推进。

企业信息化工作进一步加快。大力推进信息技术在机械、冶金、纺织、轻工、化工（医药）、广电等领域的应用，列入全国电子信息应用贷款建设项目计划2项，贷款额度2 000万元。张家口有线电视综合信息网项目通过了专家验收，全国电子信息推广办公室从信息产业部掌握的电子发展基金中划拨50万元给予贴息支持。创建了河北省企业信息化指导中心，为企业信息化建设提供多层次服务和信息化人才培训。

积极推进传统企业的信息化改造。将石家庄钢铁股份有限公司、保定天威、沧州大化等3家企业列为传统产业信息化建设和企业管理信息化示范单位，从省长备用金中拿出资金给予支持，从信息化专项经费中拿出部分资金支持中小企业的信息化建设。通过引导资金的支持，进一步加快了企业信息化进程。

电子政务工程方案通过专家论证，公开招标，现正在实施中，已完成省政府内网、外网和专网的首期建设。覆盖各设区市和省直各部门的电子邮件系统已经建成，部分公文实现了网上传输。重点部门和领域建立了计算机专用网和管理信息系统，提高了工作效率。

成立了河北省电子商务认证有限公司，组建了省电子商务专家组，研究起草了电子商务发展规划。电子商务的初步应用开始在一些企业展开。

全省远程教育网已经开通，全省4 000多所学校采用ku波段卫星频道实现了网络连接，并与省远程教育网联通，同时开通了远程教育英语频道。

国土资源、农业管理系统、校园网等系统建设取得较大进展。农业信息网已完成省级农业信息交换中心、农产品供求信息网和农村经济数据库建设，全省40家大型农产品批发市场、部分县乡农业信息网也将接入省农业信息网。

邯郸市列入建设部数字化工程综合示范城市，全国信息化试点城市工作成效明显。信息产业部在邯郸召开了全国信息化试点城市座谈会，推广该市信息化建设的经验。

金字工程进程加快。金税工程建设了覆盖省、市、县三级业务网；金卡工程建设了全国电子联行系统和同城资金清算系统，部分市实现了银行卡的跨行使用。

用于党政机关、政法系统、抢险救灾的800兆数字集群共用移动通信网项目，经多次组织科研、生产单位进行研讨、论证，已批复项目建议书。该项目既可以有效利用无线电频率资源，保证无线通信安全，又能够以运营带动制造业发展，建成后将是河北省信息产业又一新的经济增长点。

### 无线电管理工作

以“三个服务”为宗旨，继续扶持国家和省大型骨干信息网络建设，特别是对公众通信、广播电视、水利、电力、公安、安全等关系国民经济发展和社会稳定的重要部门和行业设台建网，都给予重点支持和保障。

加强对无线电频率资源和各类台站的审批管理。各级无线电管理机构采取行政、法律、经济、技术等手段，切实加强无线电频率指配和台站审批管理，尤其在避免重复建设、提高无线网络综合利用率方面加大了工作力度。省、市无线电管理机构协调联动，密切配合，对公众网基站、三高设台、寻呼基站和卫星地球站进行了认真清查整顿，取得显著成效。

加大执法和收费力度，认真催缴欠费，启动了对移动公司的代收代缴费的审计，超额完成全年收费任务。加强无线电监测和设备检测工作，认真查处各类非法设台和违章设台。全年查处各种空中无线电干扰多起，有效地维护了空中电波秩序，保障了首都周边无线通信安全。

加强了基础技术设施建设，加大了监测网、频谱计算机网和无线电设备检测实验室的建设力度。省无线电管理局经过积极努力，档案室达到省一级标准，建立了资料室，规范了办公秩序。建成了省会固定监测网，配备了搬移、车载、便携式设备，初步形成了固定、搬移、车载、便携四种手段相结合的无线电监测网络系统，经省科技厅组织专家鉴定，省会固定监测网达到了国际先进、国内领先水平，对全国无线电监测网建设具有较好的借鉴和推动作用。

采取多种形式加强业务技术培训，干部的业务素质进一步提高。厅局机关成功地承办了全国无线电管理工作座谈会暨业务技术交流会议。

## 【统计数据】

**表 1　2002 年河北省电子信息产业人员构成情况**

| 企业类别 | 企业数（个） | 人员构成（人） | | | | |
|---|---|---|---|---|---|---|
| | | 总人数 | 技术人员 | 所占比例（%） | 管理人员 | 所占比例（%） |
| 国有企业 | 27 | 11 576 | 4 297 | 37.1 | 1 011 | 8.7 |
| 国有独资企业 | 1 | 4 897 | 152 | 3.1 | 520 | 10.6 |

续表 1

| 企业类别 | 企业数（个） | 人员构成(人) | | | | |
| --- | --- | --- | --- | --- | --- | --- |
| | | 总人数 | 技术人员 | 所占比例(%) | 管理人员 | 所占比例(%) |
| 集体企业 | 35 | 9 022 | 788 | 8.7 | 647 | 7.2 |
| 股份合作企业 | 9 | 1 487 | 306 | 20.6 | 174 | 11.7 |
| 股份有限公司 | 13 | 4 440 | 729 | 16.4 | 786 | 17.7 |
| 私营企业 | 24 | 2 810 | 1 060 | 37.7 | 343 | 12.2 |
| 中外合资经营责任制企业 | 7 | 1 293 | 281 | 21.7 | 167 | 12.9 |
| 与港、澳、台商合资经营企业 | 13 | 6 193 | 782 | 12.6 | 1 020 | 16.5 |
| 外商独资企业 | 3 | 179 | 5 | 2.8 | 43 | 24.0 |
| 外商投资股份有限公司 | 10 | 1 472 | 286 | 19.4 | 210 | 14.3 |

表 2 河北省主要电子产品完成情况

| 产品名称 | 单位 | 产量 | | | 销量 | | |
| --- | --- | --- | --- | --- | --- | --- | --- |
| | | 2001 年 | 2002 年 | 增长率(%) | 2001 年 | 2002 年 | 增长率(%) |
| 程控交换机 | 万线 | 60 | 26 | –55.7 | 60 | 26 | –55.7 |
| 彩壳 | 万只 | 566 | 661 | 16.8 | 548 | 674 | 23.0 |

表 3 河北省电子信息产业主要经济指标完成情况

| 项目名称 | 单位 | 2000 年 | 2001 年 | 2002 年 |
| --- | --- | --- | --- | --- |
| 工业总产值（1990年不变价） | 万元 | 1 000 873 | 1 199 982 | 1 327 061 |
| 工业增加值（现价） | 万元 | 256 780 | 295 137 | 339 624 |
| 销售产值（现价） | 万元 | 745 655 | 930 794 | 989 104 |
| 销售收入 | 万元 | 676 523 | 778 084 | 895 001 |
| 实现利税总额 | 万元 | 85 131 | 98 477 | 114 405 |
| 其中：利润总额 | 万元 | 47 926 | 55 162 | 77 156 |
| 工业全员劳动生产率 | 元/人 | 57 361 | 64 509 | 67 493 |
| 流动资金周转次数 | 次 | 1.5 | 1.1 | 1.4 |

续表 3

| 项目名称 | 单位 | 2000 年 | 2001 年 | 2002 年 |
|---|---|---|---|---|
| 工业产品销售率 | % | 95.7 | 97.6 | 97.5 |
| 总资产贡献率 | % | 10.7 | 7.8 | 9.6 |
| 资本增长保值率 | % | 141.9 | 121.0 | 116.1 |
| 资产负债率 | % | 72.3 | 61.0 | 60.6 |

表 4　河北省电子信息产业财务情况

| 项目名称 | 单位 | 2000 年 | 2001 年 | 2002 年 |
|---|---|---|---|---|
| 流动资金合计 | 万元 | 559 152 | 781 537 | 641 987 |
| 固定资产合计 | 万元 | 319 264 | 649 353 | 524 012 |
| 固定资产原值 | 万元 | 425 036 | 618 048 | 757 610 |
| 资产合计 | 万元 | 1 050 377 | 1 560 752 | 1 398 338 |
| 产品销售收入 | 万元 | 676 523 | 778 084 | 895 001 |

表 5　河北省新产品情况

| 项目名称 | 单位 | 2000 年 | 2001 年 | 2002 年 |
|---|---|---|---|---|
| 电子工业产值（现价） | 万元 | 779 590 | 953 943 | 1 014 148 |
| 新产品产值（现价） | 万元 | 103 444 | 85 035 | 104 296 |
| 所占比重 | % | 13.3 | 8.9 | 10.3 |

表 6　河北省电子信息产品出口情况

| 产品名称 | 单位 | 出口量 | 出口额（万美元） |
|---|---|---|---|
| 单晶硅 | 吨 | 260 | 1 730 |
| 压电晶体 | 万只 | 8 571 | 1 017 |
| 致冷器件 | 万片 | 300 | 1 200 |
| 液晶材料 | 千克 | 5 200 | 722 |
| 液晶显示模块 | 万标盒 | 15 | 559 |

［撰稿：宋进珠　　审稿：陈国鹰］

# 山西省

## 综述

2002年，按照山西省机械电子工业行业管理办公室（以下简称省机电办）的统计范围，山西省电子工业拥有企业20户，从业人员11 381人，全年共实现工业总产值（1990年不变价）138 902万元，下降1.31%；完成工业销售产值（现价）103 276万元，下降2.66%；实现工业增加值18 532万元，下降22.2%；实现产品销售收入91 478万元，下降6.16%；实现产品销售率94.51%，降低了1.57个百分点；实现利润总额-1 707万元，下降196.11%；实现税金总额2 380万元，下降4.52%。

电子工业经济运行特点：生产、销售、产销率均呈小幅下降之势；企业制造费用、销售费用、管理费用、财务费用等四大费用大幅度上升，全行业经济效益不良，整体亏损；占全行业55%的国有企业和占全行业45%的股份制企业，整体经营状况不佳，特别是占全行业45%国有中小企业生存压力巨大，全行业企业组织结构、所有制结构调整工作进展缓慢；大部分民用产品步入成熟期、衰退期，产、销出现萎缩之势，企业产品结构调整工作未取得实质性进展；市场竞争加剧，企业被迫纷纷调低产品价格，企业利润空间被进一步压缩，全行业赢利能力大大下降；企业应收账款净额、其他应收款、产成品、待处理流动资产损失、递延资产等5项资金大幅上升，企业资金流动不畅，融资困难，资金紧张；企业发展不平衡，强弱两极分化趋势加剧；全行业引进外资、产品进出口工作无实质性进展。

## 科技进步与应用

全行业实现新产品产值32 466万元，实现新产品产值率29.71%，全年技术改造措施项目完成投资额596万元。列入山西省工业调产计划的项目有：太原刚玉磁电公司总投资16 000万元、年产300吨的耐热钕铁硼电机磁钢改造项目；太原长城微光器材股份公司总投资11 750万元、年产24万件的光纤传像系列产品项目；山西创联信息网络技术有限公司总投资4 480万元中国煤焦电子商务（网）中心建设项目；太原彩星电器有限公司总投资7 000万元的数码相机与数字录音笔等系列产品技改项目；太原彩星多媒体有限公司总投资2 950万元、年产3万部的无线上网互通器改造项目。这些项目全年进展顺利，项目完成后，可为山西省电子工业每年增加销售收入150 580万元，利税32 426万元。

得到省经贸委技术创新资金支持的项目有：太原瑞磁科技有限公司总投资200万元的钕铁硼稀土永磁表面电镀合金技术；太原红日强磁材有限公司总投资190万元的钕铁硼异形一次成型工艺项目；山西鹏升科技实业有限公司总投资160万元的氢碳工艺产业化项目；山西省同力计算机联合公司总投资170万元的微机控制多功能检测装置项目；山西鹏华系统高科技有限公司总投资600万元的热量仪表热网自动调控系统项目。以上项目完成后，可为全行业增加销售收入8 650万元，利税2 170万元。

得到信息产业部电子发展基金的支持的项目有：太原市亚泰电子集团有限公司总投资200万元的有线电视可寻址可防盗收费管理系统软件项目；太原理工天成科技股份有限公司总投资350万元的基于IP的数字化语音教学产品项目。

省内企业主要技改项目有：运城恒磁集团

2 000吨/年高性能钕铁硼磁性材料；山西京宇磁材有限公司与太原通力实业发展有限公司高性能钕铁硼及器件改造；太原刚玉磁电子公司钕铁硼电机磁钢；金阳器材厂高性能钕铁硼电机磁钢及汽车用微特电机改造；阳泉煤业集团鑫达磁材有限公司铁氧体永磁材料等。以上改造项目将使全省形成高性能钕铁硼6 000吨；铁氧体永磁材料1万吨的生产能力，到2005年高性能钕铁硼磁材销售收入达到15亿元，成为全国磁材生产基地之一。

上述项目完成后，将促进全行业产品结构调整，大大增强全行业可持续发展能力和赢利能力。

山西省经贸委为引导全省机电企业技术创新工作，专门委托省机电办组织全省有关专家编制了《山西省机电制造业“十五”期间建议采用新技术指南》，列入指南的项目将作为省经贸委“十五”期间重点支持的技术创新项目，其中涉及电子信息产品制造业的主要技术有：1. 卫星通信球站高频技术；2. 高性能磁性材料及其应用产品制造技术；3. 智能化楼宇自动控制技术；4. 计算机及外设加固技术；5. 变频控制技术（电力电子技术）；6. 计算机防信息泄漏技术；7. 微光夜视仪及其器件；8. 改造传统产业的计算机技术及专用软件开发；9. 数字化技术在电子产品中的应用开发；10. 新型电子元器件制造技术；11. 电子专用设备制造技术；12. 半导体制冷技术。这一举措将有力促进全省电子企业技术创新工作的发展。

为将钕铁硼永磁材料制造业培育成为山西省电子工业新的经济增长点，山西省机械电子行业管理办公室与省科技厅共同完成了山西省磁性材料高新技术化专题分析报告，该报告翔实地分析了全省钕铁硼永磁材料制造业的现状及存在的主要问题，有针对性地提出了对策建议，论述了发展方向和目标。省机电行业办还与省磁性材料联盟共同组织有关企业制定了山西省钕铁硼磁性材料的加工、表面处理等方面的技术标准，促进全省磁性材料制造企业技术水平的提高，有利于该行业的规范发展。

### 企业结构调整与改革

省属电子企业均已与主管部门脱钩，由新成立的省国有资产经营公司统一管理。省政府授权省国有资产经营公司享有上述企业国有资产的出资者所有权，按投入企业的国有资本额行使所有者的资产收益权、重大决策和选择管理者等权利。省国有资产经营公司工作重点是放开搞活国有中小企业。通过改制，产权置换以及鼓励民间资本收购、兼并，使国有中小电子企业转变为产权多元化的混合所有制企业，通过经济补偿和入股参股，使国有制职工转变为企业股东或合同制员工，从而实现“两个转变”，激活企业运行机制。

### 信息化应用

省科委计划投资25个亿，用4年左右的时间支持山西省制造业信息化的建设。2002年4月2日，省科委正式启动山西省制造业信息化应用示范工程，初步计划支持150家企业实施制造业应用示范工程，在250家中小型企业进行制造业信息化推广。计划投入资金25亿元，其中：争取科技部资金6 000万元，地方财政投资3亿元，企业自行解决21.4亿元。山西省制造业信息化工程将在科技部的指导下重点抓好4项任务，即：建立应用示范体系，推广应用制造业信息化技术；创建良好的制造业信息化推广应用环境；建设制造业信息化技术创新体系和服务体系；培养制造业信息化人才队伍。

山西省已有70多户企业申报实施该工程，省科委将确定50户企业作为示范企业，按照政府引导资助为辅、企业投资为主的原则，以无偿资助的方式，支持企业应用信息化技术，支持额度一般为10~30万元。2002年9月在太原市科技馆举办了“2002年企业信息化（太原）博览会”。用友软件股份有限公司、联想集团公司等国内知名软件企业参加了展览，对全省信息化建设起到了积极的推动作用。

2002年10月18日，山西省机械电子行业企业信息化工作现场推进会在永济电机厂召开，省内50余家机械电子工业的大中型企业负责同志参加了会议。会议提出了全省机电行业信息化建设的思路和发展目标，明确了信息化建设的任务和要求。会后，山西省机电办还专门组织了企业三维计算辅助设计培训班，培养了一批企业信息化建设人才，有力地促进了企业信息化工作的发展。

山西省机电行业管理办公室于2002年4月2日正式组建山西省软件行业协会。该协会将承担山西省软件企业认定与软件产品登记工作，贯彻落实软件企业和软件产品的税收优惠政策，加强全省软件行业的交流、合作和联系，促进软件开发工程化、软件商品集成化、软件经营企业化和软件企业集团化，推动软件技术向传统产业的渗透。加快软件商品化步伐，努力使企业资源管理系统为主的计算机软件成为山西省信息产业新的经济增长点。

## 【统计数据】

表 1　2002 年山西省电子信息产业人员构成情况

| 企业类别 | 企业数（个） | 人员构成（人） | | | | | |
|---|---|---|---|---|---|---|---|
| | | 总人数 | 技术人员 | 所占比例（%） | 管理人员 | 所占比例（%） | 软件研发人员 |
| 国有企业 | 11 | 8 546 | 1 599 | 18.7 | 1 269 | 14.8 | 10 |
| 股份制企业 | 8 | 2 395 | 328 | 13.7 | 351 | 14.7 | 29 |
| 港、澳、台合资经营企业 | 1 | 440 | 50 | 11.4 | 43 | 9.8 | 0 |

表 2　山西省电子信息产业主要指标完成情况

| 项目名称 | 单位 | 2000 年 | 2001 年 | 2002 年 |
|---|---|---|---|---|
| 工业总产值（不变价） | 万元 | 112 418 | 140 757 | 138 902 |
| 工业销售产值 | 万元 | 85 289 | 106 102 | 103 276 |
| 其中：出口交货值 | 万元 | 2 176 | 2 885 | 70 |
| 工业增加值（生产法） | 万元 | 21 280 | 23 847 | 18 532 |
| 从业人员年末人数 | 人 | 14 334 | 13 416 | 11 381 |
| 从业人员工资总额 | 万元 | 9 020 | 8 439 | 8 890 |

**表 3 山西省电子信息产业财务情况**

| 项目名称 | 单位 | 2000 年 | 2001 年 | 2002 年 |
|---|---|---|---|---|
| 流动资金合计 | 万元 | 121 946 | 96 492 | 125 884 |
| 固定资产合计 | 万元 | 111 803 | 134 387 | 77 457 |
| 资金合计 | 万元 | 241 417 | 232 544 | 251 964 |
| 流动负债合计 | 万元 | 130 829 | 95 365 | 122 586 |
| 负债合计 | 万元 | 183 871 | 163 804 | 172 411 |
| 所有者权益合计 | 万元 | 57 547 | 68 740 | 79 553 |
| 产品销售收入 | 万元 | 78 834 | 97 486 | 91 478 |
| 投资收益 | 万元 | 58 | 147 | 150 |
| 利润总额 | 万元 | -1 014 | 1 776 | -1 707 |
| 应交所得税 | 万元 | 432 | 586 | 499 |

**表 4 山西省电子信息产业主要经济效益指标完成情况**

| 项目名称 | 单位 | 2000 年 | 2001 年 | 2002 年 |
|---|---|---|---|---|
| 工业全员劳动生产率 | 元/人 | 14 801 | 17 775 | 15 126 |
| 流动资金周转次数 | 次 | 0.7 | 0.8 | 0.8 |
| 工业产品销售率 | % | 92.6 | 96.1 | 94.5 |
| 总资产贡献率 | % | 2.0 | 3.1 | 1.0 |
| 资本增值保值率 | % | 115.7 | 119.5 | 115.7 |
| 资产负债率 | % | 76.2 | 70.4 | 68.4 |

**表 5 山西省电子信息产业新产品情况**

| 项目名称 | 单位 | 2000 年 | 2001 年 | 2002 年 |
|---|---|---|---|---|
| 电子工业产值（现价） | 万元 | 92 144 | 110 429 | 109 279 |
| 新产品产值（现价） | 万元 | 26 806 | 78 855 | 32 466 |
| 所占比重 | % | 29.1 | 35.2 | 29.7 |
| 新产品开发总数 | 个 | - | 11 | 10 |
| 新产品鉴定总数 | 个 | - | 11 | 10 |

**表 6　山西省主要电子信息产品产销情况**

| 产品名称 | 单位 | 产量 | | 销量 | |
|---|---|---|---|---|---|
| | | 2001 年 | 2002 年 | 2001 年 | 2002 年 |
| 彩色电视机 | 台 | 171 227 | 235 232 | 164 066 | 239 658 |
| 空调 | 台 | 630 | 6 541 | 630 | 4 955 |
| 半导体分立器件 | 万只 | 19 | 22 | 17 | 18 |
| 各类电表 | 万只 | 27 | 39 | 25 | 39 |
| 电子元件专用设备 | 台 | 57 | 140 | 63 | 133 |
| 卫星应用产品 | 台 | 1 904 | 300 | 1 903 | 1 032 |

[撰稿：周继祥　审稿：张亚鹏]

# 辽　宁　省

## 综述

2002年，辽宁省信息产业行业内共有制造业企业149家，从业人员为89 911人，其中技术人员14 500人，所占比例为16.68%。软件技术人才20 000人。固定资产净值平均余额917 123万元，资产负债率为57%。拥有全国电子信息百强企业6家。

2002年，完成工业总产值608.69亿元，增长33.5%；工业增加值104.3亿元，增长44.3%；实现销售收入425.6亿元，增长46%；其中，信息产品制造业实现销售收入349.6亿元，增长47.8%；软件业实现销售收入76亿元，增长38.2%。；实现利税20.3亿元，增长11.5%。主要产品产量与销售情况：微型计算机产量87万台，增长40.3%；彩色电视机产量404万台，增长6.9%；汽车音响295万台，增长29.1%；激光视盘机196.56万部，增长284%；打印机66.38万部，下降1%。

经济运行的主要特点：

一是信息产业占全省的比重增加，增加值占全省GDP比重由上年的1.4%提高到1.8%。

二是位次提升，信息产业总规模打破了近几年徘徊不前的局面，在全国同行业的位次由上年的第10位上升到第9位。

三是重点市的发展越发强劲。大连市信息产业的销售收入为258.5亿元，占全省信息产业的60.7%，且发展势头呈现更良好状态。沈阳市信息产业为114.3亿元，占全省的26.9%，该市正在积极组织大项目，培育新的增长点，发展速度有望进一步加快。

## 电子产品出口

2002年，电子产品出口创汇额持续增长，全年实现出口创汇26.9亿美元，同比增长32.5%，占全省出口创汇总额的21.8%，比上年增长了7.8个百分点。其中软件出口8 000万美元，比上年同期增长21.4%。在出口产品门类中，电子计算机制造业实现创汇10.2亿美元，占总出口交货值的35.4%；家用视听设备制造业达9.7亿美元，占33.9%；电子信息机电产品制造业实现3.7亿美元，占12.8%；电子元件、器件制造业实现3.2亿美元，占11.3%。重点产品出口量：商用电脑达83.4万部，增长57.8%；彩色电视机292.8万台，增长13.0%；DVD视盘机176.8万部，增长313.6%；汽车音响253.9万部，增长66.8%。

## 结构调整与对外开放

2002年，以建设园区为依托，以招商引资为重点，加快结构调整步伐。

1. 全年完成基本建设投资额28 221万元，完成项目投资额27 642万元。

2. 园区建设取得进展。沈阳装备信息化产品产业园、大连光通信产业园、辽阳微电子产业园、阜新新型电子元器件产业园等4个制造业园区依托自身基础，打造区域特色，加大招商引资力度。全年入园企业15家，注册资金10亿元，其中引入外资5 200万美元。沈阳、大连、鞍山三个软件园的建设与发展已各具特色，取得了显著的成效(见软件产业部分)。

3. 重大招商引资项目有所突破。全年累计完成招商引资项目44个，实际利用外资1.7亿美元。通过走出去，请进来，开展国际合作与交流活动，使一批重大项目落户辽宁，如大连佳能激光打印机项目，新增外资5 400万美元；沈阳东软集团与美国CA公司签订4 000万美元的合资协议，共同开发软件产品和市场；大连海辉公司与美国通用电器联手，建立GE全球开发中心，已吸引外资1 400万美元；投资5 000万美元的台湾独资翊凯计算机零配件生产基地项目，已落户沈阳；由美国科希国际公司和韩国STL投资3亿美元联合开发、制造6~8英寸集成电路芯片项目落户沈阳浑南开发区；大连宏大芯片集成系统有限公司集成电路设计项目开始启动；大连大显集团加强向手机等通信类产品拓展，以及东软集团的数字医疗产业园的加速建设，这些为辽宁信息产业的结构调整奠定了坚实的基础。

## 软件产业

2002年，辽宁省软件产业仍然以较高速度发展。全省共有软件企业600户，全年实现销售收入76亿元，软件产品出口8 000万美元，比上年同期分别增长38.2%、33%。

1. 软件产业基地建设有新进展。大连软件园全年实现销售收入8亿元，出口创汇2 500万美元，入园企业数达130户，软件开发人员达到4 000人，本年度大连软件园通过了ISO质量体系认证，成为中国第二家通过该体系认证的软件园。沈阳软件园全年实现销售收入30亿元，出口创汇2 000万美元，入园企业120户，软件开发人员4 000人，在整合资源的基础上，实力进一步增强。鞍山软件园全年实现销售收入6.3亿元，出口创汇1 000万美元，入园企业达70户，软件开发人员1 200人。3个软件园已入园企业349家，注入资金达38.4亿元。

2. 软件人才培养有所成果。2002年，省政府出台了《辽宁省人民政府关于软件人才的若干规定》，对建立软件学院、培养软件人才、聘请外国专家等提供了优惠政策和良好的创业条件。目前已建立软件学院8家，在校生达8 500人。

3. 大力开展软件产业方面的国际合作。成功举办了中国大连（国际）软件交易博览会。软交会云集了国内外一些重要软件公司的领导，其中日本70多家软件企业的社长、副社长、韩国30多家IT企业的代表及德国、印度等国家和地区的部分软件企业人士参加了交易会。软交会扩大了国内外交流，促成了一批合作项目。

4. 加大对软件产业的投入。省政府决定，将省软件发展种子资金由原定1 000万元增加到2 500万元，并改为省软件产业发展专项资金，除继续支持创办软件企业和吸引人才外，又把软件出口、软件人才的培养和奖励、软件基地建设、省重点软件项目等纳入了扶持范围。

5. 加强中介服务体系建设。充分发挥软件行业协会作用，积极组织“双软”认定和其他工作，已认定软件企业264家，已登记软件产品486个，已通过计算机信息系统集成资质认证的企业31家。同税务一起作好软件企业减税的有关工作，全年共退税7 000万元。大力开展EB/TI9000-IS9000系列质量保证体系认证和CMM认证。目前已有沈阳东方软件有限公司等5家企业通过了一定级别的CMM认证。

## 信息化应用

2002年，辽宁省信息化建设步伐加快，工作进展比较顺利。全省固定电话用户超过1 000万户，移动电话用户超过800万户，电话普及率近43部/百人，高出口全国普及率近10个百分点。互联网用户达到336.2万户，比上年增长54.7%。信息化在各个领域全面开展，且取得成效。党政电子政务内网平台和省、市纵向网已经建成，省直75个部门已接入主干网，市、县两级电子政务内网建设陆续展开。企业信息化在产供销和管理等方面得到广泛应用。农业信息化在网络建设、数据库开发、服务体系建设等方面取得了较大成效。以致富为主题的“百万农民上网工程”已经开通。城市信息化在城市地理信息系统建设及“城市一卡通”应用等方面取得新进展。

## 无线电管理

2002年，全省无线电管理水平进一步提高。全省无线电办公自动化系统、台站信息管理系统、档案信息管理系统、邮件信息管理系统和地理信息管理系统建成运行，基础设施建设进一步推进。充分发挥无线电管理的功能，在查处“法轮功”邪教组织恶意干扰、保卫十六大胜利召开和打捞大连“5·7”空难“黑匣子”等方面发挥了重要作用。加大收缴力度，全年完成频率占用费收缴2.63亿元。

## 【统计数据】

表 1　2002 年辽宁省电子信息产业人员构成情况

| 企业类别 | 企业数（个） | 人员构成（人） | | | | |
|---|---|---|---|---|---|---|
| | | 总人数 | 技术人员 | 所占比例（%） | 管理人员 | 所占比例（%） |
| 合　计 | 149 | 89 911 | 14 500 | 16.7 | 10 392 | 12.2 |
| 国有企业 | 43 | 28 493 | 3 580 | 12.6 | 4 010 | 14.1 |
| 国有独资 | 3 | 3 328 | 615 | 18.5 | 428 | 12.9 |
| 集体企业 | 7 | 389 | 42 | 10.8 | 79 | 20.3 |
| 股份合作企业 | 3 | 380 | 45 | 11.8 | 48 | 12.6 |
| 其他有限责任公司 | 14 | 5 044 | 848 | 16.8 | 673 | 13.3 |
| 股份有限公司 | 7 | 3 542 | 341 | 9.6 | 496 | 14.0 |
| 私营企业 | 11 | 1 804 | 493 | 27.3 | 200 | 11.1 |

续表 1

| 企业类别 | 企业数（个） | 人员构成（人） | | | | |
|---|---|---|---|---|---|---|
| | | 总人数 | 技术人员 | 所占比例（%） | 管理人员 | 所占比例（%） |
| 港、澳、台合资经营企业 | 8 | 705 | 177 | 25.1 | 105 | 14.9 |
| 港、澳、台商投资经营股份有限公司 | 2 | 326 | 15 | 4.6 | 25 | 7.7 |
| 中外合资经营企业 | 15 | 8 643 | 535 | 6.2 | 613 | 7.1 |
| 中外合作经营企业 | 2 | 344 | 30 | 8.7 | 24 | 7.0 |
| 外资企业 | 34 | 36 913 | 7 337 | 19.8 | 3 691 | 10.0 |

**表 2 辽宁省电子信息产业主要经济指标完成情况**

| 项目名称 | 单位 | 2000 年 | 2001 年 | 2002 年 |
|---|---|---|---|---|
| 工业总产值（不变价） | 万元 | 3 291 377 | 4 014 421 | 5 326 884 |
| 工业销售产值 | 万元 | 1 956 616 | 2 366 283 | 3 400 980 |
| 其中：出口交货值 | 万元 | 138 000 | 157 000 | 2 356 227 |
| 软件出口 | 万美元 | 5 700 | 7 000 | 8 000 |
| 工业增加值（生产值） | 万元 | 436 139 | 726 813 | 1 042 912 |
| 从业人员年末人数 | 人 | 68 307 | 78 549 | 109 911 |
| 从业人员工资总额 | 万元 | 57 435 | 75 751 | 137 488 |

**表 3 辽宁省电子信息产业财务情况**

| 项目名称 | 单位 | 2000 年 | 2001 年 | 2002 年 |
|---|---|---|---|---|
| 流动资金合计 | 万元 | 1 468 228 | 1 605 632 | 1 855 968 |
| 固定资产合计 | 万元 | 642 979 | 632 301 | 978 354 |
| 资本金合计 | 万元 | 507 544 | 539 853 | 1 014 714 |
| 流动负债合计 | 万元 | 1 373 060 | 1 423 166 | 1 604 079 |
| 负债合计 | 万元 | 1 639 807 | 1 630 239 | 1 863 564 |
| 所有者权益合计 | 万元 | 868 031 | 773 727 | 1 332 783 |

续表 3

| 项目名称 | 单位 | 2000 年 | 2001 年 | 2002 年 |
|---|---|---|---|---|
| 产品销售收入 | 万元 | 1 968 313 | 2 366 854 | 3 496 450 |
| 其中：软件产品销售收入 | 万元 | 400 000 | 550 000 | 760 000 |
| 投资收益 | 万元 | 10 202 | 12 507 | 19 975 |
| 利润总额 | 万元 | 64 992 | 64 360 | 155 579 |
| 应交所得税 | 万元 | 10 421 | 11 767 | 19 163 |

**表 4 辽宁省电子信息产业主要经济效益指标完成情况**

| 项目名称 | 单位 | 2000 年 | 2001 年 | 2002 年 |
|---|---|---|---|---|
| 工业全员劳动生产率 | 元/人 | 65 212 | 73 447 | 79 526 |
| 流动资金周转次数 | 次 | 1.0 | 1.5 | 2.0 |
| 工业产品销售率 | % | 99.6 | 96.0 | 97.7 |
| 总资产贡献率 | % | 6.3 | 6.0 | 7.0 |
| 资本保值增值率 | % | 117.8 | 89.6 | 115.3 |
| 资产负债率 | % | 65.4 | 63.2 | 57.0 |

**表 5 辽宁省电子信息产业新产品情况**

| 项目名称 | 单位 | 2000 年 | 2001 年 | 2002 年 |
|---|---|---|---|---|
| 电子工业产值（现价） | 万元 | 3 291 377 | 4 014 421 | 5 326 884 |
| 新产品产值（现价） | 万元 | 796 763 | 547 908 | 667 413 |
| 所占比重 | % | 24.2 | 13.7 | 12.5 |
| 新产品开发总数 | 个 | 81 | 54 | 51 |
| 新产品鉴定总数 | 个 | 50 | 40 | 40 |

**表 6　辽宁省主要电子信息产品产销情况**

| 产品名称 | 单位 | 产量 | | | 销量 | | |
|---|---|---|---|---|---|---|---|
| | | 2000 年 | 2001 年 | 2002 年 | 2000 年 | 2001 年 | 2002 年 |
| 雷达 | 部 | 4 473 | 4 036 | 3 750 | 4 299 | 4 119 | 3 642 |
| 微型计算机 | 台 | 689 899 | 782 916 | 866 026 | 1 049 243 | 628 270 | 849 991 |
| 彩色电视机 | 台 | 3 792 574 | 3 788 458 | 4 048 200 | 3 756 929 | 3 792 236 | 4 004 221 |
| 汽车音响 | 部 | 2 358 039 | 2 273 299 | 2 951 462 | 2 346 936 | 2 231 248 | 2 944 005 |
| 程控交换机 | 线 | 467 041 | 416 791 | 211 208 | 301 865 | 581 508 | 210 440 |
| 彩色显示器 | 部 | – | – | 488 083 | – | – | 482 490 |
| 手机 | 部 | 26 272 | 81 200 | 264 940 | 26 272 | 81 200 | 260 400 |
| 激光视盘机 | 部 | 219 488 | 514 010 | 1 965 551 | 227 303 | 514 429 | 1 946 900 |
| 半导体器件 | 万只 | 208 643 | 126 870 | 360 191 | 199 933 | 126 957 | 409 779 |
| 打印机 | 部 | – | – | 663 768 | – | – | 693 021 |

[撰稿：赵连富　审稿：李 兵]

# 吉 林 省

## 综述

2002年吉林省信息产品制造业和软件业完成工业总产值（1990年不变价）110亿元，比上年增长9%，是1997年的3.4倍，5年产业规模的平均发展速度为48%，比全国平均发展速度低2个百分点；实现产品销售收入45亿元，比上年增长10%，是1997年的3倍，5年平均发展速度为50%，比全国信息产品销售收入年平均发展速度高25个百分点；2002年完成工业增加值16亿元，比上年增长3%；实现利税1.8亿元，比上年增长5%；产销率为96%，比上年增长2个百分点。

吉林省重点产品和拳头产品的生产呈现了快速发展的上升趋势。其中，电子元器件生产方面，3DD大功率管完成45 000万只，同比增长17%；发光器、铝电解电容器、汽车及冰箱控单元等产品均超额完成生产计划。整机生产方面，汽车收放机完成4.5万部，同比增长71%，彩色电视机完成产量42万台，同比下降5.6%。

## 制造业

吉林省信息产品制造业中规模较大的企业有33户，2002年完成工业总产值86亿元，占全省信息产业工业总产值110亿元的78%。其中：光电子企业5户，完成工业总产值11亿元；整机企业12户，完成工业总产值21亿元；元器件企业8户，完成工业总产值30亿元；其它企业8户，完成工业总产值24亿元。

信息产品制造企业中，完成工业总产值5 000万元以上的企业有16户，完成产值72亿元，占制造业企业产值的84%，占全行业总产值的65%。工业总产值在亿元以上企业10户，完成工业总产值68亿元，占制造业企业产值的79%，占全行业总产值的62%。

吉林省信息产品制造业生产的主要电子产品分5大类48个品种。其中：光电子类产品有TFT-LCD液晶显示器、STN-LCD黑白液晶显示器、多媒体液晶投影板、黑白液晶显示模块、3G手机、网盘、光电编码器、通信光缆等。家用电器类产品有：彩色电视机、液晶电视、车载电视、可视门铃、CD和DVD光盘、空调、全自动洗衣机等。汽车电子类产品有：汽车收放机、汽车电控单元、控制器、安全气囊等。电子元器件类产品有：铝电解电容器、钽电解电容器、气敏元件、微波器件、光电器件等。应用整机类有：程控交换机、检漏单元、消煮炉、军用雷达、军用汽油发电机组、军用柴油发电机组、军用工程车等。

## 软件业

吉林省软件产业起步于二十世纪九十年代初，"九五"期间，软件企业数量迅速增长，产品研发能力不断增强。具有一定规模和较强市场竞争力的软件企业开始崛起；拥有自主知识产权、具有优势和特色的软件产品，逐步在国内市场崭露头角，为"十五"期间吉林省软件产业实现跨越式发展奠定了较好的基础。

经过10年的滚动发展，特别是近两年的快速增长，目前，吉林省已初步形成了以长春软件园、吉林软件园为研发基地，以吉林大学、东北师范大学等高等院校为技术依托，以一批软件企业为骨干的发展格局。

1. 软件产业基本状况

截止2002年底，吉林省从事软件开发生产的企业180户，从业人员7 000人。100人以上的软件企业20户，200人以上的6户，300人以上的2户。软件及信息服务销售额突破25亿元。在吉林省180户软件企业中，目前已有国家规划布局重点软件企业5户，64户通过了省级软件企业认定。2001年，一汽启明、吉联商软、长春鸿达、吉林金鹰、东师理想、吉大正元、长白实业、伍陆柒捌、吉林盟友、吉林大仝、长春当代、长春长信等12户企业，软件销售额超过了2 000万元，延边锦湖软件公司实现软件出口70万美元。

2. 软件产品研发情况

吉林省软件产品的研发能力逐年增强，部分产品的技术水平居国内领先地位，并占领了较大市场，产品优势正在形成。在已经开发成功的400多个软件产品中，有200项已经进行了软件产品登记。目前，吉林省研发的软件产品以应用软件为主，这些软件已广泛应用于公安、财税、金融、教育、粮食、汽车、电力、电信等多个领域。其中长春鸿达人口管理软件、吉大正元电子认证软件、吉林金鹰粮食管理软件、东师理想教育软件、一汽启明企业管理软件、吉林盟友地税管理软件、吉联商软财务管理软件、长春长联金融管理软件、伍陆柒捌通信管理软件、吉林大仝水电管理软件等10多项拥有自主知识产权、市场前景广阔的软件产品，正在成为国内的知名品牌。

3. 软件园区建设情况

长春软件园于1999年初开始建设，目前已有近百户软件企业入驻，省内90%的软件骨干企业落户在长春软件园。该园从业软件人员总数超过4 000人，2001年软件及信息服务业销售收入超过了8亿元。2002年5月，占地50万平方米的长春软件园二期工程建设已经完成，它包括3个功能区：即软件产品开发生产功能区、软件企业服务综合功能区和生活服务功能区。长春软件园已于2000年8月被科技部评为国家火炬计划软件产业基地。吉林市软件园于2000年5月创建，目前有20户企业入驻，从业人员700多人，2001年软件及信息服务业销售收入突破了1亿元。

4. 软件人才培养情况

吉林省发展软件产业的潜力很大，主要是人才优势比较明显。吉林省30多所高等院校，几乎都设置了电子信息及相关专业，研究力量比较雄厚，有一大批可以产业化的科研成果；电子信息及计算机专业，在校本专科和研究生超过1万人，每年可向社会输送3 000多名各层次IT人才。吉林省还拥有一批国家和地方的科研机构，他们承担了多项国家级电子信息及软件类科技攻关和产业化项目，具有较强的科研实力。此外，社会力量办学规模正在迅速扩大，电子信息、计算机、软件等是首选的热门专业，招生人数不断增加。这些都为吉林省发展软件产业提供了必要的人才储备。

## 信息化应用

吉林省信息基础设施建设初具规模。目前，吉林省从事基础电信业务的单位有吉林网通公司、吉林联通、吉林移动、广播电视、电力、铁路等10户，现已形成以电信传输网络为主，联通、移动、广电、电力、铁路等传输网络为辅的基础网络体系。长途光缆总长度约12 000公里、微波总长度约7 500公里，县以上城市全部实现光纤、微波连接。全省固定电话用户394万，移动电话用户345万，电话普及率22.6部/百人，移动电话普及率7.7部/百人，固定电话主线普及率13.6线/百人，均达到和超过全国平均水平，数据用户1.1万户，互联网用户54万。广播人口覆盖率92.9%，电视人口覆盖率94.1%。

1. 信息网络技术应用取得进展

吉林省在政府、经济、科技、教育、文化、宣传、公共服务领域及汽车、冶金、石化、医药等企业已建立互联网站2 185个。其中省级政府部门建立了省政府公众信息网、中国吉林网、吉林彩虹网、吉林经济信息网等40余个网站，并在相应的应用领域建有数据库。省内9个市（州）也分别建有不同规模的信息网站和数据库。电信、邮政等部门建立的覆盖吉林省的综合性服务网站，包括吉林信息港、长春信息港等15个。政府上网工程取得积极进展，省市县三级政府已初步实现电子政务；教育、卫生、科技、财税、粮食、劳动社会保障等系统的信息化建设已开始实施，启动和使用组织机构代码IC卡和医疗保险IC卡。吉林省大型企业普遍建立了互联网站。

2. 加强了信息资源的开发和利用

积极开发政务、经济、教育、科技、公共领域及商用信息资源，认真组织行业部门搞好专业数据库的开发。目前吉林省可供公开查询的公益性数据库有：政务信息数据库、政策法规数据库、宏观经济数据库、企业和产品数据库、招商引资数据库等。很多部门还建有专用的数据库，税收征管数据库，气象数据库，国有资源地政业务数据库和利用GIS开发的吉林省土地资源使用现状数据库，进出口通关业务数据库等。大中型企业围绕企业财务、生产、管理、营销等方面普遍建立了信息系统。按照信息化建设的总体要求，吉林省在信息化法制建设、标准体系建设、信息化人才队伍建设和信息安全建设等方面也取得了一定的进展。

## 无线电管理

1. 无线电通信业发展情况

截止2002年底，吉林省拥有各类无线电台（站）350万部，其中移动电话用户超过345万部，无线寻呼用户总数达到103万户，卫星地球站178个，微波站632个，广播电台1 300个，都呈大幅增长态势。

2. 无线电技术设施建设情况

“九五”及“十五”头两年，共投资近亿元（从2002年下半年开始，由于频率费收费改革，投资主要靠国家拨款），到2002年底，省监测控制中心大楼主体工程基本完工；省级“三站两车”监测网可在2003年投入运行；各市、州已各配备2台移动监测车（部分设备），监测机房建设可在2003年完工；全省无线电管理信息系统已基本完成，可在2003年开通并与国家联网；省及各市州检测仪器、仪表大体配齐。

【统计数据】

表 1 2002 年吉林省电子信息产业人员构成情况

| 企业类别 | 企业数(个) | 人员构成(人) | | | | | | |
|---|---|---|---|---|---|---|---|---|
| | | 总人数 | 技术人员 | 所占比例(%) | 管理人员 | 所占比例(%) | 软件研发人员 | 所占比例(%) |
| 全部企业合计 | 78 | 32 163 | 9 710 | 30.2 | 5 240 | 16.3 | 3 628 | 11.3 |
| 国有企业 | 13 | 7 454 | 1 092 | 14.7 | 1 199 | 16.1 | 7 | 0.1 |
| 国有独资企业 | 3 | 3 180 | 321 | 10.1 | 514 | 16.2 | 38 | 1.2 |
| 集体企业 | 1 | 27 | 5 | 18.5 | 3 | 11.1 | – | – |
| 股份合作企业 | 20 | 13 606 | 5 832 | 42.9 | 2 278 | 16.7 | 2 583 | 19.0 |
| 其他企业 | 41 | 7 896 | 2 460 | 31.2 | 1 246 | 15.8 | 1 000 | 12.7 |

表 2 吉林省电子信息产业主要经济指标完成情况

| 项目名称 | 单位 | 2000 年 | 2001 年 | 2002 年 |
|---|---|---|---|---|
| 工业总产值（不变价） | 万元 | 1 001 451 | 1 002 731 | 704 980 |
| 工业销售产值 | 万元 | 419 567 | 424 270 | 266 608 |
| 其中：出口交货值 | 万元 | 17 507 | 12 583 | 23 120 |
| 软件出口 | 万元 | – | – | 417 |
| 工业增加值（生产法） | 万元 | 132 914 | 155 041 | 64 195 |
| 从业人员年末人数 | 人 | 21 858 | 28 570 | 32 163 |
| 从业人员工资总额 | 万元 | 17 064 | 30 986 | 60 778 |

表 3 吉林省电子信息产业财务情况

| 项目名称 | 单位 | 2000 年 | 2001 年 | 2002 年 |
|---|---|---|---|---|
| 流动资产合计 | 万元 | 621 470 | 591 606 | 450 553 |
| 固定资产合计 | 万元 | 416 781 | 380 610 | 335 875 |
| 资产合计 | 万元 | 1 172 140 | 1 081 237 | 1 088 439 |
| 流动负债合计 | 万元 | 508 897 | 474 701 | 507 552 |

续表 3

| 项目名称 | 单位 | 2000 年 | 2001 年 | 2002 年 |
|---|---|---|---|---|
| 负债合计 | 万元 | 611 678 | 549 735 | 586 884 |
| 所有者权益合计 | 万元 | 560 462 | 383 772 | 361 580 |
| 产品销售收入 | 万元 | 446 081 | 409 508 | 199 838 |
| 其中：软件销售收入 | 万元 | 39 514 | 141 227 | 81 624 |
| 投资收益 | 万元 | 2 318 | 68 | –145 |
| 利润总额 | 万元 | 31 676 | 6 667 | –594 |
| 应交所得税 | 万元 | 8 870 | 4 624 | 5 681 |

**表 4　吉林省电子信息产业主要经济效益指标完成情况**

| 项目名称 | 单位 | 2000 年 | 2001 年 | 2002 年 |
|---|---|---|---|---|
| 工业全员劳动生产率 | 元/人 | 60 448 | 54 533 | 49 851 |
| 流动资金周转次数 | 次 | 0.8 | 0.7 | 1.3 |
| 工业产品销售率 | % | 99.9 | 83.5 | 96.6 |
| 总资产贡献率 | % | 4.6 | 3.7 | 3.4 |
| 资本增值保值率 | % | 231.9 | 108.8 | 94 |
| 资产负债率 | % | 52.2 | 50.8 | 64 |

**表 5　吉林省主要电子信息产品产销情况**

| 产品名称 | 单位 | 产量 | | 销量 | |
|---|---|---|---|---|---|
| | | 2001 年 | 2002 年 | 2001 年 | 2002 年 |
| 程控交换机 | 万线 | 10 | 5 | 12 | 5 |
| 电视机 | 万台 | 44 | 42 | 41 | 45 |
| 电子元件 | 万只 | 86 235 | 116 231 | 63 322 | 127 998 |
| 半导体分立器件 | 万只 | 39 603 | 56 927 | 39 046 | 48 808 |

[撰稿：刘克勤　审稿：武东风]

# 黑龙江省

## 综述

2002年，黑龙江省信息产业列入统计的工业企业共有109户，其中国有企业14户，股份合作企业2户，集体企业2户，其他企业91户，从业人员20 246人，其中技术人员5 398人。

2002年黑龙江省电子信息产品制造业主要经济效益指标大幅度提高，据快报统计全行业完成不变价工业总产值134亿元，增长11.7%；全行业实现产品销售收入50亿元，增长38.8%；实现利税5.8亿元，增长30.3%；全行业各项主要经济指标增幅均高于生产增长速度，为实现由速度效益型向质量效益型转变打下了较好基础。

2002年黑龙江省电子信息产品制造业的主要特点是：

一是重点企业和主要产品产销形势较好，智能化电力控制系统、铁路信息微机控制系统、汽车电子、金融电子等为传统产业改造服务的应用产品都比去年同期有较大幅度增长。同时，由于各类整机产品产量增长，带动了相关配套企业和基础产品的增长。

二是全行业出口形势较好，出口额逐月上升，全省电子信息产品出口额完成6 763万美元，增长41.8%，为全省完成2002年出口任务做出了贡献，彩电、冰箱、电力电子、电子节能产品、全集成红外器件、汽车用扬声器、电子乐器和IC卡电度表等产品出口规模和能力正在不断扩大。

三是民营高科技企业正在成为我省信息产业新的增长点。

在合资合作方面，重点就行业内具有自主知识产权的项目开展了招商引资和对外合作，美国百福润投资公司以BOT方式投资436万美元与庆安三松实业公司合资生产平板式智能汽车综合测试系统；积极组织企业参加各类投资贸易洽谈会；努力推进软件外包出口，黑龙江伊斯特公司在对日软件出口方面已完成2 569万日元的合作任务。

## 科技进步与应用

2002年，建立了有200余名信息技术领域的专家组成的黑龙江省信息产业专家库，为省信息技术企业实现科技成果的转化提供了全方位的专家智力支持；建立了拥有300余项科研成果的省信息产业科技项目库；同时积极为企业和大学牵线搭桥，推进了产、学、研和科技成果转化工作。全年完成了烷类气敏元件、宽调速直流调速装置、数字逆变控制自动焊机和17英寸液晶一体机等28项新产品开发，为培育新的经济增长点奠定了基础。

完成了信息产业领域科技进步奖的评审工作，共评审行业科技进步奖21项，从中推荐了11项参加全省科技进步奖的评审，其中黑龙江省CIMS应用示范工程和电子航海图系统两个项目获全省科技进步一等奖；全年组织完成了科技成果鉴定11项；积极组织企业向有关部门申报项目，争取资金，有3个项目被列入省科技计划项目；有7户企业通过了ISO9001：2000标准认证，有3个项目被列入部科研试制计划。

为扶持信息产业的发展，使信息产业在“十五”期间发展成为黑龙江省的支柱产业，省政府从2001年起设立信息产业发展专项资金，为全省信息产业大发展创造了有利条件。2001年以来，经政府有关部门的大力支持和省内企业的共同努力，通过专项资金及其带动的其他经费的有效投入，对全省经济的拉动作用开始显现。两年来，信息产业专项资金投入产出比为1:29.83，实现利税1.1亿元，引导企业与社会资金投入5亿元。如：

2002年专项资金投入70万元扶持伊春朗乡林业局开发了数字林业管理系统，在半年多的时间里实现了从研发建设到投入正常运行，朗乡林业局实现了由粗放经营向集约化、现代化管理转变，使企业的整体素质和综合竞争实力明显提升，一年就可通过减少损失而增加效益1 000多万元，取得了良好的经济效益和社会效益。2001年专项资金投入80万元扶持的哈工大计算机技术服务公司“互联网防入侵检测系统”项目，一年间销售收入已达900万元，利税200万元。与此类似的一批具有市场前景和自主知识产权的信息产业专项资金资助项目，正逐步完成项目研发，开始进入产业化阶段。信息产业专项资金资助的软件项目，不仅直接拉动了软件产值的迅速增长，许多项目在省内的应用还产生了巨大的社会效益。如专项资金投入20万元开发的牡丹江宏宇公司的“城市房地产图文网络信息管理系统”项目，在牡丹江市房产交易中的应用，明晰了产权，堵塞了管理中的漏洞，解决了金融部门的后顾之忧，盘活了由于积压商品房所造成的滞压资金1.6亿元。这一项目还在省内外众多市地得到推广，都产生了比较显著的效益。为加大电子信息产品制造业结构调整力度，信息产业专项资金重点支持了敏感元器件、超级电容器和电力电子等具有自主知识产权技术的产业化工作。在专项资金资助下，省内以哈尔滨海格集团公司和牡丹江康佳实业公司为代表的一批电子信息产品制造企业，已渡过了产品结构调整的困难期，已逐渐探索出有效的发展模式和机制，开始形成电力电子、汽车电子、金融电子、节能电子等新的产业增长点。

## 信息化应用

国民经济和社会信息化稳步推进，各项信息化重点工程进展良好。

政务信息化工程建设基本完成。在网络设备上已累计投资1亿元，相关软件的开发与应用工作已开始，将建成宽带高速计算机多级网络系统。根据国家信息化领导小组《电子政务建设指导意见》的精神和黑龙江省政务信息网的建设状况，黑龙江省积极促进政务信息网的应用，《政务信息化规划》正在按国信办发17号文件精神进行修改。

企业信息化工程试点面进一步扩大。2002年黑龙江省企业信息化试点企业由63户扩大到80户，截止2002年底，有40户实现了系统集成，有20户完成多个子系统建设并已开始运行，另外20户完成了总体方案设计并开始实施。这80户企业通过信息化促进了企业的“三改一加强”，提高了经济效益和综合竞争能力，使黑龙江省企业信息化工作继续稳步推进。2002年，省信息产业厅与省经贸委和科技厅共同出资4 827万元支持企业信息化项目，带动试点企业投资1.5亿元，取得了较好的应用成果。

农业信息化工程开始发挥作用。黑龙江省已开通了涵盖省、市、县、乡四级的宽带多媒体农业信息网络，在网络规模、技术水平上列全国第一位。所开发的网络综合管理平台、市场与农情数据库应用系统，经专家鉴定达到国内先进水平。开通了“一站通”全国农村供求信息网上联播；建立了四级信息员队伍；农业信息网访问量已超过100万人次，采集发布了16大类信息5万余条，2 000余万字。农业信息网通过引导农民开发农业新项目、拓宽农产品市场销售渠道、带动订单农业发展和促进农村劳动力转移等方式为调整农业产业结构、发展农村经济、提高农民收入，解决“三农”问题探索了新路。

其他信息化工程逐步启动。教育信息化工程，完成了实施方案的编制，加强了中小学校校通的建设，利用互联网络开展了成人教育和远程教育，探索了标准化教育软件与课件的开发应用。社保信息化工程，按照充分利用现有资源，以应用为主导的原则，组织了社保和低保网络建设方案的论证工作，目前各项论证结果已报省政府。旅游信息化工程，组织了专家对方案进行论证，提出了修改意见，省旅游局已开始根据方案组织实施。审计信息化工程的基础准备工作已展开，对方案进行了论证和修改，提出审计信息化建设要紧密结合政务网的建设来推进。

数字化城市建设启动。2002年，组织起草了《黑龙江省数字化城市建设总体方案》和《黑龙江省建设数字化城市门户网站的实施方案》，在经过专家论证修改后，以省信息化工作领导小组办公室和省信息产业厅的名义下发到13个市地，各市地根据自身的实际情况，分别制定了具有地方特色的工作方案。召开了黑龙江省数字化城市汇报培训会议，提出要在信息资源开发和应用系统建设两个方面推进数字化城市建设，以推广典型经验和重点业务系统来开展工作，目前已有6个市地开通了数码城，2003年底前将全部开通。

黑龙江省为信息化建设创造良好发展环境，发现、培育信息化典型，加强信息化宣传工作。2002年，为进一步普及信息化知识，省信息产业厅领导以报告、讲座等形式宣传了信息化建设面临的形势和有关政策，重点介绍黑龙江省信息化典型——斯达公司和伊春朗乡林业局的经验，取得了很好的效果。同时利用报刊和电视等媒体对进行广泛报道。经过大力宣传、培训、示范和推进，随着信息技术在全社会越来越广泛的应用，全社会信息化素质有了明显提高。

2002年，为确保全省信息化工程质量，黑龙江省进一步加强了对省内计算机信息系统集成市场的管理，促进企业积极参加资质认证，全年共有21家企业获得了计算机信息系统集成资质，其中一级1家，二级3家，通过率达到了100%，得到了国家资质认证办公室的肯定。为给新成立、有实力的公司创造参与公平竞争的机会，积极筹备开展了临时资质认证工作。另外，省信息产业厅会同省招标办，要求在系统集成项目招标中，选用具有相应资质的计算机信息系统集成企业。

2002年，启动了信息产品技术市场的管理工作，根据国家质量监督检验检疫总局和信息产业部《微型计算机商品修理更换退货责任规定》精神，为进一步加强对微型计算机和家用视听商品维修市场的管理，省信息产业厅与省技术监督局共同制定了《黑龙江省微型计算机和家用视听商品维修人员持职业资格证书上岗的规定》，并为尽快在黑龙江省全面开展该项工作，在人员、机构等方面创造了有利条件。

## 软件产业

2002年，召开了黑龙江省软件行业工作会议，对软件产业发展进行了系统的部署，明确提出要加快软件园建设，加强软件行业管理，促进软件企业规范化建设，以标准化、工程化为突破口壮大软件产业。制定了企业信息化软构件标准，开发了构件库，在省企业信息化中进行试点。这是目前国内第一个软构件标准，对省软件产业发展具有重要意义。为提高省软件企业的国际竞争力，在重点企业中抓规范标准建设，积极推行CMM评估，目前，亿阳集团已经通过CMM2级评估，正向CMM3级过渡；省通信软件工程局也进入CMM2级培养期。有15家软件企业通过了ISO9000质量体系认证。截止2002年底，黑龙江省完成软件、系统集成、应用服务和其他相应技术服务营销额41亿元，增长了77%。

2002年，对38户企业进行了2001年度软件企业年审，其中1户没有通过年审被取消软件企业资格。新认定了34家软件企业，完成软件产品登记63个。截止2002年底，已累计完成72家软件企业的认定和177个软件产品的登记。软件企业享受税收优惠工作已经全面落实，为软件企业增值税退税累计2 400多万元人民币。

【统计数据】

表 1　2002 年黑龙江省电子信息产业人员构成情况

| 企业类别 | 企业数（个） | 人员构成（人） | | | | | |
|---|---|---|---|---|---|---|---|
| | | 总人数 | 技术人员 | 所占比例（%） | 管理人员 | 所占比例（%） | 软件研发人员 |
| 国有企业 | 14 | 20 246 | 5 398 | 26.7 | 2 928 | 14.5 | 2 667 |

表 2　黑龙江省电子信息产业财务情况

| 项目名称 | 单位 | 2000 年 | 2001 年 | 2002 年 |
|---|---|---|---|---|
| 流动资金合计 | 万元 | 481 416 | 636 026 | 824 715 |
| 固定资产合计 | 万元 | 220 375 | 302 687 | 370 478 |
| 资金合计 | 万元 | 743 625 | 1 002 973 | 1 290 067 |
| 流动负债合计 | 万元 | 428 470 | 531 182 | 573 020 |
| 负债合计 | 万元 | 545 595 | 644 251 | 703 476 |
| 所有者权益合计 | 万元 | 198 030 | 357 459 | 556 168 |
| 产品销售收入 | 万元 | 320 119 | 360 247 | 275 614 |
| 其中：软件产品销售收入 | 万元 | – | – | 99 205 |
| 投资收益 | 万元 | 896 | 350 | 80 |
| 应交所得税 | 万元 | 1 696 | 3 474 | 13 801 |

表 3　黑龙江省电子信息产业主要经济指标完成情况

| 项目名称 | 单位 | 2000 年 | 2001 年 | 2002 年 |
|---|---|---|---|---|
| 工业全员劳动生产率 | 元/人 | 43 309 | 44 850 | 71 755 |
| 流动资金周转次数 | 次 | 0.7 | 0.5 | 0.7 |
| 工业产品销售率 | % | 96.9 | 92.7 | 87.8 |
| 总资产贡献率 | % | 3.0 | 5.2 | 5.5 |
| 资本增值保值率 | % | 107.6 | 114.4 | 162.5 |
| 资产负债率 | % | 73.4 | 64.2 | 54.5 |

表 4 黑龙江省主要电子信息产品产销情况

| 产品名称 | 单位 | 产量 | | 销量 | |
|---|---|---|---|---|---|
| | | 2001 年 | 2002 年 | 2001 年 | 2002 年 |
| 台式个人电脑 | 台 | 43 608 | 41 847 | 43 519 | 41 939 |
| 彩电 | 台 | 316 099 | 355 482 | 312 175 | 355 426 |
| 彩色显示器 | 部 | 1 337 | 10 000 | 970 | 6 842 |

[撰稿：费振波 张安 审稿：王强]

# 上海仪电控股（集团）公司

## 综述

2002年，上海仪电控股（集团）公司系统内共有电子工业企业65家，职工23 787人，其中技术人员2 221人，所占比例为9.3%。系统内有上海飞乐股份有限公司、上海飞乐音响股份有限公司、上海金陵股份有限公司、上海精密科学仪器有限公司、上海自动化仪表有限公司5家企业进入全国电子信息百强企业之列。

2002年，上海仪电控股（集团）公司电子工业企业完成工业总产值135亿元，增长4.7%；完成销售收入59.6亿元，下降6.3%；完成工业产品销售率100%；完成利润总额3.6亿元，下降26.9%；资产负债率为40.6%，上升3.8%。

2002年，上海仪电控股（集团）公司主要产品产销情况良好。集成电路生产83 200万块，增长404%，销售33 301万块，增长101%；家用电热烘烤器具生产74 603个，增长35.6%，销售89 814个，增长28.3%；实验室仪器及装置生产51 905台，增长22.6%，销售50 710台，增长8.1%；电工仪器仪表生产2 242 651台，增长22%，销售2 895 293台，增长26%；半导体分立元件生产187 849万只，增长16%，销售187 243万只，增长16.2%；汽车仪器仪表生产1 267 115台，增长5%，销售1 219 986台，增长1.8%；成分分析仪器生产37 222台，增长4.1%，销售36 931台，增长2.3%；电子元件生产2 045 639万只，增长3.6%，销售2 044 340万只，增长3%；灯泡生产15 210万只，下降2.7%，销售14 870万只，增长5%；激光磁盘机生产208 969台，下降46.3%，销售208 969台，下降46.3%；IC卡生产547万张，下降47.4%，销售530万张，下降48.9%。

## 科技进步与应用

2002年，全系统发展战略研究取得阶段性成果。2002年，按集团董事会要求，各制造业公司以市场为导向，认真开展发展战略研究，形成以领导班子、工作班子、专家组成的组织结构；以控股公司、子公司、咨询公司和专家相结合的工作方式；定量与定性分析相结合的研究方法；学习、讨论、研究、提高相统一的工作过程，加速了发展战略研究。年内，战略研究已取得阶段性成果，各子（分）公司已基本完成产业发展战略，同时，制定了3年实施计划，向微电子、IC卡产业链、智能化仪表及系统集成、新型元器件及电子制造服务、应用软件开发及信息系统集成等产业发展目标迈进。

2002年，全系统固定资产投资项目完成良好，实际完成7.14亿元。完成新品开发112项，其中，重点新品开发106项，国家级科技开发重点项目2项，新产品产值率达32.5%，科技经费投入率达3.2%，尤为可喜的是专利申报达86项，增长34%。

全系统质量工作取得了新成绩。国家监督抽查系统内64家企业60项产品，全部合格；控股公司内部质量监督抽查3批22家企业，产品全部合格；全系统完成质量攻关项目25项；ISO9000标准2000版转版工作已完成6家；仪电系统7家企业8个品牌产品保持上海市名牌产品称号，4家企业被评为高新技术企业，3家三资企业被评为先进技术企业。

## 电子产品进出口

2002年，控股公司提出要在全系统“打好企业出口主动仗”的号召，要求企业尽快实现“企业国际化”的目标，采取8项措施：

一是选好重点产品，落实重点措施；二是强化出口基础，提高企业国际化水平；三是加强管理，降低成本，提高出口产品竞争能力；四是尽快完善海外营销网络，建设产品出口“前哨阵地”；五是增强品牌意识，创建出口产品著名品牌和著名商标；六是重视宣传，加强出口产品广告和展览展销力度；七是重视人才培养，建设外贸队伍的人才高地；八是重视技改，建设具有专业化、规模化水平的出口生产。经过努力，出口创汇达6.72亿元，上升6.7%，取得了较好成绩。其特点是：

1. *产品出口创汇出现反弹*。受美国“9.11”事件及世界经济增长速度下滑的影响，从2001年下半年开始，控股公司出口创汇逐月下降。2002年，出口创汇逐月出现恢复性增长的趋势，上半年累计出口创汇下降6.2%。1至7月，基本持平，1至8月上升1.6%，全年出口创汇上升6.7%，出现了反弹趋势。

2. *重点企业出口创汇强劲*。2002年，控股公司10个出口创汇大户如上海京瓷电子有限公司、上海阿尔卑斯电子有限公司、上海松下半导体有限公司、上海阿法泰克电子有限公司、上海安普连接器有限公司等企业升势强劲，出现了上升25%的态势。上海京瓷电子有限公司有望成为控股公司第一个出口创汇超亿美元的大型出口企业。上海阿法泰克电子有限公司在市政府有关部门的帮助下，解决了“进口倒挂”这个多年困扰企业的难题，出口创汇强劲反弹，上升152.3%。

## 企业机构调整与改革

2002年，以投资管理为中心，通过招聘上岗，竞争上岗，控股公司总部调整有关部室的工作职责，减少了部室之间的工作重叠，同时，进一步完善了受报人、专职董、监事制度，增强了经济运行分析的科学性和有效性，加强对投资管理运行监控，加强了对直投企业投资管理，提高了投资管理成效。2002年，控股公司开展了新一轮的资产重组。让飞乐音响公司依法购并亚明公司经营性资产，优化了飞乐音响公司产业结构，让高科技产业和传统优势产业紧密结合，进一步壮大了上市公司的实力；同时重组了科技发展有限公司，使具有一定发展基础的企业集中精力抓发展。

2002年，全系统调整解困已进入收尾阶段。由于历史的原因，仪电集团承受着繁重的解困调整任务。2002年，控股公司开展了新一轮的资产重组，新组建了商社，80多家壳体企业全部集中到商社，壳体企业分流富余人员集中到集团社保中心管理，不仅节约了资金，更为进入社会化管理创造了条件。经过10年努力，预计共解决不良企业待处理债务40亿元左右，标志着解困已到了收尾阶段。

2002年，帮困救助工作取得较好成绩。全系统把关心群众生活、解决好困难群众生产生活问题作为一项重大政治任务切实抓紧抓好，仪电社保服务中心成立3年来，对壳体企业的困难职工进行集中管理，每年控股公司支出费用达1.1亿元，仪电社保中心和各企业还与社区联手做好帮困救助和再就业工作，保障了困难职工的基本生活需求。同时，加强安全监督检查，杜绝重大事故发生。由于调动了方方面面的积极性，加强协调，各方配合，做好化解矛盾工作，确保了企业稳定。

## 信息化应用

2002年，控股公司以“统筹规划、突出重点、分步实施、量力而行”为指导思想，以“实现科学管理、向管理要效益”为宗旨，稳步推进管理信息化工作。先后有上海自仪股份有限公司等11个单位积极组织管理信息化工作，并被列为上海市工业企业管理信息化试点单位，至年底已有8家单位完成了预定目标。

重视建立结构合理的信息化领导机构，为企业管理信息化奠定基础。目前主要有两种模式：一是以“管理部门（办公室、管理部）”为牵头部门的领导体系，侧重从管理的实际需求入手，规划和实施管理信息化工作；二是以“技术部门（总师室、技术中心）”为牵头部门的领导体系，侧重从硬件与软件的建设入手，规划和实施管理信息化工作。这两种模式都集管理与信息技术为一体，充分发挥牵头部门的职能优势，扎实地推进企业管理信息化建设。

坚持“先易后难、循序渐进”的原则，推进了企业信息化建设。许多单位首先提出战略构想，规划远景目标。在此基础上，信息网络建设从机房改造、网络设备和客户端计算机的配置等基础设施建设做起，为管理信息化建设奠定物质基础。然后，再从财务、物流管理系统入手，实施管理信息化建设。在实施这两项管理系统的同时，加强对资源计划等其他管理系统的研究，为持续推进管理信息化作准备。

转变观念，培训先导，夯实企业管理信息化建设基础。许多试点单位充分认识建设企业管理信息化的重要性，纷纷通过干部培训、技术人员培训、实施部门的员工培训来转变观念、学习新知识，努力提高对实施管理信息化重要性的认识，克服盲目性，充分调动和发挥人的主动性、积极性和创造性，积极营造人与企业一起成长，共同发展的良好环境。

## 【统计数据】

**表 1　2002 年上海仪电控股（集团）公司电子信息产业人员构成情况**

| 企业类别 | 企业数（个） | 人员构成（人） | | | | | |
|---|---|---|---|---|---|---|---|
| | | 总人数 | 技术人员 | 所占比例（%） | 管理人员 | 所占比例（%） | 软件研发人员 |
| 国有企业 | 3 | 727 | 98 | 13.5 | 80 | 11.0 | – |
| 国有独资企业 | 14 | 1 794 | 336 | 18.7 | 229 | 12.8 | 9 |
| 股份有限公司 | 6 | 3 621 | 476 | 13.1 | 676 | 18.7 | 27 |
| 中外合资经营责任制企业 | 23 | 13 890 | 907 | 6.5 | 957 | 6.9 | 91 |
| 中外合作经营企业 | 1 | 100 | 14 | 14.0 | 17 | 17.0 | – |
| 港、澳、台商合资经营企业 | 18 | 3 655 | 390 | 10.7 | 425 | 11.6 | 7 |

表 2 上海仪电控股（集团）公司主要电子产品完成情况

| 产品名称 | 单位 | 产量 | | | 销量 | | |
|---|---|---|---|---|---|---|---|
| | | 2001 年 | 2002 年 | 增长率 (%) | 2001 年 | 2002 年 | 增长率 (%) |
| 激光磁盘机 | 台 | 388 963 | 208 969 | –46.3 | 388 963 | 208 969 | –46.3 |
| IC 卡 | 万张 | 1039 | 547 | –47.4 | 1 038 | 530 | –48.9 |
| 半导体分立元件 | 万只 | 161 910 | 187 849 | 16.0 | 161 105 | 187 253 | 16.2 |
| 集成电路 | 万块 | 16 501 | 83 200 | 404.0 | 16 580 | 33 301 | 101.0 |
| 灯泡 | 万只 | 15 628 | 15 210 | –2.7 | 15 658 | 14 870 | 5.0 |
| 电子元件 | 万只 | 1 974 078 | 2 045 639 | 3.6 | 1 985 662 | 2 044 340 | 3.0 |
| 电工仪器仪表 | 台 | 2 875 949 | 2 242 651 | 22.0 | 2 895 293 | 2 143 217 | 26.0 |
| 汽车仪器仪表 | 台 | 1 207 202 | 1 267 115 | 5.0 | 1 198 483 | 1 219 986 | 1.8 |
| 成分分析仪器 | 台 | 35 758 | 37 222 | 4.1 | 36 116 | 36 931 | 2.3 |
| 实验室仪器及装置 | 台 | 42 351 | 51 909 | 22.6 | 46 917 | 50 710 | 8.1 |
| 家用电热烘烤器具 | 个 | 115 780 | 74 603 | 35.6 | 125 178 | 89 814 | 28.3 |

表 3 上海仪电控股（集团）公司电子信息产业主要经济指标完成情况

| 项目名称 | 单位 | 2000 年 | 2001 年 | 2002 年 |
|---|---|---|---|---|
| 工业总产值（不变价） | 万元 | 1 175 263 | 1 289 244 | 1 350 463 |
| 工业增加值（现价） | 万元 | 181 119 | 159 000 | 140 743 |
| 工业销售产值（现价） | 万元 | 612 704 | 687 876 | 561 422 |
| 销售收入 | 万元 | 633 064 | 636 789 | 596 492 |
| 其中：利润总额 | 万元 | 102 747 | 48 766 | 35 638 |
| 工业全员劳动生产率 | 元/人 | 77 601 | 72 306 | 59 876 |
| 流动资金周转次数 | 次 | 1.2 | 1.1 | 1.1 |
| 工业产品销售率 | % | 97.2 | 112.0 | 100.0 |
| 总资产贡献率 | % | 11.5 | 5.9 | 4.6 |
| 资本增值保值率 | % | 132.6 | 125.1 | 102.9 |
| 资产负债率 | % | 49.5 | 39.1 | 40.6 |

表 4　上海仪电控股（集团）公司电子信息产业财务情况

| 项目名称 | 单位 | 2001 年 | 2002 年 |
|---|---|---|---|
| 流动资金合计 | 万元 | 544 907 | 537 884 |
| 固定资产合计 | 万元 | 329 907 | 290 486 |
| 固定资产原值 | 万元 | 548 926 | 492 396 |
| 资产合计 | 万元 | 1 136 660 | 1 066 535 |
| 产品销售收入 | 万元 | 636 789 | 596 492 |
| 其中：软件产品销售收入 | 万元 | – | 5 388 |
| 计算机服务收入 | 万元 | – | 706 |
| 系统集成收入 | 万元 | – | 9 485 |
| 利润总额 | 万元 | 48 766 | 35 638 |
| 其中：软件利润 | 万元 | – | 276 |
| 应交所得税 | 万元 | 4 529 | 2 958 |

表 5　上海仪电控股（集团）公司电子信息产业新产品情况

| 项目名称 | 单位 | 2000 年 | 2001 年 | 2002 年 |
|---|---|---|---|---|
| 电子工业产值（现价） | 万元 | 630 336 | 616 587 | 562 535 |
| 新产品产值（现价） | 万元 | 124 495 | 75 546 | 81 844 |
| 所占比重 | % | 19.8 | 12.3 | 14.5 |
| 新产品开发总数 | 个 | 57 | 167 | 112 |
| 新产品鉴定总数 | 个 | 57 | 89 | 75 |

［撰稿：糜靖亚　审稿：徐善荣］

# 长江计算机（集团）公司

## 综述

长江计算机（集团）公司生产制造的“东海”牌微机至2002年已经连续8年被评为“上海市名牌产品”。长江计算机集团在产业结构调整中已经形成了一批具有相当实力和知名度的软件开发和系统集成企业，科技创新能力不断提高，在国民经济20多个领域完成了数百个软件开发和系统集成项目，形成了长江集团新的竞争优势，2002年被列为全国百强软件企业。

集团分析了IT业务的全球分布特点和地区差异，有针对性地对东亚、南亚、中欧、北非的6个市场进行了考察，积极寻找属于自己的国际市场领域和份额。6月份，500套东海微机被选为国家援外物资出口也门；7月份，开辟了上海首家计算机母板全球修理业务，迈出全球保税维修的第一步。2002年，集团进出口总额突破5 500万美元，增长6%，其中出口创汇达1 800万美元，比去年增长41%。

集团在经济工作中多元经营，优化资源配置，形成一批新增长点。集团千方百计克服老企业不良资产多、小企业实力不强难以融资的困难，积极推动高科技主业发展。有效利用房产资源，为进一步盘活、置换，积累了资源和可提供选择的方案。积极参与松江新城区投资项目，利用地域优势，大力开发物业服务。法人治理结构的管理体制和运行机制得到进一步优化。集团董事会逐步完善责任体系和控制体系，2002年初，制定并实施了《长江计算机（集团）公司董事会议事规则》及采取了一系列管理措施，成立了由战略发展委员会、投资管理委员会、财务预算委员会、内部监审委员会、人力开发委员会组成的战略管理体系。一年来，董事会和专门委员会共咨询、审议、决定了21项投资、改制、经营的重大事项。集团还运用审计监督、财务监督、专项监察等方法，加强对经济运行质量的监督与管理，努力健全和严格执行内部管理流程，建立良性发展的有效机制，并积极探索监督的有效机制，初步形成了依法经营管理的良好氛围和跟踪法律服务的良好意识。上述工作使得集团2002年的经济运行发生了一系列积极的变化，经济效益明显提高。

## 科技进步与应用

2002年长江计算机集团在科技进步和应用方面迈出了新的步伐。主要有以下几个方面的成绩。

1. 科技创新取得新突破，形成科技进步的新架构。集团研究院根据产业发展的战略定位，以技术平台建设为重点，攻克10项关键技术，推出具有先进水平的“集中式电子交易平台”和“网络多媒体信息处理平台”，在交通、商务、通信、金融文化领域、政务信息领域开发了一系列基于该平台的典型标志性应用工程。开发技术平台的理念与实践，实现了整合内部优势，提升科技创新等级和核心竞争力的效果，为持续发展提供了科技动力。2002年，集团有6项产品荣获上海市优秀新产品奖，有12个项目申请知识产权保护，比上年增长了140%。集团先后投入了1 355万元的科技基金和开发拨贷款，有力地支持了企业的技术创新。2002年，长江集团的8个技术创新项目被列入上海市引进技术吸收与创新计划，比上年增长了33%。3月份设立的集团博士后工作站已经开始工作。

2. 推进新技术的集成应用，信息资源开发水平进一步提高。集团坚持“用户为本”的开发理念，大力推进新技术的集成应用，开发高技术含量和产品化的应用软件和中间件软件。集团所属各企业紧密跟踪国家重点工程项目和信息化改造的重点领域，联手开发，在应用领域形成了一批新的标志性软件和系统集成项目，其中亚太公司研发的IC卡加油结算网络系统荣获上海市第四届工博会银奖，金鑫公司研发的上海博物馆信息化二期工程把中国的文物收藏保护和研究手段提高到一个新的水平，对国家文博信息资源网络建设在体系结构、技术手段和信息规范等诸多方面具有重要的应用推广价值。

3. 形成了一批具有相当知名度的软件和系统集成项目。

（1）中石化加油IC卡市场份额继续扩大。长江计算机集团自1999年起承担开发中国石化上海分公司加油IC卡工程至今，IC卡已在上海石油公司500多个加油站和120多个发卡网点运行，发卡量超过35万张，每月售卡资金超过3 000万元。上海石油分公司“IC卡加油网络结算系统”曾先后通过了上海市科委和中国石油化工股份有限公司组织的技术鉴定。

2002年4月，长江集团又成为中石化加油IC卡江苏试点工程集成商。江苏省作为中石化试点省份，共有加油站1 800个。12月，长江集团再次在中石化加油湖北省试点工程的集成商竞标中一举中标，同时还以上海石油龙卡系统开发和建设者的身份承接了中石化加油IC卡上海工程。长江集团在中石化全国11个省市的加油IC卡试点工程中独占江苏、湖北、上海3个省市，销售收入达1.3亿元人民币。中石化IC卡加油结算网络系统以其特有的科技创新能力和市场竞争力荣获上海市科技进步二等奖和第四届上海国际工业博览会银奖。

（2）黄金交易系统正式投入运营。2002年10月30日，世人瞩目的上海黄金交易所正式开业。长江集团在黄金交易所正式开业前10个月的模拟式运行中，对整个系统不断地进行调整、完善和优化。开发人员从设计、开发到测试整个流程对系统作了无数次修改，主动参与业务需求的讨论，从技术角度引导需求的合理性。另外，针对业务的多变性，在设计与实践上尽量多地考核系统的可扩展性与变化性，使该系统完全达到了用户要求。

（3）“数字图书馆系统软件平台及应用”取得新成果。由长江计算机集团与复旦大学（国际）数据库研究中心、上海图书馆共同研制开发的上海市科学技术发展基金项目“数字图书馆系统软件平台及其应用”取得成功，该平台掌握了数字图书馆领域的关键技术，具有自主知识产权，其研究成果已在国内外权威刊物和会议上发表了相关的学术论文和报告20余篇。目前该平台和关键技术已成功运用于上海图书馆数字图书馆工程、上海博物馆信息化工程、上海市建筑管理委员会综合信息集成系统中。

（4）上海市高速公路联网收费结算系统开通。2002年12月27日，上海市高速公路联网收费结算中心、交通监控中心和应急指挥中心同时建成开通。长江集团承接了结算中心的软件开发和交通监控、通信及收费中心的系统集成工作。此次并入结算系统的公路有沪杭、沪嘉浏、沪宁、沪青平、同三和莘奉金6条高速公路。“高速公路联网收费结算中心”系统的开发成功实现了整个高速公路网采用全路网封闭式计算，实行“统一收费、统一清分”的目标。由于系统集成，可使每个路段监控中心在事故发生时都能转换为应急指挥中心。该项目的开发成功为实现上海市高速公路网15分钟上网，30分钟互通，60分钟可达规划目标奠定了基础，使中国高速公路管理上了一个新台阶。

## 发展趋势

今后5年，上海将坚持优先发展信息产业的战略，信息产业的年增长目标达到25%，城市信息化将达到发达国家中心城市的平均水平。随着申博成功，2010年以前，上海大规模的市政建设、房产建设、信息化建设都将逐步展开，并以2010年为标志，使上海跨入更高的发展阶段。这一宏观背景为长江集团的发展提供了较为充分的外部条件。集团只有抓住这个重要的战略机遇期，才能为实现产业结构调整的发展战略准备好基本条件，为长远发展奠定坚实的基础。

2003年集团将上下联动，多方采取措施，努力在原有工作的基础上，把规模做大、把领域拓宽、把技术做精、把工作做深，把机制做活。

1. 坚持在发展中推进结构调整，在结构调整中保持发展。2003年的主要经济目标是：销售收入同比增长40%；出口创汇同比增长22%；利润同比增长24%；新品产值率70%以上；产销率98%以上。

2. 坚持科技创新，优化技术结构，力争在具有战略意义的科技领域取得新突破。调整科技创新模式，从注重单项创新转变到更加强调各种技术的集成，强调在集成基础上形成有竞争力的产品和产业，推动产业结构的进一步优化。

3. 加强市场体系建设，形成快速反应的市场机制。建立和完善市场战略，不断适应信息技术的市场竞争，适应上海及周边地区信息化建设的需要。

【统计数据】

表1　2002年长江计算机（集团）公司电子信息产业人员构成情况

| 企业类别 | 企业数（个） | 人员构成（人） | | | | |
|---|---|---|---|---|---|---|
| | | 总人数 | 技术人员 | 所占比例（%） | 管理人员 | 所占比例（%） |
| 国有企业 | 14 | 2 897 | 1 375 | 47 | 258 | 8.9 |
| 集体企业 | 1 | 240 | 43 | 18 | 3 | 5.4 |
| 合资企业 | 6 | 992 | 629 | 63 | 99 | 10.0 |
| 总　计 | 21 | 4 129 | 2 047 | – | 360 | – |

表2　长江计算机（集团）公司新产品情况

| 项目名称 / 年份 | 电子工业产值（现价）（万元） | 新产品产值（现价）（万元） | 所占比重（%） | 新产品开发总数（个） | 新产品鉴定总数（个） |
|---|---|---|---|---|---|
| 2002 | 45 593 | 37 125 | 81.4 | 20 | 13 |

表 3　长江计算机（集团）公司电子信息产业主要经济指标完成情况

| 项目名称 | 单位 | 2000 年 | 2001 年 | 2002 年 |
| --- | --- | --- | --- | --- |
| 工业总产值（1990年不变价） | 万元 | 150 848 | 133 500 | 176 344 |
| 工业增加值（现价） | 万元 | 6 185 | 7 013 | 6 122 |
| 销售产值（现价） | 万元 | 41 715 | 36 000 | 43 723 |
| 销售收入 | 万元 | 38 617 | 45 436 | 76 166 |
| 实现利税总额 | 万元 | 3 369 | 1 000 | 1 438 |
| 其中：利润总额 | 万元 | 2 238 | 200 | 441 |
| 出口额 | 万美元 | 470 | 1 792 | 1 824 |
| 工业全员劳动生产率 | 元/人 | 14 761 | 16 733 | 14 527 |
| 流动资金周转次数 | 次 | 2.2 | 1.1 | 0.5 |
| 工业产品销售率 | % | 99.7 | 107.0 | 96.0 |
| 资本增值保值率 | % | 75.5 | 81.1 | 101.1 |
| 资产负债率 | % | 78.9 | 72.1 | 75.7 |

[撰稿：周慧琴]

# 江　苏　省

## 综述

2002年，江苏省电子信息产品制造业坚持以市场为导向，不断加快结构调整和对外合作，综合实力得到显著提升，产业规模和整体素质实现了新的突破。全行业共完成工业总产值（1990年不变价）2 682亿元，增长21%；完成销售收入1 570亿元，增长20%；实现利税111亿元，下降15.4%；实现工业增加值275亿元，增长17.5%；完成出口交货值878亿元，增长49.8%。电子信息产品制造业主要经济指标继续保持全国第二位，产值、销售收入、增加值、出口额分别占全国的15.1%、14.4%、12.4%、14.4%。

主要产品产量为：手机409万部，下降20.3%；程控交换机125万线，下降40.2%；电话155万部，下降34.9%；彩色电视机382万台，增长20.5%；收录放机101万台，下降30.3%；组合音响149万台，增长11.2%；激光视盘机942万部，增长65.3%；微机201万部，增长367.4%；显示器1 915万台，增长80.8%；打印机10.4万台，下降5.5%；电子元件481亿只，增长44%；集成电路21亿块，增长61.5%；显像管549万只，增长19.9%，其中彩色显像管484万只，增长31.5%；半导体分立器件94亿只，增长36.2%。

2002年，江苏省电子信息产品制造业经济运行呈现以下特点：

一是产业结构进一步优化。投资类、消费类、基础类三大类产品结构的比重趋于合理。以集成电路、计算机及周边设备、现代通信、数字音视频为代表的四大产品群增长率超过60%，销售收入达到1 009亿元，占全行业总量的64%，成为支撑江苏省信息产业发展的主导力量。

二是规模化战略取得积极进展。全行业有11家企业进入全国电子信息百强，20家企业进入全国外商投资企业500强，上市公司达到7家。熊猫集团、希捷等2家企业销售收入超百亿元，明基、新科、苏飞、仁宝、旭电、广志等6家企业销售收入超过50亿元。全省排名前50家企业总销售收入占全行业比重达到75%。

三是地区集聚效应日益明显。苏州、无锡、南京3个市电子信息产业规模不断扩大，产业链日趋完善，配套能力进一步增强。2002年，3个市电子信息产品制造业共实现销售收入1 242亿元，占全省比重达到80%。苏州新区等7个省级电子信息产业基地共实现销售收入1 400亿元，占全省比重达到89%。

四是国际化程度大幅提高。外资企业销售收入占全行业的比重达81%，成为全省利用外资最为集中的领域。全年外贸出口达878亿元人民币，占全行业销售收入比重达56%；占全省出口总额比重达27.5%，成为全省第一大出口行业。全省外商投资企业出口超2亿美元的18家企业全部是电子信息产品制造企业，共实现出口额79.6亿美元，其中无锡希捷、新科集团分列全省外商投资企业和全省工业企业自营出口第一位。

2002年，全省软件产品、软件服务及系统集成总收入达到75亿元，增长50%。全省销售收入超千万元的软件企业达到75家。其中，20家超过5 000万元，12家超过1亿元。全省有4家企业成为2002年度国家规划布局内重点软件企业。全省软件产业在继续巩固电力、电信、教育等行业应用软件领域优势的同时，在系统软件的开发上有了新的突破。

## 电子百强企业

2002年，江苏省电子信息百强企业整体发展态势良好，11家电子信息百强企业共实现销售收入388亿元，利税21.4亿元，分别占全省的25%、19%。熊猫集团生产彩电184万台，增长84%，出口彩电达79万台；孔雀集团完成销售收入54亿元，增长6%；华东电子集团完成营业收入55亿元，增长13.2%，实现利润1.5亿元，增长135%；新科电子集团完成销售收入58亿元，增长74%，出口24.4亿元，增长67%，生产激光视盘机453万台，增长47%，出口309万台；宏图电子信息集团完成营业收入21亿元，实现利润5 000万元；江苏赛搏电子有限公司完成销售收入14.8亿元，增长31%，生产彩电97万台，增长48%，出口51万台；江苏紫金电子集团有限公司完成销售收入9.2亿元，增长2.8%；永鼎集团有限公司完成销售20亿元，实现利润9 467万元；通光集团完成销售5.4亿元，实现利润4 810万元；华晶微电子股份有限公司完成销售收入6.6亿元，增长19%，生产集成电路3.2亿块，增长69%，生产分立器件4.9亿只，增长27%；江苏长电科技股份有限公司完成销售6.8亿元，增长18%，生产集成电路10.8亿块，增长76%，分立器件49亿只，增长84%，出口增长幅度达66%以上。

## 软件和集成电路产业

截止2002年底全省共有264家软件企业通过认定，1 117个软件产品获准登记，软件企业数和软件产品数继续位居全国前列。全省通过系统集成资质认证30家，其中：一级资质3家，二级3家，三级15家，四级9家。全省软件产品实现退税5.88亿元，增长265%。软件产业集中发展趋势日益明显，软件园成为全省软件企业的主要聚集地。国家软件产业基地——江苏软件园实现入园企业450

家，入驻企业达171家，增加75%。江苏软件园共性技术平台建设已经启动，徐庄产业化基地等已开工建设。截至2002年底，江苏软件园和南京、常州、无锡、苏州等五大软件园入园企业已达800家，全年实现销售收入70亿元，占全省总量的93%。2002年共实现软件出口3 151万美元。全省集成电路销售收入达到36亿元，增长20%，总体规模继续保持全国第二位。集成电路设计企事业单位超过50家，设计水平达到0.18微米。集成电路封装实力和封装总量居全国第一。和舰科技开工建设，境外一批高水平集成电路制造、封装及配套企业陆续进入，集成电路产业链日趋完善。

## 科技进步与应用

积极推进产学研相结合，促进企业加大投入，增强研发实力，加快技术创新体系建设。2002年全行业共拥有国家级和省级一站两中心达42家。积极组织实施部及省内各类科研试制和科技攻关计划。全年共有22家企业的33项产品被列入信息产业部科研试制计划，项目数位居全国第一。有18项产品列入省计划。积极引进跨国公司研发机构，加大引进技术的消化吸收，努力提高自主创新能力，提升研发水平和层次，在第三代移动通信芯片、信息安全芯片、32位嵌入式CPU、基于LINUX的操作系统等领域已取得了具有自主知识产权的重点突破。积极组织实施和申报国债、双高一优、国家高新技术产业化和电子发展基金项目，全年国有及国有控股企业技改实际投入达28.93亿元，增长93%。组织评定国电南自的“PS6000变电自动化系统V2.0”等13项具有较高技术含量、较好经济效益和较强成熟度的软件产品为2001年度省优秀软件产品奖（金慧奖）。宣传推动CMM认证工作，提高企业对实施CMM认证的认识。成功举办“第二届全国信息技术与产业发展论坛”，扩大江苏电子信息产业的影响。

## 信息产业基地建设

2002年5月2日，江苏省人民政府授予苏州国家高新技术产业开发区、苏州工业园区、南京江宁经济技术开发区、无锡国家高新技术产业开发区、昆山经济技术开发区、吴江经济开发区和南京珠江路科技园等7个开发园区“江苏省电子信息产业基地”称号。以7地（7个省级电子信息产业基地）、5园（江苏软件园和南京、常州、无锡、苏州软件园）以及一批内资骨干企业为基础的苏南信息产业带已初步形成，聚集效应日益明显，配套能力日益增强，产业规模日益壮大，成为全国电子信息产业最为集中的地区之一。各基地积极发展电子信息主导产业，产业规模进一步扩大，比重进一步提高。苏州新区电子信息产业产值占全区的比重已达78%，苏州工业园区达到50.8%；昆山开发区达到44.5%，吴江开发区达90%。各基地利用外资工作向深度和广度发展，利用外资总量较2001年有较大提高，苏州工业园区、苏州新区、江宁开发区电子类企业吸引外资占全区总量分别达到57.4%、57.8%、46.7%，其中苏州工业园区电子信息产业全年新增投资额超过27亿美元。各基地着力优化投资环境，加快建立高效便捷的物流体系，完善配套协作群体，变以优惠政策吸引外资为主转向以综合环境优势吸引外资为主。各基地注重招才引智，大力吸引海外留学人员和跨国公司研发机构，提高研发水平；积极与国内外高等院校、研究机构和培训机构合作，加快建立人才优势，增强后续发展能力。

## 电子产品进出口

2002年，电子信息产品制造业已成为全省利用外资和外贸出口的最大行业。全年电子信息产业实际利用外资超过30亿美元，占全省直接利用外资的比重达29%。电子信息三资企业销售收入占全行业销售收入的比重已经达到81%，成为推动全省电子信息产品制造业发展的主导力量。电子信息产品出口持续高速增长，2002年突破100亿美元，三年平均增长66%，出口额是1999年的4.5倍，跃居全省外贸出口第一位，占全省规模以上工业企业出口交货值2 790.4亿元的31%，增长速度高出全省规模以上工业21.8个百分点，占全省外贸出口的比重由1999年的12.7%提高到27.5%。全省20强出口企业均为电子信息产业企业，其中，外商投资类企业以计算机产品出口为重点，省内国有或国家控股企业集团以彩电、DVD等家电产品为出口重点，部分有实力的企业积极到海外投资建厂、设立研发机构，“走出去”战略取得显著成效。全省前10强电子信息产业出口企业和出口额分别为：希捷国际科技（无锡）有限公司102.4亿元；明基电通信息技术有限公司63.5亿元；仁宝电脑工业（中国）有限公司61.7亿元；昆山广志电子有限公司49.3亿元；高创（苏州）电子有限公司31.4亿元；苏州飞利浦消费电子有限公司30.8亿元；旭电（苏州）科技有限公司24.6亿元；四海电子（昆山）有限公司23.3亿元；常州新科数字技术有限公司20.4亿元；镇江江奎集团公司19.6亿元。

## 信息化应用

大力推进信息技术推广应用，全年有31个项目列入信息产业部2002年度电子信息应用贷款建议项目计划（倍增计划），总投资达4.75亿元。江苏邮政局的“江苏邮政物流信息系统工程”等10家单位电子商务试点工作进展加快，网上交易活跃，经济效益良好。制定并下发江苏省关于城市信息化试点工作的意见，确立江苏省城市信息化建设的总体工作思路，国家信息化试点城市——扬州城市信息化建设进展良好。联合公安等有关部门开展调研，从产业和技术两个层面推进第二代CPU卡式居民身份证的换发试点。制定下发《构建江苏电子信息人才高峰的实施意见》，进一步推动江苏省电子信息人才高峰建设。联合省有关单位，加速推动江苏省CA中心建设，解决电子政务和电子商务的信息安全问题，加快推进江苏省电子政务和电子商务建设步伐。

## 行业管理和政策法规

根据信息产业新的发展形势，制定《江苏省软件及信息产业发展实施意见》，明确发展战略、发展重点和政策措施，创造良好发展环境。各省辖市初步建立健全了管理机构，基本形成了全省电子信息产业的管理体系。建立了省电子信息产业协会。结合行业发展实际，加强政策法规研究，特别加强对入世以来产业发展动态的跟踪研究，引导全行业积极开展WTO应对工作。对全省电子信息产业规范性文件和行政审批事项进行清理，对企业服务职能得到进一步加强。加强与以色列、日本、美国、台湾等国家和地区有关企业和组织的联系，认真筹备首届中国南京国际电子信息技术博览会，积极推进江苏省电子信息产业的国际合作。积极贯彻执行信息产业部颁布的一系列重要技术标准，完善质量认证机构建设，加强产品质量监督，强化对军工企业和军工电子产品质量管理。

## 【统计数据】

表1　2002年江苏省电子信息产业人员构成情况

| 企业类别 | 企业数（个） | 人员总数（人） | 企业类别 | 企业数（个） | 人员总数（人） |
|---|---|---|---|---|---|
| 总　计 | 1 676 | 418 480 | 股份制企业 | 456 | 117 207 |
| 国有企业 | 48 | 38 010 | 外商和港、澳、台商投资企业 | 420 | 171 999 |
| 集体企业 | 140 | 28 280 | 其他企业 | 182 | 23 632 |
| 股份合作企业 | 165 | 25 136 | 软件企业（单列） | 264 | 14 216 |

**表 2　江苏省电子信息产业主要经济指标完成情况**

| 项目名称 | 单位 | 2000 年 | 2001 年 | 2002 年 |
| --- | --- | --- | --- | --- |
| 工业总产值（不变价） | 亿元 | 1 129 | 1 851 | 1 884 |
| 工业销售产值 | 亿元 | 793 | 1 069 | 1 767 |
| 其中：出口交货值 | 亿元 | 320 | 501 | 804 |
| 软件出口 | 万美元 | – | 1 489 | 3 151 |
| 工业增加值（生产法） | 亿元 | 136 | 230 | 310 |
| 从业人员年末人数 | 人 | 142 327 | 141 617 | 418 480 |
| 从业人员工资总额 | 万元 | 164 462 | 163 817 | 438 910 |

备注：2002年制造业企业数和人员总数引用省统计局数据。

**表 3　江苏省电子信息产品制造业财务情况**

| 项目名称 | 单位 | 2000 年 | 2001 年 | 2002 年 |
| --- | --- | --- | --- | --- |
| 流动资金合计 | 万元 | 3 670 163 | 3 644 661 | 7 924 951 |
| 固定资产合计 | 万元 | 1 328 134 | 1 317 114 | 2 863 933 |
| 资产合计 | 万元 | 5 602 286 | 5 594 631 | 12 164 966 |
| 流动负债合计 | 万元 | 3 370 333 | 3 370 011 | 7 327 752 |
| 负债合计 | 万元 | 3 962 618 | 3 964 947 | 8 621 668 |
| 所有者权益合计 | 万元 | 1 406 504 | 1 629 683 | 3 543 583 |
| 产品销售收入 | 万元 | 6 989 192 | 10 614 100 | 17 403 720 |
| 投资收益 | 万元 | 233 163 | 189 708 | 412 501 |
| 利润总额 | 万元 | 376 064 | 455 129 | 553 079 |
| 应交所得税 | 万元 | 29 272 | 29 537 | 64 225 |

**表 4　江苏省电子信息产业主要经济效益指标完成情况**

| 项目名称 | 单位 | 2000 年 | 2001 年 | 2002 年 |
|---|---|---|---|---|
| 工业全员劳动生产率 | 元/人 | – | – | 74 077 |
| 流动资金周转次数 | 次 | 2.2 | 3.1 | 3.0 |
| 工业产品销售率 | % | 98.0 | 98.0 | 97.5 |
| 总资产贡献率 | % | 12.3 | 16.9 | 16.6 |
| 资本增值保值率 | % | 116.6 | 110.8 | 111.0 |
| 资产负债率 | % | 70.7 | 70.5 | 70.3 |

备注：2000年、2001年劳动生产率指标统计口径与2002年省统计局口径不一致，以省统口径为准。

**表 5　江苏省电子信息产业新产品情况**

| 项目名称 | 单位 | 2000 年 | 2001 年 | 2002 年 |
|---|---|---|---|---|
| 电子工业产值（现价） | 亿元 | 945 | 1 214 | 1 812 |
| 新产品产值（现价） | 亿元 | 241 | 356 | 464 |
| 所占比重 | % | 25.5 | 29.4 | 41.2 |
| 新产品鉴定总数 | 个 | 40 | 43 | 46 |

**表 6　江苏省主要电子信息产品产销情况**

| 产品名称 | 单位 | 产量 | | 销量 | |
|---|---|---|---|---|---|
| | | 2001 年 | 2002 年 | 2001 年 | 2002 年 |
| 移动通信手持机 | 万部 | 513 | 409 | 487 | 389 |
| 程控交换机 | 万线 | 209 | 125 | 199 | 119 |
| 电话单机 | 万部 | 238 | 155 | 226 | 147 |
| 电视机 | 万台 | 326 | 382 | 310 | 363 |
| 其中：彩电 | 万台 | 317 | 382 | 301 | 363 |
| 收录放机 | 万台 | 145 | 101 | 138 | 96 |
| 组合音响 | 万台 | 134 | 149 | 127 | 142 |
| 激光视盘机 | 万部 | 570 | 942 | 542 | 895 |

续表 6

| 产品名称 | 单位 | 产量 | | 销量 | |
|---|---|---|---|---|---|
| | | 2001 年 | 2002 年 | 2001 年 | 2002 年 |
| 微机 | 万部 | 43 | 201 | 41 | 191 |
| 显示器 | 万台 | 1 059 | 1 915 | 1 006 | 1 819 |
| 打印机 | 万台 | 11 | 10 | 10 | 10 |
| 电子元件 | 亿只 | 334 | 481 | 317 | 457 |
| 显像管 | 万只 | 458 | 549 | 435 | 522 |
| 其中：彩管 | 万只 | 368 | 484 | 350 | 460 |
| 半导体分立器件 | 亿只 | 69 | 94 | 66 | 89 |
| 集成电路 | 亿块 | 13 | 21 | 12 | 20 |

表 7　1999 年~2002 年江苏省电子信息产业发展情况

| 项目名称 | 单位 | 1999 年 | 2000 年 | 2001 年 | 2002 年 |
|---|---|---|---|---|---|
| 电子信息产业增加值占全省工业增加值比重 | % | 3.27 | 3.50 | 5.73 | 6.43 |
| 电子信息产业增加值占全省 GDP 比重 | % | 1.44 | 1.57 | 2.57 | 2.91 |

备注：2001年、2002年指标包含软件业，1999年、2000年只包含制造业。

[撰稿：冯军　赵卫强　杨秋福　审稿：阎立]

# 浙 江 省

## 综述

2002年，浙江省电子信息行业各类企业共有8 000余家，其中归口管理的重点企业有426家。归口管理的企业中，国有企业23家；集体企业16家；股份合作制企业18家；有限责任公司209家；股份有限公司45家；私营企业54家；港澳台企业31家；外商投资企业30家。占归口管理企业总数的百分比分别为5.4、3.8、4.2、49.1、10.6、12.7、7.3和7.0。全部归口管理企业年末固定资产净值1 857.4亿元；从业人员14.1万人，其中工人8.7万人，工程技术人员3万人，管理与服务人员2.4万人，分别占从业人数的百分比为61.7、21.3和17.0 。

2002年全省信息产业实现工业总产值（不变

价）1 656.7亿元，比上年增长15.9%；实现产品销售收入首次突破1 000亿元，达1 080亿元，增长39.4%。全省电子信息产业重点企业完成工业总产值（不变价）905亿元，比上年增长35.1%；实现产品销售收入640亿元，增长50.7%；实现利润总额45亿元，增长54.1%；缴纳税金19亿元，增长11.4%。归口统计的426个企业中，亏损40家，比去年下降27.3%，亏损额0.96亿元，下降13.1%。2002年全省有7家企业入围全国电子信息百强行列；21家元件企业入围全国电子元件百强行列，比上年增加5家；12家软件企业成为全国软件百强；50家企业分别成为全省电子信息产品制造业30强、软件业10强和外贸出口10强。2002年被国家列为重点规划布局内的软件企业达8家。列入的软件企业数量排列北京、广州、上海之后，居全国第4位。软件产业和微电子产业跃居全国前4位。60多种电子产品市场占有率进入全国同行前3位，40多家企业产品产量成为国内同行“单打冠军”。

2002年全省11个地级市电子信息产业经济运行情况良好。工业总产值指标除温州、舟山2个市出现下降外，其余各市均实现增长，其中嘉兴、宁波2市增长幅度分别达到121.7%和65.3%。出口交货值指标各市增长幅度明显，其中杭州、温州、嘉兴、湖州、绍兴5市增长幅度平均达70.3%。产品销售收入宁波、嘉兴、绍兴3市分别增长63.7%、55%和53.7%。利润总额宁波、嘉兴、绍兴3市分别增长18.8%、50%和186.4%。工业增加值宁波、温州、嘉兴、金华4市分别为21.8%、40.9%、37.8%和42.3%。

## 科技进步与应用

2002年，浙江省电子信息产业列入重点科研、技术创新、新产品和产业化计划的项目有288个。其中国家级项目25项，省重点技术创新和产业化计划58项，省级新产品计划205项。全年通过省级鉴定的重点技术和新产品达106项，其中达到国内领先水平和先进水平的新技术、新产品达63项。

一批电子信息关键技术的研究开发和创新取得了突破性进展：CDMA手机芯片、高清晰度数字电视接收机、基于LCOS技术的高清晰度液晶投影光学引擎、数字电视专用信道接收芯片和信源解码芯片、光纤预制棒、高密度点阵荧光显示屏、SMD软磁铁氧体磁芯、银行综合证券服务平台等10项关键技术相继开发成功，并达到国际先进水平。非对称数字用户环路接入设备、多协议终端服务路由器、并行计算机群及高速通信网技术、DVD机芯、CD数字伺服和解码纠错集成电路、高性能PTC半导体陶瓷、抗电磁干扰MnZn铁氧体、全球卫星通信定位系统微波介质天线、工作流管理系统、专业市场商务管理及流通网络平台、基于GIS的DMS配电网管理系统、数控印花激光制网机、TCP/IP通讯数据密码机、虚拟主机远程服务器管理系统等20多项新技术开发成功，并达到国内先进水平。

投资和技术改造继续保持强劲上升趋势，高技术项目比重明显增加。2002年全省电子信息行业共开工建设重点投资与技术改造项目113项，总投资额69.4亿元，与去年相比，分别增长22.8%和20.9%。其中，基本建设和高技术产业化类项目26项，投资额18.9亿元，分别占投资总量的23%和27.2%；重点技术改造项目87项，投资额50.5亿元，分别占投资总量的77%和72.8%。在全部113项建设项目中，新建项目44项，投资额27.6亿元，分别占项目和投资额的38.9%和39.8%；续建项目69项，投资额41.8亿元，分别占总项目和投资额的61.1%和60.2%。列入省计委、省经贸委等计划盘子的重点建设和技术改造项目93项。这些项目科技含量高、投资规模大。主要涉及软件产业、移动通信、微电子产业、新型电子元器件和新型电子专用材料等领域。

2002年全省信息产业承担的国家重点项目进展顺利。东方通信、嘉康电子、华莹电子、宁波中华电子等6家企业完成了所承担的国家移动通信国产化配套项目，总投资额超过4亿元。7个国家高技术产业化项目全部完成，部分项目产生了较好的经济效益。此外，22家企业的31个项目获得国家支持，被列为国债技改建设项目。国债一至四期的13个项目中完成10个。14个信息产业部发展基金资助项目中，有7个专项已按可研报告批复内容建成，完成率50%，6个项目正在建设中，项目实施率达92.8%。上述重点项目的成功实施既为一部分企业走差异型竞争发展道路提供了技术保障，同时也为浙江省信息产业发展增添了新的增长点，使全省电子信息行业的综合竞争力明显得到增强。

## 电子产品进出口与国际合作

2002年，浙江电子信息产业积极开拓国外市场，产品出口取得好成绩。全年完成出口交货值121亿元，出口交货值占全省重点信息企业销售产值的19.4%。一些主要产品如手机、磁性材料等出口形势较好。杭州摩托罗拉移动通信有限公司全年出口手机创汇15 691万美元，横店集团东磁公司出口磁性材料创汇15 879万美元。全省电子信息行业中有3家企业年度出口超过1亿美元，5家企业年度出口达到3 000万美元至1亿美元，16家企业年度出口达到1 000万美元至3 000万美元。

积极推进与国外大公司的合作与交流，吸引外国公司参与浙江信息产业和信息化建设，对外经济技术合作取得新成绩。仅杭州市就先后引进了总投资70亿日元的日本东芝笔记本电脑生产基地、总投资9 000万美元的杭州立昂半导体电子器件项目、总投资2亿多美元的中纬集体晶圆（集成电路芯片制造）项目以及总投资3 000万美元的北美电器小家电项目。与旺宏电子在半导体领域签署了备忘录，建立了长期战略合作关系；与美国高升科技集团达成意向，签署了合作备忘录；与以色列驻沪总领事馆共同举办了一期“科技创业与科技孵化器”培训班；与微软（中国）公司签订了促进浙江省信息产业发展的合作备忘录；与台湾无线电协进会签署了合作备忘录；促进了诺基亚（中国）投资有限公司杭州分公司、诺基亚杭州研发中心的成立；与北电网络公司在数字浙江、网络基础设施规划、电子商务及产品的发展研究、以信息化带动工业化、推进浙江省传统产业升级改造等方面开展了合作交流，并在高级人才培训方面组织举办了浙江省信息化管理培训团赴加拿大多伦多为期5个月的信息技术基础及管理知识培训；与思科公司在电子政务规划、园区信息化等方面开展了合作。

## 企业机构调整与改革

2002年浙江省信息产业企业股份制改造取得新成绩。东方通信股份有限公司等13家企业成功实现上市。电子信息行业培育和支持的上市企业数量居全省各行业之首（2002年全省各行业上市企业共有63家）。企业上市为增强自身的核心竞争实力、迅速扩大产业规模筹措了大量的建设和发展资金。据初步统计，近年来全省信息产业上市企业通过证券市场募集到的资金已达60亿元。这些资金不仅为上市企业加快技术改造，提高技术创新能力，提升产品档次，增强竞争力和快速发展提供了强有力的保障，更为浙江信息产业整体实现跨跃式发展发挥了巨大的作用。

## 软件产业

2002年浙江省软件企业总数已超过800家，从业人员超过2万人。全年软件产业实现销售收入110亿元，出口额超过2 000万美元。软件企业规模进一步扩大，软件企业上市数量增多。恒生、信雅达、新利软件、浙大中控、网新科技、浙大快威、东信北邮、浙江托普、网新兰德、中程兴达、大华信息、杭州新中大等软件企业年销售收入均超过或接近1亿元，其中个别软件企业年销售额还超过了5亿元。有9家软件企业实现上市，5家软件企业即将上市。40家软件企业通过了计算机信息系统集成资质认证。其中恒生、海纳软件、快威科技等3家软件企业通过一级资质认证，新雅达、杭州建达等2家软件企业通过二级资质认证。全年新认定软件企业84家，新登记软件产品377个。全省累计认定软件企业和登记软件产品分别达到210家和718个。软件园区建设取得新成绩。2002年浙江在杭州、宁波、绍兴等地建设形成了以国家软件产业基地杭州高新软件园为代表的16个不同层次、不同规模的软件园区。浙江部分软件企业自愿发起成立了软件出口联盟，探索走一条联合发展，资源互补的战略发展道路，大大提高了软件出口企业对外承接软件项目的整体能力，推进和加快了全省软件企业、软件产品走向国际市场的步伐。组织实施了1 500万元软件产业专项发展项目100个，重点支持软件优势骨干企业、软件出口企业进行结构调整、实现软件产业化和提高竞争能力。通过各种渠道、各种模式培养软件人才。一批国内外知名软件公司落户浙江，先后已有诺基亚公司的全球软件研发中心、中科院的语言信息中心、地理信息中心和东方软件公司、金蝶软件公司以及欧洲、美国、台湾等软件公司。

### 移动通信及配套产业

2002年浙江信息产业继续按照“抓整机、带配套”思路，通过组织移动通信国产化专项和移动通信产业元器件本地化配套工作，推动通信元器件产品向高频化、片式化、小型化、高档化方向发展，逐步形成为通信和数字化产品配套的产业链，促进了全省通信产品制造业的快速发展。波导手机销量继续保持国产手机品牌第一，东方通信生产的手机位居全国第三，全省手机总产量约1 200万台，比上年翻了一番。UT斯达康的便携电话（小灵通）产量也比上年有较大幅度增长。

### 信息化应用

基础网络设施建设全国领先。至2002年浙江省已建成联接全国、覆盖全省的宽带光缆网，干线光缆总长度达10 788公里；开通国际、国内长途业务电话达50万路端；数据通信端口数达到25万个；全省固定电话局用交换机总容量达到1 220万门，电话装机1 122万余户；移动电话交换机容量达1 800万线，发展移动电话用户1 090万户；全省电话普及率46.9部/百人，行政村通电话率97.8%；广播和电视覆盖率超过93%，有线电视光纤主干传输网光缆总长度达1 540公里；开通数字交换节点机端口6万个，互联网用户超过230万户；全省50多万家企事业单位建立了自己的站点。

社会各领域信息化得到有效推进。农业信息化方面，全省基本建成省、市、县、镇四级农村信息服务网站，其中建设乡镇信息服务网站954个，占乡镇总数的67%。村级农业信息服务网站开始得到建设，衢州市已建设村级农业信息服务站1 247个，占全市行政村总数的47.9%。全省76%以上的农业局建立了农业信息网站。以“农技110”网站为标志的农业信息网站为广大农民提供了大量实用信息。浙江农业信息网络建设成功经验已经引起了国家、省有关部门甚至联合国粮农组织的高度关注。

块状经济区域信息化方面，2002年围绕建设先进制造业基地要求，从特色工业园区着手，重点改进了园区的网络环境和管理水平，出台了《浙江省特色工业园区信息化建设实施方案》，并选择富阳造纸工业园区等14个特色工业园区进行不同内容的信息化试点。如对政府管理功能较完善的特色园区进行电子政务试点；对产业配套较齐全的加工生产特色园区进行以现代物流为基础的电子商务试点；对技术知识集聚程度较高的特色园区进行网上职业技能培训试点。特色园区的信息化试点促进了全省块状经济区域综合竞争力的进一步提高。

社区信息化方面，引导社会力量积极参与社区信息化建设。浙江电信公司建设了杭州朝晖街道的“数字社区”，为朝晖街道16个社区居民提供综合信息服务；浙江移动公司建设了“天天”社区青少年服务中心，为青少年开展健康有益的社区文化教育等活动提供场所；浙江联通公司建设了“绿苑”社区服务中心。

教育信息化方面，2002年全省各级各类学校共配备计算机30余万台，学生和计算机的配比达到20:1。1 200多所学校建立了校园网，75个县市建成了教育城域网。网上课堂、网上考试等网络教学形式得到越来越多的运用，网络已渗透到学校教育和教学的各个环节。全省网上教育教学资源进一步丰富，网上各类教育信息资源超过50GB。“浙江教育网”作为全省教育的门户网站日访问量超过1万人次。

统计信息化方面，编制完成了全省统计信息化建设规划，省、市两级统计信息网络建设初具规模。

国土资源系统信息化方面，编制完成了全省国土资源信息化规划与总体方案；制定了多项规定；开展了地籍等信息系统建设试点；完成了全省建设用地审批管理信息系统建设方案；成立了浙江省地理空间信息协调委员会；建设了数字化测绘生产基地；采集、处理、贮存了相当数量的基础地理空间信息数据，形成了一批基础性、公益性数字化地理空间信息资源。

城市信息化方面，2002年审批增加了宁波市鄞州区等10个县（市、区）为第二批省级信息化试点城市，使全省信息化试点城市达到18个，其中国家级信息化试点城市3个。各信息化试点城市依据自身实际条件和发展需要，积极开展了各具特色的信息化建设工作。

## 信息化重点建设项目和工程

2002年浙江省信息化各项重点建设项目和工程进展顺利，其中电子政务建设工程，被国务院列为全国惟一的电子政务建设试点省，制定了电子政务实施方案，开展了电子政务建设的各项具体工作。一批申报审批事项开始实行网上申报和审批。

“信用浙江”工程：在全国率先建立和开通了省企业信用发布查询系统暨信用浙江网。该网站的企业信用数据库包含了全省50余万家企业的信贷、纳税、质量、经营行为等信用信息。

“金盾”工程：建成了省、市、县（区、市）、基层公安三级计算机通信主干网以及无线集群通信网；刑侦、治安、监管、出入境、交通管理等业务实现了计算机信息化管理；社会治安等综合信息系统实现了信息共享；指纹比对系统等信息技术在案件侦破中发挥了重要作用。

“金水”工程：全省水利信息系统、防汛抗旱指挥调度决策支持系统正在逐步建立。

“金保”工程：全省9个市和42个县建立了劳动力市场信息管理系统；40多个市县安装使用了“浙江就业2000”管理软件，实现了失业人员管理、职业介绍服务、失业保险基金管理与发放等业务的网络化管理；全省各市、县社保系统已全部建立了局域网；养老保险软件和医保统筹信息系统投入了实际运行。

“金质”工程：基本完成了省、市、县（区、市）三级质检系统的广域网和局域网建设。

“金卫”工程：集医疗、预防、保健、康复、健康教育和计划生育指导六位一体的社区卫生服务系统在杭州、嘉兴、湖州、金华、台州、温州等市的部分社区、乡镇投入使用，提高了社区卫生服务水平；医院信息系统在县级和县级以上医院的应用普及率达90%以上；完成了覆盖全省的“国家疾病报告管理信息系统”网络体系建设；全部血站、血库实现了计算机管理；医疗事故争议管理系统已在全省99个卫生行政主管部门、近200家县级及县级以上医疗机构中使用。

“金农”工程：制定了《浙江省农业信息服务行动实施意见》和《农业信息网络建设技术指导书》；省、市、县三级农业信息网络平台基本形成；“农技110”等农业信息网站建设不断完善，开通了96160110（人工台）和96168（自动台）电话热线，以多种手段提供农业信息服务。

“金关”工程：在实现“电子报关”的基础

上，继续推广和完善无纸报关系统，通关速度大为提高，在暂无舱单电子数据的情况下，从货物申报至通过放行耗时仅20分钟。

“金税”工程：组织编写了《金税综合采集率辅助统计软件》；对县区级金税稽核服务器进行了升级；对全省报税金税卡进行了底层加载；根据国家税务总局要求，积极开展了防伪税控开票子系统的推行工作。

“金卡”工程：成立了省金卡办；拟订了《浙江省非银行卡发行管理办法》；启动了杭州市市民“一卡通”工程。

“金财”工程：出台了《浙江省“金财工程”总体办法》；省、市、县（区、市）三级财政广域网络基本建成；“预算指标管理”、“资金申拨管理”、“集中支付和集中核算”、“非税收入管理”、“农业四税征收管理”等软件已在全省财政部门投入使用。

【统计数据】

**表 1　2002 年浙江省电子信息产业人员构成情况**

| 企业类别 | 企业数（个） | 人员构成(人) | | | | |
|---|---|---|---|---|---|---|
| | | 总人数 | 技术人员 | 所占比例(%) | 管理人员 | 所占比例(%) |
| 国有企业 | 23 | 7 586 | 1 929 | 25.4 | 1 348 | 17.8 |
| 集体企业 | 16 | 4 963 | 775 | 15.6 | 762 | 15.4 |
| 股份合作企业 | 18 | 4 149 | 1 160 | 28.0 | 614 | 14.8 |
| 有限责任公司 | 209 | 77 343 | 16 327 | 21.1 | 13 800 | 17.8 |
| 股份有限公司 | 45 | 21 434 | 4 664 | 21.8 | 3 434 | 16.0 |
| 私营企业 | 54 | 12 637 | 1 755 | 13.9 | 2 212 | 17.5 |
| 港澳台企业 | 31 | 10 911 | 986 | 9.0 | 1 394 | 12.8 |
| 外商投资企业 | 30 | 9 370 | 1 954 | 20.9 | 1 075 | 11.5 |

**表 2　浙江省电子信息制造业主要电子产品完成情况**

| 产品名称 | 单位 | 产量 | | | 销量 | | |
|---|---|---|---|---|---|---|---|
| | | 2001 年 | 2002 年 | 增长率(%) | 2001 年 | 2002 年 | 增长率(%) |
| 移动通信手机 | 万部 | 849.6 | 1 655.8 | 94.9 | 754.2 | 1 622.1 | 115.1 |
| 程控交换机 | 万线 | 113.2 | 115.4 | 1.9 | 114.6 | 114.1 | –0.5 |
| 电视机 | 万台 | 200.6 | 246.9 | 23.1 | 210.7 | 234.1 | 11.1 |
| 其中:彩色电视机 | 万台 | 17.4 | 45.5 | 161.9 | 15.9 | 34.0 | 114.4 |

续表 2

| 产品名称 | 单位 | 产量 | | | 销量 | | |
|---|---|---|---|---|---|---|---|
| | | 2001 年 | 2002 年 | 增长率（%） | 2001 年 | 2002 年 | 增长率（%） |
| 集成电路 | 亿块 | 5.0 | 6.8 | 35.9 | 5.0 | 6.7 | 32.8 |
| 半导体分立器件 | 亿只 | 15.6 | 14.8 | –5.2 | 14.4 | 15.2 | 5.5 |
| 电子元件 | 亿只 | 119.3 | 178.3 | 49.4 | 117.3 | 172.1 | 46.7 |

表 3　浙江省电子信息产业主要经济指标完成情况

| 项目名称 | 单位 | 2000 年 | 2001 年 | 2002 年 |
|---|---|---|---|---|
| 工业总产值（不变价） | 万元 | 5 320 000 | 6 704 019 | 9 050 000 |
| 工业增加值（现价） | 万元 | 902 600 | 942 531 | 1 570 000 |
| 销售产值（现价） | 万元 | 3 450 600 | 4 326 044 | 6 230 000 |
| 销售收入 | 万元 | 3 183 400 | 4 080 620 | 6 400 000 |
| 实现利税总额 | 万元 | 411 700 | 429 856 | 640 000 |
| 其中：利润总额 | 万元 | 251 800 | 259 156 | 450 000 |
| 出口交货值 | 万元 | 634 000 | 945 235 | 1 210 000 |

［撰稿：范青青　　审稿：郭金华］

# 安　徽　省

## 综述

安徽省全年实现工业总产值172亿元，增长58.6%，投资、消费和元器件三大类产品均有大幅度的增长。工业增加值增长31.5%。主要产品产销两旺，微型计算机达190 306台，增长73.7%，销量190 095台，增长72.5%；彩色电视机产量238万台，增长13.9%，销量239万台，增长14.9%；电子测量仪器9 917台，增长37.1%，销量10 113台，增长38.4%；电子元件产量56 409万只，增长6.6%，销量58 663万只，增长17%；聚丙烯膜4 352吨，增长16.2%，销量4 435吨，增长10.4%。合肥海尔、安徽康佳、芜湖实达、铜峰电子、三佳电子、合晶电子等重点企业均呈现良好的发展态势。

软件业继续大幅攀升，其收入水平已达到15亿元，增长近50%。《关于贯彻落实国务院〈振兴软件产业行动纲要〉的若干意见》已经草拟待批。组建了安徽省软件评测中心，并已为30多家企业的50余种软件产品提供了测试服务。新审定软件企业认定39件，登记软件产品112项，完成了19家计算机信息系统集成企业资质的审批、上报工作，为推动安徽软件企业创新发展，使之做大做强，依据2002年软件企业的软件产品、计算机服务和系统集成收入指标之和，省信息产业厅评出了首届安徽省软件10强企业：安徽四创电子股份有限公司、安徽三联科技股份有限公司、安徽科大恒星电子商务技术有限公司、安徽皖通科技发展有信公司、安徽科力信息产业有限公司、安徽中科大讯飞信息科技有限公司、合肥恒大自动化控制系统有限责任公司、合肥工大高科信息技术有限责任公司、安徽爱普科技公司、合肥永信信息产业股份有限公司。

## 科技进步与应用

2002年全省电子信息产品制造业共纳入各级政府部门科研、新产品创新计划162项。其中列入国家级重点新品试制计划5项；国家级重点技术创新计划8项；列入信息产业部新品科研试制计划项目9项；列入省经贸委重点技术创新项目35项；省信息产业技术创新、新产品开发计划105项。全年完成了新产品开发项目173项。其中经各部门鉴定和企业直接投产项目141个，投产率达到了81.5%以上。新产品新增产值占统计企业总产值的90%以上。新产品达到国际先进水平的有16项；达到国内领先水平的有61项；达到国内先进水平的有72项。组织开展了2002年度的质量管理小组活动评选活动，又有一批质量管理小组获得部省级优秀。根据企业申报，省信息产业厅对23家企业的56项新产品组织了验收鉴定，对企业新产品的设计文件、开发文档等技术资料的建立和完善进行了指导，有效地规范了企业新产品研制开发过程，促进了新品技术、质量水平的提高。举办了一系列科普活动，在省第二届科技活动周期间组织开展了信息产业高新技术展示及咨询活动，组织了以信息产业改变人类生产、生活方式为主题的科普报告会。

## 企业机构调整与改革

省信息产业厅厅属企业改革工作稳步推进。按照省政府对1 204户中小企业改制退位的要求，结合军工企业改革脱困的工作，国营永达机械厂已于今年5月份交由江汽集团托管，目前企业运行状况良好。国营光华无线电仪器厂经国家批准，实施政策性破产。国营永达机械厂、国营青峰机械厂的债转股工作取得新进展。安徽省电子科学研究所的改制工作基本完成。军工企业的管理体制逐步规范，管理渠道得到理顺。

## 信息化应用

**基础设施建设** 全年通信业固定资产投资达到41.2亿元，光缆总长度达到76 860皮长公里。其中长途光缆总长度达到15 727皮长公里，光缆、宽带多媒体数据网覆盖全省所有市、县和部分乡镇。宽带网建设全面铺开，ADSL覆盖范围达全省各县城及部分乡镇，局域网覆盖范围达到所有县城。全省新增电话用户269.8万户，总数达到1 328.3万户，其中固定电话用户新增148.3万户，总数达到787.6万户，移动电话新增121.5万户，总数达到540.7万户。固定电话普及率达到12.9%，提高2.3个百分点；移动电话普及率达到8.7%，提高2个百分点。全省电话普及率达到21.6%，提高4.3个百分点。互联网用户109.2万户，其中宽带用户6.9万户，分别增加了57.9%和312%。互联网拨号上网通话时长达40亿分钟，增加6.1亿分钟。全省通信业务总量完成125.4亿元，增加21.7亿元。所有市县和15%乡镇的有线电视完成了联网，省级干线长度达到4 800公里。

**企业信息化** 企业信息化建设投入增长较快，省经贸委、科技厅、信息产业厅投入信息化建设专项基金近8亿元。省经贸委实施企业信息化专题项目72个，建设内容涵盖企业信息化各个领域；省科技厅选择130家企业进行应用示范，培育了10家CIMS和ERP重点示范企业；省信息产业厅通过信息化专项基金对部分重点企业信息化建设进行了引导。企业通过信息化项目的实施，管理水平有了很大的提高，企业效益明显改善。企业上网工程进展迅速。至2002年底，全省有独立域名或二级域名网站的企业约4 000多家，其中工业企业2 000多家，商贸、金融企业400多家，电讯、计算机设备、软件等IT企业900多家，交通、旅游、房产等服务性企业800多家。重点工业企业大多数都有独立域名的网站。建设运行了“中国安徽企业网”，目前该网上网注册企业达4 900多家，发布产品信息（包括各类名牌产品）1 800多条，发布各类商业机会（包括资产重组信息）1 300多条，该网日均访问量已达1万人次。电子商务取得一定成绩，企业间电子商务往来总计达5.4万次，省烟草公司行业内部电子商务年交易额达到92亿元。

**政务信息化**　省级电子政务平台基本建成，实现了61个厅局和全省17个市政府办公室与省政府办公厅网络的联通，实现了政务信息网上报送。针对党政部门和社会公众的实际需求，建成政府公报数据库，增设了经济信息数据库、WT0资料库、电子书库、视频音频资料库等信息资源库，制定了《安徽省电子政务网络平台规划和建设方案》和《安徽省政府网站管理办法》，使安徽省电子政务建设统一领导、统一规划、统一标准地健康发展。

**农业信息化**　全省1 791个乡镇全部建立了农业信息服务站，基本达到有微机、线路、办公场所、专兼职信息员、规章制度的标准，为农业信息服务进村入户奠定了良好的基础。安徽农网在农业信息服务，促进农业发展、农民增收中发挥了重要作用。

**公安信息化**　加强基础网络建设。加大对基础建设的投入，相继完成了从省厅到各市公安机关，及各市公安机关到各县、区公安机关的二、三级主干网络的建设任务，完成了县级以上的公安局计算机局域网建设任务。2002年，加快了各派出所等公安基层单位和公安网联网的四级接入网建设，全省四级接入网开通率达50.4%；同时，组织实施全省公安计算机二级网改造，还配合公安部对一级网主干电路进行改造，从而提高了一级网络电路的传输速度和质量。建立了禁毒信息应用系统；建立了人事机构编码信息管理系统；对法轮功人员信息系统进行了升级改造。

**劳动保障信息化**　养老保险管理信息系统建设稳步推进。省直及16个市的社保经办机构建成了养老保险管理信息系统，61个县级社保经办机构建立了计算机局域网，全省养老保险信息管理初具规模。统一的全省养老保险管理信息系统应用软件已开始安装并进行调试修改。省医疗保险信息系统（广域网）建设取得阶段性成果。11个市建立起覆盖全市的医保信息网络系统，医保经办机构与定点医疗机构、定点药店实施联网，基本实现了医疗保险运行情况实时动态监控和管理。省直医疗保险局域网已建成，保证了省直单位医保改革顺利实施。省直医疗保险管理系统软件开发已着手进行。全省失业保险管理信息系统建设已起步。省、市、县三级计算机硬件配备到位，软件开发商经公开招标已经确定，正抓紧后期的系统集成和软件开发等项工作。全省劳动力市场信息网络已趋于完善。全省15个城市和三分之一的县已经建成劳动力市场信息网络，基本上构筑起覆盖全省的劳动力市场信息网络框架，合肥市的劳动力市场职业供求状况分析报告被劳动保障部推荐作为样本在全国推广。

**教育信息化**　安徽教育和科研计算机网基础设施建设加快。省教育系统已开通了5个系统、建立了3个数据库。5个系统分别是省教育厅办公自动化系统、全省高等学校文献信息保障系统、全省普通高校录取查询系统、全省学历文凭验证查询系统、高等教育学历证书电子注册系统；3个数据库分别是全省中小学教职工数据库、全省中小学基本情况数据库和全省普通高等学校基本工作状态数据库。开通了市级教育城域网8个（包括合肥、芜湖、蚌埠、淮南、马鞍山、铜陵、滁州、黄山等），县城教育城域网10个（包括桐城市、宁国市、宣州区、黟县、铜陵县、定远县、阜南县、颍上县、谯城区、泗县等），合肥西部高校（中国科技大学、安徽大学、安徽医科大学、安徽农业大学、安徽中医学院、合肥炮兵学院等）建立了城域网。大力推进远程教育工程、校校通工程的实施，普及中小学信息技术教育。2002年，仅安徽广播电视大学就拥有各类远程教育在校生56 000人。全省建立了9个教育软件制作基地，承担11个学科以上的教育软件制作任务。加快安徽省教育教学资源中心的建设步伐，目前省教育教学资源中心建设技术方案已通过有关专家论证。全省有200多所学校配备了实用的平台软件和远程教育卫星接收系统。评选，推荐出一批优秀教育软件。组织摄制新课程改革培训光盘，为全省各级教育行政部门和教师服务。“校校通”工程建设进展迅速。2002年，省教育厅、省物价局和联想（北京）有限公司进行合作，在全省500所中小学建设了500间电脑教室。据初步统计，到目前为止，全省普通中小学开设信息技术课的学校达到2 700所左右，拥有计算机11万台左右，有多媒体教室1 200多个，校园（局域）网400多个，多模式实施“校校通”工程的学校有2 000多所。

**党委系统信息化** 2002年4月，省委办公厅组建了省委信息中心，负责省委机关信息化建设及全省党委系统信息化建设业务指导。2002年，对省委机关内部网络平台进行升级改造，整合信息资源，扩大内网用户。现已建成省委机关内部高速IP网络。在网络应用方面，已较为成熟。督促和规范各市对现有网络系统的升级改造。

统计、药品监督、卫生、国税、司法、水利、安全、气象、外贸、旅游、地税、电力、质量技术监督、人口与计划生育、新闻出版、地方志等社会各领域信息化建设都取得了一定成绩，显示出良好的发展势头。

安徽省各市县区域信息化建设也呈良好发展势头，按照《三年实施意见》的要求，各市县基本上都成立了信息化推进组织，制定了规划，明确了负责部门，并结合各地实际，积极有效地开展本地的信息化建设。

## 信息化推进工作

一是加强信息化工作宣传力度。成功主办了首届中国安徽国际信息技术博览会。有近5万人次前来参观洽谈，吸引了国内外123家著名IT业公司参展，贸易总额达200万元以上。以电子政务为主题，举办了第二届安徽信息化发展论坛。有关专家到会作专题讲座，编辑了以电子政务为主题的专题论文集。会上同时进行了安徽省2002年信息化建设10件大事的评选活动。

二是加强信息化工作组织协调力度。组织召开全省信息化工作座谈会，交流信息化经验，总结全省信息化2001年工作和布置2002年工作要点。加强信息化工作机构建设，增加必要的信息化人员；强调信息化工作是一个系统工程，各部门要按照职能和职责，分工协作，密切配合。

三是加强了信息化的人才培养工作。成立“安徽省软件人才培训基地”，组织召开软件人才对接会及软件企业沙龙。

四是广泛开展信息化工作调研活动。先后开展了《安徽信息化发展研究》和《安徽软件产业展研究》课题报告调研，信息化指标测评及城镇信息化示范小区调研，企业信息化现状调查，合肥、芜湖软件园工作调研，区域信息化建设调研。

五是推进电子商务工作开展。筹备成立安徽省电子商务协会；推进企业电子商务工作开展，联合省直有关部门，共同推进安徽省部分重点企业电子商务工作的开展，成效显著。

六是积极贯彻落实国家信息化有关政策规定。积极向信息产业部推荐合肥市、省烟草公司作为国家城市及企业信息化试点单位。

## 政策法规建设

根据《安徽省信息产业发展“十五”计划纲要》，就安徽省有产业优势和特色电子材料行业，编制了优势小行业规划——《安徽省电子材料“十五”发展规划》，并向全省发布实施；在全面调研国内外、省内外信息产业发展状况的基础上，形成旨在帮助科学化决策的行业发展调研报告——《安徽信息产业发展研究》。

## 【统计数据】

**表 1　2002 年安徽省电子信息产业人员构成情况**

| 企业类别 | 企业数（个） | 人员构成（人） | | | | | |
|---|---|---|---|---|---|---|---|
| | | 总人数 | 技术人员 | 所占比例（%） | 管理人员 | 所占比例（%） | 软件研发人员 |
| 国有企业 | 13 | 5 487 | 1 448 | 26.4 | 582 | 10.6 | |
| 集体企业 | 11 | 1 930 | 439 | 22.7 | 142 | 7.4 | 68 |
| 股份合作企业 | 10 | 1 285 | 392 | 30.5 | 105 | 8.2 | 46 |
| 集体联营企业 | 1 | 360 | 103 | 28.6 | – | – | – |
| 国有独资企业 | 1 | 1 716 | 458 | 26.7 | 278 | 16.2 | – |
| 其他有限责任公司 | 59 | 7 661 | 2 227 | 29.1 | 995 | 12.9 | 881 |
| 股份有限公司 | 12 | 4 483 | 1 572 | 35.1 | 541 | 12.1 | 90 |
| 私营企业 | 45 | 10 602 | 1 573 | 14.8 | 364 | 3.4 | 318 |
| 其他内资企业 | 1 | 20 | 16 | 80.0 | 2 | 10.0 | 16 |
| 港澳台合资经营 | 8 | 3 168 | 495 | 15.6 | 368 | 11.6 | 5 |
| 中外合资经营企业 | 8 | 843 | 347 | 41.2 | 54 | 6.4 | 181 |
| 中外合作经营企业 | 1 | 71 | 60 | 84.5 | – | – | – |
| 外资企业 | 7 | 869 | 720 | 82.9 | 32 | 3.7 | 238 |

**表 2　安徽省电子信息产业主要经济指标完成情况**

| 项目名称 | 单位 | 2000 年 | 2001 年 | 2002 年 |
|---|---|---|---|---|
| 工业总产值（不变价） | 万元 | 847 288 | 1 081 534 | 1 715 435 |
| 工业销售产值 | 万元 | 399 247 | 524 302 | 932 485 |
| 其中：出口交货值 | 万元 | 14 463 | 24 032 | 55 853 |
| 软件出口 | 万元 | – | – | 1 945 |

续表 2

| 项目名称 | 单位 | 2000 年 | 2001 年 | 2002 年 |
|---|---|---|---|---|
| 工业增加值（生产法） | 万元 | 59 231 | 84 258 | 155 059 |
| 从业人员年末人数 | 人 | 16 473 | 16 583 | 38 495 |
| 从业人员工资总额 | 万元 | 15 463 | 16 532 | 36 789 |

### 表 3　安徽省电子信息产业财务情况

| 项目名称 | 单位 | 2000 年 | 2001 年 | 2002 年 |
|---|---|---|---|---|
| 流动资产合计 | 万元 | 213 371 | 280 924 | 553 536 |
| 固定资产合计 | 万元 | 128 333 | 167 811 | 300 194 |
| 资产总计 | 万元 | 358 967 | 512 988 | 953 033 |
| 流动负债合计 | 万元 | 194 953 | 231 443 | 445 335 |
| 负债合计 | 万元 | 247 482 | 288 577 | 536 219 |
| 所有者权益合计 | 万元 | 111 485 | 188 747 | 392 651 |
| 产品销售收入 | 万元 | 397 513 | 481 739 | 755 514 |
| 其中：软件产品销售收入 | 万元 | – | 2 276 | 24 678 |
| 投资收益 | 万元 | 324 | 1 598 | 1 334 |
| 利润总额 | 万元 | 5 429 | 22 172 | 36 315 |
| 应交所得税 | 万元 | 2 093 | 7 214 | 10 515 |

### 表 4　安徽省电子信息产业主要经济指标完成情况

| 项目名称 | 单位 | 2000 年 | 2001 年 | 2002 年 |
|---|---|---|---|---|
| 工业全员劳动生产率 | 元/人 | 33 784 | 35 849 | 47 703 |
| 流动资金周转次数 | 次 | 2.4 | 1.8 | 1.5 |
| 工业产品销售率 | % | 100.1 | 96.3 | 97.5 |
| 总资产贡献率 | % | 6.5 | 9.5 | 8.3 |
| 资本增值保值率 | % | 140.7 | 163.9 | 101.3 |
| 资产负债率 | % | 68.9 | 56.3 | 56.2 |

表5 安徽省电子信息产业主要产品产销情况

| 产品名称 | 单位 | 产量 | | 销量 | |
|---|---|---|---|---|---|
| | | 2001年 | 2002年 | 2001年 | 2002年 |
| 微型计算机 | 部 | 109 580 | 190 306 | 110 210 | 190 095 |
| 彩色电视机 | 万台 | 209 | 238 | 208 | 239 |
| 电子测量仪器 | 台 | 7 236 | 9 917 | 7 307 | 10 113 |
| 电子元件 | 万只 | 52 938 | 56 409 | 50 132 | 58 663 |
| 半导体器件 | 万只 | 38 120 | 31 232 | 38 920 | 30 341 |

[撰稿：潘峰　审稿：贺凌]

# 福 建 省

## 综述

2002年，福建省信息产业"三业一化"齐头并进，协调发展，综合实力实现了历史性跨越。2002年全省信息产业增加值366亿元，占全省GDP的7.8%，比全国平均水平高2.1个百分点，其中信息产品制造业占5.2%。信息产业在全省国民经济和社会发展中的支柱地位基本确立。

**一是产业规模实现新跨越**　2002年，信息产品制造业总产值（不变价）达1 122.7亿元，增长40.8%，高于全省工业增幅17个百分点，五年平均增长32.7%，增长速度居全国各省市首位；增加值（现价）246亿元，增长43%；销售收入 665.8亿元，增长43.1%；利税总额 48.6亿，增长82%；其中:利润总额41.1亿元，增长106%。2002年，信息产品制造业总产值占全省工业总产值（规模以上，不变价3 642.9亿元）的30.8%，对全省工业增长的贡献率达到36.5%，产业规模居全省工业部门首位，占全国同行业的6.3%。

**二是企业规模取得新突破**　2002年，总产值（不变价）上10亿元的企业有14家，累计完成产值945.7亿元。这些企业是：冠捷（275.3亿元）、戴尔（160.4亿元）、厦华（131.2亿元）、中华映管（86.4亿元）、厦门TDK（56.1亿元）、厦新（49.7亿元）、实达（37.7亿元）、捷联（29.7亿元）、厦门灿坤（28.5亿元）、万利达（25.8亿元）、省电子信息集团（23.9亿元）、厦门法拉（16.2亿元）、厦门宏泰（13.2亿元）、厦门联想（11.6亿元）。全国11家营业收入超过100亿元的电子企业中，福建省占2家（戴尔、冠捷）。

**三是产品规模再上新台阶**　部分电子产品产量在全国占有较大份额。根据信息产业部统计，2002年，全省收录放机完成739万部，占全国产量的38%以上；显示器完成1 223万台，占全国的24.8%；组合音响完成332万部，占全国的18.4%；微机完成172万部，占全国的11.8%；电话单机完成633万部，占全国的13%；手机完成296万部，占全国的2.5%。其中，冠捷显示器产量居全国第1

位，戴尔计算机产量居全国第4位。

**四是区域布局呈现新局面** 产业发展的聚集度日趋明显。2002年，福州、厦门两市信息产品制造业总产值分别为500亿元和544亿元，占全行业的93%，“九五”确定的厦门特区、福州市区、福州马尾开发区、福清融侨开发区四大电子基地已初具规模。福厦沿海与珠江三角洲、长江三角洲和环渤海湾一道，成为全国具有国际竞争力的产业聚集带。

**五是产业链发展渐成新趋势** 2002年，以冠捷显示器为龙头的产业链在本省的产值达364.6亿元。冠捷显示器年生产能力已达1 200万部。中华映管已形成1 960万支显示管的生产能力。中华映管上游产品中的电子枪（自行配套）、偏转线圈（JVC投资）已基本配套建成，荫罩（LG投资）和玻壳（NEG投资）项目已动工建设，其他一些部件也已配套。

**六是软件产业和集成电路产业快速成长** 截止2002年底，已认定软件企业125家，纳入国家规划布局的重点软件企业4家；登记软件产品360个；软件行业从业人员1万多人，其中80%以上具有大专以上学历；计算机信息系统集成资质认证企业26家；通过IS09000认证企业22家。2002年，全省软件产业营业额达39.6亿元，增长32.4%，约占全国软件业的3.1%。福州、厦门软件园已初具规模，取得了明显的经济效益和社会效益。目前，全省有厦门联创微电子股份公司、福州高奇晶圆电子科技公司和福州瑞芯微电子公司等3家专业集成电路设计公司。全省集成电路生产企业中，福顺微电子公司从事4英寸芯片的生产，年加工晶圆26万片。莆田安特公司引进俄罗斯4英寸生产线，近期可建成投产，年生产集成电路3亿块。

## 科技进步与应用

福建省信息产业科技工作结合行业发展的实际，坚持以市场为导向，加强自主开发与技术创新工作相结合，鼓励企业充分发挥创新主体的作用，进一步提高综合技术水平和市场竞争力。

科研开发取得成果。全年有52个项目获省科技进步奖和优秀新产品奖；实达网络公司的“路由器及交换机系列产品”和福日股份公司的“网络终端机（NC）在企业信息化工程中的应用研究”列入国家高技术研究发展计划（863计划）项目。

科研开发与市场化、商品化紧密结合。厦华公司“具有增强模拟接收的数字高清晰度电视显示器”、厦门宏发公司“JQS-102小型大功率继电器”等一批技术含量达到世界先进水平、市场前景好的科技成果，相继成为行业新的增长点，取得了良好经济效益。

企业创新意识进一步提高。企业科技投入不断增加，不少企业的研发经费占销售收入的3%以上，厦新等一些重点企业去年科研经费的投入达到5%以上，新增利润的90%以上来源于开发的新产品。

利用外资继续增长。2002年实际利用外资3.7亿美元，项目69项。通过建设项目储备库，实行滚动管理。目前滚动管理的项目有50个，总投资额27亿美元，利用外资20亿美元以上。

## 电子产品进出口

2002年，全省信息产业出口45.6亿美元，增长66%，占全省外贸出口总额的26.3%。2002年全省出口上亿美元的22家企业中，信息产业占6家，分别是：戴尔（12亿美元）、冠捷（9.1亿美元）、中华映管（4.2亿美元）、厦门TDK（1.6亿美元）、捷联（1.5亿美元）、莆田新威（1.3亿美元），其中，戴尔、冠捷分居全省企业出口的第一、二名。

## 信息化应用

“数字福建”建设继续推进。2002年主要加紧建设339工程，即：3个基础工程，3类示范项目和9个信息应用系统。3个基础工程是：省级政府公众信息服务平台、省网络安全监控中心和分布式基础数据库；3个示范项目是：电子商务示范工程、信息技术改造传统产业示范工程和电子公文传输系统示范工程；9个信息应用系统是：环境生态监测、国土资源、海洋生态、公安信息管理、储备粮油信息管理、国民经济动员管理、国民经济与社会信息管理、文化信息管理和计划生育管理。

应用信息技术改造传统产业工作开始启动。2002年应用信息技术改造传统产业的20个示范项目基本落实。全省信息化指针体系的建立和测算、鼓楼区政府便民呼叫中心、车辆GPS信息服务系统项目、"电力猫"项目的试点应用、网络商驿平台等省政府确定的5个信息化应用工程得到了积极的推进，其中部分项目已经取得良好的效果。

## 【统计数据】

**表 1　2002 年福建省电子信息产业人员构成情况**

| 企业类别 | 企业数（个） | 人员构成（人） | | | | | |
|---|---|---|---|---|---|---|---|
| | | 总人数 | 技术人员 | 所占比例（%） | 管理人员 | 所占比例（%） | 软件研发人员 |
| 国有企业 | 12 | 4 140 | 554 | 13.4 | 488 | 11.8 | 2 |
| 集体企业 | 10 | 1 005 | 99 | 9.8 | 192 | 19.1 | 5 |
| 股份合作企业 | 9 | 1 407 | 150 | 10.7 | 142 | 10.1 | – |
| 国有联营企业 | 3 | 16 | 10 | 62.5 | 6 | 37.5 | – |
| 私营企业 | 23 | 2 338 | 508 | 21.7 | 800 | 34.2 | 178 |
| 港、澳、台合资企业 | 27 | 19 023 | 3 248 | 17.1 | 1 486 | 7.8 | 175 |
| 中外合资企业 | 12 | 5 356 | 736 | 13.7 | 914 | 17.1 | 254 |

**表 2　福建省电子信息产业主要经济指标完成情况**

| 项目名称 | 单位 | 2000 年 | 2001 年 | 2002 年 |
|---|---|---|---|---|
| 工业总产值（不变价） | 万元 | 7 393 302 | 8 470 298 | 10 859 049 |
| 工业销售产值 | 万元 | 4 246 628 | 4 782 781 | 6 852 623 |
| 其中：出口交货值 | 万元 | 1 954 619 | 2 327 446 | 3 627 326 |
| 软件出口 | 万元 | – | – | 832 |
| 工业增加值（生产法） | 万元 | 983 904 | 1 050 399 | 2 463 520 |
| 从业人员年末人数 | 人 | 117 419 | 118 697 | 123 403 |
| 从业人员工资总额 | 万元 | 165 741 | 117 015 | 182 998 |

表 3　福建省电子信息产业财务情况

| 项目名称 | 单位 | 2000 年 | 2001 年 | 2002 年 |
|---|---|---|---|---|
| 流动资金合计 | 万元 | 2 290 475 | 2 533 562 | 3 294 165 |
| 固定资产合计 | 万元 | 869 643 | 1 056 364 | 1 102 166 |
| 资金合计 | 万元 | 3 370 247 | 3 854 274 | 4 806 696 |
| 流动负债合计 | 万元 | 1 807 051 | 2 125 114 | 2 652 354 |
| 负债合计 | 万元 | 2 012 023 | 2 384 652 | 3 024 470 |
| 所有者权益合计 | 万元 | 1 358 224 | 1 393 931 | 1 655 548 |
| 产品销售收入 | 万元 | 4 013 087 | 4 652 855 | 6 884 303 |
| 其中：软件产品销售收入 | 万元 | – | – | 45 993 |
| 投资收益 | 万元 | 5 205 | 2 432 | 4 279 |
| 利润总额 | 万元 | 193 936 | 200 639 | 469 261 |
| 应交所得税 | 万元 | 20 817 | 24 945 | 44 736 |

表 4　福建省电子信息产业主要经济效益指标完成情况

| 项目名称 | 单位 | 2000 年 | 2001 年 | 2002 年 |
|---|---|---|---|---|
| 工业全员劳动生产率 | 元/人 | 88 157 | 88 812 | 135 093 |
| 流动资金周转次数 | 次 | 2.0 | 2.6 | 2.3 |
| 工业产品销售率 | % | 97.0 | 96.5 | 96.7 |
| 总资产贡献率 | % | 9.8 | 7.8 | 12.6 |
| 资本增值保值率 | % | 143.3 | 104.5 | 126.4 |
| 资产负债率 | % | 59.5 | 61.9 | 62.7 |

表 5　福建省电子信息产业新产品情况

| 项目名称 | 单位 | 2000 年 | 2001 年 | 2002 年 |
|---|---|---|---|---|
| 电子工业产值（现价） | 万元 | 4 378 199 | 4 956 212 | 7 083 835 |
| 新产品产值（现价） | 万元 | 1 744 111 | 1 173 355 | 1 192 438 |
| 所占比重 | % | 39.8 | 23.7 | 19.6 |

表6 福建省主要电子信息产品产销情况

| 产品名称 | 单位 | 产量 | | | 销量 | | |
|---|---|---|---|---|---|---|---|
| | | 2000年 | 2001年 | 2002年 | 2000年 | 2001年 | 2002年 |
| 电话单机 | 部 | 772 | 861 | 950 | 757 | 846 | 950 |
| 显示器 | 万部 | 1 010 | 1 224 | 1 426 | 1 008 | 1 226 | 1 426 |
| 彩电 | 万部 | 170 | 218 | 280 | 171 | 222 | 280 |

[撰稿：林启福　审稿：刘正农]

# 江西省

## 综述

2002年，江西省信息产业主要经济发展指标快速增长，各项工作都取得了新的成绩。电子信息产品制造业完成工业总产值64.82亿元，比上年增长25.08%，超额完成全年调控目标13%；工业增加值9.37亿元，增长35.7%；销售收入27.98亿元，增长27.26%；出口交货值2.75亿元，增长10.0%；利税总额2.16亿，增长55.4%，其中实现利润1.1亿元，增长233.3%。软件业突破性发展，实现产品销售收入8.92亿元，增长102.5%，超额完成全年计划目标72.5%；其中自产软件销售收入2.17亿元，增长149.6%；软件出口创汇121万美元，增长89.1%。产品结构逐步改善。电子信息产品制造业中投资类、消费类产品快速增长，分别增长30.1%和15.9%，投资类、消费类、元器件类产品的结构为21.06:33.09:45.85；软件业中，软件产品、系统集成与计算机服务三大类的结构为38.8:41.1:20.1。产销衔接较好。通讯接（发）收机、程控交换机、计算机、显示器、彩电、电子元器件等产销率达到或超过100%，发光二极管（LED）芯片、继电器等多项产品销量居同类产品前列。军工电子企业得到快速发展，电子军工总产值占全国4%的份额。

通过改革、改制、重组、联合盘活了资产存量，激活了生产能力。以江西联创光电科技股份有限公司、江西清华泰豪科技股份有限公司上市为标志，按照建立现代企业制度的要求，一批企业正发展成为行业发展的骨干力量。江西省电子集团公司继续列入全国电子信息百强企业；江西清华泰豪信息技术有限公司进入全国软件百强之列；江西清华泰豪信息技术有限公司、南昌金鼎软件系统有限公司列为国家规划布局内首批重点软件企业。

## 科技进步与应用

**技改项目** 九江电子材料厂的电解铜箔，江西联创光电科技股份有限公司的继电器、射频电缆、光缆，江西红声器材厂和景华电子有限责任公司的数字移动通信国产化专项微型电声器件、微波介质高频声表器件等技改项目相继竣工投产，取得明显成效。如江西红声器材厂研发的5项耳机类新产品通过省级鉴定，在可靠性及电声指标方面居国内领先地位，生产的耳机类产品已占全国复读机配套市场的70%；江西联创光电科技股份有限公司吉安分公司开发的“通信用室外光缆”和“数字通信用水平对绞电缆”两项新产品，当年实现销售收入1 500多万元。这些技改项目的实施，提高了企业竞争力，扩大了生产规模，促进了新产品的开发，为企业开拓市场、调整产品结构、扭亏增盈、持续稳定发展发挥了重要作用。

**园区建设和招商引资** 2002年，全省各地依托工业园区发展信息产业蔚然成风，招商引资工作卓有成效，引进大企业、大项目取得突破性进展。在南昌国家级高新技术开发区，TCL集团（香港）公司建设的TCL（南昌）工业园基本完工，通过有效重组当地现有的加工能力，很快形成了100万台彩电的生产能力，将于明年初投入2 000万元港币作为流动资金；浙大科技园在南昌高新技术开发区开工建设，清华科技园、北大科技园、普天工业园、鸿源数显科技园、新索丽（台湾）工业园等在南昌经济技术开发区相继开工；江西联创光电科技股份有限公司，发挥上市公司的诸多优势，在南昌高新区建成联创光电工业园，将有多个项目签约入园；吉安、九江等市一批信息产业大项目正在园区内建成投产。其中全球最大的无绳电话生产销售企业友利电（深圳）电子有限公司落户吉安，2002年11月第一批产品下线，90%以上出口。清华同方713厂GPS落户九江开发区正加紧建设。

**重点项目建设** 2002年，通过加大与科研院所、大专院校的合作力度，实现了优势互补，高新技术产业化项目、电子发展基金项目、技术改造项目的建设获得实质性进展。新一代数字发射式液晶高清晰度显示器件（LCOS）由于具有高分辨率、高亮度、无高压、无闪烁、无辐射、无画面变形、色饱和度高、体积小、重量轻等特点，是一种全新的高清晰度投影数字电视机，用途广泛，具有极佳的市场前景。江西鸿源数显科技有限公司是一家专业化生产LCOS的高新技术企业，研制的60英寸LCOS背投高清数字彩电，在全国电子信息产品五年回顾展上广受好评，现正研制100英寸LCOS背投高清数字彩电，正在积极做产业化的前期工作；该公司与美国E——LCOS公司合作研发的液晶覆硅新型显示器件（LCOS）及光学组件项目被列入2002年国家高新技术产业化项目，获得专项资金支持。清华同方713厂与清华大学研制的全球卫星定位接收机（GPS）已经落户九江开发区，正加紧建设。另一列入2002年国家高新技术产业化项目的江西联创光电科技股份有限公司与南昌大学合作研制LED外延片正安装和调试设备。

**科技创新与新品开发** 全年列入各类科技计划项目70项，其中列入国际技术创新计划、国家重点新产品试产计划、国家科技成果重点推广计划和信息产业科研试制（民品）计划等国际级项目11项；全行业共通过各类成果鉴定50项，其中新产品鉴定30项，软件产品鉴定20项。

**企业及产品认定与资质认证工作** 2002年，江西省软件评测中心成立，挂靠江西省电子产品监督检验所。主要职责是对计算机软件产品进行标准符合性的检测和评价，共评测软件产品30项。全年有10家软件企业、21项软件产品通过认定。截至2002年底，共认定的软件企业31家，登记备案的软件产品63项。已有计算机信息系统集成二级资质企业1家，三级资质10家，四级资质2家。

## 企业机构调整与改革

2002年，金鼎软件有限公司在香港创业版上市，成为江西省首家上市的软件公司。公司注册资本1 000万元，拥有总资产2.75亿港币，募集资金7 500万港币。公司被认定为国家规划布局内的重点软件企业，致力于ODM软件、ERP、自控产品、系统集成和电子政务等研发、推广和咨询服务。江西清华泰豪科技股份有限公司在上海交易所挂牌上市，成为国内智能建筑电气产业领域首家上市公司。公司注册资本1.33亿元，拥有总资产6.5亿元，募集资金1.82亿元。该公司是国家火炬计划重点高新技术企业，被评定为全国首批520家“重合同、守信用”企业之一。重点从事光电信息产品、机电一体智能化设备等的开发、生产和销售。

## 信息化应用

信息化推进速度加快，政务网和政府网站建设已初显成效，以省政府联结各设区市的纵向网已经建成并开通使用。成立了由13个单位人员组成的江西省金卡工程协调领导小组，主要职责是加强对IC卡（包括磁卡和其他类型卡）应用的组织、协调和管理，推进江西省金卡工程建设。为推进企业信息化建设工作，在对全省400家大中型企业信息化现状调查研究基础上，出台了《江西省工业信息化发展规划》、《江西省企业信息化试点工程规划》和《关于组织实施江西省企业信息化试点工作的若干意见》。出版了知识读本《信息技术与信息化》。

## 无线电管理

2002年，加大了无线电基础设施建设力度，共审批（新增）各类无线电台站5 433个（含小灵通基站）、地球站37个、微波站64个；开展了卫星通信网和地球站的清理整顿、大功率无绳电话和无线寻呼发射设备专项检查工作。共有登记注册的双向固定业务卫星地球站165座。其中广播电视上行地球站1座，中国电信江西分公司的省中心站1座。C波段卫星地球站107座，Ku波段卫星地球站58座。天线直径大于等于4.5M的C波段卫星地球站10座，天线直径大于等于3.7M的Ku波段卫星地球站8座。补办设台手续的地球站19座，撤销卫星地球站66座。排除各类有害干扰36起，检测GSM、CDMA、GPS基站40座和其它各类电台500多套。取缔大功率无绳电话156部，撤销无线寻呼台7个，收回无线寻呼频率9个。不断完善无线电固定、移动监测网络体系，具备了30GHz、10GHz频段以内监听、监测能力，无线电管理工作和技术管理手段整体水平明显提高。

## 【统计数据】

表 1　2002 年江西省电子信息产业人员构成情况

| 企业类别 | 企业数（个） | 人员构成（人） | | | | | |
|---|---|---|---|---|---|---|---|
| | | 总人数 | 技术人员 | 所占比例（%） | 管理人员 | 所占比例（%） | 软件研发人员 |
| 国有企业 | 18 | 14 263 | 2 103 | 14.7 | 1 742 | 12.2 | 5 |
| 国有独资企业 | 2 | 1 942 | 402 | 20.7 | 320 | 16.5 | 5 |
| 集体企业 | 4 | 569 | 51 | 9.0 | 72 | 12.7 | – |
| 股份合作企业 | 1 | 60 | 8 | 13.3 | 3 | 5.0 | 5 |
| 有限责任公司 | 11 | 6 002 | 698 | 11.6 | 621 | 10.4 | 413 |
| 股份有限公司 | 4 | 1 329 | 169 | 12.7 | 126 | 9.5 | 263 |
| 外资投资企业 | 5 | 1 329 | 59 | 4.4 | 156 | 11.7 | – |

表2　江西省电子信息产业主要经济指标完成情况

| 项目名称 | 单位 | 2000年 | 2001年 | 2002年 |
|---|---|---|---|---|
| 工业总产值（不变价） | 万元 | 344 212 | 518 225 | 553 986 |
| 工业销售产值 | 万元 | 217 520 | 288 864 | 364 828 |
| 其中：出口交货值 | 万元 | 16 530 | 25 968 | 29 462 |
| 软件出口 | 万元 | 991 | 529 | 1 000 |
| 工业增加值（生产法） | 万元 | 51 058 | 69 040 | 78 759 |
| 从业人员年末人数 | 人 | 27 983 | 26 428 | 23 644 |
| 从业人员工资总额 | 万元 | 482 | 41 740 | 22 623 |

表3　江西省电子信息产业财务情况

| 项目名称 | 单位 | 2000年 | 2001年 | 2002年 |
|---|---|---|---|---|
| 流动资产合计 | 万元 | 243 409 | 295 228 | 305 217 |
| 固定资产合计 | 万元 | 164 245 | 176 483 | 186 862 |
| 资产合计 | 万元 | 451 852 | 519 800 | 568 524 |
| 流动负债合计 | 万元 | 275 013 | 292 172 | 269 571 |
| 负债合计 | 万元 | 413 401 | 369 473 | 330 775 |
| 所有者权益合计 | 万元 | 38 451 | 133 579 | 195 410 |
| 产品销售收入 | 万元 | 219 528 | 257 641 | 249 968 |
| 其中：软件产品销售收入 | 万元 | 55 000 | 44 048 | 89 190 |
| 投资收益 | 万元 | 359 | 783 | 135 |
| 利润总额 | 万元 | −1 720 | 2 407 | 6 878 |
| 应交所得税 | 万元 | 570 | 1 444 | 1 757 |

表4　江西省电子信息产业主要经济指标完成情况

| 项目名称 | 单位 | 2000年 | 2001年 | 2002年 |
|---|---|---|---|---|
| 工业全员劳动生产率 | 元/人 | 18 307 | 26 197 | 40 986 |
| 流动资金周转次数 | 次 | 0.7 | 0.7 | 0.9 |

续表 4

| 项目名称 | 单位 | 2000 年 | 2001 年 | 2002 年 |
|---|---|---|---|---|
| 工业产品销售率 | % | 97.5 | 96.1 | 97.5 |
| 总资产贡献率 | % | 2.7 | 3.5 | 2.1 |
| 资本增值保值率 | % | 86.2 | 319.5 | 158.2 |
| 资产负债率 | % | 91.5 | 71.1 | 58.2 |

**表 5 江西省电子信息产业新产品情况**

| 项目名称 | 单位 | 2000 年 | 2001 年 | 2002 年 |
|---|---|---|---|---|
| 电子工业产值（现价） | 万元 | 223 161 | 300 764 | 380 488 |
| 新产品产值（现价） | 万元 | 58 960 | 87 296 | 80 055 |
| 所占比重 | % | 26.4 | 29.0 | 26.6 |
| 新产品开发总数 | 个 | 52 | 50 | 70 |
| 新产品鉴定总数 | 个 | 40 | 45 | 30 |

**表 6 江西省主要电子信息产品产销情况**

| 产品名称 | 单位 | 产量 | | | 销量 | | |
|---|---|---|---|---|---|---|---|
| | | 2000 年 | 2001 年 | 2002 年 | 2000 年 | 2001 年 | 2002 年 |
| 程控交换机 | 线 | 16 459 | 37 617 | 29 228 | 164 599 | 37 617 | 29 228 |
| 电话单机 | 部 | 461 876 | 514 828 | 314 400 | 412 745 | 456 670 | 358 700 |
| 微型计算机 | 台 | 26 542 | 16 238 | 24 330 | 25 642 | 16 686 | 25 496 |
| 电视机 | 台 | 265 861 | 300 815 | 414 937 | 270 574 | 300 411 | 414 999 |
| 其中：彩电 | 台 | 263 215 | 300 815 | 414 937 | 265 195 | 300 411 | 414 999 |
| VCD 视盘机 | 台 | 350 900 | 363 897 | 136 524 | 349 846 | 365 380 | 136 524 |
| 电冰箱（柜） | 台 | 123 000 | 60 300 | 80 000 | 118 000 | 59 804 | 80 000 |
| 汽车音响 | 台 | 110 702 | 101 483 | 107 091 | 110 809 | 104 411 | 102 245 |
| 声学测量仪器 | 万只 | 3 139 | 4 277 | 4 813 | 3 049 | 3 427 | 4 735 |
| 电容器 | 万只 | 66 134 | 62 200 | 92 860 | 68 554 | 62 948 | 84 730 |

续表 6

| 产品名称 | 单位 | 产量 | | | 销量 | | |
|---|---|---|---|---|---|---|---|
| | | 2000 年 | 2001 年 | 2002 年 | 2000 年 | 2001 年 | 2002 年 |
| 电阻、电位器 | 万只 | 15 380 | 22 845 | 47 200 | 16 301 | 22 856 | 47 200 |
| 控制元器件 | 万只 | 5 270 | 7 149 | 9 703 | 5 265 | 6 672 | 9 164 |
| 电声器件 | 万只 | 1 329 | 1 669 | 2 691 | 1 298 | 1 650 | 2 830 |
| 频率控制元件 | 万只 | 8 899 | 5 034 | 10 046 | 7 306 | 5 255 | 10 523 |
| 半导体分立器件 | 万只 | 9 840 | 12 958 | 14 165 | 9 841 | 11 957 | 12 399 |
| 电线电缆 | 千米 | 51 592 | 63 380 | 854 461 | 55 302 | 60 794 | 81 408 |
| 铜箔 | 吨 | 1 351 | 1 291 | 1 330 | 1 351 | 1 281 | 1 330 |
| LED 芯片 | 亿片 | 16 | 13 | 21 | 16 | 13 | 20 |
| 显示器 | 台 | | | 122 531 | | | 123 011 |
| 光缆 | 皮长公里 | | | 17 123 | | | 16 098 |

[撰稿：黄美昌　审稿：李春燕]

# 山 东 省

## 综述

2002 年，山东省电子信息产品制造业完成不变价工业总产值 1 521 亿元，增长 23.3%；实现销售收入 1 430 亿元，增长 33%；实现利税 81 亿元，增长 30%，其中利润总额 42 亿元，增长 21%；完成工业增加值 203 亿元，增长 18.3%；产品产销率 99%。主要产品产量有较大幅度增长，其中彩色电视机生产 637 万台，增长 26%；移动通信手机生产 312 万部，增长 1.4 倍。

## 科技进步与应用

技术改造、科技创新取得重大突破。英克莱与清华大学联合研制的“蓝色发光二极管”、华光光电子公司与山东大学联合承担的“半导体发光器件外延工艺及管芯技术”均已顺利通过鉴定验收，标志着山东省已具备生产红、黄、绿、蓝等可见光全频段发光材料及器件的能力，受到了国内光电子领域权威专家的高度评价，称其为发光器件的“中国芯”。争取国家重点技术创新项目、国家重点新产品试产计划、国家“863”计划、国家高技术产业化专项及省技术创新、科技发展计划等 130 余项，一批重大项目通过国家有关部门组织的鉴定。其中浪潮 64 位服务器被评为 2002 年度山东省十大科技成果，海信 C2101CDMA 手机、MOS600 多功能读卡一体机被评为山东省科技进步一等奖。技术改造工作紧紧围绕全省信息产业十大产品基地的建设，共争取各类国家专项 15 项，总投资 12.6 亿元。积极推进中间件项目的实施，筹备成立了“山东中间件产业基地”，为山东中间件产业基地进入“国家队”奠定了良好的基础。

## 电子产品进出口

山东省对外合作力度进一步加大。全省信息产业领域共新批准外商投资企业 255 家，比上年增长 73%；合同外资额 8.9 亿美元，增长 71%；实际利用外资 5.7 亿美元，增长 121%。新增外商投资项目中，总投资 1 000 万美元以上的大项目 29 项。其中山东蓝星玻璃（集团）有限公司与韩国欧丽安电气株式会社合资成立威海欧星显示电子有限公司，总投资 11 210 万美元；浪潮集团有限公司与爱立信（中国）有限公司合资成立爱立信浪潮无线技术有限公司，总投资 1 500 万美元；浪潮集团有限公司与韩国 LG 电子株式会社合资成立浪潮乐金数字移动通信有限公司，总投资 4 500 万美元；韩国泰信电子株式会社独资成立泰信电子（烟台）有限公司，总投资 2 999 万美元。全行业完成出口交货值 178 亿元，增长 33%。

## 信息化应用

**软件业**　山东省软件产业持续发展壮大。本年度全省共认定软件企业 29 家，登记软件产品 236 个。到目前全省共认定软件企业 135 家，登记软件产品 646 个。浪潮齐鲁软件、浪潮通软、中创软件、青鸟华光、鲁能积成电子等 5 家企业被列入国家规划布局内重点软件企业。建立了山东农村信息化管理软件研发推广基地。

**信息服务业**　2002 年，加快了专业性和综合性的网络及数据库建设，积极开展基于互联网的信息咨询服务和电子商务，开拓远程教育、远程医疗、视频会议、网上银行、网上证券交易、网络广告、家庭娱乐和视频点播、宽带无线接入等信息增值服务新领域。相继在部分城市开通了数字图书馆、阅览室、农业新技术信息查询系统等。以现有传输网络为基础，加快了通信网络升级、改造，建设技术先进、灵活高效、安全可靠的信息基础设施；以建设“网上山东”为目标，加快了信息资源开发利用的商品化、市场化步伐；加快“诚信山东”建设，建立健全政府、企业和个人信用体系；初步建立了信息咨询等中介服务业体系，向着符合国际惯例、开放、规范的运作机制迈进。计算机系统集成业务进一步拓展，特供信息的定制、传送得到广大消费者的普遍认同，各类公用数据库建设和应用普遍展开，各级各类门户网站加快了信息更新的频率。

## 信息化建设

围绕建设“网上山东”的战略目标和《山东省信息化建设“十五”规划》要求，坚持“统筹规划、统一标准、资源共享、技术创新、公平竞争、安全保密”的原则，抓基础，搞建设，求发展，全社会推进信息化的积极性显著增强，思想认识普遍提高，重点领域信息化全面铺开。

**政务信息化取得重大进展**　坚持以加快电子政务建设为突破口，制定了《全省电子政务规划》以及《实施方案》，提出了建设两网一站 14 个重点业务系统、5 个基础数据库的建设任务。目前，内外网平台以及综合门户网站、诚信山东、地理空间信息系统方案已经制定，相继启动了金税财贸工程、公安安全信息系统、纪检信息系统、人事信息系统、海洋山东、农业信息系统等 20 个重大工程项目。全省各市、各部门积极围绕电子政务建设开展工作，并取得了显著成效。财政、税务、工商等 7 部门联网，实现了相关业务信息的共享，提高了依法行政能力和决策水平。省法院、省纪委结合工作需求，开发建设了本系统的业务网络。省海洋与渔业厅、民政厅、水利厅、交通厅以及济南、青岛、聊城、威海、东营、烟台等市通过加强电子政务建设，进一步带动和促进了各项工作的开展。

**企业信息化取得新的突破** 坚持“引用主导、讲求实效”的原则，坚持信息技术的推广与应用，坚持用信息技术改造传统产业，利用财政贴息的优惠政策，积极引导企业利用信息技术改造传统产业的设备、工艺、管理及经济增长方式，使全省的企业信息化迈上了新的台阶。5月份组织召开了全省信息技术推广应用工作会议，9月份组织召开了民营企业信息技术推广应用工作会。进一步推动了信息技术在企业中的深层次应用。全年企业信息化项目投资达到10多亿元，信息技术的应用不仅覆盖了机械、化工、冶金等10多个行业的数百家企业，还支持了上千种新产品开发和产品改型设计，不少应用企业通过技术创新和产品创新大大提高了市场竞争力，扩大了市场份额。目前，计算机辅助设计（CAD）、计算机监控技术、计算机集成制造（CIMS）应用工程在大中型企业中得到广泛应用；全省有近百家企业实施了企业资源计划系统（ERP），为企业提高经营管理水平、优化企业内部资源发挥了重要作用。山东省的经验得到了国家信息产业部、科技部的好评，被国家命名为制造业信息化示范省。

**社会公共领域信息化得到全面发展** 各市、各部门、各企业结合自身实际，不断拓宽社会公共领域信息化的渠道，在金卡、金关、金税、红盾、交通、远程教育等一批重点信息化工程建设和管理上，加大了投资力度和建设规模。全省社会公共领域信息化得到了全面发展。IC卡在公交、供电、供水、医疗保障等领域广泛应用。省工商局、省国税局、省地税局、省财政厅、省教育厅等部门都相继建设了一批信息化应用系统，银行卡互联、海关自动报关、网上纳税、工商网上申报、高速公路信息管理系统、“校校通”工程的建成使全省社会公共领域信息化应用水平不断提高。

**区域信息化建设步伐逐步加快** 区域信息化是国民经济和社会信息化的重要组成部分，是全面提升山东省信息化水平的重要环节。2002年山东省积极支持各市进行城市信息化建设，推动各市以信息资源库和业务系统为核心，以重点项目建设带动城市信息化发展。支持各市基于地理信息系统技术，利用遥感、测绘等手段，搭建统一的地理信息平台，并在平台的基础上，建成城市规划管理、城市交通管理、环境监测管理等具体应用系统；积极引导各市应用IC卡等技术手段实现社会保障、公共交通、水电缴费等社会公共服务领域的便民服务。2002年，济南、东营、威海、烟台被国家确定为城市信息化试点。

## 【统计数据】

**表1 2002年山东省电子信息产业人员构成情况**

| 企业类别 | 企业数(个) | 人员构成(人) | | | | | |
| --- | --- | --- | --- | --- | --- | --- | --- |
| | | 总人数 | 技术人员 | 所占比例(%) | 管理人员 | 所占比例(%) | 软件研发人员 |
| 国有企业 | 29 | 20 179 | 3 227 | 16 | 2 779 | 14 | 1 510 |
| 国有独资企业 | 4 | 7 253 | 1 689 | 23 | 1 104 | 15 | – |
| 集体企业 | 44 | 35 472 | 7 180 | 20 | 2 618 | 7 | 76 |
| 股份合作企业 | 14 | 2 423 | 331 | 14 | 195 | 8 | 64 |

续表 1

| 企业类别 | 企业数（个） | 人员构成(人) | | | | | |
|---|---|---|---|---|---|---|---|
| | | 总人数 | 技术人员 | 所占比例（%） | 管理人员 | 所占比例（%） | 软 件 研发人员 |
| 股份有限公司 | 19 | 13 572 | 3 743 | 28 | 1 238 | 9 | 1 071 |
| 私营企业 | 26 | 3 277 | 385 | 12 | 182 | 6 | 90 |
| 中外合资经营责任制企业 | 32 | 9 414 | 1 142 | 12 | 892 | 9 | 99 |
| 中外合作经营企业 | 2 | 555 | 40 | 7 | 60 | 11 | – |

**表 2　山东省主要电子产品完成情况**

| 产品名称 | 单位 | 产量 | | 销量 | |
|---|---|---|---|---|---|
| | | 2001 年 | 2002 年 | 2001 年 | 2002 年 |
| 程控交换机 | 万线 | 394 | 295 | 444 | 295 |
| 传真机 | 万部 | 52 | 74 | 139 | 74 |
| 移动通信终端 | 万部 | – | 312 | – | 305 |
| 微机 | 万部 | 69 | 71 | 70 | 70 |
| 服务器 | 万部 | – | 6 | – | 6 |
| 打印设备 | 万部 | – | 81 | – | 82 |
| 彩色电视机 | 万台 | 506 | 679 | 503 | 693 |

**表 3　山东省电子信息产业主要经济指标完成情况**

| 项目名称 | 单位 | 2000 年 | 2001 年 | 2002 年 |
|---|---|---|---|---|
| 工业总产值（不变价） | 万元 | 960 | 1 234 | 7 419 887 |
| 工业增加值（现价） | 万元 | 138 | 155 | 2 130 707 |
| 工业销售产值（现价） | 万元 | – | – | 6 248 223 |
| 销售收入 | 万元 | 655 | 1 068 | 6 105 425 |
| 实现利税总额 | 万元 | 46 | 62 | 233 630 |
| 其中：利润总额 | 万元 | 25 | 34 | 233 611 |

**表 4　山东省电子信息产业财务情况**

| 项目名称 | 单位 | 2001 年 | 2002 年 |
| --- | --- | --- | --- |
| 固定资产合计 | 万元 | 1 692 355 | 1 521 705 |
| 固定资产原值 | 万元 | 2 039 645 | 2 205 039 |
| 资产合计 | 万元 | 6 690 212 | 4 449 883 |
| 产品销售收入 | 万元 | 10 683 853 | 6 105 425 |
| 其中：软件产品销售收入 | 万元 | – | 368 927 |
| 计算机服务收入 | 万元 | – | 140 825 |
| 系统集成收入 | 万元 | – | 299 421 |
| 利润总额 | 万元 | – | 233 611 |
| 其中：软件利润 | 万元 | – | 15 927 |
| 应交所得税 | 万元 | 60 362 | 51 019 |

**表 5　山东省电子信息产业新产品情况**

| 项目名称 | 单位 | 2000 年 | 2001 年 | 2002 年 |
| --- | --- | --- | --- | --- |
| 电子工业产值（现价） | 万元 | 9 608 986 | 7 841 546 | 6 374 848 |
| 新产品产值（现价） | 万元 | 3 726 033 | 4 392 151 | 2 377 074 |
| 所占比重 | % | 38.8 | 56.0 | 57.0 |
| 新产品鉴定总数 | 个 | 209 | – | 230 |

[撰稿：靖士宽　　审稿：孙志恒]

# 河 南 省

## 综述

2002年，河南省信息产品制造业完成工业总产值（不变价）185.2亿元，超出责任目标5.2亿元，增幅达22.3%；工业增加值31.3亿元，比上年增长9.8%，比责任目标少2.7亿元；利税总额10.6亿元，比上年增长4.5%，比责任目标少1.4亿元；出口创汇1.6亿美元，比上年增加0.6亿美元，增幅达51.4%，超额完成了出口创汇指标。

安飞电子玻璃工程项目已于2002年12月18日点火启动；6至8英寸的单晶硅抛光片项目引进的后续工作进展顺利；争取国家财政债券技改贴息项目，加大对重大项目建设的监督力度，抓好配套资金的落实。目前，雪城WLL04项目资金已全部到位，新乡环宇公司的锂离子电池项目(8 090万元)，可研报告已报信息产业部，安玻企业信息化项目（8 290万元）与许继企业信息化项目（7 800万元）已获银行贷款支持。

2002年，在河南省信息产业厅的协助下，南阳金冠集团与德国MW公司签署了生产投影机、投影仪及幕布等产品的合同，总投资2 000万美元；金惠与中基集团签约校园网项目，中基支持金额达5亿元；道成公司与铁通公司、美国公司签订了合作经营无线增值服务业务；美国MEMC公司到洛阳进行了考察，就合资生产8英寸单晶硅项目与洛阳单晶硅厂进行了富有成效的洽谈。

2002年全省软件企业销售总收入达12.8亿元，超出责任目标4.8亿元，比去年同期增长88.2%。开展双软认证工作2批，认证软件企业34个，登记软件产品62项；积极推动河南省四个软件园区建设，2002年入园企业比上年增长20%以上；郑州国家863软件孵化器公司推行软件评测与质量服务平台进展顺利；重点抓了航天金穗公司、河南思维公司等10家软件企业的培育工作，这10家企业2002年度软件销售有较大增长，其中航天金穗、河南思维、郑州威科姆的销售额超亿元。

## 科技进步与应用

河南省争取到2002年省级高新技术产业化的项目6项，贴息贷款8 730万元，项目投产后，将新增产值10.0亿元，增加值4.5亿元，税收1.3亿元，利润2.3亿元。列入河南省重大科技攻关计划4项，争取资金235万元。列入河南省科技重点攻关项目5项，争取技改资金40万元。2002年河南省列入全国电子信息应用贷款建议项目计划（倍增计划）22项，总投资30 970万元，申请贷款17 630万元。

## 信息化应用

河南省明确了“十五”期间全省信息化工作目标和重点任务，“十五”规划中的5项标志性工程和19项重点信息化任务已分解到有关部门；漯河市国家级以信息化带动农业产业化试点方案通过专家论证，试点工作正按计划进行；对用信息技术改造传统产业现状和企业信息化现状进行了专题调研，摸清了基本情况，并根据河南的实际情况起草了“应用电子信息技术改造提升传统产业意见”，对用信息技术改造传统产业的方案进行了筛选、优化，向社会、企业公布和推荐；进行了第三、四批系统集成企业资质认证，共21家企业通过了认证；加强信息化建设的市场管理，制定了《河南信息化工程建设管理办法》（草案）；为推动我省政务信息化建设，以政务信息化带动社会信息化，省厅牵头制定的河南省电子政务平台方案，已在北京通过专家论证，全省电子政务平台建设已拉开序幕。

成立了河南电子商务协会，并召开了第一次代表大会；成立了河南省数字证书认证中心，首次为郑州粮食批发市场签发了证书；制订了认证中心管理条例（草案），该草案已由省政府法制办提交省人大审理；电子商务中心与郑州东建材大世界合作投入近300万元研究开发的建材商务平台，为构筑郑州市完整的物流体系起到了示范作用；参与筹备召开了2002年郑州技术成果交易会，组织全国从事电子商务、电子政务的软、硬件企业参展。

## 无线电管理

去年河南省无线电管理工作又上了一个新台阶。开展了全省无线电台站核查工作，加大执法和干扰查处力度，维护了空中电波秩序；首次开展了全省无线电管理系统测向演练，提高了队伍素质；加强了无线电管理应急处置工作，制定预案，全面部署，24小时值班，圆满完成了政治保卫任务；从国家争取下拨资金1 101万元，有力地支持了省、市无线电基础设施建设；在国家于2002年7月1日收回手机频占费收缴权的情况下，全年共收取频占费5 865万元。

## 【统计数据】

表1　2002年河南省电子信息产业人员构成情况

| 企业类别 | 企业数（个） | 人员构成（人） | | | | |
|---|---|---|---|---|---|---|
| | | 总人数 | 技术人员 | 所占比例（%） | 管理人员 | 所占比例（%） |
| 国有企业 | 18 | 10 421 | 1 250 | 11.99 | 1 321 | 12.67 |
| 国有独资企业 | 1 | 978 | 71 | 7.26 | 118 | 12.06 |
| 集体企业 | 4 | 1 638 | 439 | 26.80 | 156 | 9.52 |
| 股份合作企业 | 10 | 6 796 | 1 427 | 20.99 | 966 | 14.21 |
| 其他企业 | 24 | 24 359 | 2 772 | 11.38 | 2 420 | 9.93 |

表2　河南省电子信息产业主要经济指标完成情况

| 项目名称 | 单位 | 2000年 | 2001年 | 2002年 |
|---|---|---|---|---|
| 工业总产值（不变价） | 万元 | 1 253 645 | 1 514 661 | 1 695 125 |
| 工业销售产值 | 万元 | 761 318 | 871 521 | 1 067 403 |
| 工业增加值（生产法） | 万元 | 249 009 | 259 916 | 336 073 |
| 从业人员年末人数 | 人 | 42 933 | 43 233 | 44 192 |

表 3 河南省电子信息产业财务情况

| 项目名称 | 单位 | 2000 年 | 2001 年 | 2002 年 |
|---|---|---|---|---|
| 流动资金合计 | 万元 | 983 247 | 1 177 277 | 1 196 467 |
| 固定资产合计 | 万元 | 481 745 | 506 875 | 612 106 |
| 资金合计 | 万元 | 1 597 534 | 1 828 425 | 2 016 797 |
| 流动负债合计 | 万元 | 779 226 | 913 827 | 1 068 194 |
| 负债合计 | 万元 | 967 875 | 1 103 494 | 1 310 153 |
| 所有者权益合计 | 万元 | 629 659 | 611 863 | 606 741 |
| 产品销售收入 | 万元 | 703 126 | 794 221 | 1 081 983 |
| 投资收益 | 万元 | 2 383 | 2 215 | 4 555 |
| 利润总额 | 万元 | 93 672 | 57 442 | 46 176 |
| 应交所得税 | 万元 | 28 854 | 20 289 | 15 348 |

表 4 河南省电子信息产业主要经济指标完成情况

| 项目名称 | 单位 | 2000 年 | 2001 年 | 2002 年 |
|---|---|---|---|---|
| 工业全员劳动生产率 | 元/人 | 58 510 | 60 120 | 49 297 |
| 流动资金周转次数 | 次 | 0.8 | 0.7 | 0.9 |
| 工业产品销售率 | % | 99.4 | 93.5 | 99.6 |
| 总资产贡献率 | % | 10.2 | 6.1 | 5.4 |
| 资本增值保值率 | % | 112.7 | 111.3 | 93.1 |
| 资产负债率 | % | 60.6 | 60.4 | 65.0 |

表 5 河南省电子信息产业新产品情况

| 项目名称 | 单位 | 2000 年 | 2001 年 | 2002 年 |
|---|---|---|---|---|
| 电子工业产值（现价） | 万元 | 766 191 | 931 799 | 1 071 704 |
| 新产品产值（现价） | 万元 | 320 364 | 506 405 | 673 517 |
| 所占比重 | % | 41.8 | 54.3 | 62.8 |
| 新产品开发总数 | 个 | 48 | 47 | 50 |
| 新产品鉴定总数 | 个 | 21 | 45 | 19 |

表 6　河南省主要电子信息产品产销情况

| 产品名称 | 单位 | 产量 | | 销量 | |
|---|---|---|---|---|---|
| | | 2001 年 | 2002 年 | 2001 年 | 2002 年 |
| 电视机 | 万台 | 102 | 126 | 96 | 136 |
| 显像管玻壳 | 万只 | 1 485 | 1 889 | 1 413 | 1 830 |
| 电子元件 | 万只 | 80 892 | 42 036 | 79 885 | 39 809 |
| 半导体分立器件 | 万只 | 16 545 | 27 067 | 15 895 | 24 891 |

[撰稿：邹建华　　审稿：翟贵平]

# 湖 北 省

## 综述

2002年，湖北省信息产业积极应对国内外产业发展环境的变化，主动消化各种不利因素的影响，全省电子信息产品制造业继续保持稳步健康的发展，产业规模进一步壮大，共完成工业总产值194.13亿元，增长11.7%；完成工业增加值53.38亿元，增长10.3%；实现销售收入133.79亿元，实现利税25.27亿元，其中，上缴税金15.19亿元，上升99.3%；全行业累计完成出口交货值17亿元，出口创汇2.1亿美元。

## 科技进步与应用

**科技攻关**　2002年，全省电子信息产业始终把坚持科技进步与推进成果产业化作为产业持续健康发展的源动力，围绕“十五”期间科技攻关重大项目计划，重点在“光电子信息材料开发与产业化、新型光电子器件开发与产业化、基于3S、3C和网络管理软件开发与产业化、信息安全技术及应用产品开发”四大领域开展科技攻关和产业化，均取得了阶段性成果，已获得技术发明、新型实用等专利技术20多项，部分项目已达到中试水平和开始规模生产，实现了开发、投产、见效的良性循环，成为行业新的经济增长点。在已有43家企业通过ISO9000标准体系认证的基础上，又有华工图像、烽火网络、4404厂等13家企业通过认证。

**技术改造**　2002年，随着国家光电子信息产业基地建设步伐加快，湖北省电子信息产业技术改造投资快速增长。两年来，列入国家和省级的新建项目11项、续建项目25项，共36项，其中，国家级项目27项（国家高新技术产业化示范项目17项、国家“双高一优”国债项目10项），总投资32.91亿元；省级项目9项，总投资3.94亿元。项目建成后预计可实现销售收入102.18亿元，利税27.83亿元。这批项目的实施和建成投产，将极大地促进产业结构调整和整体竞争力的增强。2002年，湖北省电子信息产业实际完成投资额7.6亿元，也比上年有所增长。总体上说，在建国家级项目进展发展势头良好，新开项目大幅增加，业内外企业投资国家光电子信息产业基地建设和发展的积极性高，潜力较大。

## 软件产业

湖北省现有软件企业（加兼营软件的企业）超过300家，2002年软件和信息服务业销售收入近20亿元，增长率达50%，软件出口创汇超过1 000万美元，成为湖北省目前增长最快的“朝阳产业”，形成了一批像天喻、适普、华软、湘计华成、中地、开目、华元、维豪、达梦、安鼎、奥发、安珞等年销售额超千万元的大型软件企业，不少企业正向年产值过亿元迈进，湖北省的软件产业已具备一定的市场竞争能力；湖北省在基础软件、支撑软件、应用软件等领域取得了突破性发展，计算机辅助设计制造技术（3C），地理信息技术（3S）、信息安全保密技术、中文信息处理技术、大型数据库技术、多媒体技术、教育软件等软件产品已走向市场，均具有进一步发展的巨大潜力。

近3年来，湖北省信息产业厅积极向信息产业部争取国家电子信息产业发展基金，以支持湖北省软件产业的发展，共计争取软件专项资金1 550万元。先后有武汉天喻、华元、适普、华工达梦、安鼎、吉奥、正太数码、瑞达、华工科技等软件企业得到了该项基金的支持，大大促进了产业的发展。

截止2002年底，全省分5批，共认定软件企业83家，登记软件产品84个。2002年，又有武汉正远铁路电气有限公司、荆州明德科技有限公司等14家企业被认定为软件企业。同年，共登记荆州市天方智能系统技术有限公司的HF2000压裂仪表车实时监控及仿真系统等39个软件产品。

2002年12月31日，由国家计委、信息产业部、外贸部和国家税务总局认定的106家国家规划布局内重点软件企业名单正式对外公布，武汉维豪信息技术股份有限公司、武汉适普软件有限公司、武汉中地信息工程有限公司成为第一批国家重点软件企业。

2002年12月7日，武汉正太数码科技有限公司、适普软件有限公司获得由美国SEI授权的主任评估师签署的CMM2证书，从而成为湖北省首批、也是中国空间地理信息产业中首批通过CMM认证的软件企业。

湖北省继续推进计算机信息系统集成资质认证工作，进一步规范计算机信息系统集成市场。2002年，又有武汉维豪信息技术股份有限公司等4家企业、武汉华元科技有限公司等14家企业、武汉英华系统集成有限公司分别获得信息产业部颁发的二、三、四级资质证书。烽火通信、709所向信息产业部资质认证工作办公室申报一级资质。据不完全统计，截止2002年底，全省已有31家企业获得计算机信息系统集成资质证书。其中，二级资质6家、三级资质22家、四级资质3家。

省厅已决定以软件工程国家重点实验室（武汉大学）为主体，湖北省电子产品质量监督检验所参与，建立湖北省软件评测认证中心，开展湖北省的软件产品评测工作，积极为软件企业服务。

## 无线电管理

2002年，湖北省无线电通信业务快速发展，全省共有各类无线电电台825万部，其中移动电话用户达544万户，无线寻呼用户81万户，PHS用户达75万户，设置使用各类卫星地球站440座，微波站859座，广播电台、电视台和电视差转台625座，数字集群、无线数据通信、无线接入数据通信、MMDS多路微波电视传输等多种无线电业务在湖北省得到了长足的发展。全省近年来共投入建设资金1.64亿元，新增基本建设面积达3万多平方米，引进德国R/S公司DDF05M和DDF190系统，建成覆盖全省的无线电监测网，还配置了较为系统的检测设备，可满足无线电发射基站、微波、卫星地球站、各类电台和各类公众移动通信终端等无线电发射设备的技术指标、性能检测；宜昌、荆州、襄樊和十堰4个重点地区分别建立了由监控中心、固定站、遥控站和移动站组成的区域无线电监测网，并与省无线电监测站联网。依法加强频率资源管理，服务和促进无线通信事业发展;管理方式进一步改变了以行政手段为主的做法，更多地采用了技术手段监控、经济手段调控和法律手段调整；为逐步建立起适应市场经济体制基础的、与WTO规则和义务相一致的、集中统一的现代无线电管理体制进行了大量有益的探索；切实地维护了空中电波秩序，有力地保障了无线通信安全，出色地完成了“三个确保”的重要任务。

【统计数据】

表 1　2002 年湖北省电子信息产业人员构成情况

| 企业类别 | 企业数(个) | 人员构成(人) | | | | | |
|---|---|---|---|---|---|---|---|
| | | 总人数 | 技术人员 | 所占比例(%) | 管理人员 | 所占比例(%) | 软件研发人员 |
| 国有企业 | 38 | 13 311 | 2 822 | 21.2 | 1 745 | 13.1 | 104 |
| 国有独资企业 | 4 | 6 289 | 884 | 14.1 | 869 | 13.8 | – |
| 集体企业 | 12 | 1 353 | 228 | 16.9 | 147 | 10.9 | 150 |
| 股份合作企业 | 8 | 1 589 | 293 | 18.4 | 123 | 7.7 | – |
| 国有联营企业 | 1 | 40 | 10 | 25.0 | 10 | 25.0 | 10 |
| 其他企业 | 92 | 21 148 | 5 509 | 26.1 | 2 319 | 11.0 | 459 |

表 2　湖北省电子信息产业主要经济指标完成情况

| 指标名称 | 单位 | 2000 年 | 2001 年 | 2002 年 |
|---|---|---|---|---|
| 工业总产值（不变价） | 万元 | 1 203 569 | 1 737 297 | 1 930 746 |
| 工业销售产值 | 万元 | 913 790 | 1 427 834 | 1 543 153 |
| 工业增加值（生产法） | 万元 | 355 269 | 483 802 | 527 364 |
| 从业人员年末人数 | 人 | 38 082 | 41 742 | 43 730 |
| 从业人员工资总额 | 万元 | 30 235 | 62 237 | 100 269 |

表 3　湖北省电子信息产业财务情况

| 项目名称 | 单位 | 2000 年 | 2001 年 | 2002 年 |
|---|---|---|---|---|
| 流动资金合计 | 万元 | 840 561 | 611 822 | 14 228 103 |
| 固定资产合计 | 万元 | 503 317 | 457 641 | 373 123 |
| 资金合计 | 万元 | 124 971 | 244 860 | 671 216 |
| 流动负债合计 | 万元 | 750 385 | 871 788 | 851 785 |
| 负债合计 | 万元 | 857 475 | 984 925 | 1 316 052 |
| 所有者权益合计 | 万元 | 651 768 | 1 143 854 | 962 698 |
| 产品销售收入 | 万元 | 796 755 | 1 374 667 | 141 479 |
| 投资收益 | 万元 | 1 270 | 4 544 | 3 100 |
| 利润总额 | 万元 | 99 765 | 166 016 | 122 268 |
| 应交所得税 | 万元 | 9 320 | 23 320 | 6 963 |

表 4　湖北省电子信息产业主要经济效益指标完成情况

| 项目名称 | 单位 | 2002 年 |
|---|---|---|
| 工业全员劳动生产率 | 元/人 | 112 856 |
| 流动资金周转次数 | 次 | 1.1 |
| 工业产品销售率 | % | 96.9 |
| 总资产贡献率 | % | 8.4 |
| 资本增值保值率 | % | 471.2 |
| 资产负债率 | % | 54.7 |

表 5　湖北省电子信息产业新产品情况

| 项目名称 | 单位 | 2000 年 | 2001 年 | 2002 年 |
|---|---|---|---|---|
| 电子工业产值（现价） | 万元 | 1 005 738 | 1 498 409 | 1 591 998 |
| 新产品产值（现价） | 万元 | 308 316 | 86 600 | 185 547 |
| 所占比重 | % | 30.7 | 5.8 | 11.6 |

表 6　湖北省主要电子信息产品产销情况

| 产品名称 | 单位 | 产量 | | | 销量 | | |
|---|---|---|---|---|---|---|---|
| | | 2000 年 | 2001 年 | 2002 年 | 2000 年 | 2001 年 | 2002 年 |
| GSM 手机 | 万部 | 31 | 14 | 42 | 26 | 20 | 41 |
| 混合集成电路 | 万块 | 40 | 121 | 144 | 39 | 123 | 140 |
| 多模光纤 | 万公里 | 201 | 319 | 346 | 201 | 319 | 158 |

［撰稿：张　波　田智勇　　审稿：夏　平］

# 湖　南　省

## 综述

2002年，湖南省电子信息产品制造业持续快速健康发展，软件产业进一步形成规模和优势。全省信息化和信息产业系统大胆实践，勇于探索，各项工作取得了长足发展。

全省电子信息产业完成工业总产值170.8亿元，工业增加值25.9亿元，销售收入102.3亿元，实现利税8.6亿元，分别增长39%、23%、24%、21%。全年软件产业销售收入50亿元，增长43%。电子信息产业为信息化建设提供系统装备和技术支撑的能力进一步提高。结构调整取得新的突破，17至19英寸完全平面CDT、印刷板一期工程、动力电池及电动助力车、片式钽电容器等一批重大工程相继竣工，组织实施了电子新材料、网络产品、信息安全产品、新型元器件、数字电视等重大专项，编码解码芯片、厚铜多层板、掌上阅读器、自动柜员机、IP网络密码机、高性能服务器等重点新产品研发取得重大进展。产业集中度进一步提高，大公司战略成效显著。销售收入过亿元以上的企业达12户，工业总产值和销售收入占全行业的73%和84%。全省软件收入过亿元的企业有9家，4家企业进入全国软件百强，6家企业列入国家规划布局内重点企业。产业集群化趋势日趋明显，90%的IT企业、94%的工业总产值集中在长沙，初步形成了“一点一线”的产业聚集带。电子信息产品出口势头强劲，全年完成出口交货值9.4亿元，增长36%。利用外资取得新突破，日本光荣、以色列塔迪兰、日本富士通等国外IT大公司相继来湘投资。军工电子技术水平和质量水平稳步提高，全省21家企业进入军品科研生产领域，各项军工电子信息系统和装备任务圆满完成。

## 科技进步与应用

2002年，湖南省电子制造业全年获省科技进步奖三等奖2项，有2项产品获省名牌产品称号。全省完成新产品产值58亿元，新产品产值率56%。全年列入国家计划27项（含军品），其中国家经贸委技术创新计划2项、重点新产品试产计划4项、国家计委产业化计划2项、科技部“863”计划1项、火炬计划4项、部科研试制计划13项；列入省技术创新计划16项。争取科研试制、技术创新和产业化拨款1 558万元，有力的支持了企业技术创新和产业化。全年完成新产品鉴定12项，其中技术水平达到国际先进水平1项，国内领先水平10

项，填补国内空白1项。重点项目有了新的进展，编码解码芯片已在富士通公司投片，预计2003年3月可投产。与深圳中兴通信合作的CDMA视频图像传输软件已在2002年海南亚洲论坛成功应用，该芯片开发的关键技术已经掌握。电子掩膜材料达到国际先进水平；应用于平面变压器及模块电源的厚铜多层板已开发成功，产品填补了国内空白，并已批量投产，是中国变压器领域的一场技术革命。掌上阅读器（EBK）、自动柜员机和IP网络密码机、高性能服务器等一批信息安全产品相继开发成功，并展示了广阔的市场前景。用PVD法制备连续化带状泡沫镍技术已成功应用，极大的提高了生产效率。2002年，全省共申请专利15项，获专利授权8项。在有关部门的支持下，经过企业的努力，以华星宇为主编制的“建筑用电子水平尺技术标准”已于6月10日由建设部批准发布，10月1日正式执行。以华星宇为主编制的“数字倾角仪”标准已通过信息产业部主持的初审。中芯数字为主编制的视频编码解码压缩技术标准的起草工作正在抓紧进行。全国IC卡指纹识别技术标准制定工作湖南省有企业参加。专利的申请和标准的制订，将有效地保护企业自主知识产权，推动全省信息产业的发展。

2002年，湖南省切实抓好重大项目的建设工作，全年有8项重大技术改造项目开工和投产，项目总投资11.5亿元，实际完成投资9.7亿元。LGPSG第五条线2月份开工建设；维用长城印刷板一期工程5月15日投产；科力远公司的动力电池及电动助力车项目一期工程12月20日竣工投产，二期工程已开工建设；湘怡中元的片式钽项目5月份正式开工建设。组织了16个项目申报国家计委新材料、网络产品、信息安全、新型元器件和数字电视等5个专项。其中天一银河异构型高性能自主服务器项目获国家计委高技术产业化专项拨款700万元。建宏达公司的适用转基因产品基因检测芯片和银河电脑的计算机电磁防护桌均被国家计委批准立项。

2002年湖南省信息产业的国际国内交流与合作迈入新阶段，全年吸收外资总额2 693万美元。8月5日，全球最大的金融机具生产商之一的日本GLORY工业株式会社与湘计算机签订协议，双方将在现金处理领域进行全面合作。8月12日，湖南出版集团旗下的远景信息已正式与以色列头号IT厂商——TADIRAN（塔迪兰）签订技术合作协议，共同组建国际技术研发实验室，并在技术上进行全面合作。4月30日，湖南中芯数字与深圳中兴通讯在长沙签署合作协议，双方决定在CDMA和3G通信领域建立从技术、产品到市场的全方位战略合作关系。8月25日，湖南中芯数字与日本富士通在长沙正式签署了集成电路技术合作协议，双方决定在数字图像和视频领域建立从技术标准、核心芯片和市场渠道等全方位的合作关系。

## 信息化建设

电子政务开始起步，对加快改革产生深刻的影响。湖南政府公众信息网建设进一步完善，网上政务公开启动。全省162个省直和中央在湘单位以及14个市州设立了网站和主页，52个单位行政审批项目网上发布。“金”字系列信息化重大工程建设取得新的突破。金税工程促进征管改革向深层次推进，形成了以远程报税为主、办税服务厅申报为辅的电子报税格局。长沙海关率先接入全国政府涉密办公网，口岸电子执法系统运行良好。金盾工程前期工作进展顺利，指纹、治安印章、治安旅馆业、610重点人员等信息管理系统在公安实战中发挥显著作用。金保工程正式启动，大部分市州养老保险信息系统实现了联网。全省工商管理三级网络建设稳妥扎实，认真做好“经济户口”软件试点和工商IC卡发行工作。全省教育系统以政务信息化带动教育信息化，启动了资源建设为中心的教育网络建设。基础性、战略性信息资源开发利用取得新的进展，信息资源共享程度有新的提高。统计数据库建设、人口普查和基本单位数据库、基础地理信息数据库、土地基础数据库、矿政数据库、环境监测统计数据库等数据库建设进展顺利。

企业信息化稳步推进，信息技术改造传统产业的效益逐步显现。积极组织开展企业上网工程，2002年全省企业上网数净增1万多户。全省27个项目列入全国电子信息技术推广应用倍增计划，获得1.3亿元银行贷款支持，完成验收的2个项目获得国家贴息支持100万元。以长株潭区域为重点，以机械电子等离散型行业、冶金石化制药食品等流程型行业、信息商业等服务性行业为重点，启动了全省制造业信息化示范工程，一批示范企业和攻关项目得到国家重点支持。全省农业信息网络服务体系基本框架初步形成，一大批农产品市场、农业产业化龙头企业和乡镇建立了信息服务机构。信息化有力推动了农业产业化建设，促进了农业增效、农民增收。全国森林资源管理信息系统在湘试点工作基本完成，全省林业信息化工程启动。

信息基础设施建设取得新的进展，网络与信息安全工作得到加强。2002年，通信业务总量182亿元，增长34.5%；年末全省固定电话用户795.02万户，增长11.6%；固定电话普及率12%，比上年高1.2个百分点。移动电话、互联网快速发展。移动电话用户598.2万户，增长45.8%；国际互联网络用户126.7万户，增长16.4%。全省拥有广播电台11座，中短波广播发射台和转播台25座，电视台15座，1000瓦以上电视发射台和转播台50座，电视人口覆盖率为91.8%，广播人口覆盖率为81.7%。通信发展模式实现垄断经营向竞争开放的转变，全省基础电信企业已有6家，增值电信企业近100家，初步形成了不同规模、不同业务、不同所有制企业相互竞争、共同发展的市场格局。

网络与信息安全体系逐步形成。省直有关职能部门密切配合，加强协调，制定了全省网络与信息安全协调办法及职责分工。全省重点信息网络进一步健全和落实了信息安全管理制度，配置了一批网络安全设备，制订了应急预案，实行全天24小时值班备勤，无线电管理工作成效显著，频率规划、审批管理等进一步加强，特别是在同“法轮功”邪教组织干扰卫星通信的斗争中发挥了重要作用。

信息化和信息产业发展环境不断优化，宏观调控和综合管理进一步加强，重新组建了省信息化领导小组，成立了省政府信息化工作办公室和省信息化专家咨询委员会，信息化管理体制逐步理顺。各级信息化和信息产业主管部门切实履行政府职能，加强统筹规划和协调服务，组织开展信息化调查研究，大力精简行政审批事项。全省已认定180家软件企业和368项软件产品，按照国发18号文件落实退税近7 000万元。13家企业获得部计算机信息系统集成资质证书。

## 信息化应用

湖南省充分利用国家电子信息技术推广应用的鼓励政策，引导传统企业广泛应用电子信息技术改造和提升传统产业。省厅争取了国家和省里更多的投入，一批企业和项目获得国家专项和省高新技术引导资金的支持。积极推进信息技术交流与合作，成功地举办了2002年中国信息技术与信息化展览会、建设“网上湖南”第二届信息技术暨网络产品展览会、信息化知识竞赛、电子政务建设研讨会、以信息化带动工业化高级研修班等专题活动。紧紧围绕全省经济结构战略性调整，改造提升传统产业。加快企业信息化，推动企业科技创新和制度创新，积极发展电子商务。以信息化带动农业产业化，建设比较完善的现代农业信息网络体系。以信息化带动城镇化，适应城乡居民生活总体达到小康后对电子信息产品和信息服务的要求，抓好城镇信息化规划，完善信息网络基础设施。

向信息产业部申报了2002年全国电子信息应用贷款项目29个，通过“倍增计划”立项，共向商业银行推荐项目27项，建议贷款金额103万元。财政部与全国电子信息系统推广办公室联合下达贴息项目27多项，贴息金额100万元。

【统计数据】

表 1　2002 年湖南省电子信息产业人员构成情况

| 企业类别 | 企业数(个) | 人员构成(人) | | | | | |
|---|---|---|---|---|---|---|---|
| | | 总人数 | 技术人员 | 所占比例(%) | 管理人员 | 所占比例(%) | 软件研发人员 |
| 国有企业 | 30 | 7 262 | 1 948 | 26 | 1 017 | 14 | 324 |
| 集体企业 | 19 | 866 | 207 | 24 | 195 | 22 | 85 |
| 股份合作企业 | 3 | 275 | 58 | 21 | 22 | 9 | 5 |
| 其他企业 | 130 | 21 969 | 6 835 | 31 | 5 341 | 24 | 4 663 |

表 2　湖南省电子信息产业主要经济指标完成情况

| 项目名称 | 单位 | 2000 年 | 2001 年 | 2002 年 |
|---|---|---|---|---|
| 工业总产值（不变价） | 万元 | 836 000 | 1 233 000 | 1 477 722 |
| 工业销售产值 | 万元 | 575 164 | 951 886 | 846 079 |
| 工业增加值（生产法） | 万元 | 139 766 | 210 000 | 207 255 |
| 从业人中年末人数 | 万元 | 26 588 | 28 780 | 30 972 |
| 从业人员工资总额 | 万元 | 25 632 | 36 858 | 48 084 |

表 3　湖南省电子信息产业财务情况

| 项目名称 | 单位 | 2000 年 | 2001 年 | 2002 年 |
|---|---|---|---|---|
| 流动资金合计 | 万元 | 473 873 | 651 420 | 828 968 |
| 固定资产合计 | 万元 | 530 587 | 624 780 | 718 974 |
| 资金合计 | 万元 | 274 440 | 976 095 | 1 877 750 |
| 流动负债合计 | 万元 | 473 177 | 597 058 | 720 940 |
| 负债合计 | 万元 | 717 305 | 840 577 | 963 850 |
| 所有者权益合计 | 万元 | 430 274 | 135 518 | 913 900 |
| 产品销售收入 | 万元 | 565 645 | 875 575 | 828 920 |
| 其中：软件销售收入 | 万元 | 178 974 | 213 385 | 199 194 |
| 投资收益 | 万元 | 5 672 | 4 337 | 3 003 |

续表3

| 项目名称 | 单位 | 2000年 | 2001年 | 2002年 |
| --- | --- | --- | --- | --- |
| 利润总额 | 万元 | 45 567 | 45 424 | 56 425 |
| 应交所得税 | 万元 | 2 518 | 4 729 | 6 914 |

表4　湖南省电子信息产业新产品情况

| 项目名称 | 单位 | 2000年 | 2001年 | 2002年 |
| --- | --- | --- | --- | --- |
| 电子工业产值（现价） | 万元 | 528 977 | 949 942 | 1 027 272 |
| 新产品产值（现价） | 万元 | 127 886 | 303 981 | 580 000 |
| 所占比重 | % | 22 | 32 | 56 |

表5　湖南省主要电子信息产品产销情况

| 产品名称 | 单位 | 产量 | | 销量 | |
| --- | --- | --- | --- | --- | --- |
| | | 2001年 | 2002年 | 2001年 | 2002年 |
| 彩色显像器 | 万只 | 406 | 560 | 417 | 565 |
| 彩色显示管 | 万只 | 43 | 160 | 38 | 156 |
| 彩色电子枪 | 万只 | 64 | 66 | 64 | 66 |
| 显示终端 | 台 | 95 099 | 90 233 | 95 003 | 88 707 |
| 印刷电路板 | 平方米 | 124 765 | 128 935 | 116 679 | 134 264 |
| 打印机 | 台 | 26 446 | 20 833 | 26 446 | 20 383 |

［撰稿：胡建新、宋虹、许文琳　审稿：熊琛］

# 广　东　省

## 综述

2002年广东省电子信息制造业完成工业总产值（现行价）3 942亿元，占全省工业产值比重为24.6%。工业总产值比上年增长25.3%，增幅高于全省工业增长平均水平。销售收入3 802亿元，比上年增长28%，产销率为98%。产值、销售收入均居全国同行业之首，占全国比重1/3强。电子产品出口产值达2 609亿元，同比增长38.8%。TCL集团有限公司、广州七喜电脑股份有限公司、广东风华高新科技集团有限公司、广东生益科技股份有限公司、珠海东信和平智能卡股份有限公司等24家企业进入全国电子百强企业之列。

## 经济运行主要特点

**重点企业带动作用明显**　重点企业发挥规模优势，其龙头作用正逐步显露。在全省50户工业龙头企业中，电子信息制造业有13户，产品销售收入1 039.2亿元，占全省电子信息制造业销售收入的27.3%，增长速度比全省电子信息制造业高5.7个百分点，实现利润47.1亿元，占行业总利润的32.6%。重点企业的发展，有力地带动了全行业工业生产和效益的增长。

**重点产品继续保持增长**　2002年，通信设备制造业中程控交换机受国内通讯投资需求萎缩影响较大,产量继续下降,而移动通信设备形势喜人，增幅达188%。全省通信设备制造业发展保持稳定，完成工业总产值823亿元，销售收入813亿元，分别比上年增长3.9%和12.5%。全行业完成移动电话机3 159万部，比上年增长67.7%，居全国首位。计算机设备制造业在信息化及校园网建设的带动下快速增长，完成工业总产值1 379亿元，比上年增长47.6%。微型电子计算机完成415.7万部，约占全国总量的1/4，比上年增长31.4%。日用电子器具制造业2002年完成工业总产值737亿元，比上年增长24.6%。销售收入697亿元，比上年增长22.6%。特别是消费型电子产品的“井喷式”增长，成为2002年电子信息制造业的亮点。彩色电视机产量2 011万台，出口400多万台，占全国25%。2002年完成各类电子元件1 395亿只，完成销售收入606.8亿元，产销率为98%，实现利润21亿元。2002年电子器件制造业经济效益明显改善，完成工业总产值272.6亿元，比上年增长27%，利润比上年增长96%，销售利润率为6.7%，比全行业高2.8个百分点。

## 科技进步与应用

2002年，广东省电子工业列入信息产业部新产品计划（民品部分）的共23项；列入国家电子发展基金项目10项；列入广东省技术创新计划43项。已完成省级新产品验收鉴定10项；申请国家电子基金项目完成验收1项。新增省级技术中心3个。全年完成新产品产值632.9亿元，占全省电子工业总产值的16%。

## 利用外资与产品出口

广东省电子工业全年吸收外资约70亿美元，外资投资企业成为广东省电子信息产业的重要支撑力量。

2002年，全省电子信息制造业出口交货值达2 587.8亿元，比上年增长36.9%，占全省工业产品出口交货值的40%，拉动产值增长16.5个百分点。其中出口增幅较大的是：计算机设备制造业，出口交货值增长53.9%。日用电子器具制造业，在电视机和激光视盘机制造业的带动下，出口交货值增长31%。其中：通信设备制造业完成出口产值244亿元，同比增长20%；日用电子器具制造业完成出口产值447亿元，比上年增长31.8%；电子器件制造业出口产值144亿元，同比增长22%；电子元件制造出口产值503.8亿元，同比增长26.5%。据海关统计，全省电子信息产品全年出口额达483.6亿美元，同比增长37%，占全国行业出口总额的52.5%。

## 信息化应用

2002年对工业制造业企业信息化项目,省财政通过经济主管部门投入引导资金共1 085万元，推动了全省企业信息化工业向深层次发展，对落实党的十六大提出的“以信息化带动工业化，走新型工业化道路”起到较好的推动作用。据对100多家大型企业集团和13 000多家中小企业的调查，开展企业信息化工作后，一般产品设计周期不到原来的1/3，产品生产周期缩短1/3，采购周期缩短50%，仓储流动资金占用率下降18%，赢利能力提高50%。物流业的信息化，使一般财务结算周期缩短10天，货物运输时间缩短20%，仓库货物盘点准确率提高20%，客户满意率从85%提高到99%。已有80%以上大型企业使用了如OA、CAD、CAM、CAPP、CIMS等系统，使生产规模扩大，劳动强度减轻，质量更优良，生产成本下降，效能不断提高，取得显著经济效益。

## 【统计数据】

表1　2002年广东省电子信息产业人员构成情况

| 企业类别 | 企业数(个) | 总人数(人) |
|---|---|---|
| 国有企业 | 63 | 23 583 |
| 集体企业 | 93 | 90 823 |
| 股份合作企业 | 6 | 2 713 |
| 股份有限公司 | 32 | 45 016 |
| 私营企业 | 174 | 32 029 |
| 外商和港澳台投资企业 | 1 010 | 659 152 |
| 其他 | 106 | 53 240 |
| 合　计 | 1 484 | 906 556 |

表2　广东省主要电子产品完成情况

| 产品名称 | 单位 | 产量 | | |
|---|---|---|---|---|
| | | 2001年 | 2002年 | 增长率(%) |
| 移动通信设备 | 万部 | | 49 | 188.0 |
| 数字程控交换机 | 万线 | 2 873 | 1 857 | -34.0 |
| 电话单机 | 万部 | 7 615 | 9 213 | 20.8 |
| 传真机 | 万部 | 222 | 123 | -39.0 |
| 移动电话机 | 万部 | 1 826 | 3 159 | 67.7 |
| 微型电子计算机 | 万部 | 229 | 416 | 31.4 |
| 显示器 | 万部 | 1 017 | 1 012 | 16.0 |
| 打印机 | 万部 | 1 212 | 1 446 | 16.8 |
| 彩色显像管 | 万只 | 1 043 | 2 012 | 39.0 |
| 彩色电视机 | 万台 | 1 592 | 2 011 | 41.8 |
| 激光视盘机 | 万台 | 877 | 2 007 | 94.4 |
| 半导体分立器件 | 亿只 | 54 | 61 | 9.3 |

续表 2

| 产品名称 | 单位 | 产量 | | |
|---|---|---|---|---|
| | | 2001 年 | 2002 年 | 增长率(%) |
| 半导体集成电路 | 亿块 | 18 | 23 | 15.0 |
| 电子元件 | 亿只 | 1 675 | 1 395 | 20.5 |

**表 3　广东省电子信息产业主要经济指标完成情况**

| 项目名称 | 单位 | 2000 年 | 2001 年 | 2002 年 |
|---|---|---|---|---|
| 工业总产值（不变价） | 万元 | 34 907 800 | 45 404 300 | 57 396 862 |
| 工业增加值（现价） | 万元 | 5 805 200 | 6 551 700 | |
| 工业销售产值（现价） | 万元 | 24 003 486 | 28 993 829 | 38 739 439 |
| 其中：出口交货值 | 万元 | | 16 562 006 | 25 878 440 |
| 销售收入 | 万元 | 23 623 600 | 30 045 700 | 38 018 567 |
| 实现利税总额 | 万元 | 1 724 300 | 1 818 600 | 1 836 499 |
| 其中：利润总额 | 万元 | 1 012 439 | 1 244 800 | 1 446 036 |
| 工业全员劳动生产率 | 元/人 | 117 473 | 124 114 | 633 131 |
| 流动资产周转次数 | 次 | 2.0 | 2.0 | 2.3 |
| 工业产品销售率 | % | 99.3 | 100.3 | 98.0 |
| 总资产贡献率 | % | 10.6 | 8.4 | – |
| 资本增值保值率 | % | 121.2 | 129.5 | 113.2 |
| 资产负债率 | % | 61.0 | 59.0 | 61.6 |

**表 4　广东省电子信息产业财务情况**

| 项目名称 | 单位 | 2000 年 | 2001 年 | 2002 年 |
|---|---|---|---|---|
| 流动资产合计 | 万元 | 12 688 500 | 15 109 200 | 16 656 125* |
| 固定资产合计 | 万元 | 4 944 100 | 6 212 100 | 6 009 756** |
| 资产合计 | 万元 | 19 218 600 | 23 664 500 | 27 420 667 |
| 产品销售收入 | 万元 | 23 623 600 | 30 045 700 | 38 018 567 |

续表 4

| 项目名称 | 单位 | 2000 年 | 2001 年 | 2002 年 |
|---|---|---|---|---|
| 其中：软件产品销售收入 | 万元 | – | – | 1 534 574 |
| 计算机服务收入 | 万元 | – | – | 166 112 |
| 系统集成收入 | 万元 | – | – | 187 142 |
| 利润总额 | 万元 | 1 724 300 | 1 244 800 | 1 446 036 |
| 其中：软件利润 | 万元 | | | 18 701 |

* 为 2002 年流动资产平均余额。

** 为 2002 年固定资产净值平均余额。

**表 5　广东省新产品情况**

| 项目名称 / 年份 | 工业总产值(现价)(万元) | 新产品产量(现价)(万元) | 所占比例 (%) |
|---|---|---|---|
| 2000 | 24 184 200 | 4 925 800 | 20.4 |
| 2001 | 34 907 800 | 8 693 200 | 24.9 |
| 2002 | 39 418 414 | 6 328 800 | 16.1 |

[撰稿：汤月园]

# 广西壮族自治区

## 综述

2002年，广西壮族自治区有电子信息产品制造业企业38家，按经济类型分，国有经济17家，集体经济5家，股份制经济11家，外商及港澳台投资经济3家，其他经济2家。全年完成工业总产值33.21亿元，增长4.6%；实现产品销售收入13.22亿元，增长7.5%；实现工业增加值6.38亿元，增长25.6%。其中北海银河电子股份公司生产的片式电阻产量排全国第3；桂林普天电信设备厂生产的传真机产量排全国第9；桂林光通电子工程公司生产的光缆终端机产量排全国第11；桂林无线电三厂生产的铝电解电容产量排全国第18；部分产品继续保持国内领先优势。

2002年，广西共有软件企业37家，其中股份合作经济1家，股份制经济22家，外商及港澳台投资经济4家，其他经济10家。据统计，广西软件产业技工贸收入3.93亿多元。

开展软件企业认定和软件产品登记工作。组织专家对2批企业进行软件企业认定评审，审核批准新认定软件企业17家，新增4批42个软件产品通过登记。到2002年底止，全区认定软件企业数45家，登记软件产品数达120个，使企业自主开发的软件产品享受到了税收优惠。并首次开展对自治区软件产业的年度统计工作，全面了解、掌握区内软件产业的发展状况，草拟了《自治区信息产业局关于贯彻落实国务院18号文件的情况汇报》，上报自治区领导。

开展软件企业年审工作和资质认证工作。根据国务院和信息产业部有关文件要求，组织专家对28家软件企业进行了年审，其中26家企业年审合格，有2家企业因各种原因没有通过年审。同时完成第一批6家（三级4家，四级2家）计算机信息系统集成资质审批工作，并上报信息产业部申请备案。

## 科技进步与应用

2002年，广西壮族自治区共实施科技开发项目27项，项目总投资达11 044万元。获广西科技进步奖二等奖3项，三等奖14项，获自治区名优产品称号3项，2002年电子行业用户满意工作先进单位2个，2002年电子行业用户满意产品2项。完成广西信息产业新产品、新技术成果鉴定22个，新产品产值所占比重为23.2%。

在技术改造方面， 一是完成北海银河高科技产业股份有限公司国债项目专项资金的行业意见报送工作。二是完成722厂雷达生产线列入军品国债项目，报国防科工委可行性研究报告。三是抓好北海银河3个技改项目建设、桂东电子科技有限公司、桂林斯壮微电子、南宁山三原等公司生产场地建设。同时积极帮助企业解决生产中的实际困难，为611厂、桂林海威、桂林桂风3家企业重返军工生产牵线搭桥，为广西联星公司申请了卫星地面接收天线定点生产等。

## 信息化应用

在电子信息技术推广应用方面，完成了2001年度电子信息技术推广应用项目计划实施，监督项目承担单位实施项目及使用补助资金，落实到位补助资金170万元，研究开发了填补广西空白的产品7项，填补国家空白的产品3项，取得发明专利1项，受理专利申请2项。

完成了申报电子并列入国家电子信息应用倍增计划项目4项，获得电子发展基金支持项目4项，获支持资金360万元。下达了2002年度广西电子信息应用项目资金补助计划项目15项，完成项目竣工验收7项，已拨付补助资金32万元。

## 信息化建设

2002年，广西壮族自治区加快信息化基础设施建设、电子政务建设和信息技术的推广应用，促进了各行业信息网络建设步伐，全区利用公用网组建的各类计算机系统达到了37个；《自治区“十五”信息化规划》中，70%以上的重点项目已开始启动实施，全区信息化应用水平不断提高。

**企业信息化建设** 目前信息技术的应用覆盖了自治区机械、化工、冶金等10多个行业的数百家企业，支持上千种新产品开发和产品改型设计，应用CAD、CAE、CAM等先进信息技术已普遍在全区企业推广；大中型企业管理部门计算机配备已达80%左右，50%左右的大中型企业已建成内部局域网，部分骨干企业的信息化建设已达到全国同行的先进水平。

**社会公共领域信息化** 随着政府上网工程的推动，大大促进了企业上网和家庭上网，有利地促进了信息资源开发利用，信息资源的开发利用取得初步成果，开发水平不断提高。电子商务、远程教育、远程医疗、电子娱乐及电子政务逐渐开展，社会各界对信息资源需求不断增长。

此外广西CA认证中心的组建工作已经完成，广西电子商务协会工作也在积极筹建，为下一步电子商务工作的开展奠定了良好的基础。

**城市信息化建设** 通过项目作引导，推进了桂林、柳州、南宁3个国家信息化试点城市的建设。南宁市选出了27个重点项目编制成《2002年南宁市信息化重点建设项目表》，总投资14.11亿元。特别是南宁市城市应急联动系统工程经过近半年的试运行，完成了主要系统的切换工作，于5

月份完成110、119、120、122、12315等系统的切换工作，进入正式运行阶段，到2002年上半年累计接听市民报警求助电话25万个，其中处理有效报警事件4万多件，对打击各类刑事犯罪行和解决群众急难问题发挥了重大作用。

柳州市、桂林市以“政府主导，市场运作”为指导思想开展城市信息化工程建设，依托银行，通过整合和调整各方资源，实现信息技术在金融、公用事业、教育、社会保险等多个领域的应用。此外，梧州市信息化建设、北海市实施的数字北海项目、玉林市实施的有线电视宽带工程等都取得实质性进展。

**农业信息化建设** 各地加快应用信息技术促进农业产业结构调整，百色地区通过实施的农业信息化示范项目、加快了农业产业结构调整；桂林市利用农业信息网以及全州、荔浦、灵川等县的网络节点和信息中心，进行信息引导，几年来，累计完成农副产品销售额约15亿元。

**信息化培训** 领导干部信息技术专题培训及信息人才培养（送高校和国外学习）已列入自治区干部教育“十大培训工程”。

## 经济技术交流与合作

组织了“广西信息产业博览会”，开展广西科技活动周电子一条街的信息技术产品推荐活动，组织北京国际周活动广西电子信息产品展示会广西分会场“电子一条街”活动；组织完成了广西壮族自治区信息产业有关企业参加“2002年上海国际工业博览会”、“第四届深圳高交会”、“2003年广西科技活动周”的协调工作；筹备了“2003年中国国际信息技术展览会暨信息产业五年发展成就展”广西组团参展工作。

## 【统计数据】

**表 1　2002 年广西壮族自治区电子信息产业人员构成情况**

| 企业类别 | 企业数（个） | 人员构成（人） | | | | | |
|---|---|---|---|---|---|---|---|
| | | 总人数 | 技术人员 | 所占比例（%） | 管理人员 | 所占比例（%） | 软件研发人员 |
| 国有企业 | 17 | 4 133 | 754 | 18.2 | 769 | 18.6 | 89 |
| 集体企业 | 5 | 497 | 116 | 23.3 | 109 | 21.9 | 8 |
| 股份合作企业 | 1 | 143 | 56 | 39.2 | 15 | 10.5 | 26 |
| 有限责任公司 | 26 | 3 210 | 198 | 6.2 | 137 | 4.3 | 67 |
| 股份有限公司 | 7 | 1 089 | 198 | 18.2 | 137 | 12.6 | 67 |
| 私营企业 | 12 | 473 | 170 | 35.9 | 88 | 18.6 | 137 |
| 合资经营企业（港、澳、台资） | 1 | 192 | 21 | 10.9 | 34 | 17.7 | – |
| 合作经营企业（港、澳、台资） | 1 | 21 | 6 | 28.6 | 5 | 23.8 | 6 |
| 中外合资经营企业 | 2 | 53 | 32 | 60.4 | 13 | 24.5 | 25 |
| 中外合作经营企业 | 2 | 141 | 94 | 66.7 | 13 | 9.2 | 16 |
| 外资企业 | 1 | 709 | 38 | 5.4 | 60 | 8.5 | – |

表 2　广西壮族自治区电子信息产业主要经济指标完成情况

| 项目名称 | 单位 | 2000 年 | 2001 年 | 2002 年 |
|---|---|---|---|---|
| 工业总产值（不变价） | 万元 | 285 901 | 316 680 | 332 146 |
| 工业销售产值 | 万元 | 147 943 | 232 400 | 152 574 |
| 工业增加值（生产法） | 万元 | 44 803 | 47 509 | 63 848 |
| 从业人员年末人数 | 人 | 12 175 | 10 026 | 10 661 |
| 从业人员工资总额 | 万元 | 12 619 | 9 106 | 16 084 |

表 3　广西壮族自治区电子信息产业财务情况

| 项目名称 | 单位 | 2000 年 | 2001 年 | 2002 年 |
|---|---|---|---|---|
| 流动资产合计 | 万元 | 192 992 | 175 232 | 196 689 |
| 固定资产合计 | 万元 | 90 336 | 79 261 | 59 091 |
| 资产合计 | 万元 | 325 830 | 317 354 | 321 854 |
| 流动负债合计 | 万元 | 162 131 | 177 789 | 178 522 |
| 负债合计 | 万元 | 222 031 | 165 577 | 227 459 |
| 所有者权益合计 | 万元 | 103 798 | 230 753 | 80 562 |
| 产品销售收入 | 万元 | 104 603 | 122 989 | 132 239 |
| 其中：软件产品销售收入 | 万元 | – | 33 051 | 11 950 |
| 投资收益 | 万元 | 93 | 166 | 493 |
| 利润总额 | 万元 | 3 590 | 2 155 | 8 285 |
| 应交所得税 | 万元 | 567 | 1 039 | 1 030 |

表 4　广西壮族自治区电子信息产业主要经济效益指标完成情况

| 项目名称 | 单位 | 2000 年 | 2001 年 | 2002 年 |
|---|---|---|---|---|
| 工业全员劳动生产率 | 元/人 | 62 717 | 44 388 | 63 404 |
| 流动资金周转次数 | 次 | 0.7 | 0.7 | 0.8 |

续表 4

| 项目名称 | 单位 | 2000 年 | 2001 年 | 2002 年 |
|---|---|---|---|---|
| 工业产品销售率 | % | 91.7 | 150.9 | 86.9 |
| 总资产贡献率 | % | 3.8 | 3.9 | 6.1 |
| 资本增值保值率 | % | 252.9 | 149.1 | 146.9 |
| 资产负债率 | % | 68.1 | 72.6 | 70.6 |

表 5　广西电子信息产业新产品情况

| 项目名称 | 单位 | 2000 年 | 2001 年 | 2002 年 |
|---|---|---|---|---|
| 电子工业产值（现价） | 万元 | 161 361 | 153 983 | 175 548 |
| 新产品产值（现价） | 万元 | 40 477 | 34 603 | 40 650 |
| 所占比重 | % | 25.1 | 22.5 | 23.2 |
| 新产品开发总数 | 个 | 28 | 26 | 27 |
| 新产品鉴定总数 | 个 | 10 | 5 | 22 |

表 6　广西主要电子信息产品产销情况

| 产品名称 | 单位 | 产量 | | | 销量 | | |
|---|---|---|---|---|---|---|---|
| | | 2000 年 | 2001 年 | 2002 年 | 2000 年 | 2001 年 | 2002 年 |
| 光通信设备 | 部 | 2 634 | 2 246 | 85 | 2 136 | 2 343 | 85 |
| 收录放机 | 台 | 350 000 | 175 698 | 52 500 | 380 000 | 212 469 | 54 000 |
| 电子元件 | 万只 | 926 296 | 1 452 000 | 1 400 112 | 943 215 | 1 369 000 | 1 340 796 |
| 医疗电子仪器及设备 | 台 | 1 093 | 1 781 | 2 440 | 1 047 | 1 573 | 2 213 |
| 电子专用设备 | 部 | 1 004 | 1 882 | 509 | 1 761 | 1 542 | 582 |

[撰稿：吕稚敏　统计：谢秀梅　审稿：甘向群]

# 海南省

## 综述

2002年，海南省以落实《海南省2002年信息化建设工作方案》为中心，坚持以“造环境、抓项目、促应用、上档次、增效益”为工作思路，加大电子工业的产业结构调整和科技创新能力，努力开拓国际国内市场，全省电子工业取得了快速发展，成为海南省发展最快的行业之一。

2002年，海南省电子工业经济运行基本平稳，完成工业总产值（不变价）26 246万元，比去年增长80.9%；实现工业增加值4 619万元，增长48.4%，；实现销售产值14 837万元，增长75.6%；完成销售收入（现价）8 629万元，增长8.8%；实现出口交货值6 444万元，增长48.9%。

**电子工业经济运行主要特点：**

1. 电子产品制造业结构调整取得新进展，发展势头强劲。 在历经几年的低增长后，海南省及时加快产业结构调整，从“造环境”和“抓重点项目”入手，积极扶持民营企业和吸引外商投资，电子产品制造业结构调整取得新进展，一批技术含量高、经济效益好的项目和产品，已经实现规模化生产。如海南清华液晶显示器片彩色等离子平面（PDP）显示器的生产厂，完成投资5 800多万元，实现销售收入570万元，其中出口收入20万美元；海南太平洋智能技术有限公司共出口非接触式智能卡190万张，创汇190万美元，内销40万张，实现销售收入240万元人民币，同时该公司还成功获准成为国家第二代身份证生产基地，并获得生产定单，填补了海南省IC卡生产的空白；海南联华电路板有限公司完成生产印制双面、多层电路板87 219平方米，实现销售收入4 558万元。2002年底，又有一批新项目陆续落户和建设，如生产超薄DVD、上网机等产品的台湾福豪电子厂、海南正红科技发展有限公司的多层印制电路板厂等，此外，具有节能、环保、大容量三大特点，国内首创，技术先进的年产5万台半导体冰箱项目也已选址。以上情况表明海南电子产品制造业整体状况已得到明显改善，发展势头强劲。

2. 软件业发展凸现新趋势。在国务院18号文件和省政府出台的优惠政策扶持下，2002年，海南省软件业开始出现良好的发展势头，进入了一个比较健康、快速发展的时期，对加强全省国民经济和社会信息化，促进经济和社会发展发挥了积极作用。一批生产性重点项目有较大进展：托普南方软件园完成了园区建设；中实光电产业园项目的选址工作和园区建设的详细设计已经完成。2002年完成11家软件企业和20个软件产品的认定工作，有19家软件企业通过年审；完成3家国家二、三级计算机系统集成企业资质认定工作，完成10家省级计算机系统集成申报企业的审查及海南省三、四级计算机信息系统集成资质的自查工作；4家企业、3个项目分别通过省高新技术企业和项目认定。

3. 出口交货值明显加快。2002年，由于海南省电子产品制造业企业大都采取了定单生产，基本实现产销平衡。一些具有出口权的企业，如海南联华电路板有限公司、海南太平洋智能技术有限公司，分别实现出口交货值4 558万元、1 736万元，均比2001有较高增长。

## 科技进步与应用

2002年，海南省科技进步取得了可喜成绩。由海南省科技厅组织申报的“智能化农业信息技术应用示范工程——海南省示范区”项目，获得资助经费50万元。该项目主要由网络系统和农业专家系统组成，利用智能化技术、多媒体技术和计算机，汇总农业专家的知识经验、模型和各种信息，具体指导良种选育、合理施肥、节水灌溉、病虫害防治等，用户也可以随时在网上发布自己的信息。由海口农工贸（罗牛山）股份有限公司、海南天涯在线网络科技有限公司、海南农垦电子商务交易中心、海南海航航空信息系统有限公司、海南精信商用技术有限公司等合作开发的“海南省电子商务与现代物流示范工程”已列入“十五”国家科技攻关计划。由海南国科兆信防伪科技有限公司开发的烟用拉线电码防伪项目已被列入2002年度国家级火炬计划。

### 企业机构调整与改革

由于受市场竞争和产品结构不合理的影响，海南省电子工业总公司、海口市电子工业总公司分别出现较大波动，全省电子产品制造业发展受阻。在海南省委、省政府的高度重视下，加大了国有电子企业改革力度，海南省电子工业总公司、海口市电子工业总公司分别成功地进行了企业转制和破产重组。2002年，海南省电子工业总公司利用已停产的电视机生产厂房，通过改造，成功地启动“南宝电脑城”项目，大批电脑品牌厂家派驻机构陆续进驻该城营业，取得良好的经济效益。

### 信息化应用

在利用信息技术改造传统产业方面，一批新的信息技术应用项目发挥了效益。

海南农垦运用电子商务技术，整合天然橡胶资源，建立了全国范围的网上交易市场。2002年，海南天然橡胶电子交易中心实现天然橡胶网上交易23万吨，是海南农垦9年来的最高水平，全年成交金额20.6亿元。目前，通过网上销售的橡胶约占海南橡胶产量的80%，海南农垦的天然橡胶全部实现网上销售。交易中心自主开发、具有自主知识产权的《动态倒计时折零竞价交易系统》累计为农场增加自主报价以外的销售收入1 414万元。交易中心发布各种专业信息也越来越受到业内人士的重视。交易中心还启动了“海南农垦热作产品物流中心项目”，其“热带产品订单交易”项目还获得海南省经贸厅及农业部批准。海南农产品网络营销系统作为国家计委高技术示范工程和中日信息化合作项目之一，已顺利通过中日双方的验收。该项目于2002年10月入选参加第四届深圳高交会，并和深圳新产业物流项目一起被列为中日信息化合作六大项目中最有推广示范意义的两大项目之一。

人民银行海口中心支行协同海南银联和省内各家发卡单位经过两年多的共同努力，海南省银行卡联网通用工程已建成，极大地改善海南省银行卡的用卡环境，为进一步发展海南省的银行卡市场，拓展银行卡的增值业务奠定了坚实的基础。

同时，海南省有线电视网络工程、“校校通”教学网络工程等30多个重点信息化应用项目的实施，大大提高了海南省各行业的技术档次和竞争能力。此外，“九五”以来，海南省先后实施了政府上网、金卡、金关、金税等信息化工程，信息技术在海南省民航、海关、财政、税务、社保、医药等领域发挥了重要的作用。2002年，海南省政府决定全面启动电子政务工程，党政综合信息网实现开通试运行，电子政务外网工程开始筹建，行政服务环境将得到改善。应用信息技术已成为海南省经济和社会各行业提升竞争力的主要手段。

### 政策法规建设

2002年，海南省出台了《海南省政务信息化管理办法》，及时解决了实施电子政务内外网工程的棘手问题；出台了走在全国前列的省政府规范性文件《海南省信息化教育暂行规定》；出台了《海南省政务信息化建设项目验收办法》、《关于全省电子政务工程建设有关问题的通知》及省计算机信息系统集成资质管理等局规范性文件并下发贯彻执行；注重信息化立法理论研究与立法实践工作相结合，完成了多项课题研究和调研报告；起草报送了2003年立法建议项目和管理条例；制定了电子交易管理标准。

## 【统计数据】

### 表 1　2002 年海南省电子信息产业人员构成情况

| 企业类别 | 企业数（个） | 人员构成（人） | | | | |
|---|---|---|---|---|---|---|
| | | 总人数 | 技术人员 | 所占比例（%） | 管理人员 | 所占比例（%） |
| 国有企业 | 2 | 681 | 77 | 11.3 | 123 | 18.1 |
| 港、澳、台合资经营企业 | 3 | 9 | 13 | 14.3 | 9 | 9.9 |
| 股份制企业 | 1 | 76 | 56 | 73.7 | 13 | 17.1 |

### 表 2　海南省电子信息产业主要经济指标完成情况

| 项目名称 | 单位 | 2000 年 | 2001 年 | 2002 年 |
|---|---|---|---|---|
| 工业总产值（不变价） | 万元 | 13 069 | 11 500 | 26 227 |
| 工业销售产值 | 万元 | 7 888 | 8 436 | 14 813 |
| 工业增加值（生产法） | 万元 | 3 000 | 3 100 | 4 611 |
| 从业人员年末人数 | 人 | 429 | 426 | 681 |
| 从业人员工资总额 | 万元 | 1 083 | 844 | 1 253 |

### 表 3　海南省电子信息产业财务情况

| 项目名称 | 单位 | 2000 年 | 2001 年 | 2002 年 |
|---|---|---|---|---|
| 流动资金合计 | 万元 | 15 675 | 13 787 | 12 426 |
| 固定资产合计 | 万元 | 18 180.7 | 13 489 | 161 315 |
| 资金合计 | 万元 | 8 101 | 8 298 | 19 525 |
| 流动负债合计 | 万元 | 16 497 | 20 679 | 19 299 |
| 负债合计 | 万元 | 41 425 | 23 094 | 19 844 |
| 产品销售收入 | 万元 | 8 113 | 7 933 | 8 629 |

续表 3

| 项目名称 | 单位 | 2000 年 | 2001 年 | 2002 年 |
| --- | --- | --- | --- | --- |
| 投资收益 | 万元 | 58 | –206 | 363 |
| 利润总额 | 万元 | –1 453 | –1 349 | 438 |
| 应交所得税 | 万元 | 0.2 | 0 | 9 |

表 4　海南省电子信息产业经济效益指标完成情况

| 项目名称 | 单位 | 2000 年 | 2001 年 | 2002 年 |
| --- | --- | --- | --- | --- |
| 工业全员劳动生产率 | 元/人 | 5 763 | 20 303 | 21 492 |
| 流动资金周转次数 | 次 | 0.5 | 0.5 | 0.5 |
| 工业产品销售率 | % | 100.0 | 97.9 | 96.3 |
| 总资产贡献率 | % | –1.7 | –3.1 | –1.9 |
| 资本增值保值率 | % | –153.4 | –115.6 | –92.3 |
| 资产负债率 | % | 109.4 | 107.2 | 101.6 |

[撰稿：林世良　　审稿：邹红]

# 四　川　省

## 综述

四川省在建成“6个基地、1个中心、1个市场”的总体要求下，对工作的思路和重点作了进一步的完善和深化，提出了当前重点发展“2个链条3大基地”，即：数字视听产品产业链、光通讯产品产业链；软件基地、元器件及基础材料基地、军事电子基地。为此，省政府制定下发了《2002年信息产业重点项目目标》，明确了地方政府、省级分管领导、企业负责人，层层抓落实。

## 主要经济指标完成情况

四川省电子工业制造业和软件业统计内企业316户，省重点企业28户，从业人员11.82万人。制造及软件业全年实现工业总产值（1990年不变价）692.93亿元，销售收入324.54亿元，完成增加值93.92亿元，完成利润总额15.66亿元。产销率继1995年来再次突破100%，达到104.6%，创历史新高，高出2001年7个百分点。通信业完成业务收入165亿元，增长21.7%；实现增加值119.98亿元，增长37.7%；全省电话用户达到1 824万户，比年初增长43%；电话普及率达到21.9%，比年初提高6.5个百分点。出口有历史性突破，全年完成出口9.6亿美元，增长3.2倍，占全省出口额的30%。

## 重点项目建设

2002年，竣工投产了一批具有重大影响的项目：长虹背投电视和DVD技术改造投产；安成投影管一期工程和投影管玻壳、恒力软磁、旭光低压真空管技术改造；汇源特种光缆、国腾IC卡生产线技改等项目已建成投产。其中，长虹彩电产销量居世界第二位，并成为国内“背投电视大王”(年产能60万台)，安成填补了国内投影管和投影管玻壳规模化生产空白（目前投影管年产能300万只，投影管玻壳1 000万只)，恒力跃居软磁产量全国第三。

加快建设一批：乐山-菲尼克斯第四期芯片制造、摩托罗拉成都软件中心两个项目相继开工建设；菲斯特投影屏幕、正源投影管、大唐光通信密集波分复用系统技改；银河磁体、中康光缆、中住光纤、CA公司的软件开发等项目加快建设进度，进展顺利。其中，乐山-菲尼克斯将实现中国西部芯片生产的历史性突破，摩托罗拉成都软件中心将建成摩托罗拉在中国最大的软件中心，银河将力争占据粘接钕铁硼磁体生产世界第一的位置。

积极储备一批：全年有20余项重点项目列入国家国债、高新技术产业化、出口技改、电子基金等相关计划，各项工作进展顺利。

抓重点项目建设得到了国家有关部委的大力支持。2001年四川省共有11个企业（项目）获得信息产业部生产发展基金1 250万元， 4个产业化项目获得国家计委资金2 400万元。

## 重点地区建设

成、德、绵、乐以及广元、内江、宜宾地区发展迅速。特别是成都高新区和绵阳科技城作为电子信息产业的重要载体，获得了较快发展。

成都高新区实现产业增加值168亿元，增长25%；工业总产值388亿元，增长24.5%；技工贸总收入472亿元；出口创汇1.6亿美元，增长3.5倍。

在电子信息产业的带动下，绵阳科技城工业生产一直保持了强劲增长的势头。科技城范围内完成现价工业总产值232亿元，同比增长51%；实现工业增加值59亿元，同比增长41%；外贸出口8亿美元，同比增长6.1倍，创历史最好成绩。

## 重点优势企业建设

四川省重点支持发展的21户电子信息重点优势企业（制造业和软件业)，尤其以长虹集团为代表，对全省电子信息产业的发展起到了有力支撑。长虹、菲尼克斯、恒力、银河磁体等充分应对加入WTO后的新形势，努力进入国际经济循环有历史性突破，成为新的亮点。2002年长虹集团产品结构调整成效显著，出口增长显著，达到7.8亿美元。背投彩电受到了消费者的欢迎，长虹空调已经成为国内空调的主要品牌之一。数字家电的一些关键技术已经掌握，正蓄势待发走向市场。长虹成为拉动全省产业增长的核心力量。一批企业如九洲、安成、迈普、内江方向等发展势头迅猛，已成为产业发展新的支柱。其中九洲集团现价工业总产值、销售回款首次突破10亿元。部分重点企业如大唐、中康，受市场影响，有较大幅度下降。

## 软件业

软件业规模快速放大。全年软件产业实现销售收入68亿元，增加值24.9亿元，同比增长41%，呈现出产业相对集中、纯软件收入比重增大、出口增长较快、系统集成能力较强等特点，在国内市场有较大影响，形成了具有四川省特点的软件产品类型（如：嵌入式软件、电信软件、社保软件、安全软件、电子政务软件等)，软件产业链正在逐步形成。已有计算机信息系统一级资质企业3

家（托普、鼎天、银海），二级资质企业8家，三、四级资质企业60家，总量列全国第二位。软件企业认证总量达200户，软件产品登记总量393件，退税额近1.15亿元。国家级软件园软件基地建设，基地实体园正在建设，虚拟园发展顺利。信息安全基地建设顺利，已有39家企业进入基地公司，迈普安全基地实体园基本建成。集成电路设计基地完成销售收入7 000万元，华微公司健康发展，微纳飞、南山之桥等新兴企业正在成长。

## 科技进步与应用

**产业结构** 以数字视听产品为代表的一系列拳头产品作用更加显现，竞争力进一步增强，在全国乃至世界范围具有重要影响。其中仅长虹彩电销量达到1 100万台，出口近400万台，产销出口均居全国第1位，产销量居世界第2位（仅次于韩国三星）；四川的背投电视占全国第1位，磁性材料占全国第4位，半导体分立器件占全国第1位，彩玻占全国第5位。大唐、中康、汇源等的光缆规模已进入全国前列，四川省已经成为全国光缆大省（占第3位），光通信设备列全国第5位，光传输设备、光电子元器件已经形成了规模生产能力，初具行业优势，光通信产品研发、生产基地正在逐步形成。康特、九洲等的有线广播电视系统市场占有居全国第1位。

先进的技术支撑了产业的发展。2002年九洲集团技术开发中心继长虹、托普之后，被国家认定为四川省电子信息产业第三家国家级企业技术中心，四川省电子信息产业技术创新和科研能力进一步增强。

**军工电子** 军工电子企业军品开发和生产取得了新的突破，圆型连接器、微波组建模块生产线技术改造项目竣工。C波段全参相多普勒天气雷达、初始段测量雷达等产品获得定型。全年军品完成产值17.19亿元，同比增长35.2%。

**对外合作与招商** 乐山-菲尼克斯四期工程开工，预示着亚洲最大的半导体分立器件生产基地的地位更加突出。思科、爱立信、摩托罗拉、友讯、微软、CA等大公司在川相继设立研发机构，开办合作企业，建立与四川省的战略合作关系，进一步表明了四川在西部地区的地位和作用的重要性。全年实际利用外资2 500万美元。重点项目有：乐山-菲尼克斯有限责任公司半导体分立器件三期工程，实际引进外资748万美元。乐山-菲尼克斯有限责任公司芯片项目四期工程已投资500万美元，开展前期设计工作。引进港资成立剑南春晟博科技有限公司，产品结构覆盖了计算机主板、显卡、电脑整机及周边设备。美国摩托罗拉成都软件研发基地在高新西区落户，基建投资2 700万元人民币。新加坡电脑系统集团投资1 000万港币在高新西区建立软硬件研发及论证培训中心。

四川电信服务企业招商引资取得突破。四川电信公司引进美国UT斯达康公司在川投资2 000万美元设立飞博利（成都）有限公司；美国CA公司、上海复旦信息科技股份有限公司和四川电信投资组建了上海光华冠群软件有限公司四川分公司。

四川联通寻呼事业部和香港霍氏集团正式签署了合作开发四川地区固话短信项目的协议，为用户提供固话短信服务。

教育培训项目招商引资方面，2002年美国思科公司在川设立思科公司网络技术学院，由原来的4所增加到12所，微软在川授权3家院校作为微软授权院校教育机构，IBM与四川大学、电子科技大学创办了教育部示范性软件学院，NIIT、东软、北大青鸟、APTECH等国内外大公司分别在川设立了软件学院或培训机构，增强了培养网络及软件技术人才的力量。

## 企业机构调整与改革

通过加快股份制改革，推进产权多元化，构建多元股东结构，深化企业内部三项制度改革，规范破产，分离企业办社会职能，逐步建立完善现代企业制度等措施， 电子信息行业国有企业改革取得了显著成效。旭光科技成功上市，长虹、九洲、华丰3家公司已初步建立现代企业制度，运作正常。红光集团、成无三厂、成无五厂、新潮集团四户企业的破产清算工作基本完成。成无七厂破产清算工作已启动。湖山公司等一批企业正在进行资产重组。军工企业改革脱困工作稳步推进，2户破产企业、4户债转股企业列入国家计划，867厂调迁方案得到国家批准。

## 信息化应用

制订了全省社会和国民经济信息化规划，各项工作正有计划地开展和实施，对带动和促进制造业、软件业的发展提供了广阔的市场。全省信息通信网络已初步建成为技术层次高、规模容量大、网络覆盖广、传输手段多元化、业务种类丰富的现代化信息通信网络，西部地区最大的信息交换中心和传输纽带的作用得到进一步发挥。

财政、税务、工商、公安、农业、劳动和社会保险、银行、能源、教育等各行业均建立了比较完善的行业网络，银联卡得到广泛应用。农业信息化工作有长足发展。东方闻道（七中）网校、石室中学网校、电子科大、西南交大、四川大学等学校已开展了远程教育，长虹、五粮液、东汽、旭光等企业正在进行企业信息化试点。四川省信息化“十五”专项规划制订完毕。部分企业开始步入新型工业化道路。列入2002年信息产业重点项目中的攀钢企业信息化系统完成现场调研考核；东汽大型制造企业信息化工程已初步建成以ERP为主的企业信息化系统，气轮机主要零部件实现网络化制造；宜宾丝丽雅公司设备自动控制及企业信息化系统工程建设完成。

## 无线电管理

加大了行政执法力度，积极查处违章台站，整治大功率无绳电话，保障民航陆空通信安全。根据国家的要求，在全省范围开展了集中整治工作。全年共收缴大功率无绳电话机738部，查封非法销售点3个，共查处违章台站和干扰案件141起。结合对寻呼发射台的核查，经过反复论证，同成都军区无委办联合对社会公布了全省无线电发射设备的“高楼、高塔、高山”不允许设置的地点和限制设置的地点。

组织进行了全省的微波和超短波频率的清理工作。为保证第三代移动通信及新业务在全省的发展打下了基础。

尝试进行了新业务频率指配形式的改革。对5.8G频率的使用采取了告知制度，保证了频率指配的公开、公正和公平。

进行全省地理信息系统（GIS）建设。在应用国家开发的GIS系统基础上，开始全省地理数据生产，并已在全国较早通过国家无线电监测中心的检测。

全年受理、审核各类电台665部，审核办理无线电设备进口、研制9批次。完善了全省台站数据库。加强公众移动网基站管理，下发了《关于加强四川省公众移动通信网基站管理的通知》并补办移动基站执照8000余张。

无线电管理费征收工作方面，2002年在国家收费政策调整后，仍然完成全年收费目标任务，实际征收无线电管理费1.14亿元。

【统计数据】

**表1　2002年四川省电子信息产业人员构成情况**

| 企业类别 | 企业数（个） | 人员构成（人） | | | | |
|---|---|---|---|---|---|---|
| | | 总人数 | 技术人员 | 所占比例(%) | 管理人员 | 所占比例(%) |
| 国有企业 | 27 | 51 714 | 11 388 | 22.0 | 4 556 | 8.8 |
| 集体企业 | 15 | 3 586 | 1 360 | 37.9 | 326 | 9.1 |
| 股份合作企业 | 35 | 22 817 | 4 845 | 21.2 | 3 780 | 16.6 |
| 其他有限企业 | 92 | 31 639 | 7 160 | 22.6 | 4 695 | 14.8 |
| 其他企业 | 20 | 8 436 | 3 609 | 42.8 | 1 210 | 14.3 |
| 合　计 | 189 | 118 192 | 28 362 | 24.0 | 14 567 | 12.3 |

**表2　四川省电子信息产业主要经济指标完成情况**

| 项目名称 | 单位 | 2000年 | 2001年 | 2002年 |
|---|---|---|---|---|
| 工业总产值（不变价） | 万元 | 4 251 057 | 4 957 141 | 6 412 281 |
| 工业销售产值 | 万元 | 2 285 247 | 2 811 462 | 3 267 088 |
| 工业增加值（生产法） | 万元 | 718 647 | 852 085 | 867 339 |
| 从业人员年末人数 | 人 | 96 625 | 112 122 | 118 192 |
| 从业人员工资总额 | 万元 | 81 201 | 123 280 | 148 013 |

**表3　四川省电子信息产业财务情况**

| 项目名称 | 单位 | 2000年 | 2001年 | 2002年 |
|---|---|---|---|---|
| 流动资产合计 | 万元 | 2 638 209 | 3 595 239 | 3 815 335 |
| 固定资产合计 | 万元 | 940 882 | 978 595 | 1 076 687 |
| 资产合计 | 万元 | 520 911 | 713 372 | 5 583 091 |
| 流动负债合计 | 万元 | 1 497 900 | 2 254 561 | 2 474 690 |
| 负债合计 | 万元 | 1 893 493 | 2 695 162 | 2 965 125 |
| 所有者权益合计 | 万元 | 2 083 605 | 1 836 780 | 2 596 599 |

续表 3

| 项目名称 | 单位 | 2000 年 | 2001 年 | 2002 年 |
|---|---|---|---|---|
| 产品销售收入 | 万元 | 2 097 347 | 2 739 817 | 2 803 440 |
| 其中：软件产品销售收入 | 万元 | - | - | 198 241 |
| 投资收益 | 万元 | 17 518 | 45 395 | 12 098 |
| 利润总额 | 万元 | 110 590 | 154 562 | 107 947 |
| 应交所得税 | 万元 | 22 889 | 25 671 | 19 679 |

**表 4　四川省电子信息产业主要经济指标完成情况**

| 项目名称 | 单位 | 2000 年 | 2001 年 | 2002 年 |
|---|---|---|---|---|
| 工业全员劳动生产率 | 元/人 | 75 190 | 76 439 | 81 662 |
| 流动资金周转次数 | 次 | 0.8 | 0.8 | 0.9 |
| 工业产品销售率 | % | 97.6 | 97.0 | 102.8 |
| 总资产贡献率 | % | 6.3 | 6.0 | 5.1 |
| 资本增值保值率 | % | 131.7 | 118.8 | 112.0 |
| 资产负债率 | % | 47.5 | 52.2 | 53.1 |

**表 5　四川省电子信息产业新产品情况**

| 项目名称 | 单位 | 2000 年 | 2001 年 | 2002 年 |
|---|---|---|---|---|
| 电子工业产值（现价） | 万元 | 2 340 747 | 2 897 762 | 3 504 265 |
| 新产品产值（现价） | 万元 | - | 1 277 490 | 2 178 465 |
| 所占比重 | % | - | 44.1 | 62.2 |
| 新产品开发总数 | 个 | 225 | 285 | 301 |
| 新产品鉴定总数 | 个 | 74 | 111 | 123 |

表 6　四川省主要电子产品完成情况

| 产品名称 | 单位 | 产量 | | | 销量 | | |
|---|---|---|---|---|---|---|---|
| | | 2001 年 | 2002 年 | 增长率(%) | 2001 年 | 2002 年 | 增长率(%) |
| 彩色电视机 | 万台 | 525 | 905 | 72.1 | 600 | 1 129 | 88.2 |
| 组合音响 | 万台 | 16 | 6 | -62.4 | 15 | 6 | -57.1 |
| VCD、DVD | 万台 | 82 | 352 | 327.8 | 77 | 363 | 371.4 |
| 微型计算机 | 万台 | 11 | 12 | 10.3 | 11 | 12 | 10.0 |
| 显示器 | 万台 | 11 | 28 | 145.2 | 11 | 28 | 144.8 |
| 彩色玻壳 | 万只 | 343 | 413 | 20.4 | 264 | 480 | 81.8 |
| 电线电缆 | 万千米 | 254 | 155 | -39.2 | 247 | 157 | -36.6 |
| 其中：光纤光缆 | 万千米 | 161 | 74 | -54.1 | 157 | 78 | -50.4 |
| 集成电路 | 万块 | 556 | 881 | 58.5 | 507 | 796 | 57.0 |
| 电子元件 | 万只 | 159 987 | 227 004 | 41.9 | 150 512 | 220 070 | 46.2 |
| 电子器件 | 万只 | 954 399 | 1 639 476 | 71.8 | 949 752 | 1 611 348 | 69.7 |
| 空调器 | 万部 | 71 | 55 | -22.0 | 61 | 80 | 32.1 |

[撰稿：肖斌　　审稿：李伟]

# 重　庆　市

## 综述

2002年，重庆市电子信息产业围绕全市信息化建设，重点突出了软件企业的资产重组、用IT技术改造和提升传统产业、国有企业产业结构调整改革和招商引资，全市电子信息产业经济运行继续保持良好态势，各项经济指标均出现两位数增长，综合实力明显提高。

2002年，重庆市电子信息产业完成工业总产值59.3亿元，产品销售收入39.2亿元。主要产品中，半导体分立器件15.2亿只，增长42%；电子调谐器382.6万只，增长74%；CD-R光盘6 330万片，增长106.9%；彩色电视机33.5万台，与上年基本持平。

**电子信息产业经济运行的主要特点是：**

**一是主要经济指标均快速增长**　全市电子信息产业完成工业总产值59.3亿元，比上年增长29.3%；产品销售收入39.2亿元，增长41.4%；完成工业增加值7.2亿元，增长18.4%；完成利润总额1.9亿元，增长63.6%；产销率97.5%，比上年提高了2.8个百分点；完成税金总额1.2亿元，与上年持平；完成出口额1.4亿元，增长12%。

**二是投资类、元器件类产品稳步增长**　全年投资类、消费类、元器件类产品分别实现工业总产值37.4亿元、13.5亿元、8.4亿元，比上年分别增长38%、7%、38%，其中投资类、元器件类产品保持了较快增长，消费类产品扭转了下滑趋势。

**三是软件产业快速成长** 在国家、市两级政策和资金的扶持下，重庆市软件企业通过发展和资产重组正不断壮大，软件业呈现高速增长态势。在纳入统计的52家软件企业中，全年完成销售收入6.3亿元，增长65.4%；完成利润总额6 150.5万元，增长161.6%；完成工业增加值1.1万元，增长129.3%；完成税金总额3 228.7万元，增长225%。2002年，重庆东软金算盘软件有限公司被国家发展计划委员会、信息产业部、对外经济贸易合作部、国家税务总局联合认定为国家规划布局内的重点软件企业。

**四是招商引资取得突破** 随着重庆直辖、西部大开发、三峡工程优势的显现，重庆正逐步成为众多国内外信息产业优势企业的战略投资方向。科业光电已入驻北部新区，重庆爱思软件公司与加拿大优盛国际公司在北部新区软件园合作建设软件研发基地。美国UT斯达康公司在渝设厂生产“小灵通”手机。中国电子科技集团公司与重庆市签订了全面合作协议，在北部新区高新园建设中电科技集团（重庆）信息产业基地，创建若干个国家级电子工程研究中心。由中国电子科技集团与德国MCT公司共同投资12亿元的模拟集成电路生产线项目，已在北部新区做了项目选址的前期考察。

**五是实施大企业战略效应凸现** 通过几年坚持不懈培育优势企业、实施大公司战略，2002年全市有10家企业销售收入超过亿元。朝华科技集团成功实现了从传统建材企业到电子信息制造企业的转变，成为重庆市第一家全国百强电子企业，位列第79位，成为2002年全行业最大的经济增长点，龙头作用十分明显。

## 科技进步与应用

2002年，重庆市认真贯彻落实国家产业政策，积极鼓励技术创新，一批科技成果初步实现了产业化，积极推动信息技术在传统领域的广泛应用。全年电子信息产业共列入各类计划245项，其中国家级71项，市级174项，总投资预计将超过15亿元；完成科技投入6亿元，其中政府引导资金投入约5 400万元；电子信息产业新产品验收（鉴定）总数151项，新产品产值为15.8亿元，新产品产值率为39.8%。特别是重庆市信息产业发展资金自2001年设立以来，已资助项目143个，资助金额达3 910万元，带动企业共投入资金近15亿元，有力地促进了信息化试点、电子政务、企业信息化、电子商务、教育信息化、农业信息化和信息化扶贫工作，推动了电子信息产业的发展。

## 信息化应用

2002年，重庆市进一步加强政策法规、人才科研体系、行业管理建设，优化了电子信息产业的发展环境。制定颁发了《重庆市“十五”期间启动和实施的15项重点信息化应用工程》、《重庆市信息化工程建设管理暂行办法》、《重庆市信息产业“十五”发展规划纲要》等产业政策及规章，编辑出版了《信息化常识问答》，全市信息化建设朝着制度化、规范化方向发展。积极整合院校、科研机构和企业的优势，组建了重庆市光电工程研究中心、重庆大学软件学院、重庆邮电学院软件学院，全市电子信息产业人才培养、科研体系框架初步形成。行业管理取得明显效果，全市共累计认定软件企业58家、软件产品110个；认证系统集成企业资质32家，其中6家获得二级资质；全行业共有40家企业通过了ISO 9000质量管理体系认证，15种产品通过了国家产品安全认证，20个产品取得了生产许可证；2家企业采用了国际标准，59个企业产品技术标准获准备案；行业学会、协会等中介组织和市信息化领导小组专家咨询组、市政府科技顾问团电子信息组在咨询论证、学术交流、人才培养和重大信息化项目等方面的作用日益明显，促进了决策的科学化。

2002年，重庆市认真贯彻信息化带动工业化战略，在各行各业大力推广应用信息技术，不断改造和提升传统产业，全市信息化水平明显提高。全市电子政务框架基本形成，实现了网上电子公文传递和交流，逐步开展政务公开和面向市民的服务。“金财”、“金盾”、“金关”、“金税”、“金卡”等金字工程进展顺利；初步建立了市医疗保险、养老保险、劳动就业信息网络系统，正在积极推进全市社会保障信息系统建设。全市高校都建立了校园网，积极开展远程学历教育和网上培训。在机械、仪表、建筑、汽车、商业、交通等10个行业及重点企业开展企业信息化和电子商务试点，正在建设一批企业信息化公共服务平台和技术支持中心。信息资源开发与应用逐步深入，“重庆城市基础地理信息数据库”正在加快建设步伐，GIS已广泛应用到相关领域。

【统计数据】

表 1　2002 年重庆市电子信息产业人员构成情况

| 企业类别 | 企业数（个） | 人员构成（人） | | | | | |
|---|---|---|---|---|---|---|---|
| | | 总人数 | 技术人员 | 所占比例（%） | 管理人员 | 所占比例（%） | 软件研发人员 |
| 国有企业 | 6 | 4 600 | 784 | 17.0 | 478 | 10.6 | – |
| 国有独资企业 | 2 | 556 | 206 | 37.1 | 92 | 16.5 | 115 |
| 集体企业 | 1 | 32 | 17 | 53.1 | 4 | 12.5 | 10 |
| 股份合作企业 | 10 | 3 513 | 744 | 21.2 | 582 | 16.6 | 284 |
| 私营企业 | 14 | 563 | 310 | 55.1 | 62 | 11.0 | 216 |
| 港澳台商投资企业 | 6 | 945 | 159 | 16.8 | 117 | 12.4 | 16 |
| 外商投资企业 | 8 | 1 504 | 690 | 45.9 | 330 | 21.9 | 152 |
| 其他企业 | 28 | 4 411 | 1 604 | 36.4 | 505 | 11.4 | 590 |
| 合　计 | 75 | 16 124 | 4 514 | 28.0 | 2179 | 13.5 | 1 383 |

表 2　重庆市电子信息产业主要经济指标完成情况

| 项目名称 | 单位 | 2000 年 | 2001 年 | 2002 年 |
|---|---|---|---|---|
| 工业总产值（不变价） | 万元 | 404 352 | 458 937 | 412 681 |
| 工业销售产值 | 万元 | 203 422 | 269 237 | 308 720 |
| 工业增加值（生产法） | 万元 | 35 841 | 60 706 | 72 048 |
| 从业人员年末人数 | 人 | 17 341 | 16 598 | 16 124 |
| 从业人员工资总额 | 万元 | 11 663 | – | 35 181 |

表 3　重庆市电子信息产业财务情况

| 项目名称 | 单位 | 2000 年 | 2001 年 | 2002 年 |
|---|---|---|---|---|
| 流动资产合计 | 万元 | 187 766 | 300 912 | 325 271 |
| 固定资产合计 | 万元 | 136 378 | 217 250 | 136 454 |
| 资产合计 | 万元 | 367 311 | 655 563 | 597 341 |
| 流动负债合计 | 万元 | 265 462 | – | 266 793 |
| 负债合计 | 万元 | 353 766 | 472 744 | 349 006 |
| 所有者权益合计 | 万元 | 135 456 | 176 069 | 242 803 |
| 产品销售收入 | 万元 | 140 435 | 277 283 | 388 845 |
| 其中：软件产品销售收入 | 万元 | – | 20 573 | 51 031 |
| 投资收益 | 万元 | 838 | 464 | 4 525 |
| 利润总额 | 万元 | –6 143 | 11 688 | 19 958 |
| 应交所得税 | 万元 | 544 | 2 937 | 3 765 |

备注：在表3统计的数据中，只有2001年将长丰通信纳入了统计，当年它的固定资产合计约8.1亿元。

表 4　重庆市电子信息产业主要经济指标完成情况

| 项目名称 | 单位 | 2000 年 | 2001 年 | 2002 年 |
|---|---|---|---|---|
| 工业全员劳动生产率 | 元/人 | 20 122 | 35 230 | 44 605 |
| 流动资金周转次数 | 次 | 0.8 | 1.0 | 1.2 |
| 工业产品销售率 | % | 96.7 | 95.6 | 89.6 |
| 总资产贡献率 | % | 1.8 | 5.9 | 6.4 |
| 资本增值保值率 | % | 20.2 | 134.9 | 99.6 |
| 资产负债率 | % | 96.3 | 72.1 | 58.4 |

表 5 重庆市电子信息产业新产品情况

| 项目名称 | 单位 | 2000 年 | 2001 年 | 2002 年 |
|---|---|---|---|---|
| 电子工业产值（现价） | 万元 | 210 304 | 281 574 | 397 400 |
| 新产品产值（现价） | 万元 | 143 850 | 117 305 | 158 000 |
| 所占比重 | % | 68.4 | 41.7 | 39.8 |
| 新产品开发总数 | 个 | 183 | – | 245 |
| 新产品鉴定总数 | 个 | 146 | – | 151 |

[撰稿：景根元 审稿：王开福]

# 贵 州 省

## 综述

2002年，贵州省电子信息产业继续保持快速增长，增幅超过去年水平，经济效益不断改善，主要产品产销两旺，全行业整体规模和效益水平都获得长足的发展。全省电子信息产业累计完成工业总产值（1990年不变价）62.7亿元，增长38.7%，增幅比去年同期上升31.5个百分点；完成工业增加值7.1亿元，增长65.4%；完成销售收入24.1亿元，增长58%；实现税金总额9 457万元，增长47.9%；完成出口交货值1.4亿元，增长74.1%；亏损企业亏损额累计为5 403.2万元，减少34.1%；实现利润总额5 998.2万元。

产业结构不断优化。投资、消费、元器件三大产品分类中，投资类实现产值19.01亿元，增长82.3%；消费类实现产值15.97亿元，增长40.1%；元器件类实现产值27.69亿元，增长18.6%。2001年投资、消费、元器件三大类产品的产值比例为23:28:49，2002年上述比例变为32:25:43，元器件类下降了6个百分点，表明贵州省电子信息产业长期以来仅仅依靠元器件类产品的发展来支撑产业发展的局面正在逐步改变；与此同时，投资类增长了9个百分点，投资类电子产品的壮大，表明电子信息产业为国民经济建设提供服务的能力正在逐步增强。

主要产品生产、销售平稳增长，产销率达96.5%。彩电累计生产32.2万台，增长39.5%，销售34.3万台，增长57.8%；电子电话机累计生产104.9万部，增长1.5%，销售107.7万部，增长15.2%；电子元器件累计生产35.1亿只，增长166.5%，销售34.3亿只，增长178.3%；半导体分立器件累计生产3亿只，增长46.7%，销售2.9亿只，增长40.4%；锂电池累计生产779万只，增长234.3%，销售717万只，增长540.2%；CDMA手机累计生产34.5万部，销售31.4万部。CDMA手机和锂电池两个高科技新产品贡献突出，两项产品完成工业增加值1.2亿元，对全省电子信息产业工业增加值增长的贡献率达44.3%。

## 科技进步与应用

坚持以结构调整为主线，以科技创新为重点，以实现高新技术产业化为目标，围绕重点和优势产品，大力推进技术进步，加快淘汰落后生产力，全年完成技改投资2.6亿元，为年目标计划1.9亿元的137%；完成竣工验收项目7项，项目达产后，可新增销售收入4.6亿元，新增税收9 008万元。列入省重点技改项目5项（续建项目2项，新开项目3项）；落实军品技改5项（军品技改续建2项，军品国债批生产新开项目3项）。积极组织企业申报国家高新技术产业化专项工作，共上报7个企业9个项目，其中网络专项3项，新型电子元器件5项，光电子产业化专项1项。申报与推荐26个科技创新项目和5个产业化项目；对8个新技术、新产品和科技成果项目进行了鉴定。

由南方汇通、美国磁源公司等5家企业共同投资组建的中外合资南方汇通微硬盘科技股份公司，于2002年8月在贵阳成立。该公司研发生产的1英寸2.4G微硬盘产品，具有自主知识产权，其技术在世界上处于领先水平。该产品预计2003年一季度量产，其生产能力为年产360万台，2004年达到1 000万台的规模，预计产值可达10亿美元。1英寸微硬盘的研发成功，对于拉动上下游相关产业的发展，进一步优化贵州省信息产业的结构具有深远的意义。同时，对贵州省加快知识经济的发展具有积极的推动作用。

## 企业机构调整与改革

2002年振华集团在深化改革、发展经济、维护稳定方面做了大量工作，尤其在体制创新、科技创新、管理创新上下功夫，全面完成了各项工作任务。累计实现工业总产值41.1亿元，增长31.7%；实现销售收入14亿元，增长41.7%；实现利税总额8 650亿元，增长16.5%；实现出口交货值1.3亿元，增长80.2%；完成基建、技改投资2.5亿元，增长12.4%；在岗职工年人均收入9 855元，增长12%。完成主要产品产量：电子电话机137万部（含CDMA手机34万部），增长34.8%；电子元器件38.1亿只，增长88.9%；完成军品产值1.3亿元，上升18.2%；完成技术改造投入1.7亿元（技改实施10项，已验收6项）；申报国家级科研项目7项，申报省级科研项目11项；完成军品新品鉴定暨合同验收38项；全年贯标扩展品种15项，完成试验13项，鉴定8项；科研试制项目114项。

贵州省首个获国家人事部批准的中国振华电子集团有限公司博士后科研工作站于12月20日揭牌运行，第一位博士已正式进站工作。

中国振华（集团）科技股份有限公司年产100亿只片式电阻生产线技改项目，于2002年1月22日在贵阳国家高新技术开发区通过信息产业部组织的竣工验收。片式电阻是国家产业政策支持高新技术发展的重点之一。振华公司的100亿支片式电阻器生产线技术改造，被国家经贸委、国家计委1999年列为第二批国债支持的重点技改项目。此项目总投资近1.2亿元，改造后的生产线新增片式电阻90亿支，该生产线工艺先进合理，产品通过ISO9002质量体系认证和军标管理体系认证复评，满足国际电工以及美国和日本相关标准要求，达到当前国际同类产品先进水平。

## 信息化应用

2002年，贵州省继续实施“CAD应用工程”、“CIMS应用示范工程”、“企业上网工程”、“电子信息技术应用倍增计划”。这些工程涉及省内机械、化工、冶金、航空、航天、电力等10个行业的相关企业。在原来的基础上，又实现了350户企业的计算机联网，同时为了进一步加强运用信息技术改造和提升传统产业，贵州省制造业信息化办公室认定贵州威门药业股份有限公司等25家企业为制造业信息化示范企业。2002年9月，贵阳市被国家科技部批准为“全国制造业信息化工程重点城市”。贵州省气象局、贵州省统计局、贵州省国土资源厅实现机关内部无纸化办公，省工商局、省国税局、贵阳海关、省地税局等单位利用信息网络对外办理业务。贵阳市宏观决策服务网络系统进展顺利，全市已有22个市直部门建立局域网并初步实现互联互通，资源共享；“政府上网工程”基本完成，市政府各部门和6区1市3县政府分别采用直接建设和虚拟网站两种形式上网，完成农经网的120个乡镇信息服务站建设；实现与省内重点农产品批发市场信息联网；完成培训农经网信息技术人员400人次。完成了城市信息化指标体系的测评工作，在全国参加测评的18个省会城市中排名第12位。全省已有1 026所中小学参加计算机教育工程，150万名中小学生开设了信息技术课。

《“数字贵州”建设总体规划》（草案）12月24日在北京通过论证。根据“规划”，“数字贵州”建设期至2010年，多方筹资的总投入将达260多亿元人民币。

通过论证的“规划”，是以贵州省目前信息化建设基础、经济基础和相关规划，结合数字技术、信息技术和有关技术的现状和发展趋势为依据，充分考虑贵州经济社会等各方面长远发展的需求与趋势编写而成的。“规划”全面分析了贵州信息化的基础与现状、贵州数字化所面临的问题和挑战，从战略的高度论证了“数字贵州”建设对于贵州发展的重大意义，提出了“数字贵州”建设的战略目标、原则、框架体系、阶段任务和重点工程，为贵州省数字化、信息化建设勾画出了操作性较强的蓝图。

为重点开发软件和发展核心技术，筹建了省软件评测中心，组织了两批软件企业认定及软件产品登记工作。截止2002年底，全省经过认定的软件企业达48家，登记的软件产品共有69个；与此同时，加快了对企业计算机信息系统资质的认证工作，全年共两批17家企业分别获国家信息产业部计算机信息系统集成二、三、四级资质认证。全年全省软件企业共实现销售收入4.1亿元，比去年同期增长21.3%。

为保证和扶持软件业的发展，同时又不因在软件企业认定和软件产品登记工作中可能出现的问题导致国家正常税收流失，根据国家信息产业部“凡进行软件产品登记的产品必须经信息产业部授权的测试机构进行评测”的精神，采取整合资源的方式，将贵州大学网络中心、贵州工业大学网络中心、贵阳市信息中心、贵阳国信科技发展有限责任公司4家单位的技术、人才、设备、软件整合起来，成立软件评测中心，高起点地承担全省软件的评测工作。

软件评测中心的工作宗旨是：奉行科学、公正、客观、服务的原则，帮助企业规范产品开发，缩短开发周期，从而帮助企业为广大用户提供放心且信得过的软件产品，同时，对全省软件企业开发、生产并需进入市场的软件产品进行准入测试。

企业信息化高级论坛暨全国第十二届CAD/CG学术会议于8月20日至27日在贵阳举行。会议主题是“中国西部制造业信息化发展战略”。“贵州首届通信与信息技术展览会”于2002年7月3日至7日在贵阳隆重举行。“贵阳市信息化知识竞赛”于2002年11月7日起在全市展开，该活动持续了两个月。对普及信息化知识、增强全民信息化意识、推进贵阳市“全国信息化试点城市”建设工作起到了极大的推动促进作用。

## 无线电管理

为维护空中电波秩序，打击和防止邪教宣传，确保国家安全，贵州省信息产业厅2002年采取了一系列清理整顿、净化电磁环境的重要措施。首先，在全省开展了大规模的取缔大功率无绳电话机行动，联合公安、国安、工商等部门共抽调66人组成14个联合执法检查组，历时一个多月，对全省82个县350余个乡镇进行了执法检查，共取缔和收缴大功率无绳电话机410部；集中一个月时间对全省62家单位的80座卫星地球站进行了清查，对所有用户所报资料、文件和参数逐一进行审核，对每个卫星地球站都做到了人机见面，对手续不完备的卫星地球站给予查封；对全省各地、州、市广播电视台、公安、安全、机要等部门所使用的无线电频率进行重点保护，24小时跟踪监测。全年共审批新建微波站230座，GSM、CDMA基站1 142个，卫星地球站11个。

【统计数据】

表 1　2002 年贵州省电子信息产业人员构成情况

| 企业类别 | 企业数（个） | 人员构成（人） | | | |
|---|---|---|---|---|---|
| | | 总人数 | 技术人员 | 管理人员 | 软件研发人员 |
| 合　计 | 98 | 22 363 | 4 117 | 3 557 | 621 |
| 国有企业 | 32 | 9 478 | 1 715 | 1 442 | - |
| 集体企业 | 1 | 38 | 28 | 5 | 11 |
| 股份合作企业 | 2 | 40 | 11 | 3 | 5 |
| 联营企业 | 1 | 30 | 16 | 3 | 7 |
| 有限责任公司 | 46 | 4 977 | 1 189 | 707 | 477 |
| 股份有限公司 | 9 | 7 154 | 1 070 | 1 288 | 106 |
| 私营企业 | 1 | 15 | 9 | 4 | 9 |
| 港、澳、台商投资企业 | 4 | 438 | 30 | 55 | - |
| 外商投资企业 | 2 | 193 | 49 | 50 | 6 |

表 2　贵州省主要电子产品完成情况

| 产品名称 | 单位 | 产量 | 销量 |
|---|---|---|---|
| CDMA 手机 | 万部 | 34 | 31 |
| 电话单机 | 万部 | 105 | 108 |
| 彩色电视机 | 万部 | 33 | 35 |
| 电子元件 | 亿只 | 35 | 34 |
| 电子器件 | 亿只 | 3 | 3 |

表 3　贵州省电子信息产业主要经济指标完成情况

| 项目名称 | 单位 | 2000 年 | 2001 年 | 2002 年 |
|---|---|---|---|---|
| 工业总产值（不变价） | 万元 | 360 085 | 391 400 | 558 345 |
| 工业增加值（现价） | 万元 | 38 345 | 46 062 | 73 214 |
| 工业销售产值（现价） | 万元 | 133 036 | 147 437 | 250 222 |
| 销售收入 | 万元 | 137 277 | 143 761 | 225 684 |

续表 3

| 项目名称 | 单位 | 2000 年 | 2001 年 | 2002 年 |
|---|---|---|---|---|
| 实现利税总额 | 万元 | 7 305 | 14 212 | 8 913 |
| 其中：利润总额 | 万元 | 936 | 5 828 | 2 248 |
| 工业全员劳动生产率 | 元/人 | 21 242 | 24 299 | 43 838 |
| 流动资金周转次数 | 次 | 0.5 | 0.4 | 0.7 |
| 工业产品销售率 | % | 93.6 | 94.2 | 89.6 |
| 总资产贡献率 | % | 2.5 | 3.0 | 3.0 |
| 资本增值保值率 | % | 109.6 | 156.7 | 113.6 |
| 资产负债率 | % | 63.6 | 59.5 | 61.2 |

**表 4　贵州省电子信息产业财务情况**

| 项目名称 | 单位 | 2002 年 |
|---|---|---|
| 流动资金合计 | 万元 | 65 837 |
| 固定资产合计 | 万元 | 18 428 |
| 固定资产原值 | 万元 | 28 702 |
| 资产合计 | 万元 | 102 014 |
| 产品销售收入 | 万元 | 225 684 |
| 其中：软件产品销售收入 | 万元 | 46 675 |
| 计算机服务收入 | 万元 | 13 631 |
| 系统集成收入 | 万元 | 22 370 |
| 利润总额 | 万元 | 2 248 |
| 其中：软件利润 | 万元 | 1 058 |
| 应交所得税 | 万元 | 319 |

**表 5　贵州省电子信息产业新产品情况**

| 项目名称 | 单位 | 2000 年 | 2001 年 | 2002 年 |
|---|---|---|---|---|
| 电子工业产值（现价） | 万元 | 142 097 | 156 501 | 254 308 |
| 新产品产值（现价） | 万元 | 60 367 | 58 889 | 127 417 |
| 所占比重 | % | 42.5 | 37.6 | 50.1 |

［撰稿：娄松　审稿：张英峰］

# 云南省

## 综述

2002年，云南省信息产业圆满实现总收入达到105亿元的预定目标，信息化建设出现一个良好的发展局面。全省信息产业总收入107.6亿元，增长10.2%。其中电信业务收入85.6亿元，增长12.5%；电子信息产业共完成工业总产值（1990年不变价）29.34亿元，比去年同期增长11%；现价总产值26.7亿元，同比增长12.3%；实现产品销售收入22.24亿元，与去年同期持平（其中软件与系统集成销售额7.7亿元，增长18.5%），完成工业增加值5.29亿元，增长7.5%；产销率89.9%；上缴税金4 794万元，下降25.7%；利润总额7 797万元，增长16.4%；从业人员8 761人；综合经济效益指数94.01。利税2.03亿元，出口交货值1.05亿元。信息产业增加值43.8亿元，占全省GDP的2%。

2002年，云南省信息产业投资类、消费类、元器件类三大类产品现价产值分别为13.36亿元、2.88亿元、0.88亿元，同比增长分别为10.8%、10.4%、35.3%，占全行业的比重分别为49.7%、10.7%、3.3%；软件类产品产值为9.74亿元，占全行业的比重为36.2%，同比增长12.2%。2002年，云南半导体厂在国家西部省份无电乡通电工程项目中中标，在此项目的拉动下，云南省元器件类产品生产出现了前所未有的兴旺局面，元器件类发展速度为28.5%，对全行业经济增长的贡献率为8%；以金融电子设备为代表的投资类产品继续保持增长，发展速度为19.3%，对全行业经济增长的贡献率为45.6%；消费类发展速度为15.8%,对全行业经济增长的贡献率为9.5%；软件类发展速度为12.2%，对全行业经济增长的贡献率为36.9%。

2002年，云南省对国内外电子信息市场开拓取得新进展，在昆明出口商品交易会举办信息产业专馆继续获得成功；南天股份公司与英国得利来公司正式签署了成立合资公司的协议，共同注资成立JV公司，在中国研发生产适合中国金融界的现金处理设备；IBM（中国）有限公司在昆明设立办事处，四川托普等知名企业进入云南发展。云南半导体厂抓住国家西部省份无电乡通电工程项目实施的机会，与西藏自治区计委签订了金额达1.27亿元的合同；昆船集团公司发挥在物流系统建设等方面的优势，省外一些项目竞标取得成功，实现销售收入数亿元；云南无线电厂也争取到新的军工产品订货。

软件业发展势头良好， 全省软件和系统集成销售额达到7.7亿元，比2001年的5.5亿元增加36.4%，成为电子信息产业中经济增长最快的部分。新增了几个销售收入在1 000万元以上的企业，完成了一些技术含量高、规模大的项目，新出现了有特色并产生一定影响的软件产品。南天软件公司以其强大的软件开发和技术服务能力，进入“2002年度最具综合竞争力的中国软件十强”。目前共有35家软件企业和92个软件产品通过认定登记。

近几年来，在实施大公司战略过程中，电子信息企业立足本土，扩大规模、创品牌、走向全国，形成了一些跨地区、跨部门、跨所有制的大企业集团。生产规模大、新品开发快、市场信誉好、竞争优势强的企业占了主要份额，行业内3个大型企业的销售收入和利润额分别占到全行业的64.1%和70.2%，其中南天电子信息产业集团公司在中国2003年第17届电子信息百强企业中排名第77位。在经济成分结构调整中，单一国有经济企业逐步减少，民营企业迅速崛起，股份制企业不断增加。在行业经济总量中，国有及国有控股占88.9%，外资企业占1.6%，其他经济占9.5%。

云南省电子信息产业布局高度集中在昆明市，

统计内55家企业，昆明市有52家，占全省的94.5%；工业总产值28.97亿元，占全省的98.3%；销售收入21.87亿元，占全省的98.3%；工业增加值5.02亿元，占全省的94.3%，从业人员8 691人，占全省的97.6%。

2002年，电信行业继续保持高速发展，全省电信行业的固定资产投资56亿元，超过年度计划4亿元。全省固定电话交换机容量694.4万门，新增固定电话交换机97.4万门，增长9.4%；移动电话交换机容量734万门，增长31.9%；电话普及率22.8部/百人，提高4.4个百分点；全省各类无线电台站达到510万个。新建通信光缆2 000多公里，总数达到6.8万公里；99%以上的乡镇通了光缆，90%的行政村通了电话。全年新增电话用户242万户，总数达到938万户，比2001年增长34.7%。其中，新增固定电话用户79万户，总数达到436万户； 新增移动电话用户163户，总数达到502万户；新增互联网用户12万户，总数达到103万户。全省电话普及率达到22.21%。其中，固定电话普及率达到10.5%，移动电话普及率达到11.7%。主要业务发展再创历史最高水平。全省电信完成业务总量115.8亿元，比2001年增长23.8%。其中，云南电信增长13.2%，云南移动增长10.7%，云南联通增长105.2%。完成业务收入85.6亿元，比2001年增长12.3%。其中，云南电信增长9.2%，云南移动增长7.6%，云南联通增长55.3%。云南网通、云南铁通等运营公司的业务总量、业务收入也有较大幅度的增长。

## 科技进步与应用

2002年，云南省电子信息企业以科技创新促进产业优化升级，经过几年来产品结构的调整，高技术含量、高附加值产品的比重不断提高，传统产品所占份额有所减少。存折打印机、银行自助终端、磁条读写器等金融电子设备已成为行业主导产品，现金自助设备、支票阅读器等产品的研发生产填补了国内空白。配合国家“十五”科技攻关、高技术产业化、新产品试制等国家科技计划项目的安排，企业实施了一批技术创新发展项目。其中昆明高新爱克瑞光学技术有限责任公司的非球面物镜产业化开发、云南腾普科技发展有限公司的LKE4000指纹IC卡密码键盘及LKE5000金融网关3个项目列入信息产业部《2002年度信息产业科研试制（民品）计划》，投资总额为1 970万元；南天集团利用募集资金进行技术改造，“南天自动翻页设备的技术开发与生产”、“南天高性能柜员打印机的开发与生产”和“南天柜员综合文件处理系统的开发与生产”3个项目通过了省级验收。

目前，全省电子信息产业中南天电子信息产业集团公司、昆明船舶集团公司、云南半导体厂和爱迪公司4家企业通过了ISO9000系列质量标准体系认证；南天软件公司、优耐达公司通过了CMM二级认证。

云南南天电子信息产业集团围绕稳定主营业务及主导产品的市场份额的方针，推出了ATM、税控装置、彩票销售终端等新产品；积极推进与Olivetti、Delarue等国际合作伙伴的全方位合作，设立了在现金处理领域具有国内领先优势的合营企业深圳得天。2002年，Nantian PR系列产品仍然保持国内银行柜面打印设备的主导地位，存折打印机产量73 389部，在同类产品中市场占有率排名第一，在全国打印机厂家产量排名第13位。Nantian BST系列产品刷新历史最好销售水平，销量达1 200台，继续名列国内同类产品销量第一，市场占有率达30%以上；Nantian品牌现金自助设备（ATM）首次通过国家级鉴定认证。此外，根据各行业的需要，开发了自有品牌的应用软件产品及解决方案，如：OFP开放式金融应用平台，与美国IBM公司合作开发的e-teller面向前端的新一代解决方案，与Intel公司携手开发和推出新的电子商务开放平台等。Nantian e-FESA (南天金融自助化服务体系结构) 总体设计的开发完成，使南天在国内银行自助服务应用领域继续保持领先地位。Nantian PR、BST系列产品服务规范已被中国工商银行、中国光大银行、中国民生银行等国内有影响力的商业银行指定为同类产品的服务标准。

积极争取国家在资金和项目上的支持。电子发展基金是国家财政每年安排给电子工业的生产发展专用基金，特定用于支持集成电路、计算机与软件、通信等行业的产品开发和生产发展。南天电子信息产业股份有限公司的“南天银行自助服务设备研制开发与生产”和昆明高新爱克瑞光学技术有限责任公司的“DVD非球面物镜及其他光学元器件产业化开发”两个项目获得了电子发展基金支持。

## 企业机构调整与改革

**国有骨干企业积极调整产品结构**　2002年，云南南天电子信息产业集团因市场需求不足和价格竞争等原因，其拳头产品存折打印机销售量减缓。南天集团及时调整产品结构，针对银行交易自助化的趋势，加强自助产品的研究开发和市场推广，推出了南天自有品牌CD（自动存款机）、ATM（自动柜员机）等5项BST产品，实现了自动交易产品从非现金类到现金类的跨越。

云南北方光学电子集团在完成其主导产品红外微光军品生产的同时，根据市场需求，及时做好医用光电仪器等民用产品的配套供应和生产衔接工作，保证了产值和效益的稳步增长。云南北方光学电子集团整体改制后，集团内的经营运作与市场接轨的步子正在加快，实现了工业总产量、销售收入、出口创汇的同步增长，经济总量和经济增长有一定的提高。其中，完成红外微光军品产值7 462万元，同比增长8.4%，实现军品销售收入9 805万元，同比增长5.2%。为实现军品生产专业化，公司对军民品生产分线调整了生产线，统一规划，合理布局，使军品生产走上正轨，一些微光军品的首批定单已经签定，形成了新的经济增长点。新的民品如手持微光观察镜、新型平面光学加工设备、新型体视显微镜等产品的开发和投产也取得了长足进展。公司完成了微光线应急改造项目验收，还组织实施了非球面项目、国债项目等技术改造，为第二次产品结构大调整、制造技术大提升奠定了基础。

云南无线电厂针对通信、安防报警产品市场萎缩的情况，调整了产品结构，把主要力量集中到军品的开发和生产上。根据国防现代化和部队装备的需求，工厂加大了对军品的研发投入，由原来的单机产品开发，发展到综合运用计算机技术、数字通信技术研发光机电一体化系统产品。于2001年通过了新时代质量体系认证中心的GJB/Z9001质量体系认证的质量审核，2002年“军品质量体系认证证书”正式生效。在检验上实行厂检与军检相结合的原则，严格按照国标相关规定执行，赢得了军方的信任，军品订货量稳中有升，军品产值产量几乎年年翻番。

自从中国加入WTO以来，太阳电池业在全世界的高速增长，国内厂商急剧增加至大约100家，形成了低价恶性竞争的局面。面对重重困难，云南半导体厂于年初推行大区销售经理责任制，夺得了国家光明工程昌都第一期11个县49个乡的总价值1.27亿元的太阳能电站合同。云南天达电子节能公司在工厂的大力支持下，民用组件生产突破200千瓦，泵类产品的生产销售出现一定的回升，在较短的时间内，完成了1兆瓦太阳电池框支架的生产。2002年，云南半导体厂实现销售收入3 729万元，同比增长60.1%，实现利润150万元，同比增长257.1%。产品结构完成了从圆片向方片的转移。

**民营企业快速发展**　随着信息化浪潮的兴起，云南省民营企业不断涌现。非国有经济不断发展，为电子信息产业注入了新的活力。民营企业大部分以整机组装和电子信息产品销售为主，在活跃市场方面起了积极的推进作用。软件开发和系统集成方面，民营企业也表现出一定的实力和发展潜力。云南省目前通过认定的软件企业、获得系统集成资质认证的企业80%以上是民营企业，认定登记的软件产品80%以上由民营企业开发。

## 信息化建设

**电子政务建设取得实质性进展**　云南省组建了云南省电子政务网络管理中心，电子政务一期工程圆满完成了项目前期所有工作，正式进入工程实施，落实了6 570万建设资金。

**以点带面促进企业信息化建设** 以推进烟草、机械、电力、冶金等传统产业的信息技术改造为重点，争取国家引资。昆钢信息化建设、一汽红塔公司产品数据管理系统（PDMS）、云南铜业（集团）有限公司供应链数据管理及多媒体信息传输系统开发3个项目列入《2002年全国电子信息应用贷款建议项目计划》。对《云南省企业信息化示范工程推进方案》进行了修改完善，2003年1月20日已向社会正式公告。每年由政府投入一定的引导资金，通过公开招标，筛选、推进一批企业信息化示范工程。

**城市信息化试点取得初步成功** 昆明市的信息化建设起步较早，在信息基础设施、信息技术推广应用等方面已打下较好基础。信息产业部于2002年正式批准将昆明市作为国家城市信息化试点城市。一年来，昆明市进一步加快了信息化进程，电子政务二期工程、城市地理信息系统等重点项目已着手实施，并通过鼓励软件企业参加CMM认证、组织信息化人才培训等切实有效的措施，积极培育和发展信息产业。

为了加强计算机信息工程项目的规范化管理，促进计算机系统集成企业技术能力和水平的提高，确保工程建设的质量，引导企业按照省政府颁布的《云南省计算机信息系统集成资质管理实施暂行办法》积极申报相应资质。截至2002年12月，全省共有26家企业取得了信息产业部颁发的计算机系统集成资质（其中三级资质10家，四级资质16家）。

## 无线电管理

2002年，云南省的无线电管理工作继续坚持统一领导、分级负责、保障安全、促进发展和统一规划、合理开发、科学管理、有偿使用的原则，加强服务，不断提高科学管理水平。

一是开展了清理整顿卫星通讯网、治理高楼高塔高山设置无线电寻呼发射站、贯彻落实《中华人民共和国频率划分规定》等工作，对无线电频率台站重新审核登记。二是以全省无线电监测网建设为重点，抓好基础技术设施建设，为科学管理创造条件。三是加大执法监督检查和干扰查处的工作力度，及时纠正个别单位的违章行为，保障了全省无线电通信的安全畅通。四是专门采购广播电视信号监测设备，制定“突发事件应急处理工作预案”并建立24小时值班制度。五是认真抓好《云南省无线电管理条例》的起草和无线电管理收费工作。

## 【统计数据】

**表1　2002年云南省电子信息产业人员构成情况**

| 企业类别 | 企业数（个） | 人员构成（人） | | | | | |
|---|---|---|---|---|---|---|---|
| | | 总人数 | 技术人员 | 所占比例（%） | 管理人员 | 所占比例（%） | 软件研发人员 |
| 国有企业 | 20 | 7 442 | 2 214 | 29.8 | 1 139 | 15.3 | 626 |
| 国有独资企业 | 10 | 1 340 | 353 | 26.3 | 280 | 20.9 | 86 |
| 股份合作企业 | 1 | 35 | 20 | 57.1 | 6 | 17.1 | 2 |
| 其他企业 | 34 | 1 424 | 819 | 57.5 | 182 | 12.8 | 387 |

**表 2　云南省电子信息产业主要经济指标完成情况**

| 项目名称 | 单位 | 2000 年 | 2001 年 | 2002 年 |
|---|---|---|---|---|
| 工业总产值（不变价） | 万元 | 202 639 | 262 554 | 198 889 |
| 工业销售产值 | 万元 | 181 156 | 229 917 | 141 237 |
| 工业增加值（生产法） | 万元 | 30 490 | 49 189 | 33 259 |
| 从业人员年末人数 | 人 | 7 864 | 8 300 | 8 901 |
| 从业人员工资总额 | 万元 | 4 167 | 9 436 | 14 649 |

**表 3　云南省电子信息产业财务情况**

| 项目名称 | 单位 | 2000 年 | 2001 年 | 2002 年 |
|---|---|---|---|---|
| 流动资金合计 | 万元 | 151 154 | 180 680 | 188 881 |
| 固定资产合计 | 万元 | 47 902 | 61 231 | 65 817 |
| 资金合计 | 万元 | 367 311 | 275 187 | 312 804 |
| 流动负债合计 | 万元 | 265 462 | 125 657 | 145 999 |
| 负债合计 | 万元 | 116 847 | 140 499 | 164 214 |
| 所有者权益合计 | 万元 | 103 338 | 131 672 | 146 243 |
| 产品销售收入 | 万元 | 200 013 | 221 354 | 132 767 |
| 其中：软件产品销售收入 | 万元 | – | 66 789 | 43 004 |
| 投资收益 | 万元 | 19 | 936 | 685 |
| 利润总额 | 万元 | 7 815 | 6 699 | 5 572 |
| 应交所得税 | 万元 | 1 195 | 1 326 | 1 497 |

**表 4　云南省电子信息产业主要经济效益指标完成情况**

| 项目名称 | 单位 | 2000 年 | 2001 年 | 2002 年 |
|---|---|---|---|---|
| 工业全员劳动生产率 | 元/人 | 38 809 | 60 267 | 53 820 |
| 流动资金周转次数 | 次 | 1.4 | 1.4 | 1.2 |
| 工业产品销售率 | % | 101.0 | 96.6 | 89.8 |
| 总资产贡献率 | % | 6.1 | 4.9 | 5.0 |

续表 4

| 项目名称 | 单位 | 2000 年 | 2001 年 | 2002 年 |
|---|---|---|---|---|
| 资本增值保值率 | % | 118.5 | 105.4 | 104.9 |
| 资产负债率 | % | 53.1 | 51.1 | 52.5 |

表 5　云南省电子信息产业新产品情况

| 项目名称 | 单位 | 2000 年 | 2001 年 | 2002 年 |
|---|---|---|---|---|
| 电子工业产值（现价） | 万元 | 179 330 | 238 064 | 156 353 |
| 新产品产值（现价） | 万元 | 110 223 | 132 415 | 56 074 |
| 所占比重 | % | 61.5 | 55.6 | 35.9 |

表 6　云南省主要电子信息产品产销情况

| 产品名称 | 单位 | 产量 | | 销量 | |
|---|---|---|---|---|---|
| | | 2001 年 | 2002 年 | 2001 年 | 2002 年 |
| 打印机 | 部 | 80 395 | 73 389 | 80 333 | 64 646 |
| 计算机 | 部 | 15 700 | 13 797 | 15 700 | 13 699 |

[撰稿：沈润年　审稿：杨如孟]

# 陕　西　省

## 综述

2002年，陕西信息产业各项主要经济指标同步快速增长，产品产销两旺，经济效益大幅度提高。全年共完成工业总产值375.7亿元，增长20.6%；实现工业增加值81.5亿元，增长26.1%；实现销售收入243.8亿元，增长21.8%；实现利税27.3亿元，增长56.1%，其中实现利润总额16.9亿元，增长69.1%。完成出口交货值32.3亿元，出口创汇1.28亿美元，增长28%。

在产品产量方面，彩色电视机完成81.4万台，增长60.9%；彩色显像管完成933万只，增长31.8%；微型计算机完成6.2万部，增长6.5%；偏转线圈完成1 948.9万只，增长33.6%；偏转磁芯完成3 046万只，增长47.7%；真空开关管完成14万只，增长14.8%；电子元件完成7.4亿只，增长41.5%；纯软件产品实现销售额35.6亿元，增长1.2倍；系统集成工程及服务实现收入29.5亿元，增长1.8%。产量下降的产品主要有：电冰箱完成13.8万台，下降62%；程控交换机完成144.2万线，下降了13.3%。

## 科技进步与应用

2002年，陕西省共下达科研新品计划82项，申报信息产业部科研民品计划8项，申报省经贸委新品计划6项，省科技厅成果推广计划1项、火炬计划3项、科技攻关计划6项。共完成科研新品及新品鉴定项目86项。信息产业厅评审厅级科技成果154项。在质量工作中，全行业质量稳定提高率达到92.4%，有7家企业通过ISO9000（2000年版）系列标准体系认证，1家软件企业通过CMM3级认证。在质量管理奖的评审中，获得国家级优秀QC成果奖4个，部级8个，省级6个；质量信得过班组部级2个，省级1个。

2002年，全行业在实施技术改造中，完成固定资产投资5亿元，实施技改项目21项。凌云电气总公司“机载无线电导航设备生产线技改”和烽火集团公司“高新工程技改”2项军工国债项目完成竣工验收。宝光股份公司“陶瓷金属化外壳技改”、华经微电子公司“厚膜集成电路及材料技改”、西无二厂“压敏电阻技改”等3项国债项目预计2003年一季度可验收投产。全年完成基本建设项目14项，完成建筑面积约10万平方米。

## 企业机构调整与改革

2002年，省信息产业厅多次到信息产业部、国家经贸委争取债转股和政策性破产政策，解决亏损企业历史债务负担。深入电子军工企业，指导搞好债转股和破产前期的准备工作。经努力，9户“债转股”企业剥离银行债务约30.7亿元；5户批准实施破产企业拟核销银行呆账15.4亿元。长岭机器厂、烽火集团公司已完成债转股，并组建成立陕西长岭科技有限责任公司、烽火通信科技有限责任公司。军工企业“债转股”和政策性破产的实施，将彻底解决国企的债务负担，改善企业财务状况，提高企业盈利能力，为企业下一步发展打下基础。

2002年，企业积极申报信息产业部电子发展基金项目。申报项目60项，经筛选推荐上报30项，列入计划5项，到位资金1 400万元。同时，省政府为了鼓励全省软件、集成电路、计算机等高新技术产业发展，决定每年从省财政拿出一定的配套资金，并制定了《陕西省电子配套资金管理办法》。实施完成2001年电子发展资金项目13项，拨付配套资金2 300万元；安排2002年第一批电子发展资金项目17项，安排配套资金1 700万元，有力地支持了行业的发展。

## 软件产业

2002年，信息产业积极贯彻落实国务院《关于鼓励软件产业和集成电路产业发展的若干政策的通知》精神，千方百计为企业创造良好的发展空间，软件业发展迅速。2002年，全省软件企业发展到400多家，其中年销售收入上亿元的9家，千万元以上的近70家，百万元以上的300余家，从业人员3万余人。2002年全省软件企业销售收入达70亿元，增长52%。软件产品出口初具规模，全年创汇1 500万美元，增长25%。有200多项产品进行了知识产权登记，居国内同行业先进水平。在信息产业厅和软件协会组织开展的评选优秀软件企业、产品和优秀人才的活动中，13个企业、19项产品、30人被评为2002年陕西省优秀软件企业、优秀软件产品和软件业优秀人才。2002年11月20日，召开了全省第二次软件产业工作会议暨软件行业协会一届二次会员大会。会议确定了软件产业“十五”发展目标、工作方针和任务，明确了今后发展重点和推动软件产业健康快速发展要采取的措施。到2005年，软件产业力争实现销售收入200亿元，平均递增45%；软件产品出口达到2亿美元；进一步优化人才结构，从业人员超过6万人。

陕西省软件行业协会自2001年5月成立后，为推动软件企业开拓市场、扩大规模、加快国际化进程作了大量工作。进行了8批软件企业和软件产品认证，已认定的软件企业193家、软件产品471项。陕西省软件测评中心成立以来，完成软件产品测评123项。信息系统集成资质认定工作也在年内展开。陕西赛威信息技术有限公司被正式授权为全省信息系统集成资质认证机构，已认定计算机信息系统集成资质企业36家。

## 信息化应用

2002年，全省信息化工作的思路是全面推进、重点突破。在各部门的支持配合下，信息化基础工作有了扎实进展。省政府常委会原则通过《陕西省关于贯彻“中国电子政务建设指导意见”的意见》；54个省级部门电子政务网光纤传输线铺设到位；督促省电子政务办完成办公自动化、办公信息服务、决策支持、多媒体服务四大应用系统数据库的开发；省经济信息中心建成包括6大子信息库的陕西经济与社会发展综合资源数据库，并逐步开展公众业务服务；组织起草修订了《政府公众信息资源建设规范性指导意见（暂行）》，省市两级政府共建网站54个，综合网64个。

企业信息化全面启动，重点企业信息化试点取得阶段性成果。彩虹集团、利君制药有限公司、宝鸡卷烟厂、宝商集团等试点企业通过调查、咨询、研讨，确定了企业信息化方案。

信息技术应用取得扎实进展。在进行旅游、建设、卫生、农业（果业）领域信息化试点的同时，侧重推进财政、国税、海关、交通、水利、社保、教育等部门信息化应用工作。西安市新城区、碑林区、咸阳秦都区等社区试点单位在为民便民服务方面进行了有益的探索。10大工程信息化方案编制工作正在进行。西安信息港、远程教育、远程医疗、软件园工程方案和交通、水利部门的“十五”信息化方案通过论证。专家组完成了《陕西省城市信息化管线管理办法》、《陕西省信息化建设管理办法》等课题的调查、研究和初稿起草工作，为规范全省信息化建设打下基础。信息化教育培训工作迈出关键步伐，《信息化基础知识》培训教材完成出版和发行工作，并进行了全省信息化知识普及教育和培训，举办培训班7期，培训人员325人。其中市厅级领导干部112人，国有大中型企事业领导干部165人，各市、省级部门信息办主任48人。

## 无线电管理

2002年，全省无线电管理工作认真贯彻“加强管理、保护资源、保障安全、健康发展”的工作方针，突出“严格管理、热情服务”的主题，抓住“技术设施建设”和“队伍自身建设”两条主线，开拓创新，扎实工作。在任务重、头绪多、困难大的情况下，圆满地完成了各项任务，有力地促进了无线电通信事业的迅速发展。严格频率和台站管理，规范“三高”设台，整顿寻呼台（站），清除无线电寻呼基站对航空通信的干扰，保障航空安全，维护良好的空中电波秩序。规范卫星通信网建设和地球站的设置使用，清理整顿卫星地球站和无线电广播电视台站，维护国家通信和信息安全。加快无线电管理技术设施建设，完成了西安地区“四站一车”监测侧向系统的建设任务，运行良好。建成了省无线电发射设备实验室并通过了质量认证。完善了全省无线电管理信息网络系统，提高了无线电管理工作科学化、自动化水平。加强了人员培训，多次举办和组织人员参加各种培训学习，努力提高全体人员的业务素质。

【统计数据】

表 1 2002 年陕西省电子信息产业人员构成情况

| 企业类别 | 企业数（个） | 人员构成(人) | | | | | |
|---|---|---|---|---|---|---|---|
| | | 总人数 | 技术人员 | 所占比例（%） | 管理人员 | 所占比例（%） | 软件研发人员 |
| 国有企业 | 28 | 52 383 | 7 639 | 14.6 | 5 005 | 9.6 | 428 |
| 集体企业 | 3 | 298 | 40 | 13.4 | 40 | 13.4 | – |
| 股份合作企业 | 3 | 173 | 97 | 56.1 | 27 | 15.6 | 45 |
| 联营企业 | 2 | 79 | 17 | 21.5 | 12 | 15.2 | – |
| 有限责任公司 | 90 | 60 348 | 310 081 | 51.5 | 7 459 | 13.4 | 13 617 |
| 股份有限公司 | 29 | 7 727 | 2 263 | 29.3 | 1 243 | 16.1 | 1 092 |
| 私营企业 | 3 | 86 | 19 | 22.1 | 20 | 23.3 | 18 |
| 港、澳、台商投资企业 | 7 | 1 261 | 367 | 29.1 | 128 | 10.2 | 317 |
| 外商投资企业 | 7 | 647 | 298 | 46.1 | 84 | 13.0 | 129 |
| 合 计 | 172 | 123 002 | 41 821 | 34.0 | 14 018 | 11.4 | 15 646 |

表 2 陕西省电子信息产业主要经济指标完成情况

| 项目名称 | 单位 | 2000 年 | 2001 年 | 2002 年 |
|---|---|---|---|---|
| 工业总产值（不变价） | 万元 | 2 615 761 | 3 114 180 | 2 426 937 |
| 工业销售产值（现行价） | 万元 | 1 922 662 | 2 437 811 | 1 472 329 |
| 工业增加值（生产法） | 万元 | 481 944 | 646 336 | 438 816 |
| 从业人员工资总额 | 万元 | 128 303* | 121 433* | 304 932 |

* 不含民营和软件业。

表 3 陕西省电子信息产业财务情况

| 项目名称 | 单位 | 2000 年 | 2001 年 | 2002 年 |
|---|---|---|---|---|
| 流动资产合计 | 万元 | 1 487 016 | 1 579 654 | 2 641 325 |
| 固定资产合计 | 万元 | 659 215 | 756 834 | 1 312 631 |

续表 3

| 项目名称 | 单位 | 2000 年 | 2001 年 | 2002 年 |
|---|---|---|---|---|
| 资产合计 | 万元 | 2 411 686 | 2 620 965 | 4 446 848 |
| 流动负债合计 | 万元 | 1 374 887 | 1 447 812 | 2 139 637 |
| 负债合计 | 万元 | 1 715 244 | 1 812 366 | 2 679 371 |
| 所有者权益合计 | 万元 | 696 440 | 789 587 | 1 540 019 |
| 产品销售收入 | 万元 | 1 509 563 | 2 001 375 | 1 253 021 |
| 其中：软件产品销售收入 | 万元 | 308 936 | 462 483 | 556 813 |
| 投资收益 | 万元 | 8 453 | –2 534 | 6 087 |
| 利润总额 | 万元 | 97 024 | 100 183 | 63 076 |
| 应交所得税 | 万元 | 47 093 | 9 993 | 42 005 |

表 4　陕西省电子信息产业主要经济效益指标完成情况

| 项目名称 | 单位 | 2000 年 | 2001 年 | 2002 年 |
|---|---|---|---|---|
| 工业全员劳动生产率 | 元/人 | 55 949 | 92 832 | 66 251 |
| 流动资金周转次数 | 次 | 1.0 | 1.3 | 0.9 |
| 工业产品销售率 | % | 97.6 | 98.6 | 95.6 |
| 总资产贡献率 | % | 8.2 | 8.1 | 7.3 |
| 资本增长保值率 | % | 107.6 | 113.8 | 108.0 |
| 资产负债率 | % | 71.1 | 69.2 | 60.2 |

表 5　陕西省电子信息产业新产品情况

| 项目名称 | 单位 | 2000 年 | 2001 年 | 2002 年 |
|---|---|---|---|---|
| 电子工业产值（现价） | 万元 | 1 969 532 | 2 472 617 | 1 472 329 |
| 新产品产值（现价） | 万元 | 194 270 | 211 819 | 152 978 |
| 所占比重 | % | 9.9 | 8.6 | 10.4 |

表6 陕西省主要电子信息产品产销情况

| 产品名称 | 单位 | 产量 | | | 销量 | | |
|---|---|---|---|---|---|---|---|
| | | 2000年 | 2001年 | 2002年 | 2000年 | 2001年 | 2002年 |
| 彩色显像管 | 万只 | 764 | 708 | 933 | 740 | 720 | 929 |
| 彩色显示管 | 万只 | 82 | 36 | 27 | 82 | 51 | 28 |
| 彩色显示器 | 部 | 48 512 | 20 743 | 21 326 | 55 700 | 23 970 | 21 760 |
| 彩色电视机 | 万台 | 80 | 51 | 81 | 84 | 51 | 81 |
| 程控交换机 | 万线 | 261 | 166 | 144 | 274 | 169 | 148 |
| 广播发射设备 | 部 | 74 | 146 | 167 | 44 | 119 | 169 |
| 微型计算机 | 部 | 56 785 | 58 215 | 62 000 | 58 560 | 57 818 | 61 526 |
| 电冰箱 | 万台 | 38 | 35 | 13 | 39 | 36 | 14 |
| 行输出变压器 | 万只 | 223 | 201 | 314 | 216 | 187 | 302 |
| 偏转线圈 | 万只 | 1 611 | 1 459 | 1 949 | 1 514 | 1 459 | 1 953 |
| 偏转磁芯 | 万只 | 2 224 | 2 062 | 3 046 | 2 264 | 1 937 | 3 288 |
| 电子设备 | 台 | 938 | 385 | 484 | 1 224 | 338 | 630 |
| 电子元件 | 亿只 | 4.9 | 5.3 | 7.4 | 4.7 | 5.0 | 7.4 |
| 电子材料 | 吨 | 1 575 | 12 503 | 10 229 | 1 723 | 12 320 | 9 885 |
| 半导体分立器件 | 万只 | 4 529 | 6 362 | 5 988 | 4 392 | 6 298 | 5 629 |
| 中高压真空开关管 | 万只 | 11 | 12 | 14 | 10 | 11 | 12 |

[撰稿：高柏秀　审稿：武积有]

# 甘 肃 省

## 综述

2002年，甘肃省电子信息行业列入统计范围的企业56户。其中：电子信息产品制造业16户，软件及信息系统集成企业40户。国有企业19户，股份制企业37户。职工总数2.2万人。资产总额68.6亿元，负债总额44.8亿元。

截至2002年底，全行业完成工业总产值39.9亿元，增长56.5%，其中：电子信息产品制造业33亿元，增长65%；完成工业增加值7.46亿元，增长42.4%，其中：电子信息产品制造业4.06亿元，增长24.2%，软件及信息系统集成业3.4亿元，增长

70.2%；完成销售收入29.2亿元，增长33.9%，其中：电子信息产品制造业21.6亿元，增长58.8%，软件及信息系统集成业7.6亿元，增长30.2%；实现利润2 630.9万元，其中：电子信息产品制造业亏损1 972.1万元，软件及信息系统集成业4 603万元，下降19.3%，上交税金1.53亿元，增长5.7%，其中：电子信息产品制造业1.23亿元，增长4.2%。

主要产品产量由市场供求关系调节，有升有降。其中：洗衣机11.3万台，下降49.1%；电冰箱1.26万台，下降18.5%，显示器41.8万台，增长313%，音响设备84万部，与上年基本持平，计算机主板146万块，增长54%，集成电路5.95亿块，增长110.1%，通讯产品3 073部，下降32%，电子管18 077支，增长44.4%，电热器具9 270台，下降53.6%，电子专用设备363台，下降9.7%，节能灯25.1万支，增长35.5%。

在行业经济发展中，骨干企业的兴衰举足轻重。电子信息产品制造业中的兰光集团、兰新集团、永红器材厂、第四十五研究所都保持较好的增长态势，为行业发展作出了贡献。其中：兰光集团完成工业总产值21.5亿元，增长135.7%；完成工业增加值2.26亿元，增长73.8%；完成销售收入14.4亿元，增长73.9%；实现利润1 229万元，下降69.3%；上交税金1.02亿元，增长24.4%。兰新集团完成工业总产值1.29亿元，增长25.7%；完成工业增加值4 368万元，增长13.8%；完成销售收入2亿元，增长0.6%；实现利润2 500万元，增长0.6%；上交税金1 455万元，增长10.1%。永红器材厂完成工业总产值5.8亿元，增长79.7%；完成工业增加值4 316万元，增长72%；完成销售收入1.03亿元，增长67.7%；实现利润900万元，增长11.7%；上交税金650万元，增长7.3%。第四十五研究所完成工业总产值7 915万元，增长59%；完成销售收入6 336万元，增长46.7%。

在软件及信息系统集成企业中，甘肃万维信息技术公司、兰州飞天网景信息产业公司、兰州联创科技股份公司、甘肃正天科技发展公司、甘肃紫光智能交通与控制技术公司等一批骨干企业迅猛发展，为2002年行业经济指标的增长作出了重要贡献。其中：万维公司完成销售收入1.26亿元，增长14.5%；飞天网景完成销售收入7 912万元，增长47.1%；联创公司完成销售收入4 718万元，增长8.7%；正天公司完成销售收入3 532万元，增长51.8%；紫光公司完成销售收入4 650万元，增长30%。

## 科技进步与应用

2002年，甘肃省完成技术创新项目87项，其中39项通过部省级鉴定，28项达到国内领先水平。总投资1.4亿元的“频带自适应大屏幕彩色显示器出口基地”技术改造项目，已全部完成并通过验收，年生产能力达180万部。总投资1.39亿元的“表面贴装式集成电路封装生产线技术改造”项目，目前已经完成投资1.3亿元，预计2003年初完成，上半年竣工验收，年封装能力达10亿块。

通过科技开发、技术创新、技术改造，具有优势的特色产品，如：TSOP、QFP片式集成电路、系列肖特基势垒整流二极管、金丝球焊机、3612标量网络分析仪、计算机主板、数字音响等产品已形成产业化规模并迅速进入市场。

## 企业结构调整与改革

经过多年工作，虹光电子管厂、庆华仪器厂、天光集成电路厂、中兴电子仪器厂的破产重组计划终于在2002年获得国家经贸委批准，列入国家破产计划，有关工作正在实施之中。天水永红器材厂整体改制方案已经省经贸委批准并完成改制。

省电子信息工业办公室成立以后，为了改变以往经济信息统计工作只限于电子产品制造业的状况，行业办从对软件企业、信息系统集成企业调查摸底入手，召开全省电子信息产业统计工作会议，统一部署，逐步将经济信息统计工作扩展到全省软件企业、计算机信息系统集成企业以及原电信、邮电系统的电子产品制造企业。使统计数据更准确地反映行业发展状况。

## 信息化应用

全省 167 户大中型企业集团、重点企业和软件企业的 270 多名代表参加全省企业信息化建设工作现场会。会议总结交流了近年来企业信息化建设的经验，制定了今后工作目标和任务，确定了金川公司、酒泉钢铁集团等 10 户示范企业并授牌。通过全国电子信息系统推广办公室批准立项，甘肃省以计算机技术为核心的电子信息技术推广应用工作的 4 个项目正在实施之中，总投资 8 500 万元。

2002年度全省电子信息技术开发应用优秀成果的评选和荐优工作中，全年共审查材料17套，评出14项优秀成果，推荐参评省科技进步奖8项，推荐参评下年度全国电子信息技术推广应用成果奖5项。

《甘肃省电子信息产品制造业发展研究》和《甘肃省贯彻〈振兴软件产业行动纲要〉实施意见》两份研究报告，为省政府在发展电子信息产业方面作出决策提供了参考依据。

软件企业认定，软件产品登记是规范软件企业发展的一项重要工作。2002年，经批准成立了省软件企业协会，并授权软件协会行使软件企业认定职能。委托省电子产品检验所开展软件测评工作，共认定软件企业37户，登记软件产品117项。全年共认证三、四级资质企业18户，二级资质企业2户。

## 【统计数据】

**表 1　甘肃省电子信息产业主要经济指标完成情况**

| 项目名称 | 单位 | 2000 年 | 2001 年 | 2002 年 |
|---|---|---|---|---|
| 工业总产值（1990年不变价） | 万元 | 194 056 | 255 310 | 272 890 |
| 工业增加值 | 万元 | 35 778 | 52 433 | 54 028 |
| 销售产值（现价） | 万元 | 137 706 | 206 543 | 225 432 |
| 销售收入 | 万元 | 144 434 | 217 885 | 206 275 |
| 实现利税总额 | 万元 | 2 862 | 24 710 | 19 174 |
| 其中：利润总额 | 万元 | 2 515 | 10 227 | 4 068 |
| 资产负债率 | % | 66.0 | 63.1 | 65.3 |

**表 2　甘肃省主要电子信息产品产量情况**

| 产品名称 | 单位 | 2000 年 | 2001 年 | 2002 年 |
|---|---|---|---|---|
| 显示器 | 万台 | 43 | 10 | 178 |
| 通信产品 | 部 | 6 434 | 4 526 | 3 073 |
| 家用音响 | 万台 | 39 | 84 | 84 |
| 电子管 | 支 | 9 000 | 2 518 | 18 077 |

续表 2

| 产品名称 | 单位 | 2000 年 | 2001 年 | 2002 年 |
|---|---|---|---|---|
| 集成电路 | 万块 | 17 240 | 8 341 | 59 531 |
| 电热器具 | 台 | 4 000 | 15 959 | 9 270 |
| 电子专用设备 | 台 | 452 | 402 | 363 |
| 洗衣机 | 万台 | 38 | 22 | 11 |
| 电冰箱 | 台 | 30 000 | 15 500 | 12 600 |
| 节能灯 | 支 | 109 700 |  | 25 100 |
| 计算机主板 | 块 | 214 200 | 952 000 | 1 467 000 |

**【撰稿：蒋国泰　审稿：邵乐冲】**

# 甘肃电子集团公司

## 综述

2002年，是甘肃电子发展的关键一年。新一届集团公司领导，坚持从实际出发，进一步理清甘肃电子发展的思路，比较好地处理了各种复杂矛盾，逐步解决了一些遗留问题，正确处理了改革、发展、稳定的关系，经济效益总体上有了较大好转，生产经营继续保持向好的发展势头，各项工作取得了显著成绩。

集团公司完成的主要经济指标中，工业总产值、销售收入和工业增加值分别完成22.2亿元、15.1亿元、5.1亿元，比上年同期分别增长了12.2%、11.3%和5.6%，比上年都有较大幅度的增长，多数企业生产经营状况良好。除洗衣机、电冰箱由于清销库存等原因产量有所下降外，其他如军品、通讯设备、网络工程、电子专用设备、集成电路等产品保持了稳步增长。非主营业务收入呈现大幅度上升的势头，特别是三产开发和商贸有了突破性进展，为解决职工再就业和企业增效发挥了积极作用。其突出特点有：

**优势企业继续创优**　兰新集团科工贸一体化发展战略得到了较好的实施，经济效益继续看好，增长速度迅速，在EIC管理创新的基础上，加大科技创新、产品创新和产业创新的力度，产品开发上档次，军品科研见实效，科贸上水平，铁道通讯设备、电子专用设备、电梯、热能仪表比上年有更大幅度的增加，万国商厦的兴建，兰新超市数个分店的相继开业，为甘肃电子做大做强起到了积极示范作用，拉动了全行业的经济增长。

**军品生产再创新高**　长风厂面对军品整机综合整治、资金投入不足、民品销售不畅等特殊困难，狠抓质量，开发新产品，在短短5个月时间完成军品现价产值1.2亿元，与上年基本持平，成绩来之不易，为今后军品生产和企业发展打下了良好的基础。兰新集团集中办公，为系统争取军品任务、建立良好的军企关系、开拓军品研发市场起到了积极的作用。虹光厂走访用户，搞好服务，争取国防科工委和总装、空装项目资金的支持，军品现价产值达到1 800多万元，创造了近年最高水平。庆华厂在历年军品生产下降的情况下，2002年突破军品现价产值790万元，成绩突出。

**中小型企业变化显著**　中小型企业在经历了几年的困难后，在企业经营、改革、稳定和职工生活方面都有较大起色。敬东厂大胆进行产业结构调整，以物业开发促主业发展，“敬东商贸城”首期工程5栋商住楼已开工，集商贸、办公、住宅为一体，解决了部分职工再就业，维护了企业稳定，为落后边远地区企业改革脱困走出了一条创新之路。中兴科技实业发展有限公司下设8个有限公司，建立起“权责链”，呈现出勃勃生机，经济效益增幅较大，并自筹资金120万元，重修了厂区与安宁区沟通的福兴路，解决了多年行路难的问题，造福职工及周围单位、居民，为企业创造了新的发展机遇。天光厂在企业比较困难的情况下，坚持走重组、合资合作之路，销售收入创历史最高水平，肖特基二极管、固体放电管等产品成为企业新的经济增长点，企业变化明显。长风西龙电子有限公司更新经营理念，调整经营产业结构，走科技创新之路，扩大了通讯品种，开发了电子灭鼠器等新产品，全年实现经营收入936万元，实现利润48万元，分别增长了48%和26%，被省科技厅授予高新技术企业。

## 企业机构调整与改革

2002年甘肃电子企业改革的任务很重，面对这种形势，各企事业单位不等不靠，以饱满的精神，扎实细致的工作投入到改革脱困工作中去，做了大量卓有成效的工作。

一是改革发展思路比较清晰。各单位坚持发展才是硬道理和实事求是的原则，总结经验，找准定位，摸索出贴近各单位实际的发展思路，按照“先改制，先重组，先安置，后破产”的要求，采取“主辅分离、辅业改制、资产量化、股份合作”等形式，实行改革与改制相结合，整体筹划和分部运作相结合的原则，权衡利弊，稳步推进。兰新集团继续贯彻“资本运营、走效益经济型道路”的战略方针，注册成立了兰新瑞德科工贸集团有限公司，调整和完善了企业产权结构，将优良国有资产配置到经济发展势头强劲的重要行业和关键领域，提高国有资产运行绩效，同时也拓展了非国有经济在兰新集团的发展空间，彻底改变了过去员工单一劳动身份，成为劳动主体、控股主体和利益主体。长风集团加大非经营资产的剥离，使二级单位逐步形成独立的经济实体，加大岗位工资比例和各二级单位的经营分配权，使职工收入与绩效挂钩。敬东厂、电视机厂、华兴厂、武威器材厂不等不靠，积极改制改组，盘活地产，退二进三，以物业促主业发展。庆华厂、中兴厂与二级单位实行剥离，成立独立的法人机构。兰宏公司艰苦创业，在搞好物业开发的同时，积极开拓音箱产品市场，取得了新成绩。博特公司妥善安置职工，维护了企业稳定。这些企业在改革改制中不仅解决了生存问题，而且为今后发展打下了坚实基础。

二是5户企业争取享受国家破产政策。充分利用国家军工扭亏，争取享受国家政策性破产。庆华厂、虹光厂、天光厂、中兴厂已被列入国家企业破产重组计划，华兴厂正在积极争取之中。

三是事业单位的改革成绩突出。四〇七医院在深化医疗制度改革中，投入新设备，应用新技术，拓展新业务，不断提高医技质量，建特色医院成效显著。四十五所2002年各项工作取得突破性进展，坚持科技进步和技术创新，开发新产品，扩大市场份额，完成工业总产值7 900万元，增长55%，实现销售收入6 300多万元，增长46.7%，全所经济总量明显增加。省电子产品检验所发挥自身优势，瞄准市场，捕捉信息，用足用好政策，建立符合本单位特点的岗位管理制度，开拓市场，业务范围进一步扩大。兰州电子工业学校不断探索中等职业学校办学的新路子，拓宽学生就业渠道，积累了一些有益的经验。天水电校在进一步理顺管理体制过程中，狠抓教学质量，招生规模不断扩大，学生升学率不断提高。

## 科技进步与应用

新品开发贯彻以市场为导向的方针，全力培育新的经济增长点。全年共完成新产品研制60多项。兰新集团热能仪表及数字集群系统、长风集团PDP显示屏及三款新型洗衣机、天光厂固体放电管等14项重点产品完成鉴定。长风厂的毫米波雷达、虹光厂毫米波磁控管等重点军工科研项目取得重大突破，有6个项目获省部级科技奖励，共获得各类科技拨款1 500万元。兰新集团加大新品开发力度，电子专用设备12B研磨机被科技部评为国家级重点新产品；长风新产品受到海军装备部的表扬；庆华厂在通信、测试仪器、场效应治疗仪等主导产品上开始实现规模效益。兰新集团承担的两个国债项目，均列入全省“211”工程，在投资800万元推进企业信息化建设的同时，又投资2 000万元对生产设备进行数字化改造，天光厂肖特基二极管技术改造、长风集团探测设备技术改造、华兴厂PE埋地管技术改造3个项目列入省重点计改计划。军工技改全面发展，长风、天光、虹光军工国债批生产改造项目今年共获得政府拨款1 890万元已全部到位。

【统计数据】

表 1　2002 年甘肃电子集团公司电子信息产业人员构成情况

| 企业类别 | 企业数(个) | 人员构成(人) | | | | |
|---|---|---|---|---|---|---|
| | | 总人数 | 技术人员 | 所占比例(%) | 管理人员 | 所占比例(%) |
| 国有企业 | 15 | 19 080 | 1 376 | 7.2 | 2 208 | 11.6 |
| 股份合作企业 | 3 | 4 356 | 582 | 13.4 | 897 | 20.6 |

表 2　2002 年甘肃电子集团公司主要电子产品完成情况

| 产品名称 | 单位 | 产量 | 销量 |
|---|---|---|---|
| 通信产品 | 部 | 2 246 | 1 719 |
| 电子管 | 支 | 18 077 | 11 064 |
| 集成电路 | 万块 | 59 531 | 57 442 |
| 电冰箱 | 台 | 12 647 | 13 352 |

表 3　甘肃电子集团公司电子信息产业主要经济指标完成情况

| 项目名称 | 单位 | 2000 年 | 2001 年 | 2002 年 |
|---|---|---|---|---|
| 工业总产值（不变价） | 万元 | 194 056 | 187 840 | 222 331 |
| 工业销售产值（现价） | 万元 | 137 706 | 138 946 | 158 791 |

续表 3

| 项目名称 | 单位 | 2000 年 | 2001 年 | 2002 年 |
|---|---|---|---|---|
| 其中：出口交货值 | 万元 | – | 18 344 | 25 382 |
| 工业全员劳动生产率 | 元/人 | 20 187 | 29 465 | – |
| 流动资金周转次数 | 次 | 0.4 | 0.5 | 0.2 |
| 工业产品销售率 | % | 89.6 | 99.6 | 96.7 |
| 总资产贡献率 | % | 2.5 | 5.0 | – |
| 资本增值保值率 | % | 174.6 | 110.0 | 18.7 |
| 资产负债率 | % | 66.0 | 68.4 | 74.6 |

表 4　甘肃电子集团公司电子信息产业财务情况

| 项目名称 | 单位 | 2000 年 | 2001 年 | 2002 年 |
|---|---|---|---|---|
| 流动资金合计 | 万元 | 327 157 | 334 983 | 206 231 |
| 固定资产合计 | 万元 | 150 112 | 158 078 | 132 993 |
| 产品销售收入 | 万元 | 145 533 | 130 253 | 46 633 |
| 利润总额 | 万元 | 2 581 | 3 573 | –4 726 |
| 应交所得税 | 万元 | 348 | 899 | 562 |

表 5　甘肃电子集团公司电子信息产业新产品情况

| 项目名称 | 单位 | 2001 年 | 2002 年 |
|---|---|---|---|
| 电子工业产值（现价） | 万元 | 16.4 | 19.0 |
| 新产品产值（现价） | 万元 | 8.5 | 11.4 |
| 所占比重 | % | 51.8 | 60.0 |
| 新产品开发总数 | 个 | 44 | 55 |
| 新产品鉴定总数 | 个 | 8 | 12 |

[撰稿：刘立水　　审稿：郝成文]

# 宁夏回族自治区

## 综述

2002年，全区电子工业努力开拓国内外市场，加强企业管理，产销衔接趋稳，生产经营保持了一定的增长速度，经济效益有较大幅度提高。宁夏电子工业纳入归口管理的生产企业4个，职工总人数1 860人，其中工程技术人员363人，管理人员255人；拥有固定资产原值31 943万元，固定资产净值25 773万元；流动资产平均余额17 029万元。

2002年，宁夏电子工业完成工业总产值（1990年不变价格）37 062万元，增长72.1%，产品销售收入20 153万元，增长59.8%，实现利润1 792万元，增长16.5倍；完成工业增加值14 054万元，增长96.9%。吴忠仪表集团宁光电表有限公司紧紧抓住城市电网改造和印度市场对电子式电能表需求的机遇，通过出口专项技改、二期双加技改，不断扩大产品生产能力，在2001年向印度、孟加拉国出口IC卡智能电表18.5万只的基础上，2002年继续出口30万只，完成出口交货值13 104万元，实现利润1 111万元，出口创历史新高；宁夏星日电子股份有限公司克服日本、美国等国经济不景气的影响，其主要产品片式钽电容器年出口交货值1 891万元，比上年增长31.9%。

## 科技进步与应用

2002年底，全区电子行业企业全部通过了ISO9000质量体系认证。吴忠仪表集团宁光电表有限公司生产的三相四线有功电表、宁夏星日电子股份有限公司研制开发的超小型S（2012）壳号固定钽片式电容器获自治区科学技术进步奖；2002年全行业完成新产品产值1 325万元，新产品产值率5.4%；2002年全行业主导产品片式钽电解电容器、电子式电度表、滤波器等抽查合格率为100%。为了进一步提高产品档次，增强产品市场竞争力，2002年宁夏星日电子股份有限公司2.5亿只片式钽电解电容器技改项目竣工并通过验收，完成投资15 000万元。吴忠仪表宁光电表有限公司近年来累计投资3 000万元，对电子式电能表生产线进行大规模技术改造，现已形成年产120万只的生产能力，“十五”期间被国家列为“火炬计划”项目。宁夏索特科新型器件股份有限公司“十五”期间计划技术改造总投资1.9亿元，其主导产品声表面波滤波器将达到年产5 000万只的生产能力。

## 【统计数据】

**表1　2002年宁夏回族自治区电子信息产业人员构成情况**

| 企业类别 | 企业数（个） | 人员构成（人） | | | | |
|---|---|---|---|---|---|---|
| | | 总人数 | 技术人员 | 所占比例(%) | 管理人员 | 所占比例(%) |
| 国有企业 | 2 | 91 | 172 | 18.8 | 187 | 20.4 |
| 股份制企业 | 2 | 945 | 191 | 20.2 | 68 | 7.2 |

表2 宁夏回族自治区主要电子产品完成情况

| 产品名称 | 单位 | 产量 | | | 销量 | | |
|---|---|---|---|---|---|---|---|
| | | 2001年 | 2002年 | 增长率(%) | 2001年 | 2002年 | 增长率(%) |
| 电容器 | 万只 | 7 413 | 11 377 | 53.5 | 8 552 | 10 802 | 26.3 |
| 滤波器 | 万只 | 164 | 200 | 21.9 | 123 | 200 | 62.6 |
| 电子式电能表 | 万只 | 18.5 | 32.8 | 77.3 | 20 | 30.8 | 54.0 |

表3 宁夏回族自治区电子电子信息产业主要经济指标完成情况

| 项目名称 | 单位 | 2000年 | 2001年 | 2002年 |
|---|---|---|---|---|
| 工业总产值（不变价） | 万元 | 21 279 | 21 540 | 24 823 |
| 工业增加值（现价） | 万元 | 8 235 | 7 138 | 9 130 |
| 销售产值（现价） | 万元 | 11 184 | 15 823 | 15 892 |
| 销售收入 | 万元 | 10 545 | 12 608 | 16 707 |
| 实现利税总额 | 万元 | 2 182 | 732 | 1 048 |
| 其中：利润总额 | 万元 | 1 288 | 102 | 572 |
| 流动资产合计 | 万元 | 21 824 | 19 277 | 18 980 |
| 固定资产合计 | 万元 | 9 993 | 9 128 | 25 773 |
| 固定资产原值 | 万元 | 17 013 | 16 789 | 31 943 |
| 资产合计 | 万元 | 35 694 | 48 069 | 48 128 |
| 工业全员劳动生产率 | 元/人 | 46 140 | 39 070 | 78 866 |
| 流动资金周转次数 | 次 | 0.6 | 0.7 | 1.2 |
| 工业产品销售率 | 万元 | 77.6 | 104.2 | 105.1 |
| 总资产贡献率 | % | 6.8 | 2.0 | 5.6 |
| 资本增值保值率 | % | 93.0 | 144.9 | 143.1 |
| 资产负债率 | % | 75.0 | 76.2 | 68.1 |

**[撰稿：崔祝平　审稿：刘连柏]**

# 新疆维吾尔族自治区

## 综述

2002年，新疆电子产品制造业重点统计的4家工业企业，从业人员605人，完成工业总产值(1990年不变价）1.7亿元，增长43%；完成工业总产值（现价）1.4亿元，增长53.5%。其中：新产品产值520万元，完成工业销售产值（现价）1.5亿元，增长77.1%；实现工业增加值3 103万元，增长3.3%。

2002年，软件产品据重点监测的60家企业统计，实现销售收入14亿元。其中，软件收入0.7亿元，系统集成收入3亿元，实现利润1.2亿元。全行业经济运行情况良好，利润比去年同期有所增长，电子工业产销增幅较大。其中：新疆新能源股份有限公司发展较快，产销和利润大幅增长。软件产业发展较快，一批具有相当软件开发实力的企业如：新疆信息产业有限公司、新疆电子研究所、新疆天择数码技术有限公司、新疆金泰隆软件股份公司、新疆美菱信息技术有限公司等企业为自治区石油化工、电力、能源、通信、教育、医疗等领域相继开发了各类应用软件，取得显著成效。但目前新疆软件企业规模小、开发人才少，50人以下的企业占72%，50人以上200人以下的企业占23%。

## 科技进步与应用

2002年，新疆电子信息产业不断推进科技创新，加大新产品开发力度，有11项新产品通过了自治区有关部门组织的鉴定，其中：新疆电子设备厂的BG—1电动机变频/工频自动转换控监器、新疆新能源股份有限公司的20kW太阳能扬水照明综合系统、新疆天宁电子绝缘材料有限公司的FZBW—110/12.5高压复合柱绝缘子、FZBW—220/6高压复合柱绝缘子4项产品技术水平达到国内外先进水平。积极推进高新技术、信息技术改造和提升传统产业，加快了电子信息技术应用产品的开发，如可实现替代进口的新型智能化控制节能灌溉系统、新型智能化控制节能抽油机装备，具有良好节水节能效果。电动机变频、工频自动转换控制器等产品相继问世。

2002年，通过努力争取，有2个项目获国家信息产业部电子发展基金200万元拨款支持。新疆电子研究所节水灌溉自动化控制项目，总投资360万元，信息产业部电子发展基金资助100万元，产品通过自治区组织的新产品鉴定，已开始批量生产和销售。新疆第三机床厂立式抽油机智能数控系统项目，总投资1 500万元，企业自筹1 100万元，银行贷款300万元，信息产业部电子信息发展基金资助100万元，该项目处于样机研制、攻关阶段。

## 信息化应用

2002年，新疆电子信息行业实施信息化工程开始起步。积极协助自治区经贸委，信息化办公室开展了重点企业信息化建设推进工作。参与企业信息化处理工作调研、方案论证，编制了《自治区重点企业企业信息化工作的指导意见》及《自治区机电行业企业信息化建设的实施意见》。完成了机电制造行业信息化示范工程的立项和申报工作。经自治区科技厅组织专家论证并审批，正式将机电行业列入自治区制造业信息化工程示范行业。编制了自治区机电行业系统信息网建设规划及实施方案，初步建成了新疆机械电子信息网站，进一步推进了机电行业电子政务、电子商务的建设应用工作。

重点企业信息建设成效明显，电子信息技术的推广应用工作取得较好成效。机电行业内大、中型企业产品开发设计普遍采用了CAD/CAM技术，其中在全区15个CAD应用工程国家级示范企业中，机电行业有6家企业，占40%。有些企业在CAD技术基础上进行二次发展，开始运用CAPP技术，部分产品如变压器、电线电缆、重型载货车等应用计算机进行更新换代的优化设计方面取得突破性成效，在制造过程中添置了各种数控加工设备，在成本管理，财务结算的环节中采用了计算机信息管理技术，目前大中型企业的信息工作逐步开展起来。

规范管理工作得到了加强，2002年编制完成了电子信息产业《新疆电子信息产品制造业和软件业“十五”规划》，为行业的健康有序发展奠定了基础，起到了指导作用。此外，还制定了《新疆软件产品暂行管理办法》、《新疆计算机信息系统集成项目经理资质管理实施办法》等行业管理政策性文件。建立了新疆IT界资深专家库。完成了首批软件产品的审核、登记和备案工作。2002年初，成立了计算机信息系统集成资质认证中心，通过学习培训，认真审核，有18家企业获得了国家级的资质认证，45家企业获得新疆区内准入级资质认证。

## 【统计数据】

**表 1　新疆维吾尔族自治区电子信息产业主要经济指标完成情况**

| 项目名称 | 单位 | 2000 年 | 2001 年 | 2002 年 |
|---|---|---|---|---|
| 工业总产值（1990年不变价） | 万元 | 4 056 | 14 746 | 17 679 |
| 工业增加值（现价） | 万元 | 3 392 | 3 003 | 2 952 |
| 销售产值（现价） | 万元 | 2 907 | 11 790 | 18 121 |
| 销售收入 | 万元 | 2 492 | 8 846 | 19 472 |
| 工业全员劳动生率 | 万元 | 27 241 | 67 341 | 51 281 |
| 流动资金周转次数 | 次 | 0.3 | 1.4 | 0.9 |
| 工业产品销售率 | % | 85.7 | 91.8 | 109.3 |
| 总资产贡献率 | % | 4.3 | 4.9 | 9.7 |
| 资本增值保值率 | % | 26.7 | 160.0 | 183.7 |
| 资本负债率 | % | 44.0 | 55.7 | 124.5 |

**表 2　新疆维吾尔族自治区主要电子产品产销情况**

| 产品名称 | 单位 | 产量 | | | 销量 | | |
|---|---|---|---|---|---|---|---|
| | | 2000 年 | 2001 年 | 2002 年 | 2000 年 | 2001 年 | 2002 年 |
| 电子灭菌器 | 台 | 1 987 | 2 098 | 704 | 1 507 | 1 696 | 921 |
| 太阳能发电装置 | 万元 | – | 486 | 5 770 | – | 400 | 5 695 |

**[撰稿：张含瑾　审稿：张启曾]**

# 第 8 部分　电子工业大事记

## 2002 年电子工业大事记

### 1　月

**1日**　中国全面调整降低进口商品的关税税目及税率。中国关税总水平（即算术平均税率）将由现行的15.3%降低到12%，降幅为21.56%。其中：电子产品关税总水平将由现行的16.2%降低到10.7%，降幅达33%；电子产品中251个税目的信息技术产品关税总水平，将由现行的12.47%降低到3.4%，降幅达73%左右。电子产品是中国所有的商品中降税幅度最大的。

**16日**　中关村科技发展（控股）有限公司、四通集团和微软公司在北京共同宣布成立合资企业——中关村软件有限公司。合资公司注册资本为1亿元人民币，成为进驻中关村软件园的首家大型软件企业。

**18日**　信息产业部移动固定电话机维修资质管理中心和信息产业部移动固定电话机产品质量投诉中心在北京成立。信息产业部副部长娄勤俭为两个中心成立揭牌。

**26日**　福建省电子商务安全认证中心以及该中心应用的吉大正元数字证书认证系统SRQ05通过了专家鉴定。福建省电子商务安全认证中心由长春吉大正元信息技术股份有限公司承建，是中国率先通过国家级鉴定的区域性电子商务安全认证中心。

**28日~29日**　“全国信息产业工作会议”在上海召开。会议由信息产业部副部长吕新奎主持，信息产业部部长吴基传作了《抓住新机遇，迎接新挑战，全面推进我国信息产业的改革与发展》的报告。信息产业部副部长曲维枝、娄勤俭、张春江、奚国华，国家邮政局局长刘立清，中纪委驻信息产业部纪检组组长李雪莹出席了会议。

**29日**　信息产业部部长吴基传考察了杭州富通集团有限公司光纤预制棒生产线，对富通率先在国内突破光通信技术瓶颈给予了高度评价。

**31日**　信息产业部电子教育中心与日本经济产业省委托的信息处理技术人员考试中心，就中国计算机软件专业技术水平考试与日本信息技术人员考试的考试标准，签署了相互认证的备忘录。

31日 由信息产业部信息化推进司主办的“2001年度电子商务和企业信息化试点工作经验交流会”在天津召开。信息产业部信息化推进司司长宋玲就电子商务和企业信息化试点工作的进一步开展作了发言。

1月 信息产业部发布《信息产品“十五”质量振兴计划》。

1月 国内最大的真空荧光显示器（VFD）生产流水线在上海三星真空电子器件有限公司建成，年生产销售1900万只VFD。

## 2 月

1日 在北京人民大会堂举行的国家科学技术奖励大会上，华为技术有限公司的TELLIN智能网项目被评为2001年度国家科技进步奖一等奖，这表明中国在智能网的研发和应用方面已经取得了突破性的进展。

3日 大唐电信科技股份有限公司提出的第三代移动通信技术标准TD-SCDMA实现首次户外移动通话。TD-SCDMA终端的移动时速超过125公里/小时，基站信号功率覆盖半径超过15公里，且通话话音清晰，图像传输稳定。国家有关部委领导、电信运营商等观看了现场演示。

5日 政府上网工程“优秀政府网上应用调查活动”圆桌会议在北京开幕。

7日 国家重大科研项目——“中国第三代移动通信系统研究开发项目（简称C3G）”正式通过国家权威部门组织的测试验收。这标志着中国在第三代移动通信的核心技术方面取得了突破性进展，形成了近百项国家发明专利和国际发明专利。开发成功的TD-SCDMA标准，是电信史上首次由中国提出并得到国际电信联盟接纳的国际标准。

23日 保定英利集团有限公司、保定天威保变电气股份有限公司与北京中新立业科技投资咨询有限公司正式签订协议，共同出资1.57亿元组建保定英利新能源有限公司，实施年产3兆瓦的多晶硅太阳能电池及应用系统示范工程。这标志着中国光伏行业最大的太阳能电池及应用系统生产基地将建成。

27日 “2002年中国IT市场年会”在北京举行。信息产业部副部长娄勤俭出席会议并讲话。

2月 上海广电（集团）有限公司的SVA信息家电开发有新突破，推出了两种国内首创的液晶多媒体电视机和大屏幕高清晰度数字光学反射式背投彩电。

## 3 月

1日 中国电子科技集团公司在北京正式成立。中共中央政治局委员李铁映，全国政协副主席胡启立，中央军委委员、总装备部部长曹刚川等领导出席了成立大会。吴邦国副总理致信祝贺。信息产业部部长吴基传出席大会并发表重要讲话。中国电子科技集团公司是中国惟一以科研院所为主体组建的大型国有企业集团。公司注册资本63.5亿元，总资产158亿元。党中央国务院任命吕新奎同志任党组书记、总经理。

5日 “2002年中国电子信息产业集团公司工作会议”在北京召开。这是CEC新的领导班子组成后召开的第一次工作会议。中央企业工委副书记王瑞祥、信息产业部副部长娄勤俭出席了会议并作重要讲话。

6日 华为技术有限公司推出具有业界领先水平的多业务综合接入平台Quidway® A8010 Expert。

20日 由中国科研人员自行研制的高技术材料DCB陶瓷覆铜板，在山东省淄博市顺利通过国家鉴定。该产品填补了国内空白，达到国际同类产品的先进水平。

3月 国务院任命苟仲文同志为信息产业部副部长。中共中央组织部批准苟仲文同志为信息产业部党组成员。

3月 海信集团推出自主研发的、具有自主知识产权的世界上第一台互动背投电视。

3月 中国第一座非球面光学元件产业化基地正式在云南省昆明市建成，并进入产业化生产，已达到年产1200万片非球面镜片的规模。

3月 年产15万只倾角传感器及电子水平尺项目在湖南省长沙市通过设计审查。这项产业化示范工程由湖南华星宇传感技术有限公司承担，总投资9 200多万元，是国家“863”计划成果的产业化任务。

## 4 月

5日~8日 第六届“中国国际电子商务大会”在北京举行。对外贸易经济合作部部长石广生、信息产业部副部长苟仲文出席开幕式并讲话。

16日 “中欧信息社会合作论坛2002”在北京开幕。信息产业部部长吴基传、科学技术部部长徐冠华、欧盟委员会企业和信息社会委员利卡宁出席了开幕式并讲话。

17日~20日 “第六届世界计算机博览会暨第二十三届计算机产品北京展览交易会”在北京中国国际展览中心举行。信息产业部副部长娄勤俭、苟仲文到会参观。

18日 信息产业部在北京召开新闻发布会，2002年（第16届）电子信息百强企业排序揭晓。中国普天信息产业集团公司以实现年营业收入642亿元的佳绩蝉联百强之首，海尔集团公司和联想控股有限公司分列第二、第三名。

18日 第三届“中韩IT产业政策研讨会”在北京召开。信息产业部副部长娄勤俭出席本次研讨会并发表重要讲话。

18日 “北京集成电路设计园开园仪式暨2002北京微电子国际研讨会”召开，信息产业部副部长苟仲文出席开园仪式并致辞。

19日 “制造业信息化工程信息发布会” 在北京召开。科技部决定从863计划和攻关计划中专门拿出8亿元资金组织实施制造业信息化工程。

19日 经过谈判，中国电子音响工业协会就DVD播放机专利许可事宜与6C联盟在公平、合理的条件下达成共识，正式签订有关协议。中方充分重视国外DVD专利权人的利益，同时维护国内企业的合法利益。在此基础上，双方达成谅解，签订了双方能够接受的协议条款。

20日 国家计委高技术产业化前期关键技术研究项目“半导体发光器件外延工艺与管芯技术”，在山东省济南市顺利通过鉴定验收。这标志着制约中国半导体发光器件行业快速发展的外延材料与管芯产业化技术获得突破。

21日~23日 “全球信息基础设施委员会(GIIC) 2002年年会”在北京召开。本次会议的主题为“以信息化带动中国的工业化”。信息产业部部长吴基传、中国电子科技集团公司总经理吕新奎出席了会议。

**22日** 华立通信设计的第一款C18CDMA手机通过信息产业部传输所RITT的全部检测，标志着华立通信CDMAIS95A平台正式通过验收，国内厂商藉此平台设计的手机即可量产上市。

**23日** “国家信息化工程师（NCIE）认证考试新闻发布会暨工作指导委员会首次会议”在北京召开。这标志着第一个以信息化命名的国家级、世界水准的信息技术人才认证培训及考试工作将在全国展开。

**26日~29日** “中国电子科技集团公司2002年工作会议”在北京召开。信息产业部部长吴基传、信息产业部副部长娄勤俭、总装备部副部长李安东出席会议。中国电子科技集团公司总经理吕新奎作工作报告，总结2001年工作并提出2002年工作思路和要求。

**4月** “神光二号”巨型激光器由中国科学院、中国工程物理研究院研制成功。这标志着中国高功率激光科研和激光核聚变研究已进入世界先进行列。

## 5 月

**10日** 中国电子科技集团公司与北京市人民政府签署了《北京市人民政府与中国电子科技集团公司全面合作协议书》。双方将在建设北京信息产业科技园、北京国家集成电路研发中心和推进科技奥运与数字北京等方面进行全面合作。

**23日~25日** “2002年数字图书馆国际论坛”在北京召开。此次论坛的主题为“数字图书馆与中国”，标志着中国的数字图书馆建设事业已经从设计和试验的阶段，迈向了一个全面推广应用的新阶段。

**28日** 上海贝尔阿尔卡特股份有限公司正式成立并开业。信息产业部部长吴基传、阿尔卡特公司董事长兼首席执行官谢瑞克为新公司共同揭牌。上海贝尔阿尔卡特股份有限公司是中国通信行业的第一家外商投资股份制公司。

**5月** 半导体发光二极管液晶显示器（LCD）背光源由中国科学院长春光机与物理研究所研制成功，并通过国家有关部门组织的专家论证。这是一种为液晶电视、液晶电脑、液晶监视器以及其他中小尺寸彩色/黑白模式液晶显示器配套的产品，表明中国在此领域的研究已达到国际先进水平。

**5月** 数源BT52TFT型液晶显示背投影彩电正式问世。这是中国首台具有自主知识产权的液晶显示背投影彩电，由杭州数源科技股份有限公司研制开发。

## 6 月

**6日~8日** “2002年中国信息安全产业展览会暨2002年中国信息安全产业发展汇报展”在北京举行。信息产业部副部长苟仲文出席开幕式并讲话。

**7日** 新型锂动力电池项目在北京中关村高科技园区昌平园正式启动。这是国内目前技术先进并拥有自主知识产权的项目，为中国电动汽车的核心——动力锂离子二次电池提供产业支持。

**13日~14日** 第三届“亚太地区城市信息化论坛”在上海召开。国务院副总理吴邦国致贺辞，全国政协副主席胡启立出席开幕式，信息产业部副部长苟仲文作了题为《大力发展信息产业，推动电子政务和城市信息化建设》的主题演讲。

**18日~21日** 国际光电子信息技术博览会暨“中国光谷”论坛在湖北省武汉市举行。信息产业部副部长娄勤俭出席并讲话。

**20日** “中美半导体国际研讨会”在北京召开。信息产业部副部长苟仲文出席会议并致辞。

**26日~28日** 第六届“中国国际软件博览会及技术论坛（软博会）”在北京举行。科技部部长徐冠华、信息产业部副部长苟仲文以及各大软件企业领导出席。

**6月** 信息产业部排出《2002年我国软件产业前100家企业》。华为技术有限公司名列榜首，深圳中兴通讯股份有限公司、普天东方通讯集团分列第二、第三名。软件产业前100家企业是根据《2001年我国软件产业统计年报》中的“软件产品收入”和“计算机服务收入”两项指标之和排序的。该年报的统计范围是：在中国境内，年销售收入100万元以上的独立法人的所有软件企业。

**6月** 年产15万只6英寸至14英寸小型高亮度、高分辨率彩色显示管研制生产线，在安徽省芜湖电真空研究所建成投产。中国由此成为世界上少数具有高亮度、高分辨率小彩管研制生产能力的国家之一。

## 7 月

**3日** 国家信息化领导小组第二次会议召开。中共中央政治局常委、国务院总理、国家信息化领导小组组长朱镕基主持了会议。会议讨论通过了《国民经济和社会信息化专项规划》、《关于我国电子政务建设的指导意见》，讨论了振兴软件产业的问题。

**6日** 信息产业电子第十一设计研究院成功实现改制，由国家事业单位改制成为国有控股、全体职工个人持股的有限责任公司。这在中国大中型国有设计院中尚属首家。

**9日** 第二届“中国信息安全发展与趋势”高层研讨会召开。信息产业部副部长娄勤俭出席会议并讲话。

**25日** 东软集团和大连软件园（股份有限公司）共同投资建设的“大连东软国际软件园”在大连开建，这是国内规模最大的国际软件园。

**25日~28日** “中国国际软件交易会”在大连举办。信息产业部副部长苟仲文、辽宁省副省长夏德仁出席开幕式并讲话。

**29日** “全国城市信息化工作座谈会”在河北省召开。信息产业部副部长苟仲文、河北省副省长郭世昌出席会议并讲话。

**7月** 中兴通讯与北电网络公司合作，成功实现了中国首个跨系统的WCDMA系统呼叫测试。

**7月** 信息产业部下发了《关于信息产业部47个电子科研院所划转更名的通知》。信息产业部电子科学研究院等47个电子科研院所，由信息产业部划转中国电子科技集团公司管理，并相应更名。

**7月** 由国务院办公厅、浙江省政府联合举办的“电子政务工作研讨会”在北京召开。信息产业部副部长娄勤俭出席研讨会并讲话。

## 8 月

**9日** “国家火炬计划软件产业基地——青岛软件园”授牌仪式暨核心园区奠基仪式在青岛软

件基地举行。

**9日**　华为技术有限公司质量管理体系（无线产品线）经过国际知名认证机构DNV（挪威船级社）审核，顺利通过TL9000认证，成为国内通信行业第一家推行TL9000标准的企业，标志着华为无线产品在质量管理体系方面已经与国际接轨并达到较高水准。

**14日**　中国第一批自主研发的42英寸16：9等离子彩电在海信信息产业园下线，海信成为国内首家自主研发并批量生产42英寸等离子彩电的企业。

**16日**　中芯国际集成电路制造（上海）有限公司宣布，其0.18微米CMOS逻辑制程已通过全面技术认证，中芯国际成为中国国内首次有能力提供此项技术服务的厂商。

**21日**　“企业信息化高级论坛”在贵州省贵阳市举办。信息产业部副部长娄勤俭参加论坛并讲话。

**22日**　第十一届“北京国际广播电影电视设备展览会（BIRTV）”在北京中国国际展览中心开幕。国家广播电影电视总局局长徐光春、信息产业部副部长苟仲文为本届展会剪彩。国务院信息化办公室副主任曲维枝出席主题报告会并发言。

**29日**　“2002年信息产业重大技术发明评选结果”在北京发布。信息产业部副部长娄勤俭、中国工程院副院长朱高峰等出席了新闻发布会并向当选单位颁发证书。

**29日**　联想万亿次计算机（深腾1800大规模计算机系统）成果汇报会在北京举行。这项产品具有自主知识产权核心技术，每秒浮点运算可达1.027万亿次，是国内第一个实测速度超过万亿次的计算机产品。全国人大常委会副委员长周光召、中国科学院院长路甬祥、信息产业部副部长苟仲文等领导到会祝贺。

**8月**　国家信息化领导小组将“金财工程”列为国家电子政务主要业务系统之一，这标志着“金财工程”正式全面启动。“金财工程”又称为政府财政管理信息系统，是中国正在实施的电子政务战略工程建设的重要组成部分。

**8月**　中国首个“国际超导科技基地”在天津新技术产业园区开工建设，预计11月份正式投产，初期年产高温超导滤波器系统2万套，2005年产量将达到10万套。

## 9　月

**2日~5日**　“2002信息及通信技术行业国际展览会（CeBIT asia）”在上海新国际博览中心举行。信息产业部副部长娄勤俭出席了开幕式并参观了展览会。

**10日~11日**　“2002国家火炬计划软件产业基地工作会议”在江苏省无锡市召开。会议的主要议题是贯彻、落实《科技部关于进一步加强国家火炬计划软件产业基地的若干意见》，完善管理体系，推进软件企业快速成长。

**11日**　摩托罗拉强芯（天津）集成电路设计有限公司举行签字仪式。公司由摩托罗拉公司与天津强芯半导体芯片设计有限公司共同出资成立，注册资金1000万美元。天津已经成为摩托罗拉全球范围内最重要的通信及半导体制造基地之一。

**13日**　“2002国家信息化发展论坛”在天津举办。信息产业部副部长苟仲文、天津市副市长杨栋梁出席并讲话。

**18日** 国务院办公厅转发了《振兴软件产业行动纲要（2002年至2005年）》（国办发［2002］47号）。该文件是继2000年国务院颁布国发［2000］18号文件之后，针对国内外软件产业发展新形势和国内软件企业的迫切需要，制定的一份具有针对性的关于未来两三年内加快中国软件产业发展的思路、目标、任务和措施的框架性文件。

**23日~25日** 第八届“世界电子论坛（WEF）”在北京召开。会议的主题为“中国加入WTO后对世界电子信息产业的影响”。信息产业部副部长娄勤俭出席大会开幕式并作主题演讲。

**28日** 中国科学院宣布：中国首枚高性能通用微处理芯片——拥有自主知识产权的“龙芯”1号CPU研制成功，并可批量生产提供实际应用。这标志着中国已打破国外垄断，初步掌握了当代CPU关键设计制造技术，也改变了中国信息产业的无“芯”历史。装载这颗“龙芯”的中国第一台具有自主核心技术的服务器——“龙腾”，由曙光信息产业有限公司推出。

**30日** 华为技术有限公司在上海WCDMA外场试验网打通全球第一个基于CALMEL Ⅲ的WCDMA智能呼叫，现场完成了一个智能呼叫改号业务。

**9月** 信息产业部委托中国电子质量管理协会召开全国电子工业第22次优秀质量管理小组（QC）及质量信得过班组代表会议。会议共评出2002年全国电子工业优秀QC小组286个、优秀质量信得过班组38个，并表彰了先进单位和个人。

**9月** 32英寸数字高清晰度液晶电视已由厦门华侨电子企业有限公司研制成功并上市。这是中国目前尺寸最大的液晶彩电。

**9月** 国内首个《有线数字电视终端接收设备通用技术规范》（简称“有线数字机顶盒标准”），在上海通过审定并正式发布。

## 10 月

**9日~10日** “2002年全国信息技术应用工作会议”在北京召开。国家信息化领导小组成员、信息产业部部长吴基传，国家经贸委副主任欧新黔出席会议并讲话。信息产业部副部长苟仲文作工作报告。

**12日~17日** 第四届“中国国际高新技术成果交易会”在深圳举办。信息产业部副部长苟仲文出席了开幕式并参观了相关展台。

**15日** “十三届四中全会以来改革开放和现代化建设成就系列报告会”召开。信息产业部部长吴基传作了题为《党的十三届四中全会以来我国信息产业实现历史性跨越》的报告，介绍了中国信息产业改革与发展的成就。

**18日~21日** “信息技术创新国际论坛暨博览会”在山东省济南市召开。信息产业部副部长苟仲文出席了博览会开幕式并在“政府论坛”上发表了演讲。

**22日~24日** 由信息产业部主办的“《软件过程及能力成熟度评估指南》及标准培训班”在北京举办。信息产业部副部长苟仲文参加开班仪式并讲话。

**30日** TD-SCDMA产业联盟成立大会在北京人民大会堂举行。大唐电信科技产业集团、广州南方高科有限公司、华立集团、华为技术有限公司、联想集团有限公司、深圳中兴通讯股份有限公司、中国电子信息产业集团公司、中国普天信息产业集团公司等8家知名通信企业作为首批成员，签署了致力于TD-SCDMA产业发展的《发起人协议》。信息产业部副部长娄勤俭与会并发表讲话。

29日 “2002中国国际通信设备技术展”在北京中国国际展览中心开幕。信息产业部部长吴基传、副部长娄勤俭和张春江参观了展览会。

10月 华为技术有限公司Quidway ISN8850 IP智能宽带业务交换机获信息产业部颁发的国内首张宽带接入服务器（BAS）产品的入网证，这标志着国内厂家在大型BAS设备上已取得重大突破。

10月 《国民经济和社会发展第十个五年计划信息化重点专项规划》，经国家信息化领导小组批准颁布。其中指出：“十五”期间，中国信息化发展必须努力完成信息技术推广应用、现代信息基础建设和加快发展电子信息产业三大任务。

## 11 月

3日 北京有色金属研究总院宣布，中国第一根直径18英寸（450毫米）直拉硅单晶研制成功。这标志着中国大直径硅单晶研究进入世界领先行列。

8日 中国电子科技集团公司第四十六研究所率先研制成功直径6英寸半绝缘砷化镓单晶，实现了中国在此领域研制零的突破。

11日 大连软件园园区正式通过ISO9001质量体系认证，荣获带有EPRE（中国体系认证机构）标志和美国RAB（Registrar Accreditation Board）标志的认证证书，标志着大连软件园在质量管理与服务方面正式与国际标准接轨。

11日 清华大学有机光电子实验室首次研制成功国内第一款全彩色有机发光显示屏（简称OLED）。这项技术的研发使中国有能力在短期内自行生产带有彩色显示屏的手机。

12日 国内最大的直径达到153毫米（6英寸）、长度770毫米的无位错区熔硅单晶，在天津环欧半导体材料技术有限公司成功产出并实现产业化。这标志着中国在半导体硅单晶材料的生产方面已经进入最先进行列，同时也标志着天津在这一领域已处于国内领先地位。

18日 信息产业部党组召开机关全体党员大会，认真传达、贯彻和学习十六大精神。信息产业部机关全体党员和驻京直属机关领导干部参加了会议。会议由信息产业部党组书记、部长吴基传主持。信息产业部党组成员、副部长娄勤俭、张春江、苟仲文，部党组成员、中纪委驻信息产业部纪检组组长李雪莹及信息产业部十六大代表出席了会议。

19日~20日 “2002年中国IT用户年会”在北京召开。本次会议是国内第一次大规模的IT用户盛会。

20日 高性能嵌入式32位微处理器“神威Ⅰ号”由上海复旦微电子股份有限公司研制成功，它代表了国内CISC架构CPU研制的最高水平。

26日 中央组织部副部长张柏林在信息产业部党组扩大会上宣布：中共中央决定，王旭东同志任信息产业部党组书记。

28日 “2002年中国信息产业经济年会”在北京开幕。信息产业部副部长娄勤俭出席会议并讲话。信息产业部副部长苟仲文出席颁奖仪式并为获奖者颁奖。

11月 湖北新华光信息材料股份有限公司的光学加工磁盘微晶玻璃基板产业化示范工程项目

通过专家验收。这项填补国内信息材料产业空白的高新技术产品将进入规模化生产阶段。

## 12　月

**2日~3日**　片式多层陶瓷电容器（MLCC）与片式电阻器产业化项目通过竣工验收。该项目由广东风华高新科技股份有限公司承担，总投资近6亿元，是目前国内投资规模最大、技术水平最高的片式元件产业化项目。

**3日~7日**　“全国电子信息产业经济运行工作会议”在厦门召开。信息产业部副部长娄勤俭出席会议并作重要讲话。

**3日~7日**　联想集团举办的“Legend World 2002全球技术大会”在北京召开，这是中国IT企业首次举办的全球技术盛会。联想集团总裁杨元庆首次提出“关联应用”的理念并展示了联想相关的技术成果。

**6日**　“计算机软件版权保护及产业发展研讨会”在全国人大常委会办公厅会议中心举行。国家版权局副局长、中国版权协会理事长沈仁干，原国家版权局副局长、中国版权协会顾问刘杲在研讨会开幕式上致辞。

**8日~9日**　“国家金卡工程第六次全国IC卡应用工作会议”在海南省三亚市召开。国家金卡工程协调领导小组组长、信息产业部部长吴基传，海南省常务副省长王厚宏出席会议并作重要讲话。国家金卡办主任张琪作工作报告。

**9日~10日**　“2002年世界银行信息年会”在重庆召开。本届年会是世界银行信息年会第一次在亚洲召开，主题为“信息、知识、贸易、发展”。世界银行副行长傅兰妮女士、信息产业部副部长娄勤俭、财政部副部长金立群及科技部副部长马颂德等出席了会议。

**10日~13日**　“2002年中国电子政务技术与应用大会”在北京召开。中共中央政治局委员、国务院信息化工作办公室主任、国家发展计划委员会主任曾培炎，全国人大常委会副委员长周光召为大会致贺信。国务院信息化工作办公室副主任曲维枝、信息产业部副部长娄勤俭出席大会并讲话。

**11日**　信息产业部和科学技术部共同组织召开了“Linux软件与应用推进研讨会”。信息产业部副部长苟仲文出席了研讨会并作了题为《抓住机遇，共同推进，以Linux为突破口，加速发展我国软件产业》的讲话。

**12日**　京东方科技集团股份有限公司召开新闻发布会，基于国产CPU方舟1号和自行研发的Linux嵌入式操作系统的京东方龙腾系列网络电脑第一批产品上月末下线。这标志着国产网络电脑产品进入批量生产时代。

**14日**　国内首次LCOS高层论坛召开。LCOS是一种新型液晶微反射显示技术，来自国内外的LCOS专家和厂商介绍了LCOS技术及其产业前景，中国有望形成LCOS产业链。

**17日**　波导第1000万台手机在波导新工业园区下线，从而使波导成为中国第一家国产手机生产规模突破1000万台的企业。波导新工业园区具备年产2000万台手机的能力。

**18日**　中国通信标准化协会在北京正式宣布成立。信息产业部部长吴基传致贺信，副部长娄勤俭、张春江出席了会议。中国工程院院士朱高峰任协会理事长，信息产业部通信科技委主任宋直元为协会名誉理事长。

**18日** 北京方舟科技有限公司宣布推出“方舟2号”32位嵌入式微处理器，这是该公司继推出中国首枚自主知识产权的嵌入式CPU“方舟1号”之后的又一力作。该微处理器采用0.18微米工艺生产，无论在性能、功耗和集成度上，均达到目前国际上最先进的嵌入式微处理器产品的水平。

**18日** 安彩集团成都电子玻璃公司举行了背投玻壳池炉点火仪式，这标志着这个年产7英寸背投玻壳1000万只的项目迈出了关键性一步，打破了玻壳产品长期进口的局面，为背投影管国产化奠定了坚实的基础。

**19日** 上海集成电路研发中心正式成立。中共中央政治局委员、上海市委书记、市长陈良宇和全国政协副主席胡启立为中心揭牌。信息产业部副部长苟仲文出席揭牌仪式并讲话。

**20日** 全球首创、达到显示器国际无闪烁标准的85Hz逐行扫描HiD背投电视全面投放市场，该产品由TCL集团股份有限公司研制。

**23日** 中国科学院计算技术研究所、海尔集团、长城集团计算机软件与系统有限公司、中软网络技术股份有限公司、北京中科红旗软件技术有限公司、曙光信息产业有限公司、北京神州龙芯集成电路设计有限公司等七大厂商及科研机构齐聚北京，“龙芯产业化联盟”宣告成立，旨在推进龙芯CPU产业化进程、打造自主IT产业链。

**31日** 东软集团有限公司正式通过由QAI India公司进行的SEI-CMM（软件能力成熟度模型）5级评估。东软成为第一家获得CMM 5级评估的中国企业，中国也因此成为全球继美国、印度之后，第三个拥有CMM5级软件企业的国家。

**【供稿：编辑部整理】**

# 第9部分　附　录

附录 A

## 世界电子工业发展情况

### 一、产值情况

2002年世界电子产品产值为1 097 384百万美元，同比减少3.3%。其中，电子数据处理产品居首位，产值为312 434百万美元，减少2.3%，占世界电子产品产值的28.5%；其次是电子元件，产值为292 325百万美元，减少0.5%，占世界电子产品产值的26.6%；第三是通信/雷达，产值为165 246百万美元，占15.1%。

在电子数据处理产品产值中，美国居首位，产值为65 001百万美元；其次是中国，产值为45 403百万美元；第三是日本，产值为41 233百万美元。2002年在电子数据处理产品产值中排前5名国家/地区所占份额情况见图1。

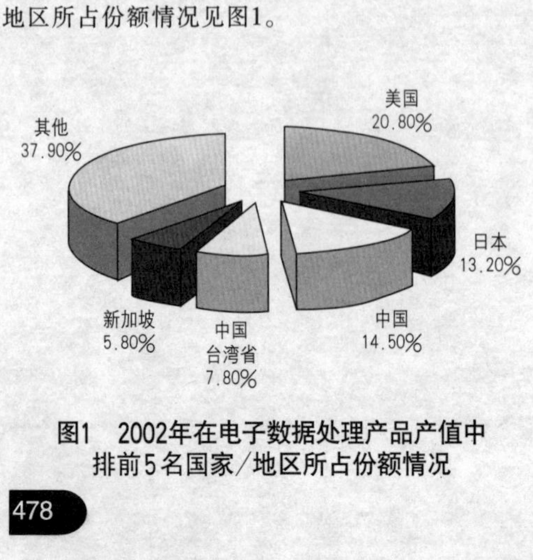


图1　2002年在电子数据处理产品产值中排前5名国家/地区所占份额情况

在电子元件产值中，日本居首位，产值为71 021百万美元；其次是美国，产值为57 216百万美元；第三是韩国，产值为25 864百万美元。2002年在电子元件产值中排前5名国家/地区所占份额情况见图2。

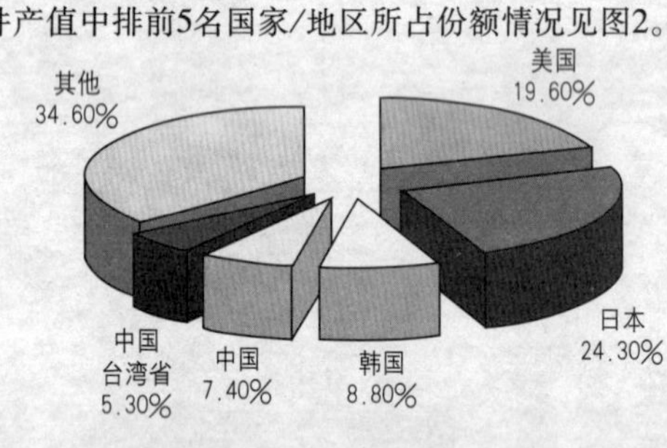


图2　2002年在电子元件产值中排前5名国家/地区所占份额情况

在通信/雷达产品产值中，美国居首位，产值为60 914百万美元；其次是日本，产值为21 931百万美元；第三是韩国，产值为13 838百万美元。2002年在通信/雷达产值中排前5名国家所占份额情况见图3。

2003年世界电子产品产值为1 159 155百万美元，同比增长5.6%。其中，电子数据处理产品居首位，产值为333 417百万美元，增长6.7%，占世界电子产品产值的28.8%；其次是电子元件，产值为316 103百万美元，增长8.1%，占世界电子产品产值的27.3%；第三是通信/雷达，产值为172 935

百万美元，增长4.7%，占14.9%。

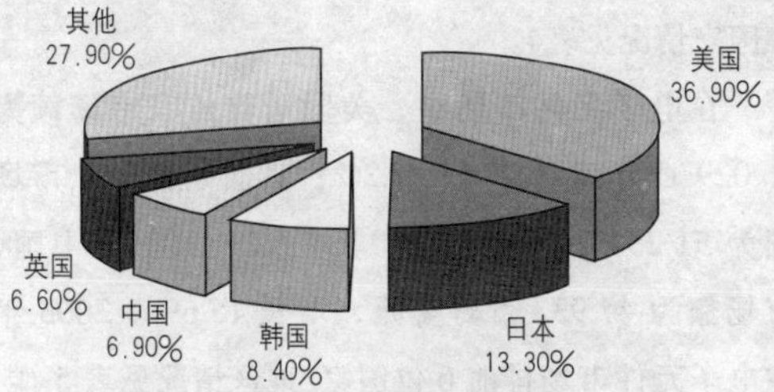


图3　2002年在通信/雷达产值中排前5名国家所占份额情况

在电子数据处理产品产值中，美国居首位，产值为66 301百万美元，增长2%；其次是中国，产值为59 023百万美元，增长30%；第三是日本，产值为41 645百万美元，增长10%。2003年在电子数据处理产品产值中排前5名国家/地区所占市场份额情况见图4。

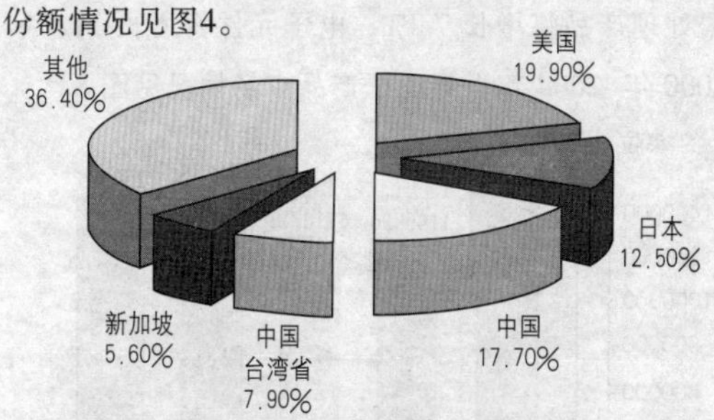


图4　2003年在电子数据处理产品产值中排前5名国家/地区所占份额情况

在电子元件产值中，美国居于首位，产值为59 639百万美元，增长4.2%；其次是日本，产值为75 736百万美元，增长6.6%；第三是韩国，产值为29 963百万美元，增长15.9%。2003年在电子元件产值中排前5名国家/地区所占份额情况见图5。

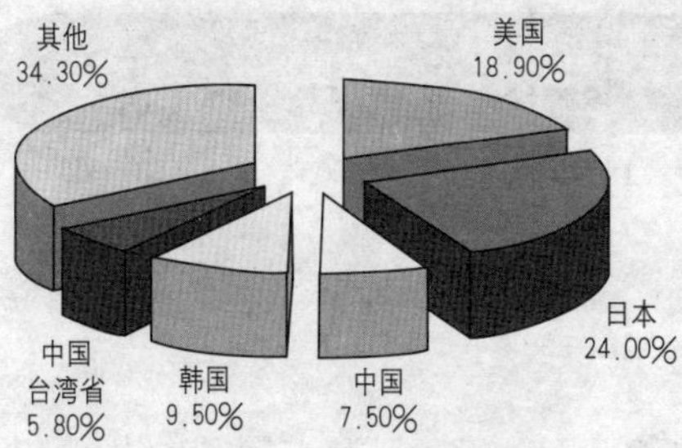


图5　2003年在电子元件产值中排前5名国家/地区所占份额情况

在通信/雷达产品产值中，美国居首位，产值为63 960百万美元，增长5%；其次是日本，产值为22 808百万美元，增长4%；第三是韩国，产值为14 530百万美元，增长5%。2003年在通信/雷达产值中排前5名国家所占份额情况见图6。1999年~2003年世界电子产品产值情况见图7。

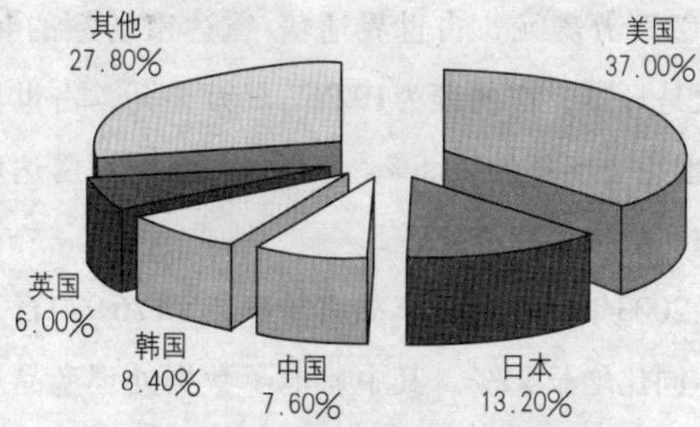


图6　2003年在通信/雷达产值中排前5名国家所占份额情况

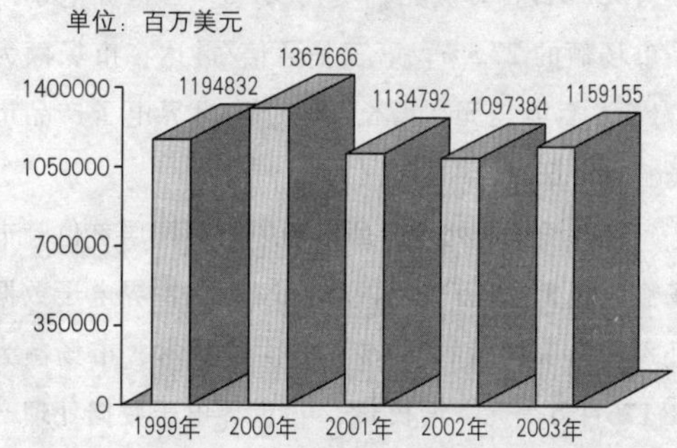


图7　1999年~2003年世界电子产品产值情况

## 二、市场情况

2002年世界电子产品市场额为1 118 725百万美元，同比减少2.4%。其中，电子数据处理产品居首位，市场额为320 679百万美元，占世界电子产品市场额的28.7%；其次是电子元件，市场额为294 674百万美元，减少2.5%，占世界电子产品市场额的26.3%；第三是通信/雷达，市场额为163 755百万美元，减少1.1%，占14.6%。

在电子数据处理产品市场中，美国居首位，市场额为93 512百万美元，占世界电子数据处理产品市场额的29.2%；其次是日本，市场额为46 773百万美元，占世界电子数据处理产品市场额的14.6%。2002年在电子数据处理产品市场排前6位国家情况见表1。

在电子元件市场中，美国居首位，市场额为61 601百万美元，占世界电子元件市场额的20.9%；其次是日本，市场额为48 077百万美元，占世界电子元件市场额的16.3%。2002年在电子元件市场排前8位国家/地区情况见表2。

在通信/雷达市场中，美国居首位，市场额为75 303百万美元，占世界通信/雷达市场额的46%；其次是日本，市场额为19 267 百万美元，占世界通信/雷达市场额的 11.8%。2002 年在通信/雷达市场排前 8 位国家情况见表 3。

2003年世界电子产品市场额为1 176 972百万美元，同比增长5.2%。其中，电子数据处理产品居首位，市场额为334 780百万美元，增长4.4%，占世界电子产品市场额的28.4%；其次是电子元件，市场额为321 517百万美元，增长 9.1%，占世界电子产品市场额的 27.3%；第三是通信/雷达，市场额为171 562 百万美元，增长4.8%，占世界电子产品市场额的14.6%。

在电子数据处理产品市场中，美国居首位，市场额为96 318百万美元，增长3%，占世界电子数据处理产品市场额的28.8%；其次是日本，市场额为48 176百万美元，增长3%，占世界电子数据处理产品市场额的14.4%；第三是中国，市场额为38 387百万美元，增长20%，占世界电子数据处理产品市场额的11.5%。2003年在电子数据处理产品市场排前6位国家情况见表4。

在电子元件市场中，美国居首位，市场额为66 029 百万美元，增长 7.2%；其次是日本，市场额为 51 234 百万美元，增长 6.6%；第三是中国，市场额为 47 933 百万美元，增长 15.6%。2003 年在电子元件市场排前 6 位国家/地区情况见表 5。

在通信/雷达市场中，美国居首位，市场额为79 068百万美元，增长5%；其次是日本，市场额为20 037百万美元，增长4%；第三是英国，市场额为9 469百万美元，增长3%。2003年在通信/雷达市场排前7位国家情况见表6。

据预测，2004 年世界电子产品市场额将为1 261 734 百万美元，增长 7.2%。其中，电子数据处理产品将增长 7.2%，电子元件将增长 11.5%。2000 年~2004 年世界电子产品市场情况见图 8。

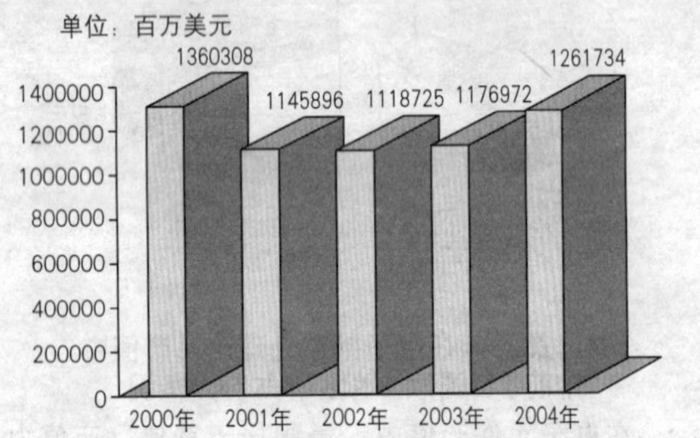


图8 2000年～2004年世界电子产品市场情况

【统计数据】

表 1 2002 年在电子数据处理产品市场排前 6 位国家情况

单位：百万美元

| 国家名称 | 美国 | 日本 | 中国 | 德国 | 英国 | 法国 |
|---|---|---|---|---|---|---|
| 市场额 | 93 512 | 46 773 | 31 989 | 18 494 | 16 054 | 10 006 |
| 所占市场份额（%） | 29.2 | 14.6 | 10 | 5.8 | 5 | 3.1 |

表 2 2002 年在电子元件市场排前 8 位国家与地区情况

单位：百万美元

| 国家与地区名称 | 美国 | 日本 | 中国 | 中国台湾省 | 墨西哥 | 德国 | 韩国 | 马来西亚 |
|---|---|---|---|---|---|---|---|---|
| 市场额 | 61 601 | 48 077 | 41 460 | 14 013 | 13 700 | 12 929 | 12 570 | 10 031 |
| 所占市场份额（%） | 20.9 | 16.3 | 14.1 | 4.8 | 4.7 | 4.4 | 4.3 | 3.4 |

表 3 2002 年在通信/雷达市场排前 8 位国家情况

单位：百万美元

| 国家名称 | 美国 | 日本 | 英国 | 中国 | 法国 | 韩国 | 德国 | 加拿大 |
|---|---|---|---|---|---|---|---|---|
| 市场额 | 75 303 | 19 267 | 9 193 | 8 172 | 5 604 | 5 069 | 4 028 | 2 943 |
| 所占市场份额（%） | 46 | 11.8 | 5.6 | 5 | 3.4 | 3.1 | 2.5 | 1.8 |

表 4 2003 年在电子数据处理产品市场排前 6 位国家情况

单位：百万美元

| 国家名称 | 美国 | 日本 | 中国 | 德国 | 英国 | 法国 |
|---|---|---|---|---|---|---|
| 市场额 | 96 318 | 48 176 | 38 387 | 18 031 | 16 054 | 10 105 |
| 所占市场份额（%） | 28.8 | 14.4 | 11.5 | 5.4 | 4.8 | 3.0 |

表 5 2003 年在电子元件市场排前 6 位国家与地区情况

单位：百万美元

| 国家与地区名称 | 美国 | 日本 | 中国 | 中国台湾省 | 墨西哥 | 韩国 |
|---|---|---|---|---|---|---|
| 市场额 | 66 029 | 51 234 | 47 933 | 16 323 | 14 906 | 14 475 |
| 所占市场份额（%） | 20.5 | 15.9 | 14.9 | 5.4 | 4.6 | 4.5 |

表 6 2003 年在通信/雷达市场排前 7 位国家情况

单位：百万美元

| 国家名称 | 美国 | 日本 | 英国 | 中国 | 法国 | 韩国 | 法国 |
|---|---|---|---|---|---|---|---|
| 市场额 | 79 068 | 20 037 | 9 469 | 7 484 | 5 772 | 5 373 | 4 149 |
| 所占市场份额（%） | 46.1 | 11.7 | 5.5 | 4.4 | 3.4 | 3.1 | 2.4 |

# 亚洲电子工业发展情况

从整体情况看，2002年亚洲主要国家和地区电子工业出现下滑。电子产品产值同比减少2.5%。其中，中国香港电子产品产值减少12.3%，印度尼西亚减少9.5%，以色列减少9.6%，日本减少11.1%。电子产品市场额减少3.6%。

2003年，亚洲主要国家和地区电子工业从低迷中走出来。大多数国家出现增长发展态势。其中，电子产品产值增长6.5%。仅有中国香港电子产品产值减少5.7%，以色列减少0.6%。电子产品市场增长6.2%。2000年~2003年亚洲电子产品产值情况见图1。2000年~2004年亚洲电子产品市场情况见图2。

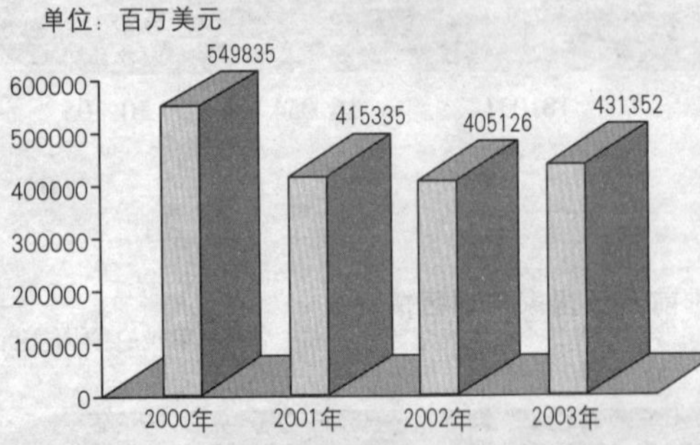


图1 2000年～2003年亚洲电子产品产值情况

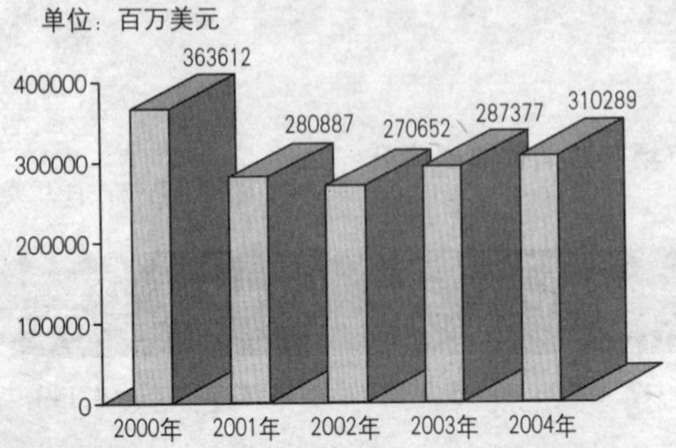


图2 2000年～2004年亚洲电子产品市场情况

## 一、进、出口情况

2000年亚洲主要国家和地区电子产品进、出口贸易呈顺差，顺差值为186 233百万美元。2001年亚洲主要国家和地区电子产品进、出口贸易呈顺差，顺差值为134 449百万美元。

### 1. 亚洲地区电子产品进口情况

2000年亚洲主要国家与地区（不含中国）电子产品进口额为293 638百万美元。其中，电子元件居首位，进口额为138 584百万美元，占亚洲电子产品进口总额的47.2%；其次是电子数据处理产品，进口额为84 025百万美元，占亚洲电子产品进口总额的8.6%；第三是消费类电子产品，进口额为18 779百万美元，占亚洲电子产品进口总额的6.4%。

日本电子产品进口额为70 649百万美元，占亚洲电子产品进口总额的24.1%；其次是中国香港，进口额为67 851百万美元，占亚洲电子产品进口总额的23.1%；第三是新加坡，进口额为50 830百万美元，占亚洲电子产品进口总额的17.3%。

2001年亚洲主要国家与地区（不含中国）电子产品进口额为260 425百万美元，同比减少11.3%。其中，电子元件居首位，进口额为117 040百万美元，减少15.5%，占亚洲电子产品进口总额的44.9%；其次是电子数据处理产品，进口额为75 659百万美元，减少10%，占亚洲电子产品进口总额的29.1%；第三是消费类电子产品，进口额为17 786百万美元，减少5.3%，占亚洲电子产品进口总额的6.3%。

中国香港电子产品进口额为64 624百万美元，占亚洲电子产品进口总额的24.8%，比2001年增加1.7个百分点；其次是日本，电子产品进口额为

61 160百万美元，占亚洲电子产品进口总额的23.5%，比2000年减少0.6个百分点；第三是新加坡，进口额为44 785百万美元，占亚洲电子产品进口总额的17.2%。

在2000年至2001年期间，亚洲主要国家与地区电子产品进口贸易呈下降趋势，仅有菲律宾、印度两国的进口贸易额略有增加。2002年菲律宾电子产品进口额增长16.2%，印度电子产品进口额增长1.6%。1999年~2001年亚洲主要国家与地区电子产品进口情况见表1。

2. 亚洲地区电子产品出口情况

2000年亚洲地区主要国家（不含中国）电子产品出口额为4 798 961百万美元。其中，电子元件居首位，出口额为213 396百万美元，占亚洲电子产品出口总额的44.5%；其次是电子数据处理产品，出口额为154 953百万美元，占亚洲电子产品出口总额的32.3%；第三是消费类电子产品，出口额为41 373百万美元，占亚洲电子产品出口总额的8.6%。

日本电子产品出口额为126 187百万美元，占亚洲电子产品出口总额的26.3%；其次是新加坡，出口额为75 169百万美元，占亚洲电子产品出口总额的15.7%；第三是中国香港，出口额为67 159百万美元，占亚洲电子产品出口总额的14.0%。

2001年亚洲主要国家与地区（不含中国）电子产品出口额为394 874百万美元，同比减少17.7%。其中，电子元件居首位，出口额为161 496百万美元，减少24.3%，占亚洲电子产品出口总额的40.9%；其次是电子数据处理产品，出口额为131 006百万美元，减少15.5%，占亚洲电子产品出口总额的33.2%；第三是消费类电子产品，出口额为36 687百万美元，减少11.3%，占亚洲电子产品出口总额的9.3%。

日本电子产品出口额为96 444百万美元，同比减少23.6%，占亚洲电子产品出口总额的24.4%，比2000年减少1.9个百分点；其次是新加坡，电子产品出口额为63 545百万美元，减少15.5%，占亚洲电子产品出口总额的16.1%，比2000年增加0.4个百分点；第三是中国香港，出口额为63 365百万美元，占亚洲电子产品出口总额的16.1%。

2001年亚洲主要国家与地区（不含中国）电子产品出口贸易额均呈下降趋势。1999年~2001年亚洲主要国家与地区电子产品出口情况见表2。

## 二、产值情况

1. 电子产品产值情况

2002年亚洲主要国家与地区（不含中国）电子产品产值为405 126百万美元。其中，电子元件居首位，产值为158 201百万美元，占亚洲电子产品产值的39%；其次是电子数据处理产品，产值为126 467百万美元，占亚洲电子产品产值的31.2%；第三是通信/雷达，产值为44 199百万美元，占亚洲电子产品产值的10.9%。

2003年亚洲主要国家与地区（不含中国）电子产品产值为431 352百万美元，同比增长6.5%。其中，电子元件居首位，产值为174 749百万美元，增长10.5%，占亚洲电子产品产值的40.5%，同比增加1.5个百分点；其次是电子数据处理产品，产值为132 200百万美元，增长4.5%，占亚洲电子产品产值的30.7%，同比减少0.5个百分点；第三是通信/雷达，产值为46 146百万美元，增长4.4%，占亚洲电子产品产值的10.7%。

2. 主要国家电子产品产值情况

(1) 日本

2002年日本电子产品产值为172 824百万美元，同比减少11.1%，占亚洲电子产品产值的17.5%。其中，电子元件居首位，产值为71 021百万美元，占日本电子产品产值的41.1%；其次是电子数据处理产品，产值为41 233百万美元，减少16%，占日本电子产品产值的23.9%；第三是通信/雷达，产值为21 931百万美元，减少12%，占日本电子产品产值的12.7%。

预计，2003年日本电子产品产值为180 046百万美元，比2002年增长4.2%。其中，电子元件增长6.6%，电子数据处理产品增长1%。2001年~2003年日本主要电子产品产值情况见表3。

（2）韩国

2002年韩国电子产品产值为59 942百万美元，同比增长11.7%，占亚洲电子产品产值的14.8%。其中，电子元件居首位，产值为25 864百万美元，增长17.5%，占韩国电子产品产值的43.2%；其次是通信/雷达，产值为13 838百万美元，增长6%，占韩国电子产品产值的23.1%；第三是电子数据处理产品，产值为12 832百万美元，增长11%，占韩国电子产品产值的1.4%。

预计，2003年韩国电子产品产值为66 107百万美元，同比增长10.3%。其中，电子元件增长15.8%，通信/雷达增长5%，电子数据处理产品增长8%。2001年~2003年韩国主要电子产品产值情况见表4。

## 三、市场情况

1. 电子产品市场情况

2002年亚洲主要国家和地区电子产品市场额为270 652百万美元，同比减少3.6%。其中，电子元件居首位，市场额为106 696百万美元，占亚洲电子产品市场额的39.4%；其次是电子数据处理产品，市场额为73 847百万美元，占亚洲电子产品市场额的27.3%；第三是通信/雷达，市场额为32 801百万美元，占亚洲电子产品市场额的12%。

预计，2003年亚洲主要国家和地区电子产品市场额（不含中国）为287 377百万美元，同比增长6.2%。其中，电子元件增长9.3%，电子数据处理产品增长4.6%。2001年~2004年亚洲一些国家电子产品市场情况见表5。

2. 主要国家电子产品市场情况

（1）日本

与2001年相比较，日本电子行业受国内经济和国际市场影响，电子产品市场出现下滑。

2002年日本电子产品市场额为144 455百万美元，同比减少9.3%。其中，电子元件居首位，市场额为48 077百万美元，减少10.7%，占日本电子产品市场额的33.3%；其次是电子数据处理产品，市场额为46 773百万美元，减少5%，占日本电子产品市场额的32.4%；第三是通信/雷达，市场额为19 267百万美元，减少10%，占日本电子产品市场额的13.3%。

预计，2003年日本电子产品市场有望增长，市场额为150 789百万美元。其中，电子元件增长6.6%，电子数据处理产品增长3%。2001年~2004年日本主要电子产品市场情况见表6。

（2）新加坡

2002年新加坡电子产品市场额为16 615百万美元，同比增长3.1%。其中，电子元件居首位，市场额为7 286百万美元，增长5.6%，占新加坡电子产品市场额的43.9%；其次是电子数据处理产品，市场额为5 516百万美元，增长3%，占新加坡电子产品市场额的33.2%；第三是通信/雷达，市场额为1 289百万美元，减少5%，占新加坡电子产品市场额的7.8%。

预计，2003年新加坡电子产品市场额为17 677百万美元，增长6.4%。其中，电子元件增长9.2%，电子数据处理产品增长5%。2001年~2004年新加坡主要电子产品市场情况见表7。

（3）韩国

2002年韩国电子产品市场额为30 666百万美元，同比增长5.2%。其中，电子元件市场额为12 570百万美元，增长13.8%，占韩国电子产品市场额的41%；其次是电子数据处理产品，市场额为5 695百万美元，增长6%，占韩国电子产品市场额的18.6%；第三是通信/雷达，市场额为5 069百万美元，减少5%，占韩国电子产品市场额的16.5%。

预计，2003年韩国电子产品市场额为33 677百万美元，增长9.8%。其中，电子元件增长15.2%，电子数据处理产品增长8%，通信/雷达增长6%。2001年~2004年韩国主要电子产品市场情况见表8。

## 【统计数据】

**表 1 1999年~2001 年亚洲主要国家与地区电子产品进口情况**

单位：百万美元

| 国家与地区名称 | 1999 年 | 2000 年 | 2001 年 |
|---|---|---|---|
| 中国香港特区 | 50 423 | 67 851 | 64 624 |
| 印度 | 2 222 | 2 581 | 2 623 |
| 印度尼西亚 | 592 | 1 012 | 941 |
| 以色列 | 4 225 | 5 866 | 5 081 |
| 日本 | 51 220 | 70 649 | 61 160 |
| 马来西亚 | 14 795 | 19 638 | 17 404 |
| 菲律宾 | 5 021 | 5 710 | 6 632 |
| 新加坡 | 40 362 | 50 830 | 44 785 |
| 韩国 | 16 991 | 25 414 | 20 755 |
| 中国台湾省 | 24 320 | 32 292 | 24 666 |
| 泰国 | 8 563 | 11 796 | 11 753 |

**表 2 1999 年~2001 年亚洲主要国家与地区电子产品出口情况**

单位：百万美元

| 国家与地区名称 | 1999 年 | 2000 年 | 2001 年 |
|---|---|---|---|
| 中国香港特区 | 50 239 | 67 159 | 63 365 |
| 印度 | 488 | 571 | 566 |
| 印度尼西亚 | 2 940 | 6 887 | 5 653 |
| 以色列 | 5 247 | 7 524 | 6 216 |
| 日本 | 104 653 | 126 187 | 96 444 |
| 马来西亚 | 38 836 | 45 612 | 39 437 |
| 菲律宾 | 10 440 | 13 937 | 12 707 |
| 新加坡 | 62 061 | 75 169 | 63 545 |
| 韩国 | 44 140 | 60 223 | 45 259 |
| 中国台湾省 | 44 278 | 57 015 | 44 715 |
| 泰国 | 15 922 | 19 578 | 16 965 |

**表 3　2001 年~2003 年日本主要电子产品产值情况**

单位：百万美元

| 产品名称 | 2001 年 | 2002 年 | 2003 年 |
|---|---|---|---|
| 个人计算机系统 | 16 642 | 16 422 | 19 093 |
| 硬盘驱动器 | 4 560 | 3 742 | 3 619 |
| 打印机 | 4 412 | 3 451 | 3 180 |
| 航海救护设备 | 1 202 | 1 085 | 1 156 |
| 无线通信 | 18 930 | 16 341 | 16 650 |
| 交换机 | 5 350 | 3 527 | 3 498 |
| 传输设备 | 5 679 | 3 724 | 3 674 |
| 有源元件 | 49 078 | 46 993 | 50 877 |

备注：2002年~2003年为预测值。

**表 4　2001 年~2003 年韩国主要电子产品产值情况**

单位：百万美元

| 产品名称 | 2001 年 | 2002 年 | 2003 年 |
|---|---|---|---|
| 计算机 | 2 181 | 2 209 | 2 171 |
| 存储器 | 1 939 | 2 209 | 2 443 |
| 移动无线电话 | 10 822 | 11 183 | 11 356 |
| 消费类电子产品 | 4 507 | 4 787 | 5 023 |
| 其中：彩色电视机 | 1 446 | 1 508 | 1 556 |
| 有源元件 | 16 954 | 20 345 | 24 007 |

备注：2002年~2003年为预测值。

**表 5　2001 年~2004 年亚洲一些国家电子产品市场情况**

单位：百万美元

| 国家名称 | 2001 年 | 2002 年 | 2003 年 | 2004 年 |
|---|---|---|---|---|
| 印度 | 7 322 | 7 680 | 8 225 | 8 798 |
| 印度尼西亚 | 4 980 | 4 888 | 5 152 | 5 557 |
| 以色列 | 8 036 | 7 299 | 7 546 | 7 906 |
| 日本 | 159 177 | 144 455 | 150 789 | 161 909 |

续表 5

| 国家名称 | 2001 年 | 2002 年 | 2003 年 | 2004 年 |
|---|---|---|---|---|
| 马来西亚 | 14 522 | 14 123 | 14 936 | 16 252 |
| 菲律宾 | 4 956 | 5 238 | 5 648 | 6 287 |
| 新加坡 | 16 110 | 16 615 | 17 677 | 19 324 |
| 韩国 | 29 144 | 30 666 | 33 677 | 36 585 |
| 泰国 | 9 137 | 10 036 | 11 161 | 12 397 |

备注：2001 年~2004 年为预测值。

**表 6　2001 年~2004 年日本主要电子产品市场情况**

单位：百万美元

| 产品名称 | 2001 年 | 2002 年 | 2003 年 | 2004 年 |
|---|---|---|---|---|
| 计算机 | 22 733 | 21 627 | 22 309 | 23 681 |
| 办公自动化设备 | 1 827 | 1 791 | 1 826 | 1 899 |
| 无线通信 | 17 119 | 15 426 | 16 056 | 17 027 |
| 交换机 | 5 687 | 4 287 | 4 390 | 4 577 |
| 消费类电子产品 | 8 930 | 8 754 | 9 021 | 9 436 |
| 其中：彩色电视机 | 2 683 | 2 615 | 2 731 | 2 878 |
| 有源元件 | 37 012 | 32 156 | 34 617 | 39 284 |

备注：2001 年~2004 年为预测值。

**表 7　2001 年~2004 年新加坡主要电子产品市场情况**

单位：百万美元

| 产品名称 | 2001 年 | 2002 年 | 2003 年 | 2004 年 |
|---|---|---|---|---|
| 计算机/计算机处理 | 1 963 | 1 989 | 2 054 | 2 141 |
| 打印机 | 589 | 602 | 627 | 660 |
| 硬盘驱动器 | 844 | 874 | 923 | 985 |
| 办公自动化设备 | 228 | 323 | 237 | 242 |
| 通信/雷达 | 1 357 | 1 289 | 1 328 | 1 434 |
| 消费类电子产品 | 856 | 878 | 909 | 941 |

续表 7

| 产品名称 | 2001 年 | 2002 年 | 2003 年 | 2004 年 |
|---|---|---|---|---|
| 其中：彩色电视机 | 173 | 179 | 186 | 195 |
| 有源元件 | 3 397 | 3 906 | 4 492 | 5 390 |

备注：2001 年~2004 年为预测值。

表 8　2001 年~2004 年韩国主要电子产品市场情况

单位：百万美元

| 产品名称 | 2001 年 | 2002 年 | 2003 年 | 2004 年 |
|---|---|---|---|---|
| 计算机 | 1 202 | 1 195 | 1 208 | 1 220 |
| 存储器 | 1 500 | 1 649 | 1 845 | 2 061 |
| 办公自动化设备 | 172 | 175 | 179 | 183 |
| 移动无线电话 | 3 788 | 3 613 | 3 844 | 4 089 |
| 传输设备 | 1 062 | 979 | 1 031 | 1 095 |
| 消费类电子产品 | 2 037 | 2 149 | 2 293 | 2 447 |
| 其中：彩色电视机 | 724 | 770 | 833 | 900 |
| 有源元件 | 7 311 | 8 627 | 10 352 | 11 905 |

备注：2001 年~2004 年为预测值。

# 西欧电子工业发展情况

## 一、电子产品进、出口情况

2000年西欧电子产品进、出口贸易呈逆差，逆差值为40 181百万美元。2001年西欧电子产品进、出口贸易呈逆差，逆差值为42 916百万美元。

1. 进口情况

2000年西欧电子产品进口额为347 894百万美元。其中，电子数据处理产品居首位，进口额为140 770百万美元，占西欧电子产品进口额的40.5%；其次是电子元件，进口额为89 908百万美元，占西欧电子产品进口额的25.8%；第三是电信，进口额为31 495百万美元，占西欧电子产品进口额的9%。

2001年西欧电子产品进口额为317 518百万美元，同比减少8.7%。其中，电子数据处理产品居首位，进口额为121 732百万美元，减少13.5%，占西欧电子产品进口额的38.3%；其次是电子元件，进口额为76 803百万美元，减少14.6%，占西欧电子产品进口额的24.2%；第三是电信，进口额为31 897百万美元，增长1.3%，占西欧电子产品进口额的10%。1999年~2001年西欧各国电子产品进口情况见表1。

2. 出口情况

2000年西欧电子产品出口额为307 713百万美元。其中，电子数据处理产品居首位，出口额为101 091百万美元，占西欧电子产品出口额的32.9%；其次是电子元件，出口额为73 464百万美元，占西欧电子产品出口额的23.9%；第三是通信/雷达，出口额为41 901百万美元，占西欧电子产品出口额的13.6%。

2001年西欧电子产品出口额为274 602百万美元，同比减少10.8%。其中，电子数据处理产品居首位，出口额为86 985百万美元，减少14%，占西欧电子产品出口额的31.7%；其次是电子元件，出口额为68 612百万美元，减少6.6%，占西欧电子产品出口额的25%；第三是通信/雷达，出口额为35 504百万美元，减少15.3%，占西欧电子产品出口额的12.9%。1999年~2001年西欧各国电子产品出口情况见表2。

## 二、产值情况

2002年西欧电子产品产值为198 986百万美元，同比减少6.6%。其中，电子数据处理产品居首位，产值为46 020百万美元，减少7.2%；其次是电子元件，产值为42 764百万美元，减少4.8%；第三是通信/雷达，产值为35 676百万美元，减少10 %。

2003年西欧电子产品产值为201 043百万美元，增长1%。其中，电子数据处理产品居首位，产值为45 594百万美元，减少0.9%；其次是电子元件，产值为44 914百万美元，增长5%；第三是通信/雷达，产值为35 876百万美元，增长0.6%。2001年~2003年西欧各国电子产品产值情况见表3。

## 三、市场情况

2002年西欧电子产品市场额为238 951百万美元，同比减少5.6%。其中，电子数据处理产品居首位，市场额为79 341百万美元，占西欧电子产品市场额的33.2%；其次是电子元件，市场额为49 240百万美元，占西欧电子产品市场额的20.6%；第三是通信/雷达，市场额为29 767百万美元，占西欧电子产品市场额的12.5%。

2003年西欧电子产品市场额为242 897百万美元，同比增长1.7%。其中，电子数据处理产品居首位，市场额为78 413百万美元，减少1.2%，占西欧电子产品市场额的32.3%；其次是电子元件，市场额为52 261百万美元，增长6.1%，占西欧电子产品市场额的21.5%；第三是通信/雷达，市场额为30 698百万美元，增长3.1%，占西欧电子产品市场额的12.6%。

预计，2004年西欧电子产品市场额为258 436百万美元，增长6.4%。其中，电子数据处理产品增长6.8%，电子元件增长10.1%，通信/雷达增长7.6%。2001年~2004年西欧各国电子产品市场情况见表4。

## 四、主要国家情况

1. 法国

法国土地面积543 695平方公里。2001年有人口5 943万，国内生产总值增长率为1.8%，每千户居民拥有个人计算机337台，拥有电话574部，拥有移动电话605部。

(1) 进、出口情况

2000年法国电子产品进、出口贸易呈逆差，逆差值为2 104百万美元。2001年法国电子产品进、出口贸易仍呈逆差，逆差值为3 602百万美元。

**进口情况** 2000年法国电子产品进口额为44 447百万美元，占西欧电子产品进口额的12.8%。其中，电子数据处理产品居首位，进口额为19 314百万美元，占法国电子产品进口额的43.5%；其次是电子元件，进口额为10 864百万美元，占法国电子产品进口额的24.4%；第三是通信/雷达，进口额为3 672百万美元，占法国电子产品进口额的8.3%。

2001年法国电子产品进口额为36 408百万美元，同比减少18.1%，占西欧电子产品进口额的11.5%。其中，电子数据处理产品居首位，进口额为13 103百万美元，减少32.2%，占法国电子产品进口额的36%；其次是电子元件，进口额为9 000

百万美元，减少17.2%，占法国电子产品进口额的24.7%；第三是通信/雷达，进口额为3 896百万美元，增长6.1%，占法国电子产品进口额的10.7%。1999年~2001年法国电子产品进口情况见表5。

**出口情况** 2000年法国电子产品出口额为42 343百万美元，占西欧电子产品出口额的13.8%。其中，电子数据处理产品居首位，出口额为14 429百万美元，占法国电子产品出口额的34.1%；其次是通信/雷达，出口额为9 545百万美元，占法国电子产品出口额的22.5%；第三是电子元件，出口额为8 818百万美元，占法国电子产品出口额的20.8%。

2001年法国电子产品出口额为32 806百万美元，同比减少22.5%，占西欧电子产品出口额的12%。其中，电子元件居首位，出口额为8 432百万美元，减少4.4%，占法国电子产品出口额的25.7%；其次是电子数据处理产品，出口额为7 790百万美元，减少46%，占法国电子产品出口额的23.7%；第三是通信/雷达，出口额为6 932百万美元，减少27.4%，占法国电子产品出口额的21.1%。1999年~2001年法国电子产品出口情况见表6。

(2) 产值情况

2002年法国电子产品产值为28 177百万美元，同比减少7.9%，占西欧电子产品产值的14.2%。其中，通信/雷达居首位，产值为8 156百万美元，减少10%，占法国电子产品产值的29%；其次是电子元件，产值为5 909百万美元，减少6.2%，占法国电子产品产值的21%。

2003年法国电子产品产值为28 666百万美元，同比增长1.7%，占西欧电子产品产值的14.3%。其中，通信/雷达居首位，产值为8 401百万美元，增长3%，占法国电子产品产值的29.3%；其次是电子元件，产值为6 272百万美元，增长6.1%，占法国电子产品产值的21.9%。2001年~2003年法国主要电子产品产值情况见表7。

(3) 市场情况

2002年法国电子产品市场额为32 084百万美元，同比减少6.2%，占西欧电子产品市场额的13.4%。其中，电子数据处理产品居首位，市场额10 006百万美元，减少7%，占法国电子产品市场额的1.2%；其次是电子元件，市场额为6 300百万美元，减少8.2%，占法国电子产品市场额的19.6%。

2003年法国电子产品市场额为32 532百万美元，增长1.4%，占西欧电子产品市场额的13.4%。其中，电子数据处理产品居首位，市场额为9 806百万美元，减少2%，占法国电子产品市场额的30.1%；其次是电子元件，市场额为6 688百万美元，减少2.6%，占法国电子产品市场额的20.6%。

预计，2004年法国电子产品市场额为34 650百万美元。2001年~2004年法国主要电子产品市场情况见表8。

2. 德国

德国土地面积356 900平方公里。2001年有人口8 236万，国内生产总值增长率为0.6%，每千户居民拥有个人计算机336台，拥有电话635部，拥有移动电话683部。

(1) 进、出口情况

2000年德国电子产品进、出口贸易呈逆差，逆差值为7 248百万美元。2001年德国电子产品进、出口贸易仍呈逆差，逆差值为14 101百万美元。

**进口情况** 2000年德国电子产品进口额为68 917百万美元，占西欧电子产品进口额的19.8%。其中，电子数据处理产品居首位，进口额为25 872百万美元，占德国电子产品进口额的37.5%；其次是电子元件，进口额为21 541百万美元，占德国电子产品进口额的31.3%；第三是消费类电子产品，进口额为5 630百万美元。占德国电子产品进口额的8.2%。

2001年德国电子产品进口额为68 284百万美元，同比减少0.9%。其中，电子数据处理产品居首位，进口额为24 190百万美元，减少6.5%，占德国电子产品进口额的35.4%；其次是电子元件，进口额为17 790百万美元，减少17.4%，占德国电子产品进口额的26.1%；第三是电信，进口额为7 691百万美元，增长101.3%，占德国电子产品进口额的11.3%。

1999年~2001年德国电子产品进口情况见表9。

**出口情况** 2000年德国电子产品出口额为61 669百万美元，占西欧电子产品出口额的20%。其中，电子元件居首位，出口额为17 982百万美元，占德国电子产品出口额的29%；其次是电子数据处理产品，出口额为14 949百万美元，占德国电子产品市场额的24.2%；第三是通信/雷达，出口额为7 976百万美元，占德国电子产品市场额的12.9%。

2001年德国电子产品出口额为54 183百万美元，同比减少12.1%，占西欧电子产品出口额的19.7%。其中，电子元件居首位，出口额为15 222百万美元，减少14.9%，占德国电子产品出口额的28.1%；其次是电子数据处理产品，出口额为13 562百万美元，减少9.3%，占德国电子产品出口额的25%；第三是控制/仪器，出口额为7 896百万美元，增长6.7%，占德国电子产品出口额的14.6%。1999年~2001年德国电子产品出口情况见表10。

(2) 产值情况

2002年德国电子产品产值为44 680百万美元，同比减少8%，占西欧电子产品产值的22.5%。其中，电子元件居首位，产值为10 852百万美元，占德国电子产品产值的24.3%；其次是控制/仪器，产值为10 054百万美元，占德国电子产品产值的22.5%；第三是电子数据处理产品，产值为8 336百万美元，占德国电子产品产值的18.7%。

2003年德国电子产品产值为45 226百万美元，同比增长1.2%，占西欧电子产品产值的22.5%。其中，电子元件居首位，产值为11 361百万美元，增长5%，占德国电子产品产值的25.1%；其次是控制/仪器，产值为10 205百万美元，增长1.5%，占德国电子产品产值的22.6%；第三是电子数据处理产品，产值为8 170百万美元，减少2%，占德国电子产品产值的18.1%。2001年~2003年德国主要电子产品产值情况见表11。

(3) 市场情况

2002年德国电子产品市场为55 189百万美元，同比减少6.1%，占西欧电子产品市场额的23.1%。其中，电子数据处理产品居首位，市场额为18 494百万美元，占德国电子产品市场额的33.5%；其次是电子元件，市场为12 929百万美元，占德国电子产品市场额的23.4%；第三是控制/仪器，市场额为6 716百万美元，占德国电子产品市场额的12.2%。

2003年德国电子产品市场额为55 883百万美元，同比增长1.3%，占西欧电子产品市场额的23%。其中，电子数据处理产品居首位，市场额为18 031百万美元，减少2.5%，占德国电子产品市场额的32.3%；其次是电子元件，市场额为13 759百万美元，增长6.4%，占德国电子产品市场额的24.6%；第三是控制/仪器，市场额为6 816百万美元，增长1.5%，占德国电子产品市场额的12.2%。

2004年德国电子产品市场额为59 230百万美元，同比增长6%。其中，电子数据处理产品增长7%，电子元件增长10.9%，控制/仪器增长2%。2001年~2004年德国主要电子产品市场情况见表12。

3. 英国

英国土地面积244 800平方公里。2001年英国有人口6 008万，国内生产总值增长率为2%，每千户居民拥有个人计算机366台，拥有电话588部，拥有移动电话783部。

(1) 进、出口情况

2000年英国电子产品进、出口贸易呈逆差，逆差值为9 995百万美元。2001年英国电子产品进、出口贸易仍呈逆差，逆差值为5 432百万美元。

**进口情况** 2000年英国电子产品进口额为66 395百万美元，占西欧电子产品进口额的19.1%。其中，电子数据处理产品居首位，进口额为27 305百万美元，占英国电子产品进口额的41.1%；其次是电子元件，进口额为16 243百万美元，占英国电子产品进口额的24.5%；第三是电信，进口额为7 906百万美元，占英国电子产品进口额的11.9%。

2001年英国电子产品进口额为57 479百万美元，同比减少13.4%，占西欧电子产品进口额的18.1%。其中，电子数据处理产品居首位，进口额为22 439百万美元，减少17.8%，占英国电子产品进口额的

39%；其次是电子元件，进口额为13 847百万美元，减少14.8%，占英国电子产品进口额的24.1%；第三是电信，进口额为5 784百万美元，减少26.8%，占英国电子产品进口额的10.1%。1999年~2001年英国电子产品进口情况见表13。

**出口情况** 2000年英国电子产品出口额为56 400百万美元，占西欧电子产品出口额的18.3%。其中，电子数据处理产品居首位，出口额为19 847百万美元，占英国电子产品出口额的35.2%；其次是电子元件，出口额为13 572百万美元，占英国电子产品出口额的24.1%；第三是通信/雷达，出口额为8 089百万美元，占英国电子产品出口额的14.3%。

2001年英国电子产品出口额为52 047百万美元，同比减少7.7%，占西欧电子产品出口额的19%。其中，电子数据处理产品居首位，出口额为17 351百万美元，减少12.6%，占英国电子产品出口额的33.3%；其次是电子元件，出口额为13 418百万美元，减少1.1%，占英国电子产品出口额的25.8%。1999年~2001年英国电子产品出口情况见表14。

(2) 产值情况

2002年英国电子产品产值为42 683百万美元，同比减少6.4%，占西欧电子产品产值的21.5%。其中，电子数据处理产品居首位，产值为11 322百万美元，占英国电子产品产值的26.5%；其次是通信/雷达，产值为10 917百万美元，占英国电子产品产值的25.6%；第三是电子元件，产值为8 765百万美元，占英国电子产品产值的20.5%。

2003年英国电子产品产值为42 236百万美元，同比减少1.1%，占西欧电子产品产值的21%。其中，电子数据处理产品居首位，产值为10 982百万美元，减少3%，占英国电子产品产值的26%；其次是通信/雷达，产值为10 372百万美元，减少5%，占英国电子产品产值的24.6%；第三是电子元件，产值为9 201百万美元，占英国电子产品产值的21.8%。2001年~2003年英国主要电子产品产值情况见表15。

(3) 市场情况

2002年英国电子产品市场额为48 246百万美元，占西欧电子产品市场额的20.2%。其中，电子数据处理产品居首位，市场额为16 054百万美元，占英国电子产品市场额的33.3%；其次是通信/雷达，市场额为9 193百万美元，占英国电子产品市场额的19.1%；第三是电子元件，市场额为8 848百万美元，占英国电子产品市场额的18.3%。

2003年英国电子产品市场额为49 225百万美元，增长2%，占西欧电子产品市场额的20.3%。其中，电子数据处理产品居首位，市场额为16 054百万美元，占英国电子产品市场额的33.3%；其次是通信/雷达，市场额为9 469百万美元，增长3%，占英国电子产品市场额的19.2%；第三是电子元件，市场额为9 335百万美元，增长5.5%，占英国电子产品市场额的19%。

2004年英国电子产品市场额为52 404百万美元，同比增长6.5%，占西欧电子产品市场额的20.3%。其中，电子数据处理产品增长7%，通信/雷达增长8%，电子元件增长9.1%。2001年~2004年英国主要电子产品市场情况见表16。

## 【统计数据】

**表1 1999年~2001年西欧各国电子产品进口情况**

单位：百万美元

| 国家名称 | 1999年 | 2000年 | 2001年 |
|---|---|---|---|
| 奥地利 | 7 702 | 8 701 | 9 002 |
| 比利时 | 12 502 | 13 678 | 14 239 |

续表 1

| 国家名称 | 1999 年 | 2000 年 | 2001 年 |
|---|---|---|---|
| 丹麦 | 5 641 | 6 247 | 5 621 |
| 芬兰 | 5 473 | 5 951 | 5 314 |
| 法国 | 36 337 | 44 447 | 36 408 |
| 德国 | 59 506 | 68 917 | 68 284 |
| 希腊 | 1 959 | 2 138 | 2 013 |
| 爱尔兰 | 13 803 | 16 208 | 17 725 |
| 意大利 | 22 512 | 24 479 | 21 927 |
| 荷兰 | 43 964 | 48 641 | 41 989 |
| 挪威 | 3 499 | 3 580 | 3 368 |
| 葡萄牙 | 3 680 | 3 551 | 3 403 |
| 西班牙 | 12 734 | 13 777 | 13 198 |
| 瑞典 | 10 066 | 11 260 | 8 535 |
| 瑞士 | 9 457 | 9 924 | 9 013 |
| 英国 | 56 521 | 66 395 | 57 479 |

**表 2　1999 年~2001 年西欧各国电子产品出口情况**

单位：百万美元

| 国家名称 | 1999 年 | 2000 年 | 2001 年 |
|---|---|---|---|
| 奥地利 | 5 143 | 6 176 | 6 671 |
| 比利时 | 9 955 | 11 531 | 11 908 |
| 丹麦 | 4 574 | 4 748 | 4 575 |
| 芬兰 | 9 210 | 10 934 | 8 991 |
| 法国 | 33 872 | 42 343 | 32 806 |
| 德国 | 49 371 | 61 669 | 54 183 |
| 希腊 | 236 | 375 | 415 |
| 爱尔兰 | 23 238 | 26 449 | 28 577 |

续表 2

| 国家名称 | 1999 年 | 2000 年 | 2001 年 |
|---|---|---|---|
| 意大利 | 11 576 | 12 560 | 12 206 |
| 荷兰 | 37 713 | 12 560 | 12 206 |
| 挪威 | 1 487 | 1 455 | 1 467 |
| 葡萄牙 | 2 077 | 2 189 | 2 148 |
| 西班牙 | 5 583 | 5 961 | 5 902 |
| 瑞典 | 13 294 | 14 170 | 7 954 |
| 瑞士 | 8 635 | 8 999 | 8 447 |
| 英国 | 49 395 | 56 400 | 52 047 |

表 3　2001 年~2003 年西欧各国电子产品产值情况

单位：百万美元

| 国家名称 | 2001 年 | 2002 年 | 2003 年 |
|---|---|---|---|
| 奥地利 | 3 352 | 3 179 | 3 232 |
| 比利时 | 5 294 | 4 850 | 4 847 |
| 丹麦 | 2 396 | 2 300 | 2 341 |
| 芬兰 | 7 982 | 7 251 | 7 522 |
| 法国 | 30 604 | 28 177 | 28 666 |
| 德国 | 48 582 | 44 680 | 45 226 |
| 希腊 | 561 | 568 | 593 |
| 爱尔兰 | 17 012 | 16 391 | 17 113 |
| 意大利 | 16 614 | 15 747 | 15 761 |
| 荷兰 | 8 887 | 8 450 | 8 563 |
| 挪威 | 1 386 | 1 320 | 1 344 |
| 葡萄牙 | 2 314 | 2 244 | 2 312 |
| 西班牙 | 6 815 | 6 473 | 6 495 |
| 瑞典 | 7 581 | 6 863 | 6 888 |

续表 3

| 国家名称 | 2001 年 | 2002 年 | 2003 年 |
|---|---|---|---|
| 瑞士 | 7 992 | 7 810 | 7 904 |
| 英国 | 45 587 | 42 683 | 42 236 |

备注：2002年~2003年为预测值。

**表 4　2001 年~2004 年西欧各国电子产品市场情况**

单位：百万美元

| 国家名称 | 2001 年 | 2002 年 | 2003 年 | 2004 年 |
|---|---|---|---|---|
| 奥地利 | 5 685 | 5 396 | 5 486 | 5 818 |
| 比利时 | 7 633 | 7 289 | 7 391 | 7 802 |
| 丹麦 | 3 442 | 3 329 | 3 393 | 3 597 |
| 芬兰 | 4 305 | 4 027 | 4 149 | 4 468 |
| 法国 | 34 204 | 32 084 | 32 532 | 34 650 |
| 德国 | 58 796 | 55 189 | 55 883 | 59 230 |
| 希腊 | 2 243 | 2 243 | 2 355 | 2 637 |
| 爱尔兰 | 7 180 | 6 793 | 7 132 | 7 821 |
| 意大利 | 26 335 | 24 906 | 25 306 | 26 845 |
| 荷兰 | 14 571 | 13 806 | 13 798 | 14 584 |
| 挪威 | 3 289 | 3 115 | 3 161 | 3 355 |
| 葡萄牙 | 3 569 | 3 420 | 3 489 | 3 757 |
| 西班牙 | 14 112 | 13 435 | 13 692 | 14 518 |
| 瑞典 | 8 160 | 7 607 | 7 771 | 8 316 |
| 瑞士 | 8 558 | 8 066 | 8 134 | 8 634 |
| 英国 | 51 020 | 48 246 | 49 225 | 52 404 |

备注：2002年~2004年为预测值。

表 5　1999 年~2001 年法国电子产品进口情况

单位：百万美元

| 产品名称 | 1999 年 | 2000 年 | 2001 年 |
|---|---|---|---|
| 电子数据处理产品 | 13 816 | 19 314 | 13 103 |
| 办公自动化设备 | 561 | 546 | 504 |
| 控制/仪器 | 2 247 | 2 498 | 2 576 |
| 电子医疗/工业设备 | 1 029 | 997 | 985 |
| 通信/雷达 | 3 163 | 3 672 | 3 896 |
| 电信 | 2 193 | 2 975 | 2 770 |
| 消费类电子产品 | 3 422 | 3 581 | 3 574 |
| 电子元件 | 9 906 | 10 864 | 9 000 |

表 6　1999 年~2001 年法国电子产品出口情况

单位：百万美元

| 产品名称 | 1999 年 | 2000 年 | 2001 年 |
|---|---|---|---|
| 电子数据处理产品 | 9 604 | 14 429 | 7 790 |
| 办公自动化设备 | 281 | 244 | 238 |
| 控制/仪器 | 2 125 | 2 304 | 2 457 |
| 电子医疗/工业设备 | 655 | 579 | 735 |
| 通信/雷达 | 7 549 | 9 545 | 6 932 |
| 电信 | 2 994 | 4 187 | 3 878 |
| 消费类电子产品 | 2 126 | 2 238 | 2 344 |
| 电子元件 | 8 538 | 11 818 | 8 432 |

表 7　2001 年~2003 年法国主要电子产品产值情况

单位：百万美元

| 产品名称 | 2001 年 | 2002 年 | 2003 年 |
|---|---|---|---|
| 计算机系统 | 3 036 | 2 829 | 2 863 |
| 存储器 | 759 | 693 | 687 |

续表 7

| 产品名称 | 2001 年 | 2002 年 | 2003 年 |
| --- | --- | --- | --- |
| 办公自动化设备 | 226 | 215 | 208 |
| 各种仪器合计 | 1 059 | 1 028 | 1 029 |
| 各种工业设备合计 | 281 | 287 | 290 |
| 电信 | 4 286 | 3 771 | 3 696 |
| 其中：交换机 | 1 696 | 1 506 | 1 488 |
| 消费类电子产品 | 1 995 | 1 963 | 1 995 |
| 其中：彩色电视机 | 982 | 921 | 891 |
| 有源元件 | 3 625 | 3 371 | 3 671 |

备注：2002 年~2003 年为预测值。

表 8　2001 年~2004 年法国主要电子产品市场情况

单位：百万美元

| 产品名称 | 2001 年 | 2002 年 | 2003 年 | 2004 年 |
| --- | --- | --- | --- | --- |
| 计算机系统 | 4 480 | 4 131 | 4 013 | 4 256 |
| 存储器 | 1 861 | 1 759 | 1 752 | 1 904 |
| 办公自动化设备 | 492 | 467 | 458 | 463 |
| 各种电子仪器合计 | 1 179 | 1 143 | 1 143 | 1 154 |
| 工业设备合计 | 429 | 420 | 424 | 437 |
| 通信/雷达 | 6 026 | 5 604 | 5 772 | 6 234 |
| 其中：无线通信/公共广播 | 4 710 | 4 411 | 4 575 | 4 975 |
| 电信 | 3 178 | 2 860 | 2 860 | 3 003 |
| 其中：交换机 | 1 248 | 1 118 | 1 113 | 1 163 |
| 消费类电子产品 | 3 225 | 3 240 | 2 297 | 3 384 |
| 其中：彩色电视机 | 979 | 996 | 1 019 | 1 052 |
| 有源元件 | 3 908 | 3 496 | 2 813 | 4 349 |

备注：2002年~2004年为预测值。

表 9　1999 年~2001 年德国电子产品进口情况

单位：百万美元

| 产品名称 | 1999 年 | 2000 年 | 2001 年 |
|---|---|---|---|
| 电子数据处理产品 | 24 750 | 25 872 | 24 190 |
| 办公自动化设备 | 807 | 846 | 729 |
| 控制/仪器 | 3 622 | 4 167 | 4 560 |
| 医疗/工业设备 | 2 453 | 2 811 | 2 603 |
| 通信/广播 | 2 945 | 4 229 | 4 829 |
| 电信 | 3 272 | 3 821 | 7 691 |
| 消费类电子产品 | 5 379 | 5 630 | 5 892 |
| 电子元件 | 16 279 | 21 541 | 17 790 |

表 10　1999 年~2001 年德国电子产品出口情况

单位：百万美元

| 产品名称 | 1999 年 | 2000 年 | 2001 年 |
|---|---|---|---|
| 电子数据处理产品 | 12 431 | 14 949 | 13 562 |
| 办公自动化设备 | 382 | 300 | 329 |
| 控制/仪器 | 7 122 | 7 399 | 7 896 |
| 医疗/工业设备 | 2 956 | 3 092 | 3 193 |
| 通信/雷达 | 6 351 | 7 976 | 7 183 |
| 电信 | 4 009 | 7 749 | 4 154 |
| 消费类电子产品 | 2 313 | 2 313 | 2 644 |
| 电子元件 | 13 808 | 17 892 | 15 222 |

表 11　2001 年~2003 年德国主要电子产品产值情况

单位：百万美元

| 产品名称 | 2001 年 | 2002 年 | 2003 年 |
|---|---|---|---|
| 计算机系统 | 6 850 | 6 074 | 5 994 |
| 存储器 | 95 | 66 | 52 |

续表 11

| 产品名称 | 2001 年 | 2002 年 | 2003 年 |
|---|---|---|---|
| 办公自动化设备 | 474 | 450 | 437 |
| 各种仪器合计 | 3 624 | 3 460 | 3 421 |
| 各种工业设备合计 | 1 174 | 1 151 | 1 174 |
| 雷达/航海救护 | 641 | 512 | 490 |
| 无线通信（含移动通信） | 5 364 | 4 613 | 4 757 |
| 电信 | 5 581 | 4 744 | 4 673 |
| 其中：交换机 | 2 838 | 2 429 | 2 409 |
| 消费类电子产品 | 1 598 | 1 543 | 1 507 |
| 其中：彩色电视机 | 438 | 411 | 393 |
| 有源元件 | 4 934 | 4 604 | 4 961 |

备注：2002年~2003 年为预测值。

### 表 12 2001 年~2004 年德国主要电子产品市场情况

单位：百万美元

| 产品名称 | 2001 年 | 2002 年 | 2003 年 | 2004 年 |
|---|---|---|---|---|
| 计算机系统 | 8 604 | 7 904 | 7 693 | 8 216 |
| 存储器 | 2 857 | 2 689 | 2 682 | 2 935 |
| 办公自动化设备 | 876 | 858 | 858 | 841 |
| 仪器合计 | 2 016 | 1 918 | 1 909 | 1 909 |
| 雷达/航海救护 | 640 | 591 | 579 | 573 |
| 无线通信 (含移动通信) /公共广播 | 3 088 | 3 045 | 3 186 | 3 362 |
| 电信 | 5 229 | 4 707 | 4 683 | 4 870 |
| 其中：交换机 | 2 420 | 451 | 2 110 | 2 158 |
| 消费类电子产品 | 4 846 | 4 827 | 4 903 | 4 962 |
| 其中：彩色电视机 | 1 496 | 1 547 | 1 605 | 1 682 |
| 有源元件 | 7 324 | 6 627 | 7 261 | 8 494 |

备注：2002年~2004年为预测值。

表 13　1999 年~2001 年英国电子产品进口情况

单位：百万美元

| 产品名称 | 1999 年 | 2000 年 | 2001 年 |
|---|---|---|---|
| 电子数据处理产品 | 25 105 | 27 305 | 22 439 |
| 办公自动化设备 | 445 | 433 | 432 |
| 控制/仪器 | 2 869 | 3 141 | 3 387 |
| 医疗/工业设备 | 765 | 889 | 955 |
| 通信/雷达 | 4 916 | 5 912 | 5 736 |
| 电信 | 5 263 | 7 906 | 5 784 |
| 消费类电子产品 | 4 213 | 4 567 | 4 899 |
| 电子元件 | 12 945 | 16 243 | 13 847 |

表 14　1999 年~2001 年英国电子产品出口情况

单位：百万美元

| 产品名称 | 1999 年 | 2000 年 | 2001 年 |
|---|---|---|---|
| 电子数据处理产品 | 19 527 | 19 847 | 1 735 |
| 办公自动化设备 | 398 | 471 | 328 |
| 控制/仪器 | 3 708 | 4 082 | 4 226 |
| 医疗/工业设备 | 816 | 808 | 754 |
| 通信/雷达 | 6 732 | 8 089 | 7 874 |
| 电信 | 5 402 | 7 242 | 6 184 |
| 消费类电子产品 | 2 566 | 2 289 | 1 912 |
| 电子元件 | 10 246 | 13 572 | 13 418 |

表 15　2001 年~2003 年英国主要电子产品产值情况

单位：百万美元

| 产品名称 | 2001 年 | 2002 年 | 2003 年 |
|---|---|---|---|
| 计算机系统 | 6 087 | 5 661 | 5 481 |
| 办公自动化设备 | 578 | 567 | 555 |
| 仪器合计 | 2 465 | 2 464 | 2 484 |
| 工业设备合计 | 762 | 778 | 793 |

续表 15

| 产品名称 | 2001 年 | 2002 年 | 2003 年 |
|---|---|---|---|
| 雷达 | 681 | 619 | 593 |
| 航海救护 | 906 | 823 | 789 |
| 无线通信（含移动通信） | 8 696 | 7 760 | 7 307 |
| 电信 | 3 246 | 2 857 | 2 800 |
| 其中：交换机 | 870 | 692 | 611 |
| 消费类电子产品 | 2 460 | 2 342 | 2 296 |
| 其中：彩色电视机 | 870 | 815 | 789 |
| 有源元件 | 5 046 | 4 749 | 5 148 |

备注：2002年~2003 年为预测值。

### 表 16 2001 年~2004 年英国主要电子产品市场情况

单位：百万美元

| 产品名称 | 2001 年 | 2002 年 | 2003 年 | 2004 年 |
|---|---|---|---|---|
| 计算机系统 | 4 767 | 4 394 | 4 355 | 4 618 |
| 办公自动化设备 | 683 | 648 | 636 | 642 |
| 仪器合计 | 1 926 | 1 952 | 1 989 | 2 045 |
| 工业设备合计 | 704 | 683 | 690 | 704 |
| 雷达 | 659 | 530 | 476 | 447 |
| 航海救护 | 790 | 683 | 659 | 665 |
| 无线通信（含移动通信） | 6 706 | 6 380 | 6 777 | 7 530 |
| 电信 | 2 846 | 2 704 | 2 677 | 2 811 |
| 其中：交换机 | 849 | 738 | 664 | 631 |
| 消费类电子产品 | 5 446 | 5 540 | 5 691 | 5 840 |
| 其中：彩色电视机 | 1 496 | 1 531 | 1 582 | 1 634 |
| 有源元件 | 4 726 | 4 135 | 4 486 | 5 146 |

备注：2002年~2004 为预测值。

# 东欧电子工业发展情况

## 一、东欧电子产品进、出口情况

2000年东欧电子产品进、出口贸易呈逆差，逆差值为9 739百万美元。2000年在东欧各国中，仅有匈牙利电子产品进、出口贸易呈顺差，顺差值为1 593百万美元。2001年东欧电子产品进、出口贸易仍呈逆差，逆差值为10 364百万美元。2001年东欧各国中，仍是匈牙利电子产品进、出口贸易呈顺差，顺差值为1 603百万美元。

1. 进口情况

2000年东欧电子产品进口额为23 657百万美元。其中，电子数据处理产品居首位，进口额为7 256百万美元，占东欧电子产品进口总额的30.7%；其次是电子元件，进口额为6 495百万美元，占东欧电子产品进口总额的27.3%；第三是通信/雷达，进口额为3 021百万美元，占东欧电子产品进口总额的12.8%。

2001年东欧电子产品进口额为25 984百万美元，同比增长9.8%。其中，电子数据处理产品居首位，进口额为8 116百万美元，增长11.9%，占东欧电子产品进口总额的31.2%；其次是电子元件，进口额为7 069百万美元，增长8.8%，占东欧电子产品进口总额的27.2%；第三是通信/雷达，进口额为3 364百万美元，增长11.4%，占东欧电子产品进口总额的12.9%。

2. 出口情况

2000年东欧电子产品出口额为13 918百万美元。其中，电子数据处理产品居首位，出口额为4 757百万美元，占东欧电子产品出口额的34.2%；其次是电子元件，出口额为3 868百万美元，占东欧电子产品出口额的27.8%；第三是消费类电子产品，出口额为2 508百万美元，占东欧电子产品出口额的18%。

2001年东欧电子产品出口额为15 620百万美元，同比增长12.2%。其中，电子元件居首位，出口额为3 928百万美元，增长1.6%，占东欧电子产品出口总额的25.1%；其次是电子数据处理产品，出口额为3 849百万美元，减少19.1%，占东欧电子产品出口额的24.6%；第三是消费类电子产品，出口额为3 195百万美元，增长27.4%，占东欧电子产品出口额的20.5%。2000年~2001年东欧各国电子产品进出口情况见表1。

## 二、产值情况

2002年东欧各国电子产品产值为21 218百万美元，同比增长4%。其中，消费类电子产品居首位，产值为4 425百万美元，占东欧电子产品产值的20.9%；其次是电子数据处理产品，产值为4 081百万美元，占东欧电子产品产值的19.2%；第三是电子元件，产值为3 903百万美元，占东欧电子产品产值的18.4%；第四是通信/雷达，产值为3 096百万美元，占东欧电子产品产值的14.6%。

预计，2003年东欧各国电子产品产值为22 818百万美元，同比增长7.5%。其中，消费类电子产品仍居首位，增长7.2%；其次是电子数据处理产品，增长6.1%；第三是电子元件，增长8.2%；第四是通信/雷达，增长10.2%。2001年~2003年东欧各国电子产品产值情况见表2。

## 三、市场情况

2002年东欧电子产品市场额为32 252百万美元。其中，电子数据处理产品居首位，市场额9 209百万美元，占东欧电子产品市场额的28.6%；其次是电子元件，市场额为6 991百万美元，占东欧电子产品市场额的21.7%；第三是通信/雷达，市场额为4 032百万美元，占东欧电子产品市场额的12.5%。

2003年东欧电子产品市场额为34 440百万美元，同比增长6.8%。其中，电子数据处理产品居首位，市场额为9 974百万美元，增长8.3%，占东欧电子产品市场额的29%；其次是电子元件，市场额为7 559百万美元，增长8.1%，占东欧电子产品市场额的22%；第三是通信/雷达，市场额为4 599百万美元，增长6.9%，占东欧电子产品市场额的13.4%。

预计，2004年东欧电子产品市场额为371 010百万美元，增长7.7%。其中，电子数据处理产品居首位，市场额为10 955百万美元，增长9.8%，占东欧电子产品市场额的29.5%；其次是电子元件，市场为8 364百万美元，增长10.7%，占东欧电子产品市场额的22.5%；第三是通信/雷达，市场额为4 872百万美元，增长5.9%，占东欧电子产品市场额的13.1%。2002年~2004年东欧各国电子产品市场情况见表3。2000年~2004年东欧电子产品市场情况见图1。

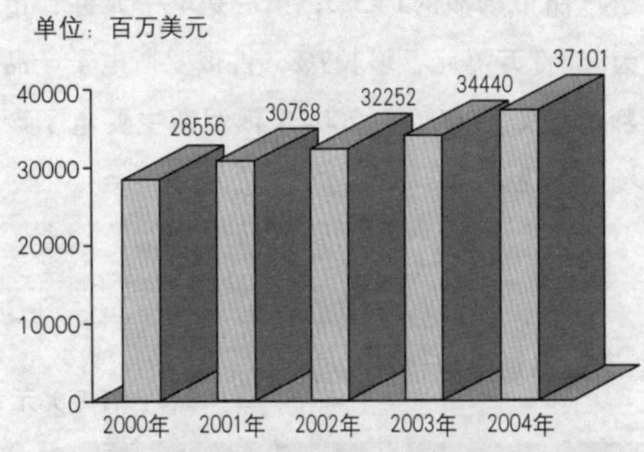


图1　2000年～2004年东欧电子产品市场情况

## 四、主要国家情况

1. 波兰

波兰土地面积304 463平方公里。2001年波兰有人口3 860万，人均国内生产总值4 560美元，每户居民拥有电话295部，拥有移动电话260部，拥有个人计算机85台，每千人上网人数98人。

（1）产值情况

2002年波兰电子产品产值为3 756百万美元。其中，消费类电子产品居首位，产值为1 301百万美元，占波兰电子产品产值的34.6%；其次是电信，产值为706百万美元，占波兰电子产品产值的18.8%；第三是电子元件，产值为548百万美元，占波兰电子产品产值的14.6%。

预计，2003年波兰电子产品产值为3 982百万美元，同比增长6%。其中，消费类电子产品居首位，产值为1 405百万美元，增长8%；其次是电信，产值为720百万美元，增长2%。2001年~2003年波兰主要电子产品产值情况见表4。

（2）市场情况

2003年波兰电子产品市场额为7 480百万美元，同比增长4.6%。其中，电子数据处理产品居首位，市场额为1 892百万美元，占波兰电子产品市场额的25.3%；其次是电子元件，市场额为1 470百万美元，占波兰电子产品市场额的19.7%。

预计，2004年波兰电子产品市场额为7 893百万美元。2002年~2004年波兰主要电子产品市场情况见表5。

2. 匈牙利

匈牙利土地面积93 000平方公里。2001年匈牙利有人口1 080万，国内生产总值增长率为3.8%，人均创造国内生产总值5 170百万美元，每千户居民拥有电话374部，拥有移动电话498部，拥有个人计算机100台，每千人上网人数148人。

（1）产值情况

2002年匈牙利电子产品产值为7 880百万美元。其中，电子数据处理产品居首位，产值为2 438百万美元，占匈牙利电子产品产值的30.9%；其次是通信/雷达，产值为1 540百万美元，占匈牙利电子产品产值的19.5%；第三是电子元件，产值为1 539百万美元，占匈牙利电子产品产值的19.5%。

2003年匈牙利电子产品产值为8 477百万美元，同比增长7.8%。其中，电子数据处理产品居首位，产值为2 559百万美元，增长5%，占匈牙利电子产品产值的30.2%；其次是通信/雷达，产值为1 694百万美元，增长10%，占匈牙利电子产品产值的20%；第三是电子元件，产值为1 666百万美元，增长8.3%，占匈牙利电子产品产值的19.7%。2001年~2003年匈牙利主要电子产品产值情况见表6。

（2）市场情况

2003年匈牙利电子产品市场额为6 866百万美

元，同比增长6.9%。其中，电子元件居首位，市场额为2 653百万美元，增长6.3%，占匈牙利电子产品市场额的38.6%；其次是电子数据处理产品，市场额为2 491百万美元，增长8%，占匈牙利电子产品市场额的36.3%。

预计，2004年匈牙利电子产品市场额为7 426百万美元，同比增长8.2%。其中，电子元件增长7.8%。2002年~2004年匈牙利主要电子产品市场情况见表7。

3. 俄罗斯

俄罗斯土地面积1 710万平方公里。2001年俄罗斯有人口14 500万，人均国内生产总值2 140美元，国内生产总值增长率为5%，每千户居民拥有电话243部，拥有移动电话38部，拥有个人计算机50台，每千人上网人数29人。

(1) 产值情况

2002年俄罗斯电子产品产值为2 428百万美元，同比增长3.3%。其中，电子元件居首位，产值为491百万美元，占俄罗斯电子产品产值的20.2%；其次是消费类电子产品，产值为482百万美元，占俄罗斯电子产品产值的19.9%。

2003年俄罗斯电子产品产值为2 543百万美元，同比增长4.7%。其中，电子元件居首位，产值为525百万美元，增长6.9%，占俄罗斯电子产品产值的20.6%；其次是消费类电子产品，产值为523百万美元，增长8.5%，占俄罗斯电子产品产值的20.6%。2001年~2003年俄罗斯主要电子产品产值情况见表8。

(2) 市场情况

2003年俄罗斯电子产品市场额为7 114百万美元，同比增长6.5%。其中，电子数据处理产品居首位，市场额为2 298百万美元，增长8%，占俄罗斯电子产品市场额的32.3%；其次是消费类电子产品，市场额为1 035百万美元，增长4.7%，占俄罗斯电子产品市场额的14.5%；第三是电子元件，市场额为860百万美元，增长7%，占俄罗斯电子产品市场额的12%。2002年~2004年俄罗斯主要电子产品市场情况见表9。

## 【统计数据】

**表1 2000年~2001年东欧各国电子产品进出口情况**

单位：百万美元

| 国家名称 | 2000年 | | 2001年 | |
|---|---|---|---|---|
| | 进口额 | 出口额 | 进口额 | 出口额 |
| 保加利亚 | 353 | 61 | 423 | 71 |
| 克罗埃西亚 | 494 | 152 | 694 | 204 |
| 捷克 | 3 686 | 2 224 | 4 470 | 3 340 |
| 匈牙利 | 6 209 | 7 802 | 6 126 | 7 729 |
| 波兰 | 5 101 | 1 290 | 5 012 | 1 607 |
| 罗马尼亚 | 1 188 | 510 | 1 328 | 497 |
| 俄罗斯 | 4 070 | 947 | 5 027 | 1 138 |
| 斯洛伐克 | 953 | 382 | 1 155 | 433 |
| 斯洛文尼亚 | 710 | 330 | 664 | 350 |
| 乌克兰 | 893 | 220 | 1 085 | 251 |

**表 2 2001 年~2003 年东欧各国电子产品产值情况**

单位：百万美元

| 国家名称 | 2001 年 | 2002 年 | 2003 年 |
| --- | --- | --- | --- |
| 保加利亚 | 157 | 168 | 182 |
| 克罗埃西亚 | 217 | 215 | 231 |
| 捷克 | 2 739 | 3 032 | 3 223 |
| 匈牙利 | 7 892 | 7 880 | 8 477 |
| 波兰 | 3 632 | 3 756 | 3 982 |
| 罗马尼亚 | 1 144 | 1 276 | 1 486 |
| 俄罗斯 | 2 350 | 2 428 | 2 543 |
| 斯洛伐克 | 889 | 1 000 | 1 107 |
| 斯洛文尼亚 | 666 | 718 | 985 |
| 乌克兰 | 708 | 747 | 803 |

备注：2002 年~2003 年为预测值。

**表 3 2002 年~2004 年东欧各国电子产品市场情况**

单位：百万美元

| 国家名称 | 2002 年 | 2003 年 | 2004 年 |
| --- | --- | --- | --- |
| 保加利亚 | 548 | 601 | 646 |
| 克罗埃西亚 | 772 | 834 | 897 |
| 捷克 | 4 029 | 4 223 | 4 592 |
| 匈牙利 | 6 420 | 6 866 | 7 426 |
| 波兰 | 7 153 | 7 480 | 7 893 |
| 罗马尼亚 | 2 175 | 2 444 | 2 764 |
| 俄罗斯 | 6 680 | 7 114 | 7 565 |
| 斯洛伐克 | 1 765 | 1 969 | 2 160 |
| 斯洛文尼亚 | 1 002 | 1 084 | 1 174 |
| 乌克兰 | 1 688 | 1 824 | 1 985 |

备注：2002年~2004 年为预测值。

表 4　2001 年~2003 年波兰主要电子产品产值情况

单位：百万美元

| 产品名称 | 2001 年 | 2002 年 | 2003 年 |
|---|---|---|---|
| 计算机系统/外设 | 200 | 205 | 216 |
| 控制/仪器 | 300 | 309 | 321 |
| 雷达/航海救护 | 40 | 41 | 42 |
| 通信/公共广播 | 310 | 337 | 374 |
| 彩色电视机 | 1 100 | 1 157 | 1 252 |
| 有源元件 | 277 | 291 | 305 |

备注：2002年~2003 年为预测值。

表 5　2002 年~2004 年波兰主要电子产品市场情况

单位：百万美元

| 产品名称 | 2002 年 | 2003 年 | 2004 年 |
|---|---|---|---|
| 计算机系统/外设 | 1 264 | 1 332 | 1 442 |
| 办公自动化设备 | 94 | 89 | 88 |
| 控制/仪器 | 577 | 595 | 618 |
| 雷达/航海救护 | 58 | 60 | 61 |
| 通信/公共广播 | 1 032 | 1 095 | 1 141 |
| 消费类电子产品 | 789 | 820 | 850 |
| 其中：彩色电视机 | 414 | 434 | 455 |
| 有源元件 | 887 | 958 | 1 054 |

备注：2002 年~2004 年为预测值。

表 6　2001 年~2003 年匈牙利主要电子产品产值情况

单位：百万美元

| 产品名称 | 2001 年 | 2002 年 | 2003 年 |
|---|---|---|---|
| 计算机系统 | 170 | 152 | 161 |
| 外设 | 1 300 | 1 138 | 1 188 |
| 控制/仪器 | 230 | 212 | 222 |
| 电信 | 450 | 518 | 621 |

续表 6

| 产品名称 | 2001 年 | 2002 年 | 2003 年 |
| --- | --- | --- | --- |
| 消费类电子产品 | 1 450 | 1 501 | 1 568 |
| 其中：彩色电视机 | 540 | 588 | 644 |
| 有源元件 | 440 | 462 | 508 |

备注：2002年~2003 年为预测值。

**表 7　2002 年~2004 年匈牙利主要电子产品市场情况**

单位：百万美元

| 产品名称 | 2002 年 | 2003 年 | 2004 年 |
| --- | --- | --- | --- |
| 计算机系统 | 220 | 247 | 283 |
| 外设 | 326 | 359 | 404 |
| 控制/仪器 | 307 | 332 | 362 |
| 通信/雷达 | 473 | 502 | 532 |
| 电信 | 312 | 327 | 334 |
| 消费类电子产品 | 311 | 328 | 345 |
| 其中：彩色电视机 | 122 | 131 | 141 |
| 有源元件 | 968 | 1 065 | 1 193 |

备注：2002 年~2004 年为预测值。

**表 8　2001 年~2003 年俄罗斯主要电子产品产值情况**

单位：百万美元

| 产品名称 | 2001 年 | 2002 年 | 2003 年 |
| --- | --- | --- | --- |
| 电子数据处理产品 | 300 | 306 | 315 |
| 控制/仪器 | 500 | 475 | 466 |
| 通信/雷达 | 190 | 196 | 205 |
| 彩色电视机 | 200 | 224 | 250 |
| 有源元件 | 100 | 102 | 105 |

备注：2002年~2003 年为预测值。

表 9　2002 年~2004 年俄罗斯主要电子产品市场情况

单位：百万美元

| 产品名称 | 2002 年 | 2003 年 | 2004 年 |
|---|---|---|---|
| 电子数据处理产品 | 2 127 | 2 298 | 2 481 |
| 控制/仪器 | 371 | 389 | 397 |
| 通信/雷达 | 842 | 901 | 955 |
| 彩色电视机 | 590 | 622 | 656 |
| 有源元件 | 252 | 277 | 319 |

备注：2002年~2004 年为预测值。

# 美洲电子工业发展情况

## 一、电子产品进、出口情况

2000年美洲电子产品进、出口贸易呈逆差，逆差值为106 676百万美元。其中，美国电子产品进、出口贸易呈逆差，逆差值为88 098百万美元；巴西电子产品进、出口贸易呈逆差，逆差值为6 493百万美元。

2001年美洲电子产品进、出口贸易呈逆差，逆差值为79 748百万美元。与2000年一样，美国、加拿大、巴西电子产品进、出口贸易均呈逆差。

（一）进口情况

1. 主要国家进口情况

2000年美洲电子产品进口额为268 979百万美元。其中，美国居首位，电子产品进口额为225 278百万美元，占美洲电子产品进口总额的83.8%。巴西是南美洲最大的国家，其电子产品进口额为9 038百万美元，占美洲电子产品进口总额的3.4%。加拿大电子产品进口额为34 663百万美元，占美洲电子产品进口总额的12.9%。

2001年美洲电子产品进口额为217 512百万美元，同比减少19.1%。其中，美国电子产品进口额为180 985百万美元，同比减少19.7%，占美洲电子产品进口总额的83.2%。巴西电子产品进口额为8 398百万美元，减少7.1%，占美洲电子产品进口总额的3.9%。加拿大电子产品进口额为28 129百万美元，减少18.9%，占美洲电子产品进口总额的12.9%。

（1）美国

2000年，从美国电子产品进口情况看，电子数据处理产品居首位，进口额为81 525百万美元，占美国电子产品进口额的36.2%；其次是电子元件，进口额为62 956百万美元，占美国电子产品进口额的28%；第三是消费类电子产品，进口额为30 376百万美元，占美国电子产品进口额的13.5%；第四是电信产品，进口额为19 093百万美元，占美国电子产品进口额的8.5%。

2001年，在美国电子产品进口中，电子数据处理产品居首位，进口额为65 964百万美元，同比减少19.1%，占美国电子产品进口总额的36.4%；其次是电子元件，进口额为41 231百万美元，减少34.5%，占美国电子产品进口额的22.8%；第三是消费类电子产品，进口额为28 498百万美元，减少6.2%，占美国电子产品进口额的15.8%；第四是通信/雷达，进口额为15 017百万美元，占美国电子产品进口额的8.3%。

（2）加拿大

2000年加拿大电子产品进口额为34 663百万美

元。其中，电子数据处理产品居首位，进口额为11 168百万美元，占加拿大电子产品进口额的32.2%；其次是电子元件，进口额为9 877百万美元，占加拿大电子产品进口额的28.5%。

2001年加拿大电子产品进口额为28 129百万美元。其中，电子数据处理产品居首位，进口额为9 779百万美元，减少12.4%，占加拿大电子产品进口额的34.8%；其次是电子元件，进口额为6 576百万美元，减少33.4%，占加拿大电子产品进口额的23.4%。

(3) 巴西

2000年巴西电子产品进口额为9 038百万美元。其中，电子元件居首位，进口额为3 946百万美元，占巴西电子产品进口额的43.7%；其次是电子数据处理产品，进口额为1 869百万美元，占巴西电子产品进口额的20.7%。

2001年巴西电子产品进口额为8 398百万美元。其中，电子元件居首位，进口额为3 210百万美元，减少18.7%，占巴西电子产品进口额的38.2%；其次是电子数据处理产品，进口额为1 706百万美元，减少8.7%，占巴西电子产品进口额的20.3%。

2. 主要进口产品情况

综合近年情况看，在2000年~2001年期间，美洲主要进口的电子产品是电子数据处理产品和电子元件。2001年，电子数据处理产品进口额为94 562百万美元，占美洲电子产品进口额的35.2%；其次是电子元件，进口额为76 779百万美元，占美洲电子产品进口额的28.5%。2002年，电子数据处理产品进口额为77 449百万美元，同比减少18.1%，占美洲电子产品进口额的35.6%；其次是电子元件，进口额为51 017百万美元，减少33.6%，占美洲电子产品进口额的23.5%。

(二) 出口情况

1. 主要国家出口情况

2000年美洲电子产品出口额为162 303百万美元。其中，美国电子产品出口额为137 180百万美元，占美洲电子产品出口总额的84.5%；巴西电子产品出口额为2 545百万美元，占美洲电子产品出口总额的1.6%；加拿大电子产品出口额为22 578百万美元，占美洲电子产品出口总额的13.9%。2001年美洲电子产品出口额为137 764百万美元，同比减少15.1%。其中，美国电子产品出口额为120 405百万美元，同比减少12.2%，占美洲电子产品出口额的87.4%；巴西电子产品出口额为2 524百万美元，减少0.8%，占美洲电子产品出口额的1.8%；加拿大电子产品出口额为14 835百万美元，减少34.3%，占美洲电子产品出口额的10.8%。

(1) 美国

2000年美国电子产品出口额为137 180百万美元。其中，电子元件居首位，出口额为48 644百万美元，占美国电子产品出口额的35.5%；其次是电子数据处理产品，出口额为41 308百万美元，占美国电子产品出口额的30.1%；第三是控制/仪器，出口额为16 241百万美元，占美国电子产品出口额的11.8%。

2001年美国电子产品出口额为120 405百万美元。其中，电子数据处理产品居首位，出口额为38 185百万美元，占美国电子产品出口额的31.7%；其次是电子元件，出口额为37 057百万美元，占美国电子产品出口额的30.8%；第三是控制/仪器，出口额为15 928百万美元，占美国电子产品出口额的13.2%。

(2) 加拿大

2000年加拿大电子产品出口额为22 578百万美元。其中，电信产品居首位，出口额为8 497百万美元，占加拿大电子产品出口额的37.6%；其次是电子数据处理产品，出口额为5 210百万美元，占加拿大电子产品出口额的23.1%；第三是电子元件，出口额为4 459百万美元，占加拿大电子产品出口额的19.7%。

2001年加拿大电子产品出口额为14 835百万美元。其中，电子数据处理产品居首位，出口额为4 090百万美元，减少21.5%，占加拿大电子产品出口额的27.6%；其次是电子元件，出口额为3 360百万美元，减少24.6%，占加拿大电子产品出口额的22.7%；第三是电信产品，出口额为3 337百万美元，减少60.7%，占加拿大电子产品出口额的22.5%。由此可见，由于主导产品出口下降幅度大，因此，导致加拿大电子产品出口额同比下降34.3%。

（3）巴西

2000年巴西电子产品出口额为2 545百万美元。主要出口产品是通信/雷达，出口额为1 011百万美元，占巴西电子产品出口额的39.7%；其次是消费类电子产品，出口额为517百万美元，占巴西电子产品出口额的20.3%。

2001年巴西电子产品出口额为2 524百万美元。主要出口产品是通信/雷达，出口额为1 155百万美元，增长14.2%，占巴西电子产品出口额的45.8%；其次是消费类电子产品，出口额为407百万美元，减少21.3%，占巴西电子产品出口额的16.1%。

2. 主要出口产品情况

2000年美洲主要出口产品是电子元件、电子数据处理产品。电子元件出口额为53 478百万美元，占美洲电子产品出口额的33%；其次是电子数据处理产品，出口额为46 885百万美元，占美洲电子产品出口额的28.9%；第三是电信，出口额为21 596百万美元，占美洲电子产品出口额的13.3%；第四是控制/仪器，出口额为17 475百万美元，占美洲电子产品出口额的10.8%。

2001年美洲电子产品出口额为137 764百万美元。其中，电子数据处理产品居首位，出口额为42 564百万美元，同比减少9.2%，占美洲电子产品出口额的30.9%；其次是电子元件，出口额为40 793百万美元，减少23.7%，占美洲电子产品出口额的29.6%；第三是控制/仪器，出口额为17 179百万美元，减少1.7%，占美洲电子产品出口额的12.5%；第四是电信，出口额为14 414百万美元，减少33.3%，占美洲电子产品出口额的10.5%。

## 二、产值情况

2002年美洲电子产品产值为315 459百万美元，同比减少9%。其中，美国电子产品产值291 105百万美元，同比减少8.8%，占美洲电子产品产值的92.3%；加拿大电子产品产值为10 972百万美元，减少7.7%，占美洲电子产品产值的3.5%；巴西电子产品产值为13 382百万美元，减少14.2%，占美洲电子产品产值的4.2%。

预计，2003年美洲电子产品产值为326 277百万美元，同比增长3.4%。其中，美国电子产品产值增长3.3%，加拿大电子产品产值增长4.9%，巴西增长5.4%。

1. 美国

2002年美国电子产品产值为291 105百万美元。其中，电子数据处理产品居首位，产值为65 001百万美元，占美国电子产品产值的22.3%；其次是电子元件，产值为57 216百万美元，占美国电子产品产值的19.7%。2001年~2003年美国主要电子产品产值情况见表1。1999年~2003年美国电子产品产值情况见图1。

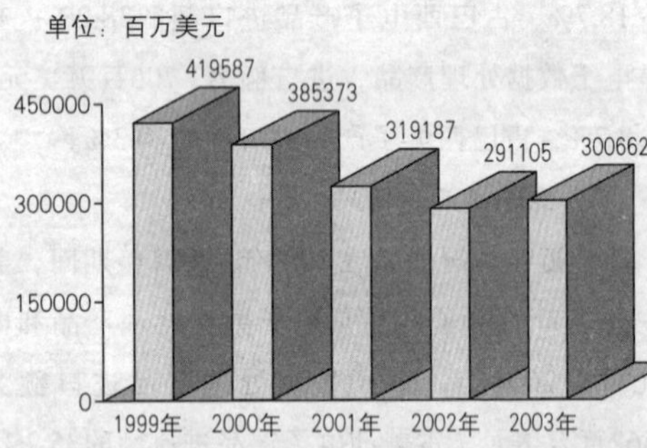


图1 1999年～2003年美国电子产品产值情况

2. 加拿大

2002年加拿大电子产品产值为10 972百万美元。其中，电子数据处理产品居首位，产值为3 733百万美元，占加拿大电子产品产值的34%；其次是电子元件，产值为2 714百万美元，占加拿大电子产品产值的24.7%。2001年~2003年加拿大主要电子产品产值情况见表2。1999年~2003年加拿大电子产品产值情况见图2。

3. 巴西

2002年巴西电子产品产值为13 382百万美元。

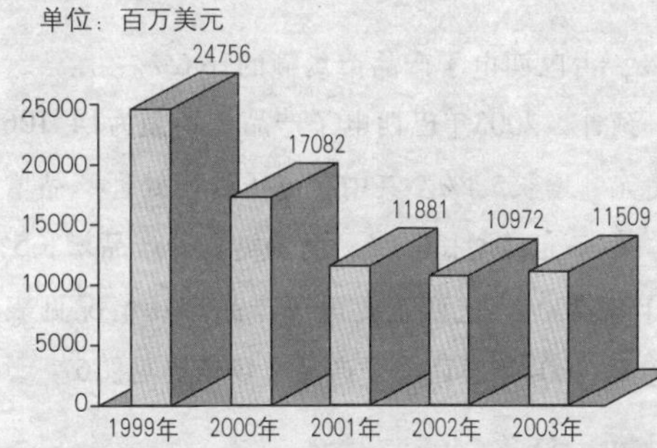


**图2　1999年～2003年加拿大电子产品产值情况**

其中，电子数据处理产品居首位，产值为5 306百万美元，占巴西电子产品产值的39.7%；其次是电子元件，产值为2 365百万美元，占巴西电子产品产值的17.7%；第三是消费类电子产品，产值为2 219百万美元，占巴西电子产品产值的16.6%。2001年~2003年巴西主要电子产品产值情况见表3。1999年~2003年巴西电子产品产值情况见图3。

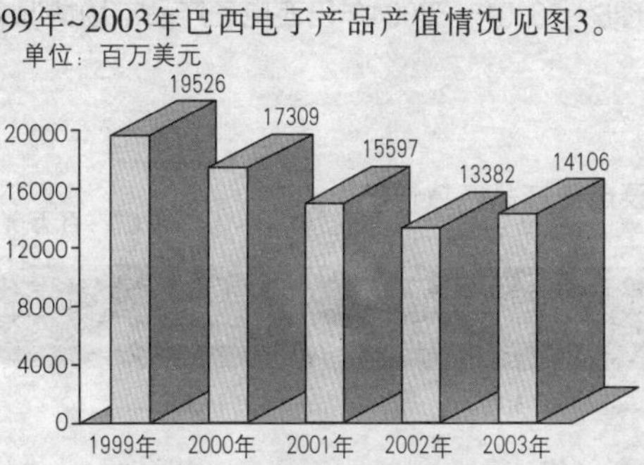


**图3　1999年～2003年巴西电子产品产值情况**

## 三、市场情况

2002年美洲电子产品市场额为406 667百万美元，同比减少4.6%。其中，美国电子产品市场额为362 121百万美元，占美洲电子产品市场额的89%；其次是加拿大，市场额为25 625百万美元，占美洲电子产品市场额的6.3%；第三是巴西，市场额为18 921百万美元，占美洲电子产品市场额的4.7%。

预计，2003年美洲电子产品市场额为422 868百万美元，同比增长4%。其中，美国电子产品市场将增长4%，加拿大电子产品市场增长3.5%，巴西增长5.2%。

1. 美国

2002年美国电子产品市场额为362 121百万美元，同比减少4.7%。其中，电子数据处理产品居首位，市场额为93 512百万美元，同比减少8%，占美国电子产品市场额的25.8%；其次是通信/雷达，市场额为75 303百万美元，增长2%，占美国电子产品市场额的20.8%；第三是电子元件，市场额为61 601百万美元，减少9.1%，占美国电子产品市场额的17%；第四是电信，市场额为43 031百万美元，减少15%，占美国电子产品市场额的11.9%。

预计，2003年美国电子产品市场额为376 425百万美元，增长4%。其中，电子数据处理产品增长3%，通信/雷达增长5%，电子元件增长7.2%，电信减少1%。2001年~2004年美国主要电子产品市场情况见表4。2000年~2004年美国电子产品市场情况见图4。

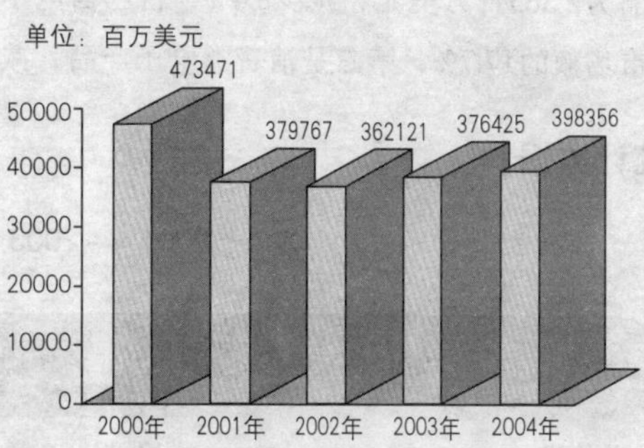


**图4　2000年～2004年美国电子产品市场情况**

2. 加拿大

2002年加拿大电子产品市场额为10 972百万美元，同比减少7.7%。其中，电子数据处理产品居首位，市场额为3 733百万美元，减少5%，占加拿大电子产品市场额的34%；其次是通信/雷达，市场额为2 520百万美元，减少10%，占加拿大电子产品市场额的23%；第三是电信，市场额为1 961百万美元，减少20%，占加拿大电子产品市场额的17.9%。

预计，2003年加拿大电子产品市场额为11 509百万美元，同比增长4.9%。其中，电子数据处理产品增长5%，通信/雷达增长6%，电信增长3%。2001年~2004年加拿大主要电子产品市场情况见表5。2000年~2004年加拿大电子产品市场情况见图5。

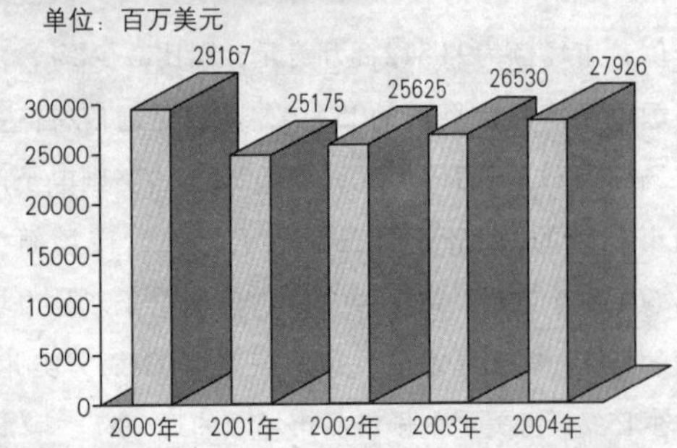


**图5　2000年～2004年加拿大电子产品市场情况**

3. 巴西

2002年巴西电子产品市场额为13 382百万美元，同比减少14%。其中，电子数据处理产品居首位，市场额为5 306百万美元，同比减少15%，占巴西电子产品市场额的40%；其次是电子元件，市场额为2 365百万美元，减少8.4%，占巴西电子产品市场额的17.7%；第三是消费类电子产品，减少9.5%，占巴西电子产品市场额的16.6%。

预计，2003年巴西电子产品市场额为14 106百万美元，增长5.4%。其中，电子数据处理产品增长5%，电子元件增长6.3%，消费类电子产品增长5%。2001年~2004年巴西主要电子产品市场情况见表6。2000年~2004年巴西电子产品市场情况见图6。

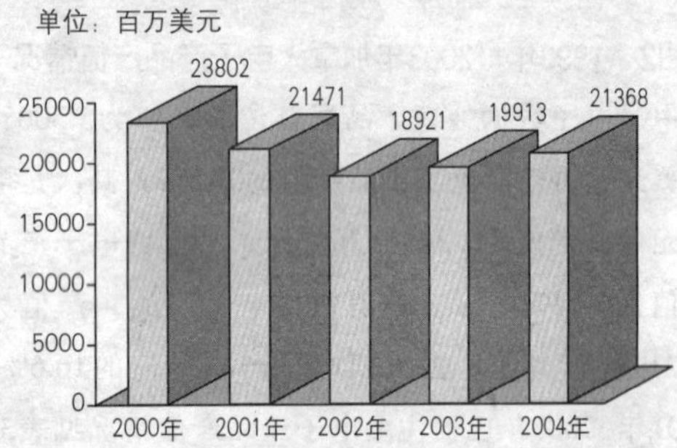


**图6　2000年～2004年巴西电子产品市场情况**

## 【统计数据】

**表 1　2001 年~2003 年美国主要电子产品产值情况**

单位：百万美元

| 产品名称 | 2001 年 | 2002 年 | 2003 年 |
|---|---|---|---|
| 计算机 | 17 301 | 15 305 | 15 690 |
| 个人计算机 | 22 217 | 19 467 | 19 766 |
| 笔记本计算机 | 9 231 | 8 322 | 8 693 |
| 存储器 | 8 153 | 7 041 | 7 046 |
| 办公自动化设备 | 4 123 | 3 793 | 3 755 |
| 各种电子仪器 | 26 309 | 27 418 | 28 885 |
| 雷达 | 5 764 | 5 718 | 6 235 |
| 航海救护/防务系统 | 23 299 | 24 036 | 27 261 |
| 移动电话 | 13 626 | 12 159 | 11 928 |
| 无线通信 | 18 007 | 15 786 | 15 215 |
| 传输设备 | 9 923 | 7 780 | 8 039 |
| 交换机 | 11 613 | 8 566 | 8 329 |
| 消费类电子产品 | 5 477 | 5 587 | 5 698 |
| 其中：彩色电视机 | 3 039 | 3 100 | 3 162 |
| 有源元件 | 39 263 | 35 337 | 37 104 |

备注：2002年~2003 年为预测值。

表 2　2001 年~2003 年加拿大主要电子产品产值情况

单位：百万美元

| 产品名称 | 2001 年 | 2002 年 | 2003 年 |
|---|---|---|---|
| 办公自动化设备 | 170 | 178 | 187 |
| 通信/雷达 | 2 800 | 2 520 | 2 671 |
| 电信 | 2 452 | 1 961 | 2 020 |
| 有源元件 | 108 | 105 | 121 |
| 消费类电子产品 | 141 | 139 | 141 |

备注：2002年~2003 年为预测值。

表 3　2001 年~2003 年巴西主要电子产品产值情况

单位：百万美元

| 产品名称 | 2001 年 | 2002 年 | 2003 年 |
|---|---|---|---|
| 办公自动化设备 | 213 | 202 | 212 |
| 控制/仪器设备 | 750 | 675 | 716 |
| 电信 | 1 100 | 880 | 924 |
| 彩色电视机 | 1 400 | 1 262 | 1 328 |
| 有源元件 | 1 015 | 880 | 947 |

备注：2002年~2003 年为预测值。

表 4　2001 年~2004 年美国主要电子产品市场情况

单位：百万美元

| 产品名称 | 2001 年 | 2002 年 | 2003 年 | 2004 年 |
|---|---|---|---|---|
| 计算机 | 50 265 | 46 695 | 48 559 | 51 472 |
| 字处理设备 | 165 | 133 | 119 | 110 |
| 存储器 | 17 473 | 15 869 | 16 134 | 16 719 |
| 办公自动化设备 | 4 892 | 4 501 | 4 456 | 4 545 |
| 各种电子仪器设备合计 | 20 647 | 21 488 | 22 593 | 23 545 |
| 雷达 | 5 209 | 5 260 | 5 465 | 5 678 |
| 航海救护/防务系统 | 23 340 | 23 793 | 24 962 | 26 182 |
| 移动电话 | 2 055 920 | 553 | 21 146 | 21 751 |

续表 4

| 产品名称 | 2001 年 | 2002 年 | 2003 年 | 2004 年 |
|---|---|---|---|---|
| 无线通信 | 19 107 | 19 865 | 21 156 | 22 739 |
| 交换机 | 10 968 | 9 137 | 8 852 | 8 825 |
| 电话 | 2 505 | 2 090 | 2 028 | 2 024 |
| 彩色电视机 | 8 399 | 8 537 | 8 844 | 9 244 |
| 有源元件 | 40 954 | 36 859 | 40 544 | 46 626 |

备注：2002年~2004 年为预测值。

**表 5　2001 年~2004 年加拿大主要电子产品市场情况**

单位：百万美元

| 产品名称 | 2001 年 | 2002 年 | 2003 年 | 2004 年 |
|---|---|---|---|---|
| 办公自动化设备 | 325 | 321 | 324 | 328 |
| 控制/仪器 | 2 964 | 3 053 | 3 114 | 3 238 |
| 消费类电子产品 | 2 607 | 2 725 | 2 821 | 2 913 |
| 其中：彩色电视机 | 857 | 898 | 932 | 977 |
| 有源元件 | 2 058 | 1 996 | 2 296 | 2 663 |

备注：2002年~2004 年为预测值。

**表 6　2001 年~2004 年巴西主要电子产品市场情况**

单位：百万美元

| 产品名称 | 2001 年 | 2002 年 | 2003 年 | 2004 年 |
|---|---|---|---|---|
| 办公自动化设备 | 219 | 208 | 212 | 216 |
| 控制/仪器 | 1 320 | 1 254 | 1 317 | 1 369 |
| 通信/雷达 | 1 686 | 1 517 | 1 608 | 1 737 |
| 电信 | 2 353 | 1 882 | 1 902 | 1 958 |
| 彩色电视机 | 1 237 | 1 116 | 1 163 | 1 223 |
| 有源元件 | 2 824 | 2 411 | 2 666 | 3 031 |

备注：2002 年~2004 年为预测值。

# 澳大利亚电子工业发展情况

## 一、电子产品进出口情况

2000年澳大利亚电子产品进出口贸易呈逆差，逆差值为9 489百万美元。2001年澳大利亚电子产品进出口贸易仍呈逆差，逆差值为8 853百万美元。

1. 进口情况

2000年澳大利亚电子产品进口额为11 478百万美元。其中，电子数据处理产品居首位，进口额为4 552百万美元，占澳大利亚电子产品进口额的39.7%；其次是电子元件，进口额为1 682百万美元，占澳大利亚电子产品进口额的14.7%；第三是通信/雷达，进口额为1 492百万美元，占澳大利亚电子产品进口额的13%；第四是消费类电子产品，进口额为1 377百万美元，占澳大利亚电子产品进口额的12%。

2001年澳大利亚电子产品进口额为10 691百万美元，同比减少6.9%。其中，电子数据处理产品居首位，进口额为4 404百万美元，减少3.3%，占澳大利亚电子产品进口额的41.2%；其次是通信/雷达，进口额为1 554百万美元，增长4.2%，占澳大利亚电子产品进口额的14.5%；第三是电子元件，进口额为1 372百万美元，减少18.4%，澳大利亚电子产品进口额的12.8%；第四是消费类电子产品，进口额为1 316百万美元，减少4.4%，澳大利亚电子产品进口额的12.3%。

2. 出口情况

2000年澳大利亚电子产品出口额为1 989百万美元。其中，电子数据处理产品居首位，出口额为697百万美元，占澳大利亚电子产品出口额的35%；其次是电信，出口额为399百万美元，占澳大利亚电子产品出口额的20.1%；第三是控制/仪器，出口额为261百万美元，占澳大利亚电子产品出口额的13.1%。

2001年澳大利亚电子产品出口额为1 839百万美元，同比减少6.9%。其中，电子数据处理产品居首位，出口额为725百万美元，增长4%，占澳大利亚电子产品出口额的39.5%；其次是电信，出口额为285百万美元，减少28.6%，占澳大利亚电子产品出口额的15.5%；第三是控制/仪器，出口额为238百万美元，占澳大利亚电子产品出口额的13%。

## 二、产值情况

2002年澳大利亚电子产品产值为3 314百万美元，同比增长3.8%。其中，电子数据处理产品居首位，产值为862百万美元，增长4%，占澳大利亚电子产品产值的26%；其次是通信/雷达，产值为714百万美元，增长6%，占澳大利亚电子产品产值的21.5%；第三是电信，产值为581百万美元，增长1.9%，占澳大利亚电子产品产值的17.5%。

2003年澳大利亚电子产品产值为3 480百万美元，同比增长5%。其中，电子数据处理产品居首位，产值为905百万美元，增长5%，占澳大利亚电子产品产值的26%；其次是通信/雷达，产值为757百万美元，增长6%，占澳大利亚电子产品产值的21.8%；第三是电信，产值为599百万美元，增长3.1%，占澳大利亚电子产品产值的17.2%。2001年~2003年澳大利亚主要电子产品产值情况见表1。1999年~2003年澳大利亚电子产品产值情况见图1。

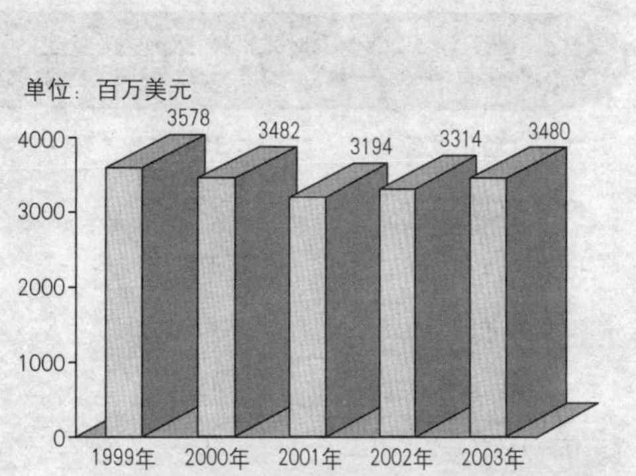


图1 1999年～2003年澳大利亚电子产品产值情况

## 三、市场情况

2002年澳大利亚电子产品市场额为12 562百万美元，同比增长4.3%。其中，电子数据处理产品居首位，市场额为4 733百万美元，增长5%，占澳大利亚电子产品市场额的37.7%；其次是通信/雷达，市场额为2 169百万美元，增长6%，占澳大利亚电子产品市场额的17.3%；第三是消费类电子产品，市场额为1 461百万美元，增长3.8%，占澳大利亚电子产品市场额的11.6%。

预计，2003年澳大利亚电子产品市场额为13 188百万美元，同比增长5%。其中，电子数据处理产品增长6%，通信/雷达增长5%，电子元件增长6.4%，消费类电子产品增长3.9%。2001年~2004年澳大利亚主要电子产品市场情况见表2。2000年~2004年澳大利亚电子产品市场情况见图2。

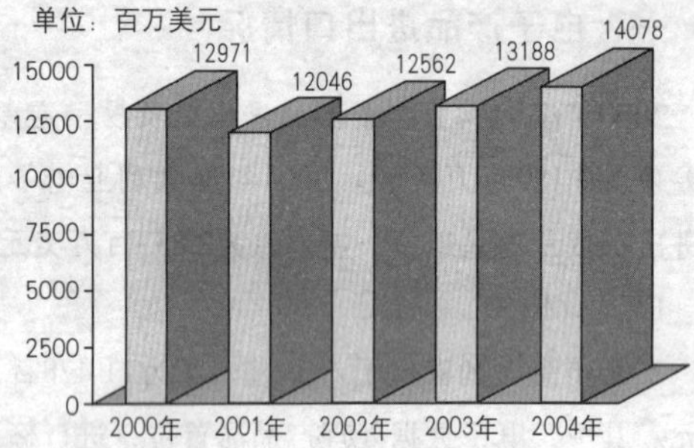


图2 2000年～2004年澳大利亚电子产品市场情况

## 【统计数据】

表 1 2001 年~2003 年澳大利亚主要电子产品产值情况

单位：百万美元

| 产品名称 | 2001 年 | 2002 年 | 2003 年 |
|---|---|---|---|
| 办公自动化设备 | 28 | 29 | 29 |
| 控制/仪器 | 492 | 512 | 548 |
| 消费类电子产品 | 196 | 196 | 197 |
| 其中：彩色电视机 | 41 | 40 | 40 |
| 电子元件 | 273 | 280 | 294 |
| 其中：有源元件 | 41 | 43 | 48 |

备注：2002年~2003 年为预测值。

表 2 2001 年~2004 年澳大利亚主要电子产品市场情况

单位：百万美元

| 产品名称 | 2001 年 | 2002 年 | 2003 年 | 2004 年 |
|---|---|---|---|---|
| 办公自动化设备 | 194 | 196 | 198 | 202 |
| 控制/仪器 | 959 | 997 | 1 027 | 1 078 |
| 电信 | 1 218 | 1 242 | 1 279 | 1 356 |
| 消费类电子产品 | 1 407 | 1 461 | 1 518 | 1 594 |
| 其中：彩色电视机 | 451 | 474 | 497 | 532 |
| 有源元件 | 708 | 728 | 801 | 924 |

备注：2002年~2004 年为预测值。

# 南非电子工业发展情况

南非是非洲经济最发达的国家，国土面积122 000平方公里。2001年南非对外贸易额占全非洲的24%。2001年南非有人口4 380万，国内生产总值增长率为2.2%，人均国内生产总值2 980美元，每千户居民拥有电话114部，拥有移动电话210部，拥有个人计算机68台，每千人有70人上网。

中国已跻身南非十大贸易伙伴国。目前，南非是中国在非洲的第一贸易伙伴。1998年~2003年南非国内生产总值增长情况见图1。

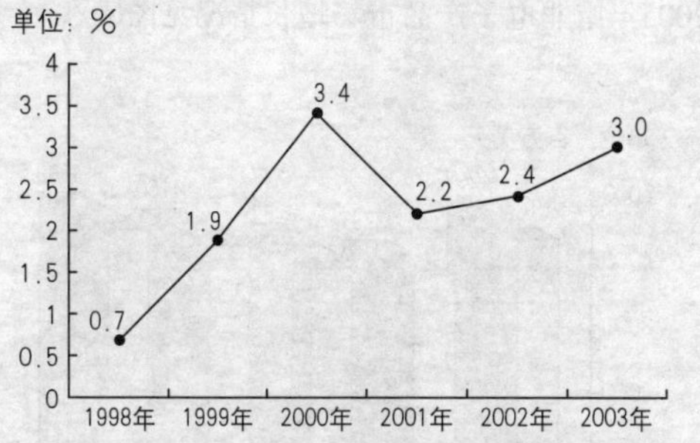


**图1　1998年～2003年南非国内生产总值增长情况**

## 一、进、出口情况

2000年南非电子产品进、出口贸易呈逆差，逆差值为3 204百万美元。2001年南非电子产品进、出口贸易仍呈逆差，逆差值为2 819百万美元。

1. 进口情况

2000年南非电子产品进口额为3 691百万美元，其中，电子数据处理产品居首位，进口额为1 021百万美元，占南非电子产品进口额的27.7%；其次是通信/雷达，进口额为796百万美元，占南非电子产品进口额的21.6%；第三是电信，进口额为646百万美元，占南非电子产品进口额的17.5%。

2001年南非电子产品进口额为3 323百万美元，同比减少10%。其中，电子数据处理产品居首位，进口额为991百万美元，减少2.9%，占南非电子产品进口额的29.8%；其次是通信/雷达，进口额为675百万美元，减少15.2%，占南非电子产品进口额的20.3%；第三是电信，进口额为522百万美元，减少19.2%，占南非电子产品进口额的15.7%。2001年南非电子产品进口情况见图2。

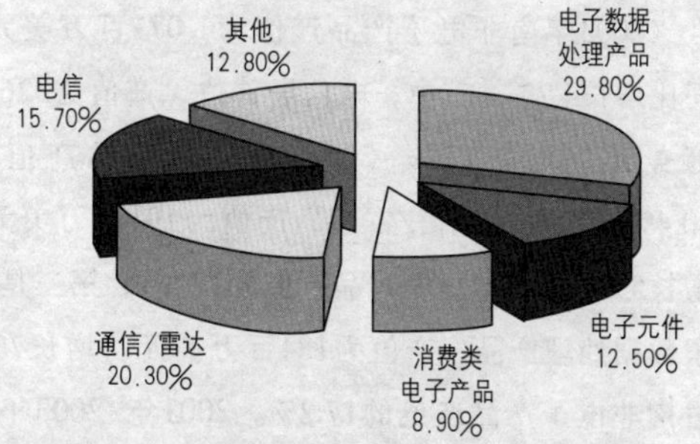


**图2　2001年南非电子产品进口情况**

2. 出口情况

2000年南非电子产品出口额为487百万美元。其中，电子数据处理产品居首位，出口额为128百万美元，占南非电子产品出口额的26.3%；其次是通信/雷达，出口额为123百万美元，占南非电子产品出口额的25.3%。

2001年南非电子产品出口额为504百万美元，同比增长3.5%。其中，电子数据处理产品居首位，出口额为125百万美元，减少2.3%，占南非在电子产品产值的24.8%；其次是通信/雷达，出口额为120百万美元，减少2.4%，占南非电子产品出口额的23.8%。2001年南非电子产品出口情况见图3。

## 二、产值情况

2002年南非电子产品产值为1 023百万美元，同比增长4.6%。其中，电信居首位，产值为320百万美元，占南非电子产品产值的31.3%；其次是通

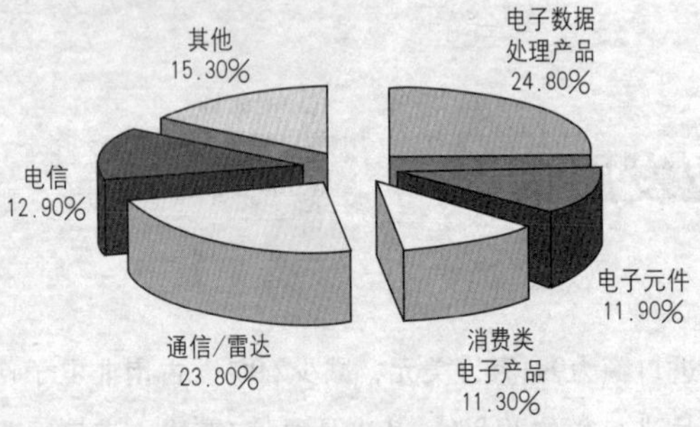


**图3　2001年南非电子产品出口情况**

信/雷达，产值为182百万美元，占南非电子产品产值的17.8%；第三是电子数据处理产品，产值为172百万美元，占南非电子产品产值的16.8%。

2003年南非电子产品产值为1 071百万美元，同比增长4.7%。其中，电信居首位，产值为326百万美元，增长1.9%，占南非电子产品产值的30.4%；其次是通信/雷达，产值为191百万美元，增长5%，占南非电子产品产值的17.8%；第三是电子数据处理产品，产值为184百万美元，增长7%，占南非电子产品产值的17.2%。2001年~2003年南非主要电子产品产值情况见表1。1999年~2003年南非电子产品产值情况见图4。

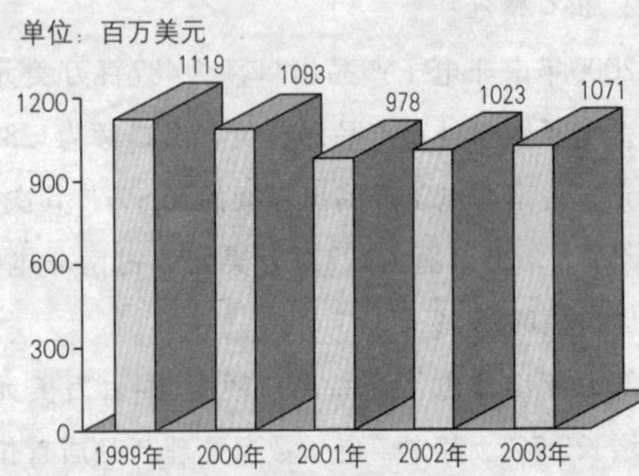


**图4　1999年～2003年南非电子产品产值情况**

## 三、市场情况

2002年南非电子产品市场额为3 940百万美元，同比增长3.8%。其中，电子数据处理产品居首位，市场额为1 111百万美元，占南非电子产品市场额的28.2%；其次是电信，市场额为755百万美元，占南非电子产品市场额的19.2%；第三是通信/雷达，市场额为738百万美元，占南非电子产品市场额的18.7%。

2003年南非电子产品市场额为4 150百万美元，同比增长5.3%。其中，电子数据处理产品居首位，市场额为1 200百万美元，增长8%，占南非在电子产品市场额的28.9%；其次是电信，市场额为770百万美元，增长2%，占南非电子产品市场额的18.6%；第三是通信/雷达，市场额为768百万美元，增长4.1%，占南非电子产品市场额的18.5%。

2004年南非电子产品市场额为4 389百万美元，增长5.8%。其中，电子数据处理产品增长7%，通信/雷达增长7.9%，电信增长2.1%。2001年~2004年南非主要电子产品市场情况见表2。2000年~2004年南非电子产品市场情况见图5。2001年~2005年南非电子产品市场增长情况见图6。

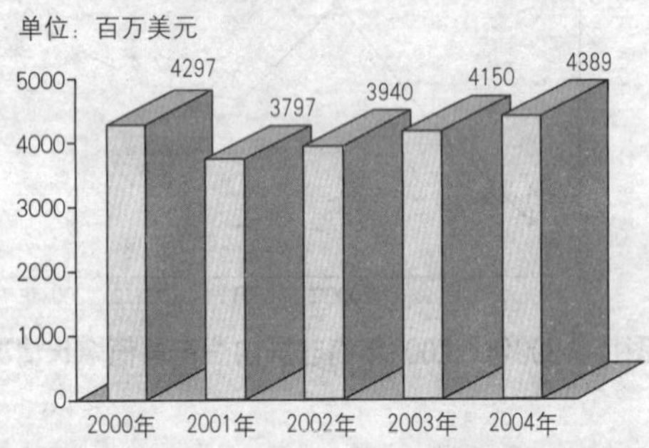


**图5　2000年～2004年南非电子产品市场情况**

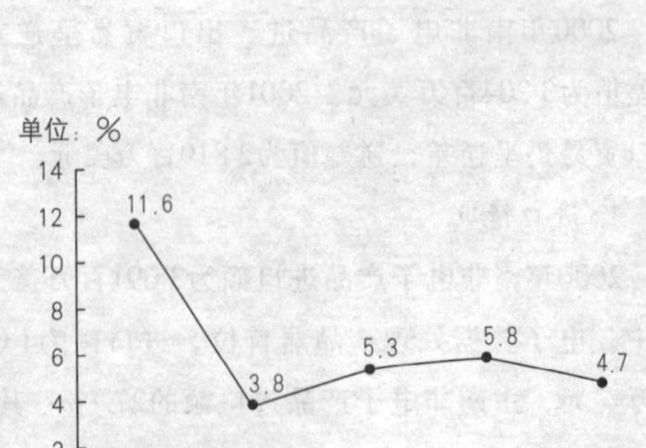


**图6　2001年～2005年南非电子产品市场增长情况**

## 【统计数据】

**表 1　2001 年~2003 年南非主要电子产品产值情况**

单位：百万美元

| 产品名称 | 2001 年 | 2002 年 | 2003 年 |
|---|---|---|---|
| 电子数据处理产品 | 163 | 172 | 184 |
| 控制/仪器 | 70 | 73 | 80 |
| 工业设备合计 | 51 | 53 | 55 |
| 通信/雷达 | 168 | 182 | 191 |
| 消费类电子产品 | 126 | 133 | 137 |
| 其中：彩色电视机 | 56 | 59 | 63 |
| 电子元件 | 27 | 28 | 30 |
| 其中：有源元件 | 27 | 28 | 30 |

备注：2002年~2003 年为预测值。

**表 2　2001 年~2004 年南非主要电子产品市场情况**

单位：百万美元

| 产品名称 | 2001 年 | 2002 年 | 2003 年 | 2004 年 |
|---|---|---|---|---|
| 办公自动化设备 | 72 | 75 | 77 | 78 |
| 控制/仪器 | 298 | 307 | 319 | 335 |
| 工业设备合计 | 47 | 49 | 52 | 54 |
| 消费类电子产品 | 365 | 392 | 416 | 435 |
| 其中：彩色电视机 | 95 | 103 | 109 | 113 |
| 电子元件 | 417 | 435 | 466 | 499 |
| 其中：有源元件 | 240 | 250 | 275 | 302 |

备注：2002年~2004年为预测值。

附录 B

# 香港特别行政区

香港占地面积1095平方公里。2001年香港有人口680万人，国内生产总值增长率为0.2%。2000年香港人均创造国内生产总值24.249美元。2001年香港每千户居民拥有电话577部，拥有移动电话855部，拥有计算机385台，拥有汽车459辆。

## 一、进、出口情况

2000年香港电子产品进、出口贸易呈逆差，逆差值为692百万美元。2001年香港电子产品进、出口贸易呈逆差，逆差值为1 259百万美元。

### 1. 出口情况

2000年香港电子产品出口额为67 159百万美元。其中电子元件居首位，出口额为29 854百万美元，占香港电子产品出口额的44.5%；其次是电子数据处理产品，出口额为14 691百万美元，占香港电子产品出口额的21.9%；第三是消费类电子产品，出口额为9 698百万美元，占香港电子产品出口额的14.4%；第四是通信/雷达，出口额为6 230百万美元，占香港电子产品出口额的9.3%。

2001年香港电子产品出口额为63 365百万美元，同比减少5.6%。其中，电子元件居首位，出口额为26 773百万美元，占香港电子产品出口额的42.3%；其次是电子数据处理产品，出口额为14 711百万美元，占香港电子产品出口额的23.2%；第三是消费类电子产品，出口额为8 466百万美元，占香港电子产品出口额的13.4%；第四是通信/雷达，出口额为6 841百万美元，占香港电子产品出口额的10.8%。

### 2. 进口情况

2000年香港电子产品进口额为67 851百万美元。其中，电子元件居首位，进口额为30 618百万美元，占香港电子产品进口额的45.1%；其次是电子数据处理产品，进口额为16 192百万美元，占香港电子产品进口额的23.9%；第三是消费类电子产品，进口额为8 248百万美元，占香港电子产品进口额的12.2%；第四是通信/雷达，进口额为6 339百万美元，占香港电子产品进口额的9.3%。

2001年香港电子产品进口额为64 624百万美元，同比减少4.8%。其中，电子元件居首位，进口额为27 552百万美元，占香港电子产品进口额的42.6%；其次是电子数据处理产品，进口额为16 558百万美元，占香港电子产品进口额的25.6%；第三是消费类电子产品，进口额为7 180百万美元，占香港电子产品进口额的11.1%；第四是通信/雷达，进口额为6 981百万美元，占香港电子产品进口额的10.8%。

## 二、产值情况

2002年香港电子产品产值为6 171百万美元，同比减少12.3%。其中，电子元件居首位，产值为1 849百万美元，占香港电子产品产值的30%；其次是消费类电子产品，产值为1 786百万美元，占香港电子产品产值的28.9%；第三是电子数据处理产品，产值为1 268百万美元，占香港电子产品产值的20.5%。

2003年香港电子产品产值为5 820百万美元，同比减少5.7%。其中，消费类电子产品居首位，产值为1 750百万美元，占香港电子产品产值的30.1%；其次是电子元件，产值为1 677百万美元，占香港电子产品产值的28.8%；第三是电子数据处理产品，产值为1 205百万美元，占香港电子产品产值的20.7%。2001年~2003年香港主要电子产品产值情况见表1。1998年~2003年香港电子产品产值情况见图1。

## 三、市场情况

2002年香港电子产品市场额为8 304百万美元，同比增长0.1%。其中，电子数据处理产品居首位，

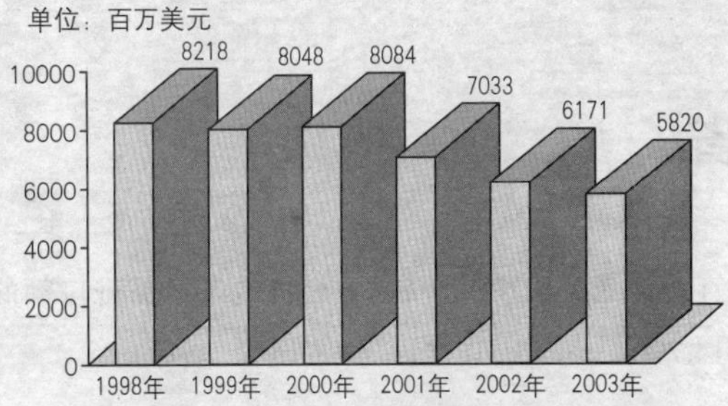


图1　1998年～2003年香港电子产品产值情况

市场额为3 606百万美元，占香港电子产品市场额的43.4%；其次是电子元件，市场额为2 621百万美元，占香港电子产品市场额的31.6%。

2003年香港电子产品市场额为8 586百万美元，同比增长3.4%。其中，电子数据处理产品居首位，市场额为3 859百万美元，增长7.8%，占香港电子产品市场额的44.9%；其次是电子元件，市场额为2 553百万美元，减少2.6%，占香港电子产品市场额的29.7%。2002年~2004年香港主要电子产品市场情况见表2。1999年~2004年香港电子产品市场情况见图2。

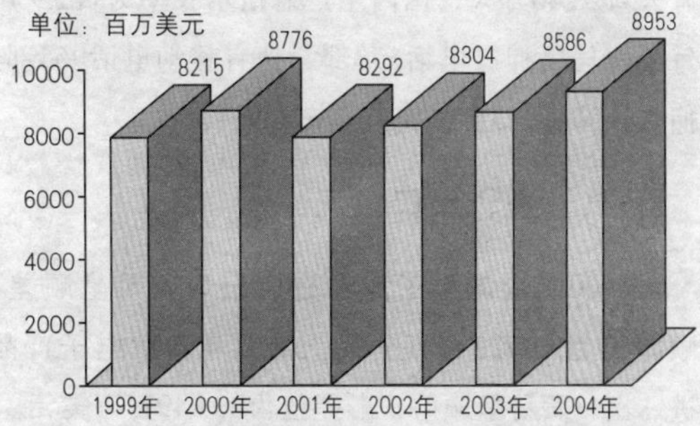


图2　1999年～2004年香港电子产品市场情况

【统计数据】

表 1　2001年~2003 年香港主要电子产品产值情况

单位：百万美元

| 产品名称 | 2001 年 | 2002 年 | 2003 年 |
|---|---|---|---|
| 计算机附件/零件 | 1 410 | 1 198 | 1 138 |
| 办公自动化 | 240 | 225 | 219 |
| 通信/雷达 | 421 | 378 | 360 |
| 电信 | 513 | 436 | 392 |
| 有源元件 | 764 | 688 | 654 |

备注：2002 年~2003 年为预测值。

表 2　2002年~2004 年香港主要电子产品市场情况

单位:百万美元

| 产品名称 | 2002 年 | 2003 年 | 2004 年 |
|---|---|---|---|
| 计算机系统 | 2 035 | 2 143 | 2 255 |
| 控制/仪器 | 206 | 216 | 233 |
| 通信/雷达 | 583 | 612 | 649 |
| 电信 | 386 | 401 | 410 |
| 消费类电子产品 | 684 | 715 | 754 |
| 其中：彩色电视机 | 179 | 189 | 201 |
| 有源元件 | 1 376 | 1 404 | 1 460 |

备注：2002 年~2003 年为预测值。

# 台湾省

台湾土地面积为36 200平方公里。2001年台湾有人口2 240万人，国内生产总值增长率为负1.9%。每千户居民拥有电话573部，拥有移动电话965部，拥有计算机223台，拥有汽车349辆。

## 一、 进、出口情况

2000年台湾电子产品进、出口贸易呈顺差，顺差值为24 723百万美元。2001年台湾电子产品进、出口贸易呈顺差，顺差值为20 049百万美元。

### 1. 出口情况

2000年台湾电子产品出口额为57 015百万美元。其中，电子数据处理产品居首位，出口额为28 426百万美元，占台湾电子产品出口额的49.9%；其次是电子元件，出口额为22 630百万美元，占台湾电子产品出口额的39.7%；第三是电信，出口额为2 720百万美元，占台湾电子产品出口额的4.8%。

2001年台湾电子产品出口额为44 715百万美元，同比减少21.6%。其中，电子数据处理产品居首位，出口额为22 913百万美元，减少19.4%，占台湾电子产品出口额的51.2%；其次是电子元件，出口额为16 573百万美元，减少26.8%，占台湾电子产品出口额的37.1%；第三是电信，出口额为2 640百万美元，占台湾电子产品出口额的5.9%。

### 2. 进口情况

2000年台湾电子产品进口额为32 292百万美元。其中，电子元件居首位，进口额为19 671百万美元，占台湾电子产品进口额的60.9%；其次是电子数据处理产品，进口额为5 481百万美元，占台湾电子产品进口额的17%。

2001年台湾电子产品进口额为24 666百万美元。其中，电子元件居首位，进口额为15 577百万美元，减少20.8%，占台湾电子产品进口额的63.2%；其次是电子数据处理产品，进口额为3 633百万美元，减少33.7%，占台湾电子产品进口额的14.7%。

## 二、产值情况

2002年台湾电子产品产值为44 098百万美元，同比增长12.3%。其中，电子数据处理产品居首位，产值为24 270百万美元，占台湾电子产品产值的35%；其次是电子元件，产值为15 496百万美元，占台湾电子产品产值的35.1%；第三是电信，产值为1 593百万美元，占台湾电子产品产值的3.6%。

2003年台湾电子产品产值为49 031百万美元，同比增长11.2%。其中，电子数据处理产品居首位，产值为26 211百万美元，增长8%，占台湾电子产品产值的53.5%；其次是电子元件，产值为18 327百万美元，增长18.3%，占台湾电子产品产值的37.4%。2001年~2003年台湾主要电子产品产值情况见表1。1998年~2003年台湾电子产品产值情况见图1。

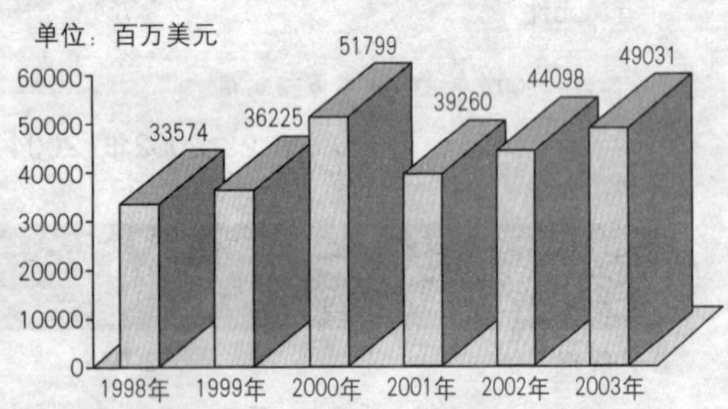


图1 1998年~2003年台湾电子产品产值情况

## 三、市场情况

2002年台湾电子产品市场额为21 347百万美元，同比增长11.1%。其中，电子元件居首位，市场额为14 013百万美元，占台湾电子产品市场额的65.6%；其次是电子数据处理产品，市场额为2 951

百万美元，占台湾电子产品市场额的13.8%。

2003年台湾电子产品市场额为23 982百万美元，同比增长12.3%。其中，电子元件居首位，市场额为16 323百万美元，增长16.5%，占台湾电子产品市场额的68.1%；其次是电子数据处理产品，市场额为3 187百万美元，增长8%，占台湾电子产品市场额的13.3%。2001年~2003年台湾主要电子产品市场情况见表2。1999年~2004年台湾电子产品市场情况见图2。

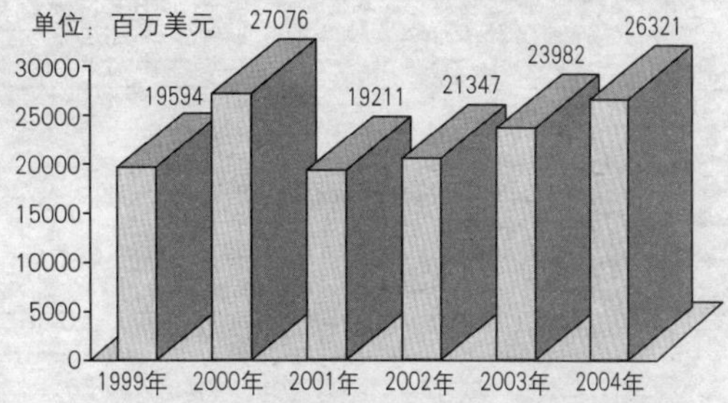


图2　1999年～2004年台湾电子产品市场情况

【统计数据】

表 1　2001年~2003 年台湾主要电子产品产值情况

单位：百万美元

| 产品名称 | 2001 年 | 2002 年 | 2003 年 |
|---|---|---|---|
| 计算机 | 1 342 | 1 407 | 1 437 |
| 笔记本电脑 | 10 192 | 11 746 | 13 199 |
| 硬盘驱动器 | 1 460 | 1 701 | 1 931 |
| 控制/仪器 | 127 | 134 | 143 |
| 通信/雷达 | 1 124 | 1 293 | 1 422 |
| 电信 | 1 770 | 1 593 | 1 513 |
| 消费类电子产品 | 912 | 1 026 | 1 106 |
| 其中：彩色电视机 | 244 | 272 | 288 |
| 有源元件 | 7 165 | 8 885 | 11 106 |

备注：2002 年~2003 年为预测值。

表 2　2001 年~2003 年台湾主要电子产品市场情况

单位：百万美元

| 产品名称 | 2001 年 | 2002 年 | 2003 年 |
|---|---|---|---|
| 控制/仪器 | 1 793 | 1 829 | 1 884 |
| 通信/雷达 | 1 221 | 1 160 | 1 183 |
| 电信 | 541 | 487 | 463 |
| 消费类电子产品 | 526 | 545 | 566 |
| 其中：彩色电视机 | 137 | 142 | 148 |
| 有源元件 | 2 418 | 2 611 | 2 768 |

备注：2002 年~2003 年为预测值。

[刘辑编辑]